Herrmann (Hrsg.)
Lernlabor Schule

W0085430

Mit dem untenstehenden Download-Code erhalten Sie die
PDF-Version dieses Buches.

So laden Sie Ihr E-Book inside herunter:

1. Öffnen Sie die Website: http://www.beltz.de/ebookinside
2. Geben Sie den untenstehenden Download-Code ein und füllen Sie das Formular aus.
3. Mit dem Klick auf den Button am Ende des Formulars
   erhalten Sie Ihren persönlichen Download-Link.
   [Für den Einsatz des E-Books in einer Institution fragen Sie
   bitte nach einem individuellen Angebot unseres Vertriebs:
   buchservice@beltz.de. Nennen Sie uns dazu die Zahl der Nut-
   zer, für die das E-Book zur Verfügung gestellt werden soll.]
4. Der Code ist nur einmal gültig. Bitte speichern Sie die Datei
   auf Ihrem Computer.
5. Beachten Sie bitte, dass es sich bei Ihrem Download um
   eine Einzelnutzerlizenz handelt. Das E-Book ist für Ihren
   persönlichen Gebrauch bestimmt.

Download-Code

EZWXRE6HPC

Ulrich Herrmann (Hrsg.)

Lernlabor Schule

Der Perspektivwechsel vom Unterrichten zum Lernen

Dr. Ulrich Herrmann war von 1976 bis 2004 Professor für Erziehungswissenschaft an den Universitäten Tübingen und Ulm, Mitglied im Gründungsenat der Universität Potsdam und Lehrbeauftragter an den Universitäten Bern und Zürich.

Dieses Buch ist erhältlich als:
ISBN 978-3-407-63252-4 Print
ISBN 978-3-407-63275-3 E-Book (PDF)

1. Auflage 2022

© 2022 Beltz Verlag · Weinheim und Basel
Werderstraße 10, 69469 Weinheim
Alle Rechte vorbehalten

Lektorat: Dr. Erik Zyber
Umschlaggestaltung: Michael Matl
Umschlagabbildung: © gettyimages © Vicky Kasala Productions

Herstellung und Satz: Jenny Pötzsch
Druck und Bindung: Beltz Grafische Betriebe, Bad Langensalza
Printed in Germany

Weitere Informationen zu unseren Autor_innen und Titeln finden Sie unter: www.beltz.de

Inhaltsverzeichnis

Projektmethode

Lernen in spezifischen Lehr-Lern-Arrangements

Lernen durch Instruktion

Feedback und Förderung

Lernen mit digitalen Endgeräten

Vorwort

Noch ein Buch über Lernen? In Anlehnung an Schleiermachers Eröffnung seiner Pädagogischen Vorlesungen an der Universität Berlin im Jahre 1826 könnte man sagen: »Was man im allgemeinen unter Lernen [im Orig.: Erziehung] versteht, ist als bekannt vorauszusetzen.« Wenn Lernen Aneignung funktional sinnvoller sensorischer Informationen meint, dann lernen wir alle schon vorgeburtlich und unausgesetzt ein Leben lang. Der Weg ins Leben ist überhaupt eine einzige Lerngeschichte: die soziale und dingliche Umwelt explorieren, ordnen, bewerten, mit ihr umgehen, über sie verfügen lernen, dabei sich selbst organisieren, entwickeln, verändern, Fühlen, Denken und Wollen lernen, Ich-selbst werden. Dazu bedarf es keines Unterrichts und keines Curriculums, nur des Umstands, dass die Lernumgebungen und Lerngelegenheiten möglichst mit viel Geborgenheit und Fröhlichkeit, Anregung und Ausgeglichenheit, Hilfe und Unterstützung ausgestaltet sind und Kinder und Heranwachsende ihre Erfahrungen machen können, die zum jeweiligen Zeitpunkt und in dieser bestimmten Situation machen sollten oder müssen.

Aber wie sieht es aus, wenn Lernen nicht als natürlicher Prozess der Aneignung und Ordnung von Erfahrung verlaufen kann, sondern als schulisch-unterrichtlich initiierte und organisierte Tätigkeit ablaufen soll? Schon in der Grundschule zeigt sich, dass für viele Kinder der Übergang vom natürlichen zum organisierten Lernen aus vielerlei Gründen gar nicht einfach ist, bei manchen Anforderungen für sehr viele auch nicht erfolgreich. Denn wenn Schule und Unterricht vornehmlich vom »Schulzweck« her gedacht werden – die Vermittlung von traditionell vorab festgelegten bzw. erwarteten Kenntnissen und Fähigkeiten, Einstellungen und Haltungen –, dann wird Unterricht in der Regel zwar hoffentlich zum Lernen *hin*, aber nicht vom Lernen *her* gedacht. Um genau diesem Missstand abzuhelfen, entwickelte vor über 100 Jahren die internationale Reformpädagogik neben der Pädagogik vom Kinde aus die Schule vom Schüler aus: denn es geht um Vermitteln und Aneignen (Lernen), d. h. Schule und Unterricht sind zunächst einmal dazu da, Lernen zu ermöglichen. Die Reformpädagogik hat dafür ein Methodenarsenal geschaffen, ohne dessen Nutzung – bewusst oder nicht – heute keine »gute Schule« funktionieren kann.

»Gute Schule«, »guter Unterricht« – was wird da nicht alles ge- und erfunden. Die Reformpädagogen wären nie auf die Idee gekommen, eine allgemeine Definition geben zu wollen, was eine »gute Schule« ist: die eine hebt ab auf Neugier und Kreativität, die andere auf soziale Erfahrungen und Persönlichkeitsentwicklung, wieder andere auf tätige Bewährung, auf Allgemeinbildung oder auf Leistung, manche stellen Sprachen oder Künste in den Mittelpunkt, je nach Alter und Entwicklungsstand der ihnen anvertrauten Schüler/innen, und dies alles unter Umständen auch in einer sinnvollen Abfolge innerhalb eines Schulcurriculums. Eine gute Schule ist zunächst einmal eine Schule, die auf die Entwicklungsphasen, -rhythmen und -schwerpunkte des Kindes- und Jugendalter Bedacht nimmt. Und vor allem eines sollte möglichst sichergestellt werden: dass die Kinder und Jugendlichen sich (und untereinander) kennen lernen und einigermaßen in Erfahrung bringen, was sie mit sich selber nach der Schule anfangen wollen. (Wobei die meist arbeitsalltagsfernen Lehrpersonen selten hilfreich sind.) Schule sollte – entgegen ihrem tatsächlichen Reglement – nicht vornehmlich dem Absolvieren von schulinternen Leistungserwartungen und Abschlussprüfungen dienen, sondern Lern- und Bildungsprozesse sollen den Mittelpunkt ihres Lernens und Arbeitens bilden. Lernen bedeutet nicht nur Kompetenzerwerb, sondern soll immer auch Selbstbildung zum Ziel haben: Selbstständigkeit und Leistungsbereitschaft auf der Grundlage von Kenntnissen und Fertigkeiten. Das lästige Übel der Prüfungen (die allerdings so manchem auf die Sprünge helfen) muss in Kauf genommen werden; über seine Ausgestaltung wäre allerdings noch gesondert zu reden.

Die Kenntnis von reformpädagogischen Hintergründen ist heute in der nachwachsenden Studierenden- und Lehrerschaft allenfalls rudimentär vorhanden, sodass eigens daran erinnert werden muss – aber nicht durch das Abstauben verblasster altgoldener Bilderrahmen, sondern durch den Bezug zu heutigen pädagogischen Praxen und Anforderungen, die auch unter konventionellen schulisch-unterrichtlichen Rahmenbedingungen eingelöst werden können. Die Erinnerung daran bildete die erste Idee zu diesem Buch: den reformpädagogischen Hintergrund vieler aktueller Forderungen, Entwicklungen und Praxen zur Ermöglichung, Begleitung und Förderung von Lernen in Schulen heute zu zeigen. Die Geschichte des Lehrens und Lernens ist selber eine Lerngeschichte, die zwar nicht gradlinig verläuft – das tut keine Geschichte –, aber eine Geschichte des kumulativen Zugewinns von bewährter Praxis – man muss sich nur die Mühe machen, sie kennen zu lernen. Es war nicht einfach, sie ausschnittweise zu dokumentieren – nicht weil Lehrerinnen und Lehrer das nicht könnten, sondern weil sie ungeübt sind; denn üblicherweise erwartet man das gar nicht von ihnen, die Schul- und Unterrichtsforschung ebenso wenig wie die sogenannte Empirische Bildungsforschung. Wir bewegen uns daher – bildlich gesprochen – in einer Firma, die kein innerbetriebliches Verbesserungsvorschlagswesen kennt und innerbetrieblich erprobte Innovationen weder beachtet noch prämiert. Diese Firma »Staatsschule« kann nur deswegen nicht in die Pleite rutschen, weil ihr Betrieb von Gesetzes wegen mehr oder weniger gut oder schlecht aufrechterhalten wird. Daran ändern auch Schulinspektionen strukturell nichts und Leistungsvergleichserhebungen ohnehin gar nichts.

Der zweite Impuls kam zum einen aus den Erfahrungen vieler Schul- und Unterrichtsbesuche (auch als Mitglied der Jury des Saarländischen Schulpreises) und resultierte zum andern aus der jahrelangen Erfahrung in der Redaktion und als Endredakteur der Zeitschrift »Lehren & Lernen« (im Neckar Verlag Villingen). Immer wieder drängte sich das Problem auf, wie es um erfolgreiches Lernen in der Schule steht; das ist nicht trivial, weil dies nicht mal ein Kriterium des Deutschen Schulpreises ist. Das liegt aber ganz einfach daran, dass man erfolgreiches Lernen bei den üblichen kurzen Schulbesuchen nicht ermitteln kann, und selbst wenn man es könnte, bliebe immer noch die Frage, wie es zustande kam. (Da helfen die Selbstbeschreibungen der Bewerberschulen manchmal weiter.)

In der aktuellen Schul- und Unterrichtsforschung wird man bezüglich des erfolgreichen Lernens auch nicht fündig (wie eine Durchsicht der Datenbanken bei der Deutschen Forschungsgemeinschaft, des Leibniz-Instituts für Bildungsforschung in Frankfurt am Main und des Fachinformationssystems Pädagogik ergibt), weil ja eine Kasuistik nicht den Kriterien »moderner« empirischer Forschung entspricht: die Befunde seien nicht verallgemeinerbar. Welch ein Missverständnis von »Empirie«! Dieses Defizit in der Forschung kann dem Praktiker herzlich egal sein; denn er möchte ja vor allem wissen, unter welchen nachvollziehbaren Bedingungen jemanden etwas gelungen ist, was er auch können möchte oder sollte. Gesucht werden Berichte aus der Praxis für die Praxis, es sind diejenigen »Daten«, die praxisrelevant sind. In der Ethnologie spricht man von solchen Berichten als Empiriebasis, von »dichter Beschreibung« (Clifford Geertz), andernorts von Kasuistik oder Evidenz (im Sinne von Beweis!). Ob etwas in einem pädagogisch relevanten Sinn »der Fall ist« oder nicht, lässt sich im Bereich des sozialen kommunikativen Handelns nur im (idealtypischen) Einzelfall mit Sicherheit sagen und ist an Wahrnehmungs- und Bewertungsmuster gebunden (Max Weber). »Man sieht nur, was man kennt« wusste schon Goethe (und was er z. B. in Venedig und Florenz alles *nicht* »sah«, kann man in der Beschreibung seiner Italienreise nachlesen).

Schulleistungsvergleiche und PISA-Befunde geben Praxisrelevantes nicht her. Das ist auch nicht ihre Absicht; denn sie blenden das Lernen selber und die Lernwege zu Lernergebnissen und Lernleistungen aus. PISA entspricht dem formalen Schulzweck eines Ländervergleichs (Monitoring), vernachlässigt aber die Motive und Interessen der Lernenden und auch die unterschiedlichen nationalen schulischen Kontexte der 15-Jährigen. Die PISA-Studien haben zwar bildungspolitische Debatten angestoßen, aber für die konkreten Fragen der Schul(system)- und Lernqualitätsentwicklung blieben und bleiben sie belanglos. Lernen konnte und kann man in ihnen buchstäblich – *nichts* (so auch die Äußerung des zeitweiligen Leiters des PISA-Konsortiums Manfred Prenzel). So weit, so schlecht. Ein gelernter Grundschullehrer, Franz E. Weinert, später Leiter des Max-Planck-Instituts für Psychologie in München, wollte durch seine Münchner Hauptschulstudie genauer wissen, ob Schulkinder bei einer Leistungsfeststellung nicht nur eine bestimmte Leistung zeigen, sondern wie diese zustande gekommen ist (was ihn dazu führte, hinter der aktuellen Performanz eine habituelle Kompetenz anzunehmen; seine Definition wurde Standard und wird meist falsch verstanden: sie ist das »unsichtbare« Potenzial »hinter« der dokumentierten Performanz). Er wurde zum Kritiker der generalisierenden psychologischen Instruktionspsychologie und postulierte eine bis heute nicht realisierte unterrichts- und lernrelevante Lernforschung im Schulalltag: »kleine, möglichst häufig durchgeführte empirische Arbeiten auf lokaler schulischer Ebene«, nicht nur für bessere Leistungsfeststellungen, sondern zur »Beförderung des Unterrichts und des Lernens durch regelmäßige Überprüfung der Lernfortschritte (Veränderungsmessung) bei gleichzeitiger gezielter Veränderung der Lernbedingungen« (Franz E. Weinert [Hrsg.]: Leistungsmessungen in Schulen. Weinheim/Basel 2001, S. 30). Dafür ist neuerdings der Ausdruck »Lernbegleitforschung« vorgeschlagen worden (s. u. S. 37). Es geht also um Lernen im Sinne der Schüler-Lernhandlungen in schulischen Kontexten, nicht um schulisches Lernen im Allgemeinen. Deshalb blendet die nachfolgende Einführung zu diesem Buch alles aus, was in den gängigen Hand- und Studienbüchern zum schulischen Lernen enthalten ist, weil diese Perspektive darin nicht eingenommen wird.

Weinert thematisierte implizit auch ein strukturelles Problem: die Innovations-(un)willigkeit einer Schule gegen oder mit einer Schulverwaltung, die (gemeinsam mit dem Schulträger) die »gezielten Veränderungen der Lernbedingungen« mitträgt und fördert oder behindert. Im staatlichen Regelsystem werden die Versuchs- und Modellmöglichkeiten auf der lokalen Ebene in der Regel restriktiv behandelt, während sie bei den privaten Schulen in freier oder kirchlicher Trägerschaft eher zur Geltung kommen können. Zugleich muss aber betont werden, dass die Ausrichtung und Durchführung der Lehrer-Lehr-Tätigkeit und der Schüler-Lern-Arbeit in jeder einzelnen Schule in die Entscheidung der Lehrpersonen in ihren Teams und im Kollegium im Ganzen gegeben sind. Besonders hier gilt der inzwischen geflügelte Satz von Hattie »Auf den Lehrer kommt es an!«, und hier zeigen sich die didaktisch-methodischen Desiderata in den traditionellen weiterführenden Schulen (besonders den Allgemeinbildenden Gymnasien).

Dieser Befund lässt sich systemtheoretisch leicht erklären: Systemisch gesehen sind die Akteure auf den verschiedenen Ebenen – Landesregierung/Parlament, Ministerium, Mittel- und Aufsichtsbehörden, Verbände und Gewerkschaften, Schulträger, die Einzelschule – nur lose gekoppelt, dies außerdem selbst innerhalb der Einzelschule (gesetzlich garantiert!): Schulleitung, Gesamtlehrerkonferenz, die einzelnen Lehrpersonen, Eltern- und Schülervertreter. Was »oben« gewollt wird, kommt vielleicht »unten« gar nicht an; und was »unten« erfolgreich praktiziert wird, wird »oben« vielleicht eher missbilligt, unterbunden, jedenfalls nicht zum Anlass genommen, dass »oben« Wissen und Überzeugungen modifiziert werden. Entwicklungsprozesse innerhalb »des Systems« von innen und unten sind unter herrschenden Vorgaben daher ein *politicum* und auch ein *arcanum*: ein *politicum*, weil sie mit schulpolitischen Systemvorgaben kollidieren können, und deshalb ein *arcanum*, weil sie sich nicht der Gefahr aussetzen wollen, aufgrund von Bekannt-werden behindert oder gar unterbunden zu werden. (Es ließen sich einige traurige Beispiele anführen.) Durch das »Auskühlen« von Entwicklungsinitiativen bei den Lehrpersonen entsteht der hochgradig unterschätzte Folgeeffekt von Reformver-hinderung und -stau. Das Beharrungsvermögen »des Systems« erklärt sich zwar auch aus seiner institutionellen Verfasstheit, nicht minder aber auch aus der syste-mischen Auskühlung von Reformengagement beim Personal (Verbeamtung). Das systematische Ignorieren von betriebsinternen Verbesserungsvorschlägen kann jeder Unternehmensberater nur mit einem Kopfschütteln quittieren, er würde wohl aber auch auf die Folgekosten beim Humankapital und beim *Outcome* einer nicht innovationsorientierten Betriebsförmigkeit verweisen.

Deshalb – letzter Impuls – sollen die Beiträge in diesem Band möglichst kon-kret aus der Praxis für die Praxis berichten, um zu zeigen, was im Hinblick auf »Lernen ermöglichen, begleiten und fördern« möglich ist und was in die Wege geleitet werden kann, ohne dass die bisherige Praxis im Ganzen über den Haufen geworfen werden muss, was ohnehin eine illusionäre Erwartung und eine motiva-tionale Reformblockade wäre. Aber so nach und nach muss man sich schon aus den Komfortzonen der herkömmlichen Routinen herausbegeben: »Es gibt nichts Neues, außer man tut es!«… Längst tun dies sehr viele Lehrerinnen und Lehrer!

***

Der Titel des Buches lautet »Lernlabor Schule«. Er erinnert an »Laborschule«, zu-nächst einmal an jene in Bielefeld (die auch in diesem Band zu Wort kommt). John Dewey nannte seine Schulen in Chicago »laboratory schools«; denn sie sollten »la-boratories« des Lehrens und Lernens sein (vgl. Punkt VII im Dokument auf Seite 15), weil nur in Schule und Unterricht erfolgreiche Praxen des Lehrens und Ler-nens herausgefunden werden können. Daran knüpfte Hartmut von Hentig mit sei-ner Bielefelder Laborschulgründung an. Aber schon in den 1920er und erst recht den 1960er Jahren gab es eine Laborschule: die Odenwaldschule bei Heppenheim/Bergstraße, die für (nicht nur) die gymnasiale Oberstufenreform eine »Laborschu-le« gewesen ist (Friedrich Edding, zit. Walter Schäfer, u. a.: Probleme der Schule im gesellschaftlichen Wandel. Das Beispiel Odenwaldschule. Frankfurt/M. 1971, S. 21). Heute ist noch auf die Laborschule Dresden hinzuweisen. Zukunftsweisend wäre es, wenn sich jede Schule als Lernlabor verstehen würde, zumal sie es ohne-hin *ist* – ob sie will oder nicht – und dadurch ihren Anspruch anzumelden, ihre Möglichkeiten und Chancen, Probleme und Grenzen immer wieder neu justieren zu müssen und daher auch zu dürfen. Dies sollte der »normative Grundkonsens« der Schulen sein, innerhalb dessen jede einzelne ihren »Referenzrahmen« heraus-findet. Ein erfolgreiches Beispiel dafür sind die Schulen des reformpädagogischen Schulverbunds »Blick über den Zaun«.

***

Dieses Vorwort muss abschließend hinweisen auf ein mögliches Missverständnis der Intentionen dieses Studienbuchs, das Lernen und seine Ermöglichungen, Begleitungen und Förderungen in den Mittelpunkt stellt. Das Missverständnis könnte darin bestehen zu glauben, als seien die Herausforderungen und Aufgaben schulisch organisierten Lernens mit der Methodisierung des Lernens durch »Didaktisierung« der Lernaufgaben und mit der Erreichung von Lernzielen erledigt. Das ist ein Irrtum; denn dann würde übersehen, dass erst einmal die methodische *Anbahnung* und Ermöglichung des Lernens erfolgen muss – der eigentliche Kern der »Lehrkunst«. Und beides sagt noch nichts über jene Ziele des Lernens, die über die eingeübten Lerntätigkeiten hinausgehen und die die mögliche oder erreichbare »Eindringtiefe« beim Verstehen und Erklären von Problemen, Phänomenen und Sachverhalten betreffen.

Im Vorbeigehen sei bemerkt, dass die heutige Empirische Bildungsforschung genau diesem Irrtum erliegt: ohne nach dem Warum, Wodurch, Wozu zu fragen, werden Schüler-»Daten« erhoben, die pädagogisch gesehen weitgehend »sinnfrei« sind, weil ihre mögliche pädagogische Sinnhaftigkeit gar nicht erst in Erwägung gezogen worden ist (vgl. Hartmut von Hentig: Die Schule neu denken. München/Wien 1993, S. 40 ff.).

Eigenstruktur und Eigensinn des Lernens sind die Stichworte, die zurückführen auf die Intentionen der Beiträge in diesem Band. Die Bezugnahme unten im Buch auf Gruschka und Hentig, auf Rumpf und Wagenschein soll anzeigen, dass die Entschlüsselung und Organisation von Lernhandlungen/-tätigkeiten sich nicht in deren *modus actionis* erschöpfen darf.

Einen Rahmen für »Lernen ermöglichen, begleiten und fördern« bieten immer noch die Prinzipien der »Progressive Education« aus den 1920er Jahren (s. Faksimile S. 15).

***

Einige Beiträge dieses Bandes wurden vorab in der Zeitschrift »Lehren & Lernen« veröffentlicht, aber wie alle anderen eigens für diesen Band ausgearbeitet. Der Herausgeber dankt den Autorinnen und Autoren, die in Corona-Schulzeiten ihre Texte trotz der belastenden Verhältnisse in ihrem Schulalltag geschrieben haben.

Tübingen, im Sommer 2022　　　　　　　　　　　　　　　Ulrich Herrmann

THE PRINCIPLES OF PROGRESSIVE EDUCATION

ళ

I FREEDOM TO DEVELOP NATURALLY.
The conduct of the pupil should be governed by himself according to the social needs of his community, rather than by arbitrary laws. Full opportunity for initiative and self-expression should be provided, together with an environment rich in interesting material that is available for the free use of every pupil.

II INTEREST, THE MOTIVE OF ALL WORK.
Interest should be satisfied and developed through: (1) Direct and indirect contact with the world and its activities, and use of the experience thus gained. (2) Application of knowledge gained, and correlation between different subjects. (3) The consciousness of achievement.

III THE TEACHER A GUIDE, NOT A TASKMASTER.
It is essential that teachers should believe in the aims and general principles of Progressive Education and that they should have latitude for the development of initiative and originality.
Progressive teachers will encourage the use of all the senses, training the pupils in both observation and judgment; and instead of hearing recitations only, will spend most of the time teaching how to use various sources of information, including life activities as well as books; how to reason about the information thus acquired; and how to express forcefully and logically the conclusions reached.
Ideal teaching conditions demand that classes be small, especially in the elementary school years.

IV SCIENTIFIC STUDY OF PUPIL DEVELOPMENT.
School records should not be confined to the marks given by the teachers to show the advancement of the pupils in their study of subjects, but should also include both objective and subjective reports on those physical, mental, moral and social characteristics which affect both school and adult life, and which can be influenced by the school and the home. Such records should be used as a guide for the treatment of each pupil, and should also serve to focus the attention of the teacher on the all-important work of development rather than on simply teaching subject-matter.

V GREATER ATTENTION TO ALL THAT AFFECTS THE CHILD'S PHYSICAL DEVELOPMENT
One of the first considerations of Progressive Education is the health of the pupils. Much more room in which to move about, better light and air, clean and well ventilated buildings, easier access to the out-of-doors and greater use of it, are all necessary. There should be frequent use of adequate playgrounds. The teachers should observe closely the physical conditions of each pupil and, in co-operation with the home, make abounding health the first objective of childhood.

VI CO-OPERATION BETWEEN SCHOOL AND HOME TO MEET THE NEEDS OF CHILD LIFE.
The school should provide, with the home, as much as is possible of all that the natural interests and activities of the child demand, especially during the elementary school years. These conditions can come about only through intelligent co-operation between parents and teachers.

VII THE PROGRESSIVE SCHOOL A LEADER IN EDUCATIONAL MOVEMENTS.
The Progressive School should be a leader in educational movements. It should be a laboratory where new ideas, if worthy, meet encouragement; where tradition alone does not rule, but the best of the past is leavened with the discoveries of today, and the result is freely added to the sum of educational knowledge.

Ulrich Herrmann

Lernen und Lernforschung – von Lernhandlungen her gesehen

Eine Einführung in die Thematik dieses Buches

»Mehr lernen, weniger ›durchnehmen‹«.
Martin Wagenschein 1952/1970

»Der Erwerb intelligenten Wissens kann nicht durch passives, mechanisches und unselbständiges Lernen erfolgen, sondern erfordert eine aktive, konstruktive und zunehmend selbstverantwortliche Haltung der Lernenden.«
Franz E. Weinert 1996
Vortrag in der Bayerischen Akademie der Wissenschaften

»Wenn man die Brille der Lehrperson so ändern kann, dass sie das Lernen mit den Augen der Lernenden sieht, wäre dies schon einmal ein exzellenter Anfang.«
John Hattie 2013

Lernlabor Schule – der Perspektivwechsel von Unterrichten zu Lernen

Jede Schule, jede Schulklasse, jede Arbeitsgruppe, jede einzelne Unterrichtsstunde ist ein Lern-Laboratorium, d. h. eine Versuchsanordnung, um – neben anderen – ein wesentliches Ziel zu erreichen: dass die Schüler/innen *lernen*. Ob und wie das gelingt, lässt sich nie sicher vorhersagen. Deshalb müssen die Lehrpersonen weder verzweifeln noch die Flinte ins Korn werfen: bei der weit überwiegenden Zahl der Schüler/innen und Absolvent/innen hat »es« funktioniert, mehr oder weniger gut; keiner weiß genau wie, wenn sie »es« nicht selber erzählen. Zusätzlich gibt es Erfahrungen, wie man Lernen ermöglichen, begleiten und fördern, wirksam unterstützen oder auch behindern oder gar verhindern kann, d. h.: in diesem Lernlabor fängt niemand am Nullpunkt an, die Betreiber haben Berufswissen und -erfahrung, die Schüler/innen haben von Kindesbeinen immer schon gelernt und wissen meist, wie das geht (durch Probieren).

Das Lernlabor Schule ist der institutionalisierte Versuch, Lernen durch Unterricht zu organisieren und erfolgreich zu machen. Der Einsicht, dass das immer wieder neu mit immer wieder neuen Schüler/innen und wechselnden Lehrpersonen versucht werden muss, folgte John Dewey mit der Bezeichnung seiner *Laboratory School*, die er 1896 an der Universität von Chicago eröffnete. »Lernlabor Schule« verweist darauf, auch auf die Laborschule, die Hartmut von Hentig 1974 an der Universität Bielefeld eröffnete (und mit Deweys Pädagogik vertraut war). Zuvor, 1965, hatte Friedrich Edding (später am MPI für Bildungsforschung in Berlin) die Odenwaldschule (unter Leitung von Walter Schäfer und Wolfgang Edelstein, auch er später am MPIB in Berlin) als Laborschule bezeichnet: »Wir können auch nicht genau wissen, auf welche Weise und mit welchen Mitteln das Lernen und Lehren in der fernen Zukunft vor sich gehen wird. Wir können das alles nur als Prozess planen [...] – das ist die Aufgabe, die vor uns liegt« (zit. Schäfer u. a. 1971, S. 20 f.). Die Aufgabe besteht 50 Jahre später unverändert. Wenn also mit »Lernlabor Schule« eine »Laborschule« assoziiert wird, ist das durchaus willkommen.

Sachgerechtes Arbeiten in einem Labor meint nicht einfach Versuch und Irrtum, sondern methodisch nachprüfbar erfolgreiche Problemlösungen herauszufinden. Der Anspruch ist also hoch, von der Sache her, wenn auch viele Lehrpersonen und Schüler/innen das manchmal nicht so auf dem Schirm haben. Auch wenn also der Unterrichts- und Lernalltag häufig auch in »Versuch und Irrtum« seinen Weg bahnen muss, gibt es bewährte Erfahrungen (*evidence* = Beweis) – sie mögen nun »wissenschaftlich« unterfüttert sein oder nicht –, von denen die wichtigsten in diesem Band in Erinnerung gerufen werden, um Hilfestellungen zu geben bei der Aufforderung an die Lehrenden, sich im Hinblick auf »Lernen vom Lernen her gesehen« eine andere Brille aufzusetzen. Willkommen im Lernlabor Schule *heute*.

Rückblende I

Christian Gotthilf Salzmann (1744–1811), evangelischer Pfarrer, Sozialkritiker (»Carl von Carlsberg oder Über das menschliche Elend« 1784–1788), Verfasser zahlreicher klassischer pädagogischer und bis heute immer wieder aufgelegter Schriften (»Noch etwas über die Erziehung« 1784, »Krebsbüchlein oder Anweisung zu einer unvernünftigen Erziehung der Kinder« 1792, »Conrad Kiefer oder Anweisung zu einer vernünftigen Erziehung der Kinder« 1796, »Ameisenbüchlein, oder Anweisung zu einer vernünftigen Erziehung der Erzieher« 1806; alle Texte in Salzmann 1886), Gründer des Landerziehungsheims Schnepfental südlich von Gotha (heute Salzmannschule Schnepfental, Spezialgymnasium für Sprachen des Landes Thüringen), einer der führenden Reformpädagogen des ausgehenden 18. Jahrhunderts, schrieb in seiner Schrift von 1784:

»Einen Hauptmangel [... des Lernens und der Schule] glaube ich darin bemerkt zu haben, dass die Kinder bei dem Lernen mehr fremde, als ihre eignen Kräfte gebrauchen. Es ist noch sehr wenige Anleitung zum eignen Beobachten, eigner Erforschung, eigner Erwerbung der Kenntnisse, sondern der Lehrer arbeitet den Kindern vor, unterrichtet sie von dem, was er durch seine mühsamen Arbeiten herausgebracht hat, und das Kind verhält sich dabei mehrenteils ganz leidend [passiv]. [...] (S. 158)
Bei dem ewigen Unterrichte leidet der Lehrer und der Schüler. Der Lehrer, weil er immer selbst arbeiten muss, da, wo er nur Aufseher und Ratgeber sein sollte! Er ist (man verzeihe mir dieses Gleichnis, ich kann nicht umhin, es zu brauchen, weil es sehr schicklich ist, meine Gedanken zu erläutern) gleichsam Gängelmagd, die vom Morgen bis zum Abend gebückt umher gehen, und das Kind führen, oder vielmehr durch seine Launen sich führen lassen muss, da er doch, wenn ihm erlaubt wäre, die Winke der Natur zu befolgen, nur aufmerksamer Zuschauer von den Bestrebungen der Kinder sein [müsste, ...] wenn sie fallen wollten, beispringen, und, wenn sie wirklich fallen, ihnen aufhelfen... Daher kommt es vorzüglich, dass die [Lehrer ...] mehrenteils sehr missvergnügt leben. [...]
Es ist nur zu bedauern, dass die Kinder dabei selbst zu viel verlieren. Denn ein Kind, das an dem Laufzaume gegängelt wird, lernt nie so früh und so gut laufen, als ein anderes, das bald angeleitet wird, seine eignen Kräfte zu brauchen. (S. 159)
Und was von der Gehekraft gilt, gilt gewiss von allen andern Kräften, sie erschlaffen und werden verschoben, wenn man sie stets gängelt. Der Beobachtungstrieb, die von Gott uns alle eingepflanzte Wissbegierde erstirbt, wenn andere stets für uns beobachten und unsere Wissbegierde sättigen, ehe sie gehungert hat. (S. 160)
Die Kirsche, die das Kind selbst bricht, schmeckt ihm süßer als eine andere, die man ihm in den Mund steckte, und die Beobachtung, die es selbst gemacht, die Wahrheiten, die es selbst herausgebracht, die Kenntnisse, die es selbst erworben hat, machen ihm weit mehr Freude, als diejenigen, die ihm eingeflößt werden. Man frage doch hierüber sein eignes Gefühl! Wie schwer hält es, unsere Aufmerksamkeit eine Stunde lang auf den Vortrag eines andern zu richten... und wie leicht ist es uns, halbe Tage selbst zu arbeiten! Kinder haben das nämliche Gefühl. Sie sitzen schläfrig in der Lehrstunde, und sind munter und tätig, sobald man sie dahin gebracht hat, ihre eignen Kräfte anzuwenden.« (S. 160 f.)

Salzmann verlangt, dass die Kinder und Schüler zu ihrer Motivation einen unmittelbaren Nutzen von dem haben müssen, was sie lernen sollen; er nennt dies »Belohnungen«, in der richtigen psychologischen Einsicht, dass die von den Lernenden selbst erzeugte und erlebte Bestätigung und Bekräftigung durch Erfolg, d. h. die emotional positiv besetzte Erfolg*erwartung*, der beste Motor fürs Lernen ist:

»Wenn ein Kind seinen Lehrer fragte, was hilft mir denn das Schreiben? Warum soll ich denn lateinisch lernen? Wozu nützt mir denn das Französische? Die Geografie, die Geschichte? Die Mathematik? so würde der verständigste Lehrer nichts als die-

ses antworten können: [...] du wirst, wenn du vierundzwanzig Jahr alt bist, den Nutzen von deinem Fleiße gar wohl einsehen, du wirst geschickt sein, deinen Unterhalt
zu erwerben [...] – wie wenig Erwachsene würden sich durch solche Versprechun-
gen, deren Erfüllung ihnen noch so ungewiß ist, zur Arbeit bringen lassen! Und doch
verlangt man es von Kindern.« (S. 162)

Das Thema »selber etwas machen« vertiefte Salzmann in seinem »Ameisenbüchlein oder Anweisung zu einer vernünftigen Erziehung der Erzieher« (1806), einem
der ersten Texte zur Ausbildung von Lehrern und Erziehern auf psychologischer
Grundlage.

»Höret nur auf ihre [der Kinder und Schüler] Wünsche, so werden sie euch schon
selbst dazu [gemeint ist: zur selbständigen Freiarbeit neben den Lehrstunden] Anleitung geben. Einmal wollen sie ein Schiffchen haben [...], ein andermal Knallbüchsen,
Handspritzen, Bogen und Pfeile u. dgl. Von solchen Kindereien suchen nun über-
weise Erzieher sie abzubringen und verleiden so ihnen und sich selbst das Leben;
der wahre Erzieher freut sich aber allemal, so oft er solch einen Wunsch bei seinen
Kindern bemerkt, und ist bereit, ihnen Rat und Anweisung zu geben, wie sie sich die
gewünschten Sachen *selbst verfertigen* können. *Selbst verfertigen*, sage ich.
Das *Selbstverfertigen* [...] ist ein so nützliches und angenehmes Geschäft, dass ich
es zu einer *unerlässlichen* Forderung an alle Anstalten, wo die Kinder zweckmäßig
erzogen werden sollen, mache, daß ihnen Anleitung und Gelegenheit zum Selbstverfertigen gegeben wurde. [...] Der Gewinn, der für die Kinder daraus entspringt,
ist unbeschreiblich groß. Erstlich wird der Tätigkeitstrieb befriedigt [...] Zehn Kinder
an der Werkstatt sind leichter zu lenken, als drei, die nicht wissen, was sie tun sollen. Zweitens befinden sich die Kinder dabei so wohl; wann ist denn das nicht das
reinste innigste Vergnügen, wenn man gewissen vorgesetzten Zwecken sich immer
mehr nähern kann und sie endlich ganz erreicht? Jetzt ist das Schiff fertig, an dem
die Kleinen seit einiger Zeit arbeiten – jetzt wird es vom Stapel gelassen – wird auf
den Bach gebracht, auf dem es nun segeln soll. Mit welchem Frohlocken geschieht
es! [...] Drittens werden dabei so viele Kräfte geübt. Der Geist, der bei der sonst üblichen Lehrart immer dressiert wird, nach fremden Vorschriften zu handeln, [...] lebt
dabei auf, fasst eigene Ideen, und erfindet Mittel, sie auszuführen. Das Auge übt
sich, die Größen zu messen [...]; und die Muskeln der Hände werden auf so mannig-
faltige Weise geübt.« (S. 558 f.)

Dieser Text von Salzmann steht exemplarisch für *die* pädagogisch-psychologi-
sche Entdeckung im ausgehenden 18. Jahrhundert: Der heranwachsende junge
Mensch, der alles, was er werden will und können soll, *muss lernen* – Last und
Chance zugleich: *er muss es, aber er kann es auch* –, was ihm besonders dann gut
gelingt, wenn dieses Lernen selbsttätig sowie erfahrungs- und anwendungsbasiert
geschieht, wenn Neugier und Interesse als Motor des Lernens durch Belohnungen

unterstützt werden, sodass die erworbene Zuversicht in das eigene Können die wichtigste Voraussetzung für die Bewältigung von künftigen Herausforderung im späteren Leben wird.

Die wichtigsten damaligen, bis heute gültigen Einsichten in erfolgreiches Lehren und Lernen lauten seither:

- Kinder, Jugendliche und Schüler/innen müssen ihrer *Neugier*, ihren *Interessen* nachgehen können, weil sie dann aus eigenem Antrieb entdecken und erkunden und auf diese Weise – lernen!
- Bei ihrer *explorierenden Lernarbeit* muss es weitgehend ihnen überlassen bleiben, was sie sich aneignen wollen; denn nur dasjenige, was sie interessiert, fesselt sie (auch über Fehler und Misserfolge hinweg), und nur dasjenige, was für sie Bedeutung hat, behalten sie auch.
- Nachhaltiges Lernen beruht auf *Selbsttätigkeit*. Gelernt wird, was getan wird, am besten mit hoher *Selbstständigkeit und Selbstverantwortlichkeit*.
- Es muss als *Lernarbeitsanreiz* eine Interesse weckende Herausforderung bestehen, die *bewältigbar* ist und subjektiv individuell *Sinn* macht.
- Es dürfen *keine Entmutigungen* eintreten bei einem (auch misslingenden) Versuch, etwas zu bewältigen bzw. ein Problem zu lösen; jeder Versuch sollte von positiven Gefühlen der *Erfolgszuversicht* begleitet sein.
- Es muss viel *wiederholt* und *geübt* werden für *Sicherheit und Erfolgsgewissheit*: »Übung macht den Meister«, nicht (nur) Intelligenz.
- Lernarbeit bedarf – wie jede andere Arbeit auch – eines *Wechsels von Anspannung und Entspannung*.
- *Anforderungen müssen individuell zugemessen werden*: Unterforderung bewirkt Lernverdruss durch Langeweile, Überforderung mindert Lernfähigkeit durch Stress oder bewirkt durch fortgesetzte Misserfolge Lernunwilligkeit.

Die internationale Reformpädagogik an der Wende vom 19. zum 20. Jahrhundert stellt in mancher Hinsicht eine Wiederentdeckung dieser Leitsätze für Lernen dar, man denke vor allem an Maria Montessori. Dies führte zu einem neuen Verständnis von Lehren und Lernen, wie sich an einem prominenten Beispiel in Rückblende II zeigen lässt (vgl. auch das Dokument aus der Zeitschrift »Progressive Education« auf Seite 15).

Rückblende II

Der große Kulturphilosoph Johann Gottfried Herder (1744–1803) war als Generalsuperintendent in Weimar für das dortige Schulwesen verantwortlich und beschäftigte sich in den alljährlichen »Schulreden« – sie waren allenthalben üblich zu besonderen Anlässen der Schulen, besonders zu den Halbjahresfesten der Schulen zu Georgi im Frühjahr und zu Martini im Herbst – mit grundsätzlichen und aktuellen Problemen der Schule, des Unterrichts, des Lehrens und Lernens. Hier ein Auszug aus einer Schulrede des Jahres 1800. Herder formulierte den Spruch *non scholae, sed vitae discimus* um: Es werde eben doch meist nur für die Schule gelernt und nicht fürs Leben, für das aber zu lernen sei! Herder schreibt:

> »Was heißt lernen? Man hat davon falsche Begriffe, wenn man glaubt, es heiße: fremde Worte sich einprägen. Worte sind Schälle; [...] ohne Gedanken aber hat man sie nur als Papagei gelernt: denn bekanntermaßen lernt auch der Rabe, der Papagei Wortschälle und sagt sie zu rechter oder zu unrechter Zeit wieder. [...]
> Was tun wir, wenn wir gehen, sprechen, zeichnen, tanzen lernen? Nicht wahr? wir üben und vollführen ein *Werk*; wir machens nach, bis wirs können, bis es gelingt, mit *unsern* Kräften, mit *unsern* Gliedern. So bei sichtbar in die Augen fallenden Künsten; bei unsichtbaren und bei der unsichtbarsten von allen, dem Denken findet das Lernen auf keine andre Weise statt. *Seine* Gedanken kann *mir* der Lehrer nicht eingeben, eintrichtern; *meine* Gedanken kann, will und muss er durch Worte wecken; also dass sie *meine*, nicht *seine* Gedanken sind. [...] Der beste Prüfstein also, ob jemand etwas gefasst hat, ist, dass er es nachahmen, dass er es *selbst* vortragen kann, nach *seiner eignen* Art, mit *seinen eignen* Worten. [...] In *eignen* Worten muss man Katechisieren; *eigne* Worte muss man dem Katechisierten herauslocken, seine *eigensten* Worte, diese, *diese allein* bezeichnen *seine eignen* Gedanken. *Ihnen* muss man folgen, an sie seine eignen Gedanken knüpfen; *so lernt man lehrend, so lehrt man lernend.*«
> *Quelle: Wilhelm Flitner (Hrsg.): Die Erziehung. Pädagogen und Philosophen über die Erziehung und ihre Probleme. 6. Aufl. Bremen 1970, S. 223 f.*

Rückblende III

Paul Geheeb (1870–1961), 1906 Mitbegründer (mit Gustav Wyneken und anderen) der Freien Schulgemeinde Wickersdorf (bei Saalfeld im Thüringer Wald), gründete 1909 sein eigenes Landerziehungsheim in Oberhambach bei Heppenheim an der Bergstraße: die Odenwaldschule. (Sie nahm 2015 ein unrühmliches Ende infolge des Umgangs mit der Aufdeckung früherer sexualisierter Gewalt.) Im Schweizerischen Exil gründete er die École d'Humanité in Goldern. Die Odenwaldschule galt in der Weimarer Zeit als herausragende Reformschule (die sie nach 1945 in anderem Sinne durch die Verbindung von akademischem und beruflichem Lernen wurde), und in den 1960er Jahren war sie (mit Walter Schäfer als Schulleiter und Wolfgang Edelstein als Didaktischem Leiter) die eingangs (S. 17) erwähnte »Laborschule« (vor allem auch für die Reform der Gymnasialen Oberstufe).

Hier interessiert ihre neue Lehr-Lern-Organisation mit ihrer Fokussierung auf Lernen, deren herkömmliche (und bis heute an öffentlichen Schulen vorherrschende) Struktur der »Belehrungsschule« von einem Wickersdorfer Oberstufenschüler (Mario Jona) und einem Darmstädter Reformlehrer (Otto Erdmann) in eine Organisation von Kursen und Projektlernen umgewandelt wurde (Herrmann 2010, dort alle weiteren Nachweise und Erläuterungen).

Mario Jona: Aus der Entstehungszeit der Kursorganisation (1930)

Wenn ich berichten soll, wodurch meine Arbeit mit dem Wesen der Odenwaldschule verbunden ist, so kann ich nicht von meiner Berufsarbeit als technischer Physiker sprechen, denn zwischen ihr und der Odenwaldschule bestehen keine unmittelbaren Verbindungen. Wohl aber muss ich auf meine ganze Entwicklung zurückschauen von dem Zeitpunkt an, da ich unter den Einfluss von Paul Geheeb kam. Und das war als 14-jähriger Bub. Meine ganze Schulzeit und darüber hinaus meine Studienzeit waren erfüllt von pädagogischen Interessen, geweckt und gehegt von Paul Geheeb. Seine duldsame, gütige Art, die jeden gesunden Keim im jungen Menschen sich entfalten lässt, hat es mir ermöglicht, bereits als Unterprimaner entscheidend an der Gestaltung der Arbeitsweise und des Unterrichts mitzuarbeiten.

Damals entwarf ich, von der Erfahrung ausgehend, dass der übliche Stundenplan zu keiner stetigen Eigenarbeit kommen lässt, für Unter- und Oberprima in Wickersdorf einen Arbeitsplan, der einen dreiwöchentlichen Zyklus umfasste. Eine Woche war der Sprache vorbehalten; dem deutschen Aufsatz zwei bis drei aufeinander folgende Tage, die für die Lektüre, Vorbereitung und Niederschrift dienten; dann ebenso zusammenhängende Zeiten für die fremden Sprachen. Die zweite Woche war historischen Arbeiten im weitesten Sinne bestimmt, und die dritte den mathematisch-naturwissenschaftlichen Fächern. Dann begann der Zyklus von neuem. Die Unterrichtsstunden waren vormittags und nachmittags derart in die Zeit, die für Unterricht und Hausarbeit bestimmt war, eingefügt, wie es die Arbeit erforderte. Als ich diesen Plan in aller Stille ausgearbeitet, meine Klassenkameraden dafür gewonnen und mich schließlich der Zustimmung Paul Geheebs vergewissert hatte, trug ich ihn Gustav Wyneken und den andern Lehrern vor, und er wurde angenommen. [...]

Die konsequente Entwicklung des Gedankens der neuen Arbeitsorganisation musste schließlich zum endgültigen Bruch mit dem verzettelten Lehrplan und zur Ordnung des gesamten Stoffs in Fächer führen, die mit besonderen Bibliotheken und ihren eigenen Lehrmitteln ausgerüstet werden mussten.

Wie glücklich war ich, als ich im Sommer 1909 meine Reise nach Paris, wo ich meine Studien begonnen hatte, in Darmstadt unterbrechend, mit Paul Geheeb nach Unterhambach wanderte, und in langen Gesprächen mit ihm er zu der Überzeugung kam, dass er in der Odenwaldschule den versuchsweise begonnenen Weg entschlossen weiter zu gehen gewillt war: keine Klassenzimmer mehr einrichten wollte, sondern nur Fachzimmer, Seminare.

Neben meinem Studium, das ich nach dem Wunsch orientierte, später an dieser Entwicklung der Pädagogik und des Unterrichts praktisch mitzuarbeiten, beschäftigte ich mich in Gedanken und praktisch in den Universitätsferien am Ausbau der wachsenden Schule. Wieder war es Paul Geheebs vertrauende Art, die mir den Mut gab, für neue Versuche entschieden einzutreten, mit ihm und Edith Geheeb das Begonnene weiter auszubauen und die Einrichtung der neuen Schulhäuser, dem Hergebrachten widersprechend, diesen Plänen ganz anzupassen.

Im Sommer 1912 arbeitete ich einen ausführlichen Plan für die Unterrichtsorganisation aus, der Otto Erdmann die Anregung zur Aufstellung seiner Grundzüge für die Arbeitsorganisation der Odenwaldschule gab. In gemeinsamer Arbeit entwickelten wir im Herbst des Jahres alle Einzelheiten der neuen Arbeitsorganisation, die die angemessene Form für die Arbeitsschule werden sollte und die folgerichtige Fortsetzung des durch Einführung der »Fachzimmer« eingeschlagenen Weges war. Lehrerkollegium und Schülerschaft wurden in die Gedanken eingeführt, die Fächer mit den Fachlehrern in die in sich abgeschlossenen Fachgebiete, in die »Kurse« eingeteilt. Weihnachten 1912 war Otto Erdmann bei mir in meiner Studentenwohnung in Paris. Fieberhaft haben wir nach den vorliegenden Berichten der Lehrer über den Wissens- und Interessensstand der Schüler die erste Kurseinteilung vorgenommen und den Arbeitsplan festgelegt. Januar 1913, nach den Ferien, begann die Arbeit nach der Kursorganisation. [...]

Otto Erdmann: Die Kursorganisation der Odenwaldschule als Modell der künftigen Gestaltung des öffentlichen Schulwesens (1930)

Im Jahre 1913 entstand in der Odenwaldschule als Verwirklichung eines von Paul Geheeb schon lange geschauten Leitbildes eine bis dahin noch nirgends erprobte Organisation des Unterrichts. In vielen Konferenzen, Schulgemeinden, Einzelberatungen vorbereitet, wurde sie schließlich durch Schulgemeindebeschluss zunächst probeweise eingeführt und besteht nun 17 Jahre lang in mehr oder minder veränderter Gestalt. Die ersten Monate waren für Lehrende und Lernende eine schöne Zeit des Forschens nach neuen Wegen in einem neu erschlossenen Land.

Aktivität, eigene Initiative des Schülers, das war der Leitgedanke. Darum individuelle Differenzierung des Studienganges, darum die Möglichkeit der Kurswahl, Beseitigung der Mosaikgestalt des üblichen Stundenplans, der zehn und mehr Fächer in löffelweisen Gaben von je 40 Minuten bunt und willkürlich miteinander wechseln lässt. Konzentration der Arbeitskraft auf nur zwei Hauptgegenstände während einer vierwöchigen Periode – das war der Weg, den wir wählten.

Schöne Aufgaben stellte die neue Form dem Lehrer. Er hatte sein ganzes Unterrichtsgebiet in sachlich abgeschlossene Teilaufgaben zu zerlegen, für jeden solchen »Kurs« eine klare Inhaltsaufgabe aufzustellen. Dem Schüler musste ja im voraus gesagt werden, was er in dem einzelnen Kurs zu erwarten hatte. Ungemein belebt wurde das Schulbild durch den monatlichen Abschluss aller gleichzeitigen Kurse in einer Schulgemeinde, die jedem Lehrer und Schüler einen Querschnitt durch die ganze Arbeit, Ausblick auf das Kommende, Rückblick auf das Gewonnene bot. Besondere Möglichkeiten taten sich auf. Es konnten Lehrer monateweise ausscheiden, um den Zusammenhang mit Wissenschaft und Leben zu pflegen. Andere konnten gastweise für einzelne Kurse herangezogen werden. Ein Kurs konnte auch auf Reisen abgehalten werden, z. B. ein Fremdsprachenkurs in England oder Frankreich, ein geologischer auf Wanderung.

Dem einzelnen Schüler war die Gelegenheit gegeben, innerhalb des einheitlichen Schulganzen sich verschiedene Ausbildungswege zu wählen. Der humanistische Typ hatte Platz neben dem realistischen und dem realgymnasialen. Es konnte beliebig Englisch oder Französisch als erste Fremdsprache gewählt werden, und zwar je nach sprachlicher Begabung in einem früheren oder späteren Zeitpunkt. Aber auch ganz abweichende Wege waren denkbar, etwa eine vorwiegend handwerkliche, vorwiegend musikalische oder künstlerische Ausbildung. Auch konnte der in einem Fach weniger Erfolgreiche durch Wiederholung eines Kursus sein Ziel erreichen ohne das pädagogisch und zeitökonomisch gleich verdammenswerte »Sitzenbleiben« des gewöhnlichen Klassensystems, durch das der Schüler auch in allen übrigen Fächern nutzlos zurückgehalten und gelangweilt wird.

Auch die öffentlichen höheren Schulen Deutschlands haben sich in den letzten Jahren dem Wunsch nach Differenzierung der Ausbildungswege nicht verschlossen. Man wollte einerseits dem Sextaner nicht schon die Entscheidung über seinen ganzen Bildungsweg vorschreiben und schuf daher die Reformgymnasien und Reformrealgymnasien, in denen die alten Sprachen erst spät beginnen und der Unterbau mit der Realschule übereinstimmt; andrerseits ließ man auch die alten Typen bestehen, bei denen der frühe Lateinbeginn pädagogische Vorzüge hat. Man führte in einzelnen Schulen Englisch statt Französisch als erste Fremdsprache ein, man schuf Wahlfächer in der Oberstufe usw. Aber alle diese neuen Typen verwirren auch und rufen Unzulänglichkeiten hervor, besonders in den mittleren und kleineren Orten, die sich nicht alle diese Schultypen nebeneinander halten können. Der so berechtigte Gedanke einer zwar gegliederten, aber doch zusammenhängenden Einheitsschule wurde durch die Entwicklung eher hinausgerückt als gefördert.

In einer solchen Zeit ist es wohl angemessen hervorzuheben, dass die Kursorganisation der Odenwaldschule das Modell geben kann zu einer weit sinnvolleren Gestaltung der Einheitsschule. Denn eine Schule, welche nach dem System der frei wählbaren Kurse aufgebaut ist, vereinigt in sich nicht nur die Ausbildungswege dieser Schultypen, sondern auch unzählige andere. Der eine Zögling kann sich vorwiegend Alten Sprachen, der andere Neuen Sprachen zuwenden. Er kann in ganz verschiedenem Ausmaß mathematische Naturwissenschaften oder Biologie betreiben, künstlerische oder technische Kurse besuchen, ohne dass dadurch die Geschlossenheit der ganzen Schule notleidet. [...] In einer derartigen Einheitsschule ist die Entscheidung für diesen oder jenen Bildungsweg nicht an bestimmte Termine und eng begrenzte Möglichkeiten gebunden; es ist in ihr nie zu früh und nie zu spät für eine dem wahren Bedürfnis des Lernenden angepasste Wahl. Der

Maßstab, nach welchem die eine oder die andere Ausbildungsart gewählt wird, ist weder der Ehrgeiz oder Geldbeutel der Eltern, noch die subjektive Ansicht einzelner Lehrer, noch eine Intelligenzprüfung, sondern das lebendige, vom Erfolg berichtigte und vom sachlichen Rat geleitete Bedürfnis des Lernenden selbst, da dieses ja die Kurswahl bestimmt.

Voraussetzung für ein solches Schulsystem ist freilich eine durchgreifende Reform des Prüfungs- und Berechtigungswesens. Die beste Reform wäre die schlichte Abschaffung der Berechtigungen. Der Glaube an ihre Notwendigkeit ist ein Gespensterglaube. Immer müsste die wirkliche Tauglichkeit, niemals der zurückgelegte Bildungsweg Maßstab der Auslese sein. Wenn schon Prüfungen nötig sind, so seien es Aufnahmeprüfungen an der neuen Stätte, nicht Abgangsprüfungen an der alten, die mit Privileg ausgestattet sind.

Die Arbeitsorganisation der Odenwaldschule könnte als Modell dienen für die Gestaltung jener einen Schule, die wir ersehnen, einer wahren Volksschule und Einheitsschule, einer vielgestaltigen Jugendakademie, die nicht nur dem ganzen Volk geöffnet ist, sondern auch vom ganzen Volk als gemeinsame, ja als die höchste gemeinsame Angelegenheit empfunden und getragen wird.

Hatte die Pädagogikreform des 18. Jahrhunderts auf die psychologische Seite des Lernens abgehoben – Neugier, Interesse, Selbsttätigkeit, Motivation –, so stand für die Reformpädagogik des 20. Jahrhunderts vor allem auch die Organisation des schulischen Lernens im Vordergrund (s. u. zur Montessori-, Freinet- und Jenaplan-Pädagogik; Skiera 2010, Hellmich/Teigeler 2007; Ullrich/Idel 2017). Hier wurden kreative Balancierungen von Instruktion und Selbsttätigkeit erprobt, mit unterschiedlichen Akzentuierungen der Vorgaben und Freiräume. Eine bemerkenswerte Ausnahme bildet dabei das Werk von Martin Wagenschein.

Rückblende IV

Martin Wagenschein (1896-1988) war Mathematiker und Physiker, Lehrer an der Odenwaldschule von 1923 bis 1932, danach Gymnasiallehrer, 1956 bis 1978 Honorarprofessor an der Universität Tübingen, Lehrbeauftragter an der TH Darmstadt (1951-1986), dort Ehrendoktor. Im Antrag der Ehrenpromotion der Fachbereiche Mathematik und Mechanik der TH Darmstadt vom 20.6.1977 heißt es (UA Darmstadt H 55 A Nr. 540/1, S. 2 f.):

Wagenscheins Grundfrage ist »immer wieder, warum der Mathematikunterricht in der Schule gerade das verfehlt, was den spezifischen Wert der Mathematik ausmacht: die Faszination ihrer geistigen Sonderstellung, ihre absolute Sachlichkeit, der innere Zwang ihrer Gedankengänge. Er sieht den Ursprung dieser Mißstände in der starren, stofflichen Systematik der Kurse in der Schule und bemüht sich, dagegen Spontaneität, selbständige Bemühung und insbesondere einen natürlichen Zugang zu den Problemstellungen zu setzen. [...] Es ist die Gegenposition zu einer von gesetzten Axiomen ausgehenden, deduktiv darlegenden Unterrichtsweise [...] Seinen Vorschlägen wird oft entgegengehalten, dass sein Unterricht zu viel Zeit brauche und daß man nicht genügend ›Stoff bewältigen‹ können, daß zudem der von ihm als richtig erkannten Epochenunterricht ebensowenig realisierbar sei wie der Unterricht in kleinen Gruppen ohne ständigen Leistungszwang. Er betont dagegen, daß gerade das exemplarische Prinzip hier eine Hilfe ist. Statt ›Mut zur Lücke‹ sagt er lieber ›Mut zur Gründlichkeit, Mut zum Ursprünglichen‹. Bei der gründlichen Behandlung eines tragfähigen Beispiels scheint der allgemeine Sachverhalt durch. [... Ein Gutachter wird zitiert, er freue sich,] ›daß offenbar gerade von den Mathematikern die Initiative stammt, Wagenschein den Grad des Dr. h.c. zu verleihen. Wir Mathematiker haben Wagenschein und seine Philosophie vielleicht noch mehr nötig als die Naturwissenschaftler.‹«

Wagenschein galt seinen Zeitgenossen als »genialer Didaktiker«, und Otto Friedrich Bollnow, mit Wagenschein aus gemeinsamer Zeit an der Odenwaldschule befreundet, wollte ihn auf eine Pädagogik-Professur in Tübingen gewinnen. Seine Methodik, Verstehen durch Fragen und Gespräche anzubahnen und zu ermöglichen, verfährt exemplarisch, genetisch und sokratisch (die beste Zusammenstellung: Geiss 2017, S. 27 ff.; ein Beispiel Geiß 2014):

Exemplarisch: Die Themen/Lernaufgaben müssen durch Grunderfahrungen Grundfragen eines Sachgebiets erschließen; »Mut zur Lücke«, weil *Mut zur Gründlichkeit*; die Grunderfahrungen müssen *Interesse und Freude am Forschen* wecken; die methodische Erarbeitung von Einsichten muss übertragbar sein; im Entdeckenden Lernen sind *Fragen wichtiger als Antworten*, vor allem müssen Antworten vermieden werden auf Fragen, die gar nicht gestellt wurden.

Genetisch: »Die Lehrperson versteht ihr Fach rückwärts. Die Geschichte hilft ihr, es vorwärts zu verstehen« (ebd. S. 28); die Darbietung eines erklärungsbedürftigen Sachverhalts soll so geschehen, dass der Wunsch nach Verstehen und Erklären geweckt wird, d. h. *die Sache selbst* muss einen Sog erzeugen, nicht irgendwelche methodischen Kniffs: »Die Sache und die Lernenden bestimmen die Themen.« (S. 30)

Sokratisch: Das sokratische Gespräch lenkt die Lernenden auf deren Weg des Beobachtens, Beschreibens, Fragens mit *ihren* Worten; »Was die Lehrperson wann sagen wird, kann sie vorher nicht wissen, denn Kinder denken überraschend« (ebd.); typische Äußerungen der Lehrpersonen sind: »Wer hat verstanden, was eben gesagt worden ist? Von welcher Frage sprechen wir eigentlich? Wie weit sind wir?« (S. 29)

Die Lernenden sind die maßgeblichen Akteure beim Entdeckenden Lernen und im Sokratischen Dialog. Die davon ausgehenden Wirkungen lassen sich so zusammenfassen (Gäss 2017, S. 30):

Wirkungen von Martin Wagenscheins genetischer Methode auf Lernende

Emotion und Motivation
- Emotion und Motivation sind untrennbar verbunden. Das Erforschen eines Phänomens löst Emotionen und Motivation aus.
- Anfangs ergibt sich sachliche Emotion durch die Konfrontation mit einem rätselhaften Phänomen, das nach Erklärung verlangt.
- Nach der Klärung motiviert die Auseinandersetzung mit den Erkenntnissen.
- Motivierte Lernende treiben den Lernprozess voran – die Lehrperson sorgt dafür, dass der thematische Rahmen eingehalten wird.

Verwurzelung
- Durch das genetische Verfahren bleiben Jugendliche in ihrer Umwelt verwurzelt.
- Konfrontiert man sie nicht mit Phänomenen und lässt sie gelehrig nachplappern, werden sie aus der Gesamtheit ihrer Umwelterfahrungen herausgerissen.

Produktive Verwirrung
- Verwirrungen sind erwünscht und werden begünstigt.
- Falls Lernende glauben, bereits zu wissen, so ist Scheinwissen mit entlarvenden Fragen aufzudecken.
- Lehrperson und Lernende gestehen sich gegenseitig das Recht auf Verwirrung zu.
- Aus den Verwirrungen entsteht eine produktive Spannung und infolge der Überwindung von Verwirrungen eine große Sicherheit.

Kritisches Vermögen
- Das präsentierte Phänomen verlangt nach Einordnung – dieses Verlangen produziert Ideen.
- Die Ideen werden im sokratischen Gespräch auf ihre logische Folgerichtigkeit geprüft.
- Reflexiver Blick – Metakognition: Lernende lernen, sich selbst zu beobachten, denn sie kontrollieren, ob ihr Verständnisprozess ohne Brüche stattfindet.

Produktives Denken
- Die Gesellschaft braucht Menschen, die neue Aufgaben entdecken und denen dazu etwas Klärendes einfällt.
- Kinder, deren natürliches Lernbedürfnis nicht nachteilig beeinflusst wurde, sind besonders zu produktivem Denken in der Lage.
- Die genetische Methode lehrt und fördert produktives Denken.
- Produktives Denken ist eng mit adaptiver Kompetenz verwandt.

Es ist leider nicht gelungen, für dieses Buch einen eigenen Beitrag zur Praxis der Wagenschein-Pädagogik und -Methodik zu bekommen. Zum einen verliefen Anfragen im Sand, weil der Blick »lernseits« auf Wagenschein offenbar nicht vermittelbar war; zum andern scheiterte die Ausarbeitung schlicht an beruflichen Belastungen. Mit dieser »Rückblende IV« sollte Sorge getragen werden, dass »Wagenschein« nicht in Vergessenheit gerät; denn dies muss derzeit leider vom üblichen Unterrichtsbetrieb beklagt werden: die Vorgaben der sogenannten Bildungspläne und die Zeitbudgets der »Fächer« sehen keine Freiräume für Fragen und Suchen, Selbst- und Mitdenken vor. Und die extrem hohen Abbrecher- und Fachwechsler-Quoten in den MINT-Fächern im Übergang von den Schulen in die Hochschulen und Universitäten werden einfach hingenommen...

Hintergründe: Reformpädagogik und Neuropsychologie/-biologie

Zur reformpädagogischen Alltagserfahrung, sozusagen zum Vordergrund, gibt es einen neurowissenschaftlichen Hintergrund. Lernen aus der Sicht der jüngsten Neuropsychologie und -biologie des Lernens (Grzesik 2002) lässt die wichtigsten, heute gültigen Einsichten in erfolgreiches Lehren und Lernen, die soeben in Erinnerung gerufen wurden (S. 20), mit Ergänzungen folgendermaßen formulieren (Herrmann 2020, S. 15 f.):

- »Das Gehirn ist kein Daten*speicher*, sondern ein Daten*generator* durch die autonome Organisation der Speicherung und Verknüpfung von Informationen und deren Bedeutungen. Wissen kann nicht *übermittelt* werden, sondern wird aktiv im Gehirn *erzeugt*. Wissensbestände und ihre Bedeutung haben immer eine individuelle Färbung und Wertigkeit.
- Am besten gelernt wird unter leichter Anspannung, leichtem Stress, und das Arbeitsergebnis muss etwas *besser sein als erwartet*. Diese Erwartung setzt Dopamin frei, es bewirkt die Motivation, an der gestellten Aufgabe motiviert zu arbeiten. Unerwartete Schwierigkeiten führen zu hohem Stress bzw. Versagensangst und blockieren oder mindern die erwünschten Gehirnleistungen.
- *Neugier* wird geweckt z. B. durch den Faktor überraschende Neuigkeit, erklärungsbedürftiger Sachverhalt, unerwartetes Ereignis, damit *Aufmerksamkeit* sich fokussieren kann und *Konzentration* möglich wird.
- Durch *Entmutigung* entsteht entweder Motivationsverlust oder gar Vermeidungsverhalten, in krassen Fällen als psychische Verletzung auch Leistungsverweigerung.
- Das Gehirn ist ein soziales Organ und sucht beständig nach Kooperationen: *förderliche Beziehungen und freundliche Atmosphäre*; soziale Resonanz (Beachtung, Zuwendung, Anerkennung) ist ein notwendiges Überlebensmittel für Menschen durch das dabei entstehende Zusammenspiel von motivationswirksamen Neuromodulatoren (Dopamin, endogene Opioide, Oxytozin) im körpereigenen Belohnungssystems.

- Neuronale Netze müssen durch häufigen Gebrauch (Üben, Wiederholen) stabilisiert werden, so entsteht Gedächtnis. *Lernen ist ein sehr langsamer und sehr fehleranfälliger Prozess* (s. u.), wie jeder weiß, der es auf einem Gebiet zu einer gewissen Expertise oder gar Meisterschaft gebracht hat.
- Gedächtnis als *verfügbares Vorwissen* ist die beste Voraussetzung für das Lernen des Neuen. Sicheres abrufbares Vorwissen ist die wohl wichtigste Voraussetzung z. B. für Problemlösungen unter Stressbedingungen (Tests).
- Nachhaltige Informationsspeicherung ist auf Überprüfungs- und Sicherungszeiten angewiesen, d. h. auf einen zeitlichen Wechsel von Informationsaufnahme (Anspannung) und Informationssicherung (Entspannung, Konsolidierung) im Kontext bisheriger Informationsbestände.
- Jedes Gehirn hat als Organ seine *individuelle erfahrungsgeschichtliche Prägung.* Jedes Gehirn schreibt daher neuen Informationen (Erfahrungen) zunächst einmal seine lebensgeschichtlich individuellen Bedeutungen zu.«

Hieraus wird unmittelbar ersichtlich, was für erfolgreiches Lernen zu ermöglichen, zu begleiten und zu fördern ist: vor allem der Aspekt der *Ermöglichung* von Lernen! Daher wird ohne motivationale Faktoren – »die Motiviertheit und Glaubhaftigkeit des Lehrenden, die individuellen kognitiven und emotionalen Lernvoraussetzungen der Schüler, die allgemeine Motiviertheit und Lernbereitschaft der Schüler, die spezielle Motiviertheit der Schüler für einen bestimmten Stoff, Vorwissen und der aktuelle emotionale Zustand« (Roth 2009, S. 62) – erfolgreiches Lernen nicht in Gang kommen können, eine Einsicht, die nicht eben neu ist, aber wenig beachtet wird.

Die Neurobiologie und -psychologie weist auf einen nicht minder wichtigen Umstand hin: dass Lernen ein langsamer und fehleranfälliger intraneuronaler Prozess ist, auf den wir in vieler Hinsicht keinen willkürlichen Einfluss haben.

- Neue Informationen müssen eine *Prüfinstanz* durchlaufen, das *Limbische System* (Herrmann 2020, S. 65), in dem sie daraufhin geprüft werden, ob sie neu und interessant, verständlich oder unverständlich und angenehm/unangenehm sind, *Anknüpfungspunkte* in vorhandenen *neuronalen Netzen* finden oder nicht, sodass eine Weiterleitung erfolgt oder auch nicht.
- Welche Bedeutung verleihende Anknüpfung im *Vorwissen* dann stattfindet, ist ungewiss und muss bewusst gemacht werden und kann zu Fehlinformationen oder -schlüssen führen. Der Grund dafür ist, dass jedes Gehirn in seiner *Selbstorganisation und Lerngeschichte das Ergebnis seines individuellen Gebrauchs* und seiner individuellen Optimierung ist (Hüther 2020, Braun/Scheich 2020), sodass ohne Feedback, wie schon Herder wusste (s. S. 20f.), der Lehr-Lern-Vorgang im Nebel bleibt.
- Ob das Gehirn daher durch Lehre vermittelte Informationsimpulse nach der Intention des Lehrenden adäquat aufnimmt, bleibt zunächst einmal ungewiss

und klärungsbedürftig. *Ohne diese ad hoc-Klärung bleibt Lehre eine Reise ins Ungewisse.*

- Nicht alles im unendlichen Zustrom von Informationen darf aus dem Arbeitsspeicher (Hippocampus) ins Langzeitgedächtnis (präfrontaler Cortex) übertragen und dort fixiert werden, sondern nur solche, die für einen dauerhaften Gebrauch wichtig sind, was das Gehirn dadurch »lernt«, dass diese Information immer wieder aufgerufen wird oder weil sie sich z. B. als bedeutsames »Einmal-Ereignis« intensiv »eingeprägt« hat.
- Ohne möglichst *häufiges Feedback*, ohne ständige übende Vertiefung, ohne häufige *Wiederholung* des Gelernten und seine *Übertragung in neue Aufgaben*, wo es als Vorwissen aktiviert wird, sind nachhaltige Lernerfolge nicht zu erwarten.
- Zugespitzt darf man formulieren, dass Lehren und Lernen unter den Bedingungen des Schulalltags tunlichst als »experimentell« mit offenem Ausgang zu betrachten sind. Wenn Lernen nicht als *Weiterlernen*, sondern als ständiges *Erlernen des Neuen* organisiert und abgeprüft wird, »lernt« das Gehirn, so formulierte es Manfred Spitzer drastisch, dass das Gelernte am Ende einer »Unterrichtseinheit« nach dem Test vergessen werden kann und tatsächlich vergessen wird, weil es erfahrungsgemäß nicht mehr aufgerufen und gebraucht wird.

Der herkömmliche Schulunterricht ist daher, so Spitzer, eine ziemlich perfekte Organisation des Vergessenmachens, weshalb Gerhard Roth konstatierte, die Nachhaltigkeit des meisten im Gymnasium Gelernten tendiere nach kurzer Zeit gegen Null.

Reformpädagogisch inspirierte Lehr-Lern-Organisationen zeichnen sich heute zumeist auf der Ebene der Methodik dar. Das ist sowohl berechtigt als auch unvermeidlich, wenn sinnenfällig und lernbar werden soll, wie Lernhandlungen organisiert und angeleitet werden können. Es sollte aber erstens nicht vergessen werden, dass sie ursprünglich immer eingebettet waren in eine umfassendere Pädagogik im Sinne eines Menschenbildes und von Bildungszielen. Deshalb haben renommierte Schulpädagogen, jeder auf seine Weise, auf das Problem des sachlichen Unterbietens von Lernen und Verstehen hingewiesen.

Hartmut von Hentig hat angesichts des »allmählichen Verschwindens der Wirklichkeit« (1985) immer wieder auf den Verlust der Widerständigkeit von konkreter Erfahrung des praktischen Tuns beim Lösen von Aufgaben hingewiesen, deren Bewältigung (Arbeit) zu erprobtem Können führen soll, und damit einhergehend eine »Flucht aus dem Denken ins Wissen« (1993, S. 40 ff.). Da wird nämlich die eine Form des Lernens – »sich neuen Erfahrungen stellen und sie mit Hilfe der alten verarbeiten« (Hentig 1971, S. 122) – ersetzt durch eine andere Form des Lernens: »das Übergehen aus einem Zustand mit »weniger Wissen« in einen Zustand mit »mehr Wissen« (ebd.).

Kommentar: *Letzteres ist für sich genommen ja nicht zu beanstanden; denn ohne mehr Wissen werden komplexere Probleme schwerlich durchschaubar werden, aber auch der Weg zu mehr Wissen muss gebahnt und organisiert werden. Aber wie? Und unter welchen konkreten Organisations- und Realisierungsbedingungen der öffentlichen Regelschulen? Wenn Lehrpersonen das Regelwerk der Verordnungen (Bildungspläne, Notengebung, Versetzungsordnung usw.) weder ignorieren noch unterlaufen können – welche Möglichkeiten haben sie dann, nachhaltiges Lernen zu ermöglichen, wenn nicht durch die Nutzung ihrer Freiheiten im System, die so gering auch wieder nicht sind – wenn man sie denn kennt und zu nutzen gewillt ist. Dazu dienen die vielfältigen Beispiele und Anregungen dieses Bandes.*

Zitierte Schriften: Das allmähliche Verschwinden der Wirklichkeit. Ein Pädagoge ermutigt zum Nachdenken über die neuen Medien. München/Wien 1985. – Cuernavaca oder: Alternativen zur Schule? Stuttgart/München 1971. – Die Schule neu denken. München/Wien 1993.

Andreas Gruschka hat für einen maßgeblichen Missstand des Lernens in der Schule heute eine griffige Formulierung: »Es geht also anscheinend vor allem um die Organisation der Lernarbeit, nicht aber um die Lösung der Probleme, die bei der Begegnung mit einer sachlichen Aufgabe entstehen. Didaktik löst sich auf diese Weise zunehmend in Lernselbstmanagement auf. […] es erfolgt auch eine Umerziehung der Schüler. Sie werden darauf gedrillt, anstelle von Sach- nun Methodenkompetenz zu entwickeln, mit der sie auch jenseits fachlicher Einsichten Aufgaben der Informationsverarbeitung und Kommunikation erledigen können. Ihnen wird ein verantwortliches Verhältnis und eine neugierige Haltung zu den Inhalten des Lernens konsequent abgewöhnt« (2011, S. 25 f.). Fazit: »Das überschießende Interesse und damit [das] als Störung des Unterrichts schnell verdächtigte Bildungsinteresse ist nicht erst aus idealistischer Sicht tatsächlich das Salz in der Suppe. Ohne die Bildungsbewegung der Schüler kommt es im Unterricht schlicht zu nichts mehr als mehr oder weniger verzweifelter Abrichtung auf gefordertes Lernverhalten« (S. 27; dazu dann in Kap. III der »Neuansatz: Wie ›Verstehen lehren‹ erlaubt, die pädagogische Verantwortung und Aufgaben wiederzugewinnen« [S. 135 ff.] durch »Erziehung durch Methoden anstelle von Methodentraining« [S. 172 ff.]).

Kommentar: *Bei Gruschkas Position ist dreierlei zu beachten:*
1. *Es gibt zu lösende Probleme nicht als solche, zwar in Lehrplänen, aber diese beziehen sich ja nicht auf Fragen, die die Schüler stellen, wenn sie mit erklärungsbedürftigen Sachverhalten konfrontiert werden; wobei die Konfrontation eine Reaktion, nämlich Fragen auslösen muss (vgl. oben den Hinweis von Gäss auf Wagenschein S. 27); Unterricht als Suche nach Antworten auf Fragen, die keiner gestellt hat, ist Krampf.*

2. *Ziel von Unterricht soll die Erweckung einer Selbstbildungsbewegung der Schüler/innen sein anstelle des Kompetenzerwerbs. In der Einleitung zu seiner »Didaktik« (2002) hat Gruschka dies deutlichst formuliert: es geht gegen die »Tendenzen der Entsorgung der didaktischen Probleme durch die Liquidierung des Problems der Vermittlung von Bildungsinhalten.« (S. 11)*
3. *Lernen aufgrund von Neugier und Interesse kann und soll sich nicht in Methodentraining erschöpfen, sondern als »erziehender Unterricht« (Herbart) dem Ziel der Mündigkeit dienen: durch methodische Kontrolle des Verstehens und der Urteilsfähigkeit.*

Aber auch hier gilt: Die anregend und herausfordernd gewollte Konfrontation kann gelingen oder verpuffen; die Begegnung kann stimulierend, aber auch wirkungslos sein; eine Selbstbildungsbewegung kann sich auch unmerklich hinter dem Rücken des Lernenden vollziehen, bis ein ihm spürbarer Funke zündet – oder all dies auch nicht. Kurzum: Die richtigen und wichtigen Ziele sagen selber noch nichts über ihre Erreichbarkeit, auch in einem schlichten handwerklichen Sinne, wie er hier an Beispielen erläutert wird, sozusagen unterhalb der Gruschkaschen Monita und Erinnerungen, aber nicht im Widerspruch zu ihnen. Und vermutlich ist es ja so, dass es ohne die basalen Anregungen, Anleitungen, Befähigungen, ohne die Pflege von Kräften und Begabungen so leicht keinen Fortschritt in Richtung Eigeninteresse und Selbstbildungsbewegung geben kann.

Zitierte Schriften: Didaktik. Das Kreuz mit der Vermittlung. Elf Einsprüche gegen den didaktischen Betrieb. Wetzlar 2002. – Verstehen unterrichten. Ein Plädoyer für guten Unterricht. Stuttgart 2011.

Horst Rumpf, jener dem Schuldienst entronnener, an Wagenschein und Aebli geschulter Beobachter einer »Belehrungswut« (Rumpf 2004), die ihm zutiefst suspekt war: »Belehrungswut ist [...] indiskret und schamlos – sie verschlingt jedes Objekt. Sie wahrt keine Distanz, kennt kein Schweigen, verachtet Umwege und Anspielungen. Der Belehrungswütige ist unfähig, in wenigen anspruchsvollen Inhalten auszuharren, sich von ihnen fordern zu lassen, sich ihrem Gültigkeitskern auszusetzen. Stattdessen hastet er im Gestus rascher Erledigung von Stoff zu Stoff. Und hält die angedrehte Lebendigkeit auch noch für fortschrittlich. [...] Belehrungswut könnte den Wind des Ungewissen, des Vieldeutigen, des Abgründigen, des Verrückten aus den Dingen und Gedanken vertreiben und Bildungseinrichtungen vollends zu Erledigungsmaschinerien werden lassen. Lernschnellwege habe nicht nur ohne Grund Konjunktur – von der Grundschule bis zur Universität« (S. 11 f.). – Es ist unmöglich, Rumpfs unzählige subtilen »pädagogischen Aufmerksamkeiten« (so der Untertitel von 2004) hier zur Geltung zu bringen, deren Ziel es ist, die Augen dafür zu öffnen, dass in pädagogisch-didaktischen Arrangements das zunächst Hintergründige, Unerklärliche, Unverständliche nicht durch Didaktisierung als Trivialisierung zugunsten intellektuellen Tiefflugs entsorgt werden dürfe.

Kommentar: *Die Belehrungswut geißelt einen Missstand des Belehrungsauftrags: den »Stoff« »durchzunehmen«, ohne danach zu fragen, ob und warum und wie er Anlass des Lernens sein könne; und wenn ja: welchen Gewinn der Lernende davon habe; oder: wo er denn geblieben ist, nachdem er »durchgenommen« wurde. »Belehrungswut« ist der von amtlichen Stoffverteilungsplänen (die weder Lehr- noch Bildungspläne sind) unterstellte normale Betriebsmodus einer Lehrperson, die demzufolge in eine ebenso unvermeidliche wie aussichtslose Situation der Überforderungen und des Scheiterns gepresst wird: nicht aus Gründen subjektiven Ungenügens, sondern aufgrund des systemischen Ignorierens der Eigenstruktur und des Eigensinns des Lernens.*

Zitierte Schrift: Diesseits der Belehrungswut. Pädagogische Aufmerksamkeiten. Weinheim/München 2004.

Zwischenbilanz: Zum Stand der Diskussion

Für die Beantwortung der Frage nach dem Stand der Diskussion ist der erste Gewährsmann für eine Zwischenbilanz immer noch Franz E. Weinert (1930–2001), zumal er selber einige Male Bilanz gezogen hat: Welchen Ertrag für die Schul- und Unterrichtspraxis hat die psychologische Lernforschung bisher erbracht? (Der zweite Gewährsmann ist Michael Schratz, s. u. S. 39f.)

Weinert hat an der Pädagogischen Hochschule Bamberg für das Lehramt an Grund- und Hauptschulen studiert, parallel dazu Psychologie an der Universität Erlangen (Promotion 1958), Habilitation an der Universität Bonn, Professor in Würzburg und von 1968 bis 1982 an der Universität Heidelberg für Entwicklungspsychologie und Pädagogische Psychologie. 1981 Gründungsdirektor des Max-Planck-Instituts für Psychologie in München, Präsident der Deutschen Gesellschaft für Psychologie, Vizepräsident der Deutschen Forschungsgemeinschaft und der Max-Planck-Gesellschaft, Mitglied der Bayerischen Akademie der Wissenschaften. Nachhaltige Wirkung hatten seine »Münchner Hauptschulstudie« und der Sammelband »Leistungsmessungen in Schulen« (2001). Weinert verstand sich immer als Lehrer von Lehrern, in gleicher Nähe zur Forschung wie zur Schulpraxis und deren Vermittlung, diese aber von den Fragen der Schulpraxis an die Forschung und nicht auf dem Holzweg der Übertragung der »Grundlagen«-Forschung auf die Praxis.

Weinert hat zu dieser Thematik und seiner eigenen Positionierung in seinem Enzyklopädie-Artikel »Lerntheorien und Instruktionsmodelle« (1996) ernüchternde Befunde zusammengetragen; denn er hatte in gleicher Weise kritische Vorbehalte gegen die generalisierenden Aussagen der empirisch-psychologischen Forschung wie gegen didaktische Vorschläge, die das Wünschbare mit dem Machbaren verwechseln (S. 4).

- Erstens: Es fehlt an einer »Überbrückung der Kluft zwischen der Suche nach grundlegenden theoretischen Einsichten und der praktischen Nutzung solcher Erkenntnisse« (S. 6).
- Zweitens: Wege zu einer didaktisch relevanten Lern*theorie* waren ohne Erfolg: entweder müssen Generalisierungen zu sehr eingeschränkt werden, oder die Anzahl spezifischer Aussagen (Einzelfälle) nimmt inflationär zu (S. 24). Der Vorschlag ging daher dahin, sich auf die Bewältigung von Lernaufgaben zu beschränken (S. 25).
- Drittens: Hinsichtlich der Instruktionsmodelle und -prinzipien ist die Sachlage nicht besser: Weinert richtet an acht Prinzipien (S. 39 ff.) jeweils einige Gegenfragen – »Lernanforderungen sollten die individuellen Lernvoraussetzungen berücksichtigen«: welche sollen das sein und wie macht man das?; das Verfügen über »inhaltsspezifische Wissenssystem ist Voraussetzung für komplexe kognitive Leistungen«: welche Kriterien sollen gelten, wie können Defizite ausgeglichen werden?; beim Lernen soll das Lernen selbst gelernt werden: geht das von selber oder bedarf es eigener Instruktionsstrategien?; Rückmeldungen sollen einen »motivationalen Bekräftigungswert aufweisen«: schön, aber wie? – usw.

FAZIT

»Es ist offensichtlich, dass die postulierten und in der einschlägigen Literatur vielfach propagierten Instruktionsprinzipien mehr Probleme *aufwerfen* als dass sie spezifische Handlungsanweisungen liefern. […] *Instruktion bleibt vermutlich die wissenschaftlich zwar fundierte, aber nur durch gesunden Menschenverstand, praktische Vernunft und plausible Erfahrungsgeneralisierung nutzbare Anwendung von Prinzipien, die eigentlich keine Prinzipien sind.*

Änderung verspricht allein der Vorschlag Bereiters (1990), von der bloßen Anwendung traditioneller Lerntheorien zur *Entwicklung pädagogisch orientierter Lernmodelle* überzugehen. Das würde bedeuten, dass nicht nur in den Ergebnissen der Grundlagenforschung nach Anwendungsmöglichkeiten gesucht wird, sondern dass auch mit anwendungsorientierten Fragestellungen Grundlagenforschung zu betreiben wäre.« (S. 41)

Weinert hat diese Analysen in einem Würzburger Vortrag (1998) wiederholt: präskriptive Lernmodelle sind nicht alltagstauglich (S. 3), Modellmix ist »kaum brauchbarer als die pädagogischen Faustregeln der alten Schulmeister« (S. 4), schulisch organisiertes Lernen verkennt die Leistungsfähigkeit des natürlichen Lernens (S. 5), und da Lernen zu Können (Anwendung) jenseits der schulischen Lernsituation führen soll (»horizontaler Transfer«), gilt es zu beachten: »Partizipative Lehr- und Lerngelegenheiten, Projektunterricht oder variable Situationsmethoden haben sich bei der Maximierung des horizontalen Transfers als besonders effektiv erwiesen« (S. 9 f.). Weinert fasste zusammen (1999, S. 31 f.): Unterricht ist

- »üblicherweise zu inhaltszentriert und zu wenig verständnisorientiert. […]
- paradoxerweise zu oft leistungszentriert und zu selten lernorientiert. […]
- im Durchschnitt zu stoffabhängig und zu wenig begabungsdifferenzierend. […]
- in der Regel didaktisch zu wenig variabel.«

»Beobachtungen zeigen, dass in vielen Schulklassen *pseudohafte Leistungssituationen* viel häufiger vorkommen als *explizite Lerngelegenheiten*. Manche Lehrer machen nämlich aus jedem kleinen Frage- und Antwortspiel und jeder gemeinsamen Aufgabenlösung an der Tafel eine leistungsthematische Situation, indem sie permanent positive oder negative Erwartungen äußern, jede Äußerung eines Schülers bewertend kommentieren und die Lernenden bei ihren Bemühungen ständig beurteilen. Erfolgreicher Unterricht braucht aber beides, und zwar im Bewusstsein der Schüler möglichst separiert: viele entspannte Gelegenheiten zum intensiven Lernen und genügen anspruchsvolle Leistungssituationen.« (S. 33)

Ausnahmen zeigen immer, dass die Regel anders lautet. So wenig wie es *die* Lehrkraft gibt, gibt es in concreto *den* Unterricht. Das ändert nichts an der Tatsache, dass Weinerts Beobachtungen auch heute noch zutreffend sind, ganz einfach nicht zuletzt deswegen, weil bis heute Lehrpersonen hauptsächlich so ausgebildet und im Beruf angeleitet werden, dass sich dieses Verhalten verfestigt: denn am Ende des Tages müssen Noten festgesetzt, über Versetzung oder Nicht-Versetzung entschieden, müssen Schullaufbahnentscheidungen getroffen werden. Schule ist nun mal leistungs-, weil selektionsorientiert. Weinert spricht vom deutschen Schulsystem als einem »relativ stabilen, sehr änderungsresistenten, aber durch externe Interventionen leicht irritierbaren ›Granitblock‹« (S. 362). Wer »glaubt, lediglich durch Erstellung und Veröffentlichung von Ranglisten schul- oder lehrerbezogener Daten den sozialen Druck auf die unterste Ebene des Bildungssystems erhöhen zu können und sich davon kurzfristige Leistungsverbesserungen verspricht, wird enttäuscht werden und sollte von Anfang an die langfristigen negativen Folgen eines solchen Vorgehens selbstkritisch bedenken.« (S. 363)

Was ist zu tun?

Es mangelt – bis heute – an *schülerbezogenen* Daten. »Die Mehrzahl der Schulklassen in Deutschland verfügt bei Kompetenz- und Leistungsanalysen kaum über zuverlässige Vergleichsdaten zur Beurteilung der eigenen Arbeit. Das ist ein notorischer Mangel des Systems, dessen Überwindung wettbewerbsfreie Vergleichsstudien auf Klassen- und Schulebene erfordert« (S. 29 f.). »Es wird zu Recht beklagt, dass Schulen und vor allem Schulklassen relativ abgeschottete Bildungsorte darstellen. Weder für Schulleiter noch für die einzelnen Lehrer ist es leicht, sich ein realistisches Bild über den Leistungstand ihrer Schule oder ihrer Klasse zu machen« (S. 364). Zu diesem Zweck »müssen die internationalen, nationalen und regionalen Studien durch maßgeschneiderte informelle schul- und klassenspezifische Untersuchungen ergänzt werden (… sowie) durch leicht zugängliche Sammlungen gut konstruierter und empirisch überprüfter Aufgaben aus allen Fachgebieten und für die verschiedensten Jahrgangsstufen und Schulstufen.« (S. 364 f.)

Ein einfaches Beispiel zur Erläuterung dieser Situation. Die Universitätsstadt Tübingen (ca. 90 000 Einwohner, mittelständische Industrie, Forschungsinstitute Naturwissenschaften und KI, Kliniken, Mittelbehörden) unterhält folgende weiterführende Schulen: vier Gemeinschaftsschulen (Realschulen integriert) und fünf Allgemeinbildende Gymnasien. Der Landkreis unterhält am Ort drei weiterführende Schulen (in der Regel mit Berufsfachschulen und Berufskollegs) mit fünf Gymnasialabschlüssen: mit den Profilen Technik, Biotechnologie, Wirtschaft, Sozialwissenschaft, Ernährung. – Niemand kennt die Leistungsprofile (im Vergleich), die sogenannte Empirische Bildungsforschung am Ort geht an dieser Frage vorbei.

Ziel solcher Untersuchungen, die Weinert eingefordert hat, »ist nicht in erster Linie die Registrierung von Leistungen und Leistungsunterschieden, sondern die Beförderung des Unterrichts und des Lernens durch regelmäßige Überprüfung der Lernfortschritte (Veränderungsmessung) bei gleichzeitiger Veränderung der Lernbedingungen. Es geht […] um kleine, möglichst häufig durchgeführte empirische Arbeiten auf lokaler schulischer Ebene«, möglichst in Verbindung mit Institutionen der Lehreraus- und -fortbildung (S. 30). Das erinnert an die Konzeption der Regionalen Pädagogischen Zentren der 1970er Jahre, deren Aufgabe es sein sollte (hier im Bereich der Curriculum-Entwicklung), Schule, Wissenschaft und Bildungsverwaltung zusammenzubringen und die Schule »soweit an der Entwicklungsarbeit zu beteiligen, dass gleichzeitig […] die Fähigkeit der Beteiligten im Umgang mit den Materialien gefördert wird«, wobei auch die Eltern und die Lernenden (!) entsprechend zu beteiligen sind (Deutscher Bildungsrat 1973, S. 29). Deren Mitwirkung wird ausdrücklich unterstrichen (S. A 14), da die Curriculum-Revision sich auf das Gesamtsystem Schule auswirken wird und mit den Folgen auf eine breite Legitimationsbasis angewiesen ist.

Solche Untersuchungen werden bis heute nicht betrieben; denn auch die bundesweiten Lern*stands*erhebungen sind punktuelle Leistungsmessungen. Die Abfrage zahlreicher Datenbanken und Institute hat jedenfalls keine Hinweise erbracht, die Konsultation einschlägiger Lexika ebenso, ein in unserem Zusammenhang krasser Fall ist Helmke 2014a (S. 816 f.): Unter dem Stichwort »Schülerorientierung« im Artikel zur »Lernwirksamkeit des Lehrerhandels« erscheinen auf einer halben Druckseite einige Zitate zu »lernförderliches Klima, Motivierung, Unterstützung«, zum Stichwort selber: Fehlanzeige. Ein nicht minder krasser Fall ist eine Analyse der Schulverhältnisse in der Corona-Krise: Alles Mögliche wird erhoben und befragt – von Schulleitungen über Elternem bis zur Lehrerbildung –, die Perspektive der Schüler/innen sucht man vergebens (Reintjes u. a. 2021). Man hätte erwarten können, dass jüngste Erhebungsinstrumente zur Qualität von Unterricht nicht nur auf die Lehrer-Lehrtätigkeit abheben, sondern auch auf die Schüler-Lernhandlungen; denn an ihnen vor allem müsste ja die Qualität der Instruktionsbemühungen ablesbar sein. Es ist ganz richtig gesehen, dass das Lernen wie auch die »kognitive Aktivität« als Effekt einer »kognitiven Aktivierung« nicht direkt beobachtet werden kann. Es kann aber von Lernhandlungen, die direkt beobachtet werden können, auf deren kognitiven Gehalt geschlossen werden (den die Lernenden auch selber berichten können oder in entsprechenden Lerntagebüchern festgehalten haben), weil anders diese Handlungen ja nicht ausgeführt worden wären. Zwei jüngste Unterrichtsbeobachtungsinstrumente (Hamburg 2016, Fauth u. a. 2021) konzentrieren sich jedoch fast ausschließlich auf die Lehrerhandlungen, die detailliert aufgeführt werden, die wenigen Hinweise auf Schüler-Lernhandlungen hingegen nur sehr knapp. Dass das Ziel des Unterrichts die Lernhandlungen der Schüler/innen sind, ist sachlich und begrifflich in den Anleitungen zur Unterrichtsentwicklung durch Unterrichtsbeobachtung offensichtlich noch nicht angekommen. Und warum? Genau genommen wird hier »Bestätigungsforschung« betrieben: bestimmte, relativ triviale Kennzeichen »guten Unterrichts« werden zu Indikatoren der Unterrichtsbeobachtung, damit sich herausstellt, ob sie zutreffen. Der Beitrag von Reusser in diesem Band (S. 331 ff.) zeigt, dass auf diese Weise allenfalls »lehrerseits« die *Oberfläche* der »Tiefenstruktur« von Unterricht erreicht wird. Hartmut von Hentig bemerkte zu diesem von ihm scharf kritisierten Forschungstypus zugunsten einer (wissenschaftlich begleiteten) schulinternen Lehrerforschung (2004, S. 30):

> »Die Vertreter der [Forscher-]Zunft werden fragen: Wie wird aus den ›Schulgeschichten‹ Wissenschaft? Meine Antwort ist: gar nicht. Es muss doch umgekehrt sein: Aus den Daten, die die Wissenschaft erhebt, aus Erfahrungen von Lehrern, aus dem noch ungebundenen Nachdenken einzelner, aus dem dialogisch gebundenen Philosophieren der an der Sache Beteiligten und nicht zuletzt aus der Wahrnehmung des Handelnmüssens wird erst das geforderte Ganze, das Wissen, wie es die Pädagogik braucht, nicht, wie es die Wissenschaft definiert.« (S. 30)

In einer kritischen Auseinandersetzung mit dem Konzept des Personalisierten Lernens von Stebler u. a. (s. u. S. 231) hebt Patrizia Kühner (2020) hervor, dass im Unterschied zur üblichen »Unterrichtsforschung« eine »Lernbegleitforschung« wünschenswert wäre, um endlich eine Prozess-Wirkungsforschung in Gang zu setzen, um die »schülerseitigen« Lernhandlungen und ihre Effektivität zu erfassen. – Eine *Lernbegleitforschung* könnte ansatzweise auf eine Analyse von viel ungenutztem Material zurückgreifen: die Dokumentationen der Lern-/Schultagebücher und der Lernbegleitberichte, die ja nicht nur die Fortschritte bei Leistungen festhalten, sondern häufig auch das Lernverhalten charakterisieren (s. u. S. 67 f.).

Mit dem Blick auf den Beitrag von Hildebrandt/Glauer sollte daran erinnert werden, wo es pädagogische Begleitforschung von Lernhandlungen gibt: im Vorschulbereich. Hier wird auf Labor-/Experimentalsituationen verzichtet – zumal sie kaum herstellbar sind! – und dokumentiert, wie Lernhandlungen dazu führen, dass die kleinen Kinder Kompetenzen erwerben, um ihre Erlebnis- als Lebenswelt zu erfahren, zu ordnen und zu bewerten. Anders als durch fokussierte teilnehmende Beobachtung lassen sich keine »Daten« und Einsichten gewinnen. Das wäre dann auch die (von Weinert formulierte) Botschaft an die Adresse der Schul- und Unterrichtsforschung.

Das *Fehlen einer Lernbegleitforschung* im Bereich der Lernforschung in Schule und Unterricht lässt sich leicht erklären: Ein solcher Typ von Forschungen ist sehr anspruchsvoll; denn die Lernhandlungen unter Realbedingungen – sichtbare und mentale Prozesse –, ihre passageren Prozesse, Wechselwirkungen und Effekte/Ergebnisse, ihre Resultate und deren unterschiedlichen Bedeutungen (für den Lernenden, für den/die Beobachter, in Aufzeichnungen/Dokumentationen) können zwar punktuell *fest*gestellt (insofern hat es der Vorschulbereich leichter), aber *in actu* weder synchron noch *in toto* dokumentiert oder in einen Verlauf von Lernhandlungen eingeordnet werden, um diesen Verlauf zu verstehen. Mit einem Wort: Solche Forschungen sind aufwendig, langwierig, ohne Aussicht auf Ergebnisse, die (internationale) Reputation versprechen – daher: Wer mag sich das schon leisten, wenn er drittmittelabhängig ist, und wer könnte Erfolg haben gegen den Mainstream von Gutachtern?

Weinert konnte es sich als unabhängiger Forscher in einem Max-Planck-Institut und mit seiner Reputation eine Position und Praxis leisten, die eine Ausnahme darstellte. Bemerkenswert ist, dass er für den Ausweg aus der Ausnahme selber einen Weg gewiesen hat: Regionalen Pädagogischen Zentren (s. o.) für Forschung und Entwicklung, Unterrichtsentwicklung und Fortbildung aus der Praxis für die Praxis.

Schließlich muss noch daran erinnert werden, dass vom »Bild« von Schule die Fragestellungen, Erhebungs- bzw. Forschungsinstrumente, die Art ihrer Ergebnisse und schließlich die Interpretation ihrer Bedeutung sowie eventuelle Schlussfolgerungen präformiert sind. Bohl & Syring (2020) vertreten mit guten Gründen die Auffassung, dass die vorherrschende Messung des Vergleichs von Input und Output – Ausgangsbedingungen und Ergebnisse – vor bis heute ungelösten Problemen steht, nämlich der Zuordnung einzelner Strukturen und Faktoren im Sinne zurechenbarer Wirkungszusammenhänge (S. 235 f.). Und nicht nur dies: Die vorherrschende Engführung der Schul- und Unterrichtsforschung auf Leistungsvergleiche (S. 237) blendet z. B. Aspekte wie Teilhabe, Anerkennung, Integration in die Gemeinschaft aus (S. 238), und erst recht werden Kritische Schultheorien außen vor gelassen, was dazu führt, dass z. B. nach den Wirkungen des Heimlichen Lehrplans (»angetäuschtes Funktionieren im System«) gar nicht erst gefragt wird (ebd.). Fachliche Aspekte fehlen durchweg, ebenso Ermittlungen hinsichtlich »der Förderung der Autonomie« der Lernenden (S. 252), und dann wundert es nicht mehr, dass der für die Persönlichkeitsentwicklung so grundlegend wichtige gesamte musisch-ästhetische Bereich »vergessen« worden ist. Die Schule dieser Schul- und Unterrichtsforschung ist kein anregender (sozialer) Lebens- und Erfahrungsort für junge Menschen, sondern wirkt eher wie eine Unterrichtsvollzugsanstalt.

Fazit: »Noch stehen Befunde aus, die eine substantielle Verbesserung von Schule aufgrund von Maßnahmen der Neuen Steuerung belegen […] Lehrkräfte sind skeptisch, insbesondere gegenüber unterrichtsdistanten Verfahren, sie wünschen eher fachnahe und verwertbare Rückmeldungen und benötigen Unterstützungen, um Befunde verstehen und sie für ihren Alltag fruchtbar machen zu können« (ebd., S. 251 f.). Derzeit kann man eher den Eindruck haben, dass auf der Suche nach den Tiefenstrukturen des Lernens *in den Köpfen der Schüler* (Bohl) vor allem die »Sichtstrukturen« der Forscher bzw. Inspektoren zum Vorschein kommen.

Lernen im Fokus des Lernhandelns

Zur Beantwortung der Frage, ob Lernen im Fokus des Lernhandelns nicht schon in der (jüngsten) Vergangenheit Gegenstand der Pädagogischen Psychologie oder der Unterrichtsforschung gewesen ist, können natürlich nicht alle einschlägigen Bücher und Texte herangezogen werden, es muss mit einigen repräsentativen Veröffentlichungen sein Bewenden haben. Den Stand der Dinge fasst Michael Schratz (2020, S. 153) – unser zweiter Gewährsmann für unsere Thematik neben Franz Weinert – unter der Überschrift »Lernseitige Orientierung: eine Positionsbestimmung« zusammen:

> »Pädagogisches Handeln wird in der Unterrichtsforschung und im didaktischen Diskurs primär auf das Lehren bezogen […] Daraus ergibt sich die Situation, dass wir gegenwärtig zwar auf zahllose empirisch abgesicherte Ergebnisse zur möglichen Wirksamkeit von Lehrarrangements zurückgreifen können, *nach wie vor aber wenig über das Lernen selbst wissen.«* Studien zur Effektivität von Schule und Unterricht verweisen »bei genauer Analyse des Unterrichtsgeschehens zwischen dem, was Lehrpersonen intendieren, und dem, was Schülerinnen und Schüler rezipieren, auf eine große Unbekannte.«

Es steht außer Frage, »dass sich Lernen nicht nach einem idealisierten Ablauf eines wünschenswerten Prozesses modellieren lässt«. Unterricht ist ein Bedingungsgefüge in einer bestimmten Situation: »die Lehrpersonen, die Mitschüler/innen, die Unterrichtsinhalte, der Raum, die Zeit und deren komplexe Wechselwirkungen untereinander. Lehrkräfte können zwar Rahmenbedingungen schaffen und Interventionen setzen, aber nicht das persönliche Lernen steuern – weder das eigene noch das der anderen. Trotz der Vielzahl an Erkenntnissen zum Lernen aus unterschiedlichen Disziplinen bleibt Lernen aus pädagogischer Sicht weitgehend unsichtbar, woran Lehrer/innen im Alltag dauernd erinnert werden, wenn das Geplante nicht wie geplant läuft.« Schratz schließt mit dem Hattie-Zitat, das diesem Text vorangestellt wurde: dass Lehrpersonen endlich das Lernen mit den Augen der Lernenden betrachten sollten.

»Psychologisch betrachtet, hat Unterricht eine einzige Aufgabe: Erfahrung und Lernen zu ermöglichen. Der grundlegende Begriff ist für den Psychologen das Lernen« (Aebli 2003, S. 275). Am Anfang war – ausgehend von Jean Piaget, dann aber über ihn hinaus (ebd., S. 391 ff.) – die psychologische, die »operative«, handlungsorientierte Didaktik von Hans Aebli (zuerst 1951, eine gute Einführung gibt Wellenreuther 2018, S. 314 ff., zur Rezeptions- und Wirkungsgeschichte Kiper 2006 und Messner/Reusser 2006). »Aebli stützt sich auf die genetische Psychologie und Erkenntnislehre von Jean Piaget, der mit seinen Studien die Prozesse der geistigen Entwicklung von Kindern und Jugendlichen beschrieb, und als gestuften individuellen Konstruktionsprozess beschrieb. Kognitives Lernen beruht nach Aebli in der Anwendung von passenden (Denk-)Operationen des Lernenden auf den Lerngegenstand, mit denen dieser in das je individuelle kognitive Wissens- und Denksystem integriert wird« (Messner 2006, S. 128). Dass in einem *per se* handlungsorientierten Ausbildungssystem wie dem beruflichen das Thema des Lernhandelns im Sinne von Aebli im Mittelpunkt stand und steht, liegt auf der Hand (Achtenhagen 2006). Achtenhagen (1992, S. 80) zitiert Aebli (Grundlagen des Lehrens, 1987, S. 30 f.), dass Lernen dann zustande kommt, wenn die Lerngegenstände im Unterricht »in Tätigkeiten zurückverwandelt werden, die von lebendigen Problemen ausgehen und vom Schüler eigenes Handeln, Beobachten und Nachdenken erfordern. Der didaktische Kurzschluss besteht darin, bloße Ergebnisse zu vermitteln und zu meinen, man habe nicht die Zeit oder es sei zu umständlich, mit den Schülern jene Tätigkeiten in Gang zu setzen, deren Ergebnis die Einsicht, die Problemlösung, der Begriff ist«.

Aeblis »Zwölf Grundformen des Lehrens« (2003) sind Anleitungen des *Lernens*, besonders im Dritten Teil »Vier Funktionen im Lernzyklus«. Sein Credo lautet (Zitat aus der 1. Aufl. 1959; in 2003, S. 16): »Die Einsicht in das Wesen der Lernvorgänge erlaubt dem Lehrer, sein Handeln, also seinen Unterricht, den psychologischen Gegebenheiten [aufseiten der Lernenden] anzupassen. Nicht nur das. Der durch das theoretische Wissen geschärfte Blick des Erziehers [Lehrers] erkennt auch die Ziele seines eigenen Tuns klarer und tiefer. Er weiß genauer, was er eigentlich will, und er erreicht es sicherer und leichter.« *Deeper Learning* – diesmal für Lehrer/innen! In diesem Zusammenhang muss festgehalten werden, dass die Praxis der Vergleichsarbeiten nicht dazu geeignet ist, die den Leistungen zugrunde liegenden Lernhandlungen zu ermitteln und zu optimieren (Ballasch 2009), wenn die Aspekte ihrer Auswertung vorrangig Unterricht und Leistungsvergleiche von ähnlichen Klassen betreffen und Lernen nur ganz nachrangig auch noch erwähnt wird (ebd. S. 302 f.). »Das Ungleichgewicht zwischen der Menge empirisch ermittelter Erkenntnisse einerseits und der geringen Anschlussfähigkeit dieses Wissens an den innovationsresistenten Unterrichts- und Schulalltag ist nicht zu übersehen.« (Bohl 2009, S. 309)

Es macht eben einen Unterschied, ob perspektivisch Unterricht oder Lernen geplant wird. Die riesige Literatur über Unterricht – Planung, Durchführung, Evaluierung – hat als Adressaten die Ausbildung und die Tätigkeit von Lehrpersonen, üblicherweise verstanden nicht nur als Anleitung zur Wissensvermittlung (Didaktik, selten Methodik), sondern durchaus auch mit Bezugspunkten zur Aneignung des Wissens (Lernen). Aber selbst in dem Standardwerk von Andreas Helmke (2014b) wird Lernen pauschal auf 15 Seiten (von etwa 350) abgehandelt, und der Abschnitt »Schülerorientierung« behandelt auf vier Seiten Aspekte wie Lernklima, Schülerbeteiligung im Unterricht und Schülerfeedback zur Lehrertätigkeit. Schülerorientierung als Orientierung allen Geschehens im Klassenzimmer bzw. anderen Lernorten am Lernhandeln der Schüler kommt gar nicht in den Blick. Eine bemerkenswerte Ausnahme ist Heinz Klipperts »Unterrichtsvorbereitung leicht gemacht« (2015); denn diese Praxisanleitung verspricht im Untertitel »80 Bausteine zur Förderung selbstständigen Lernens« – und löst dieses Versprechen auch ein! –: in den neun »Lernspiralen« von der Mobilisierung des Vorwissens über Erschließen von AV-Medien, von der Bearbeitung von Arbeitsblättern über Interaktionslernen bis hin zur Lösung komplexer Werkaufgaben, und dies eingebettet in Überlegungen zum »guten Unterricht« und zur Zeitökonomie. Das Ziel (u. a.): die Lernspiralen sollen »anspruchsvoll und ermutigend, übersichtlich und aktivitätsfördernd, lernwirksam und lehrerentlastend« wirksam sein (ebd. S. 10). – »Lernwirksam und lehrerentlastend« ist übrigens die zutreffende Formulierung derjenigen Win-Win-Situation, ohne die eine schulisch-unterrichtliche Arbeitssituation »lernseits« systemimmanent nicht zustande kommen wird!

Aufschlussreich für den Stand der Dinge im Bereich der Lehrerausbildung sind Einblicke in die Ausbildung während des Referendariats (»Vorbereitungsdienst« als Praxisphase in und für die Unterrichtspraxis).

Grundlage ist eine KMK-Beschluss vom 16.5.2019 über »Standards für die Lehrerbildung: Bildungswissenschaften«. Lehrpersonen sind hier definiert als »Fachleute für das Lehren und Lernen«. Der Satz »Die berufliche Qualität von Lehrkräften entscheidet sich an der Qualität ihres Unterrichts« könnte – wie üblich – dazu verleiten, dass Lernen wieder aus dem Blick gerät; in der Aufzählung der »Inhaltlichen Schwerpunkte der Ausbildung« sowie ihrer »didaktisch-methodischen Ansätze« ist es jedenfalls nachrangig. Besser sieht es aus bei der Beschreibung der Lehr-Kompetenzen, wobei »Lernen ermöglichen, begleiten und fördern« (analoge Formulierung unter Kompetenz 7) an eine Diagnostik gekoppelt wird, die im Schulalltag aber gar nicht geleistet werden kann. Das bedeutet aber praktisch, dass Kompetenz 1 (»Lehrkräfte planen Unterricht unter Berücksichtigung unterschiedlicher Lernvoraussetzungen und Entwicklungsprozesse fach- und sachgerecht und führen ihn sachlich und fachlich korrekt aus.«) eben nicht »lernseits«, sondern »fach- und sachgerecht« gedacht und gefordert wird, weil dies auch überprüft werden kann.

Die Ausbildungs- und Prüfungsordnungen des Vorbereitungsdienstes der Bundesländer müssen, was versteht sich, auf dokumentierte Tätigkeiten der Bewerber beziehen und diese wiederum im wesentlich auf Unterrichten, da nämlich in den Dokumentationen oder Präsentationen von Unterrichten in der Regel nicht zugleich festgestellt werden kann, ob und was die Schüler gelernt haben. Dieses Verfahren blendet also im Prinzip die Lernhandlungen der Schüler systemisch gesehen aus und lässt sie unter Umständen nur in besonderen Lehr-Lern-Arrangements (wie z. B. in der Projektmethode) aufscheinen. In einigen Bundesländern sind daher diese Ordnungen ergänzt worden durch Konkretisierungen und Materialien, wie Lernen in und durch Unterricht lernwirksam gestaltet werden kann. Sehr gute Beispiele für die Fokussierung auf Lernen sind das »Handbuch Vorbereitungsdienst« des Landes Berlin und die fächerbezogenen Ausbildungsstandards vom Institut für Qualitätsentwicklung des Landes Schleswig-Holstein. Es ist davon auszugehen, dass besonders an den weiterführenden Schulen neben der prüfungsbedingten Orientierung an Inhalten die Kompetenzorientierung zunimmt und damit der Blick auf den einzelnen lernenden Schüler, seine Potenziale und Möglichkeiten.

Lernen, wie Hattie anmahnt, »lernseits« zu betrachten (z. B. Agostini u. a. 2018, Schratz 2018), hat eine Vorgeschichte, und die Änderung der Brille der Lehrpersonen wäre zwar ein »exzellenter Anfang« (Hattie), ist aber vermutlich ein zäher und mühsamer Prozess, der überhaupt nur dann erfolgreiche Etappen durchlaufen kann, wenn das Bedingungsgefüge Schul-, Unterrichts- und Personalentwicklung insgesamt auf die Perspektive Lernhandeln bearbeitet wird. Wenn Hattie meint 2013, S. 99), »Lehrpersonen haben ihre Unterrichtsmethoden in den vergangenen 200 Jahren kaum geändert«, dann ist das falsch; denn wenn dies zutreffend wäre, hätte die europäische und angelsächsisch-amerikanische Reformpädagogik nur Luftnummern produziert und ihre Erfolgsgeschichte müsste mysteriöse Ursachen haben, wo doch gerade sie »evidenzbasiert« verfuhr. Richtig liegt Hattie mit der Erwartung, dass »die Alternative zum Übermittlungsmodell« – der Übergang zu einem Aneignungsmodell – dann erfolgen könnte, wenn Schulen und Lehrpersonen sich zu einer »evidenzbasierten Auffassung« bezüglich ihrer Wirksamkeit bewegen lassen (Hattie 2013, S. 299 f.).

Eingeschliffene Verhaltensweisen zu ändern ist bekanntlich kaum möglich, setzen jedenfalls eine erfahrungsbasierte Lerngeschichte voraus, die man üblicherweise als Fortbildung den im »Schuldienst« (eine seltsame Bezeichnung!) tätigen Lehrpersonen vorenthält. So müssen sie es selbst in die Hand nehmen, wie die Pädagog/innen an Schulen in Freier Trägerschaft oder im Verbund »Blick über den Zaun« erfolgreich praktizieren.

Unterricht: »Lernseits« gedacht und organisiert – Beispiele

Wie gezeigt, ist »lernseits« eine nicht eben neue Perspektive – aber eine, die immer wieder entschieden in Erinnerung gebracht werden muss. Dies ist in den letzten Jahren geschehen und soll hier ein einigen wenigen Beispielen gezeigt werden. (Eine Übersicht existiert nicht, die hier genannten Beispiele sind exemplarisch.)

I. Die Monografie von Jürgen Grzesik (2002) ist in der schulpädagogischen Literatur eine bemerkenswerte, deshalb wohl auch kaum zitierte Ausnahme. Bezeichnend ist schon der Untertitel »Optimierung des Lernens im Unterricht durch systemgerechte Formen der Zusammenarbeit zwischen Lehrern und Schülern«. Diese Zusammenarbeit kann nur dann Unterricht im eigentlichen Sinne genannt werden, wenn sie als Prozess, der sowohl vom Lehrer als auch vom Schüler verursacht wird, drei systemgerechte Funktionen erfüllt: »wenn es zwischen Lehrer und Schüler zu Verständigungen über den jeweiligen Entwicklungsstand [des Schülers], über eine Tätigkeit mit Lernmöglichkeiten [Lerntätigkeiten] und über die erreichten Lernfortschritte kommt« (S. 16). Die Lern- als Handlungstheorie nennt Grzesik »operative Lerntheorie« (S. 18): »die ›Verzahnung‹ von Handlungen des Lehrers mit Handlungen des Schülers« (S. 42 ff.). Sie wird in diesem Buch neurobiologisch und psychologisch ausbuchstabiert. Fazit: »Lernen ist demnach insgesamt neurologisch die wiederholte Koaktivität von Neuronen in neuronalen Netzwerken und psychologisch der wiederholte Vollzug einer neuen Operation in unterschiedlichen Handlungen. – Jeder Lerngewinn resultiert damit aus einem Subsystem der jeweiligen Lerntätigkeit, das aus den drei Prozessen der Akquisition, des Behaltens und der Reaktivierung einer neuen Operation besteht. Durch dieses Subsystem verändert sich der Mensch selber.« (S. 19; auch S. 59)

»In der auf Lernen abgestellten Perspektive zeigt sich nun die *Aktivität des Schülers* als eine Tätigkeit, die eine *Handlungsstruktur* besitzt, durch die nicht nur das jeweilige *Handlungsresultat*, sondern im Handlungsresultat auch *Selbstveränderungen* des neuronalen und psychischen Systems durch Lernen zustande kommen. Im Unterschied zu der Tätigkeit mit ihrem Resultat ist das Lernen in ihr ein *verdeckter Prozess*. Dass ein Lernprozess stattgefunden hat, kann nur aus dem Vergleich von Handlungsresultaten vorher und nachher geschlossen werden (z. B. ein Zuwachs an anwendbaren Rechenverfahren oder an Selbstkontrolle bei Schwierigkeiten). Jede Tätigkeit, in der durch den verdeckten Prozess des Lernens dauerhafte Selbstveränderungen stattfinden, ist daher nicht nur eine Tätigkeit, sondern auch eine *Lerntätigkeit*.« (Hervorheb. im Orig.)

Hier muss es bei der Anzeige der Ausgangsposition dieses stringent, differenziert und aufschlussreichen Buches sein Bewenden haben. Es stützt für diesen vorliegenden Band die Ausgangsthese, dass »Lernen ermöglichen, begleiten und fördern« auf kommunikativem Handeln basiert, das hier nach der Seite des Lernhandelns / Lerntätigkeiten an praktischen Beispielen erläutert wird, die weitgehend die von Grzesik eingeforderten systemgerechten Kriterien einer »operativen Lerntheorie« erfüllen (S. 164 ff.). Daraus resultiert für das Verständnis von Lehren und Unterricht:

»Da die *Tätigkeit des Lehrers* im Gesamtzusammenhang des Unterrichts die *Funktion* hat, dem Lernen zu diesen, muss sie einen *Einfluss* darauf nehmen können, *dass der Schüler Lerntätigkeiten vollzieht*. Der Lehrer kann aber keinen direkten Einfluss auf die Lerntätigkeit des Schülers ausüben [auch nicht auf die eigene], sondern nur einen indirekten durch die Mitteilung von *Informationen für die Regelung des Vollzugs von Lerntätigkeiten durch den Schüler selbst*. Diese Informationen werden erst dann zu einem Einfluss auf Lerntätigkeiten, wenn der Schüler sich nach ihnen richtet« (S. 173, Hervorheb. im Orig.). Genauer: Da eine bloße Mitteilung noch kein Auslösereiz für Lernen ist, »beeinflusst [der Lehrer] das Lernen nur in der Form und in dem Maße, wie er sich mit dem Schüler im Wechselwirkungsprozess der Kommunikation *über den Regelung des Vollzugs solcher* [Unterrichts-]*Einheiten in einer Lerntätigkeit verständigen kann.*« (S. 175; Hervorheb. im Orig.)

Dem entspricht in den meisten Beiträgen des vorliegenden Bandes, dass diese intendierten Lerntätigkeiten für die Herbeiführung eines erwarteten Lernerfolgs in einen in sich plausiblen Ablauf (Arbeitsplan) gebracht werden müssen und dieser als solcher Gegenstand einer kommunikativen Verständigung sein muss.

II. Der Schulverbund »Blick über den Zaun« hat 2009 als Antwort auf die Standard-Orientierung der KMK seine Standards formuliert. Was ein modernes Verständnis von Lehren und Lernen angeht, wurde hier alles in den Schatten gestellt, was bisher zum Zusammenhang von Standards für pädagogisches Handeln, Standards für schulische und für systemische Rahmenbedingungen durchdacht und formuliert worden ist. Nirgends sonst werden die Lernenden als bestimmende Akteure im Kontext von Schule zur Geltung gebracht, wobei es im Rahmen der Denkschrift nicht darum gehen konnte, die Lernhandlungen im Einzelnen darzulegen.

III. In der Qualitativen Unterrichtsforschung sowie in der Mediendidaktik rückt der lernende Schüler der Natur der Sache in den Mittelpunkt, sei es, weil seine Lerntätigkeit zentraler Untersuchungsgegenstand ist (Breidenstein 2018), sei es, weil die Mediendidaktik ihre Vorgehensweisen nicht erläutern kann, ohne darzulegen, was der Mediennutzer im konkreten Fall zu tun hat, um seine Ziele zu erreichen (Kerres 2018). Wer Lehrpersonen praxisnah fortbilden will, muss »Lernentwicklung begleiten, Förderung gewährleisten, Leistungen beurteilen« als Programm anbieten (Orientierungsrahmen Behörde für Schule und Berufsbildung Hamburg 2019), zwar immer noch in der Lehr-Perspektive, aber doch mit »Schülerbeteiligung an der Gestaltung von Lehr- und Lernprozessen« (2.1.4, S. 37):

> »Die Schülerinnen und Schüler …
>
> • werden regelhaft in die Planung und Gestaltung von Lehr- und Lernprozessen einbezogen und an inhaltlichen und methodischen Auswalentscheidungen beteiligt
> • werden systematisch an der Planung und Gestaltung ihrer individuellen Lernentwicklung und Förderung beteiligt
> • geben den Pädagoginnen und Pädagogen ein regelmäßiges Feedback zum Unterricht. Die Feedbackergebnisse werden gezielt in die Unterrichtsgestaltung einbezogen.«

Ein Exkurs: Damit ist zugleich das Thema der *Praxisforschung* eröffnet, auch *Lehrerforschung* genannt (z. B. als Aufgabe der Bielefelder Laborschule auch als Forschungslabor, dazu Rahm/Schratz 2004, Huber 2004,Terhart/Tillmann 2007, Hollenbach/Tillmann 2009, Hollenbach 2009a, Tillmann 2009; diese Forschung *durch* Lehrer ist nicht zu verwechseln mit jener *über* den Lehrerberuf). Seit 1979 sind 42 Bände »Impuls« und 49 Werkstatthefte der Laborschule erschienen u. a. mit den Dokumentationen der unterschiedlichsten Praxisforschungen, dazu als besonderes Beispiel die schulinterne Untersuchung, warum Laborschüler/innen in Mathematik abweichende Leistungen von den Testergebnissen von PISA und NRW erbrachten: was nur durch eine schulinterne Datenerhebung und Schüler/innen-Befragung herausgefunden werden konnte (Hollenbach 2009b). Wie Hentig (2004) formulierte: Die Praxis und Erfahrung der Pädagogik darf sich nicht in den ganz anderen Fragen der Erziehungswissenschaft auflösen, sondern muss auf ihrer eigenen Empirie und den daraus gewonnenen Theorien insistieren (s. o. S. 37).

***

Vor allem zwei Trends haben in jüngster Zeit zum Umdenken beim Thema Lernen geführt: der Konstruktivismus und die Individualisierung (fortgeführt durch die Digitalisierung).

Im Konstruktivismus erscheint die neue Sicht auf Lernen in der Didaktik, d. h. in der Lehre vom Lehren in seiner Zielrichtung auf Lernen ermöglichen (statt vieler: Reich 1996, Huschke-Rhein 2003, Arnold 2007). Ausgangspunkt ist die neurowissenschaftliche Einsicht, dass das Gehirn kein Daten*speicher*, sondern ein Daten*generator* ist (s. o. S. 28). Aufgrund des neuronalen Arrangements von Informationen entsteht kein Bild von »der« Wirklichkeit, sondern von unserem *individuellen* Bild der Wirklichkeit; das Individuum schreibt Informationen *seine* Bedeutung zu; Lernen bedeutet die Umorganisation neuronaler Netze, worauf wir keinen willentlichen Einfluss haben.

Damit ist die Auffassung von Lehren als *Übertragung* von Wissen ebenso obsolet geworden wie die Vorstellung, Wissen ließe sich nach Form, Gehalt und Bedeutung eins zu eins übertragen. Eine auf dieser Grundlage ausgearbeitete Konstruktivistische Didaktik hat folgende Merkmale (s. Kasten).

»Die Konstruktivistische Didaktik beschreibt das Lernen nicht als Folge des Lehrens, sondern als eigenständige Konstruktionsleistung des Lernenden. [...]

Die Stärke konstruktivistischer Argumente liegt
- im entschiedenen, respektvollen Eintreten für den Einzelnen und den ›Eigen-Sinn‹ seiner Subjektwerdung
- in der Wahrnehmung der zunehmenden Heterogenität der Schülerinnen und Schüler einer Klasse als einer Chance zu Vielfalt und individueller Entwicklung
- in der damit zusammenhängenden Forderung nach Differenzierung und individueller Förderung
- im geduldigen Blick auf den Einzelnen und seine Möglichkeiten, u.zw. sowohl im Unterricht als auch in der pädagogischen Forschung
- in der Erkenntnis der Bedeutung der Beziehungsebene beim Lehren und Lernen – auch dort, wo scheinbar nur auf der Sachebene kommuniziert wird
- in der Forderung nach gezielter Ablösung unterrichtsmethodischer Monokulturen durch eine reiche Gestaltung der Lernumgebung und durch eine Vielfalt von Lehr- und Lernwegen
- in der grundlegenden Bedeutung des Wechselverhältnisses von Handeln und Lernen
- in der Stärkung der Verantwortung der Schüler für ihr eigenes Handeln

- in der Aufforderung, die vermeintlichen oder realen Zwänge der Lehrpläne nicht allzu ernst zu nehmen
- in einer veränderten Sicht der Rolle des Lehrers, der Gestalter von Lernumgebungen und Berater sein soll.«

Arnold 2007, S. 74, zit. aus: Jank, W./Meyer, H.: Didaktische Modelle. Berlin ⁵2002, S. 286, 300 f.

Mit dem Thema »Individualisierung« wurde eine weitere, qualitativ neue Stufe der Fokussierung auf Lernen erreicht (von der Groeben/Kaiser 2014, von der Groeben 2020). »Lernen im Kern anders anlegen« sowie »Lernwege verstehen und begleiten« sind die zwei Pfeiler, die Unterrichts- und Schulentwicklung tragen sollen. Der eine Weg lautet Aufgabendifferenzierung, der andere neue Wege und Formen einer mehrdimensionalen Leistungsbewertung, weil die herkömmliche Leistungsbewertung mit der Individualisierung von Lernwegen, verbunden mit Kompetenzorientierung, nicht zusammenpasst.

Die »Werkstatt Individualisierung« zeigt an vielen Praxisbeispielen aus Schulen, dass und wie Unterricht und Lernen im Gleichschritt aufgelöst werden kann (in der Regel durch Problemorientiertes Lernen und über die Projektmethode). Die zugehörigen, sehr ausführlichen und anschaulichen Zusammenstellungen von Lernhandlungen finden sich in den zahlreichen Unterrichts-/Lernvorhaben sowohl im »Werkstatt«-Band als auch in einem ergänzenden Materialienband (von der Groeben/Kaiser 2016, 2020).

Individualisierung wurde in der Schweiz durch die Arbeitsgruppe von Kurt Reusser unter der Bezeichnung Personalisierung propagiert und hat in größerem Umfang in Schulen Eingang gefunden. Die Grenzen sind fließend, da es sich in beiden Fällen um Kombinationen verschiedener Lehr-Lern-Arrangements handelt; der Sprachgebrauch wechselt bei diesen »Container-Begriffen«. In der Sache ist es so, dass personalisiertes Lernen an vielen Schweizer perLen-Schulen fest etabliert ist (vgl. den Beitrag von Stebler/Reusser/Pauli in diesem Band).

- Messt mit Hilfe eines Geodreiecks und einer Wasserwaage auf dem Schulhof die Höhe von verschiedenen Gebäuden, Bäumen o. Ä. (Anleitung siehe Zettel).

  Zeigt abschließend der Klasse, wie ihr die Höhenmessung durchgeführt habt. Erklärt sie so, dass die anderen Schüler der Klasse die Messung im Klassenraum nachmachen können.

- Vergrößert eine Manga-Figur mit Hilfe der »Gummiband-Vergrößerung«, wie ihr sie kennengelernt habt.

  Präsentiert die Figur und erläutert der Klasse, wie ihr die Vergrößerung gemacht habt.

  Schildert, ob und wo es Probleme gab und ob es Grenzen der Vergrößerung gibt.

- Beschreibt, wie man mit Hilfe eines Projektors die Vergrößerung eines Kopfes (Schattenbild) herstellen kann, die genau doppelt so groß wie das Original ist.

  Nennt die genauen Abstände, die man benötigt und überlegt, ob es verschiedene Möglichkeiten für diese Abstände gibt.

  Stellt eine Szene dar, in der ein solches Porträt eines Königs erstellt wird und in der der Künstler dem König erläutert, wie und warum er so vorgeht.

- Zeichnet auf ein Blatt zwei Strahlen, die von einem Punkt ausgehen. Zeichnet in der Nähe des Kreuzungspunktes ein Dreieck, zwischen die Strahlen. Vergrößert das Dreieck genau auf die doppelte Größe.

  Bereitet für die Klasse ein Geometriediktat vor, mit dem alle Schüler eure Vergrößerung nachzeichnen können.

- Zeichne zwei Strahlen, die von einem Punkt ausgehen. Zeichne außerdem zwei Parallelen, die beide Strahlen kreuzen. Schreibe auf, welche Winkel – egal wie man die Parallelen zeichnet – gleich groß sind.

  Vermittle die herausgefundenen Gesetzmäßigkeiten/Gleichheiten den anderen Schülern, indem du eine anschauliche Unterrichtseinheit mit Anschauungsmaterial durchführst.

Abb. 17: Auswahl von (Du-kannst-)Aufgaben zur Vergrößerung eines unregelmäßigen Vieleckes

Zu jedem Kapitel sollst du einen Beitrag in dein Lesetagebuch schreiben. Dafür schaffst du dir ein DIN-A4-Schreibheft an. Du kannst aus den unten stehenden Vorschlägen auswählen oder eine weitere Aufgabe, die dir gefällt, bearbeiten. Einzige Bedingung: Es soll zu jedem Kapitel eine andere Möglichkeit ausgewählt werden. Bitte achte auf Rechtschreibung und saubere Schrift!

Vorschläge:

1. Du kannst Textstellen zitieren, die du besonders spannend, wichtig, traurig, aufschlussreich ... findest – aber nicht mehr als etwa drei Sätze. Zitate kennzeichnen! Erkläre in einem Kommentar dazu, warum du diese Textstellen spannend, wichtig... findest.
2. Du kannst die Personen des Buches zeichnen und dazu schreiben, was das Besondere an ihnen ist.
3. Du kannst die Personen des Buches vorstellen (mit Bild und Text), auch mit Sprechblasen.
4. Du kannst deine eigene Meinung (Stellungnahme) zu dem aufschreiben, was die Personen in besonderen Situationen tun oder denken. Vielleicht würdest du auch so handeln, vielleicht aber auch ganz anders.
5. Du kannst den Inhalt eines Kapitels, das du besonders wichtig findest oder das dir besonders gefällt, mit eigenen Worten nacherzählen. (Erzähle aber nicht den Inhalt des ganzen Buches nach!)
6. Du kannst eine Person aus dem Buch interviewen. Schreibe dann das ausgedachte Interview auf.
7. Du kannst zu einem Kapitel eine Geschichte in der Ich-Form schreiben. Stelle dir z. B. vor, du wärst Emil oder ein Kind in einer ähnlichen Situation.
8. Es ist wichtig, dass du Emil (oder eine andere Person im Buch) gut kennen lernst. Schreibe gleich beim Lesen alles heraus, was ihn beschreibt: sein Äußeres, seine Gedanken, sein Verhalten. Das Wichtigste kannst du in dein Lesetagebuch übertragen.
9. Wichtige Gespräche, z. B. zwischen Emil und dem »Professor«, kannst du als Rollenspiel aufschreiben.
10. Du bist Emil und schreibst im Anschluss an ein bestimmtes Kapitel einen Brief an deine Mutter.
11. Das Buch ist häuig verfilmt worden und wurde auch als Theaterstück aufgeführt. Recherchiere über die verschiedenen Filme und Aufführungen im Internet und berichte im Lesetagebuch davon.***
12. Du kannst eine Reportage z. B. über Berlin in den zwanziger Jahren und Berlin heute schreiben ...***
13. ... oder eine Reportage über eine Internet-Recherche zum Thema Kriminalität in Großstädten ...***
14. ... oder eine Reportage über den Beruf eines Detektivs.***
15. ... oder ein Portrait über den Autor Erich Kästner.***
16. ... oder du stellst dir selbst eine Aufgabe, nämlich: ...

Abgabetermin des Lesetagebuchs ist: .... Viel Erfolg!

***Diese Aufgaben sind sehr schwer und brauchen auch sehr viel mehr Zeit als die anderen.

Abb. 18: Vorschläge für ein Lesetagebuch zu »Emil und die Detektive«
(Entwickelt von Thomas Sievers, Carl-von-Ossietzky-Gymnasium Hamburg)

Quelle: von der Groeben/Kaiser 2016, S. 57, 59

M 1.5.4 Lesetagebuch

Funktion:

Das Lesetagebuch ist ein bekanntes Instrument, das geeignet ist, die aktive Aneignung einer Lektüre anzuregen.

Durch unterschiedliche Aufgabenangebote können alle Schülerinnen und Schüler einen geeigneten Zugang finden, sich einer Wahlaufgabe zuordnen und zu einer ihren Fähigkeiten entsprechenden besonderen individuellen Leistung gelangen. Ziel ist ein vertieftes Verstehen der Lektüre durch aktive Aneignung.

Eine Klassenlektüre wird gemeinsam eingeführt. In heterogenen Gruppen kann jedoch nicht davon ausgegangen werden, dass alle Schülerinnen und Schüler das ganze Buch lesen. Einige Kapitel können zusammengefasst, andere gemeinsam gelesen werden.

Das hier vorgestellte Beispiel sieht nur wenige Pflichtaufgaben vor und bietet ein breites Spektrum von Anregungen und Aufgaben zur Wahl an.

1. Du kannst die Personen des Buches vorstellen. Du kannst sie zeichnen und das Besondere an ihnen beschreiben oder welche Erlebnisse sie haben.
2. Du kannst Textstellen zitieren, die du besonders spannend, wichtig, lustig, traurig, aufschlussreich ... findest, aber nicht mehr als etwa fünf Sätze. Erkläre, in einem Kommentar, warum du diese Textstellen spannend, wichtig ... findest. (Zitate bitte mit Titel des Buches, Name des Autors und Seitenzahl kennzeichnen)
3. Du kannst ein Kapitel als Bildergeschichte in dein Lesetagebuch zeichnen und mit kurzen Texten oder Titeln versehen.
4. Du kannst eine Person des Buches als Journalistin oder Journalist interviewen und Fragen stellen, die dir Auskunft über das Leben, Verhalten, besondere Ereignisse oder die Arbeit dieser Person geben.
5. Du kannst eine Reportage über das Leben im Land oder in der Stadt der Hauptperson schreiben.
6. Du kannst für dein Lesetagebuch auch Zusatzinformationen aus dem Lexikon, aus Sachbüchern, Geschichts- und Naturkundebüchern oder dem Internet verwenden.
7. Du kannst Dialoge/Gespräche zu einem Rollenspiel oder einer Theaterszene umschreiben.

Schreibe zu jedem Kapitel einen Tagebucheintrag, sodass alle Kapitel auf ganz unterschiedliche Weise von dir bearbeitet werden. Verwende einen der aufgeführten Vorschläge höchstens zweimal. Die unterschiedlichen Bilder, Gestaltungen und Textformen machen das Lesetagebuch erst richtig interessant.

Quelle: von der Groeben/Kaiser 2020, S. 48, 66

Unterrichtseinheit „Wir und unsere Haustiere" (3)

Projektplan (Stichworte)

Leitfragen	Inhalte/Tätigkeiten/ Methoden	Fächer
Basiswissen über Tiere (Biologie) • Wie sieht der „Bauplan" eines Tieres aus? • Wie hängen Körperbau, Ernährung und Verhaltensweisen der Tiere zusammen? • Wie verständigen sich Tiere? Wie unterscheidet sich ihre Sprache von der menschlichen? • Woher kommen unsere Haustiere? Wie haben sie ursprünglich gelebt? • Was brauchen sie, um gut zu leben? **Unser Umgang mit Tieren** (Sozialwissenschaft, Deutsch) • Was ist artgerechte Tierhaltung? Warum brauchen Tiere Schutz? Wie sehen die Tierschutzbestimmungen aus? • Welche Haustiere werden in den Familien unserer Schule gehalten? Wie leben Tiere in unserer Stadt? • Wie würden Tiere über ihren Tageslauf oder ihr Leben erzählen? • Sollten alle, die das wollen, ein Tier besitzen dürfen? • Sind die Tierschutzbestimmungen ausreichend? • Was müsste geschehen, damit Haustiere artgerecht leben können? • Was können wir dafür tun? **Tiere sehen uns an** (Kunst) • Klangvielfalt als Ausdruck von Tierarten und Tierverhalten • Wie kann mit einer eigenen Erzählung Tierverhalten durch unterschiedliche Instrumente ausgedrückt werden?	• Hund und Katze: Skelett • Hundenase und Katzenauge: Tiere und ihre Sinnesorgane • Besuch beim Tierarzt: Was Tiere brauchen, um gesund zu leben • Hundesprache, Katzensprache, Tiersprache: „Lexikon" • Wölfe und Wildkatzen: Besuch im Tierpark, Erkundungen über Lebensweise und Ernährung • Merkblatt für Hunde- bzw. Katzenfreunde • Tierschützer befragen • Tierhaltung in Deutschland • Umfrage und Auswertung: Leben Tiere in unseren Familien artgerecht? • Umfrage im Stadtteil • Ein Hund erzählt sein Leben, ein Meerschweinchen schreibt an seine Besitzerin, Theaterstück usw. • Pro-und-Contra-Diskussion mit Experten • Besuch im Tierheim, Bericht • eigene Beiträge erarbeiten • Eine Katze zeigt in vielfältigen Ausdrucksformen ihre Befindlichkeit. • Bilder, Fotos • Tierstimmen • experimentelle Musik • „Die Bremer Stadtmusikanten" als Hörspiel • „Peter und der Wolf"	**Biologie** Basiswissen Tiere: • Körperbau • Verhaltensweisen • Herkunft **Deutsch** • Kurs: Wie führe ich ein Interview durch? • Bücher zum Thema • Erzählungen aus der Perspektive von Tieren • Theaterstück: Lasst die Tiere sprechen • Nachrichtensendung • Streitgespräch **Sozialwissenschaft** • Tierschutz • Einrichtungen in der Stadt • Umfrage in der Schule • Tiere als Ware, Nutztiere, Jagdtiere • unser Verhalten gegenüber Tieren **Kunst, Musik** • Tierbilder: Kunst • Tiere malen, zeichnen, fotografieren • Tierlaute erkennen, nachahmen, experimentell erkunden usw.

Projektpräsentation

Individualisierung ist als Fokus der Unterrichtsentwicklung in den Hintergrund getreten, nicht weil sie sich als Herausforderung und Anspruch erledigt hätte, sondern weil sich das Thema Digitalisierung in den Vordergrund geschoben hat. Das Lernen mit digitalen Endgeräten und deren vernetzte Nutzung im Lernalltag in der Schule stellt aber zugleich die entscheidende technische Ermöglichung von Individualisierung dar und damit die bisher tiefgreifendste Umstrukturierung der überkommenen schulischen Lehr-Lern-Arrangements (vgl. den Beitrag von Bischofberger in diesem Band).

Wie schwer es offensichtlich immer noch ist, die Perspektive »lernseits« einzulösen, zeigt das Buch von Hermann Wartenweiler »Tools – Das Lehren vom Lernen her denken« (2021). Die Ankündigung ist vielversprechend: »Lehrerinnen und Lehrer sind Fachleute für Lehren und Lernen. Für beides. Denn Lehren hat den Sinn, Lernen anzuregen. Das Lehren ist vom Lernen her zu denken.« So weit, so gut. Aber Wartenweilers »Instrumentelle Didaktik« und ihre Werkzeuge für wirksamen Unterricht (die Prinzipien und die Grundaktivitäten in Abb. 1) denken zwar vom Lernen her, thematisieren dies aber nur insofern, als die Hinsicht auf Lernen in der Entfaltung einiger Prinzipien erfolgreichen Lehrens besteht. So kommt zwar die Sicht des Lernenden zur Geltung, jedoch nicht die Lernhandlung als Prozesse *sui generis*. Gewährsleute sind Helmke und Hattie, die Motivationspsychologie von Deci & Ryan, einige Vertretern der älteren hier einschlägigen didaktischen und lernpsychologischen Literatur (Aebli, Rumpf, Weinert). Und weiter: Wie wird »Persönliches Lernen« sichtbar? Das Kapitel »Unterrichtsbeobachtung mit Hilfe der didaktischen Prinzipien« (S. 236 ff.) zeigt unter Vertrautheit, Kreativität und Reflexivität Aspekte des Lernhandelns, allerdings nur im Modus des Optionalen, nicht des konkret Prozeduralen, ebenso zu den sozialen Prinzipien der Verantwortung und Ermutigung. Auch optimale Hilfe/Passung (S. 246) erscheint unter dem Aspekt von Lehrerhandeln und nicht unter »Lehren hat den Sinn, Lernen anzuregen.« Die oben aufgewiesenen Defizite hinsichtlich der Lernhandlungen, die Lehre ermöglichen, begleiten und fördern soll, bleiben leider bestehen (was nicht bedeutet, die Beiträge dieses Bandes als Anregungs- und Studienbuch nicht zu empfehlen).

Was in den Beiträgen dieses Bandes nicht zur Sprache kommt

Lehren und Lernen, in ihrem Zusammenhang und je für sich, füllen eine ganze Bibliothek. Da hier der Fokus auf den Anfängen und Fortführungen von konkreten »Lernhandlungen« im schulisch-unterrichtlichen Lernen liegt, kann folglich eine ganze Reihe von Themen und Methoden nicht zur Sprache kommen, die in den sachlichen Zusammenhang mit Lernen gehören (in den Grundlagenbereichen der Pädagogischen Psychologie z. B. Begabung und Intelligenz, Kognition, Emotion und Motivation) oder in ihren Anwendungsgebieten z. B. Lesen- und Rechnen-Lernen). Einige nicht einbezogene Aspekte von Lernhandeln beziehen sich

- auf den naheliegenden Aspekt der Förderdiagnostik und der Förderpraxis
- auf die nächstliegende Frage nach der Nachhaltigkeit des Gelernten, d. h. nach den verschiedenen Formen von Gedächtnis und Erinnerung, konkret: von Konsolidierungen unterschiedlicher Wissensformen und der Nachhaltigkeit von Behalten und Vergessen
- auf die ebenso naheliegende Frage nach dem Überprüfen und Bewerten des Gelernten in unterschiedlichsten Formen der Leistungsermittlung, -feststellung und -bewertung
- auf die mediale Verfasstheit von Lehren und Lernen durch Sprache und Kommunikation (»Dialogisches Lernen« methodisch als *Lehr*gespräch) oder
- auf Lernziele wie Denken und Verstehen, wobei es in der Natur der Sache liegt, dass »Verstehen lehren« nicht Lernen als solches in den Blick nimmt (Gruschka 2011), sondern Reflektieren und Denken, was gleichwohl angeleitet sein und geübt sein will!
- auf das unterbelichtete Terrain der Entwicklungspsychologie der Schule, d. h. die Berücksichtigung der psycho-sozialen Entwicklungsdynamiken im Kindes- und Jugendalter (Fend/Stöckli 1997, Cortina/Köller 2008, Largo/Beglinger 2020).

Davon auszugehen, dass sich in der Kindheit, in der Pubertät, in der eigentlichen Jugendzeit Interesse, Aufmerksamkeit und Lernbereitschaft jederzeit auf die beliebig erscheinenden Themen des Lehrplans fokussieren lassen, ist ein Irrtum, den die akademische, amtliche und verbeamtete Schulpädagogik beharrlich ignoriert, der aber beträchtliche Folgen für den Unterrichts- und Lernalltag hat – nachteilige.

Schließlich sei darauf verwiesen, dass vor, neben und nach der Schule gelernt wird, ohne dass immer gleich klar wäre, wo das Wichtigere gelernt wird bzw. wurde. Schulisches Lernen ist nicht ersetzbar. Aber Schule, solange sie sich als »Unterrichtsanstalt« und nicht als Lebens- und Erfahrungsraum versteht, ist als Institution infolge der dadurch markierten Grenzen in vieler Hinsicht nicht der entscheidende, für viele auch der hinderliche Lernort für die anzustrebenden Dimensionen der Selbstreflexivität des heranwachsenden jungen Menschen und ihre (Selbst-)Bildung in Haltungen und Einstellungen in sozialer, politischer und moralischer Hinsicht. Dies eröffnet für »Lernen ermöglichen, begleiten und fördern« neue Aspekte für Erziehung und Bildung in Schule und Unterricht, deren Beantwortung außerhalb der Möglichkeiten und Absichten dieses Buches liegen.

Literatur

Achtenhagen, F.: Hans Aeblis »Psychologische Didaktik« (1951) heute unter einer berufs- und wirt-schaftspädagogischen Perspektive wieder neu zur Kenntnis genommen. In: Baer 2006, S. 122–124.

Achtenhagen, F., u. a.: Lernhandeln in komplexen Situationen. Neue Konzepte der Betriebswirt-schaftlichen Ausbildung. Wiesbaden 1992.

Aebli, H.: Zwölf Grundformen des Lehrens. Eine Allgemeine Didaktik auf psychologischer Grundlage. Medien und Inhalte didaktischer Kommunikation, der Lernzyklus. Zuerst 1983, [12]2003 (u. ö.).

Agostini, E., u. a.: Lernseits denken – erfolgreich unterrichten. Personalisiertes Lehren und Lernen in der Schule. Hamburg 2018.

Arnold, R.: Ich lerne, also bin ich. Eine systemisch-konstruktivistische Didaktik. Heidelberg 2007.

Baer, M., u. a. (Hrsg.): Didaktik auf psychologischer Grundlage. Von Hans Aeblis kognitionspsycho-logischer Didaktik zur modernen Lehr- und Lernforschung. Bern 2006.

Ballasch, H.: Aus Vergleichsarbeiten lernen. In: Bohl/Kiper 2009, S. 299–309.

Bereiter, C.: Aspects on an educational learning theory. In: Review of Educational Research 60 (1990), S. 603–624.

Blick über den Zaun. Schulverbund. Unsere Standards 2009. Volltext im Internet.

Bohl, Th.: Unter welchen Bedingungen ist Lernen aus Evaluationsergebnissen möglich? In: Bohl/Kiper 2009, S. 305–309.

Bohl, Th./Kiper, H.(Hrsg.): Lernen aus Evaluationsergebnissen. Bad Heilbrunn 2009.

Bohl, Th./Syring, M.: Wirkungen von Schule. In: Warmt, M./Pietzsch, M./Graw-Krausholz, S./Tsana, S. (Hrsg.): Schulinspektion in Hamburg. Der 2. Zyklus 2012-2020: Perspektiven aus Theorie, Empirie und Praxis. Berlin 2020, S. 235–258.

Braun, A.-K./Scheich, H.: Lernen in der Kindheit optimiert das Gehirn. In: Herrmann 2020, S. 48–66.

Cortina, K. S./Köller, O.: Kontext: Schule. In: Silbereisen, R. K./Hasselhorn, M. (Hrsg.): Entwick-lungspsychologie des Jugendalters. (Enzyklopädie der Psychologie, Themenbereich C, Serie V, Bd. 5) Göttingen 2008, S. 229–254.

Deutscher Bildungsrat: Empfehlungen der Bildungskommission: Zur Förderung praxisnaher Curri-culum-Entwicklung. Bonn 1973.

Fauth, B./Herbein, E./Maier, Julia Larissa: Beobachtungsmanual zum Unterrichtsfeedbackbogen Tiefenstrukturen. Hrsg. vom Institut für Bildungsanalysen Baden-Württemberg. Stuttgart 2021. (Volltext auch im Internet)

Fend, H./Stöckli, G.: Der Einfluss des Bildungssystems auf die Humanentwicklung: Entwicklungs-psychologie der Schulzeit. In: Weinert, F. E. (Hrsg.): Psychologie des Unterrichts und der Schule. (Enzyklopädie der Psychologie, Themenbereich D, Serie 1, Bd. 3) Göttingen 1997, S. 1–35.

Geiß, R.: Von Wagenschein zu kognitiv aktivierendem Chemie-Unterricht. In: Bernholt, Sascha (Hrsg.): Naturwissenschaftliche Bildung zwischen Science- und Fachunterricht. Kiel 2014, S. 360–362.

Geiß, R.: Die Verwandlung der Stoffe. Berlin 2017.

Grzesik, J. Effektiv lernen durch guten Unterricht. Optimierung des Lernens im Unterricht durch sys-temgerechte Formen der Zusammenarbeit zwischen Lehrern und Schülern. Bad Heilbrunn 2002.

Gruschka, A.: Verstehen lehren. Ein Plädoyer für guten Unterricht. Stuttgart 2011.

Hamburg: Institut für Bildungsmonitoring und Qualitätsentwicklung: Handbuch zum Unterrichts-beobachtungbogen der Schulinspektion [Hamburg]. 2016 Volltext im Internet.

Hattie, J.: Lernen sichtbar machen. Besorgt von W. Beywl und K. Zierer. Baltmannsweiler 2013.

Hellmich, A./Teigerl, P. (Hrsg.): Montessori-, Freinet-, Waldorfpädagogik. Konzeption und aktuelle Praxis. Weinheim/Basel [5]2007.

Helmke, A.: Forschung zur Lernwirksamkeit der Lehrerhandelns. In: Terhart, E., u. a. (Hrsg.): Hand-buch Forschung zum Lehrerberuf. Münster [2]2014, S. 807–821. (a)

Helmke, A.: Unterrichtsqualität und Lehrerprofessionalität. Diagnose, Evaluation und Verbesserung des Unterrichts. Seelze ⁵2014 (u. ö.). (b)

Hentig, H. v.: Der Lehrer-Forscher reconsidered. In: Rahms, S./Schratz, M. (Hrsg.): LehrerInnenforschung. Theorie braucht Praxis. Braucht Praxis Theorie? Innsbruck 2004, S. 21–34.

Herrmann, U. (Hrsg.): Paul Geheeb – Die Odenwaldschule 1909-1934. Texte von Paul Geheeb. Berichte und Diskussionen von Mitarbeitern und Schülern. Jena 2010, darin die Texte von Jona (S. 166 f.) und Erdmann (S. 162 ff.), dort auch alle hier weggelassenen Nachweise und Erläuterungen.

Herrmann, U. (Hrsg.): Neurodidaktik. Grundlagen und Vorschläge für gehirngerechtes Lehren und Lernen. Weinheim/Basel ²2009.

Herrmann, U. (Hrsg.): Neurodidaktik. Grundlagen für eine Neuropsychologie des Lernens. 3. vollst. überarb. Aufl. Weinheim/Basel 2020.

Hollenbach, N.: Leistungsvergleichsdaten als Ausgangspunkt von Praxisforschung und Schulentwicklung: Das Beispiel Laborschule Bielefeld. In: Bohl/Kiper 2009, S. 169–184. (a)

Hollenbach, N.: Mathematikleistung, Selbstkonzept und Geschlecht. Empirische Befunde der Laborschule Bielefeld auf dem Prüfstand. Weinheim/München 2009. (b)

Hollenbach, N./Tillmann, K.-J. (Hrsg.): Die Schule forschend verändern. Praxisforschung aus nationaler und internationaler Perspektive. Bad Heilbrunn 2009; darin: A. v. d. Groeben: Lehrerforschung: Das Konzept von Hartmut von Hentig, 187–202.

Huber, L.: LehrerInnenforschung an einer Versuchsschule – oder: Die Mühen der Ebene am Teutoburger Wald [in der Bielefelder Laborschule]. In: Rahm/Schratz 2004, S. 35–57.

Hüther, G.: Die Ausbildung von Metakompetenzen und Ich-Funktionen während der Kindheit. In: Herrmann 2020, S. 78–88.

Huschke-Rhein, R.: Einführung in die systemische und konstruktivistische Pädagogik. München 2003.

Idel, T.-S./ Ullrich, H. (Hrsg.): Handbuch Reformpädagogik. Weinheim/Basel 2017.

Kiper, H.: Rezeption und Wirkung der Psychologischen Didaktik. In: Baer 2006, S. 74–85.

Kühner, P.: Rez. zu: Stebler, R., u. a.: Personalisiertes Lernen, in: Zeitschrift für Pädagogik 64 (2018), S. 159–178. In: Forschungsmonitor Schule, Jg. 2020, Volltext im Netz.

Largo, R. H./Beglinger, M.: Schülerjahre. Wie Kinder besser lernen. München/Zürich 2020.

Messner, R.: Lernen durch Denke und Tun. Anmerkungen zur »Psychologischen Didaktik« von Hans Aebli. In: Baer 2006, S. 127–129.

Messner, R./Reusser, K.: Aeblis Didaktik auf psychologischer Grundlage im Kontext der zeitgenössischen Didaktik. In: Baer 2006, S. 52–73.

Rahm, S./Schratz, M. (Hrsg.): LehrerInnenforchung. Theorie baucht Praxis. Braucht Praxis Theorie? Innsbruck 2004, Einleitung der Hrsg. S. 3 ff.

Reich, K.: Systemisch-konstruktivistische Pädagogik. Neuwied 1996.

Reintjes, C./Porsch, R./im Brahm, G. (Hrsg.): Das Bildungssystem in Zeiten der Krise. Empirische Befunde, Konsequenzen und Potentiale für das Lehren und Lernen. Münster 2021.

Roth, G.: Warum sind Lehren und Lernen so schwierig? In: Herrmann 2009, S. 58 ff.

Salzmann, Chr. G.: Pädagogische Schriften. Hrsg. von R. Bosse/J. Meyer. Wien/Leipzig 1886.

Schäfer, W.: Das geschichtliche Beispiel: die Schule Paul Geheebs. In: Schäfer, W./Edelstein, W./Becker, G.: Probleme der Schule im gesellschaftlichen Wandel. Das Beispiel Odenwaldschule. (es 496) Frankfurt/M. 1971, S. 7–21.

Schlömerkemper, J.: Pädagogische Diskurs-Kultur. Über den sensiblen Umgang mit Widersprüchen in Erziehung und Bildung. Opladen 2021.

Schratz, M.: Schule und Unterricht lernseits denken. In: Lehren & Lernen 44 (2018), H. 8/9, S. 9–12.

Skiera, E.: Reformpädagogik in Geschichte und Gegenwart. Eine kritische Einführung. München/Wien ²2010.

Strauch, B.: Warum sie so seltsam sind. Gehirnentwicklung bei Teenagern. Berlin ²2007.

Terhart, E./Tillmann, K.-J. (Hrsg.): Schulentwicklung und Lehrerforschung. Das Lehrer-Forscher-Modell der Laborschule auf dem Prüfstand. Bad Heilbrunn 2007.

Tillmann, K.-J.: Lehrerforschung und Schulentwicklung, oder: Was kann schulische Praxisforschung leisten? In: Hollenbach/Tillmann 2009, S. 101–118.

von der Groeben, A.: Lernen – individuell und gemeinsam. Ein Handbuch zur Durchführung der gleichnamigen Pädagogischen Werkstatt. Herausgegeben vom Schulverbund »Blick über den Zaun«. Bielefeld 2020.

von der Groeben, A./Kaiser, I.: Werkstatt Individualisierung. Hamburg 2012.

Wagenschein, M.: Ursprüngliches Verstehen und exaktes Denken. 2 Bde., Stuttgart 1970.

Wartenweiler, H.: Tools – Das Lehren vom Lernen her denken. Eine Instrumentelle Didaktik mit empirisch fundierten Werkzeugen für wirksamen Unterricht. Baltmannsweiler 2021.

Weinert, F. E.: Lerntheorien und Instruktionsmodelle. In: Weinert, F. E. (Hrsg.): Psychologie des Lernens und der Instruktion. (Enzyklopädie der Psychologie, Themenbereich D, Serie 1, Bd. 2) Göttingen 1996, S. 1–48.

Weinert, F. E.: Schulrelevante Lernforschung: alte Sackgassen und neue Wege. (MPI für Psychologische Forschung, Paper 7/1998) München 1998.

Weinert, F. E.: Die fünf Irrtümer der Schulreformer. In: Psychologie heute, Jg. 1999, H. 7, S. 28–34.

Weinert, F. E.: Vergleichende Leistungsmessung in Schulen – eine umstrittene Selbstverständlichkeit. In: Weinert, F. E. (Hrsg.): Leistungsmessungen in Schulen. Weinheim/Basel 2001, S. 17–31.

Weinert, F. E.: Perspektiven der Schulleistungsmessung – mehrperspektivisch betrachtet. In: Ebd., S. 353–365.

Wellenreuther, M.: Lehren und Lernen – aber wie? Baltmannsweiler ⁹2018.

Ulrich Herrmann

Die Vielfalt schulisch organisierten Lernens – individualisiert, personalisiert, entdeckend, adaptiv, selbstorganisiert, selbstständig, selbstreguliert, selbstgesteuert, kooperativ, dialogisch, deeper …

Unterschiedliche Lehr-Lern-Arrangements, ihr jeweiliger Nutzen für »Lernen ermöglichen, begleiten und fördern«, ihre Grenzen und ihr »pädagogischer Mehrwert«

Kann Lernen »sichtbar« gemacht werden?

Lernen als einen intraneuralen Prozess im Gehirn kann man bekanntlich weder beobachten und auch nicht sichtbar machen. *Dass* Prozesse im Gang sind, kann sichtbar gemacht werden, und beobachten kann man *Handlungen*, deren Ergebnis offenkundig ein Lerneffekt ist: im Unterschied zu vorher hat sich eine Veränderung eingestellt, dokumentierbar durch verändertes Verhalten und Handeln des Lernenden. Diese Handlungen können beeinflusst werden und dadurch das mit ihnen verbundene Lernhandeln (Grzesik 2002, s. o. S. 43 f.).

Mit einem Perspektivenwechsel von »Unterricht« zu »Lernen« wechselt die Sichtweise von »Unterricht« mit Schwerpunkt Lehrer-Lehrtätigkeit (Instruktion, Vermittlung) auf »Lernen« mit Schwerpunkt Schüler-Lerntätigkeit (Lernhandlungen, Aneignung). Das ist nicht nur nichts Neues, sondern war einer der ausschlaggebenden Faktoren beim Paradigmenwechsel der europäischen und amerikanischen Reformpädagogik (*New Education Movement, Progressive Education*, vgl. das Faksimile auf Seite 15) an der Wende vom 19. zum 20. Jahrhundert (an den Anfängen vor allem John Dewey, Maria Montessori, Hermann Lietz, Berthold Otto; Skiera 2010): Analog zur »Pädagogik vom Kinde aus« wurde die »Schule vom Schüler aus« und »Unterricht vom Lernen her« (»lernseits«, Schratz 2018) entworfen und in die Praxis umgesetzt, in vielen Landerziehungsheimen, in öffentlichen Regelschulen (frühes Zentrum die Hamburger Reformschulen), europaweit am erfolgreichsten bis heute in den Jena-Plan-Schulen.

Damit keine Missverständnisse aufkommen: Hier wird nicht der Geringschätzung von gutem Unterricht, von hilfreicher Instruktion, von förderlicher Lehrer-Schüler-Beziehung das Wort geredet; denn jede Lehrperson weiß, dass das Ziel ihrer Tätigkeit das mehr und mehr selbstständige Lernen der Schüler/innen sein muss. Es wird ein Perspektivenwechsel insofern vorgeschlagen, dass im Hinblick auf diese Zielsetzung konkret gefragt wird, wie denn bei ihrer Umsetzung das konkrete Lernhandeln der Schüler aussehen könnte oder müsste, wenn die intendierten Lernziele erreicht werden sollen.

In Unkenntnis dieser Vergangenheit(en) werden heute allerlei Neologismen erfunden für Arrangements, die bei einigen mehr oder weniger ungelösten Problemen des herkömmlichen Lektionen- (oder gar Frontal-)Unterrichts Abhilfe schaffen sollen (früher firmierten sie unter »Innere Differenzierung«, »Projektmethode«, »Entdeckendes Lernen« u. a. m.):

- Diese Arrangements sollen der trivialen Einsicht Rechnung tragen, die durch die heutige Neuropsychologie unterfüttert wird: Ein Schüler lernt nur das, was zu lernen er gewillt ist bzw. wozu er erfolgreich motiviert wurde, wozu er emotional und kognitiv imstande ist (bzw. befähigt wird) und hat nur dasjenige gelernt, was er sich durch *eigenes Lernhandeln* angeeignet hat. Alles andere bleibt kurzfristig im Gedächtnis (Arbeitsspeicher) und wird rasch vergessen. Nachhaltiges Lernen kann »lehrerseits« durch kommunikative oder situative Ungeschicklichkeiten be- oder gar verhindert oder aber durch Hilfestellungen befördert werden – in jedem Fall ist es *dieser* eine Schüler, der sich »etwas« auf seine Weise aneignet. Was genau, kann man im Voraus nicht immer wissen.
  Michael Schratz konstatiert (2020, S. 153), »dass wir gegenwärtig zwar auf zahllose empirisch abgesicherte Ergebnisse zur möglichen Wirksamkeit von Lehrarrangements zurückgreifen können, *nach wie vor aber wenig über das Lernen selbst wissen*. […] So anziehend und gelungen auch gelehrt und unterrichtet wird, das Lehren als solches bewirkt nicht notwendig Lernen [Messner 2004, S. 36. … Eine] genaue Analyse des Unterrichtsgeschehens zwischen dem, was Lehrpersonen intendieren, und dem, was Schülerinnen und Schüler rezipieren, [verweist] auf eine große Unbekannte. […] Lehrkräfte können zwar Rahmenbedingungen schaffen und Interventionen setzen, aber nicht das persönliche Lernen steuern – weder das eigene noch das der anderen. Trotz der Vielzahl von Erkenntnissen zum Lernen aus unterschiedlichen Disziplinen bleibt Lernen aus pädagogischer Sicht weitgehend unsichtbar«.
- Da diese entscheidenden Voraussetzungen für erfolgreiches Lernen aktuell oder auch strukturell nicht oder nur zum Teil bekannt sein *können*, müssen auf der einen Seite die Eigenaktivitäten und Interessen der Kinder/Jugendlichen/Schüler zeigen, was sie zum betr. Zeitpunkt bewältigen können (alles andere legen sie nämlich normalerweise nach kurzer Zeit beiseite). Auf der anderen Seite müssen Angebote gemacht werden, die Neugier und Interesse wecken und damit

Anreize schaffen für eine Beschäftigung mit Neuem, das bisher noch nicht im Repertoire (Johann Friedrich Herbart: »Gedankenkreis«) des heranwachsenden Menschen vorhanden ist und dieses Repertoire nachhaltig erweitern soll. Dabei wird sich sofort zeigen, dass Entwicklungsalter und Schulalter in Bezug auf als Lebensalter immense Variationen (d. h. Abstände!) aufweisen (Largo 2010, ohne Pag. Abb. hinter S. 100), sodass ein Lernen und Vorrücken im Gleichtakt/-schritt einer Gruppe oder Schulklasse von vornherein zum Scheitern verurteilt ist. (Hinzu kommen dann u. a. noch die Unterschiede der sozialen Herkunft, der Geschlechtszugehörigkeit, der speziellen Begabungen sowie die unterschiedlichen Beschleunigungen oder Verzögerungen in den unterschiedlichen Lebensphasen vor, in und nach der Pubertät.)

- Diese verschiedenen Lehr-Lern-Arrangements sollen einen Umstand berücksichtigen, auf den die jüngere Entwicklungspsychologie/-pädiatrie (Largo) eindringlich hingewiesen hat, und die vom herrschenden Organisationssystem der *Jahrgangsklasse* immer aufs Neue vernebelt wird: Die Entwicklungsabstände von Gleichaltrigen können bis zu zwei Jahren (oder auch mehr) auseinanderliegen; sie können durch »Unterricht« kaum verringert werden; sie sind überdies domänenspezifisch: Ein achtjähriger Schüler kann im Rechnen ein sechsjähriger, aber im Textverstehen ein zehnjähriger und im Musizieren Sonderklasse sein (Largo ebd.).

- Alternative Arrangements sollen die Fixierung auf unkontrollierte Ineffektivität von (frontaler) Instruktion einer Jahrgangsklasse vermeiden, das Zeitfenster »Unterricht« maximal für das individuelle Schülerlernen nutzen und die Lernprozesse und ihre Ergebnisse »sichtbar« machen: d. h. dokumentieren, diskutieren, in individuelle Lernberatung einmünden lassen. Woran es hier üblicherweise bei der Förderung selbstständigen Lernens mangelt, hat Heinz Klippert mit aller wünschenswerten Deutlichkeit dargelegt (2015, Kap. I).

Klipperts neuestes Buch trägt den Titel »Selbstständiges Lernen fördern«, er fordert zu folgender Bemerkung heraus:

Erstens erfolgt jedes Lernen selbstständig in dem Sinne, dass unser Gehirn ohne unsere willentliche Mitwirkung selbsttätig Informationen zu Bedeutungen formt, die vielleicht gar nicht so intendiert waren. Denn: Das Gehirn ist kein Daten*speicher*, sondern ein Daten*generator* (s. o. S. 28).

Zweitens erkundet jedes neugeborene Kind aufgrund seiner angeborenen Neugier selbsttätig und selbstständig die umgebende Welt – *muss* selber erkunden; denn Erfahrungen machen kann ja nicht delegiert werden. Dieses »natürliche«, »privilegierte« Lernen ist der Anfang und die Grundlage unserer gesamten individuellen Lebens- als Lerngeschichte: wir lernen, unsere Sinnes- und andere Organe in Gebrauch zu nehmen und unser Gehirn damit dauerhaft für diesen Gebrauch einzurichten; jedes Gehirn ist das Ergebnis seines Gebrauchs (Gerald Hüther).

Drittens verbleibt Lernen zwar immer in der Spur und in den Routinen dieses natürlichen Lernens, lernt dabei aber auch das Lernen und kann so ab einem bestimmten Entwicklungsalter auch aufgrund von Instruktion lernen. Dieser Lernprozess bedarf jedoch der Anleitung, der Hilfestellung, weil nicht alle Operationen (Lernhandlungen) bekannt sein können, um eine Aufgabe zu lösen oder sie auch nur zu verstehen. Aber auch diese Operationen müssen individuell selbstständig angeeignet werden, mit anderen Worten: selbstständiges Lernen beruht allemal auf der Erfahrung des selbstständigen Lernens – der Weg ist das Ziel –, die auf diese Weise erzeugte Erfolg*erwartung* erzeugt eine Lernmotivation (und nicht der Lern*erfolg*!).

Diese Lernerfahrung bedarf mit zunehmenden Anforderungen der Stützung und Förderung sowie der Vermittlung von Methoden und Routinen, also jener sogenannten metakognitiven Kompetenzen, durch die selbstständiges Lernen auf Dauer gestellt wird.

Die derzeit vorherrschende Unterrichtsbeobachtung und -forschung operiert mit Konzepten, die hier erwähnt, aber nicht diskutiert werden sollen, weil sie im Hinblick auf ihre praktische Bedeutung für schulisch organisiertes Lernen zu vage sind. Das gilt insonderheit für »kognitive Aktivierung« und für »konstruktive Unterstützung«. Diese beiden normativen Erwartungen für »guten Unterricht« setzen voraus, dass vorgängig Neugier und Interesse geweckt wurde – wie? –, damit eine »kognitive« Aktivierung (und wieso keine emotionale?) angegangen werden kann – wie? –, und dass eine Beziehungskultur etabliert sein muss – welche? –, damit die konstruktive Seite der »Unterstützungen« – welche? – wirksam werden kann. Was hier normativ erwartet bzw. vorausgesetzt wird, ergibt sich aus den unterschiedlichen (und unterschiedlich wirksamen) Lehr-Lern-Arrangements, die im Folgenden vorgestellt werden. Sie alle tragen auf die eine oder andere Weise zu erfolgreichem Lehren und Lernen bei – situativ, personell, sachlich different.

Jürgen Grzesik hat darauf aufmerksam gemacht (2002), dass die Zuschreibung von Lerneffekten im Unterricht an bestimmte Lehr-Lern-Arrangements bzw. Methoden problematisch ist, weil damit ausgeblendet wird, dass die Lerneffekte nur einem Unterricht zugerechnet werden können, wenn dessen *Gesamtzusammenhang, d. h. Systemstruktur des Kooperierens von Lehrer und Schüler beachtet wird* (2002, S. 339, zuvor S. 37 f.): die Verständigung über (1) den Entwicklungsstand eines Schüles im Hinblick auf seine potenzielle Leistungsfähigkeit, (2) den Vollzug bestimmter Lerntätigkeiten und (3) über die erreichten Lernleistungen (vor allem der Reaktivierbarkeit des Gelernten). Der Grund ist darin zu sehen, dass einzelne Methoden in der Regel den Zusammenhang des Lernens (Akquisition, Behalten, Reaktivieren) vernachlässigen. Hinzu kommt, dass sich nur in diesem Zusammenhang ermitteln lässt, was »guter Unterricht« ist, der in Einzelschritten »schlecht« gewesen sein kann, im Endergebnis jedoch die gewünschten Effekte zeigt. Deshalb ist auch die reduktionistische Isolierung einzelner Aspekte (s. o.) als Merkmalen »guten Unterrichts« hoch problematisch (ebd., S. 339), weil sie den Unterricht selbst gar nicht zum Gütekriterium von »gutem Unterricht« macht, sondern einzelne unzusammenhängende Aspekte (Faktoren?), die durch gar kein Konzept von lerneffektiven Lernhandlungen verknüpft sind. Dieser Hinweis erscheint notwendig, um dem Missverständnis vorzubeugen, einzelne methodisch-praktische Zugänge zu »Lernen ermöglichen, begleiten und fördern« seien selbst schon Gütekriterien für guten Unterricht oder erfolgreiches Lernen.

Die unterschiedlichen Lehr-Lern-Arrangements tragen Bezeichnungen, durch die sie auf ihr Spezifikum verweisen wollen (vgl. die Variationen im Literaturverzeichnis von Lipowsky/Lotz 2015, S. 208 ff.). Lipowsky/Lotz (ebd. S. 158) unterscheiden folgende »Strategien im Umgang mit Heterogenität: Innere Differenzierung, Individualisierung, Adaptives Unterrichten, Offene Unterrichtsformen, Entdeckendes Lernen«. Das entspricht in etwa dem hier vorgelegten Vorschlag einer begrifflichen Klärung.

Neuerdings wird noch *deeper learning* ins Gespräch gebracht (Sliwka/Klopsch 2021). Dabei handelt es sich um die Kombination von heute als wichtig erachteten Kriterien für »guten Unterricht« (S. 35) und (angeblich neuen) pädagogischen Herausforderungen an Lernen im »Digitalen Zeitalter« (S. 36 ff., 177 f.). Dabei geht es aber gar nicht um Lernen im Sinne der Explikation von Lernhandlungen, die zu einem »deeper learning« führen würden; denn das »Tiefere« des Lernens wäre ja entweder »Verstehen« oder der Blick in die neurobiologischen Koaktivitäten von Neuronen. Nicht auf Lernen, sondern auf Unterrichten beziehen sich die knappen Schlussbemerkungen von »deeper learning«, sozusagen »deeper *teaching*« (Kap. 5, S. 149 ff.) – ein Angebot, das im Titel eine »Pädagogik« verspricht, von der nichts zu sehen ist, und ein neues Konzept von Lernen ankündigt, das für das 21. Jahrhundert geeignet sein soll, aber die pädagogischen Erfahrungen früherer »Jahrhunderte« ignorieren zu können glaubt und stattdessen einen gemeinplätzigen *deeper-learning*-Prozess anbietet, den zu zitieren sich erübrigt (S. 156), zumal alle hier vorgestellten Lehr-Lern-Arrangements aufgrund von Erfahrungen solche Empfehlungen immer schon in unterschiedlichen Akzentuierungen vorgetragen haben. »Der Weg zum Deeper Learning« (S. 188 f.) ist nichts weiter als die schematische Schrumpfform des Unterrichts als Mischform von Instruktion und Gruppenarbeit. Wer die Lerngeschichte des pädagogischen Sehens und Denkens, Praktizierens und Reflektierens ausblendet, ist im Hinblick auf Ausblicke uninformiert blind, weil er seinen eigenen Standort – seine Bedingungen, Grenzen und Möglichkeiten – nicht ins Kalkül ziehen kann. Reform wird Mode.

Unterschiedliche Bezeichnungen von Lehr-Lern-Arrangements

Individualisierung

Individualisiert werden im Rahmen eines Themas bzw. einer Aufgabenstellung Wege der Aufgabenbearbeitung/Problemlösung und damit der Aneignung von Wissen und Können (Erwerb von Kompetenzen). Die individuell möglichen (Lern-)Ziele verbleiben im Rahmen eines festgelegten Gesamtrahmens (von der Groeben/Kaiser 2014).

Individualisierung im weiteren Sinne (etwa im Offenen Unterricht) kann bedeuten, dass jeder einzelne Schüler sich Themen/Aufgaben usw. selber suchen und sich auf den Weg des Entdeckenden Lernens begeben kann, so etwa in der individualisierenden Projektmethode, mit Freinets Forscherkiste und dergleichen. Dieses Verfahren ist besonders geeignet, durch das Absehen von engen Vorgaben (z. B. des Lehrplans) oder gar standardisierten Erwartungsnormen das Problem von Entmutigung durch Misserfolg dadurch zu reduzieren, dass der Lernende sein Arbeitsergebnis im selbstgewählten Aufgaben- und Anspruchsbereich vorlegt und nur dazu eine Rückmeldung bekommt. »Norm-« und »fachgeschädigte« Schüler/innen »erholen sich« bei diesem Lernarrangement bekanntlich sehr gut.

Die Aufgabenstellungen, Arbeits-/Lernmaterialien usw. werden von den Schüler/innen – einzeln und in Gruppen – im Rahmen eines größeren Themas nach Interesse, Vorwissen usw. ausgewählt (z. B. durch Mindmapping, Identifizierung zentraler Aspekte usw.) und bearbeitet, möglichst auch fächerübergreifend oder -verbindend (z. B. im Marchtaler Plan [2002, 2018] oder bei SOL [Herold/Herold 2011]; vgl. den Beitrag von Bosse in diesem Band). Damit dies erfolgreich ist, müssen die Schüler früh mit diesem Verfahren vertraut gemacht werden. Das setzt die Elementartechniken des Lernens in der Elementar-/Grundstufe voraus, sodass in der Regel erst in der Sekundarstufe I mit ernsthafter auf Selbstständigkeit zielender Individualisierung begonnen werden kann. (Das stellt die Besonderheiten des kindlichen Fragens und kindgerechten Anleitens nicht in Frage, sondern ist gewiss eine gute Vorübung! Vgl. die Beiträge von Ansari und Hildebrandt/Glauer 2021.)

Die auf breiter Front bestehenden Vorbehalte in der Lehrerschaft gegen Individualisierung haben (vermutlich) folgende Ursachen:

1. Individualisierung wird in der Aus- und Fortbildung kaum thematisiert, weil die Orientierung am Lehrplan vorherrscht, und häufig wird der Lehrplan mit einem Fahrplan verwechselt.
2. Diese Orientierung wird in der Berufspraxis verstärkt durch ein Leistungsfeststellungssystem der zentralen Prüfungen, in dem individuelle Interessen- und Leistungsmotive und -richtungen nicht honoriert werden.

3. Individualisierung erfordert einen beträchtlichen Fundus an Arbeits- und Lernmaterialien für die Schüler/innen, um ihren vielfältigen Nachfragen gerecht werden zu können, zumal dann, wenn die Zeitfenster für eigene Materialrecherchen durch die Schüler/innen knapp bemessen sind. Dieser Aspekt wird noch dadurch verstärkt, dass das Individualisierte Lernen für schwächere und stärkere Schüler jeweils unterschiedliche Folgen hat, d. h. die schwächeren profitieren nicht. Damit sich aber die Schere nicht weiter öffnet, sind gezielte Vorkehrungen erforderlich, und diese erfordern wiederum unterschiedliche Ressourcen an Zeit und Lernmaterial.

Es ist aber unrealistisch anzunehmen, eine Lehrperson könne konstant mehr als einige und in einer Schulklasse 20 oder 25 unterschiedliche Lernangebote bereithalten (Lipowsky/Lotz 2015, S. 178) oder gar durch eine individuelle Diagnostik unterlegen (Letzel u. a. 2019). Unrealistisch ist auch, was als weiteres Erfordernis konsequenter Individualisierung formuliert wurde: »Ferner sollten Lehrpersonen in der Lage sein, Unterschiede in den Lernständen und Lernbedürfnissen ihrer Schüler wahrzunehmen, zu analysieren und hieraus Konsequenzen für die Förderung der Lernenden abzuleiten« (ebd. S. 208). Wie im Schulalltag tatsächlich verfahren wird, ist kaum dokumentiert und analysiert, zumal es eine nennenswerte Lernverlaufsdiagnostik im Wesentlichen nur in der Sonderpädagogik für Rechnen-/Mathematik- und Lesen-/Rechtschreiben-Lernen gibt (die fachlichen Schwerpunkte in Hasselhorn u. a. 2014; Gold 2016, S. 50 ff., Übersicht S. 154 ff.; Gold 2018, S. 100 ff.; Gebhardt u. a. 2021, Übersicht S. 37) und diese Diagnostik durch Tests erfolgt, woran im »Normalbetrieb« der Regelschule nicht zu denken ist.

4. Die Sekundäranalysen von Hattie bzw. die von ihm berichteten bescheinigen der Individualisierung nur geringfügige Wirksamkeit (Hattie 2013, S. 235 ff., hier S. 236; Lipowsky/Lotz 2015, S. 162 ff. mit Verweis auf weitere Studien), ebenso dem Entdeckenden Lernen und Offenem Unterricht.

Macht man sich aber klar, dass hier die Effekte von direkter Instruktion und Individuellem Lernen verglichen werden – das heißt: Akkumulation von Wissen auf der einen und Erwerb von Lernstrategien und -kompetenzen auf der anderen Seite –, dann liegt auf der Hand, dass hier unzulässig ganz unterschiedliche Sachverhalte verglichen werden. Außerdem werden bei der Aggregierung internationaler Datensammlungen des Mainstreams der dokumentierten Praxen die Befunde für Ausnahmepraxen wie Individualisierung und Offener Unterricht keine Rolle spielen können. Hinzu kommt, dass für die Rahmung der favorisierten Direkten Instruktion ausschlaggebende Faktoren wie z. B. Interesse und Lernbereitschaft, Vorverständnisse erheben und daran anknüpfen, angeleitetes und unabhängiges Üben unberücksichtigt bleiben (ebd., S. 164). Zudem kommt es zu dem paradoxen Befund, dass gleichwohl für »guten Unterricht« Merkmale der Lernenden die bedeutungsstärksten Faktoren sind (Lotz/Lipowsky 2015, S. 100 ff.). (Auf die kritischen Bemerkungen zu Hattie bei Gold 2015 unter »Hilft Hattie?« S. 49 ff., »Vergesst Hattie« S. 74, 91, 198, 127 und »Lest mehr Hattie« S. 164 sei hier nur hingewiesen.)

Es gibt allen Grund zu der Überzeugung, dass sich beim Einsatz digitaler Endgeräte die Debatte über Möglichkeiten und Nachteile der Individualisierung von selbst erledigt (hat). Denn alle denkbaren Lehr-Lern-Arrangements lassen sich durch den Einsatz und die Verschaltung der Geräte realisieren und dabei für unterschiedliche Anforderungen bei unterschiedlichen Schülern eben auch unterschiedlich umsetzen, ohne dass die Lernenden räumlich und zeitlich getrennt werden müssten oder auch in einem Mix von Präsenz- und Distanzunterricht. (Vgl. den Beitrag von Martina Bischofberger zum »pädagogischen Mehrwert« des Einsatzes von digitalen Endgeräten.)

Im Übrigen sei gar nicht in Abrede gestellt, dass viele Lernbereiche und Aufgaben nur durch Direkte Instruktion erschlossen werden können (Gebiete der Mathematik und Naturwissenschaften, von Grammatiken usw., also überall dort, wo es um Formalisierungen geht; vgl. den Beitrag von Felten in diesem Band), was aber ja noch gar nichts darüber aussagt, *wie* gearbeitet und gelernt werden sollte, wenn diese Grundlagen gelegt sind. Der Wechsel von Phasen der Instruktion und des Selbstorganisierten Lernens sollte im heute üblichen »Unterricht« vorherrschende Realität sein (so auch die Empfehlung von Lipowsky/Lotz 2015, S. 168).

Personalisierung

Personalisiert werden Aufgabenstellungen im Sinne der Binnendifferenzierung (je nach Kenntnisstand usw.), um eine individuell optimale Nutzung der Lernzeit und ein individuell optimales Ergebnis zu erreichen (s. den Beitrag von Stebler/Reusser/Pauli in diesem Band). Personalisiertes Lernen kann auch die Antwort sein auf eine Lernsituation, die ein konkretes Lerncoaching erfordert. (Auch hier gilt wieder die Bemerkung zum »pädagogischen Mehrwert« beim Einsatz von digitalen Endgeräten.)

Personalisierung ist, ausweichlich einiger Veröffentlichungen der Arbeitsgruppe um Kurt Reusser (Reusser in diesem Band, Mötteli u.a. 2021) der amerikanische Terminus für Individualisierung. *Personal* heißt persönlich wie beim *Personal Trainer,* bedeutet im deutschen Sprachgebrauch aber normalerweise individuell. Deshalb gibt es keine strikte Abgrenzung von »personalisiert« und »individualisiert«, sodass wir einen »Container-Begriff« vor uns haben, der mehrere semantische Versionen umfasst und zu Individualisierung, Binnendifferenzierung, Öffnung des Unterrichts usw. nicht präzise abgegrenzt werden kann (Stebler/Pauli/Reusser 2017).

Personalisiertes Lernen kann auch allgemeiner als Adaptives Lernen verstanden werden, wenn es sich nicht um Individualisierung in allgemeineren pädagogischen

Sinne handeln soll (s. o.), sondern um ein Arrangement mit zwei spezifischen Komponenten: auf der Makroebene können Gruppen nach Leistungsniveau eingeteilt und dann spezifische Lerninhalte und -instrumente angeboten werden, auf der Mikroebene die individuelle Abstimmung des Lernens zwischen Lerner und Lehrer (ein inhaltlich-fachliches *Setting* wie bei der personalisierten Intervention).

Das Ganze erinnert auch an das Kurssystem, das die Odenwaldschule im Jahre 1913 einführte (s. o. S. 22 ff.), sowie an die Einführungs-, Leistungs- und Neigungskurse in der Jenaplan-Pädagogik. Voraussetzung ist eine Lern- und Leistungsdiagnostik zu Anfang und dann im weiteren Verlauf der Arbeits-/Lernprozesse. Dieser Aufwand setzt dem Adaptiven Lernen im Schulalltag sehr enge Grenzen, während es in der beruflichen Fort- und Weiterbildung, besonders in der Kombination mit E-Learning, Standard zu werden verspricht. Deshalb verfuhr man früher, als man eine »formative Diagnostik« gar nicht kannte, pragmatisch ganz anders: man kannte die Leistungsfähigkeiten der Schüler/innen so einigermaßen und wartete dann ab, ob sie auf neue Anforderungen mit Über- oder Unterforderung reagierten, um darauf dann entsprechend einzugehen – was im nicht-dreigliedrigen System keine Schwierigkeit macht.

Kommentar/Fazit

Ziele von Individualisierung und Personalisierung sind optimale Lernleistungen jedes/r Schüler/in, bezogen auf ihre individuellen Potenziale, aktuellen Leistungsfähigkeiten bzw. aktuellen Schwierigkeiten bei der Lösung einer Aufgabe oder einer Stockung und drohendem Scheitern eines Lernprozesses. Individualisierung stellt dabei das umfassendere methodisch-didaktische (pädagogische) Konzept dar, während Personalisierung eine gezielte einzelne Intervention darstellt. Sie ergibt sich direkt aus der Rückmeldung des Lernenden (sofern sie wahr- und aufgenommen werden kann), was im Rahmen von Individualisierung erheblich schwieriger ist. Deshalb ist Individualisierung gleichwohl immer noch eine richtige Intention, deren Umsetzung Erfolg jedoch stark von situativen Bedingungen und Kompetenzen der Lehrpersonen abhängt. Die Erfolglosigkeit in dem einen sagt nichts über die Erfolgswahrscheinlichkeit im andern Fall; denn Lehren und Lernen sind Praxen, auch wenn sie auf möglichst elaborierten Techniken aufruhen sollten.

Individualisierung des Lernens bedeutet nicht *per se*, dass der Lernende in seiner Lernarbeit sozusagen isoliert wird. Im Gegenteil: Individualisiertes Lernen geschieht sehr erfolgreich auch im Tandem bzw. einer Kleingruppe, arbeitsteilig konzentriert auf eine gemeinsame Aufgabe (vgl. z. B. die Beiträge von Herold und Bosse und unten den Abschnitt über Kooperatives Lernen).

Dass Individualisiertes, Personalisiertes bzw. Adaptives Lernen durch gezielte Unterstützung Wissens- und Könnens-Zuwächse bewirkt, des weiteren größere Zufriedenheit bei der Lernarbeit durch Förderung des Selbstwirksamkeitsstrebens und der Motivation infolge von Erfolgszuversicht und eben dadurch die pädagogische Beziehungen zwischen Lehrenden und Lernenden vertieft, kann nicht überraschen. Das muss nicht »empirisch« erforscht werden, sondern ist evidentes Alltagswissen, das keiner Beweisführung bedarf. Was nicht bedeutet, dass in der Perspektive eines Zuwachses an Kompetenz und Leistung Diagnoseinstrumente eingesetzt werden können, um durch sie Hinweise auf die Ausgangsbedingungen des gezielten Personalisierten und Adaptiven Lehrens und Lernens zu bekommen.

Selbstorganisation

Im Sinne des SOL-Konzepts (Herold/Herold 2011, Herold in diesem Band) bzw. der »Lernspirale« (Klippert 2015, Kap. II; auch in diesem Band) liegt der Schwerpunkt auf der Organisation der Lernarbeit, von der Problemstellung bis zur Präsentation, und hat eine besondere Affinität zum Postulat der Kompetenzentwicklung durch das Einüben von Arbeitsformen: Recherchieren, Problemlösen, Dokumentation der Arbeitsprozesse, Reflektieren der Arbeitsergebnisse usw., also jener Kompetenzen, die metakognitiv genannt werden.

SOL will gelernt sein, die Lernenden benötigen einen »Handlauf« (»soziale Lernwegflankierung«, Erpenbeck u. a. 2015, S. 33), um auf dem Parcours der Selbstorganisation in der Spur zu bleiben, beginnend mit einem *Advance Organizer* (Herold/Herold 2011, S. 105–112; Wahl 2013, S. 146 ff.). Dieses Verfahren (früher: Arbeitsunterricht, Projektmethode) ist der Königsweg zum »Lernen des Lernens« und des selbstständigen Arbeitens, anzubahnen in der Sekundarstufe I und für den Übergang in eine Ausbildung/ein Studium in Sekundarstufe II zu festigen.

Es liegt auf der Hand, dass dieses Konzept besonders in der beruflichen und akademischen Ausbildung grundlegend ist, weil der »Meister« zwar einführen, raten und (weiter-)helfen kann, der »Lehrling« aber nach kurzer Zeit auf eigenen Beinen stehen muss, um die Gesellenprüfung bzw. die Examina erfolgreich zu bestehen und im Beruf selbstständig arbeiten zu können, und zwar so, dass das Ergebnis den Qualitätsvorgaben und -erwartungen entspricht.

Selbststeuerung

Konzeption und Praxis des selbstgesteuerten Lernens wird in diesem Band in dem Beitrag von Stebler/Reusser/Pauli (s. u. S. 231 ff.) ausführlich vorgestellt. Sie zeigen, dass es sich dabei um ein überaus ambitioniertes methodisch-didaktisches Vorgehen handelt, das sowohl für die Lehrpersonen als die Lernenden große Herausforderungen darstellt und über längere Zeiträume eingeübt werden muss. Dabei können die konkreten Vorgehensweisen im Einzelnen recht variabel ausgestaltet sein, so wie es den Kompetenzen einer Lerngruppe angemessen ist.

Die nachfolgenden Überlegungen wurden durch den Aufsatz von Franz E. Weinert über selbstgesteuertes Lernen angeregt (1982). Dieser Text ist aufgrund seiner strukturierten Klärung der Sache und des Begriffs immer noch lesenswert, auch wenn wir inzwischen neurowissenschaftlich sehr viel mehr über die Exekutiven Funktionen, die Selbststeuerung und Selbstregulation der Prozesse beim Lernen im Gehirn wissen (z. B. über das Limbische System). Kopp/Mandl (2011) haben eine ausführliche Einführung vorgelegt, ergänzt durch Hinweise zur Förderung der Selbststeuerung. Eine brauchbare Übersicht gibt der ausführliche Wikipedia-Artikel »Selbstgesteuertes Lernen«, der auch auf die Vorgeschichte in der Reformpädagogik eingeht, gefolgt von einer detaillierten Aufzählungen der möglichen Lernhandlungen in den verschiedenen Phasen des Selbstgesteuerten Lernens: Erarbeitung, Darstellung, Vertiefung (was an die Formalstufen bei Herbart erinnert; vgl. auch Grzesik in diesem Band S. 43) ergänzt durch eine integrierende Methode (Lernen durch Lehren) und Instrumente der Selbstorganisation (u. a. Lerntagebuch, Reflexion des Lernprozesses).

Wie kann ermittelt werden, welche und ggf. welche erfolgreiche Selbststeuerung oder Selbstorganisation stattgefunden hat? Eben dieser Frage haben sich auch Stebler/Reusser/Pauli zugewandt. Winter (2010, S. 254 ff.) stellt hier die besondere Bedeutung des Lerntagebuchs in der Weise heraus, dass er die Lernhandlungen auflistet, die dem Schreiben des Lerntagebuchs zugrunde liegen (S. 262 f., die folgenden Aufzählungen sind Zitate):

- Was habe ich/was haben wir gemacht?
- Wie bin ich/wie sind wir vorgegangen?
- Was habe ich/was haben wir erfahren und gelernt?
- Was habe ich dabei gefühlt?
- Wie ist das zu bewerten?

Als Rückmeldeinstrument für die Lehrperson und die Gestaltung des Lehrens und Lernens bieten die Lerntagebücher authentische Einblicke in Lernhandlungen und damit das Zustandekommen der Lernergebnisse; für die Lernenden sind sie u. a. nützlich für:

- Raum und Zeit zu geben für eigene Beobachtungen und Gedanken
- als Instrument zum Bewusstwerden der eigenen Lernwege, der Hindernisse des Lernens und der offenen Fragen
- als Hilfe zur Klärung von Gedanken und Gefühlen, die mit dem Lernen verknüpft sind
- als Anregung, Ideen zu entwickeln, zu spekulieren und Gedanken zu verknüpfen
- als Grundlage für eine Rückschau auf einen längeren Zeitraum und evtl. eingetretene Entwicklungen
- als Selbstkontrolle der Arbeit und des Lernerfolgs
- als Mittel zum Erwerb von Denkstrategien und Lernhaltungen
- zur Vorbereitung und Ausbildung von Fähigkeiten, die zur eigenständigen Regulierung des Lernhandelns führen.

Erpenbeck u. a. (2015) zeigen *E-Learning* und *Blended Learning* als selbstgesteuerte Lernprozesse mit zwei knappen Praxisbeispielen (S. 24 ff., 35 ff., kurze Bewertung S. 38 am Schluss [!] der Broschüre in der Reihe »essentials«; vgl. unten die Vignetten bei Stebler/Reusser/Pauli S. 245 ff.) mit einer eher formalen Differenzierung der Lernhandlungen der Lernenden. Empfehlenswerte praxisorientierte Einführungen in Selbstgesteuertes Lernen bieten Kiper/Mischke 2008 und Konrad/Traub 2021. Killus 2009 berichtet von einer Lehrerbefragung in Berlin u. a. an Schulen, die ihren Schulentwicklungsprozess auf Selbstgesteuertes Lernen ausgerichtet haben. Bei ihnen zeigte sich ein lehrergesteuert-normierendes Handlungsmuster und ein schülergesteuert-entdeckendes Handlungsmuster. Im letzteren Fall stellen sich die Lernhandlungen der Schüler so dar (S. 142):

- »Die Schüler erhalten die Gelegenheit, selbständig an Aufgaben zu arbeiten, damit sie die dafür notwendigen Strategien üben und ausbauen können. [Daten der statistischen Auswertung hier weggelassen]
- Die Schüler suchen sich Lernpartner, mit denen sie sich über ihre Lernerfahrungen austauschen (d. h. Wissen über den Umgang mit Problemen, Strategien und Aufgaben).
- Die Schüler wenden Strategien selbständig an, also ohne meine Unterstützung.
- Ich gebe den Schülern Gelegenheit, Lernstrategien und ihre Besonderheiten selbst zu entdecken und versuchsweise zu erproben.
- Ich rege die Schüler an, über die eigenen Lernerfahrungen nachzudenken und auf dieser Grundlage individuelle Lernstrategien zu entwickeln.
- Arbeits- und Lernerfahrungen werden in größeren Gruppen oder im Klassenverband ausgetauscht.
- Ich befrage die Schüler zu ihren Lerngewohnheiten.
- Ich über nehme die Rolle eines ›Trainers‹, der einzelne Schüler bei der Arbeit ganz genau beobachtet, klare Anweisungen und unmittelbares Feedback gibt (Was machst du jetzt genau? Warum machst du das? etc.).«

Offensichtlich geht es auch um das Aneignen der metakognitiven Kompetenzen, was in den Beiträgen über die Projektmethode näher ausgeführt ist (s. S. 137 ff.).

Selbstregulation

Selbstregulation ist die entscheidende Voraussetzung für die Entstehung und Organisation eines stabilisierten Selbst, zunächst im frühkindlichen Bereich der Selbstregulation. Diese ist in der Kindheit emotional und spontan interessegesteuert. Im schulischen Kontext soll dies ergänzt (nicht ersetzt!) werden durch die Einübung von system- und anforderungsgerechten Verhaltensweisen der Selbstorganisation in den unterschiedlichen Dimensionen des Selbstmanagement, um vor allem in zeitlich und sachlich selbstbestimmten Arbeits-/Lernphasen mit angemessenem (zeitlichen) Aufwand zu einem optimalen Arbeits-/Lernergebnis zu kommen. In einem Drei-Schichten-Modell der Selbstregulation werden Regulation des Selbst, des Lernprozesses und der Verarbeitungsmodi (kognitive und metakognitive Strategien) unterschieden (Boekarts bei Götz/Nett 2017, 154 f.), d. h. konkret: Schüler müssen lernen, ihre Arbeitszeit und -formen zu organisieren, Leistungsfähigkeit zu entwickeln, Qualitätsmaßstäbe zu beachten, auf Stress nicht mit Vermeidung/Verweigerung zu reagieren, rechtzeitig auf Schwierigkeiten zu reagieren, um das Erreichen von Zielen nicht zu gefährden (Kiper/Mischke 2008, S. 69 ff.; Brunsting 2020). – Solange Hausaufgaben zur Struktur des üblichen Schulbetriebs gehören, ist die Einübung von Selbstregulation unabdingbar. Zu Zeiten von Fern- bzw. Wechselunterricht ist Selbstregulation eine der wichtigsten Voraussetzungen für Schul-, Ausbildungs- und Studienerfolg. Das unterstreicht den Befund, dass das Erlernen der Selbstregulationsstrategien vom Erlernen der metakognitiven Kompetenzen abhängt, woraus sich eine besondere Aufgabe für Lehrpersonen ergibt, die mit ihren Schülern den Weg von der Instruktion ins offene Arbeiten gehen wollen. (Vgl. den Beitrag von Nicolaisen in diesem Band.)

Kommentar/Fazit
Selbstorganisation, Selbststeuerung und Selbstregulation sind von ihrer Konzeption her prozessorientiert. Einzelne Elemente dieser idealtypisch skizzierten Arrangements für allfällige Zwecke können kombiniert werden (was in der Praxis ja auch geschieht). SOL macht die unterschiedlichen Phasen von Lernhandlungen deutlich und präzisiert dadurch die Funktionen des Lehrers und der Schüler und deren Verknüpfung/Abstimmung in differenzierten Arbeitsprozessen vom »Einstieg« bis zur »Präsentation der Ergebnisse«. – Selbststeuerung ist ein Teilaspekt der Selbstorganisation. – Selbstregulation ist aufgrund der permanenten immensen aktuellen Ablenkungspotenziale eine besondere Herausforderung, die in Phasen der Frei- und Stillarbeit gepflegt werden müsste. Oder eben im Halbtagsbetrieb für die »Hausaufgaben« am Nachmittag.

Kooperatives Lernen

Vorweg zur sprachlichen Verständigung: Häufig wird im heutigen »Denglisch« von »kollaborativem« Lernen gesprochen. »Kollaboration« hat jedoch im Deutschen eine entschieden negative moralische Konnotation und sollte vermieden werden.

Oben wurde unter »Individualisierung« darauf hingewiesen, dass dies keineswegs die Isolierung des einzelnen Lerners bedeutet muss. Individualisiertes Lernen kann auch der jeweilige Partner-Anteil des Kooperativen bzw. Dialogischen Lernens sein, was sich aus der Sache selbst ergibt. Darauf haben Klippert ebenso wie das hier maßgebliche Lehrwerk von Brüning/Saum hingewiesen (2020/21).

Die Prinzipien des Kooperativen Lernens lauten (Brüning/Saum Bd. 1, passim):
- Denken – Austauschen – Vorstellen (*Think – Pair – Share*)
- dieser Dreischritt bedarf einer Prozess-Strukturierung
- Kooperatives Lernen will die Mitarbeit aller Schüler/innen fördern und basiert daher auf Einzelarbeit
- Mitarbeit setzt Aktivierung voraus, über Aufmerksamkeit und Transparenz zu Motivation, von klaren Arbeitsaufträgen bis zur Reflexion von Ergebnissen.

Daraus ergeben sich *in praxi* eine Vielfalt der Arbeits-/Kooperations-/Lernhandlungsformen (Bd. 2, S. 6 ff.), verschiedene Formen der Individualisierung und Differenzierung (S. 113 ff.) nach Interessen in Projekten, Förderschwerpunkten, Kompetenzen, Lerntempo.

Durch Kooperatives Lernen kann Lernen angeregter und differenzierter erfolgen und breitere und tiefere Ergebnisse zeigen (S. 151 f.). Der Grund liegt darin, dass zwischen den Lernpartnern ein intensiver Austausch über die Inhalte und die Vorgehensweisen stattfindet, d. h. weil eine hohe Eindringtiefe in die Sache stattfindet bei gleichzeitiger Erlernung der verschiedener Strategien zur Lösung der gestellten Aufgabe. Außerdem können Motivationsmängel bei Einzelnen behoben werden, und beim Kooperativen Lernen/Arbeiten können durch »Lernen durch Lehren« Verständnisschwierigkeiten intern ohne Beiziehung einer begleitenden Lehrperson bearbeitet werden (Lipowsky/Lotz 2015, S. 180 f.). Kooperatives Lernen ist daher ein probates Mittel, den möglichen Nachteilen der Individualisierung zu begegnen.

Die Befundlage zur Praxis des Kooperativen Lernens ist – wie zur Praxisforschung generell – sehr schmal (über die Gründe z. B. in der Hattie-Studie s. o. S. 63 f.). Zum einen werden positive Wirkungen beobachtet, zum andern ist die Vermeidung dieses Lernkonzepts wieder einmal im Gymnasium auffällig (Völlinger u. a. 2018). Eine detaillierte Einführung in die Praxis des Kooperativen Lernens geben Kiper/Mischke 2008 (siehe Abbildungen S. 78 f.) und Brüning/Saum 2020/2021.

Dialogisches Lernen und Sokratisches Lehren

Für einen Unterricht, der Verstehen dadurch lehren will, dass die Schüler/innen erfragen, was gelernt und verstanden werden soll – der Ausgangspunkt des Dialogischen Lernens und Sokratischen Lehrens (Gallin 2010 bezieht sich direkt auf Wagenschein) –, sind die Lernhandlungen des Fragens und des Suchens grundlegend. An ihnen orientiert sich der gesamte Verlauf des Lernens, der nicht mehr durch ein Unterrichts-Skript der Lehrperson gesteuert wird (wenn gleich sie darauf zu achten hat, dass das Thema, die Aufgabe und eine gesuchte Lösung nicht aus dem Blick geraten). – Dieser Auftakt des Dialogischen Lernens entspricht dem, was Grzesik (s. o. S. 43 f.) als Eröffnung des eigentlichen unterrichtlichen Geschehens herausgestellt hat: die kommunikative Verständigung zwischen Lehrern und Schülern darüber, was warum gelernt werden soll.

Dialogisches Lernen (Ruf 2008) ist überall dort angesagt, wo z. B.

- Verstehen und Verständigung sprachlich elaboriert erarbeitet werden müssen
- Unterschiede und Differenzen herausgearbeitet und Standpunkte begründet und respektiert werden sollen
- Unsicherheiten und Ungewissheiten erörtert werden sollen und unentschieden bleiben müssen.

Dadurch können wichtige intellektuelle, kommunikative und soziale Kompetenzen angeeignet werden (vgl. die Übersicht aus Kiper/Mischke 2008, S. 99, hier S. 79), darunter metakognitive *par excellence* wie Redlichkeit und Offenheit, Toleranz und Perspektivenwechsel.

Der Klassiker des Dialogischen Lernens ist Martin Wagenschein mit seinem Konzept des sokratisch-genetisch-exemplarischen Lehrens (statt vieler: Wagenschein 1970, 1968; s. o. in diesem Band S. 25 ff.). Das sokratische, Fragen und Nachdenken anregende und weiterführende Gespräch ist das Medium, in dem Lernende sich das Verständnis eines erklärungsbedürftigen Sachverhalts fragend und denkend erarbeiten, Sachverhalte – Wagenschein war Physiker und Mathematiker –, die sich aus der Alltagserfahrung nicht erklären lassen, durch die einfache Übernahme vorliegender Erklärungen aber ebenso wenig (vgl. Gäß in diesem Band oben S. 27).

Kommentar/Fazit

Kooperatives und Dialogisches Lernen verweisen ganz allgemein auf den Umstand, dass Lernen umso besser gelingt, je mehr es in kommunikative Prozesse (pädagogische Beziehungen) eingebunden ist; den Beweis (*evidence*) lieferten die Probleme des Distanzlernens während der Schulschließungen.

Während das Medium des Kooperativen Lernens z. B. das Lerntandem, die Projektarbeit und dergleichen ist, und wenn Dialog nicht nur Gedankenaustausch bedeuten soll, ist das Dialogische Lernen, wie es Wagenschein im Kontext seines Dialogischen Lehrens entwickelt hat, ein auch zeitlich höchst anspruchsvolles Verfahren des Anbahnens nicht von Lernhandlungen im Sinne von Arbeitstechniken z. B. des Kompetenzerwerbs, sondern die sensible ermunternde Einhilfe in eine Haltung, einem Problem nicht aus dem Wege zu gehen. Das heißt in der Pädagogik »Begegnung« mit und »Anspruch« der »Sache«. Der Lehrende soll und kann dabei nicht einfach auf eine fachliche Expertise zurückgreifen, sondern muss sie nutzen, um die »Sache« – wörtlich – »zur Sprache zu bringen« u. zw. in einer Sprache, auf die die Lernenden in *ihrer* Sprache eingehen können. Der Lehrende ist hier immer zugleich Animator und Experte, Lernbegleiter und »Anführer« (vgl.

den Beitrag von Michael Felten in diesem Band) auf dem Weg von Fragen zu Antworten, vom Staunen zum Verstehen.

Dass sich Wagenscheins Vorgehensweise – unter den Bedingungen des Kurssystems und der »klassenfreien« Oberstufe Ende der 1920er Jahre an der Odenwaldschule (s. S. 23 f.) entwickelt – nicht durchsetzen konnte und an Regelschulen immer noch eine Ausnahmeerscheinung ist, liegt an der Beschränkung von Zeitbudgets für »Unterrichtseinheiten« an den Regelschulen, an ihrer »Stoff«-Orientierung (der nicht zu entwickeln, sondern »durchzunehmen« ist) sowie nicht zuletzt an der mangelhaften entsprechenden Vorbildung der Lehrpersonen.

Projektmethode, Entdeckendes Lernen

Häufig liest man von Projekt*unterricht*, aber das Arbeiten und Lernen in Projekten soll ja gerade kein herkömmlicher Unterricht sein, daher (historisch üblich und) sprachlich richtig: Projekt*methode* (Frey 2012). Der Projektmethode ist in diesem Band eine eigene Einführung gewidmet, auf die hier verwiesen wird (s. u. S. 137 ff.). Hier wird angefügt, dass die Projektmethode in vielfältigen Ausprägungen der effektive Zugang zur Ermöglichung von Entdeckendem Lernen ist.

Entdeckendes Lernen geht auf Jerome Bruner zurück und hat vor allem in die Didaktik des Sachunterrichts Eingang gefunden. Entdeckendes Lernen in Naturphänomenen im Anfangsunterricht darf jedoch nicht mit Experimentieren verwechselt werden; denn dieses beruht auf Hypothesen und der Variation von Erklärungsversuchen (s. Ansari in diesem Band); in der Sekundarstufe I gibt es Ansätze wie z. B. die Forscherkiste von Freinet (s. Riemer in diesem Band), und in der Sekundarstufe II, bei »Jugend forscht« usw. ist Entdeckendes Lernen in Projekten eher die Regel als die Ausnahme, da es hier um höhere Ziele des Verstehens und Erklärens komplexer Sachverhalte handeln sollte (z. B. die Französische Revolution, die Klimakrise, Aufgabe und Kritik der EZB) und von komplizierten Zusammenhängen (der Bau der Berliner Mauer, der Moskauer 2 plus 4-Vertrag, die Folgen des demografischen Wandels, die Dekarbonisierung der Energieversorgung, die politischen Folgen sozialer Ungleichheit).

Exkurs: Entdeckendes Lernen durch Experimentieren?
Die obige Bemerkung zum Experimentieren bedarf einer Erläuterung. Wenn Entdecken den *sprachlichen* Vorgang des Dialogischen Lernen bzw. des Sokratischen Gesprächs meint (s. S. 71), dann hat das einen vergleichbaren Sinn wie umgangssprachlich, dass jemand etwas entdeckt hat: ein Buch, ein Fachgeschäft, eine Begründung für bisher Unbekanntes. Im naturwissenschaftlichen Unterricht wird forschendes Entdecken (Höttecke 2013) zumeist mit Experimentieren in eins gesetzt, und das ist problematisch: die Experimente sind zumeist durch Apparate vorfabriziert und geben vielleicht Antworten auf Fragen, die gar nicht gestellt

wurden; sie geben Antworten, ohne dass immer klar würde, von welchen Fragen her sie konstruiert wurden; sie bilden keine Frage- und Erkenntnisprozesse ab – mit einem Wort: fertige Experimente verweisen nicht auf die Unsicherheiten und Unwägbarkeiten in »echten« Experimentalsituationen, deren Ausgang offen war. Experimente dürften also nur als »unsicherer Schwebezustand« (ebd. S. 42) eingeführt werden. Man kann es auch so ausdrücken: bis es zu einem Experiment kommen kann, müssen schon viele Etappen des Wagenscheinschen Fragens, Explorierens, Sich-Verständigens vorausgegangen sein.

Bessere Effekte als im herkömmlichen Unterricht werden dann erzielt, wenn »entdeckendes Lernen mit gleichzeitiger Lehrerlenkung und -strukturierung realisiert wird […], wenn die Schüler aufgefordert werden, die erarbeiteten Sachverhalte und Lösungswege sich oder den Mitschülern zu erklären, wenn die Lernenden Feedback erhalten und wenn ihnen Lösungsbeispiele angeboten werden« (Lipowsky/Lotz 2015, S. 174 mit Nachweis der Quelle für diesen Befund). Dieses Zitat belegt einmal mehr, dass es sich bei »Unterricht« und »Lernen« um ein kommunikatives Geschehen zwischen Lehrpersonen und Schülern bzw. den Lernenden untereinander handelt, dass sich in der Verschränkung von Lehrer- und Schülerhandeln durch förderliche Vorgehensweisen, angeleitete und autonome Selbstlern- und -lehrprozesse, konstruktives Feedback und Reflexion der Arbeits-/ Lernergebnisse auszeichnet (Grzesik oben S. 43 f.).

Um zu konkretisieren, was Entdeckendes Lernen, kognitive Aktivierung und Projektmethode verbindet, stellen Lipowsky/Lotz (2015, S. 192) folgende Merkmale zusammen:

aufseiten der Lehrenden
- »anregende Lehrerfragen und komplexe Aufgaben, welche die Schüler dazu auffordern, Lösungen und Bearbeitungswege zu vergleichen
- die Provokation kognitiver Konflikte bzw. das Bewusstmachen von Widersprüchen, unterschiedlichen Ansichten, Ideen und Positionen
- die Anregung der Schüler, Gedanken, Ideen, Konzepte und Lösungswege dazulegen und zu begründen sowie
- die Anregung, neue Informationen/Wissensbausteine mit bestehendem Wissen zu verknüpfen.«

aufseiten der Lernenden
- »das Begründen von Antworten
- die Erläuterung und Erklärung von Lösungswegen
- der Vergleich und die Bewertung von Lösungsverfahren
- das Stellen eigener inhaltlicher Fragen
- die Formulierung von Annahmen

- das Identifizieren von Gemeinsamkeiten und Unterschieden infolge vergleichender Analysen
- das Hinterfragen von Antworten
- die Bezugnahme auf das eigene Vorwissen und auf die Antworten von Mitschülern sowie
- das Vergleichen von Annahmen und Beobachtungen/Ergebnissen von Experimenten.«

Im Grunde sind alle Spielarten von »Lernen ermöglichen« Modifikationen dieses grundlegenden Sachverhalts immer dann, wenn die operative Seite des Lernhandelns im Vordergrund steht (womit wir wieder auf Piaget und Aebli zurückverwiesen sind).

Kommentar/Fazit
Die Projektmethode wurde nicht zufällig in den USA für die öffentlichen Schulen erfunden (Dewey, Kilpatrick), um dort (Einwanderer-)Kinder durch gemeinsames Tun ins gemeinsame Lernen zu bringen (Knoll 2011): sich zu verständigen, ohne eine gemeinsame Sprache sprechen zu können; durch Zusehen und Abgucken beim praktischen Tun lernen; Kooperation einzuüben; Fehler/Erfolglosigkeit als niederschwellige Herausforderung für neue Versuche der Problemlösung zu verstehen; u. a. m. Das gilt für Georg Kerschensteiners Arbeitsschule (1912) analog. Die Projektmethode, das Entdeckende Lernen und das Selbstorganisierte Lernen haben viele Überschneidungen. Sie sind der Königsweg vom schulischen ins berufliche Lernen und werden in der Dualen Ausbildung dort ebenso vorausgesetzt wie in Hochschule und Universität.

Voraussetzungen für die Intensivierung von mehr kooperativem Lehrer- und Schülerhandeln

Die neuen Formen der Lehrer-Lehrtätigkeit und der Schüler-Lernarbeit ersetzen die herkömmliche zeitlich-räumliche strukturelle Trennung der (schwerpunktmäßigen) Lehrer-Lehrtätigkeit am Vormittag in der Schule und der Schüler-Lernarbeit am Nachmittag außerhalb der Schule durch den gemeinsamen »Arbeitstag« von morgens um acht oder halb neun bis (spätestens) nachmittags um vier. – Die neuen Lehr-Lern-Prozesse sind nicht ohne die Umstellung vom Halbtags- auf den Ganztagsbetrieb darstellbar.

Der pädagogische »Mehrwert« dieser Umstellung besteht darin, dass
- die Schüler ihre Lehrpersonen zeitweise für sie (!) arbeiten sehen
- die Schüler die Lehrerarbeit unterstützen/entlasten können

- die Lehrpersonen die Schüler bei ihrer Lernarbeit sehen und unterstützen können; sie sehen sozusagen die Entstehung der »Tiefenstruktur« der Lern- als Arbeitsprozesse.

Die neuen Formen der Schüler-Lernarbeit
- erfordern anstelle der herkömmlichen Klassenzimmer ohne wirkliche Arbeitsplätze neue Lernlandschaften mit unterschiedlichen Arbeitsplätzen für unterschiedliche Lern-Arbeiten
- lösen den herkömmlichen Zeittakt der »Unterrichtsstunden« auf zugunsten variabler Zeitfenster, die sich aus den unterschiedlichen zeitlichen Erfordernissen der unterschiedlichen Arbeitsaufgaben ergeben
- erfordern unterschiedliche Arbeitsräume für Einzelne und Gruppen sowie für Stillarbeit, Gruppendiskussionen (z. B. Vorbereitung von Präsentationen), aber auch für Besinnung, Rückzug, Entspannung.

Die neuen Formen der Lehrer-Lehr-Tätigkeit
- erfordern die Bereitstellung von Arbeitsräumen für die kollegiale Erarbeitung von Lehr-Lern-Materialien sowie von Arbeitsmaterialien für die Schüler
- erfordern Anwesenheit an Arbeitsplätzen, die eigene Arbeiten, kollegiale Beratungen, Sprechstunden für Schüler und Eltern ermöglichen
- werden sich nicht von selber einstellen, sondern bedürfen einer sorgfältigen schrittweisen praktischen Einübung, deren vorrangiges Ziel es sein muss – wie öfter angeführt wird – eine neue »Haltung« zur eigenen Lehrtätigkeit und zur Lerntätigkeit der Schüler zu gewinnen: sich nicht länger vorrangig an der Erreichung von Lehrplanvorgaben durch »Erteilen von Unterricht« zu orientieren, sondern an der Lernorganisation der Lernenden, denn sie sind es ja schließlich, die nicht nur die erwarteten Leistungen zu erbringen haben, sondern damit zugleich einen dauerhaften Erwerb von Lernstrategien und Kompetenzen
- Lehren und Lernen mit digitalen Endgeräten bedeutet eine neue Dimension für Schul- und Unterrichtsentwicklung, Lehreraus- und fortbildung und Einbindung der Eltern (vgl. die Beiträge von Arnold u. a. und Bischofberger in diesem Band).

Bis der Ganztagsbetrieb flächendeckend eingeführt ist sowie aus allgemeinen pädagogischen Erwägungen muss, die Kooperation von Eltern und Lehrpersonen betreffend, auch eine Neuausrichtung der Elternarbeit in den Blick genommen werden (Klippert 2022):
- Für die Einführung und Praxis reformpädagogischer Methoden ist eine »vertrauensfördernde Elterneinbindung« unabdingbar (S. 101 f., 152 ff.), z. B. durch themenzentrierte Elternabende im Vorfeld des jeweiligen Schülertrainings (dazu Protokoll einer Elternrückmeldung S. 180). »Viele Eltern werden eher verun-

sichert, wenn Lehrkräfte die vertrauten Pfade des klassischen Fachunterrichts verlassen und auf selbständige Schülerarbeit und forciertes Methodenlernen setzen. Da bauen sich ganz schnell Unverständnis und pädagogische Vorbehalte auf.« (S. 102)

- Eltern müssen für die Lern- als Bildungsarbeit in der Schule gewonnen werden. Angesichts ihrer Skepsis und Vorbehalte, die großenteils auch auf Unkenntnis beruhen, muss ihnen der Sinn und Zweck modernen Lernens erklärt werden. Da Eltern den Schulunterricht nur aus den Berichten ihrer Kinder kennen (können), muss es Lehrpersonen angelegen sein, ihre Tätigkeit den Eltern gegenüber plausibel und sinnenfällig zu legitimieren. »Das Problem bei diesem Unterfangen ist nämlich, dass für die meisten Eltern die pädagogisch-methodische Arbeit der Lehrkräfte eher einer Blackbox gleicht. Das gilt sowohl für den Unterricht als auch für die daraus erwachsenden Anforderungen an die häusliche Übungs- und Vertiefungsarbeit.« (S. 178)
- Es geht aber auch um grundsätzlichere Fragen (S. 178 ff.). Dreh- und Angelpunkt der Kooperation von Schulleitung, Lehrern und Eltern in den staatlichen Schulen ist deren Ausgestaltung. Diese erschöpft sich bei derzeitiger Rechtslage in »Anhörung« und »Information«, von faktischen Mitwirkungs- und Mitgestaltungsrechten der Eltern/der Erziehungsverantwortlichen kann überhaupt keine Rede sein (diejenigen der Schüler/innen bleiben hier außer Betracht). Da keine Aussicht auf Änderung der bestehenden rechtlichen Regelungen besteht, muss und kann auf Abhilfe jenseits der Rechtslage in den bestehenden Freiräumen gesonnen werden (ebd.):
  - Eltern muss man nicht im Dunkeln tappen lassen, was es z. B. mit »selbstständigem Lernen« auf sich hat, sondern kann sie dies *in praxi* erfahren lassen. (Man kann ja »Pädagogische Tage« für Eltern veranstalten, auch durchgeführt von Schülern, ggf. auch für Lehrer…!)
  - Mitwirkung externer Personen setzt deren Qualifizierung in dem Sinne voraus, dass sie über ein Grundwissen von Lernen verfügen sollten (S. 130 ff., S. 133 die Zusammenstellung von 17 Lerntipps, was die Lern- und Gehirnforschung empfiehlt). Dieses Grundwissen kann ihnen allerdings nur durch solche Lehrpersonen vermittelt werden, die es sich selber angeeignet und in ihrer Berufspraxis erfolgreich eingesetzt haben.
  - Nirgendwo steht geschrieben, dass Eltern in Entwicklungs- und Steuerungsteams nicht mitwirken dürfen.

Schlussbemerkung

Viele Wege führen nach Rom. Alle Lehr-Lern-Arrangements haben ihre Berechtigung, wenn sie durch die *Freude und den Erfolg des Lernhandelns der Schüler/innen* ausgewiesen sind. Die Kriterien dafür liegen nicht in den Ergebnissen der zentralen Leistungsfeststellungen bzw. irgendwelchen Testergebnissen. Diese sollten von pädagogisch und psychologisch denkenden Lehrpersonen immer nur als ein Hinweis gelesen werden, dass in der Breite bestimmte Ergebnisse des Lehrens und Lernens erreicht wurden und wo noch pädagogische Arbeit intensiviert werden müsste. Sie dokumentieren auch nicht die individuellen Schwerpunkte des Wissens und Könnens der einzelnen Schüler/innen. Genau diese aber sind es, die für den Übergang aus der Sekundarschule in eine berufliche praktische oder akademische Ausbildung ausschlaggebend sind – auch wenn die Maßgaben des seit fast 200 Jahren herrschenden Berechtigungs(un)wesens über die Zuteilung oder das Versagen von Schulleistungszertifikaten dagegenstehen.

Die Weiterentwicklung von Unterricht zu erfolgreicherem Lernhandeln der Schüler/innen sollte sich deshalb aber nicht entmutigen lassen; denn sie dient vor allem der Formung und Stabilisierung von erfolgreichen Bildungsbiografien und demzufolge auch einem gesamtgesellschaftlichen Zuwachs an mehr Zugangsgerechtigkeit zur Teilhabe an Integration und Aufstieg durch Bildung.

Tabelle 20: Ein heuristisches Modell der Kompetenzen für kooperatives Lernen

Inhaltsbezogene Kompetenzen kooperativen Lernens	Allgemeine Kompetenzen kooperativen Lernens
– Wissen über Lernen – Lernstrategien – Chancen und Probleme des gemeinsamen Lernens – förderliche Kommunikation/Interaktion – Unterscheidung von Anspruchsniveaus bei der Zusammenarbeit – Wissen über die Möglichkeiten förderlicher oder hinderlicher Ko-Konstruktionsprozesse – Kenntnis von Problemlöseheuristiken – Kenntnis von Entscheidungsfindungsprozeduren und der Gefährdung angemessener Entscheidungen – Wissen über Notwendigkeit der Überprüfung eigener Erfindungen resp. des Abgleichs mit dem bestehenden wissenschaftlichen und kulturellen Wissen – Verfahren des Übens kennen (Anwendung von Wiederholungsstrategien, Suche nach Beispielen)	– Aufgaben und ihre Problemstellungen klären und verstehen – sich über Ziele verständigen können – sachlich denken – logisch argumentieren – Anwendung förderlicher Dialogmuster – sachlich kommunizieren – um Hilfe bitten und Hilfe geben – nachfragen – um Klärung bitten – einen aktiven Part beim Lernen einnehmen (Erklären, Nachfragen, Zusammenfassen, neue Fragen formulieren) – Problemheuristiken für die Bearbeitung von Fragen kennen – Kooperationsskripts kennen und anwenden – Kooperationsskripts selbst entwickeln können – Absprachen treffen – Verantwortung für den Arbeitsprozess und Gruppenprozess übernehmen – angemessen kommunizieren können – Störungen erkennen und produktiv mit Störungen umgehen – die Rolle des Experten resp. des Lernenden flexibel und passend einnehmen – Entscheidungsprozesse in Gruppen initiieren und durchlaufen – Rahmenbedingungen für die Gestaltung förderlicher Peer-Interaktionen sicherstellen oder wieder herstellen – Unterscheidungen treffen über die Qualität von Entscheidungen (Mehrheitsmeinungen oder fachlich richtige Entscheidungen) – Üben, Wiederholen, Suche nach Anwendungsbeispielen.

Quelle: Kiper/Mischke 2008, S. 112

Tab. 4:	Gesprächsverfahren (erarbeitend oder aushandelnd)
Grundform	**Gesprächsverfahren**
Ziele	• Entwicklung sprachlicher Fähigkeiten; Aufbau, Erweiterung und Veränderung intellektueller Fähigkeiten; Befähigung zum Beziehen eines Standpunktes und zum Perspektivenwechsel • Erwerb von bedeutungsvollem Wissen
Lehr-/ Lernverfahren	• Abfolge von Fragen, die eine Grundstruktur für das Erarbeiten oder Aushandeln vorgeben • Impulse und Fragestellungen einbringen, zur Gesprächsbeteiligung anspornen • Ermutigen von Äußerungen aus verschiedenen Perspektiven • Zuhören • Verstärken, Aufgreifen und Weiterführen von Schülergedanken; Formulierungshilfen geben • Problematisieren einer Sichtweise • Nachfragen, Rückfragen und Bitten um Konkretisierungen • Zusammenfassen und Gewichten von Schüleräußerungen • Ordnen nach Bedeutsamkeit • Auffordern zum Weitermachen • Erklären und Begründen lassen • Folgern und Bewerten lassen • Anleitungen zur Reflexion über das Gesprächsverhalten geben
Lernaktivität	• Angemessenes Gesprächsverhalten erwerben (sich melden, zur Sache sprechen, sich auf andere Beiträge beziehen, zu den Mitschülerinnen und Mitschülern sprechen) • Austausch und Erörterung von Informationen, Einschätzungen, Gedanken und Gefühlen, Erfahrungen und Meinungen • Erweiterung, Umstrukturierung und Festigung des Wissens • Einnehmen, Darstellen, Durchhalten (oder Modifizieren) eines eigenen Standpunktes • Kennenlernen anderer Meinungen, Sichtweisen und Überzeugungen, Befähigung zum Perspektivenwechsel • Klärung von kontroversen Sachverhalten, Klärung von Konflikten und Problemen der Gesprächspartner • Herstellen eines Kompromisses bei Meinungsverschiedenheiten • Umgang mit und Toleranz gegenüber Differenz.

Quelle: Kiper/Mischke 2008, S. 99

Literatur

Ansari, S.: Schule des Staunens. Lernen und Forschen mit Kindern. Heidelberg 2009.

Brüning, L./Saum, T.: Erfolgreich unterrichten durch Kooperatives Lernen. Bd. 1: Strategien zur Schüleraktivierung. Essen [12]2020; Bd. 2: Neue Strategien zur Schüleraktivierung – Individualisierung – Leistungsbeurteilung – Schulentwicklung. Essen [6]2021.

Brunsting, M.: Exekutive Funktionen, Selbstregulation und ihre Bedeutung für die Neuropsychologie des Lernens. In: Herrmann, U. (Hrsg.): Neurodidaktik. Grundlagen für eine Neuropsychologie des Lernens. Weinheim/Basel [3]2020, S. 188–203.

Erpenbeck, J./Sauter, S./Sauter, W.: E-Learning und Blended Learning. Selbstgesteuerte Lernprozesse zum Wissensaufbau und zur Qualifizierung. Wiesbaden 2015.

Frey, K.: Die Projektmethode. »Der Weg zum bildenden Tun«. Weinheim/Basel [12]2012.

Gallin, U.: Dialogisches Lernen. In: Grundschulunterricht Mathematik 57 (2010), H. 2, S. 4–9.

Gebhardt, M./Jungjohann, J./Schrig, M.: Lernverlaufsdiagnostik im förderorientierten Unterricht. München 2021.

Götz, Th./Nett, U. E.: Selbstreguliertes Lernen. In: Götz, Th. (Hrsg.): Emotion, Motivation und selbstreguliertes Lernen. Paderborn [2]2017, S. 143–184.

Gold, A.: Lernen leichter machen. Wie man im Unterricht mit Lernschwierigkeiten umgehen kann. Göttingen 2016.

Gold, A.: Lernschwierigkeiten. Ursachen, Diagnostik, Intervention. Stuttgart [2]2018.

Groeben, A. v. d./Kaiser, I.: Werkstatt Individualisierung. Hamburg [3]2014.

Gruschka, A.: Verstehen lehren. Ein Plädoyer für guten Unterricht. Stuttgart 2011.

Grzesik, J.: Effektiv lernen durch guten Unterricht. Optimierung des Lernens durch systemgerechte Formen der Zusammenarbeit zwischen Lehrern und Schülern. Bad Heilbrunn 2002.

Hasselhorn, M./Schneider, W./Trautwein, U. (Hrsg.): Lernverlaufsdiagnostik. Göttingen 2014.

Hattie, J.: Lernen sichtbar machen. Überarb. dtsprach. Ausg. von »Visible Learning« von Wolfgang Beywl und Klaus Zierer. Baltmannsweiler 2013.

Herold, C./Herold, M.: Selbstorganisiertes Lernen in Schule und Beruf. Gestaltung wirksamer und nachhaltiger Lernumgebungen. Weinheim/Basel 2011.

Kerschensteiner, G.: Der Begriff der Arbeitsschule. Leipzig/Berlin 1912 (u. ö.).

Killus, D.: Förderung selbstgesteuerten Lernens im Kontext lehrer- und organisationsbezogener Merkmale. In: Zeitschrift für Pädagogik 55 (2009), S. 130–150.

Kiper, H./Mischke, W.: Selbstreguliertes Lernen – Kooperation – Soziale Kompetenz. Stuttgart 2008.

Kiper, H.: Unterrichtsplanung. Weinheim/Basel 2009.

Klippert, H.: Unterrichtsvorbereitung leicht gemacht. 80 Bausteine zur Förderung selbständigen Lernens. Weinheim/Basel [3]2015.

Klippert, H.: Selbstständiges Lernen fördern. Strategien für Schule, Unterricht und Elternarbeit. Weinheim/Basel 2022.

Knoll, M.: Dewey, Kilpatrick und »progressive« Erziehung. Kritische Studien zur Projektpädagogik. Bad Heilbrunn 2011.

Konrad, K./Traub, S.: Selbstgesteuertes Lernen. Baltmannsweiler [6]2021.

Kopp, B./Mandl, H.: Selbstgesteuertes Lernen. Artikel in: Enzyklopädie Erziehungswissenschaft Online 2011.

Largo, R.: Lernen geht anders. Bildung und Erziehung vom Kind her denken. Hamburg 2010.

Largo, R.: Kinderjahre. Die Individualität des Kindes als erzieherische Herausforderung. (Zuerst 1999) München [25]2013 (u. ö. und überarb. Neuaufl.).

Largo, R./Beglinger, M.: Schülerjahre. Wie Kinder besser lernen. (Zuerst 2009) TB München 22020.

Largo, R./Czernin, M.: Jugendjahre. Kinder durch die Pubertät begleiten. (Zuerst 2011) München [6]2019.

Letzel, V./Otto, J./Schneider, C.: »Ich hoffe, dass ich treffsicher bin.« Eine qualitative Studie zu Diagnosekriterien und Differenzierungsmaßnahmen der Lehrkräfte. In: Knauder, H./Reisinger, C.-M. (Hrsg.): Individuelle Förderung im Unterricht. Empirische Befunde und Hinweise für die Praxis. Münster 2019, S. 69–84.

Lipowsky, F./Lotz, M.: Ist Individualisierung der Königsweg zum erfolgreichen Lernen? Eine Auseinandersetzung mit Theorien, Konzepten und empirischen Befunden. In: Mehlhorn, G., u.a. (Hrsg.): Begabungen entwickeln und Kreativität fördern. München 2015, S. 155–219.

Lotz, M./Lipowsky, F.: Die Hattie-Studie und ihre Bedeutung für den Unterricht. In: Mehlhorn, G., u.a. (Hrsg.): Begabungen entwickeln und Kreativität fördern. München 2015, S. 97–136.

Marchtaler Plan. Erziehungs- und Bildungsplan für die Katholischen Freien Schulen… in der Diözese Rottenburg-Stuttgart. Rottenburg 2002.

Marchtaler Plan. Grundlagen. Rottenburg 2018.

Mötteli, Ch./Grob, U./Pauli, Chr./Reusser, K./Stebler, R.: »Choice and voice« in Schulen mit personalisierten Lernkonzepten aus Sicht der Schülerinnen und Schüler. In: Unterrichtswissenschaft, Jg. 2021. https://doi.org/10.1007/s42010-021-00122-x

Ruf, U.: Das Dialogische Lernmodell auf dem Hintergrund wissenschaftlicher Theorien und Befunde. In: Ruf, U., u.a. (Hrsg.): Besser lernen im Dialog. Dialogisches Lernen in der Unterrichtspraxis. Seelze-Velber 2008, S. 233–270.

Schratz, M.: Schule und Unterricht lernseits denken. In: Lehren & Lernen 44 (2018), H. 8/9, S. 9–12.

Schratz, M.: Die Wirkmacht der Akteure: Auf das pädagogische Handeln kommt es an. In: Warmt, M., u.a. (Hrsg.): Schulinspektion in Hamburg. Berlin 2020, S. 143–177.

Skiera, E.: Reformpädagogik in Geschichte und Gegenwart. München/Wien [2]2010.

Sliwka, A./Klopsch, B.: Deeper Learning in der Schule. Pädagogik des Digitalen Zeitalters. Weinheim/Basel 2021.

Stebler, R./Pauli, Ch./Reusser, K.: Personalisiertes Lernen – Chancen und Herausforderungen für Lehrpersonen. In: Lehren & Lernen 43 (2017), H. 5, S. 21–28.

Völlinger, V., u.a.: Kooperatives Lernen in der Sekundarstufe. Häufigkeit, Qualität und Bedingungen aus der Perspektive der Lehrkräfte. In: Zeitschrift für Erziehungswissenschaft 20 (2018), S. 159–176.

Wagenschein, M.: Verstehen lehren. Mit einer Einführung von Hartmut von Hentig. Weinheim/Basel 1968.

Wagenschein, M.: Ursprüngliches Verstehen und exaktes Denken. 2 Bde., Stuttgart 1970.

Wahl, D.: Lernumgebungen erfolgreich gestalten. Vom trägen Wissen zum kompetenten Handeln. Bad Heilbrunn [3]2013.

Weinert, F. E.: Selbstgesteuertes Lernen als Voraussetzung, Methode und Ziel des Lernens. In: Unterrichtswissenschaft 10 (1982), S. 99–110.

Winter, F.: Leistungsbewertung. Eine neue Lernkultur braucht einen anderen Umgang mit den Schülerleistungen. (Grundlagen der Schulpädagogik, Bd. 49) Baltmannsweiler [4]2010.

Salman Ansari

Vorschulpädagogen irren: Kleine Kinder lernen anders

Ein Plädoyer für die »Schule des Staunens« und gegen die »Akademisierung der Kindheit«

Es ist ein Irrglaube, aus Vorschulkindern Forscher in Laborexperimenten machen zu können. Ursprüngliches natürliches Lernen geht anders! Ausgangspunkt allen gezielt angeregten Lernens sind erklärungsbedürftige Sachverhalte im Alltagsleben der Kinder (und Schüler), die Neugier anregen und zu Fragen herausfordern. Lernen im Kindesalter ist das Grundmodell für Lernen überhaupt, was auch für schulisches Lernen zu beachten ist. Erläutert wird im Folgenden das Konzept des »Entdeckenden Lernens« sowie die Bedeutung des »Lernens am Vorbild«.

»Kinder sind ja etwas anderes als Schüler. Wenn sie Kinder bleiben dürfen, dann wollen sie lernen« (Martin Wagenschein)

Die Kategorien »Kind als Forscher« und »Laborexperiment«, geprägt von einigen Einrichtungen im Vorschulbereich, entsprechen nicht den Denkmustern der Kinder. Sie sind irreführend (Ansari 2013, S. 187 ff.): »Naturerfahrung ist nicht Naturwissenschaft«. Der Entdeckergeist der Kinder geht nicht von einer Hypothese aus, die überprüft werden muss. Kinder entdecken ihre Welt ohne eine erkennbare Planung, Methode und Kontrolle. Planung, Methode, Technik und Kontrolle sind Kategorien, die ein forschendes Experiment von Erwachsenen charakterisieren.

Kindern dergleichen anzusinnen grenzt an Hokuspokus. Schlimmer noch: Es verstellt Kindern den eigenen Zugang zu Naturphänomenen (Ansari 2009, S. 17 ff.: Was heißt entdeckendes Lernen?) Wenn Kinder Geräte zur freien Verfügung gestellt bekommen, die sie soeben zur Durchführung eines Laborexperiments benutzt haben, dann setzen sie diese nicht mehr ein, um das Experiment zu wiederholen. Ganz im Gegenteil: Sie integrieren die Geräte spontan in Fantasiespiele. Pipette oder ein Reagenzglas erhalten dann andere Namen und Funktionen und werden entsprechend eingesetzt. Auch hierin erkennt man den Unterschied zwischen dem Bild eines Forschers, wie es in den Köpfen der Erwachsenen existiert, und dem Verlangen eines Kindes, sich die Welt nach seinem eigenen Maßstab anzueignen.

Jedes Geschehen, in das man sich selber nicht mit eigenen Ideen einbringen kann, verkümmert letztlich zu bloßem Aktionismus und hinterlässt kaum Spuren im Gehirn.

Lernen ist ein Vorgang der selbstständigen Modifizierung von vorhandenen Konzepten durch neue Erfahrungen und nicht die Implementierung von irgendwelchen akademischen Kriterien. Es ist müßig, Wissen nach seinem eigenen Denkschema in die Kinderköpfe hineinpressen zu wollen, weil die Passung noch nicht da ist. Dies ist zu beachten, wenn von »entdeckendem Lernen« die Rede ist (Ansari 2009). Es ist nur fruchtbar, wenn ein erklärungsbedürftiger Sachverhalt in einem nachvollziehbaren Kontext erscheint und zu Fragen anregt. Was sich unserem Erfahrungs- und damit Interpretationshorizont entzieht, kann nicht durch Fragestellungen und Experimente aufgeklärt werden, die gar nicht von den uns vertrauten Erfahrungs- und Erklärungsmustern ausgehen (s. Kasten). (Die Einführung von Modellen für Sachverhalte, die sich unserer sinnlichen Erfahrung entziehen [Ansari 2009, S. 31 ff.], ist das Problem und die Herausforderung für höhere kognitive und Verstehensprozesse.)

Was heißt »entdeckendes Lernen«?

»Entdeckendes Lernen ist nicht das Abdecken von Themen mit Hilfe von vorgegebenen Experimenten und deren Interpretation durch die Lehrenden.
Entdeckendes Lernen ist nicht eine spielerische Beschäftigung mit Experimenten bzw. Bestätigungsversuchen.
Entdeckendes Lernen ist nicht experimentelle Beantwortung von Fragen, die die Lernenden nicht gestellt haben.
Entdeckendes Lernen beginnt damit, dass sich den Lernenden ein Ereignis, eine Fragestellung als ein Problem anbietet; etwas, das Fragen stimuliert und für die Lernenden in einem ihnen bisher nicht bekannten Kontext steht bzw. ihnen in Bezug auf ihr bisheriges Wissen und ihre Erfahrungen rätselhaft erscheint.
Entdeckendes Lernen ist ein Prozess, der angetrieben wird durch eigene Interessen, Neugier, Beobachtungen und Problemlösungsstrategien.«
Durch entdeckendes Lernen entstehen neue Fragestellungen, Betrachtungsweisen und neues Problemlösungspotenzial, entsteht Kommunikations- und Interpretationskompetenz.
(Ansari 2009, S. 29 f.)

Lehrstrategien, die sich nicht den Denkmustern der Kinder anpassen, können keinen Zuwachs an Erfahrung und Wissen bewirken. Kreative Lernprozesse können nur durch ein Anknüpfen an das Vorwissen der Kinder stattfinden und wenn Kinder auf die Widersprüche zu ihrem Weltverständnis stoßen.

Hierzu ein Beispiel: Im Gelände einer Kita haben die Kinder Feuerkäfer und Marienkäfer entdeckt. Im Gespräch bemerke ich, dass ich wohl verstehen kann, weshalb der Feuerkäfer so heißt, weil er ja feurig rot aussieht, doch wieso heißt der andere Käfer Marienkäfer? Die Kinder meinen, wegen der Punkte auf seinem Rücken. Aber der Feuerkäfer hat doch auch Punkte auf dem Rücken, sage ich, trotzdem heißt der Feuerkäfer nicht Marienkäfer. Kinder finden meinen Einwand berechtigt und machen sich sofort daran, die beiden Käferarten in Hinblick auf die Unterschiede und Ähnlichkeiten genauer zu untersuchen. Hier findet also eine Modifizierung der Konzepte statt. Hier haben die Kinder die Möglichkeit, etwas zum Gegenstand ihres Denkens zu machen – eine unabdingbare Voraussetzung, Zusammenhänge zu verstehen.

Der Dialog und damit die Sprache spielen eine herausragende Rolle beim Lernen (Ansari 2013, S. 87 ff.: Zusammenarbeit mit Kindern – Die Forscherdialoge). Denn der Dialog ist ein Vorgang der personalen Begegnung. Im Dialog erfahren wir, was Kinder bereits wissen und wie sie über einen Sachverhalt denken. Im Dialog erfahren die Kinder auch, welche Vorstellungen die anderen Kinder über ein und denselben Sachverhalt haben. Somit erlangen sie eine größere Bewusstheit ihrer Wirklichkeit und ihres Denkens.

Ein Wissen, das nicht in einen Dialog mit der Wirklichkeit eintreten kann, ist ein nutzloses Wissen, weil Kinder es nicht anwenden können, um sich selber und ihre Welt besser zu verstehen. Es beeinträchtigt nur ihre Sinneswahrnehmungen.

Der Antrieb zu lernen ist der Wunsch nach Selbstständigkeit, damit wir uns in der Welt bewähren können. Es ist ein natürliches, existenzielles Bedürfnis. Wenn uns die Möglichkeiten, selbstständig zu handeln, genommen werden, verlieren wir den Drang nach Autonomie. Die Phänomene der Natur bieten sich uns nicht mehr als Frage an, und wir hören auf, selber Fragen zu stellen. Stattdessen verlassen wir uns auf Antworten von anderen.

Neugier ist der Beginn einer Befragung, dann kommt das Staunen und dann das Fragen. Wir müssen versuchen, die Neugier der Kinder bis ins hohe Alter hinüber zu retten. Kinder geben diese wunderbare Eigenschaft viel zu früh auf.

Die Neugier erstirbt, wenn Kinder eine Lernumgebung vorfinden, die arm an eigenständigen Erfahrungsmöglichkeiten ist und Kindern Konzepte aufbürdet, die sie nicht selbstständig, also vor dem Hintergrund ihres Vorwissens, erwerben können. Wenn sie Antworten auf Fragen bekommen, die sie gar nicht gestellt haben, und ihnen Begriffe oder Zusammenhänge erklärt werden, die außerhalb ihrer Denkmöglichkeiten liegen, dann kann keine Neugier entstehen. Es ist fast so, als müsste ich in einer Fremdsprache etwas sagen lernen, das ich noch gar nicht in meiner eigenen kann.

Das kindliche Lernen ist unmittelbar mit der Anwendung des erworbenen Wissens verbunden. Kein Kind würde etwas lernen, wenn es das Gelernte nicht nutzbar machen könnte, um sich selbst und seine Wirklichkeit zu entdecken.

Das ursprüngliche vorschulische Lernen ist auf das sinnliche Verstehen ausgerichtet, das es dem Kind ermöglicht, sich zu orientieren. Ein Lernen auf Vorrat gibt es folgerichtig nicht. Es gilt daher, schulische Lernprozesse so zu organisieren, dass die Formen des ursprünglichen Lernens unverfälscht fortgesetzt werden können. Dazu gehört auch zu vermeiden, dass das anfängliche schulische Lernen vornehmlich kognitiv ausgerichtet wird, wodurch das Kind als körperlos betrachtet und damit eine wesentliche Quelle seiner Erfahrung und seines Lernens ausgeblendet wird und ungenutzt bleibt. Auf die Bedeutung der Selbst- und Welterfahrung durch den Körper und die Sinne beim ursprünglichen Lernen wurde in der modernen Vorschulpädagogik entschieden hingewiesen (s. Kasten).

Die Erfahrung von Ich-Selbst und Welt durch den Körper und die Sinne im Vorschulalter

Wodurch bietet der Kindergarten dem Kind die Möglichkeit, verschiedenen Bewegungsformen zu erproben?
Wodurch werden die Kinder angeregt und unterstützt, Bewegungserfahrungen gemeinsam mit anderen Kindern zu machen?
Wo werden dem Kind Möglichkeiten geboten, sich durch den bewussten Einsatz von Körper, Mimik, Gestik und Stimme auszudrücken?
Wodurch wird das Kind angeregt, in andere Rollen zu schlüpfen?
Wie können sie die vielfältigen Fähigkeiten ihrer Sinne entdecken und erweitern?
Wie werden Naturphänomene sinnlich erfahrbar gemacht?
Welche Gelegenheiten bietet der Kindergarten, die Natur, Kunst und Musik mit möglichst vielen Sinnen zu erleben?
Wie wird das Kind dazu angeregt, Sinneseindrücke auf vielfältige Weise auszudrücken (mit Instrumenten, Naturmaterialien, Alltagsgegenständen, eigenem Körper, bildnerischen Gestaltungen usw.)?
Auszugsweise aus: MKJS Baden-Württemberg: Orientierungsplan für Bildung und Erziehung für die bad.-württ. Kindergärten – Pilotphase. Zuerst Berlin 2007, Freiburg i.Br. 2016.

Das eigentliche Curriculum ist der Alltag der Kinder und die Bewusstwerdung der Außenwelt. Alles kann aufregend sein und eignet sich, um ein Naturverständnis zu schärfen (s. Kasten).

Themen aus dem Kinderalltag für Nachdenken über die Natur

Warum haben wir im Winter und Sommer nicht die gleichen Kleider an? (Warm und Kalt, die Jahreszeiten)
Wächst der Löwenzahn auch im Winter? (Wachstumsbedingungen von Pflanzen)
Kann man zwei identische Baumblätter finden? (Vergleichen, Evaluieren)
Wie kann man mit geschlossenen Augen zwischen einer Orange und einem Apfel unterscheiden? (Sinne)

> Wir bilden mit unseren Kindern einen Kreis, ein Viereck und ein Dreieck. Brauchen wir immer gleich viele Kinder dazu? (geometrische Formen, Mengen schätzen)
> Wie macht man aus Getreide Brot, aus Milch Butter und Eiscreme? (Backen und Kochen; Stoffveränderungen beobachten)
>
> **Unterschiedliche Lernformen sollen angestrebt werden**
>
> Beobachten – prüfen – schätzen – messen – vergleichen – klassifizieren – Vermutungen anstellen – Voraussagen machen – Hypothesen aufstellen – »Theorien« formulieren – schlussfolgern – nachahmen – neue Ideen entwickeln – kommunizieren – berichten – Fehler machen dürfen – neues Verständnis vertrauter Erscheinungen erlangen – als bildender Künstler usw. agieren – musizieren und schauspielern

Ein Beispiel dafür, wie sich ein Gespräch entwickeln kann. In einem Vogelnest entdecken Kinder Haare. Wo hat der Vogel diese gefunden, fragen sie. Ein Kind meint, die Friseure würden manchmal die Ladentür offen stehen lassen. Die Vöglein könnten schnell hineinfliegen und Haare klauen. Diese Hypothese wird jedoch von anderen Kindern verworfen. Einige Kinder meinen nun, dass es in der freien Natur auch Tiere gebe, die Haare verlören, so wie Hunde und Katzen. Einige Kinder meinen auch, dass Tiere im Winter ein dickeres Fell haben als im Sommer.

Wir Erwachsenen müssen umdenken, Einfachheit anstreben, lernen, mit Kindern zu spielen und dem Selbstverständlichen, Alltäglichen mit Neugier zu begegnen.

Die Frühforderungsprogramme verschiedener Einrichtungen und die Bildungspläne der Länder haben inzwischen eine Zweiteilung zwischen Lernen und Spielen im Bewusstsein des Lehrpersonals und der Elternschaft bewirkt. Das freie Spiel wurde zugunsten von kognitiven Lernprogrammen gemindert. Freies Spiel und Lernen bilden jedoch eine Einheit.

Im Spiel lernen Kinder, Emotionen zu kontrollieren, geduldig Fehlschläge und Frustrationen hinzunehmen. Sie lernen, sozial und gerecht miteinander umzugehen, gemeinschaftlich Konflikte zu lösen, sich in unerwarteten Situationen zu bewähren. Das freie Spiel trägt zum Erwerb von intellektuellen Strategien bei, die Kindern dabei helfen, kognitive Herausforderungen zu bewältigen. Im Spiel lernen Kinder alle Instrumentarien zum erfolgreichen Lernen. Zum Beispiel Ideenreichtum, Selbstständigkeit, soziale Kompetenzen im Umgang mit anderen, Gerechtigkeit und Anteilnahme. Spielen ist der Wunsch nach neuen Erfahrungen. Gerade weil das Spielen nicht auf ein vorbestimmtes Ziel ausgerichtet ist, können Kinder spontane Ideen bzw. Entscheidungskompetenzen entwickeln und Kreativität entfalten.

Kinder sind heute vielfach unendlichen Reizen und virtuellen Welten ausgesetzt. Sie sehen die alltäglichen Bilder des Grauens und Schreckens. Sie nehmen teil an Geschehnissen der Welt, die sie nicht verarbeiten können. Kindheit als Schonraum ist nicht selbstverständlich. Daher haben Kinder Anspruch auf Ge-

genwelten, in denen sie die Schönheit der Sprache, der Musik, der Kunst erfahren können. Kinder brauchen Orte, wo sie in den unendlichen Räumen ihrer Vorstellungskraft Wirklichkeiten entstehen lassen können, die ihnen das Gefühl von Selbstvertrauen, Geborgenheit und Freiheit vermitteln. Kinder brauchen Naturerfahrung. Kinder brauchen Begegnungen mit Jim Knopf, Michel von Lönneberga, Madita und Pu dem Bären. Kinder brauchen Ferien auf Bullerbü und Reisen zu den Inseln, wo die wilden Kerle wohnen (Beispiele aus der »Schule des Staunens« und der »Rettung der Neugier« von Ansari 2009, 2013).

Kinder brauchen Ermutigung, die Welt zu interpretieren. Interpretation ist stets auch Analyse, also das Bemühen, die Welt zu verstehen. Literatur, Kunst, Geisteswissenschaften, Geschichte, Mathematik und Naturwissenschaften interpretieren die Welt, erklären sie aber nicht. Daher können unterschiedliche Interpretationen nebeneinander bestehen und unsere Wahrnehmungsmöglichkeiten bereichern.

Die Kindheit der Kinder wird verfehlt oder gar fehlgeleitet, wenn man ihre Zukunft als Ingenieur oder Forscher schon in ihre ersten Lebensjahre projizieren würde. Unsere Welt ist undurchschaubar und unplanbar geworden wie nie zuvor. Wir wissen nicht, wie sie in zwanzig, dreißig Jahren aussehen wird. Wir wissen auch nicht, ob die Techniken, die wir heute als Vehikel des Fortschritts deklarieren, in zwanzig Jahren werden adäquat sein können, um die Werte der Humanität zu verwirklichen.

Was wir aber tun können, was wir uns zur Aufgabe machen sollten, ist, die angelegten Fähigkeiten der Kinder – und zwar jenseits aller Ideologien – kontinuierlich weiter zu entwickeln: die Fähigkeit, eigenständig zu denken; die Fähigkeit zu einem erfüllten sozialen Miteinander, nicht nur im Berufs-, sondern auch im Privatleben; die Fähigkeit, die Gestaltungsmöglichkeiten unserer Gesellschaft kreativ zu nutzen und sinnvoll weiter zu entwickeln. So wird auch die ursprüngliche Neugier, die Fähigkeit, sich zu öffnen und seinen Horizont beständig zu erweitern und daraus Kraft und Sinn zu schöpfen, nicht verkümmern.

Kinder brauchen Vorbilder zur Nachahmung und keine Laborexperimente für »Bildung für nachhaltige Entwicklung«

Auf dem Gelände einer Kita entdecken die Kinder eine tote Hummel. Als ich sie auflese und auf meine Handfläche lege, sind sie entsetzt. Keines ist bereit, die Hummel zu berühren. Ich erzähle, wie schön es sich anfühlt, wenn ich mit dem Finger sachte die Hummel streichele. Ich lade sie ein, zusammen mit mir zu untersuchen, ob die Hummel Mund, Augen, Nase oder gar Zähne hat. Doch die Kinder wollen mir nicht folgen.

Wo Ängste im Spiel sind, kann keine Neugierde aufkommen. Dagegen schauen sie begeistert zu, wenn ältere Kinder im Gelände Feuerwanzen oder Marienkäfer finden und diese einfangen.

Die Stiftung »Haus der kleinen Forscher« will sich, unterstützt vom Bundesbildungsministerium, als Ratgeber zur Nachhaltigkeit profilieren. Auch die Bosch-Stiftung bietet experimentelle Aktivitäten zur Rettung der Welt an. In vielen Kitas werden seit einiger Zeit Modelle von Solaranlagen, Windrädern, Gerätschaften und Materialien zur Wasseraufbereitung und vieles mehr verfügbar gemacht. Die Welt der Nachhaltigkeit soll über Experimente vorzeigbar werden. In Wahrheit sind es Reduktionen der Wirklichkeit, die den Kindern erschweren, in einen Dialog mit der Wirklichkeit einzutreten.

Hin und wieder bemühen sich die Erzieher/innen, die erworbenen Gerätschaften im Namen der Nachhaltigkeit einzusetzen. Wenn man mit ihnen spricht, merkt man schnell: Viele von ihnen sind der Meinung, dass sie damit die Kinder nicht erreichen können. Sie selber durchschauen viele Zusammenhänge nicht, die sie mit Apparaten und Technik an Zwei- bis Fünfjährige weitergeben sollen. Sie wissen genau, dass Kinder vieles begeistert mitmachen, was nach Experiment aussieht und am besten laut und spektakulär daherkommt.

Kreative Lernprozesse können allerdings nur durch ein Anknüpfen an das Vorwissen der Kinder stattfinden und wenn die Kinder selbst auf die Widersprüche ihres Weltverständnisses stoßen. Genau dies können die Weltverbesserungsvorschläge der Stiftungen nicht leisten.

Kürzlich erlebte ich, wie in einer Kita die Einheit »Recycling von Papier« durchgenommen wurde – und wie das Vorhaben scheiterte (s. Kasten).

Recycling von Papier – ein gescheitertes Kita-Projekt

Die Erzieherinnen lassen die Kinder wissen, dass das Papier Holzfasern enthält. Diese können die kleinen Forscher jedoch im Papier nicht erkennen, selbst mit einer Lupe klappt es nicht. Sodann sollen sie eine Zeitung in kleine Schnipsel zerteilen und in einem Eimer mit Wasser einweichen. Die Kinder kneten die Papiermasse zu dunklem Brei. Die Masse wird mit einem Sieb herausgeholt. Die Kinder lassen die Masse abtropfen und legen sie dann auf ein Brett. Was da entstanden ist, sieht nicht wie Papier aus, und die versprochenen Holzfasern bleiben weiter unsichtbar. Aber immerhin hat den Kindern das Unternehmen sichtlich Spaß gemacht.

Der eigene Anspruch vom Haus der kleinen Forscher geht freilich weit über »Spaß haben« hinaus. Technische Experimente und Projekte sollen Kinder befähigen und ermutigen, so steht es in einer Selbstbeschreibung, »die eigene Lebenswelt besser zu verstehen und mitzugestalten – gerechter, gesünder und ressourcenschonender.« Versuche, die nichts mit den Wahrnehmungsmöglichkeiten der Kinder zu tun haben, die zu komplex sind oder nicht funktionieren, werden diesem Anspruch nicht gerecht. Bereits nach einer Stunde kann sich kaum ein Kind mehr an das Papier-Experiment erinnern – geschweige denn an Hintergründe oder einfache naturwissenschaftliche Zusammenhänge.

Eine Ersatzhandlung ist laut Duden »eine Handlung, die an die Stelle der eigentlich angestrebten tritt, wenn diese nicht ausgeführt werden kann.« So ist es mit einem anderen Versuch, der mit der wirklichen Welt praktisch gar nichts mehr zu tun hat. Weil das »Haus der kleinen Forscher« laut seinem Auftrag tausende Kitas und zigtausende Erzieher/innen erreichen muss, setzt es immer öfter auf virtuelle Angebote. Selbst bei kleinen Kindern tut es das. In dem Online-Spiel »Konrads Komposthaufen« sollen Zwei- bis Fünfjährige verstehen, welche Bio-Abfälle dort hingehören. Sie tun das, indem sie wie bei dem berühmten Handy-Spiel »Angry Birds« Kartoffelreste, Äste oder Blätter mit einer Schleuder Richtung Kompost schießen – alles virtuell. Einen echten Humusspeicher lernen die Kinder so nie kennen. Somit können sie keine größere Bewusstheit ihrer Wirklichkeit und ihres Denkens erlangen.

Dass es auch anders geht, war in einer Kita in Offenbach am Main zu beobachten. Die Mitarbeiter hatten davon erfahren, dass der Lebensraum der ohnehin bedrohten Schwarzstörche zusätzlich durch den Bau von Windenergieanlagen bedroht ist. Sie beschäftigen sich daher mit den Lebensgewohnheiten der Störche – auch zusammen mit den Kindern (s. Kasten).

Der Lebensraum der bedrohten Schwarzstörche – ein erfolgreiches Kita-Projekt

Die Mitarbeiter der Offenbacher Kita zeigen den Kindern ein Storchennest, das sich in der Nähe befindet. Zusammen mit ihnen möchten sie nun ein Nest modellhaft nachbauen. Die Kleinen sind erstaunt darüber, dass der Horst nicht nur wie ein Korb aussieht, sondern auch noch unglaublich groß ist, was man vom Boden aus betrachtet nicht sofort erkennen kann. Nicht selten sind sie vier Meter hoch, mit einem Durchmesser von zwei Metern. Die Kinder bewundern die festen Ränder der Körbe, die mit starken Ästen und Zweigen befestigt sind, selbst ein Sturm kann sie nicht zerstören. Die Kinder lernen die Vielfalt der Zweige und Äste kennen, die zum Bau benötigt werden. Die Pädagogen haben gesammelt und stellen ihnen Schilfrohr, Zweige einer Esche, Weißdorn, Haselnuss, Vogelbeere, Forsythie vor.

Zum ersten Mal in ihrem Leben erleben Kinder sinnlich, wie diese Hölzer aussehen und besuchen Orte, wo sie aufwachsen. Für das Bett im Horst werden Federn, Moos und Laub gebraucht. Im nächsten Schritt beschäftigen sie sich mit den Nahrungsgewohnheiten der Störche. Sie verstehen nun, warum die Störche dabei sind, wenn die Felder und Wiesen gemäht werden. Die Kinder sehen Bilder von Würmern, Larven, Heuschrecken, Mäusen, Fröschen, Schlangen und anderen Reptilien. Kaum ein Kind kennt diese Lebewesen. Aus Legosteinen wird ein Haufen gebildet, der dem Gewicht der Insekten entspricht, die eine Storchenfamilie jeden Tag vertilgt. Die Kinder sind erstaunt über die Größe des Haufens.

Sie lernen auch, dass nicht nur die Störche, sondern auch viele andere Vogelarten im Winter wegen der Nahrungssuche nach Süden bis nach Afrika fliegen. Dabei machen sie Bekanntschaft mit Vogelarten, die vom Aussterben bedroht sind.

Die Pädagogen wissen auch, warum in letzter Zeit viele Störche im Winter nicht mehr nach Afrika fliegen, sondern genug Nahrung auf den Müllhalden in Spanien oder Marokko finden. Als Erwachsene können sie sich gut vorstellen, wie sich die Heuschrecken ohne die Störche, nicht nur in Afrika, vermehren und welche Konsequenzen daraus resultieren werden.

Diese Zusammenhänge möchte die Kita den Kindern behutsam und schrittweise näherbringen. Windräder werden mit ihnen nicht durchgenommen. Den Kindern wird auch nicht davon berichtet, dass Tonnen von deutschem Müll legal in Asien landen, wo sie vor den Reisfeldern verbrannt oder ins Meer entsorgt werden. Kinder können solche Zusammenhänge nicht im Kontext von Ursache und Wirkung nachvollziehen.

Fazit

Zuerst sollen die Kinder über die Schönheit und Rätselhaftigkeit der Natur staunen lernen. Erfahrungen, die bleibende Spuren im Gehirn hinterlassen, können Wirkungen entfalten, die unser Verhalten nachhaltig prägen. Wächst man in einer Großfamilie auf, dann hat man potenziell die Möglichkeit zu erlernen, was es bedeutet, Verantwortung für die jüngeren Geschwister zu übernehmen. Wer als Kind erfahren hat, dass Erwachsene für das Glücklichsein nur weniger weltlicher Güter bedürfen, wird es später leicht haben, Verzicht zu üben. Vorbilder können Bewusstseins-, Einstellungs- und Verhaltensänderungen bewirken, Laborexperimente können es nicht.

Literatur

Ansari, S.: Schule des Staunens. Lernen und Forschen mit Kindern. Heidelberg 2009.
Ansari, S.: Rettet die Neugier. Gegen die Akademisierung der Kindheit. Frankfurt/M. 2013.

Frauke Hildebrandt/Ramiro Glauer

»Ich denke, dass es so ist. Und was meinst du?«

Nachdenkgespräche mit Kindern führen

Laut denken, spekulieren, Vermutungen anstellen, Fragen an die Kinder richten oder zurückgeben – so können Pädagog/innen Gespräche anregen, neue Sichtweisen auf einen Sachverhalt und Raum zum gemeinsamen Denken eröffnen. Gespräche, in denen Pädagog/innen und Kinder gemeinsam darüber nachdenken, warum die Dinge so sind, wie sie sind, und was wäre, wenn sie anders wären, nennen wir Nachdenkgespräche. Sie sind deshalb so wichtig, weil durch sie grundlegende Denkstrukturen vermittelt werden: Wir setzen Prämissen und ziehen Schlussfolgerungen, deren Konsequenzen wir wiederum von unterschiedlichen Seiten her bedenken. Wir lösen uns vom »Hier und Jetzt« und betreten buchstäblich einen gemeinsamen Möglichkeitsraum, in dem wir probehalber Sachverhalte auf verschiedene Weise zusammenstellen. Wir versuchen, Zusammenhänge zu verstehen und suchen nach Erklärungen. Wir bilden Hypothesen, d. h. wir stellen Vermutungen an – wir denken nach.

Man könnte auch sagen, wir wollten mit Kindern philosophieren – wenn mit Philosophieren das gemeinsame Ergründen von Sachverhalten und Zusammenhängen in einem offenen, gleichberechtigten Dialog gemeint ist. Und so wird es wohl auch von den meisten Vertretern des Philosophierens mit Kindern verstanden. Um jedoch nicht dahingehend missverstanden zu werden, dass es beim Philosophieren mit Kindern um umschweifige Erörterungen großer, bedeutsamer Fragen gehen müsse (vgl. »Kann man mit Kindern philosophieren?« In: PÄDAGOGIK 2/2022, S. 40 f.), nennen wir es lieber »Denken mit Kindern« oder »Nachdenkgespräche«. Selbstständiges, kooperatives Denken und kluge Schlussfolgerungen erfordern keine besonderen Themen. Es sind ja nicht immer die großen Fragen, die uns zum Nachdenken anregen. Außerdem ist das gemeinsame Denken mit Kindern am erfolgreichsten, wenn wir die Themen der Kinder aufgreifen. Neben der Befriedigung der Neugier geht es bei Nachdenkgesprächen darum, grundlegende Denkstrukturen zu erlernen.

Für den Anthropologen und Verhaltensforscher Michael Tomasello (2006, S. 209) ist die sprachliche Kommunikation bei der Entwicklung kognitiver Fähigkeiten auf dreierlei Weise zentral:

- Die kulturelle Weitergabe von Wissen an Kinder erfolgt durch sprachliche Kommunikation und andere Formen der Interaktion.
- Die Struktur sprachlicher Kommunikation beeinflusst die Bildung kognitiver Kategorien, Analogien und Metaphern sowie das Verstehen von Beziehungen (Zusammenhänge, Ursachen).
- Sprachliche Kommunikation ermöglicht es Kindern, verschiedene, manchmal konkurrierende begriffliche Perspektiven auf Phänomene einzunehmen.

Alle drei Dimensionen dieses Prozesses werden implizit gestaltet, wenn wir mit Kindern sprechen: *Erstens* teilen wir unser Wissen in gemeinsamen Gesprächen. Durch unsere Art, Beziehungen zwischen Ereignissen herzustellen und Vergleiche zu ziehen, beeinflussen wir *zweitens* die Entwicklung dieser Fähigkeit bei Kindern. *Drittens* vermittelt sich den Kindern in gemeinsamen Gesprächen umstandslos, dass dieselben Phänomene aus verschiedenen Wissens- oder Wertperspektiven unterschiedlich wahrgenommen und beurteilt werden können.

Die Art der Interaktionsgestaltung durch Erwachsene spielt auf diese Weise eine große Rolle für verschiedene Dimensionen kindlicher Entwicklung. Die Qualität und Quantität des Sprach- und Interaktionsangebots hat Einfluss auf den Wortschatzerwerb (Grimm 2003), auf die narrativen Fähigkeiten der Kinder und die Entwicklung des Perspektivenverständnisses. Deshalb ist die Art, ja, die Qualität der Gespräche, die wir mit Kindern führen, für deren intellektuelle Entwicklung von großer Bedeutung, und zwar nicht nur hinsichtlich der Themen, sondern ganz besonders auch hinsichtlich der Ebenen, auf denen wir über ein Thema sprechen.

Die Ebenen eines Dialogs

Mit Ebenen ist Folgendes gemeint: Nehmen wir an, Leon ist mit seinem Rutsche-Auto unterwegs. Ein Rad hat blockiert und dreht sich nicht mehr. Wir können zum einen beschreibend darüber kommunizieren, also darüber reden, dass das passiert ist, wo es passiert ist, wann es geschehen ist und wer dabei war. Wir können auch bewertend (normativ) darüber sprechen und unserem Ärger Ausdruck verleihen oder nach Verantwortlichen suchen: Das Rutsche-Auto ist doch ganz neu! Das muss jemand kaputt gemacht haben! Wir können uns aber auch nachdenkend und spekulierend (explikativ) über den Rutsche-Auto-Sachverhalt austauschen. Wir fragen uns dann mehr oder weniger detailliert, warum das passiert ist: Wieso blockierte gerade dieses Rad und nicht ein anderes? Warum zu diesem bestimmten Zeitpunkt? Lag da was auf dem Weg? Und wenn wir weiterdenken: Warum überhaupt drehen die Räder sich sonst so reibungslos? Was wäre passiert, wenn gleich zwei Räder blockiert hätten, wenn die Lenkung blockiert hätte?

Nachdenkgespräche sind explikative Dialoge. Mit explikativen Dialogen können wir Sachverhalte und Zusammenhänge ergründen. Wir können uns darüber austauschen, warum wir etwas richtig finden oder tun sollen. Solche Dialoge machen uns und anderen die Welt verständlich. Kinder sind besonders an explikativen Dialogen interessiert, weil diese ihrer angeborenen Neugier entgegenkommen. Wenn Erwachsene erklärende Antworten geben, gehen Kinder stärker in den Dialog (Frazier et al. 2009). Wenn explikative Dialoge nicht in einen Erklär-Monolog kippen oder wenn nicht versucht wird, aus dem Gesprächspartner suggestiv eine bestimmte Antwort herauszuholen, bieten diese Dialoge die Möglichkeit, eine gemeinsame Perspektive zu entwickeln. Nicht zuletzt deshalb ist es von gesellschaftlicher Bedeutung, mit Kindern darüber zu sprechen, warum die Dinge so sind, wie sie sind, und was wäre, wenn sie anders wären. Denn so gewinnen Kinder Sicherheit beim Hineinwachsen in unsere gemeinsame Lebenswelt.

Für einen offenen, partizipativen explikativen Dialog ist es wichtig, dass die Möglichkeit offengelassen wird, dass etwas in Rede Stehendes auch anders sein könnte. So können Gesprächspartner ihre Ansichten und Vermutungen einbringen, ohne widersprechen zu müssen. Deshalb sollten wir gerade im Gespräch mit Kindern eingestehen, was wir nicht wissen und unsere Unsicherheit deutlich werden lassen. Das geht ganz leicht, indem wir zum Beispiel das Wort »vielleicht« verwenden, und wir sollten nicht Unsicherheit vortäuschen, wenn wir uns doch sicher sind. Kinder bemerken in kommunikativen Situationen, ob ein erwachsener Interaktionspartner etwas weiß oder nicht, und sie bevorzugen in der Regel Erwachsene als Gesprächspartner, die einen verlässlichen Wissensstand signalisieren. Indem wir ehrlich kundtun, wie sicher wir uns unserer Ansichten sind, können wir kooperativ und partizipativ ergründen, warum etwas passiert ist oder warum sich jemand so verhalten hat. Oder wir spekulieren gemeinsam über andere Möglichkeiten.

Studienergebnisse zur Gesprächskultur in Kitas

Es gibt oftmals nicht nur zu wenig Nachdenkgespräche, sondern überhaupt viel zu wenig dialogische Interaktionen in Kindertagesstätten. Das belegen mehrere Studien (Tietze u. a. 1998, 2013; Pianta 1994; Brandt/Wolf 1985). Dabei handelt es sich jedoch nicht um ein deutsches Phänomen. Schon die Untersuchung von Anna Meade und Pamela Cubey (1995) aus Neuseeland zeigte dies in besonderer Weise: in 90 Prozent der Zeit, die Kinder und Pädagog/innen täglich gemeinsam in Kindertagesstätten verbringen, initiieren die Pädagog/innen keinerlei Dialog.

Auch die Gespräche, die initiiert werden, sind in der Regel wenig kognitiv und wenig emotional anregend und eröffnen selten neue Perspektiven oder überraschende Denkräume: es handelt sich durchweg um Begrüßungen, kurze Antworten oder kurze Fragen.

Kontos et al. (2002) und Winsler/Carlton (2003) stellen zudem fest, dass es lange Phasen im Tagesablauf gibt, in denen Kinder und Pädagog/innen auf keinerlei Weise in Interaktion treten. Das betrifft vor allem die Zeit, in der die Kinder von sich aus und gemeinsam mit anderen Kindern explorieren. Fachkräfte befinden sich zwar in etwa 80 Prozent dieser offenen Spielsituationen in der Nähe des Kindes, initiieren aber keine Interaktion; wenn überhaupt, dann produzieren sie Aufforderungssprechakte (»Nimm doch lieber die große Schippe!«, »Lasst bitte Nancy mitspielen!«). Das Phänomen des übertriebenen pädagogischen Sich-Zurückhaltens und »Begleitens« bezeichnen Kontos et al. (1997) als *early childhood error* – als Fehler, der aus einem Missverstehen konstruktivistischer Lerntheorien resultiert; dann nämlich, wenn der ko-konstruktive Anteil im Bildungsprozess, also der Anteil des gemeinsamen Entwerfens, Deutens und Interpretierens von Welt, wegfällt und Bildung im Wortsinn als »Selbst«-Bildung missverstanden wird.

Studien von Gönczü/Weber (2000), Tietze u. a. (1998) und Neubauer (1980) zeigen, dass der Rest der Zeit durch direkte Anweisung und Informationsvermittlung kommunikativ dominiert wird. Im Falle der Anweisungen sind das vor allem »freundliche Ansagen« zu Organisationszwecken (»Zieh dir die Schuhe schon mal an!«, »Bitte geh mit Liam vor!«, »Wascht euch die Hände!«). Im Falle der Informationsvermittlung handelt es sich in der Regel um eine Ansprache im Erklärmodus (»Das ist ein Apfelbaum. Im Apfel sind Kerne und daraus wachsen neue Bäume.«), der – an ganze Kindergruppen gerichtet – selten die individuellen Fragen, Themen oder Interessen eines Kindes aufnimmt (König 2009, Wadepohl/Mackowiak 2016). Insbesondere in Bezug auf Krippen konnten Hildebrandt u. a. (2021) nachweisen, dass Fachkräfte zu wenig handlungsbegleitend und über die Innenwelt von Personen sprechen, Spielsituationen zu wenig zu kognitiv anregender Interaktion genutzt werden und die sprachliche Partizipationsqualität in der Essenssituation unzureichend ist.

Das Zusammenspiel der in diesen Befunden sich zeigenden Situationen lässt eine schwierige Situation entstehen: Es wechseln sich Phasen direkter Anweisung und Informationsvermittlung ab mit Phasen ohne Kommunikation. Zugespitzt kann man sagen: Der *early childhood error* führt aufseiten der Pädagog/innen zur Konzentration auf organisatorische Anweisungen im Alltag und zur Vernachlässigung dialogischer Interaktionen. Eben diese Interaktionen sind es aber, die Kinder für ihre optimale sprachliche, kognitive und emotionale Entwicklung brauchen. Das ist das Ergebnis der einschlägigen Langzeitstudie, die u. a. Sylva et al. (2003) von 1997 bis 2003 in Großbritannien durchgeführt haben. Diese Studie weist eindrücklich eine gute Interaktionsqualität in Kindertagesstätten als Prädiktor für Schulerfolg aus.

Herausragende Kindertagesstätten zeichnen sich durch einen Interaktionstypus aus, der als *sustained shared thinking* bezeichnet wird, als »nachhaltig geteiltes Denken« (Hildebrandt et al. 2016). Gemeint ist ein Dialog, in dem Pädagog/innen und Kinder gemeinsam daran arbeiten, ein Phänomen zu verstehen, ein Konzept zu deuten, eine Geschichte zu entwerfen oder ein Problem zu lösen.

Andere Studien haben gezeigt, dass direkte Instruktion, die in didaktischer Absicht Zusammenhänge erklärt, das Explorationsverhalten und die Hypothesenbildung von Kindern einschränkt. Erwachsene können die eigenständige Exploration – und damit das Bilden von Vermutungen – hingegen unterstützen, indem sie Fragen stellen statt nur zu erklären und den Kindern zeigen, wie sie es selbst etwas ausprobieren können. Wenn Erwachsene diesen wichtigen Aspekt des kindlichen Lernens unterstützen möchten, sollten sie daher nicht pädagogisch instruieren, sondern in gleichberechtigte, partizipative Dialoge mit dem Kind treten (Hildebrandt et al. 2016; Lohse et al. 2022).

Zusammenfassend ist festzuhalten, dass die Qualität kognitiv-anregender Interaktionen in Kindertagesstätten eher im niedrigen bis mittleren Bereich liegt (Wadepohl/Mackowiak 2016, Wertfein u. a. 2015, Reyhing u. a. 2019, Luthardt u. a. 2021).

Dialoge im Kita-Alltag gestalten

Wie können solche Dialoge im Alltag geführt werden, wo doch oft das Personal knapp ist und Zeitmangel herrscht? Wir haben uns besonders im Rahmen des brandenburgischen Projekts »Sprachberatung" in den Landkreisen Märkisch Oderland, Oder-Spree und Prignitz (www.sprachberatung-priegnitz.de) sowie in der Arbeit des Modellprojektes des Landes Brandenburg »Forscherwelt Blossin« (www.mbis. brandenburg.de/sixcms/detail.php/bb1.c.295642.de) Gedanken darüber gemacht, wie wir trotz der zahlreichen Hindernisse im Kita-Alltag mehr redend nachdenken – oder auch nachdenkend reden – können, wo doch oftmals Personalknappheit und Zeitmangel herrschen.

Folgende Techniken können dabei helfen, in einen Nachdenkmodus zu kommen:

Laut denken

Für unsere alltäglichen Handlungen gibt es die verschiedensten Beweggründe. Unsere Gedanken und Überlegungen öfter einmal laut zu formulieren, gibt den Kindern die Gelegenheit, Anteil zu nehmen, Handlungszusammenhänge zu verstehen und uns ganz direkt als denkende Personen zu erleben.

Zum Beispiel: Sie suchen ein kopiertes Blatt mit Liedern. »Wo habe ich das Blatt bloß hingelegt? Ich bin vorhin mit meiner Tasche hier reingekommen, dann hat Bärbel mir die Packung mit den Stiften gegeben. Die Stifte habe ich in die Malecke gelegt. Ob da das Blatt wohl auch liegt? Wieso merke ich mir eigentlich nicht, wo ich die Dinge hinlege, obwohl ich hellwach bin? Merkwürdig, wie das im Gehirn funktioniert ...«

Gespräche im Alltag selbst eröffnen

Wir können selbst Fragen stellen. Alle W-Fragen eignen sich. Will man ins Nachdenken kommen, sind besonders Forscher- und Spekulierfragen geeignet. Sie sind in allen Alltagssituationen anwendbar, ob beim Anziehen, Händewaschen, Buddeln oder Spazieren. Unter einer Forscherfrage ist eine »Was denkst du, warum ...«-Frage zu verstehen, eine Spekulierfrage ist eine »Was wäre, wenn«-Frage. Die Fragen werden gestellt, um einen gemeinsamen Nachdenkraum zu eröffnen, nicht um schnell die richtigen Antworten zu finden.

Zum Beispiel: Luca spielt mit einem großen Plastik-Dino. Er beugt ihn zu Boden und lässt ihn schmatzend den Teppich (»das Gras«) fressen.

Forschen: Was denkst du, warum es jetzt keine Saurier mehr gibt? Was denkst du, warum die so riesig waren?

Spekulieren: Was wäre, wenn wir wirklich einen Teppich aus Gras hätten? Was wäre, wenn der Saurier jetzt lebendig werden würde?

Bilderbücher zum Nachdenken nutzen

Auch Bilderbuchbetrachtungen eignen sich gut, um mit Kindern in den Dialog zu treten. Wir können den Text vorlesen, Beschreibungen geben und offene Fragen stellen. Darüber hinaus können wir auch hier Forscher- und Spekulierfragen stellen und eigene Vermutungen bzw. Hypothesen äußern.

Stellen Sie sich ein Bild vor, auf dem ein Hase im Gras sitzend dargestellt wird. Über ihm fliegt ein Schmetterling. Wir könnten zum Nachdenken anregen, indem wir sagen: Was wäre, wenn der Schmetterling auf der Hasennase landen würde? »Könnte ja sein, dass der Hase dann niesen muss.« Auf diese Weise lässt sich ein unendlicher, oft sehr amüsanter Möglichkeitsraum aus den Bildern erschließen.

Warum-Fragen der Kinder als Einstieg

Mit knapp drei Jahren beginnen viele Kinder zu fragen, warum die Dinge so sind, wie sie sind, und nicht anders. Häufig können wir diese Fragen nicht beantworten. Wir wissen selbst oft auch nicht genau, warum die Dinge so sind, wie sie sind. Das ist nicht etwa ein Manko, das wir verbergen sollten, sondern eine ideale gemeinsame Nachdenksituation. Damit diese gelingt, müssen wir drei Dinge tun: das Kind zum Weiterfragen ermutigen, sich selbst als Denkpartner einbringen und das Kind ermutigen, die eigene Hypothese zu präsentieren. Das geht am besten, wenn wir die Frage würdigen, eine eigene Vermutung äußern und die Frage dann zurückgeben.

Zum Beispiel: Kind: *Warum dreht sich das Windrad nicht?*

Pädagog/in: *Ja, wirklich. Gute Frage. Das habe ich mich auch gerade gefragt. (Würdigung der kindlichen Warum-Frage) Alle anderen drehen sich ja. Hm. Ich könnte mir vorstellen, dass es abgestellt wurde, weil es repariert werden muss. (eigene Vermutung – als Vermutung markiert!) Und was meinst du?*

Zeigesätze als Nachdenkeinstieg

Manche Kinder stellen nicht viele Warum-Fragen. Aber alle Kinder zeigen auf Dinge, die sie wichtig, interessant oder auffällig finden, und weisen uns auf sie hin. Wir können diese »Zeigesätze« einfach so behandeln, als seien sie Warum-Fragen, und genauso auf sie reagieren. Dann können wir auch ohne Warum-Fragen der Kinder in Nachdenkgespräche einsteigen: Aussage würdigen, eigene Vermutung aufstellen, als Frage zurückgeben:

Zum Beispiel: Kind: *Du, guck mal. Das Windrad dort dreht sich nicht?*

Das habe ich auch gerade gesehen. (Würdigung des kindlichen Zeigesatzes) Alle anderen drehen sich ja. Hm. Ich könnte mir vorstellen, dass es abgestellt wurde, weil es repariert werden muss. (Eigene Vermutung – als Vermutung markiert!) Und was meinst du?

Die Freude am Nachdenken erhalten

Zentrales Ziel unserer Bildungsanstrengungen auf allen Ebenen und in allen Institutionen unseres Bildungswesens ist die selbstständige, urteilskräftige und im Selbstdenken geübte Person. Dieser Beitrag will ein Plädoyer für hellwache Gesprächsbereitschaft sein, ein Appell an alle Erwachsenen, die mit Kindern zusammen ihre Tage verbringen, mehr Nachdenkgespräche im Alltag zu führen. Damit sind nicht nur die großen Themen (Tod, Geburt, Unendlichkeit, Gerechtigkeit, Liebe …) gemeint – natürlich auch diese –, sondern die kleinen Fragen, die sich jeden Tag stellen, wenn wir auf die Einzelbeobachtungen der Kinder mehr eingehen.

Kleine Kinder haben von Natur aus eine große Neugier, ein unerschöpfliches Erkenntnisinteresse und die Lust am Selbst-Tun. Wenn wir den Kindern helfen wollen, ihre Lust am eigenen Nachdenken zu erhalten und ihre kognitiven Fähigkeiten zu differenzieren, müssen wir ihnen die sprachlichen Strukturmuster aller Ebenen im Alltag erlebbar machen und besonders darauf achten, dass nicht ausgerechnet die Nachdenkdialoge zu kurz kommen.

Literatur

Brandt, W./Wolf, B.: Erzieherverhalten und Lernumwelt des Kindergartens. In: Nickel, H. (Hrsg.): Sozialisation im Vorschulalter. Trends und Ergebnisse institutioneller Erziehung. Weinheim 1985, S. 122–140.

Frazier, B. N./Gelman, S. A./Wellman, H. M.: Preschoolers' search for explanatory information within adult–child conversation. In: Child development 80 (2009), S. 1592–1611.

Göncü, A./Weber, E.: Preschooler's Classroom Activities and Interactions with Peers and Teachers. In: Early Education and Development 11 (2000), S. 93–107.

Grimm, H.: Störungen der Sprachentwicklung. Grundlagen – Ursachen – Diagnose – Intervention – Prävention. Göttingen 2003.

Hildebrandt, F., et al.: Sustained shared thinking als Interaktionsformat und das Sprachverhalten von Kindern. In: Frühe Bildung 5 (2016), S. 82–90.

Hildebrandt, F., u. a.: Abschlussbericht zur Studie BIKA. Beteiligung von Kindern im Kita-Alltag. 2021.

König, A.: Interaktionsprozesse zwischen Erzieherinnen und Kindern. Eine Videostudie aus dem Kindergartenalltag. Wiesbaden 2009.

Kontos, S./Wilcox-Herzog, A.: Teacher's Interactions with Children. Why Are They so Important? In: Young Children 52 (1997), No. 2, S. 4–12.

Kontos, S., et al.: An Eco-Behavioural Approach to Examining the Contextual Effects of Early Childhood Classrooms. In: Early Childhood Research Quarterly 17 (2002), S. 239–258.

Lohse, K./Hildebrandt, A./Hildebrandt, F.: Hypotheses in adult-child interactions stimulate children's reasoning and verbalizations. In: Early Childhood Research Quarterly 58 (2022), S. 254–263.

Luthardt, J./Bormann, I./Hildebrandt, F.: Einstellungen pädagogischer Fachkräfte zu anregenden Interaktionen in Kindertagesstätten. Fortbildungsbedarfe entdecken mit Cognitive-Affective Maps (CAMS). In: Frühe Bildung 10 (2021), H. 3, S. 151–160.

Meade, A./Cubey, P.: Competent Children and their Teachers. Wellington: New Zealand Council for Education Research and Faculty of Education Victoria University of Wellington 1995.

Neubauer, E.Ch.: Erziehungsstrategien von Kindergärtnerinnen zur Bewältigung sozialer Konflikte bei Vorschulkindern. In: Psychologie, Erziehung, Unterricht 30 (1980), S. 257–266.

Pianta, R. C.: Patterns of relationships between children and kindergarten teachers. In: Journal of School Psychology 32 (1994), S. 15–31.

Reyhing, Y., u. a.: Die Bedeutung situativer Charakteristiken und struktureller Rahmenbedingungen für die Qualität der unterstützenden Fachkraft-Kind-Interaktion in Kindertagesstätten. In: Zeitschrift für Pädagogische Psychologie 33 (2019), S. 33–47.

Sylva, K., et al.: The effective provision of pre-school education (EPPE) project: Findings from the pre-school period. (Institute of Education, University of London) London 2003.

Tietze, W., u.a.: Wie gut sind unsere Kindergärten? Eine Untersuchung zur pädagogischen Qualität in deutschen Kindergärten. Neuwied 1998.

Tietze, W., u. a. (Hrsg.): NUBBEK – Nationale Untersuchung zur Bildung, Betreuung und Erziehung in der frühen Kindheit. Weimar/Berlin 2013.

Tomasello, M.: Die kulturelle Entwicklung des menschlichen Denkens. Zur Evolution der Kognition. Frankfurt/M. 2006.

Wadepohl, H./ Mackowiak, K.: Beziehungsgestaltung und deren Bedeutung für die Unterstützung von kindlichen Lernprozessen im Freispiel. In: Frühe Bildung 5 (2016), S. 22–30.

Wertfein, M./Wirts, C./Wildgruber, A.: Bedingungsfaktoren für gelingende Interaktionen zwischen Erzieherinnen und Kindern. Ausgewählte Ergebnisse der BIKE-Studie. (IFP-Projektbericht 27) München 2015.

Winsler, A./Carlton, M.: Observations of Children's Task Activities and Social Interactions Relation to Teacher Perceptions in a Child-Centered Preschool: Are We Learning Too Much to Chance? In: Early Education and Development 14 (2003), S. 155–178.

Martin Herold

Lernen als Selbstorganisation – der Paradigmenwechsel vom fremd- zum selbstorganisierten Lernen

Stellen Sie sich vor, Sie werden in eine »besondere Schule« eingeladen. Dort angekommen, vermissen Sie die geordneten Klassenzimmer; es gibt kaum Sitzgelegenheiten, obwohl Sie vielleicht unausgesprochen der Meinung sind, Sitzgelegenheiten seien die erste Voraussetzung für Lernen. Außerdem gibt es dort keine Tafel, keinen Overheadprojektor, aber Werkstätten und Lernateliers. Lehrpersonen begleiten die Lernenden wie die Ausbilder in einem Betrieb: Sie sind zur Stelle, wenn sie gebraucht werden. Lehrpläne gibt es auch nicht, dafür aber konkrete Aufgaben. Ihnen wird versichert, dass hier ständig und viel gelernt wird. Befinden wir uns in einem reformpädagogischen Landerziehungsheim der 1920er-Jahre? In einer »Freien Schule« der 2010er-Jahre?

Um Lernen zu ermöglichen, zu begleiten und zu fördern, muss eine Brücke gebaut werden vom fremd- zum selbstorganisierten Lernen. In diesem Beitrag geht es darum, eine Konstruktionsmöglichkeit aus fünf »Bausteinen« für eine tragfähige Brücke zu entwickeln. Kapitel 1 klärt die Differenz von natürlichem und institutionalisiertem Lernen. Das Konzept des Selbstorganisierten Lernen wird begründet durch die Einsicht in die Selbstorganisation von komplexen Systemen, hier des lernenden Gehirns. In Kapitel 2 die ersten zwei Bausteine (Lernumgebung, Lernen verstehen), sodann die Bausteine 3 bis 5: Lernen Begleiten und Freiräume schaffen, illustriert an einem Beispiel der SOL-Praxis (ein Umsetzungsbeispiel für Präsenz-, Fern- oder Hybridunterricht).

Der Paradigmenwechsel vom natürlichen zum institutionalisiert-initiierten Lernen

»Lernen ermöglichen, begleiten und fördern« wird hier als Bezugspunkt von Unterricht als das verstanden, wozu er veranstaltet wird: die Praxis der Lernhandlungen der Schüler/innen steht im Zentrum, nicht die Lehrtätigkeit der Lehrpersonen. Letztere ist, wie gezeigt werden wird, keineswegs überflüssig. Es kommt aber darauf an, wie sie verstanden und praktiziert wird, um auf einen komplizierten und nur mittelbar zugänglichen Vorgang im Gehirn Einfluss zu nehmen. Diesen intra-neuronalen Vorgang, der Informationen aufnimmt, in Eigenregie figuriert und auf Dauer stellt (Gedächtnis), nennen wir Lernen. Lernen kann durch Impulse von außen angestoßen werden, kann durch äußere Umstände gefördert oder behindert werden, ist aber immer ein autonomer neurobiologischer Prozess, dessen Ergebnisse nur in gewissen Grenzen herbeiführbar und vorhersagbar sind. Aufgrund von unbestreitbarer Erfahrung gilt als alter schulpädagogischer Grundsatz: Lehren und Lernen sind experimentelle Prozesse mit ungewissem Ausgang. Die Herausforderung besteht demzufolge darin, diese Ungewissheit zu minimieren und die Erfolgsquote zu erhöhen. Wie das mit Aussicht auf Erfolg geschehen kann, ist der Gegenstand der folgenden Überlegungen und praktischen Erfahrungen.

Natürliches (»privilegiertes«) Lernen

Das natürliche Lernen, auch als »privilegiertes« bezeichnet, muss Ausgangspunkt aller schulpädagogischen Überlegungen sein, weil das Gehirn ohnehin immer lernt, denn dies ist seine elementare Funktion, um das erfolgreiche Überleben des Gesamtorganismus sicherzustellen. Dies Lernen geschieht instinktiv, ohne Anleitung, durch Lernen am Modell, aus Erfahrung, durch Erfolg und Misserfolg. Dieses Lernen weist bei normal sich entwickelten Säuglingen und Kindern eine hohe Erfolgswahrscheinlichkeit auf (daher »privilegiert«) – anders wäre ihr Überleben und die erfolgreiche Erkundung, Aneignung, Anpassung und Mitgestaltung ihrer Lebenswelt nicht erklärbar (Largo 1993).

Für unseren Zusammenhang ist lediglich von Bedeutung zu verstehen, dass das menschliche Gehirn – in seiner Funktionsweise immer auch das Ergebnis seines individuellen Gebrauchs (Hüther in Herrmann 2020) – sich in dieser Phase seinen allgemeinen und individuellen Lernmodus einprägt, der für sein späteres Lernen maßgeblich bleibt. Darauf müsste späteres institutionalisiert-initiiertes Lernen Rücksicht nehmen, weil es sich um ein »Dazu-Lernen« handelt, dass angesichts der eingeschliffenen Routinen normalerweise schwierig ist (wie dies ja neuerdings auch für die Prozesse der Fort- und Weiterbildung von Lehrpersonen in Erinnerung gebracht wird).

Natürliches Lernen dient dazu, dass wir uns in unserem Leben immer besser zurechtfinden, d. h. es besteht die begründete Aussicht, dass dies nachher besser funktioniert als vorher. Ein Kind lernt das Laufen ohne Lehrplan, ohne Stundenplan und ohne Ankündigung einer Leistungsüberprüfung. Kinder laufen einfach, wenn es ihnen in den Sinn kommt. Die Motorik ist angeboren, muss aber herausgefordert und gestützt werden. Jedoch würde kein Mensch einen Lehrplan machen, der die Stationen in Inhalts- und Zeitfenster einteilt, die notwendig sind, um – sagen wir – nach zehn Monaten eine erste »Laufprüfung« erfolgreich zu bestehen. – Nehmen wir ein anderes Beispiel: Fußball. Kinder lernen Fußball auf der Straße, weil dort auch andere Kinder Fußball spielen; weil sie Vorbilder haben, weil ihnen jemand so im Vorbeigehen die Regeln erklärt. Sie machen dabei, aus Sicht der Erwachsenen, ganz viel falsch. Aber: Sie haben Spaß dabei, erleben Erfolge ihres eigenen Tuns, und sie erleben für sich einen Sinn im Spielen: man ist in eine Gruppe eingebunden, man agiert selbstständig aufgrund eigener Entscheidungen, und feiert still oder lauthals seine eigenen Erfolge. Das treibt an – oder pädagogisch ausgedrückt: das motiviert. – Letztes Beispiel: Wir geben einem Schulkind ein neues Smartphone. Originalverpackt. Ohne Auftrag, ohne systematischen Lehrplan. Einfach so. Es beginnt sofort mit dem Lernprozess, das neue Gerät zu erkunden und in Betrieb zu nehmen, auf der Grundlage der Benutzung des alten Geräts; unstrukturiert und spontan, ohne Druck, ohne Belehrung, aber mit einem eigenen Ziel: das neue Gerät in Gebrauch zu nehmen. Es ist keine Frage: diese hier beschriebenen Lernprozesse organisiert der Lernende bzw. sein Gehirn selbst.

Schulisch-unterrichtlich institutionalisiert-initiiertes Lernen

Lernen in der Schule geht anders, leider. Wenn wir natürliches Lernen dadurch kennzeichnen, dass es sich an eigenen Zielen orientiert, dass es einen eigenen und unmittelbaren Nutzen erkennen lässt und dass selbstverständlich eine eigene Zeiteinteilung möglich ist, so sind das Merkmale, die beim initiierten Lernen in der Schule, konstruktionsbedingt, nicht oder nur sehr selten vorhanden sind. Initiiertes Lernen orientiert sich an fremden Zielen. Jemand anders, oft von der Gesellschaft beauftragt, definiert Inhalte, die man lernen muss, weil die Gesellschaft es so will.

Es macht schon Sinn, dass junge Menschen Dinge lernen müssen, die ältere Generation für nützlich und wichtig erachten. Aber natürliche Lernprozesse werden dadurch in der Regel nicht ausgelöst. Es müssen Lernumgebungen geschaffen werden, die den Eigenschaften des natürlichen Lernens angenähert sind. Natürliches Lernen hat Vorbilder, die Orientierung geben, die zeigen, wie es geht und die bei Bedarf strukturierend eingreifen. Natürliches Lernen bietet Freiraum, was die Lerngeschwindigkeit und die Sozialform des Lernens angeht, und natürliches Lernen reflektiert den Lernfortschritt (»wenn's gut war, mache ich weiter, sonst nicht«) und gibt der Umgebung bisweilen ein deutliches Feedback.

»Lernen ermöglichen, begleiten und fördern« im institutionalisiert-initiierten Lernen bedeutet konkret, eine Brücke bauen zu müssen zwischen der Fähigkeit des Gehirns zum selbstorganisierten Lernen und den Vorgaben durch fremde Zielsetzungen, deren Sinnhaftigkeit vom Lernenden erst erschlossen und akzeptiert werden muss; denn die Proklamation allein von Sinn und Nutzen ist normalerweise für das Gehirn kein Anlass zu Fokussierung (Aufmerksamkeit, Neugier) und gezielter Aktivität (Informationsaufnahme). Hier setzt das Konzept des Selbstorganisierten Lernens an.

Selbstorganisiertes Lernen

Selbstorganisiertes Lernen als didaktisches Konzept (Herold/Herold 2017, 2018) kann in Bezug auf seine Grundlagen der systemisch-konstruktivistischen Pädagogik (Reich 2005) zugeordnet werden. Selbstorganisation bedeutet hier zweierlei: zum einen ein systemtheoretischer Begriff, der eine Eigenschaft psychischer und sozialer Systeme beschreibt und damit grundlegende Aussagen über Lernen treffen kann; zum andern als Leitmotiv bzw. sinnlich wahrnehmbarer Zielzustand, dass Lernende ihre Lernhandlungen selbst organisieren. Der (pädagogische) Konstruktivismus dient als erkenntnistheoretische Grundlage für das Lernverständnis von SOL und wird unterstützt durch die neurowissenschaftliche Erkenntnis, dass jeder Lernprozess in Form von Selbsterschaffung und -erhaltung (*autopoiesis*) von Wissen und Können verläuft (Maturana/Varela 2009). Denn Wissen kann nicht von Person A zu Person B transferiert werden, sondern die angebotene Information wird aufgrund individueller neuronaler Strukturen rezipiert, aktiv figuriert und als dieses Wissen im Gedächtnis dieser Person verfügbar gemacht (und bleibt unter bestimmten Voraussetzungen auch längerfristig abrufbar; Herrmann 2020). Dies hat nicht nur wesentliche Konsequenzen für die Formen des Wissenserwerbs, sondern in hohem Maße auch für die Interaktion zwischen Lehrpersonen und Lernenden.

Hier sind Hinweise auf das Prinzip der Selbstorganisation von Systemen erforderlich, da das Gehirn nach diesem Prinzip lernt (Herold/Herold 2017, S. 32 ff.).

Selbstorganisation von Systemen: Komplexität und Selbstähnlichkeit (Fraktale)

»System« beschreibt in erster Näherung ein zusammenhängendes Gebilde aus verschiedenen Einzelteilen (Komponenten) und ihren Beziehungen (Wechselwirkungen) untereinander. Sie haben eine Grenze zu ihrer Systemumwelt.

Natürliche Systeme sind solche, die aus naturwissenschaftlicher Sicht von alleine, also durch Zufall, entstanden sind, ohne dass jemand »von außen« beschlossen hätte, sie zu erschaffen. Sie haben sich aus verschiedenen Elementen zusammengeschlossen, weil sie zusammen besser überleben können. Sie passen sich selbstorganisiert an ihre Umwelt an, damit sie als Teil ihrer Umwelt in ihr bestehen können, d. h. um sich selbst zu erhalten.

Bis etwa um 1900 gingen Naturphilosophen und Naturwissenschaftler davon aus, dass alles in der Natur auf eine einfache, »glatte« Erklärung bzw. Struktur reduzierbar sei: Wenn man alle Ausgangsdaten eines Prozesses hätte, könnte man damit auch alle Folgenwirkungen und -zustände exakt vorausberechnen. Man glaubte an die absolute Vorhersagbarkeit (Determinismus) und glaubte, kurz davorzustehen, die letzten Geheimnisse der Natur zu lüften.

Komplexität

Das Blatt wendete sich, als der berühmte französische Astronom und Mathematiker Henri Poincaré (1854-1912), einer der Vor-Väter der Einstein'schen Relativitätstheorie, eine sensationelle Entdeckung machte, die das deterministische Weltbild gründlich durcheinanderbrachte. Bei dem Versuch, Planetenbahnen vorauszuberechnen, fand er heraus, dass eine minimale Abweichung in den Eingangsgrößen der Berechnung zu völlig unterschiedlichen, nicht vorhersehbaren Ergebnissen führen müsste. Die Stabilität unseres Sonnensystems beruhe mithin auf einer Art »deterministischem Chaos«. Poincaré schrieb (1914, S. 56 f.):

»Würden wir die Gesetze der Natur und den Zustand des Universums zu einem gewissen Zeitpunkt genau kennen, so könnten wir den Zustand dieses Universums für irgendeinen späteren Zustand genau voraussagen. Aber selbst wenn die Naturgesetze für uns kein Geheimnis mehr enthielten, können wir doch den Anfangszustand immer nur *näherungsweise* kennen. Wenn wir dadurch in Stand gesetzt werden, den späteren Zustand mit demselben *Näherungsgrade* vorauszusagen, so ist das alles, was man verlangen kann; wir sagen dann: die Erscheinung wurde vorausgesagt, sie wird durch Gesetze bestimmt. Aber so ist es nicht immer; es kann der Fall eintreten, dass kleine Unterschiede in den Anfangsbedingungen große Unterschiede in den späteren Erscheinungen bedingen; ein kleiner Irrtum in den ersteren kann einen außerordentlich großen Irrtum in den letzteren nach sich ziehen. Die Vorhersage wird unmöglich, und wir haben eine ›zufällige Erscheinung‹.«

Der Mathematiker und Meteorologe Edward Norton Lorenz (1917-2008) prägte dafür den Begriff »Schmetterlingseffekt«: Wenn ein Schmetterling seine Flügel bewegt, so kann der dadurch entstehende Luftwirbel einen größeren anstoßen, welcher wieder einen noch größeren anstößt und so weiter. Ein Flügelschlag kann einen Tornado auslösen (vgl. Senge 1996, S. 15 f.).

Diese prinzipielle Unvorhersehbarkeit der Ergebnisse in Systemen mit vielen Komponenten und Kopplungen und einer hohen Dynamik kennzeichnet deren Komplexität. »Komplex« bedeutet nicht »kompliziert«. Die Steuerung eines Flugzeugs ist kompliziert; es sind viele Knöpfe, Hebel und Schalter in einer bestimmten Reihenfolge zu bedienen, am Ende macht aber das Flugzeug genau das, was der Kapitän will – zum Glück.

Bei Komplexität ist das anders. Das Ergebnis eines Inputs ist aufgrund von dessen ungenauer Bestimmtheit nicht berechenbar, nicht vorhersehbar, d.h. auch nicht planbar. Viele Ergebnisse sind erwartbar; ob sie jedoch tatsächlich eintreten, muss immer offen bleiben. Andere Ergebnisse sind emergent, d.h. sie lassen sich aus den uns bekannten Voraussetzungen nicht erklären. Dies ist in den historischen und Sozialwissenschaften ein geläufiges Phänomen: aus bekannten Daten von Aktionsvoraussetzungen und den bekannten Motiven von Akteuren folgen nicht nur keine eindeutigen Konsequenzen, weil die Voraussetzungen und Motiven mehrwertig bzw. -deutig sein können, sondern auch deshalb, weil ihre Wechselwirkungen (Kopplungen) Situationen schaffen, innerhalb derer unvorhergesehene Wirkungen eintreten können. Man denke an die Machtübertragung an die Nazis im Januar 1933 oder an »Schabowskis Zettel« beim Fall der Berliner Mauer. Politische Abläufe sind häufig emergent; ein britischer Premier-Minister fürchtete nichts mehr als »*events*« – Unvorhergesehenes – und »Krisen stehen nicht im Koalitionsvertrag«.

Heutige Gesellschaften sind komplex. Die Zahl der vernetzten Menschen nimmt zu, die Vernetzung wird schneller und vielfältiger. Deterministische Vorhersagen als Folge von Inputs oder Anweisungen werden, auch in Schulen, Betrieben und anderen Organisationen, immer unwahrscheinlicher.

Neben Komplexität ist für das lernende Gehirn als eines komplexen Systems ein weiterer Aspekt wichtig: Musterbildung. Sie verhindert, dass in der unendlichen Fülle von sensorischen Informationen, die das Gehirn ständig aufnimmt, seine internen Deutungs- und Orientierungsfunktionen nicht in einem Chaos untergehen. Informationen müssen daher darauf hin geprüft werden, ob sie neu oder bekannt, wichtig oder unwichtig, angenehm oder unangenehm sind (zur Prüffunktion des limbischen Systems s. Herrmann 2019, Register). Wenn keine Anknüpfungspunkte in neuronalen Netzen gefunden werden können, wird die neue Information ausgebremst und in der Regel gelöscht. Dies wird am ehesten dann vermieden, wenn die betreffende Information in ein Muster eingebunden ist, das als bekannt genutzt werden kann. Musterbildung und Mustererkennung sind daher grundlegende intraneuronale Prozesse, um Informationen zu figurieren und als sinnhaft im Gedächtnis präsent zu halten. Dies verweist uns auf das Phänomen der Selbstähnlichkeit als wichtigem Prozessor beim Lernen.

Selbstähnlichkeit (Fraktale)

1967 machte der originelle und überaus einflussreiche Mathematiker Benoit Mandelbrot (1924-2010) eine interessante Beobachtung bei komplexen Systemen. Er wollte die schon viel früher aufgeworfene Frage klären, wie lang die britische Küste wirklich sei. Seine Antwort war: Das kommt darauf an, wie genau man hinschaut. Die Länge werde umso größer, je feiner der Maßstab sei. Man kann mit einem Maßstab messen, der nur grob die Umrisse erfasst. Dann kommt man 8 000 Kilometer. Nimmt man einen feineren Maßstab, werden es 11 000 Kilometer. Dieses Rechenbeispiel könnte man bis in die Welt der Atome weiterführen und käme so zu der Erkenntnis, dass die Küstenlänge immer weiterwachsen würde – bis ins Unendliche (theoretisch).

Mandelbrot erkannte diesen Sachverhalt als die Eigenschaft der Selbstähnlichkeit, d.h. immer wiederkehrende Muster. Er nannte sie Fraktale (von lat. brechen, d.h. Variationen bilden).

Ein Beispiel sind die Gipfellinien von Gebirgen: Ob Alpen oder Himalaya oder Kordilleren – das Muster »Hochgebirge« ist sofort erkennbar; für wellige »Mittelgebirge« ebenso; und die Auflösung in immer kleinere Maßstäbe bestätigt nur immer wieder gleiche Muster, z.B. in den Steigungsgraden der Berge bzw. Hügel. Diese Muster oder Schemata werden Fraktale genannt, d.h. Brechungen (Variationen) eines Grundmusters, bis ins Unendliche. So auch beim Beispiel eines Farnwedels: die Gesamtfiguration ist eindeutig Farn, und die einzelnen Blätter sind eindeutig Farnblätter, aber jede Gesamtfiguration und jedes Blättchen weist kleine Unterschiede auf – und die gehen ins Unendliche. – Das Beispiel ist aus der Geschichte der Philosophie bekannt: Als Leibniz im Garten von Herrenhausen einer hannöverschen Prinzessin das Problem des Unendlichen sinnenfällig machen wollte, nahm er das Blatt eines Baumes. Dieses Blatt dieses Baumes (Eiche) unterscheidet sich in seiner Form auf charakteristische Weise von dem Blatt eines anderen Baumes (Buche). Kein einzelnes Eichenblatt ist identisch mit einem anderen, aber alle folgen einem gemeinsamen »Bauplan«, ihrem genetischen »Programm«. Deshalb zeigen sie alle das gleiche Grundmuster. Durch diese Musterbildung bei der Selbstorganisation komplexer Systeme wird verhindert, dass das System mit der (prinzipiell) unendlichen Vielfalt von kleinen Variationen nicht im Chaos endet.

Schlussfolgerungen für Lernen als neuronalem Prozess der Selbstorganisation des lernenden Gehirns

Es ist üblich geworden, unterschiedliche Lehr-Lern-Settings und methodisch-didaktische Vorgehensweisen zu unterscheiden (s. o. den Beitrag von Herrmann in diesem Band) für unterschiedliche Formen der Vermittlung und Aneignung von Wissen durch Lernen. Sie haben alle ihre Berechtigung, es fehlt ihnen aber ein lerntheoretischer Hintergrund, der sich nicht der Kognitions- oder Motivationspsychologie verdankt, sondern sich aus dem Systemcharakter des lernenden Gehirns ergibt, genauer: aus den genannten Dimensionen »Komplexität« und »Selbstähnlichkeit«.

Die Schlussfolgerungen liegen auf der Hand:

(1) Der Verlauf von Lernprozessen im Selbstorganisierten System »Lernendes Gehirn« lässt es auch aufgrund von Alltagserfahrung mehr oder weniger aussichtslos erscheinen (Evidenz), fremd-definierte Lernergebnisse unter standardisierten Arbeitsbedingungen mit Sicherheit erreichen oder diese Zielerreichung durch unterschiedliche Lernmaterialien optimieren zu wollen, wenn diese doch nur wieder »Fremdlernen« statt »Selbstlernen« einfordern (wie beim Versenden von Arbeitsblättern im Fernunterricht). Dem steht die Komplexität der neuronalen Prozesse entgegen.

(2) Das Chaos der aufzunehmenden unbekannten Informationen kann nur geregelt und genutzt werden, wenn (neuronale) Anknüpfungspunkte und Muster vorhanden sind, die den »Sinn« und die »Bedeutung« der neuen Information erkennen: nach dem Prinzip der Selbstähnlichkeit (Fraktal), weil alle anderen Bemühungen der neuronalen Prozesse, die neue Information einzuordnen, misslingen und die neue Information »gelöscht« wird. Es handelt sich um das bekannte Phänomen des Vorwissens, ohne das neue Informationen nicht umstandslos aufgenommen werden können.

Und genau hier beginnt das Problem und die zweifache Herausforderung des Brückenbaus: Wie können im schulisch-unterrichtlich organisierten und initiierten

Lernen neue Informationen in die bisherigen Wissensbestände Eingang finden bzw. was muss getan werden, um für diese neuen Informationen neue Türen zu öffnen?

Die Bausteine der Brücke zwischen natürlichem und institutionell-initiiertem Lernen

Lernen ist ein selbstorganisierter und individueller Konstruktionsprozess von Wissen und Können eines jeden Menschen, der sich aus der Auseinandersetzung mit der jeweiligen Umgebung ergibt, mit dem Ziel, die Lebensumstände zu optimieren und die Überlebensfähigkeit zu sichern. Um seine Effektivität zu erhöhen, bildet das Gehirn Regeln, Muster und Routinen, die wir in ihrer Summe »Komfortzone« nennen.

Lernen heißt »Verlassen einer Komfortzone«. Das macht ein energiesparendes und auf Effizienz ausgerichtetes Gehirn nicht ohne Weiteres, schon gar nicht, wenn sich Andere das Ziel ausgedacht haben. Damit das Verlassen der Komfortzone aber gelingt, wird eine Brücke gebraucht, deren Bausteine nicht nur fachliche Anforderungen berücksichtigen, sondern auch die Komplexität des Lernens.

Baustein 1: Das Problem der »passenden Lernportionen«

Viel zu oft legen wir unserem Lehr-Handeln die Formel »wenn – dann« zugrunde, eine Formel, die im Taylorismus des Industriezeitaltern begründet ist. »Wenn ich guten Unterricht mache, dann lernt die Klasse gut«, »Wenn ich den Lernenden alle verfügbaren Materialen zur Verfügung stelle bzw. zugänglich mache, dann können sie in Leistungstests gute Noten schreiben«, »wenn das Fach Mathematik fünf Stunden in der Woche unterrichtet wird, dann…« – ja, dann kann man leider *nicht* vorhersagen, was passiert.

Spätestens die Corona-Zeit mit ihren unterschiedlichen Unterrichtsformen (Präsenz-, Fern-, Hybridformen) hat nachdrücklich offengelegt, wie komplex die Zusammenhänge von Input und Output tatsächlich sind. Das ergibt sich aus der von Poincaré gezeigten Folge unsicherer Ausgangsbedingungen für die unsichere Vorhersage von Wirkungen, hier: die individuellen Lernpotenziale der Lernenden und ihre lebensgeschichtlich geprägten individuellen Wahrnehmungs- und Denkmuster, verstärkt z.B. durch größere Individualisierung und Wahlfreiheit von Lernmaterialien, und nochmals verstärkt durch den (untauglichen) Versuch einer zeitlichen Taktung des Lernens in altersgleichen Lerngruppen (Synchronisierung, zeitliche Limitierung, gleiche inhaltliche Portionierung der Lerninhalte). Die Einsicht in die Untauglichkeit und Ineffektivität dieses Lehr-Lern-Setting war vor über 100 Jahren der Ausgangspunkt der internationalen Reformpädagogik des individualisierenden Arbeitsunterrichts und der Projektmethode (Skiera 2010).

Aufgrund individueller Erfahrungen verfügt jeder Mensch (zunächst) nur über seine individuelle Art zu lernen. Die sich daraus ergebende Problematik soll in der Abbildung »Lernportionenmodell« verdeutlicht werden.

Diese »Lernportionen« (oder auch »-pakete«) erscheinen der Lehrperson als richtig und angemessen; denn sie entsprechen der »Denkstruktur« ihres Gehirns. »Der Begriff ›Denkstruktur‹ fast alle die komplexen Strukturen zusammen, die Menschen aufgrund ihrer Erfahrungen und ihres Wissens aufgebaut haben. Es ist ein Netzwerk aus Bildern, Assoziationen, Begriffen und Vorstellungen, Emotionen und Befindlichkeiten […] Denkstrukturen sind als nicht auf kognitive Vernetzungen beschränkt, sondern resultieren aus allen Erfahrungen, die emotionale, körperlich und kognitiv gemacht wurden« (Herold/Herold 2017, S. 23). Deshalb unterscheiden sich die Denkstrukturen der Menschen voneinander, so auch die der Lehrpersonen und der Schüler/innen. Passen sie zusammen oder ähneln sich zumindest, kann Lernen als Beginn neuer Informationsgenerierung in Gang kommen; die Lehrperson pflegt dann von einem »guten« Schüler zu sprechen. Andernfalls?

Man kann das an einem einfachen Beispiel klarmachen (Kasten und Abbildung):

Ein Frosch und ein Fisch wachsen in einem Teich auf. Als der Frosch groß genug ist und Beine hat, beschließen die beiden, dass der Frosch den Teich verlässt und die angrenzende Wiese untersucht. Er trifft auf eine Kuh, schaut sie sich genau an, merkt sich die Details und springt dann wieder in den Teich, um seinem Freund Fisch die Kuh zu erklären: »Stell dir vor, da gibt es ein Tier, das ist schwarz-weiß, hat Hörner, frisst Gras, hat zwischen den Beinen einen Beutel.« »Das kann ich mir nicht vorstellen«, sagt der Fisch. »Doch ganz sicher: schwarzweiß, Hörner, Gras, Beutel«. Nach einigem Nachdenken, sagt der Fisch: »Ich glaube, jetzt habe ich verstanden was du meinst«. So entsteht eine Fischkuh.

Es geht also nicht um die Frage: »*Hast* du das verstanden?« sondern »*Was* hast du verstanden?«

Es liegt auf der Hand, dass die Passung von Angebot und Rezeption nicht durch eine fortschreitende Individualisierung der Lernangebote herbeigeführt werden kann: Zum einen würde dies das Ziel gemeinsamen Wissens und Könnens in Frage stellen, zum andern würde auch der individualisierte Impuls nicht mit Sicherheit die gewünschten intraneuralen Wirkungen – die Generierung der neuen Informationen – garantieren, weil jede rezipierte Information ihren spezifischen Anknüpfungspunkt im einzelnen Gehirn sucht. Die Lösung des Problems kann also nicht auf der Ebene der Inhalte gefunden werden, sondern nur auf der Ebene der prozeduralen Initiierung des Lernens (Baustein 3).

Bevor daran gedacht werden kann, für einen bestimmten Erwerb von Wissen und Können Lernen zu initiieren, muss bekanntlich erst einmal Lernbereitschaft und Lernwilligkeit hervorgerufen werden, d. h. durch Neugier und Interesse ein Motiv, die Motivation, geweckt werden, sich einem neuen Lerngegenstand zuzuwenden. Dieser Vorgang ist der modernen Pädagogik, d. h. seit dem ausgehenden 18. Jahrhundert und der Entdeckung der Psychologie des Lehrens und Lernens, wohl bekannt. Die moderne Neurowissenschaft hat zeigen können, dass und wie durch Dopaminproduktion Lernen ermöglicht und durch erwartete Lernerfolge Motivation angeregt werden.

Erläuterungsbedürftig ist dabei aber noch, was der Lernende dabei praktisch tut.

Baustein 2: Lernen verstehen – Komfortzonen und Unsicherheiten, Motivation und »energetische Stützen«

Das Gehirn bildet durch Aufbau und Veränderung neuronaler Netze eigene Regeln und Muster, deren Routinen wir im Modell der Komfortzone beschreiben. Lernen heißt Verlassen einer Komfortzone, heißt, sich anzustrengen, Unsicherheiten auszuhalten, ein Ziel im Blick zu behalten (Herold/Herold 2011, S. 82 f.) Die Komfortzone eines Menschen ergibt sich aus dem Ausgleich seiner Energiepotenziale mit den Herausforderungen, die er bewältigt hat oder mit denen er sich konfrontiert sieht. Ein Organismus ist immer bestrebt, in einen solchen Ausgleich von Spannungen zu kommen und zu bleiben. Bei allen Anstrengungen ist daher auf den Energiehaushalt zu achten: Überforderung und Unterforderung können das Wohlbefinden, d. h. die Gesundheit gefährden.

Das gilt nicht nur im übertragenen Sinne für Lernen als Verlassen einer Komfortzone durch Anstrengung, sondern das bedeutet auch, dass »in einem Lernprozess darauf geachtet werden muss, dass

- an Vorerfahrungen angeknüpft wird
- die Grundbedürfnisse beachtet werden
- Menschen das Entwicklungsziel vor Augen haben
- Strukturen vorhanden sind, die man kennt, und
- die Weiterentwicklung sichtbar wird.« (Ebd., S. 83)

Um diesen Prozess erfolgreich zu gestalten, bedarf es der »energetischen Stützen« (ebd., z. B. Advance Organizer, Feedback), damit die unvermeidlichen Unsicherheiten auf neuen Lernwegen nicht zu Entmutigung oder gar zum Abbruch der Lernarbeit führen. Diese »Stützen« werden in den nächsten SOL-Bausteinen erläutert.

Bleibt noch zu fragen: Was bewegt ein System, sich aus seiner Komfortzone heraus zu bewegen? Die Antwort ist bekannt: Motivation bewegt ein System, sich zu bewegen. Motivation ist als Neugierverhalten angeboren; sie folgt aus dem Interesse an einem besonderen Gegenstand oder Sachverhalt, der unsere Aufmerksamkeit auf sich gezogen hat; sie folgt aus dem Erfolgserlebnis, eine Aufgabe besser als erwartet bewältigt zu haben. Motivation ist nach dieser Auffassung ein ausschließlich intraneuronal bedingter und gesteuerter Prozess, der aber von außen angestoßen oder auch behindert werden kann. Demzufolge ist die Rede von intrinsischer und extrinsischer Motivation nicht sachgerecht, weil auch ein externer Impuls eine interne Wirkung auslösen muss. Deshalb auch ist die unter Lehrpersonen übliche Rede, Schüler/innen motivieren zu wollen, in der Sache insofern nicht korrekt, als die Lernmotivation der Schüler/innen nicht auf Impulse der Lehrer, sondern auf intraneurale positive Erfahrungen von Problemlösung zurückgeht. Diese Erfahrungen gilt es daher zu ermöglichen. Dies gelingt vor allem dann, wenn – nach Deci & Ryan (1993) – die Erfüllung einiger psychosozialer Grundbedürfnisse beachtet wird: Zugehörigkeit, Autonomie und Kompetenzerfahrung (Selbstwirksamkeitsüberzeugung).

Wir nennen diese Grundbedürfnisse **S**icherheit, **E**ingebundensein, **E**igenständigkeit und **E**rfolg. Sie sind für Lernwilligkeit, Lernbereitschaft und Lernerfolg ausschlaggebend. Jeder einzelne Faktor ist für sich genommen ein Motivator. Aber diese Faktoren wirken nicht isoliert, sondern erfolgreiches Lernen ist das Produkt im Zusammenwirken aller Faktoren, was bedeutet: wenn ein Faktor null ist, ist »normalerweise« auch das Produkt gleich null.

Selbstorganisiertes Lernen zeichnet sich dadurch aus, dass hier Lernen ermöglichen, begleiten und fördern auf der Beachtung dieser Grundbedürfnisse basiert und daher nicht einen weiteren Baustein im Methodenarsenal modernen Lehren und Lernens darstellt, sondern deren *Grundlage*.

Baustein 3: Lernen gestalten

Advance Organizer

Advance Organizer, auch emotionale Lernlandkarten genannt, knüpfen an den Erkenntnissen des natürlichen Lernens an. Sie beginnen immer mit einer erzählten Story, mit einer Geschichte aus dem Leben der am Lernprozess Beteiligten. Sie schildert ein Problem, eine bis jetzt nicht lösbare Aufgabe und skizziert vorab die Antwort auf die Frage »Was habe ich davon, wenn ich den nun folgenden Inhalt lerne?« Die Story wird durch ein aussagekräftiges Bild auf dem Advance Organizer repräsentiert. Sie wird von der Lehrperson erzählt. Die fachlichen Inhalte, die zur Lösung des Problems notwendig sind, werden durch Bilder, Grafiken oder Skizzen repräsentiert und durch Begriffe ergänzt. Sie werden, wie ihre Beziehungen untereinander, mit der Geschichte verwoben. Am Ende der Geschichte steht eine Botschaft: »Deshalb macht es Sinn, das alles zu lernen.«

Aus dieser Beschreibung ergibt sich die Konstruktionsvorschrift für einen Advance Organizer: die 4-B-Formel. Ein Advance Organizer besteht aus Bildern, Begriffen, Beziehungen und einer Botschaft (Herold/Herold 2017, S. 105 ff.). Das folgende Beispiel (s. Kasten) stammt aus einem Erste-Hilfe-Kurs.

Der Advance Organizer als Türöffner und Orientierungshilfe

Die Story: »Sie sind mit Ihrer Familie auf dem Heimweg von einem Sonntagsausflug. Kurz nach einer Kurve sehen Sie ein Motorrad auf der Straße liegen. Ihr erster Gedanke ist: Da ist was passiert! Ist erste Hilfe notwendig? Was ist zu tun? Denken Sie als erstes an Ihre persönliche Sicherheit: Warnweste, Warndreieck, Erste-Hilfe-Tasche …«

So beginnt der Kursleiter seine Story und führt die Teilnehmer so, wie in einem Hubschrauber, über die fachlichen Inhalte der Lerneinheit. Es geht nicht darum, alle Details zu erklären. Nein, es geht um eine Einordnung in die persönliche Erlebniswelt, um den Nutzen für die Lernenden, um das Gefühl: Das geht mich was an.

Im Anschluss an die Präsentation können eigene Erlebnisse oder Erfahrungen ausgetauscht und ergänzt werden. In jedem Fall bleibt die Klarheit der Lehrperson hinsichtlich der Erwartungen an der Lerneinheit ein lernförderlicher Faktor.

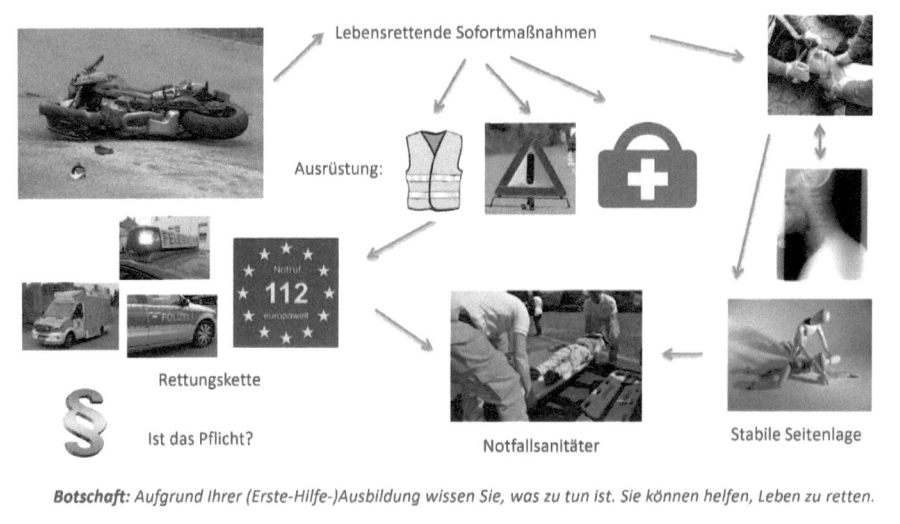

Botschaft: Aufgrund Ihrer (Erste-Hilfe-)Ausbildung wissen Sie, was zu tun ist. Sie können helfen, Leben zu retten.

Advance Organizer haben sich als Türöffner für neue Themen und als Orientierungshilfen beim Lernen bewährt. Dieser Effekt wird verstärkt, wenn die Lehrkraft ihre eigene Begeisterung für das Thema mit dem Blick für die Lebenswelt der Lernenden kombiniert. Dies ist auch ein Signal für die Lernenden: Hier ist jemand, der weiß, wovon er spricht und der Wege zum Lernerfolg aufzeigt.

Kann-Listen

Kann-Listen haben ihren Ursprung auf der anderen Seite der Brücke. Sie sind das zentrale Werkzeug zur Steuerung der initiierten Lernprozesse, sie legen die Lernziele offen und beschreiben, was man zu diesem Thema am Ende alles können *könnte*. Wir legen besonderen Wert auf diese Formulierung, weil kein Mensch wissen kann, was *alle* am Ende eines Lernprozesses können (vgl. die Ausführungen zur Komplexität des Lernens S. 103 ff.). Das hängt von vielen weiteren Faktoren ab, die wir im Folgenden noch erklären werden. Kann-Listen sind aus dem gleichen Grund auch keine To-do-Listen, weil vielen Aufgaben nicht automatisch zu einer Kompetenz führen.

Kann-Listen sind ein Lernsimulator mit einem fachlichen Erwartungshorizont, einem 100-Prozent-Ziel. Sie werden von der Lehrperson auf Grund des gültigen Lehrplans erstellt (s. Kasten).

Die Kann-Liste

Die Kann-Liste hat fünf Spalten, die es in sich haben:

Deskription Ich kann	Taxonomie	Tätigkeitsnachweis	Quellen/Lösungshinweise	
den Begriff „Plattentektonik" erklären	X	Definition des Begriffes aufgeschrieben Sprachnotiz aufgenommen	Erdkundebuch S. 65 ff. https://www.youtube.com/watch?v=4jf-cB-wRomM	
die Entstehung der Alpen mithilfe einer beschrifteten Skizze erklären	XX	Skizze mit Text	Erdkundebuch S. 68 ff. https://www.youtube.com/watch?v=dyaST-4pJ0d4 https://www.youtube.com/watch?v=h2co-Q5Z5sug	
die Entwicklung des Alpentourismus beschreiben	XX	Tabelle und Mind-Map	Zeittafel https://www.deutschlandfunkkultur.de/tourismus-in-den-alpen-idylle-unter-druck.976.de.html?dram:article_id=440233	
die Inhalte und Eckdaten der Alpenkonvention wiedergeben	X	Tabelle oder Liste	https://naturdetektive.bfn.de/lexikon/lebensraeume/land/die-alpen.html https://www.alpenverein.de/natur/naturschutzverband/alpenkonvention-umweltschutz_aid_29.html	

In Spalte 1 wird festgelegt, was man (fachlich) am Ende können könnte. Es werden keine Kompetenzen beschrieben, sondern Performanzen, also Kompetenzen, die man auch zeigen kann. Deshalb macht es Sinn, die Beschreibungsspalte immer mit »ich kann… plus Operator« zu formulieren: ich kann beschreiben, ich kann erklären, ich kann skizzieren, ich kann begründen… Formulierungen wie »ich weiß«, »ich kenne« usw. passen nicht in eine Kann-Liste.

Spalte 2 gibt den Lernenden eine Orientierung über die erwartete Bearbeitungstiefe. Wir verwenden dafür (in Anlehnung an die Bloomsche Taxonomie) folgende Einteilung: die Taxonomien

- x: wissen/nennen,
- xx: verstehen/mit eigenen Worten erklären,
- xxx: anwenden/übertragen,
- xxxx: Problem lösen/analysieren/bewerten.

Die Taxonomie wird von der Lehrkraft festgelegt.

Spalte 3 beschreibt, wie der geforderte Operator ausgeführt werden soll, woran die Lernenden auch später noch erkennen können, dass sie das können bzw. bei der Erstellung konnten. Wenn also in Spalte 1 steht »ich kann drei Möglichkeiten nennen«, dann steht in der Spalte Tätigkeitsnachweis »ich habe eine Tabelle erstellt«. Zur eigenen Sicherheit können die selbst erstellten Tätigkeitsnachweise mit »Lösungen« in einem Lösungsordner verglichen oder im Rahmen einer Fachberatung mit der Lehrkraft besprochen werden. Eine Kontrolle vonseiten der Lehrkraft ist nicht vorgesehen.

In Spalte 4 werden alle Quellen, Nachschlagemöglichkeiten, Internetquellen, Hinweise auf Lehrfilme, Erklärungsvideos oder -audios der Fachlehrkraft, Lösungshinweise und Übungsmöglichkeiten aufgelistet, die den Lernenden hilft, den entsprechenden Tätigkeitsnachweise zu erbringen.

Die letzte Spalte ist für Fortschrittsnotizen vorgesehen 1 = angefangen, aber nicht weitergekommen, 2 = mit fremder Hilfe erledigt, 3 = verstanden, fertig, 4 = wiederholt, trainiert, ich bin mir sicher.

Kann-Listen sind keine Bewertungsinstrumente. Ihre Nutzung zeigt hohe Korrelation mit abschließenden Leistungsnachweisen; denn Prüfungen verlangen bekanntlich von den Lernenden den Nachweis derjenigen Kompetenzen, die sie durch Lernen mit der Kann-Listen erwerben konnten. Der Umgang mit Kann-Listen muss erklärt, begründet und geübt werden.

Zielplanung mit Iteration

Kann-Listen machen für die Lernenden transparent, was »andere von ihnen erwarten«. Motivierend ist das nicht, jedenfalls nicht (s. Kap. I dieses Beitrags) nach der Motivationsformel $M = SE^3$ (S. 111) mit den Elementen

- S für Sicherheit
- E für Eigenständigkeit
- E für Eingebundensein
- E für (messbaren/sichtbaren) Erfolg.

Sicherheit gibt die Kann-Liste schon, weil sie transparent macht, was erwartet wird. Das ist die 100-Prozent-Marke. Für den Hochsprung würde die Marke bei ca. 2,40 m liegen. Wenn wir »Normalsportler« vor dieser Marke stehen würden, wäre uns sofort klar: das schaffe ich nicht. Deshalb macht es Sinn, sich erstmal kleinere Ziel zu setzen. Warum? Weil Erfolg motivierend ist.

So geht es auch Lernenden, die zu ersten Mal vor einer Kann-Liste sitzen. Sie ist zwar transparent und setzt die Bestmarke, diese ist aber in der Regel nicht oder nur schwer erreichbar. Deshalb ist es notwendig, mit einer eigenen Zielplanung zu starten. Manche können das, andere brauchen dazu die Hilfe der Lernberater/innen und ein vorstrukturiertes Werkzeug.

Wir nennen das SMART-Plan. Die Buchstaben SMART stehen für

- **S**pezifisch: klar und verständlich formuliert, z. B. »Mein Ziel ist es, in der Kann-Liste alle Zeilen mit einem Sternchen abschließend zu bearbeiten.«
- **M**essbar: »Daran werde ich die Erreichung meines Zieles erkennen, z. B. die geforderten Tätigkeitsnachwiese sind fertig und abgelegt.«
- **A**usführbar: »Das werde ich zur Erreichung meines Ziels tun, z. B. ich werde hauptsächlich alleine arbeiten, mich gelegentlich mit anderen austauschen und mindestens einmal eine Fachberatung einholen.«
- **R**elevant: »Mir das Ziel wichtig, weil ich im nächsten Fachtest eine bessere Note haben will.«
- **T**erminiert: »Ich werde mein Ziel am kommenden Mittwoch um 12 Uhr erreicht haben.«

Der Umgang mit dem Zielplan muss, wie der mit der Kann-Liste, gut eingeführt, begründet und geübt werden. Lernberater/innen achten darauf, dass Lernende ihre Ziele so formulieren, dass zumindest die realistische Chance besteht, sie zu erreichen. Damit beabsichtigen wir, dass keiner der Faktoren aus der Motivationsformel null ist: Sicherheit, Eigenständigkeit, Eingebundensein und Erfolg.

Die Sache mit dem Erfolg ist eine ganz individuelle Geschichte. Man könnte der Argumentation folgen, dass das Lernen dann erfolgreich war, wenn die fremden Ziele des Lehrplans, den sich andere ausgedacht haben, erreicht sind. Mithilfe des SMART-Plans geht es aber um die *eigenen* Ziele. Deshalb folgt nach der festgelegten Zielmarke eine Reflexion:

(1) Ich habe *mein* Ziel erreicht. Ich darf das meinem Lernberater/meiner Lernberaterin sagen. Er/sie interessiert sich dafür. Wir vereinbaren, dass mein nächstes Ziel etwas höher, aber wieder erreichbar ist. Oder

(2) ich habe mein Ziel nicht erreicht. Auch jetzt ist mein Lernberatender für mich da. Woran liegt es? War das Ziel zu hoch? Waren meine Aktivitäten nicht passend? Wir überlegen gemeinsam (Eingebundensein), wie mein nächster SMART-Plan aussehen sollte, damit ich Erfolg habe (s. u. Lernberatung).

Wir nennen dieses Vorgehen »Iteration« (Abb. s. S. 116), das schleifenartige Wiederaufnehmen von Zwischenergebnissen in einen laufenden Prozess.

Iteration ist das Herzstück der (zielorientierten) Selbstorganisation.

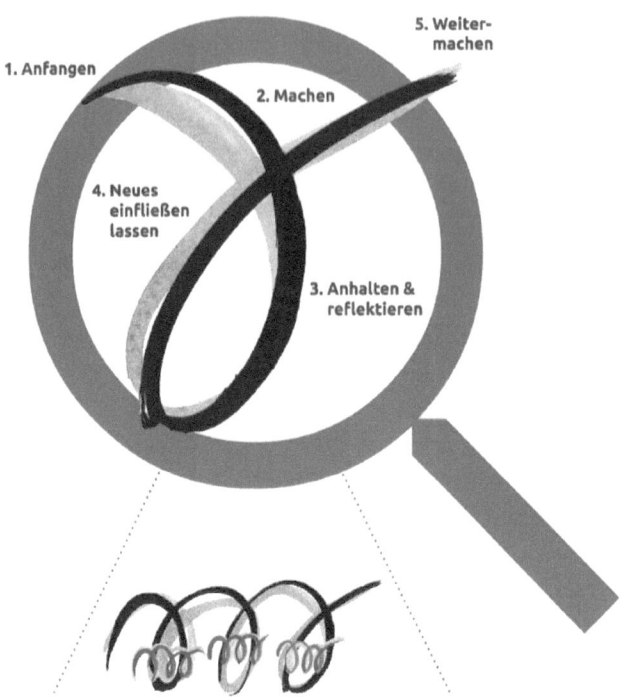

Der erste Schritt der Iteration ist das Anfangen mit einer viablen (gangbaren) Idee. Es geht nicht darum, eine Zielplanung richtig oder falsch zu machen. Sie muss viabel sein, also das Gefühl vermitteln: das ist machbar, das Ziel ist erreichbar. Dazu müssen Lernende befähigt werden, u.zw. für den Präsenzunterricht, für das Homeschooling oder für die Hybridvariante. Eigene, viable Ziele sind das Startzeichen für das Gehirn zum Lernen. Schritt 2 in der Iterationsschleife heißt einfach »Machen, alleine, mit Lernpartner, mit Berater« bis zum geplanten Zeitpunkt der Reflexion »anhalten und reflektieren«. An dieser Stelle besteht die Gefahr, dass aus »machen und reflektieren« ein Kreisverkehr wird, der viel Energie verbraucht, aber kein Vorankommen ermöglicht. Deshalb ist der Schritt 4 überschrieben mit »Neues einfließen lassen«, also nicht mit *best practice* (z. B. mehr vom Selben), sondern mit *next practice* in die nächste Schleife zu starten. Dieser *Next-Practice*-Impuls sorgt dafür, dass aus dem Kreis eine zielorientierte Schleife wird.

Lernphasenplanung

Ein wesentlicher Faktor des schulischen Lernens ist der Stundenplan, der meist nach organisatorischen Kriterien zusammengestellt wird: Zahl der in den Lehrplänen vorgegebenen Unterrichtsstunden, Verfügbarkeit der Lehrkräfte, der Klassen- und Fachräume, Fahrzeiten der Schulbusse usw.

Selbstorganisiertes Lernen braucht vor allem Lern-Zeit, Zeit, die den Lernenden gehört, um ihre Lernziele zu erreichen. Diese Lernzeit kann mit pädagogischer Begründung vom Lehrpersonal unterbrochen oder reduziert werden. Der Grund dafür ist die Seite der Brücke mit den fremden, von anderen Menschen ausgedachten Lernzielen.

Deshalb braucht selbstorganisiertes, zielorientiertes Lernen Orientierungsphasen, in denen der *Advance Organizer* und die Kann-Liste vorgestellt, die Lernstory erzählt und die fachliche Übersicht fachlich einwandfrei und gut strukturiert dargeboten wird. Erfahrungsgemäß sollte für diese Orientierungsphase 20 bis 25 Minuten eingeplant werden.

Danach brauchen die lernenden Gehirne genauso viel freie, unstrukturierte Zeit, um sich mit dem Gehörten und dem Material auseinanderzusetzen. In dieser Zeit steht die Lehrkraft als Berater zu Verfügung.

Wenn klar ist, was man in einer bestimmten Lernzeit alles lernen bzw. können könnte, ist eine angeleitete oder selbstständige Planungsphase unerlässlich.

Damit ist der Lernplan fertig, ohne den weder Präsenz- oder Hybridunterricht noch Homeschooling selbstorganisiert funktionieren können. Die zugehörige Lernzeit kann, wenn es Sinn macht, von der Lehrpersonen z. B. durch strukturierte Phasen unterbrochen werden. Wenn es pädagogisch angezeigt ist, in Gruppen, Teams oder Partnerschaften zu lernen, um sich z. B. in Teamarbeit, Kooperation, Kommunikation oder praktischen Tätigkeiten zu üben, werden methodisch festgelegte Lernphasen ausgewiesen. Falls ein weiterer Fachvortrag sinnvoll erscheint, wird die Zeit, für alle erkennbar, als Orientierungsphase bezeichnet.

Um das Gefühl für einen eigenen Lernerfolg entwickeln zu können, sollten Lerntage immer mit einer individuellen Reflexion abgeschlossen werden. In regelmäßigen Abständen ist eine Feedbackphase sinnvoll, die, anders als die individuelle Reflexion, an die Organisatoren des Lernsettings gerichtet ist!

Lernphasenpläne

Zeit	Aktivität	Phase
08.00 Uhr	Ankommen, Begrüßung, Vorstellung des Advance Organizers, der Kann-Liste und des Phasenplans	Orientierungsphase
08.30 Uhr	Individuelle Auseinandersetzung mit den Materialien, Rückfragen	Freie Lernphase
09.00 Uhr	Individuelle Zielplanung mit SMART	Planung und Reflexion
09.30 Uhr	Pause	
10.00 Uhr	Gruppenpuzzle zu drei ausgewählten Themen	Strukturierte Phase
11.30 Uhr	Moderierte Diskussion im Plenum	
12.00 Uhr	Mittagspause	
13.00 Uhr	Freie Lern- und Arbeitsphase mit individueller Beratung	
15.00 Uhr	Pause	
15.15 Uhr	Ausblick zur weiteren Arbeit und zu Folgethemen	
15.30 Uhr	Individuelle Reflexion zur SMART-Planung	
15.45 Uhr	Feedback	Feedback

Beispiel für eine eintägige Veranstaltung

	Montag	Dienstag	Mittwoch	Donnerstag	Freitag
1					
2					
3					
4					
5					
6					
7					
8					

Beispiel für eine Klasse mit einem Lehrerteam

Baustein 4: Lernen begleiten

Rollendefinition und Beratung

Selbstorganisiertes, zielorientiertes schulisches Lernen braucht neben einer konsequenten Gestaltung der Lernumgebung vor allem eine der individuellen Selbstorganisationskompetenz der Lernenden angepasste Lernbegleitung.

Für eine erfolgreiche Lernbegleitung müssen sich die Lehrpersonen erst ihre Rolle im Beratungsprozess bewusst machen:

Wie ist die Beratungssituation zustande gekommen? In welcher Rolle werde ich gebraucht? Was ist das Ziel der Beratung? Ist es die Rolle des Fachberaters, stellt der Schüler seine fachliche Frage, die Lehrkraft wiederholt nochmals die Frage aus eigener Sicht »Habe ich das richtig verstanden, dass…«, dann wird die Frage beantwortet. Mit »Ist damit die Frage zufriedenstellend beantwortet?« wird die Fachberatung beendet. Solche Fachberatungen können, nach entsprechendem Training, auch Lernende untereinander durchführen.

In der Rolle des Lernberaters ist es wichtig, erst das Problem und das Zustandekommen der Beratungssituation zu analysieren. Dazu dient das Modell der Strukturschichten (siehe Abbildung).

Strukturschichten

Beispiel für einen Beratungsdialog: »Ich habe mein Ziel, das ich mir gesteckt habe, wieder nicht erreicht.« »Liegt es an den Rahmenbedingungen? Fehlte ein passender Arbeitsplatz? Waren die Materialien nicht greifbar? War das Ziel in der vorgegebenen Zeit gar nicht erreichbar?«

Wenn es an den Rahmenbedingungen liegt, müssen sie geändert werden:
• Was kann der Lernende selbst erledigen?
• Was muss jemand anders erledigen?
• Was kann nicht geändert werden und braucht deshalb eine Umleitung?

Wenn es *nicht* an den Rahmenbedingungen liegt, geht die Analyse in die zweite Schicht, die Handlungsebene:

- Kann der Lernende mit einer Zielplanung und der Iteration umgehen? Wenn nicht, muss der Umgang mit diesen Instrumenten geübt werden.
- Wenn es nicht das Handling der Instrumente ist: Könnte es am Verständnis für deren Verwendung liegen
- oder am Rollenverständnis:(»der Lehrer muss dafür sorgen, dass ich das Klassenziel erreiche«)
- oder an nie überprüften Glaubenssätzen (»wenn der Lehrer etwas an die Tafel schreibt, verstehen das alle Schüler«)
- oder an ganz eigenen Bedürfnissen wie Sicherheit, Eingebundensein, Eigenständigkeit und Erfolg?

Nach einer eingehenden Analyse erfolgt eine viable Beratung, die dokumentiert werden muss, damit sie zu einem späteren (vereinbarten) Zeitpunkt in die Iteration eingehen kann: War die Beratung zielführend? Wenn nicht, braucht es eine neue Beratung, die wieder iteriert wird. So entsteht Vertrauen zur Lernberatung, ein wichtiger Faktor zum Erfolg.

Punktekonto

Mit zunehmender Erfahrung bei Lernberatungen entsteht ein Katalog pädagogischer Maßnahmen, die das individuelle selbstorganisierte Lernen fördern. Dieser Katalog kann zur wertschätzenden Rückmeldung der Lernbemühungen zusammengefasst werden und entsprechend »pädagogischem Gewicht« mit Punkten versehen werden (s. Kasten).

Ich habe...	mir ein Ziel gesetzt	die Erreichung meines Ziels reflektiert und Konsequenzen abgeleitet	Meine Tätigkeitsnachweise in der Kann-Liste überprüft und ggf. korrigiert	Mind. eine Fach-/Lernberatung beansprucht	Mind. eine Fachberatung durchgeführt	Meine Lernzeit geplant	Punktesumme pro Fach
Mögliche Punkte	2	3	4	3	4	4	20 maximal
Nachweis	Ausgefüllter Zielplan	Ausgefüllter Reflexionsbogen	Tätigkeitsnachweise mit Korrektur	Protokoll	Protokoll	Lernplan	
Englisch							
Deutsch							
Mathe							
Fach X							
Fach Y							

Das Punktekonto zur Rückmeldung der Lernbemühungen

Hat das Punktekonto eine Akzeptanz in der Klasse gefunden, kann es auch zur Feststellung der formativen Kompetenz verwendet werden. Während die summative Kompetenz durch Tests, Klausuren oder Klassenarbeiten erst am Ende eines Lernprozesses ermittelt werden kann, wird mit der formativen Kompetenz der Lernweg und die eigenen Bemühungen zum Lernen honoriert.

Das Punktekonto ist auch ein probater Weg, das leidige Thema zu erledigen, nach welchen Kriterien eine individuelle Leistung beurteilt werden soll: *der Lernende hat den Bewertungsmaßstab selber geliefert* durch Art, Ausmaß und Qualität seiner Lernarbeit, womit er zugleich den Grad seiner selbstgestellten Anforderungen und Anstrengungen sowie die Tiefe des fachlichen Könnens signalisiert.

Ein Berechnungsbeispiel:

Kannliste	← hohe Korrelation →	Klassenarbeit
Ich-kann-Formulierungen		Feststellung der summativen Kompetenz als Punktesumme. z. B. 26 von 30 Punkte
Punktekonto		**Abrechnung**
Ich-habe-Formulierungen z. B. 14 von 20 Punkte		Klassenarbeit 26 Punkte Punktekonto 14 Punkte
Punktesumme 26 + 14 = 40 von 50 z. B. Note 2		**Umrechnung in eine Note**

Baustein 5: Mit SOL arbeiten

Der Start in diesen Baustein bedarf einer Erläuterung. »Mit SOL arbeiten« bedeutet nicht die mechanische Anwendung eines methodisch-didaktischen Schematismus‹, sondern setzt zunächst einmal bei der Lehrperson eine Überprüfung ihrer bisherigen Praxis voraus. Denn wenn diese Praxis sich ändern soll, müssen einige ihrer wesentlichen Merkmale erhoben und bewusst gemacht werden. Des Weiteren muss für eine Änderung dieser Praxis nicht nur eine Veränderungsbereitschaft geschaffen werden, sondern diese bedarf auch eines realen Handlungsspielraums. Deshalb lautet die Devise: Freiraum schaffen durch Prozessoptimierung.

»Bevor Sie irgendetwas an Ihrem Unterricht verändern oder sich mit Kolleginnen und Kollegen auf den Weg zu einer Veränderung machen, schaffen Sie sich erst Freiraum dafür. Dieser Freiraum kommt nicht von außen, er wird Ihnen nicht angeboten oder aufgezwungen. Sie finden ihn in Ihrem eigenen Prozessportfolio.«

Wir unterscheiden im Prozessportfolio drei Prozessarten:

- *Basisprozesse:* die täglichen Routinen wie Unterrichtsvor- und -nachbereitung, Dokumentationen, Papierkram, Notizen zu Lernberatungen, auch Kann-Listen und Advance Organizer usw.
- *Aktionsprozesse:* nicht vorhersehbare, nicht planbare Vorkommnisse, auf die Sie spontan reagieren müssen wie z. B. Vertretungen, Corona-Vorschriften, Wechselunterricht, Präsenz- und Fernunterricht, An- und Abwesenheit von Lernenden. Aktionsprozesse sind dadurch gekennzeichnet, dass sie mit »Bordmitteln«, also mit Ihnen bekannten Strategien gelöst werden können. Sie sind aber Zeitfresser und werden meist als *Add-On* empfunden.
- *Innovationsprozesse:* Aktionsprozesse, für die Sie spontan *keine* Lösung haben, die Sie mit *Best Practice* nicht lösen können und die Ihre Kreativität und die Ihres Teams herausfordern.

»Versuchen Sie, Ihre eigenen Prozesse aufzuschreiben. Sie werden in einer normalen Arbeitswoche in etwa auf diese Verteilung kommen: Basisprozesse 85 Prozent, Aktionsprozesse 10 Prozent, Innovationsprozesse 5 Prozent.«

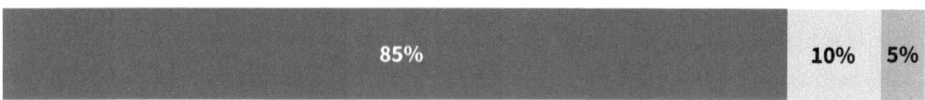

Oft reagieren Akteure, die auf die gewohnte Verteilung der Prozesse setzen, auf besondere Herausforderungen mit Mehrarbeit, in der Hoffnung, dass das alles wieder gut wird, dass die Mehrbelastungen wieder verschwinden werden.

Die Hoffnung, dass die Arbeitsbelastung in einer komplexer werdenden Welt sich wieder bei ca. 100 Prozent einpendelt, enttäuscht meist.

»Mithilfe der Digitalisierung ihrer Basisprozesse und der vermehrten Arbeit in realen und virtuellen Teams können Sie Ihre Basisprozesse auf 60 bis 65 Prozent reduzieren. Dadurch entsteht Freiraum für Aktions- und Innovationprozesse.«

»*Arbeiten Sie im Sinne der oben erklärten Iterationsschleife. Suche Sie nicht den richtigen Anfang oder den richtigen Zeitpunkt. Machen Sie einen ersten viablen Schritt, und setzen Sie Ihre Idee in der Praxis um.*

Gehen Sie dann mit sich und den Betroffenen in die Reflexion: Wenn etwas gut funktioniert hat, dann behalten Sie das bei. Wenn etwas nicht wie erwartet funktioniert hat, ziehen Sie zur Analyse die »Strukturschichten« (S. 119) heran und starten Sie umgehend mit einer neuen Idee in die zweite Runde. Und: Nehmen Sie Ihre Schüler/innen mit!«

In dem Maße, wie Sie Raum schaffen für die Selbstorganisation, müssen die Lernenden befähigt werden, den Raum mit Selbstorganisationskompetenz auszufüllen.

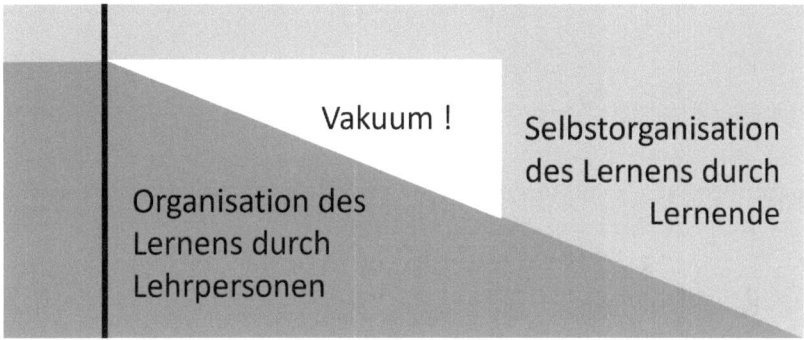

Ein SOL-Praxisbeispiel: Urlaub in den Alpen

Die Story zum *Advance Organizer:* Die Alpen sind eine faszinierende Landschaft, die durch ihre Formen viel über ihre Entstehung erzählen kann. Ihre heutige Form ist das Ergebnis Jahrmillionen andauernder Verschiebung der Kontinentalplatten, weshalb die Alpen auch als ein Faltengebirge bezeichnet werden. Die Faszination hat die Menschen erreicht.

Durch ihre zunehmende Mobilität wird es immer mehr Menschen möglich, in die Alpen zu reisen. Zwar bringen die Touristenströme Wohlstand in die Alpenregion. Im Gepäck dieser Entwicklung findet sich jedoch eine zunehmende Umweltbelastung. Die Alpen bleiben ein Verkehrsnadelöhr, das sich durch Meldungen wie »100 Kilometer Stau auf der Inntalautobahn« zu Wort meldet. Oft nehmen wir diese Verkehrsnachrichten gar nicht mehr wahr, weil sie für uns zur Normalität geworden sind.

Die Alpenkonvention von 1991 versucht, auf diese Fragen Antworten zu finden. In ihr haben sich die acht Anrainerstaaten auf ein gemeinsames Bemühen um den Schutz des Alpenraums geeinigt. Es geht darum zu verstehen, dass jeder einen Beitrag zur Erhaltung dieser Landschaft leisten kann.

Der Advance Organizer

Botschaft: Wenn jeder von uns einen Beitrag leistet, können uns die Alpen als Erholungs- und Urlaubsregion erhalten bleiben.

Die zugehörige Kannliste:

Lfd. Nr. ↕	A Ich kann ↕	A Erkennbar an ↕	Taxonomie ↕	Quellen	Musterlösungen	Tätigkeitsnachweis (Ka
Filter	Filter	Filter	Alle ⌄	N.v.	N.v.	N.v.
1	den Begriff *Plattentektonik* erklären.	• Definition des Begriffes aufgeschrieben • Sprachnotiz aufgenommen	😊	• Erdkundebuch S. 65 ff. • https://www.youtube.com/watch?v=4jf-cBwRomM	Lösungsblatt im Lösungsordner	
2	die Entstehung der Alpen mithilfe einer beschrifteten Skizze erklären.	• Skizze mit Text	😊😊	• Erdkundebuch S. 68 ff. • https://www.youtube.com /watch?v=dyaST4pJOd4 • https://www.youtube.com /watch?v=h2coQ5Z5sug	Lösungsblatt im Lösungsordner	
3	die Entwicklung des Alpentourismus beschreiben.	• Tabelle • grafische Darstellungsform (z.B. Mind-Map, Post Organizer...)	😊	• Zeittafel • https://www.deutschlandfunkkultur.de /tourismus-in-den-alpen-idylle-unter-druck.976.de.html?dram:article_id=440233		
4	die Klimaentwicklung und gefährdende Umwelteinflüsse in den Alpen zusammenfassen.	• kurzer Text • Audioaufnahme	😊😊	• Erdkundebuch S. 112 f. • https://www.welt.de/regionales/muenchen /article145O05O/Die-Alpen-messen-die-Umweltverschmutzung.html • https://www.dw.com/de/klimawandel-und-massentourismus-bedrohen-die-alpen/a-40574831	Lösungsblatt im Lösungsordner	
5	die Inhalte und Eckdaten der Alpenkonvention wiedergeben.	• Tabelle oder Liste	😊	• https://naturdetektive.bfn.de/lexikon /lebensraeume/land/die-alpen.html • https://www.alpenverein.de/natur /naturschutzverband/alpenkonvention-umweltschutz_aid_29.html • Broschüre *Alpenkonvention*		

Statt einer Zusammenfassung

Mithilfe eines SMART- und Reflexionsplans, eines Punktekontos, ein Lernbera-
tungsprotokolls (analog oder digital) und einer lernfördernden Unterrichtsphasie-
rung aus Sicht der Lernenden wird daraus ein SOL-Unterrichtsetting, das sowohl
im Präsenzunterricht wie im Fern- oder Hybridunterricht erfolgreich eingesetzt
werden kann.

»An den meisten Schulen im Lande ist zu beobachten, dass laufende unterrichtliche Entwicklungsprojekte mit Beginn der Corona-Krise zum Stillstand gekommen
sind. Umso bemerkenswerter war es zu beobachten, dass an unserer Schule – immerhin die größte schulische Organisationseinheit des Landes Rheinland-Pfalz, mit
fast 200 Lehrkräften und ca. 3 300 Schülerinnen und Schülern – die zu Beginn des
Schuljahres 2020/2021 begonnenen Unterrichtsentwicklungsprojekte nach SOL im
Kollegium dazu geführt haben, SOL als Lösung für die aktuellen unterrichtlichen
Herausforderungen im Hybrid- bzw. im Fernunterricht zu begreifen…«
Dr. Rüdiger Tauschek, Leiter der Berufsbildenden Schule 1 in Mainz

Literatur

Deci, E. L./ Ryan, R. M.: Die Selbstbestimmungstheorie der Motivation und ihre Bedeutung für die
    Pädagogik. In: Zeitschrift für Pädagogik 39 (1993), S. 224–238.
Herrmann, U. (Hrsg.): Neurodidaktik. Grundlagen für eine Neuropsychologie des Lernens. Wein-
    heim/Basel ³2020.
Herold, C./Herold, M.: Selbstorganisiertes Lernen in Schule und Beruf. Gestaltung wirksamer und
    nachhaltiger Lernumgebungen. Weinheim/Basel ³2017.
Herold, M./Kolb, F.: Selbstorganisiertes Lernen. In: Burow, O. (Hrsg.): Das große Handbuch Unter-
    richt & Erziehung in der Schule. Köln 2018, S. 226–244.
Hüther, G.: Die Bedeutung sozialer Erfahrungen für die Strukturentwicklung des menschlichen Ge-
    hirns. In: Herrmann 2020, S. 99–107.
Malik, F.: Systemisches Management. Stuttgart 1999.
Maturana, H. R./Varela, F. J.: Der Baum der Erkenntnis. Die biologischen Wurzeln menschlichen Er-
    kennens. Frankfurt/M. ⁶2009.
Poincaré, H.: Wissenschaft und Methode. Autorisierte deutsche Ausgabe, Leipzig/Berlin 1914.
Reich, K.: Systemisch-konstruktivistische Pädagogik. Einführung in die Grundlagen einer interakti-
    onistisch-konstruktivistischen Pädagogik. Weinheim/Basel 2005.
Senge, P. M.: Die fünfte Disziplin: Kunst und Praxis der lernenden Organisation. Stuttgart ³1996.
Skiera, E.: Reformpädagogik in Geschichte und Gegenwart. München/Wien ²2010.

Heinz Klippert

Arbeitsunterricht mit System: die Lernspirale

Anregungen zur Förderung der Tiefenstruktur des Lernens

Die Lernspirale als Aktivierungszirkel

Zu den markanten Eigenheiten heutiger Unterrichtsgestaltung gehört der ausgeprägte Einsatz von Arbeitsblättern und sonstigen fachspezifischen Arbeitsaufträgen, die die Schüler/innen in eigener Regie erledigen sollen. Was dabei häufig übersehen wird ist die damit verbundene Überforderungsgefahr. Viele Schüler/innen tun sich erfahrungsgemäß relativ schwer damit, eigenverantwortlich zu lernen und anspruchsvollere Arbeitsaufgaben im Alleingang zu bewältigen.

Das Gros dieser Kinder tendiert nur zu oft dahin, Unsicherheiten zu zeigen, über Gebühr herumzutrödeln, ernsthafte Anstrengungen zu vermeiden, relativ oberflächlich zu arbeiten, auf Nebentätigkeiten auszuweichen, vorschnell aufzugeben und auf diese Weise bestenfalls Oberflächenwissen, nicht aber nachhaltige Fach-, Methoden- und Sozialkompetenzen aufzubauen.

So gesehen ist Freiarbeit alles andere als ein Selbstläufer, sondern verlangt von den Schüler/innen ein hohes Maß an Selbstständigkeit, Interaktionsfähigkeit und Selbstlernkompetenz. Diese Voraussetzungen liegen vor allem bei lernschwächeren, überbehüteten und/oder milieubedingt vernachlässigten Schüler/innen erheblich im Argen.

Nachhaltige Lern- und Verstehensprozesse brauchen zwingend klare Strukturen und transparente Arbeitsabläufe, unterstützende Lehrerlenkung und orientierende Instruktionen, differenzierte Arbeitsschritte und verbindliche Kooperationsanlässe, gezieltes Feedback und konsequente Rechenschaftslegung, vertraute Methoden und aufbauende Lernberatung.

Nur wenn die Lernarbeit der Schüler/innen diesen Zuschnitt hat, besteht die begründet Chance, dass sie den nötigen Tiefgang erreichen und relativ nachhaltige Kompetenzen aufbauen. Das von mir entwickelte Konzept der »Lernspirale« steht für eine derartige Unterrichtsgestaltung (Klippert 2015, 2016). Die nachfolgenden Ausführungen und Unterrichtsbeispiele konkretisieren diesen Ansatz.

Der Begriff »Lernspirale« ist symbolisch gemeint und beschreibt eine Lernarbeit, die analog zum Spiralbohrer ganz bewusst darauf abstellt, dass sich die Schüler/innen mehrstufig in den jeweiligen Lerngegenstand (Medien, Aufgaben usw.)

vertiefen und durch dieses bohrende Agieren relativ tiefgreifendes Wissen, Können und Verstehen aufbauen.

Die Lernspirale zielt auf nachhaltige Kompetenzförderung und einprägsame Wissensvermittlung – auf eine Lernarbeit also, die auf inhaltlichen Tiefgang, produktives Tun, wiederkehrende Reflexionen und vielschichtige Interaktionen, Kontrollen und Anwendungsversuche gerichtet ist und sich damit deutlich vom nur vordergründigen Behandeln und Rezipieren des obligatorischen Lernstoffs abhebt, wie es in vielen Schulen und Klassenzimmern nach wie vor an der Tagesordnung ist.

Typische Arbeits- und Interaktionsschritte

Lernspiralen der skizzierten Art lassen sich zu allen möglichen Lerngegenständen einsetzen. Das beginnt bei der gestuften Auseinandersetzung mit den fachspezifischen Vorkenntnissen und Voreinstellungen der Schüler/innen (siehe das Unterrichtsbeispiel zum assoziativen Zeichnen am Ende dieses Beitrags) und reicht über das konstruktive Arbeiten an und mit Texten, Arbeitsblättern, Broschüren, Lerndateien, Nachschlagewerken, Filmen, Vorträgen, Projektaufgaben und sonstigen lernrelevanten Medien bis hin zum differenzierten Erschließen von Wahlaufgaben, Interaktionsspielen und komplexeren Werkaufgaben im technisch-künstlerischen Bereich. Zu allen diesen Lernanlässen habe ich prototypische Lernspiralen entwickelt und publiziert, die Lehrkräfte wahlweise nutzen können (Klippert 2015, S. 99–283).

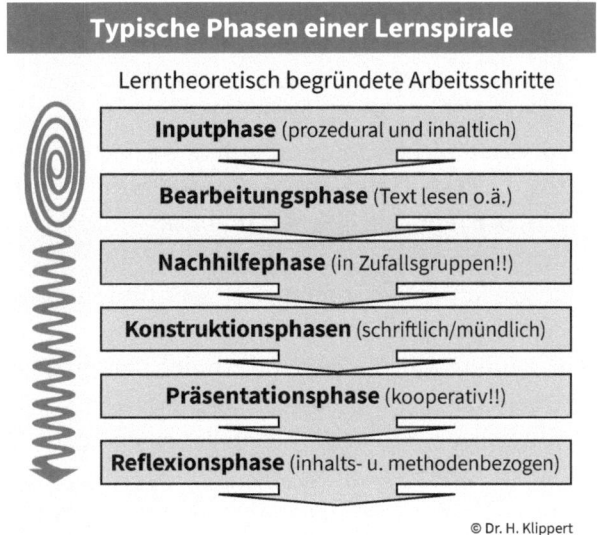

Abb. 1

Entscheidend dabei ist, dass die Schüler/innen ebenso differenziert wie strukturiert veranlasst werden, die anstehenden Lerngegenstände in eigener Regie zu erschließen und dabei Eigeninitiative zu entwickeln, zielstrebig zu arbeiten, eingeführte Methoden zu pflegen und etwaige Lernschwierigkeiten selbstständig und/oder kooperativ zu überwinden.

Das abgebildete Phasenschema veranschaulicht die betreffende Lernarbeit der Schüler/innen (Abb. 1).

- Jede Lernspirale beginnt mit der obligatorischen Inputphase, in der die Lehrperson wichtige prozedurale und inhaltliche Instruktionen einbringt und bei Bedarf natürlich auch erläutert *(Advance Organizer)*. Diese Inputphase dient zur Orientierung sowie zur näheren Offenlegung und Präzisierung der bevorstehenden Arbeits- und Interaktionsschritte der Schüler/innen. Zielstrebiges Lernen braucht eine derartige »Vorschau«.
- Darauf folgt im Regelfall die sogenannte Bearbeitungsphase – vorausgesetzt, die Schüler/innen erhalten ein entsprechendes Arbeitsmaterial, welches der Bearbeitung bedarf (Text oder Ähnliches). Damit die bis dahin entstandenen Unsicherheiten möglichst zügig überwunden werden können, schließt sich im
- dritten Schritt eine organisierte Nachhilfephase in leistungsheterogenen Zufallsgruppen an, in denen unterschiedlich talentierte Schüler/innen per Los- oder Abzählverfahren zusammengeführt werden. Diese Gruppenmitglieder können sich bei Bedarf gegenseitig fragen, helfen und beraten, um ihre persönlichen Lernausgangslagen zu verbessern.
- Im vierten Schritt folgen spezifische Konstruktions- bzw. Rekonstruktionsarbeiten, die dazu dienen, die Lernenden zum vertiefenden Wissensaufbau zu bewegen, d. h. zur schriftlichen und/oder mündlichen Selbstprüfung und Anwendung der erschlossenen Lerninhalte. Dabei wird mit wechselnden Lernpartnern kooperiert und kommuniziert. Das fördert die erforderliche Klärungsarbeit in den Schülerköpfen.
- Der fünfte Schritt dient sodann der Präsentation der gewonnenen Ergebnisse/ Erkenntnisse – und zwar in aller Regel in kooperativer Form, damit auch die schwächeren Schüler/innen in der einen oder anderen Weise eingebunden werden können.
- Im sechsten Schritt schließlich folgt eine übergreifende Feedback- bzw. Reflexionsphase, die sowohl der inhaltlichen als auch der methodenbezogen Nacharbeit und Selbstvergewisserung dient.

Diese Hinweise zeigen: Lernspiralen sind alles andere als Freiarbeit oder offenes Lernen. Sie implizieren klare Schrittfolgen, dosierte Arbeitsanforderungen, verbindliche Kooperationsanlässe, flexible Kontrollen und Hilfestellungen sowie konsequente Lehrerlenkung und Lehrerinputs. So gesehen umreißt die Lernspirale einen wohl durchdachten Lernkorridor, der den Schüler/innen signifikante Arbeits- und Gestaltungsspielräume eröffnet, aber auch ein klares Geländer bietet, damit die fälligen Lernaktivitäten möglichst konstruktiv und produktiv verlaufen.

Letzteres ist vor allem für lernschwächere und/oder verhaltensschwierige Kinder wichtig. Dabei gilt ganz grundsätzlich: Je versierter und methodenbewusster die Schüler/innen zu arbeiten und zu interagieren verstehen, desto anspruchsvoller können die betreffenden Lernabläufe und Lernanforderungen ausfallen (zum Aufbau der entsprechenden Methoden- und Sozialkompetenzen Klippert 2018, 2019).

Der eingebaute Advance Organizer

Eine entscheidende Voraussetzung für engagierte Lernhandlungen ist, dass die Schüler/innen zu Beginn einer Unterrichtsstunde möglichst präzise erfahren, was auf sie zukommt und wie das zu Erlernende inhaltlich wie methodisch einzuordnen ist. John Hattie hat mit seinem Buchtitel »Visible Learning« (2015) genau auf diese Notwendigkeit transparenter Lernabläufe und Lernanforderungen hingewiesen. Fehlt diese Transparenz, so kommt es bei vielen Schüler/innen sehr schnell zu Unsicherheit, Motivationseinbußen und sonstigen lähmenden Irritationen, die einer engagierten Lernarbeit entgegenstehen. Das Unbehagen zahlreicher Schüler/innen gegenüber dem Offenen Unterricht hat genau mit dieser verbreiteten Intransparenz der Lernabläufe und Lernanforderungen zu tun.

Zielstrebigkeit und Lerneffektivität der Schüler/innen hängen ganz wesentlich davon ab, dass ihnen die Lehrperson im Vorstadium der eigenen Lernarbeiten Orientierung bietende Grundinformationen zum anstehenden Arbeits- und Interaktionsprozess bereitstellt. Diese Überlegung schlägt sich in den besagten Lernspiralen dahingehend nieder, dass der spiralförmige Arbeitsprozess stets mit einer lehrerzentrierten Input- bzw. Instruktionsphase beginnt, die den Schüler/innen den Zugang zu den nachfolgenden Lernarbeiten erleichtert (Abb. 1). Diese Lehrervorschau betrifft sowohl die prozedurale als auch die inhaltliche Seite des intendierten Lerngeschehens. Diese Eingangsinstruktion wird in der Literatur als *Advance Organizer* bezeichnet (Wahl 2013, 146 ff.).

Damit ist eine im Voraus (*in advance*) gegebene Lernhilfe zur Einstimmung der Schüler/innen gemeint, eine Lernhilfe, die eine Brücke zwischen den Vorkenntnissen und Vorerfahrungen der Schüler/innen und den neu zu erlernenden Inhalten und Prozeduren schlagen soll. John Hattie, Andres Helmke und eine Reihe weiterer Lern- und Unterrichtsforscher untermauern diese Option unter Verweis auf die lernfördernde Wirkung direkter Instruktionen durch Lehrpersonen insbesondere für die Anfangs- und Schlussphasen des Unterrichts bzw. der Lernarbeit, gelegentlich aber auch für Phasen des angeleiteten Übens und Reflektierens im Unterrichtsprozess selbst (Hattie 2015, S. 242 ff.). Je präziser und verständlicher diese orientierenden Instruktionen sind, desto positiver wirkt sich das auf die Lernarbeit der Schüler/innen aus.

Zwar geht es bei der lernspiraltypischen Vorschau zu Stundenbeginn nicht nur um die inhaltsbezogenen Brücken, die den Schüler/innen gebaut werden, sondern auch und zugleich um das griffige Vorstellen des Lernverlaufs selbst, d. h. der vorgesehenen Arbeitsetappen und Sozialformen, Methodenwechsel und Lernpartnerwechsel. Wichtig dabei: Der Lernspiralaufbau wird den Schüler/innen mittels Folie, Tafel, Plakat oder Flipchart so vor Augen geführt und präsent gehalten, dass bei Bedarf immer wieder darauf zurückgegriffen werden kann. Das gilt auch und nicht zuletzt für die nachfolgenden Unterrichtsbeispiele.

Prozessimmanentes Fordern und Fördern

Im Zentrum der Lernspiralen stehen inhaltliche Inputs (Text, Film, Fotos, Lehrervortrag, Projektauftrag, Mathe-Problem usw.), die als lernrelevant gelten und von den Schüler/innen mittels differenzierter Lerntätigkeiten, Medien und Methoden zu erschließen sind. Wie das geht, lässt sich beispielhaft aus Abbildung 2 ersehen. Der dort skizzierte Lernablauf zum Erarbeiten des Inhalts eines Lehrervortrags spiegelt vielseitigen Arbeitsunterricht mit differenzierten Lernhandlungen, Sozialformen und Methodenanwendungen. Alle Schüler/innen werden eingebunden, d. h. jeder ist aufgrund eines Los- bzw. Zufallsverfahrens gehalten,

- sich in wechselnden Zufallsgruppen einzubringen
- eigene Talente zu nutzen
- mit unterschiedlichen Lernpartnern zu kooperieren
- Hilfestellungen anzufragen
- Sachverhalte zu besprechen
- Arbeitsabläufe zu klären
- Kontrollen zu erfahren
- Impulse zu bekommen
- Pflichten zu übernehmen
- Durchhaltevermögen zu kultivieren.

Dieses prozessimmanente Fordern und Fördern ist fester Bestandteil der Lernspiralen. Die Schüler/innen sind in den je anstehenden Arbeits- und Interaktionsschritten gehalten, vielfältig zu arbeiten und zu interagieren, d. h. zuzuhören, zu lesen, zu planen, zu schreiben, zu zeichnen, zu ordnen, zu erzählen, zu markieren, zu bauen, zu experimentieren, zu recherchieren, zu exzerpieren, zu strukturieren, zu visualisieren, Entscheidungen zu treffen, zu präsentieren, zu argumentieren, zu diskutieren, zu kooperieren und immer wieder zu reflektieren und kleinere oder größere Probleme zu lösen. Da diese Lerntätigkeiten im jeweiligen Arbeitsprozess wechseln, haben die Schüler/innen immer wieder neue Möglichkeiten, sich in der einen oder anderen Weise einzubringen und eigene Präferenzen bzw. Talente beim Erstellen der geforderten Lernprodukte einzubringen. Das wirkt motivierend und integrationsfördernd.

Der Zeitrahmen der Lernspiralen sieht in der Regel so aus, dass eine Doppelstunde veranschlagt wird. Dieser erweiterte Zeittakt ist deshalb ratsam, weil nur so die intendierte eindringliche Lern- und Interaktionsarbeit der Schüler/innen sichergestellt werden kann. Andernfalls müssten die Schüleraktivitäten über Gebühr verkürzt oder von Lehrerseite erledigt werden. Das heißt jedoch nicht, dass sich Lernspiralen und Einzelstunden nicht vertragen. Sind in einem Fach Einzelstunden vorgesehen, so ist es lediglich notwendig, die betreffenden Lernspiralen so zu planen und zu takten, dass in der Mitte des jeweiligen Arbeits- und Interaktionsprozesses eine vor- oder nachbereitende Hausaufgabe zu erledigen ist. Diese Hausarbeit wird alsdann zum Ausgangspunkt der nächsten Einzelstunde genommen und durch weitere nachfolgende Arbeits- und Interaktionsschritte abgerundet. Diese Segmentierung ist wegen der zeitlichen Distanz zwischen den betreffenden Einzelstunden zwar nicht optimal, hilft aber, die skizzierte Tiefenstruktur der Lernspirale in modifizierter Form sicherzustellen. Ähnliche Überlegungen gelten für drei- oder mehrstünde Lernspiralen, die es selbstverständlich auch geben kann (Klippert 2015, S. 265 ff.).

Beispiel 1: Lehrervortrag erschließen

Die abgebildete Lernspirale zum Erschließen eines Lehrervortrags macht dieses prozessimmanente Fördern und Fordern deutlich (Abb. 2). Kommt z. B. ein Schüler während des besagten Lehrervortrags nicht richtig mit, so kann er sich im zweiten Arbeitsschritt mit den zugelosten Lernpartnern beraten und verständnisfördernde Ratschläge einholen. Diese »Nachhilfe« ist ausdrücklich erlaubt. Das gilt auch

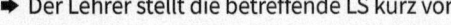
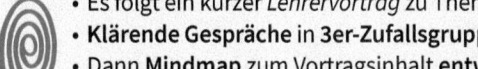

Erarbeitung eines Lehrervortrags

LS-Beispiel
- ➡ Der Lehrer stellt die betreffende LS kurz vor
- • Es folgt ein kurzer *Lehrervortrag* zu Thema X
- • **Klärende Gespräche** in **3er-Zufallsgruppen**
- • Dann **Mindmap** zum Vortragsinhalt **entwerfen**
- • Jeder Schüler muss eigene **Mindmap erstellen**
- • **Nacherzählen** der Lehrerdarbietung im DK
- • Ausgeloste Schüler **präsentieren im Plenum**
- • Fragekärtchen zum Vortragsinhalt **erstellen (PA)**
- • Vertiefende **Frage-Antwort-Spiel** im Plenum
- • **Reflexion** u. Beurteilung der Lernergebnisse

DK = Doppelkreis; PA = Partnerarbeit; LS = Lernspirale

© Dr. H. Klippert

Abb. 2

für das gemeinsame Sondieren und Entwerfen einer vortragsgebundenen Mindmap im dritten Arbeitsschritt. Im vierten Schritt muss dann jede/r Schüler/in für sich alleine arbeiten und die vorbesprochene Mindmap nach eigenen Vorstellungen gestalten. Da die einzelnen Gruppenmitglieder jedoch nach wie vor beisammensitzen, kann bei Bedarf selbstverständlich nach rechts oder links gefragt werden. Im fünften Arbeitsschritt wird es dann so richtig ernst; denn jetzt muss jede/r Schüler/in auf der Basis der eigenen Mindmap einem Zufallspartner gegenüber berichten, was die Lehrperson inhaltlich ausgeführt hat. Diese Kurzvorträge sind deshalb für alle zumutbar, weil ihnen eine kooperative Vorbereitung vorangeht.

Dieses wechselseitige Berichten und Nachfragen im Doppelkreis hat den wichtigen Nebeneffekt, dass eine erneute Kontrolle und Nachhilfe stattfindet (zum Doppelkreis siehe Kasten). Der so aufgebaute Sachverstand der Lernpartner wird in den nachfolgenden Arbeitsschritten sechs bis acht weiteren Prüfungen und Präzisierungen unterzogen, indem die Schüler/innen zunächst im Plenum präsentieren, dann Schlüsselfragen zum Vortragsinhalt notieren, danach eine korrespondierende Frage-Antwort-Runde absolvieren und schließlich eine übergreifende Reflexionsphase durchlaufen müssen. Bei alledem kann die Lehrperson natürlich Nachträge einbringen oder auch Korrekturen vornehmen, sofern sich dieses als notwendig erweisen sollte. Diese Lernspiral-Systematik begünstigt nicht nur das Auftauen und aktive Einbinden aller Schüler/innen. Es sichert erwiesenermaßen auch eine bemerkenswerte Kompetenzentwicklung in inhaltlicher wie in methodischer Hinsicht (Holtappels/Leffelsend 2003, S. 61).

Doppelkreis

Der Doppelkreis wird so gebildet, dass die Schüler/innen einer Klasse zunächst einen großen Kreis bilden. Dann geht jeder Zweite nach innen, dreht sich um und stellt sich seinem links stehenden Partner »Face to Face« gegenüber. Auf diese Weise entsteht ein Doppelkreis mit meist zehn und mehr Gesprächspaaren.

Nun berichten alle Innenkreis-Vertreter/innen ihren jeweiligen Zufallspartnern im Außenkreis zum anstehenden Thema. Dabei rücken sie möglichst dicht zusammen, damit sie relativ leise sprechen können. Hierbei hat sich das seitversetzte Stehen der Partner bewährt, da dann die Münder dicht an den Ohren der Zuhörer sind. Für ihre Kurzvorträge können die Schüler/innen Spickzettel, Mindmaps, Stichwortkarten, Fotos, eigene Skizzen oder sonstige Vortragshilfen zu Hilfe nehmen. Wichtig ist ferner, dass frei gesprochen und vom jeweiligen Partner aktiv zugehört wird.

Am Ende der meist ein- bis dreiminütigen Kurzvorträge können kurze Nachfragen oder Beratungen erlaubt werden. Dann rücken nach Ertönen eines Klingelzeichens der Lehrperson alle Schüler/innen im Innenkreis z. B. drei Personen im Uhrzeigersinn weiter, sodass neue zufallsbedingte Gesprächspaare entstehen.

Nun berichten die bislang eher passiven Außenkreisvertreter/innen ihren neuen Partnern im Innenkreis zum jeweiligen Thema. Die betreffenden Schüler/innen hören zu, fragen nach und/oder bringen am Ende eventuell auch ergänzende Gesichtspunkte ein. Zudem kann von Lehrerseite veranlasst werden, dass die Zuhörer – je nach Thema – das Gesagte in eigenen Worten zusammenfassen müssen.

Auf jeden Fall haben alle Schüler/innen innerhalb weniger Minuten einmal vorgetragen und einmal aktiv zugehört. Das sorgt für eine kräftige Steigerung der Sprechaktivitäten und der damit verbundenen inhaltlichen Klärungsarbeit innerhalb der Klasse.

Beispiel 2: assoziatives Zeichnen

Im Mittelpunkt der nachfolgenden Lernhandlungen steht das Thema Berufswahl bzw. das mehrstufige Mobilisieren, Reflektieren und Abklären der korrespondierenden Vorkenntnisse und Voreinstellungen der Schüler/innen. Dabei geht es um Ängste und Unsicherheiten, um Vorerfahrungen und Vorurteile, um persönliche Sichtweisen und berufswahlbezogene Handlungsperspektiven.

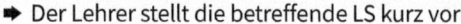
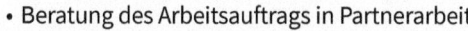

Assoziatives Zeichnen zur Berufswahl

➡ Der Lehrer stellt die betreffende LS kurz vor
• Beratung des Arbeitsauftrags in Partnerarbeit
• Jeder Schüler erstellt seine Assoziationsskizze
• Berichte und erste Gespräche im Doppelkreis
• Notizen zur Präzisierung der eigenen Gedanken
• Reihum-Präsentationen in 4er-Zufallsgruppen
• Konzipieren eines korrespondierenden Plakats
• Gestaltung des betreffendes Gruppen-Plakats
• Kooperative Präsentation ausgeloster Plakate
• Nachfragen und Diskussionen zur Berufswahl
• Reflexion des gelaufenen Arbeitsprozesses

DK = Doppelkreis; PA = Partnerarbeit; LS = Lernspirale

© Dr. H. Klippert

Abb. 3

Das alles muss ins Bewusstsein der Schüler/innen gehoben werden, sollen sie den anstehenden Berufswahlprozess angemessen einschätzen und managen können. Wie der betreffenden Arbeits- und Interaktionsprozess in der 9. Klasse einer rheinland-pfälzischen Realschule konkret ausgesehen hat, lässt sich aus Abbildung 3 ersehen.

• Die betreffende Lernspirale beginnt auch diesmal mit einführenden Instruktionen der Lehrperson zur inhaltlichen und prozeduralen Seite des anstehenden Arbeitsprozesses.

• Im zweiten Arbeitsschritt erhalten die Schüler/innen Gelegenheit, den vorgestellten Arbeitsauftrag mit dem Tischnachbarn zu beraten und die Modalitäten des assoziativen Zeichnens näher zu klären. Dadurch wird die Anschlussfähigkeit der Lerner verbessert.

• Im dritten Arbeitsschritt skizziert dann jede/r die eigenen Gedanken/Assoziationen zur bevorstehenden Berufswahl auf einem DIN-A4-Blatt. Dazu werden verschiedenfarbige Filz- und Wachsmalstifte bereitgestellt. Dabei geht es weniger um Schönzeichnen, als vielmehr darum, möglichst aussagekräftige Aspekt-Skizzen zu Papier zu bringen (Abb. 4).

• Die so entstehenden Assoziationsskizzen werden im vierten Arbeitsschritt angewandt, indem sie Zufallspartnern im Doppelkreis vorgestellt, erläutert und eventuell auch kurz mit diesen beraten werden. Dabei ist zunächst der Innenkreisvertreter dran, dann der Außenkreisvertreter.

• Im fünften Arbeitsschritt ziehen sich die Schüler/innen erneut in die Einzelarbeit zurück und notieren eingedenk der im Doppelkreis erfahrenen Impulse gezielte Kommentare zu ihren Assoziationsskizzen.

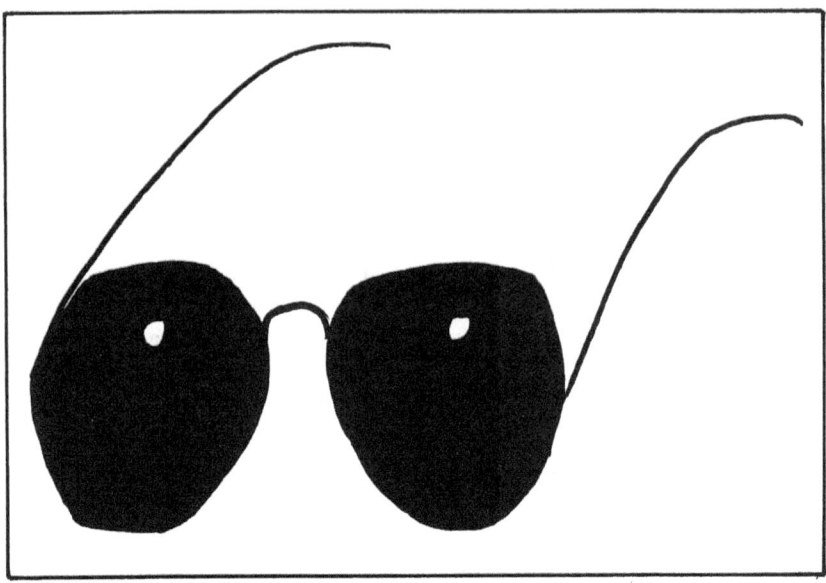

Wenn ich an meine Berufswahl denke, dann sehe ich ziemlich schwarz. Ich habe keine besonderen Noten und hoffe nur, daß es mir nicht wie Nicole geht. Die hat nämlich schon über 50 Bewerbungen geschrieben; bis jetzt hat sie aber nur Absagen bekommen.

So stelle ich mir das Vorstellungsgespräch vor. Hinter dem großen Schreibtisch hockt der Chef und ich als "kleines Licht" davor. Man muß schon einen guten Eindruck machen, wenn man ankommen will. Manche verstellen sich sogar, aber das würde ich nicht machen.

Abb. 4: Zwei Schülerprodukte mit Kurzkommentaren

- Auf dieser Basis berichten sie im sechsten Arbeitsschritt reihum in Zufallsgruppen über ihre persönlichen Sichtweisen, Pläne und Befürchtungen zur anstehenden Berufswahl. Auf diese Weise entsteht ein mehr oder weniger buntes Mosaik an berufswahlbezogenen Voreinstellungen und Vorkenntnissen.
- Dieser Fundus wird im siebten Arbeitsschritt genutzt, um eine Art »Gruppenspiegel« zu erstellen, d. h. die vorgestellten Assoziationen auf einem DIN-A2-Plakat zusammenfassend abzubilden.
- Im achten und neunten Arbeitsschritt werden die betreffenden Plakate zunächst von ausgelosten Gruppensprechern präsentiert und dann von der gesamten Klasse vertiefend besprochen. Dabei kommt der berufswahlbezogenen Expertise der Lehrperson besondere Bedeutung zu.

Die Lehrkraft agiert zwar grundsätzlich zurückhaltend, bringt bei Bedarf aber selbstverständlich Erläuterungen ein, stellt Fragen und nimmt unter Umständen auch gezielte Klarstellungen vor. Schließlich geht es um eine möglichst stimmige Fundierung der Berufswahlvorstellungen der Schüler/innen. Im zehnten und letzten Arbeitsschritt wird dieser gelaufene Arbeits- und Interaktionsprozess schließlich übergreifend unter die Lupe genommen und von Schüler- wie von Lehrerseite kommentiert und reflektiert.

Dieser bohrende Arbeits- und Interaktionsprozess ist Voraussetzung und Gewähr dafür, dass die Schüler/innen zu einer relativ tiefgreifenden Bewusstmachung und Klärung ihrer latenten Berufswahlvorstellungen gelangen. Das haben diverse Unterrichtsversuche in unterschiedlichen Bundesländern bestätigt. Doch nicht nur das. Die skizzierte Systematik eröffnet den Schüler/innen darüber hinaus vielfältige Gelegenheiten zur Anwendung und Festigung grundlegender Kommunikations-, Kooperations- und Lernmethoden. So gesehen sichert die spiralförmige Lernarbeit nicht nur breite Kompetenzförderung, sondern auch recht nachhaltige und tiefgreifende fachliche Gärungs- und Klärungsprozesse.

Fazit

Freies Arbeiten und selbstständiges Lernen sind richtige und wichtige pädagogische Anliegen, wenn es um den Aufbau nachhaltigen Wissens, Verstehens und Könnens der Schüler/innen geht. Je intensiver und vielgestaltiger die Schüler/innen an und mit dem jeweiligen Lernstoff arbeiten, desto größer ist die Chance, dass sie ihn relativ tiefgehend begreifen und beherrschen. Allerdings ist das skizzierte selbstständige Arbeiten und Lernen höchst voraussetzungsreich. Das wird von den Anhängern des Freien Arbeitens oft übersehen. Freiarbeit ist kein Selbstläufer, sondern verlangt eine gehörige Portion Anleitung, Strukturierung, Ritualisierung und methodisch-soziale Vorbereitung, sollen die Schüler/innen in der Breite davon profitieren. Die mit den Lernspiralen verbundenen Arbeits- und Interaktionsprozesse begünstigen diese behutsame, wohlstrukturierte und erfolgversprechende Lernarbeit.

Literatur

Hattie, J. A.: Lernen sichtbar machen. Überarbeitete deutschsprachige Ausgabe von »Visible Learning«. Besorgt von W. Beywl und K. Zierer. Baltmannsweiler 2015.

Holtappels, H. G./Leffelsend, S.: Entwicklung überfachlicher Kompetenzen durch Schülertrainings und Unterrichtsentwicklung. Ergebnisse einer Schülerbefragung als Teil der Abschlussevaluation des Projekts »Schule & Co«. Gütersloh 2003.

Klippert, H.: Unterrichtsvorbereitung leicht gemacht. 80 Bausteine zur Förderung selbstständigen Lernens. Weinheim [3]2015.

Klippert, H.: Lernförderung im Fachunterricht: Leitfaden zum Arbeiten mit Lernspiralen. Donauwörth [2]2016.

Klippert, H.: Methoden-Training. Bausteine zur Förderung grundlegender Lernkompetenzen. 22. komplett überarb. Aufl. Weinheim 2018.

Klippert, H.: Kommunikations-Training. Bausteine zur Förderung grundlegender Sozialkompetenzen. 14. komplett überarb. Aufl. Weinheim 2018.

Klippert, H.: Team-Entwicklung im Klassenraum. Bausteine zur Förderung grundlegender Sozialkompetenzen. 11. komplett überarb. Aufl. Weinheim 2019.

Wahl, D.: Lernumgebungen erfolgreich gestalten. Vom trägen Wissen zum kompetenten Handeln. Bad Heilbrunn [3]2013.

Ulrich Herrmann

Die Projektmethode – *der* reform-pädagogische und kompetenzorientierte Methodenklassiker

Die Projektmethode ist die Methode der Wahl für (1) selbstorganisiertes, individualisiertes, adaptives und kooperatives Lernen, (2) Stärkung von Motivation und vielseitigen Kompetenzerwerb, (3) eine Leistungsermittlung und -bewertung, die die Nachteile der punktuellen Feststellung vermeidet und eine breitere und damit gerechtere Grundlage für Leistungsbewertungen schafft. Die Projektmethode setzt, soll sie erfolgreich sein, einen Lern- als Einübungsprozess bei allen Lehrenden und Lernenden voraus. Für die Lehrenden bedeutet Lernen in Projekten auf Dauer eine Entlastung der Lehrer-Lehrtätigkeit, für die Lernenden bedeutet es zeitlich und sachliche Intensivierung der Arbeit, verbunden mit erhöhter Motivation und besseren Arbeitsergebnissen.

Gewöhnlich wurden Didaktik und Methodik unterschieden, d. h. inhaltliche = didaktische Entscheidungen (Was) und methodische = Vorgehensweisen (Wie). Das ist insofern richtig, als die Vermittlung und Aneignung bestimmter Inhalte eine Entscheidung über deren Sinnhaftigkeit voraussetzt und weil sich aus der Besonderheit eines Gegenstandes, einer Fragestellung, eines Problems eine entsprechende methodische Vorgehensweise ergibt: experimentieren, recherchieren, interpretieren, visualisieren und dergleichen mehr. Sollen Problemlösungen und damit verbundene neue Einsichten jedoch im Rahmen eines Projekts ermittelt werden, muss eine Besonderheit dieser Projektmethode beachtet werden: sie vermittelt ihre Ergebnisse nicht durch die Vorgehensweisen der direkten Instruktion, sondern gibt die Arbeits- und Lernwege frei und rechnet daher auch mit Ergebnissen, die im Sinne der ursprünglichen Aufgabenstellung gar nicht zu erwarten waren. »Die Methode ist nicht die Antwort auf die Frage nach dem ›Wie‹, nachdem die Antwort auf das ›Was‹ den Inhalt festgelegt hat. So folgt auch die Projektmethode *nicht* als Methode dem Inhalt, *sondern stellt diesen erst mit her*« (Frey 2010, S. 196).

Bekenntnisse und Empfehlungen oder Skepsis und Warnungen? Nichts ist erfolgreicher als der Erfolg!

Michael Knoll, der wohl beste Kenner der Projektmethode in Geschichte und Theorie, Konzeption und Praxis hat in der Einleitung zu seinem Buch das Thema »Projektmethode« zugleich eröffnet, begründet und resümiert. Aus diesem Grund darf ein längeres Zitat von ihm hier am Anfang stehen (2011, S. 11):

> »Die Projektmethode zählt zu den meistdiskutierten Methoden des Unterrichts. [...] Keine Schule, die etwas auf sich hält, kommt ohne diese Unterrichtsform aus. Alle Reformbewegungen der Gegenwart: zur Einführung der Gesamtschule, der Ganztagsschule, des offenen Curriculums, des integrierten Unterrichts, des praktischen Lernens, der interkulturellen Erziehung, der alternativen Prüfungsformen – sie alle berufen sich auf die Projektmethode, wenn es um die Implementierung ihrer Programme geht.
>
> Die Projektmethode, auch als Projektunterricht, Projektarbeit, Projektlernen bekannt und oft in besonderen Projektwochen oder Projekttagen verwirklicht, ist eine Unterform des handlungsorientierten Lernens und gilt als ein hervorragendes Mittel, um intrinsische Motivation zu fördern, selbstständiges Denken zu entwickeln, erworbenes Wissen anzuwenden, Selbstbewusstsein zu erzeugen und soziale Verantwortung einzuüben. Diese Ziele sollen dadurch erreicht werden, dass die Schülerinnen und Schüler ihre eigenen Interessen und Vorstellungen verfolgen und Themen und Probleme der natürlichen und gesellschaftlichen Umwelt frei und selbstbestimmt bearbeiten. Projekte sind produkt- und öffentlichkeitsorientiert und, anders als etwa Lehrgang und Übung, nicht an enge Disziplin- und Fächergrenzen gebunden. Auf eine knappe Formel gebracht, kann man die Projektmethode als eine Methode des praktischen Problemlösens definieren, die den Schülern im größeren Umfang eigenständiges und konstruktives Arbeiten abverlangt.
>
> Damit deutet sich an, dass die Projektmethode unter den Unterrichtsmethoden eine Sonderstellung einnimmt. Mehr noch als bei anderen Formen praktischen Lernens, z. B. dem Experiment, der Exkursion, dem Praktikum, dem Planspiel, wird beim Projekt die Lebensnähe und Komplexität des Gegenstandes und die Selbstständigkeit und Selbstverantwortung der Schüler hervorgehoben. Idealiter, so heißt es immer wieder, bilde die Projektmethode die Alternative zum herkömmlichen Lehrgangsunterricht. Sie stehe für eine Schule ohne Mauern, für einen Unterricht ohne Lehrplan, für ein Lernen ohne Belehrung.
>
> Dieses Ideal wird nicht von allen geteilt.«

Was *idealiter* daherkommt, wird in der Regel nicht von allen geteilt. Wie können wir diesen letzten Satz des Zitats im Verhältnis zum ersten Satz verstehen? Deutlich wird die Differenz von konzeptionellen Entwürfen bzw. Überzeugungen auf der einen und von praktischen Erfahrungen auf der anderen Seite – eine Erscheinung, die für Erziehung und Bildung, Schule und Unterricht durchgängig gilt. Im vorliegenden Fall geht es ohnehin nicht um »Unterricht ohne Lehrplan« oder »Lernen ohne Belehrung«, das ist nur Polemik. Projekte müssen sich aus ganz praktischen Gründen einem gewissen Zeittakt von Stundenplänen einordnen und sind am Beginn der Einübung in Projektarbeit in erheblichem Maße Gegenstand von Hilfe und Belehrung, weil beim Erlernen eines Unbekannten – einer Vorgehensweise, eines Gegenstandes – immerzu Hindernisse zu überwinden sind, was die Lernenden nicht immer aus eigenen Kräften oder durch eigenes Bemühen schaffen (können). Aufgrund dieser Differenz blenden – im Extremfall – maßgebliche Darstellungen der Reformpädagogik (Scheibe 2010, Skiera 2010) die Projektmethode als eigenständigen Gegenstand aus, oder sie wird von ihrer Praxis her als praktisch unrealistisch und pädagogisch geradezu als widersinnig abqualifiziert (Oelkers 2005, S. 216).

Das Für und Wider ließe sich nur im Lichte der unterschiedlichen Quellen und ihren (aktuellen) Traditionen erörtern (Knoll 2011, Einleitung und Kap. I; Frey 2012, S. 29 ff.; Traub 2012, S. 35 ff.). Was bringt es, erfolgreiche pädagogische Praxen des einen Pädagogen auszuspielen gegen einen anderen, der diese Praxis weder kennt noch je selber geübt hat? Das führt zu nichts führt: die Standpunkte und die daraus resultierenden Argumente gehen aneinander vorbei, wie Wilhelm Flitner einmal sehr lehrreich anlässlich einer Kritik von Hartmut von Hentig an der Pädagogik des Salem-Gründers Kurt Hahn gezeigt hat (Flitner 1967). Solche Erörterungen – Programmatik versus Praxis – sind nicht weiterführend, da ihnen in der Regel ein gemeinsamer sachlicher Bezugspunkt fehlt: Berichte und/oder Daten welcher »Empirie« mit welcher Triftigkeit auch immer.

Der erste Satz des obigen Knoll-Zitats und der beiläufige Hinweis auf Oelkers' generell »die« Reformpädagogik betreffendes *anathema* sind hier Anlass zu begründen, dass drei Beiträge von der Praxis der Projektmethode an der Laborschule Bielefeld berichten (Ulrich Bosse, Sabine Geist, Laura Raabe), deren Erfolg das Verdikt von Oelkers – Projekte seien occasionell und deshalb für Lehrgänge/Lernzuwächse ungeeignet, könnten die Auswahl bedeutsamer Lerninhalte nicht begründen, in Projekten könnten die Akteure ihre Kontexte nicht reflektieren – in Abrede stellen. In Abrede stellen heißt: Man kann Vorurteile kaum widerlegen; ihnen zu widersprechen erzeugt meist nur Gegenrede; aber man kann sie in Abrede stellen, d. h. mit Evidenz zurückweisen. Die Evidenz (engl. *evidence* = Beweismittel) wird durch die dokumentierten und reflektierten Erfolgs*erlebnisse* und *-ergebnisse* der Beteiligten erbracht.

Aus der Sicht der angelsächsischen Pragmatik gibt es eine »deutsche Krankheit«: häufig Einwände und Bedenken zu äußern, ehe auch nur die ersten tastenden Schritte gemacht werden, um einen Sachverhalt zu erkunden und zu prüfen. Die Beobachtung ist sicherlich richtig, dass in der Geschichte der Reformpädagogik Programme und Versuche häufig vorschnell als empfehlenswert oder gar erfolgreich verallgemeinert wurden. Man muss schon genau hinschauen, was ein Kurssystem wie das der Odenwaldschule (seit 1913) wirklich leisten kann (Erdmann 1914, 1930 in Herrmann 2010), wie die Kinder mit Freinets Freiem Forschen zurechtkommen können (Riemer 2005 und in diesem Band), und wie steht es mit Wagenscheins »sokratischen Gesprächen« im »genetischen Unterricht« (angesichts seiner eigenen Einschränkungen und fremder Einwände, s. Wagenschein 1999, S. 115 ff. und Hentig 1999, S. 13 ff.)? So wie es die Gegenstände eines Projekts ohne die reale Initiierung eines Projekts nicht gibt, kann es keine Dokumentationen von Erfolg oder Misserfolg geben ohne die »Probe aufs Exempel«: die Durchführung des Projekts und die Dokumentation seiner Ergebnisse (Grunder/ Bohl 2004). Aber woran bemisst sich Erfolg oder Misserfolg?

In pädagogischen Beziehungen, Lehren und Lernen zumal (s. bes. Bauer und Looser in Herrmann 2019), bedeutet es eine schlimme Verkürzung, nur auf die *sichtbaren* Ergebnisse eines Lernprozesses zu schauen (so die sogenannte Empirische Bildungsforschung). Gewiss, sie müssen zur Kenntnis genommen werden und ggf. der Anlass für vermehrte Anstrengungen bei Lehrern und Schülern sein. Sie dürfen einer kritisch-kommunikativen Bewertung/Evaluierung nicht entzogen werden, auch wenn die puren Ergebnisse aber keine Auskunft darüber geben (können), wie sie zustande gekommen sind.

Die Projekt*methode* ist eine Projekt*pädagogik*

Pädagogisch gesehen jedoch sind die *Wege* des Lernens und Verstehens, die *Entstehung* von Motivation aufgrund von lerngeschichtlich förderlich erlebter Erfolgserwartung, das *Finden* von Problemlösungen, nachhaltig gewecktes Interesse für einen individuell-speziellen Gegenstand oftmals wichtiger als der dokumentierte Lernerfolg, noch dazu in einem formalisierten Leistungsfeststellungsverfahren, das zudem als solches unter Umständen *per se* einen widrigen Umstand der Leistungserbringung darstellt. Womit einige der pädagogisch wichtigsten Vorzüge der Projektmethode benannt und wir wieder beim Eingangszitat von Joachim Knoll angekommen sind, der im Untertitel seines Buches der ganz richtig von »Projekt*pädagogik*« spricht.

Die Bewertung von Projektergebnissen hat den großen Vorzug, individuelle Prozesse *und* Produkte, Einzel- *und* Gruppenleistungen, unterschiedliche Interessenrichtungen *und* Befähigungen berücksichtigen zu können. Dafür gibt es geeignete Grundlagen wie Lerntagebücher, fortgeschriebene Arbeitspläne, Portfolios, Präsentationen. Durch Leistungspunktekonten (Martin Herold in diesem Band) kann jeder Projektteilnehmer sowohl sein Anspruchsniveau definieren als auch die Endbewertung kalkulieren – die er selber herbeigeführt hat. Der Sammelband »Neue Formen der Leistungsbeurteilung« (Grunder/Bohl 2004) enthält mehrere Einzelfallstudien aus Sek I und Sek II aus den Bereichen Projektmethode und Selbstorganisiertes Lernen, in denen die Leistungsermittlungen und -bewertungen dargestellt und von Schülern bzw. Lehrpersonen kommentiert werden. Einige repräsentative Resümees (die seltsamerweise immer noch von »Unterricht« sprechen) lauten:

> »Wir nahmen [...] auch wahr und bekamen von Schüler- und Elternseite dies ebenfalls so rückgemeldet, dass die Belastung der Schüler/innen in dieser Zeit [der Projektarbeit] sehr hoch war. Über einen Zeitraum von vier Wochen (zehn Stunden pro Woche) wurde intensiv und konzentriert an einem komplexen Thema gearbeitet. [...] Deutlich wurde im Laufe dieses projektorientierten Unterrichts, dass ein solch umfangreiches Vorhaben gut und intensiv sowie über einen langen Zeitraum hinweg vorbereitet werden muss. Unsere gemeinsame Arbeit mit dieser Klasse seit fast vier Jahren war uns hierbei sehr hilfreich. So stellen wir abschließend fest, dass diese Art des Unterrichtens [...] nicht einfach auf andere Klassen übertragen werden kann, da zunächst die notwendigen Voraussetzungen geschaffen werden müssen.« (Ebd., S. 157; RS Kl. 8)
>
> »Das Ergebnis bestärkt die Vermutung, dass auch inhaltlich mehr gelernt wird, wenn es gelingt, die Klasse von einem Projekt zu überzeugen, das sie durch eigenes Handeln mit einem Unterrichtsthema konfrontiert. Das ist keine neue Erkenntnis, sie wird aber noch immer zu wenig in der Schule umgesetzt. Deutlich sollte allerdings am Schluss noch einmal darauf aufmerksam gemacht werden, dass dieser Effekt nicht ohne Kosten erreicht werden kann: der zeitliche Aufwand, die Intensität und zugleich geringere Planbarkeit des Unterrichts von Lehrer- wie Schülerseite stehen dem gewohnten Vorgehen gegenüber. Der Nutzen allerdings ist unbestreitbar.« (S. 198; Gym Kl. 11, März–Mitte April)
>
> »Aus langjähriger Erfahrung [...] zeigt sich, dass bislang im konventionellen Unterricht sehr unauffällige oder auch introvertierte Schüler/innen während schülerzentrierter Unterrichtsformen gänzlich neue und unerwartete Leistungen zeigen. Sie erfüllen die Arbeitsaufgaben sehr motiviert und entwickeln teilweise hochkreative Leistungen. Ebenso zeigten sich bislang als gut bis sehr gut eingeschätzte Schüler/innen eher demotiviert. [...] Die Gesamtleistung des Kurses lag bei dieser neuen Form der Leistungsbeurteilung ca. 2 Punkte über den bislang üblichen Klausurschnitten. [...] empfinde ich diese Form der Leistungsbeurteilung als Bereicherung, die der individuellen Leistungsvielfalt der Schüler/innen wesentlich gerechter wird als die bislang übliche Leistungsbeurteilung und die den Mehraufwand auf jeden Fall rechtfertigt.« (S. 266 f., Gym LK Bio Kl.12, März – Mai)

Fazit 1: Lehr-Lehrtätigkeit (»Unterricht«) nimmt ab – Schüler-Lernarbeit (»Lernen«) nimmt zu

Die Projektmethode kann nicht einfach als fertiger Schematismus eingesetzt werden, sondern hat aufseiten der Lehrer/innen und Schüler/innen eine Reihe von Voraussetzungen und Eingewöhnungen zu berücksichtigen. Der Arbeits- und Gewöhnungsaufwand zu Anfang ist hoch, die Mehrarbeit für Vorbereitung und

Begleitung beträchtlich. Das nach einer längeren Lernzeit selbstständige Arbeiten der Schüler/innen erweist sich dann aber mehr und mehr als Entlastung für
die Lehrpersonen: die Lehrer-Lehrtätigkeit geht zurück, die Schüler-Lernarbeit
nimmt zu, die Lehrer/innenbelastung nimmt ab, die Arbeitsmotivation der Schü-
ler/innen nimmt zu – der Schulalltag nähert sich seinem eigentlich anzustrebenden Normalbetrieb.

Fazit 2: Arbeitsschule und Projektmethode als Königsweg zum Erwerb von metakognitiven Kompetenzen und Lernstrategien

Dass Lernen – neben anderen Zwecken und Zielen – vor allem bedeuten soll,
das Lernen zu lernen, ist nicht eben neu. Frau von Kalb in Waltershausen schrieb
am 14. Januar 1795 an Friedrich Schiller in Jena, der nun scheidende Hauslehrer
Friedrich Hölderlin ihres kleinen Sohnes habe immerhin doch dies zuwege gebracht: »Fritz hat wenigstens gelernt – zu lernen« (Herrmann 1995, S. 205). Diesen
Sachverhalt – das Lernen des Lernens durch das Reflektieren, d. h. die Bewusstheit
des eigenen Lernens – nennt man heute Erwerb meta-kognitiver Kompetenzen:
Kontrolle, Steuerung und Regulierung der kognitiven Akte in Bezug auf das praktische Handeln in Lern-/Problemlösungsprozessen, seiner Ergebnisse und deren
Bewertung. (Wobei diese Bezeichnung, die sich eingebürgert hat, sachlich unrich-
tig ist; denn das Reflektieren des eigenen Tuns, z. B. des Denkens, ist die ausge-
zeichnetste Leistung des menschlichen Bewusstseins im Sinne seiner kognitiven
Kompetenzen.) Die Beschreibungen des Lernens durch praktisches Tun in diesem
Band, d. h. der Arbeitsschule und der Projektmethode in verschiedenen Facetten,
leistet genau diesen Kompetenzerwerb. So wie Denken das Ordnen unseres Tuns
sein kann (Aebli 1980/81), so führt geordnetes Tun zur Strukturiertheit und Klarheit des Denkens.

Diese Erkenntnis der Denkpsychologie ist ebenfalls nicht eben neu und den
Reformpädagogen seit der Wende zum 20. Jahrhundert auf dem Gebiet von Unterricht und Lernen geläufig. Die Vergegenwärtigung der reformpädagogischen
Projektmethode ist daher keine romantische Reminiszenz, sondern der konkrete
Einstieg in die Beantwortung der Frage, wie denn der Erwerb von Lernstrategien
und »meta-kognitiven« Kompetenzen praktisch bewerkstelligt werden kann. (Jeder Berufspädagoge dürfte nur darüber lächeln, dass Lehrpersonen an anderen
Schulformen anscheinend gelegentlich daran erinnert werden müssen.) Denn erst
die praktische Umsetzung führt zu jenen Befunden, die neuerdings in der Hattie-Studie als herausragende der Lernenden für das Gelingen von Unterricht her-
vorgehoben werden: Selbsteinschätzung der eigenen Fähigkeiten, Aktivieren er-
lernter Strategien zur Problemlösung, Planen und Reflektieren des Verlaufs eines

Arbeitsprozesses und seiner Ergebnisse u. a. m. (statt vieler Lotz/Lipowsky 2015, S. 100 ff.). Hasselhorn hat in einem schon länger zurückliegende Sammelreferat (1992, S. 42) die wichtigsten Aspekte von Metakognition benannt: u. a.

- systemisches Wissen über Lernanforderungen und Lernstrategien
- epistemisches Wissen z. B. über die eigene Lernbereitschaft und
- exekutives Wissen für die Planung, Kontrolle und Steuerung eigener Lernprozesse.

Bei der Frage, wie sich dieses Wissen (und Können!) einüben und fördern lässt, verwies Hasselhorn später (2010) auf das Einüben entsprechender Strategien in einem konkreten Lernbereich, verbunden mit Selbstkontrolle, Lernregulation usw. Jetzt dürfte wieder die reformpädagogisch inspirierte Lehrperson der Sekundarstufen lächeln: denn wie anders als in Projekten? Dass diese Arbeitsformen in der Hattie-Studie unangemessen bewertet werden, ist oft moniert worden; denn wo »Unterricht« im herkömmlichen Sinne nicht mehr stattfindet – weil die Lehrperson nicht vornehmlich Instruktor, sondern Lernbegleiter ist –, kann auf der Suche nach den Kriterien »guten Unterrichts« kaum etwas gefunden werden – weil eben kein Unterricht im herkömmlichen Sinne stattgefunden hat, diese Lernarbeit nicht dokumentiert bzw. publiziert wurde und in der Meta-Analyse von Hattie nichts enthalten sein *kann*, woraus spezifische Effektstärken sich hätten ermitteln lassen. Auf Deutsch: Arbeits- und Lernformen, die als solche nicht dokumentiert sind, erscheinen nur deswegen mehr oder weniger nebensächlich, weil sie in einer Metaanalyse nicht enthalten sein können – was über ihre *tatsächliche* pädagogische Bedeutung für erfolgreiches Lernen absolut nichts aussagt. Übrigens: Hattie hat sogenannte Effektstärken von insgesamt 138 Merkmalen ermittelt, davon sieben Merkmale von Lernenden in 35 Studien, hingegen 49 Merkmale von Unterricht in 365 Studien (Lotz/Lipowsky 2015, S. 99), jedoch – die bedeutungsstärksten Faktoren ergeben sich aus den Merkmalen der *Lernenden* (S. 100). Welche »Wirklichkeit« wird hier eigentlich abgebildet?

»Visible learning« – der Traum aller Empiriker kommt grade in der Projektmethode zum Vorschein und zugleich damit ein Phänomen, was neuerdings als ein Kriterium »guten Unterrichts« gesehen wird: »kognitive Aktivierung« (die man so mancher Lehrperson anempfehlen möchte). Die Aktivierung soll sich auf Denken und nicht auf Verhalten beziehen (Lotz/Lipowsky 2015, S. 106), versteht sich; denn es sollte vermieden werden, dass zwar alle Arbeitsschritte absolviert sind, aber nichts gelernt wurde. Als Aspekte kognitiver Aktivierung werden Feedback, metakognitive Strategien, Kreativitätsförderung, Problemlösen, Lerntechniken, Fragenstellen und Forschendes Lernen genannt (ebd., S. 106, Tab. 2; zur Konkretion Lipowsky/Lotz 2015, S. 192).

Genau dies sind die Effekte bei der Lösung von Aufgaben durch die Projektmethode, mit dem zusätzlichen »pädagogischen Mehrwert«, dass sich ein Feedback

z. B. aus einer Stockung im Arbeitsprozess oder seinem Gelingen ergibt; dass es ohne Fragenstellen u. U. nicht weitergeht; dass es ggf. ohne eine kreative Auseinandersetzung mit kreativen Problemlösungsvorschlägen nicht weitergeht. Das heißt: Die Sachanforderungen und der Arbeitsprozess selbst müssen den Lernprozess steuern, kontrollieren und bewerten – nicht eine Lehrperson oder eine Bewertungsverordnung. Zugleich wird so – und in der Regel nur so – das Fernziel in erreichbare Nähe gerückt: Kompetenzerwerb durch die Erfahrung erfolgreicher Performanz (Reusser 2017).

Dafür gibt es wiederum Gelingensbedingungen, auf deren Bedeutung auch Hattie hinweist: die förderliche Lehrer-Schüler-Beziehung, die Lernatmosphäre und Fehlerkultur, das unterstützendes Lehrerverhalten. Die pandemiebedingten Schulschließungen haben die Bedeutung der pädagogischen Beziehungen in Erinnerung gerufen! (Bauer und Looser in Herrmann 2019) Aber das ist ein anderes Thema.

Literatur

Aebli, H.: Denken: das Ordnen des Tuns: Bd. I: Kognitive Aspekte der Handlungstheorie, Bd. II: Denkprozesse. Stuttgart 1980/81 (u. ö.).

Bauer, J.: Einfühlung, Zuwendung und pädagogische Führung. Die Bedeutung der Beziehung für Lehren und Lernen. In: Herrmann 2019, S. 35–41.

Erdmann, O. Die Arbeitsorganisation der Odenwaldschule (1914); Die Kursorganisation der Odenwaldschule (1930), beide in: Herrmann, U. (Hrsg.): Paul Geheeb – Die Odenwaldschule 1909-1934. Jena 2010, S. 155–161, 162-165.

Grunder, H.-U./Bohl, Th. (Hrsg.): Neue Formen der Leistungsbeurteilung in den Sekundarstufen I und II. Baltmannsweiler [2]2004.

Flitner, W.: Kurt Hahn und seiner Kritiker. Betrachtungen über die Voraussetzungen für pädagogische Kritik (1967). In: Flitner, W.: Gesammelte Schriften Bd. 4, Paderborn 1987, S. 450–457.

Frey, K.: Die Projektmethode. »Der Weg zum bildenden Tun«. Weinheim/Basel [11]2010.

Hasselhorn, M.: Metakognition und Lernen. In: Nold, G. (Hrsg.): Lernbedingungen und Lernstrategien: Welche Rolle spielen kognitive Verstehensstrukturen? (Tübinger Beiträge zur Linguistik, 366) Tübingen 1992, S. 35–62.

Hasselhorn, M.: Metakognitive Lernkompetenzen und ihre Förderung. Vortrag August 2010 an der PH FHNW. Gliederung und Übersicht im Internet.

Hentig, H.v.: Einführung in Wagenschein 1999, S. 7–22.

Herrmann, U.: Erziehungserfahrung und pädagogische Reflexion bei Friedrich Hölderlin. In: Gerhard Kurz, u. a. (Hrsg.): Hölderlin und die Moderne. Eine Bestandsaufnahme. Tübingen 1995, S. 95–212.

Herrmann, U. (Hrsg.): Pädagogische Beziehungen. Grundlagen – Praxisformen – Wirkungen. Weinheim/Basel 2019.

Knoll, M.: Dewey, Kilpatrick und »progressive« Erziehung. Kritische Studien zur Projektpädagogik. Bad Heilbrunn 2011.

Looser, D.: Die Bedeutung der Lehrer-Schüler-Beziehung für die Lern- und Leistungsmotivation von Schülern. In: Herrmann 2019, S. 100–112.

Luthiger, H.: Aufgaben gestalten – zwei didaktische »Ufer«-Hilfen. In: Lehren & Lernen 43 (2017), H. 5, S. 9–16.

Oelkers, J.: Reformpädagogik. Eine kritische Dogmengeschichte. Weinheim/München [4]2005.

Reusser, K.: Aufgaben – Träger von Lerngelegenheiten und Lernprozessen im kompetenzorientierten Unterricht. In: SEMINAR Jg. 2014, H. 4, S. 77–101.

Reusser, K./Reinhardt, V.: Produktive Aufgabenstellungen: Dreh- und Angelpunkt einer kompetenz-
förderlichen Lehr-Lern-Kultur. In: Lehren & Lernen 43 (2017), H. 5, S. 4–9.

Riemer, M. (Hrsg.): Praxishilfen Freinet-Pädagogik. Bad Heilbrunn 2005.

Scheibe, W.: Die Reformpädagogische Bewegung 1900-1932. 3. Nachdr. der 10. Aufl. (1994) Wein-
heim/Basel 2010.

Skiera, E.: Reformpädagogik in Geschichte und Gegenwart. München/Wien ²2010.

Traub, S.: Projektarbeit – ein Unterrichtskonzept selbstgesteuerten Lernens? Eine vergleichende empirische Studie. Bad Heilbrunn 2012.

Wagenschein, M.: Verstehen lehren. Weinheim/Basel 1999.

Laura Raabe

»Wenn man tot ist,
ist man dann ein Stern?«

Thema »Leben und Tod«: eine Projektinitiative in der Primarstufe der
Laborschule Bielefeld

»Ich glaube, die Amsel lebt noch«, ruft eine Schülerin der Gruppe Türkis, während
sie nach unten auf den Schulhof läuft. Die Gruppe steht am Fenster und schaut
gebannt auf den kleinen schwarzen Vogel, der am Boden liegt und sich nicht mehr
rührt. Das Mädchen kommt mit hängendem Kopf in die Gruppe zurück. »Ich
glaube, die Amsel ist tot!« Gemeinsam gehen wir auf den Schulhof zu der Stelle,
wo die Amsel liegt. Sie ist tot. Dass sie dort nicht liegen bleiben kann, darüber
sind sich die Kinder sofort einig. Ein Junge läuft auf unseren Gruppenbalkon und
kommt mit Handschuhen zurück. Behutsam schiebt er seine Hände unter den
leblosen Vogel und trägt ihn in die Gruppe. Kinder holen Papiertücher und bitten
die Lehrerin um eine leere Kiste. Wir finden einen Karton, den die Kinder mit
den Papiertüchern auslegen und in den der Junge die Amsel vorsichtig hineinlegt.
»Was machen wir jetzt mit der Amsel?« Sie braucht ein Begräbnis im Schulgarten.
»Wie geht das?« Diese Fragen sind der Ausgangspunkt für die Projektinitiative
zum Thema »Leben und Tod«.

Der Tod kann plötzlich in unser Lebens treten, wie das geschilderte Ereignis aus dem Schulalltag einer jahrgangsgemischten Gruppe von Kindern im Vorschuljahr und den Jahrgängen 1 und 2 der Laborschule Bielefeld zeigt – hier durch eine kleine Amsel, die gegen das Fenster des Gruppenraums fliegt und stirbt.

Wie gehen Kinder im Vorschulalter und Grundschulalter mit dem Thema »Leben und Tod« um?

Ein Projektgedanke entsteht: Warum sterben Menschen und Tiere?

Einige Daten zum Projekt

16 Kinder, 7 Projektzeiten à anderthalb Zeitstunden

1. Fragen und Gedanken zum Thema Leben und Tod (Ein Projekt entsteht)
2. Warum sterben Menschen und Tiere? (Naturwissenschaftliche Grundlage – Lebensdauer und Todesursachen)
3./4. Wie sieht der Tod aus? (Todesassoziationen – bildlich, musikalisch)
5. Wenn man tot ist, ist man dann ein Stern? (Vorstellungen von einem Leben nach dem Tod, Wir inszenieren die Beerdigung der Amsel)
6./7. Wie sagt man Tschüss? (Gespräch mit einer Seelsorgerin, Gestaltung eines Erste-Hilfe-Trostkoffers)

Das folgende »Initiativprojekt« wurde durch die von den Kindern gestellten Fragen zum Thema »Leben und Tod« angeregt. Ein solches Initiativprojekt folgt dem (seit den 1970er Jahren so genannten) »Situationsansatz«, der zum einen durch die Anknüpfung an eine konkrete Alltagssituation und zum andern durch seine Offenheit bezüglich der Fragestellungen und des Projektverlaufs charakterisiert ist. Den Kindern können aber auch Bearbeitungsthemen als Tätigkeitsfelder angeboten werden, anhand derer sie entscheiden können, was sie bearbeiten möchten. Da Kinder im Vorschulalter und zu Beginn ihrer Grundschulzeit noch lernen müssen, sich ihrer eigenen Interessengebiete gewahr zu werden und diese formulieren zu können, habe ich als Lehrerin auch eine Aufgabe der Ideengeberin und bereite einen Rahmen, in dem die Kinder ihr Vorwissen aktivieren oder neues initiieren können.

Fragen und Gedanken zum Thema »Leben und Tod« sowie eigene Erfahrungen mit dem Thema formulieren die Kinder in einem ersten Gruppengespräch. Die tote Amsel liegt in einem Karton in der Mitte unserer Versammlungsecke, wir sitzen auf dem Boden um sie herum. In Anlehnung an das vorangegangene Ereignis formulieren die Kinder Fragen wie »Ist die Amsel jetzt tot?«, »Kommt die Amsel in den Vogelhimmel?« oder »Können wir die Amsel beerdigen?« Die Fragen werden auf Karteikarten festgehalten und in die Versammlungsmitte gelegt.

Passend hierzu gebe ich eine Anregung durch die Frage »Wie möchtet ihr von der Amsel Abschied nehmen, und was brauchen wir dafür?« Die Kinder stellen eigene Überlegungen an: Die Amsel soll im Schulgarten bei den toten Hühnern und Meerschweinchen beerdigt werden. »Einen Sarg haben wir ja schon«, stellt eines der Kinder fest. Er könnte nur ein wenig schöner sein, im Moment ist es ja nur ein Schuhkarton. »Schwarz soll er sein, weil Särge schwarz sind«, sagt ein anderes Kind. Damit die Amsel aber auch weiß, dass sie von den Kindern der Gruppe Türkis beerdigt wird, wird neben schwarz die Farbe Türkis für das Bemalen des Sargs gewählt. Es finden sich direkt ein paar Kinder, die diese Aufgabe übernehmen möchten. »Ein Kreuz brauchen wir auch, wie finden wir die Amsel sonst zwischen den begrabenen Hühnern wieder?« Holz für ein Kreuz haben wir noch auf dem Balkon. »Wann die Amsel geboren wurde, wissen wir nicht, aber wir können den Todestag und ›Einen schönen Tod‹ oder ›Eine gute Reise in den Himmel‹ auf das Kreuz schreiben.«

»Aber was kann die Amsel mit in den Vogelhimmel nehmen?«, fragt ein Junge. »Wenn ich tot bin, möchte ich, dass mein Kuschelhase mitkommt, damit ich nicht allein bin.« Die Kinder überlegen, was sie der Amsel mitgeben möchten und entscheiden, dass man im Vogelhimmel bestimmt viel Vogelfutter braucht – wer weiß, wie lang die Reise dorthin ist. Viele Kinder würden der Amsel gerne persönlich etwas sagen oder mitgeben, und deshalb entscheiden wir, dass die Gruppe ihre Worte und Wünsche aufschreiben oder aufmalen und in den Sarg legen kann. Sie inszenieren die Beerdigung der Amsel und lernen in diesem Rahmen mögliche Hilfen zur eigenen Trauerbewältigung kennen und bewusster mit Erfahrungen wie dem Tod der Amsel umzugehen.

Die Kinder verbalisieren in diesem Kontext ebenfalls ihre Ängste und ihre Trauer in Form von Fragen wie »Warum sterben Menschen?« und »Geht das Leben im Himmel weiter?« Sie möchten wissen, ob und wie ein Leben nach dem Tod weitergeht und setzen sich mit ihren Gedanken zur Endlichkeit auseinander. Da es keinen Religionsunterricht an der Laborschule gibt, wird es den Kindern auf diese Weise ermöglicht, verschiedene Zugänge zu der Thematik »Leben und Tod« zu finden, ihre Gedanken zu entfalten, zu vertiefen und gegebenenfalls zu überdenken und zu verändern. Dies tun sie, indem sie in einen angeleiteten Dialog über ihre individuellen Vorstellungen zum Thema gehen, ein eigenes Heft der großen Fragen gestalten und Schwerpunkte und Arbeitsergebnisse wie jene, warum das Sterben zum Leben dazu gehört und dass der Tod für alle Lebewesen unvermeidlich ist, darin schriftlich und bildlich festhalten.

Die großen Fragen und der Erste-Hilfe-Trostkoffer

In ihrem »Heft der großen Fragen«, halten die Kinder neben allgemeinen Themen ihre individuellen Schwerpunkte und Arbeitsergebnisse fest. Die Zugänge zu den Ergebnissen können individuell und dem Lern- und Entwicklungsstand der Kinder entsprechend gewählt werden. Einen strukturellen Rahmen beziehungsweise einen roten Faden für das Initiativprojekt bietet mit Blick auf die Fragen der Kinder der Gruppe Türkis das Bilderbuch »Ente, Tod und Tulpe« von Wolf Erlbruch, da das Bilderbuch Fragen der Kinder wie »Warum sterben Menschen und Tiere?«, »Wie sieht der Tod aus?«, »Was passiert mit den Toten?« oder »Wie sagt man Tschüss?« kindgerecht thematisiert und in Anlehnung an die Bilderbuchthematik einen Dialog der Kinder untereinander anregt.

Ein konkretes Beispiel hier sind die verschiedenen Assoziationen zur Gestalt des Todes: Von Fragen wie »Wie klingt der Tod?« oder »Welche Farbe hat der Tod?« bis hin zu konkreten Vorstellungen zur Gestalt des Todes setzen sich die Kinder mit eigenen Vorstellungen auseinander und bringen diese auf unterschiedliche Art und Weise zum Ausdruck. Da kommt der Tod mit einem lauten Paukenschlag daher oder klingt leise und filigran wie ein Windspiel. Geistergeräusche, der Schrei eines Wolfs und eine dramatische Musik »Damdamdam« klingen durch die Gruppe und repräsentierten die Vorstellungen der Kinder. Bilder der Gestalt des Todes und passende Beschreibungen finden sich in den individuellen Heften und werden später an einer Gruppenpinnwand, welche der Dokumentation und Präsentation der Arbeitsergebnisse dient, ausgestellt. Diese Vielfalt an Assoziationen ermöglicht es den Kindern, ihre eigenen Vorstellungen zur Gestalt des Todes zu erweitern und gegebenenfalls zu überdenken.

Der Tod lächelte sie freundlich an.

Eigentlich war er nett, wenn man davon absah, wer er war – sogar ziemlich nett.

(Ente, Tod und Tulpe)

Beschreibe deine Vorstellungen vom Tod!

Der Tod ist weiß und grau und man kann ihn kaum sehen. Er leuchtet rot. Sein mund. sieht aus wie ein schwarzes Loch, das niemals endet.

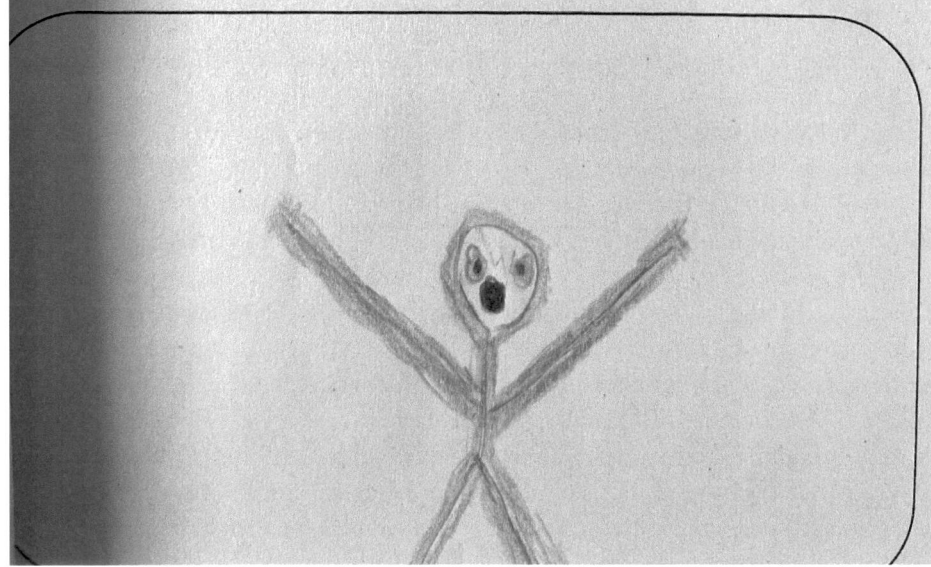

Fragen und Aussagen wie »Was hilft beim Traurigsein?« oder »Die Amsel hatte bestimmt Geschwister!« thematisieren die Kinder mit einer Expertin zum Thema Seelsorge, welche in die Gruppe Türkis eingeladen wurde. Die Kinder erfahren, was ihnen beim Traurigsein und Abschiednehmen helfen kann und nutzen dieses Wissen, um Wünsche und Abschiedsworte für die Amsel zu formulieren. Dieses Abschiedsritual und das Beerdigen der Amsel mit einem Kreuz und Vogelkörnern für den letzten Flug oder das Leben im Vogelhimmel ermöglicht den Kindern das Kennenlernen und die Erarbeitung verschiedener Handlungskonzepte zum Thema »Trost und Hoffnung« sowie die Erweiterung des Wissens zum Themenfeld »Bestattung und Seelsorge«.

Die Kinder nutzen ihr neu gewonnenes Wissen, um einen »Erste-Hilfe-Trostkoffer« als gemeinsames und erweiterbares Produkt am Ende des Projektes zu gestalten und diesen mit für sie relevanten Materialien zur Trauerbewältigung zu füllen: Die Kinder wählen thematisch passende Kinderbücher für den Koffer aus, schreiben einen möglichen Ablaufplan für die Durchführung einer Abschiedsfeier und legen diesen bei, gestalten eine Kerze als Geste der Erinnerung und legen Papier in Wolken- und Herzform für Abschiedsworte bereit. Der »Erste-Hilfe-Trostkoffer« soll allen Kindern der Primarstufe zugänglich sein und kann um weitere Gegenstände ergänzt werden. Auf diese Weise entsteht im Rahmen des Projektes ein gemeinsames Endprodukt, das die Kinder selbst geschaffen haben und das für die Schüler/innengemeinschaft auch nachhaltig bedeutsam ist.

Was haben die Kinder gelernt?

Im Rahmen dieser projektorientierten, fächerübergreifenden, handlungs- und produktorientierten Beschäftigung mit dem Thema »Leben und Tod« erhielten die Kinder die Möglichkeit, in erlebbaren und anwendungsbezogenen Zusammenhängen etwas zu gestalten und dadurch zu lernen. Sie haben im Rahmen des Projektes neben den inhaltsbezogenen Aspekten gelernt,

- eine aktiv reflektierende Rolle bei der Bearbeitung und Beantwortung ihrer eingangs formulierten Fragen einzunehmen
- in einen Gedankenaustausch mit anderen Kindern der Gruppe zu treten und ihre eigenen Gedanken zu erweitern
- weiterführend selbstständig an den gewählten Themen zu arbeiten
- etwas verständlich (schriftlich und bildhaft) zum Ausdruck zu bringen und somit
- eine Sensibilisierung des eigenen Sprachgebrauchs erfahren.

Auch für Lehrkräfte ist die Projektmethode ein Lernfeld. Projekte können nicht wie Unterrichtsabläufe geplant werden, sondern müssen sich immer wieder auf neue Thesen und Themen einstellen, die während des Projektes aufkommen können. Es wird ein hohes Maß an Flexibilität der Lehrpersonen vorausgesetzt, und Kooperationen mit Expert/innen zum jeweiligen Thema sind empfehlenswert.

Literatur

Bosse, U.: Gemeinsam individuell lernen: fächerübergreifend, projektorientiert, jahrgangsgemischt, in längeren Epochen. In diesem Band S. 154–156.

Deterding, R., u. a.: Die Fächergrenzen überwinden: Projektunterricht im Schulalltag. In: Thurn, S./ Tillmann, K.-J. (Hrsg.): Laborschule – Modell für die Schule der Zukunft. Bad Heilbrunn 2011, S. 159–175.

Erlbruch, W.: Ente, Tod und Tulpe. München 2007.

Geist, S: Lernen in Projekten mit Portfolio. Am Beispiel der Reiseprojekte der Laborschule Bielefeld. In diesem Band S. 166–178.

Itze, U./Moers, E.: Theologisieren in der Grundschule. Anleitungen und Ideen zum Umgang mit schwierigen Kinderfragen. Band 1, Buxtehude 2008.

Itze, U./Plieth, M.: Tod und Leben. Mit Kindern in der Grundschule Hoffnung gestalten. Augsburg 42018.

Nilsson, U. (Text)/Eriksson, E. (Illustr.): Die besten Beerdigungen der Welt. Aus dem Schwedischen von Ole Könnecke. Frankfurt/M. 2006.

Peters, B.: Mit Kindern über den Tod sprechen. Was es zur Unterrichtsvorbereitung zu bedenken gibt. In: Grundschule Religion, Heft 45/2013: Tod – und was dann? Seelze 2013, S. 6–11.

Traub, S.: Projektarbeit – Ein Unterrichtskonzept selbstgesteuerten Lernens? Eine vergleichende empirische Studie. Bad Heilbrunn 2012.

Traub, S.: Projektarbeit erfolgreich gestalten. Über individualisiertes, kooperatives Lernen zum selbstgesteuerten Kleingruppenprojekt. Bad Heilbrunn 2012.

Ulrich Bosse

Gemeinsam individuell lernen: fächerübergreifend, projektorientiert, jahrgangsgemischt, in längeren Epochen

In diesem Beitrag wird die Verbindung von gemeinschaftlichem Lernen mit individuellen Interessen und Lernwegen beispielhaft an einem fächerübergreifenden, offenen, projektorientierten Vorhaben in einer jahrgangsgemischten Gruppe der Klassenstufen 3, 4 und 5 an der Laborschule Bielefeld vorgestellt. (Zum Offenen Unterricht vgl. Peschel 2002; zur Projektorientierung bzw. zum Projektunterricht vgl. Schmiederer 1977; Standardwerk: Frey 2012). In längeren Epochen arbeiten die Schüler/innen für sechs oder sogar acht Stunden pro Woche an einem gemeinsamen Thema, auf das sich die Gruppe zuvor geeinigt hat. Die einzelnen Schüler/innen bearbeiten individuelle Schwerpunkte, d.h. Aspekte des Großen-Ganzen, und leisten damit ihren Beitrag zur Bearbeitung des Gruppenthemas.

Die Laborschule Bielefeld ist eine staatliche Versuchsschule des Landes Nordrhein-Westfalen (ausführlich beschrieben in Thurn/Tillmann 2011). Ihre besondere Aufgabe besteht darin, neue Formen des Lernens und Lehrens zu entwickeln, zu erproben und zu beforschen. Die Erkenntnisse und Ergebnisse werden der (Fach-)Öffentlichkeit zur Verfügung gestellt und sollen so zur allgemeinen Schul- und Unterrichtsentwicklung beitragen. Pädagogische Leitgedanken der Schule, die von Schüler/innen vom Vorschulalter bis zum 10. Schuljahr vielfach in jahrgangsgemischten Gruppen besucht wird, lauten unter anderem:

- So viel Lernen durch Erfahrung wie eben möglich, nur so viel Belehrung wie nötig. Je jünger die Schüler/innen, desto ganzheitlicher der Lernplan und desto weniger Fachunterricht.
- Schule ist immer auch ein Ort des Lebens, nicht nur des Lernens. Soziale Gemeinschaft und soziales Lernen spielen an der verbundenen Ganztagsschule eine große Rolle (sämtliche Schüler/innen besuchen die Schule ganztägig; sowohl die vor- und nachmittäglichen Phasen sind eng gekoppelt; die erwachsenen Personen arbeiten an beiden Tageshälften zusammen; die Inhalte werden am gesamten Schultag aufeinander bezogen; vgl. Bosse 2017).
- Die Heterogenität der Schülerschaft wird als Reichtum bewertet. Sie spiegelt die gesellschaftliche Sozialstruktur. Entsprechend wird das Lernen hinsichtlich der Anforderungen und oft auch in Bezug auf inhaltliche Interessen in starkem Ma-

ße individualisiert. Die Laborschule ist seit ihrer Gründung 1974 im Jahre eine inklusive Schule.

- Zensuren werden frühestens ein Jahr vor dem Abschluss erteilt. Bis dahin erhalten die Schüler/innen mündliche und schriftliche Rückmeldungen und Bewertungen. Als Maßstab dienen die individuellen Potenziale: »Du bist dann wirklich gut, wenn Du die in Dir vorhandenen Möglichkeiten ausschöpfst.«

Die lange Arbeitsphase

Wochenlang recherchieren, schreiben, verwerfen, malen und gestalten die Schüler/innen. Die Dauer dieses Prozesses ist schwer vorhersagbar. Es hat sich bewährt, z. B. den Zeitraum zwischen den Weihnachts- und Osterferien für das gesamte Vorhaben vorzusehen. Dann kennen sich die Schüler/innen und Lehrer/innen untereinander bereits gut; die Phase zwischen Ostern und den Sommerferien ist mit Vorhaben wie Klassenreisen oder Schulprojekten weitgehend ausgefüllt. Manchen Schüler/innen gelingt die individuelle Arbeit mit großer Selbstständigkeit, andere benötigen dafür viel Hilfe, zum einen von der Lehrperson, zum andern ganz wesentlich aber von den anderen Mitschüler/innen. Die altersgemischte Struktur der Gruppe fördert solche Zusammenarbeit. Vor allem die Jüngeren lernen von den höheren Klassenstufen. Diese wiederum profitieren von ihrer Tutorenrolle, indem sie hierdurch immer wieder auch in eine Selbstreflexion geraten. Und nicht immer spielen Alter und Klassenstufe die entscheidende Rolle für die Kompetenz als Berater/in.

Themenfindung und Einigung

Nicht alle Themen sind gleichermaßen geeignet. Übertragbarkeit, Verallgemeinerung, Exemplarität sind bei der Themenwahl wichtige Kriterien, über die man mit Schüler/innen dieser Jahrgangsstufen verständig sprechen kann; die allermeisten sind bereits in der Lage, über ihre unmittelbaren eigenen Interessen und Wünsche hinauszudenken. Sie können verstehen und berücksichtigen, dass ein Gruppenthema für alle interessant sein soll, dass es eine allgemeine Bedeutung besitzen und auch für die Bearbeitung in ihrer Altersgruppe geeignet sein muss. Solche Kriterien werden im Gruppengespräch transparent gemacht, möglichst von den Schüler/innen selber entwickelt.

Themenfindung

Dieses Jahr hat sich die Lerngruppe für das Thema »Ozeane« entschieden. Zuvor standen etliche weitere zur Debatte: Fußball, Pferde und Reiten, Das Weltall, Die Feuerwehr, Mein Hund Dolly, Krieg und Frieden.

Wie sind die Schüler/innen zum gemeinsamen Thema »Ozeane« gelangt? Wie verläuft solch ein Entscheidungsprozess? Sind alle Themen zugelassen? Welche Rolle spielt der Lehrplan?

Die letzte Frage kann rasch beantwortet werden. Es geht darum, dass junge Menschen kompetent werden, sich ihre Welt, die Fragen ihrer Zeit, die Dinge ihres Interesses und die Sachen von allgemeinem Belang anzueignen. Dieses kann nur exemplarisch geschehen. Der Lehrplan der Laborschule orientiert sich für diese Schulstufe primär an der Kompetenzentwicklung der Schüler/innen. Dabei spielt die selbstständige Bearbeitung von Inhalten und Themen eine tragende Rolle, ebenso wie das angestrebte Vermögen, einmal gewonnenen Einsichten, Fähigkeiten und Techniken auf andere Themen und Aufgaben übertragen zu können. Somit ist die Vielfalt der in Frage kommenden Themen sehr groß. Innerhalb der Schule gibt es Absprachen über die Verteilung von Themen auf die Schulstufen.

Am Anfang steht immer die Sammlung von Themenvorschlägen. Diese werden im Kreisgespräch auf ihre Tauglichkeit hin geprüft. »Mein Hund Dolly« wird abgelehnt: zu individuell, zu persönlich, zu wenig interessant für die anderen, nicht übertragbar. Die anderen genannten Themen werden zugelassen, auch wenn viele Mädchen das Thema »Fußball« als sehr jungenbezogen bezeichnen und manche Jungen das Thema »Pferde und Reiten« für ein typisches Mädchenanliegen halten. Neele macht den Vorschlag, »Reiten« und »Fußball« unter das Themengebiet »Sport« zu fassen. Sie möchte es dann um ihre Sportart Geräteturnen ergänzen. Eine gute Idee! Sie wird rasch angenommen. Daraufhin bilden sich weitere Themenfelder, nämlich »Polizei – Feuerwehr – Rettungsdienste«, »Tiere«, »Ozean«, »Weltall« und »Krieg und Frieden«.

Einigung auf ein Thema durch Abstimmung

Wie einigt man sich auf ein Thema, ohne eine große Minderheit oder gar die Mehrheit zu enttäuschen, aber auch ohne einzelne zu über- bzw. unterfordern? Wie entscheidet sich eine Gruppe zwischen sechs so unterschiedlichen Themenfeldern?

Die naheliegende einfache Mehrheitsbildung könnte bei 23 Schüler/innen dazu führen, dass ein Thema schon mit vielleicht fünf oder sechs Stimmen gewählt wäre. Enttäuschung für die 17 oder 18 anderen? Das kann es nicht sein. In solchen Situationen bedienen wir uns eines Mittels aus dem Repertoire der Soziokratie. Jedes zur Wahl stehende Thema wird von einem Schüler/einer Schülerin vorgestellt; dabei werden seine Vorteile in Bezug auf unsere Arbeitsabsicht begründet. So ist ein wichtiges Argument für das Thema »Weltall«, dass unsere Erde und alle Lebewesen ein Teil davon sind, es somit von großer Bedeutsamkeit ist. Anschließend wird nach schwerwiegenden Einwänden gegen das Thema und ihre Begründung gefragt. Dazu bringt ein Junge vor, dass es bei diesem Thema in seinem Alter ausgesprochen schwierig sei, diesen enormen, unendlichen Raum zu erfassen oder zu verstehen: »Ich kann mir das nicht vorstellen mit der Unendlichkeit. Wo ist die denn zu Ende? Und was war davor? Mir ist das Thema viel zu schwer.« Etliche andere stimmen ihm zu. Auf diese Weise wird jedes Thema durchgesprochen. Bei »Sport« fürchten diejenigen, die gar keine Sportart betreiben und daran auch kein Interesse haben, sich zu langweilen. »Das sehe ich ein. Man kann ja niemanden dazu zwingen, sich für Sport zu interessieren«, kommentiert Neele, die das Themengebiet vorgeschlagen hatte. Und so geht es weiter. Schließlich bleiben die Bereiche »Tiere«, »Krieg und Frieden« und »Ozeane« übrig. Gegen diese Themen hat niemand einen ernsthaften Einwand, jeder kann sich damit arrangieren.

Kein Einwand bedeutet aber noch lange nicht, dass ein Thema auf große Zustimmung oder bei jedem gar auf starkes Interesse stößt. Eine Mehrheitsentscheidung wäre auch hier nicht unbedingt Ausdruck von breitem Interesse. In dieser Situation entscheiden wir uns für folgendes Vorgehen: Jeder erhält drei Klebepunkte (so viele wie es Abstimmungsalternativen gibt), die man auf die Themen verteilen kann. Bündeln ist erlaubt. Man muss nicht alle seine Punkte verwenden. Das Weitergeben von Punkten an andere ist nicht gestattet. Bei 23 Schüler/innen Kindern gibt es also maximal 69 Punkte, die auf drei Alternativen zu verteilen sind. Und so sah am Ende das Ergebnis aus: »Ozeane« erhielt 35, auf »Tiere« fielen 21, auf »Krieg und Frieden« zehn Punkte. Fast alle Klebepunkte waren verteilt worden. Es wurde kräftig gebündelt. Zwar haben nicht alle einen Punkt beim Gewinner aufgeklebt, jedes Thema ist jedoch zuvor konsensfähig gewesen und keines hat nennenswerte Einwände erhalten. Niemand ist mit der Entscheidung unzufrieden.

Solche Prozesse benötigen Zeit. Sie dürfen nicht unter Druck stehen, wenn sie gut gelingen sollen. Es ist eine sinnvoll genutzte Lernzeit voller Diskussionen und Einigungsabläufen. Die Schüler/innen sind zufrieden und fühlen sich beteiligt. Ihre sozialen Kompetenzen erweitern sich erheblich.

Klärung des Themas und Verabredung individueller Schwerpunkte

Die gemeinsame Arbeit beginnt mit der Eingrenzung des weiten Feldes »Ozeane«. Dabei geht es auch um die Sicherstellung, dass möglichst alle wichtigen Aspekte zum Tragen kommen.

Der erste Schritt besteht darin, dass die Schüler/innen Bereiche und Themen nennen, so frei, wie sie ihnen in den Sinn kommen. Sie kennen solches Brainstorming. Sämtliche Nennungen werden an der Tafel dokumentiert und erste Bündelungen vorgenommen, dabei helfen die Schüler/innen, korrigieren, machen

Vorschläge. Mit Mindmaps sind sie vertraut und werden sie auch später für ihre individuelle Arbeit nutzen.

Abb. 1: Durch ein Brainstorming haben die Schüler/innen Rahmen- und Unterthemen gefunden

Es kommen über 30 Aspekte zusammen, fast alle tragen etwas bei. Wir wissen, dass wir nicht jedes Teilgebiet bearbeiten können, aber die wichtigsten schon. Das Ergebnis bleibt an der Tafel öffentlich. Die letzliche Entscheidung wird auf den nächsten Tag vertagt. Bis dahin sollen sich die Schüler/innen schon einmal Gedanken darüber machen, welches Thema sie und vielleicht mit wem zusammen bearbeiten möchten. In der Besprechung am Tag darauf ordnen sich die Einzelnen schließlich diesen Themen zu und übernehmen ihre Bearbeitung allein oder zu zweit in selbst gewählten Kleinteams: Wasserschlangen, Eisbären, Versunkene Inseln, Wetter und Stürme, Robben, Meeresverschmutzung, Weltmeere, Delphine, Wale, Schiffe, ausgestorbene Meerestiere.

Die Bearbeitung

Was in den Arbeitsphasen geschieht:
- Strukturierung des individuellen Themas mit einer Mindmap
- Informationsbeschaffung (Bibliothek, Computer, Experten) und Prüfung der Quellen auf Eignung und Brauchbarkeit
- gemeinsame und individuelle Erarbeitung der Inhalte zu den einzelnen Aspekten der Mindmap
- immer wieder: Anpassung der Mindmap
- enge Begleitung durch Kritische/n Freund/in und Lehrperson
- Rückmeldungen aus der Gesamtgruppe verarbeiten
- Textproduktion für das Plakat
- Sammeln bzw. Anfertigen von Illustrationen

- Gestaltung des Plakats
- Übungen für Präsentation und Vortrag.

Die Strukturierung der Arbeit

An einem beispielhaften Thema wird mit den Schüler/innen erarbeitet, wie man seine Arbeit gliedern kann, um welche Fragen es geht, welche bedeutsamen Aspekte zu berücksichtigen sind. Dabei hilft wieder die Mindmap als strukturierende Methode. Sie ist übersichtlich und flexibel. Gemeinsam wird durchgespielt, was später die Einzelnen bzw. Partner zu ihrem jeweiligen Thema an Struktur erarbeiten werden.

In der Mitte steht das Thema, hiervon zweigen zunächst ungeordnet all die Aspekte und Ideen ab, die genannt werden können. Im weiteren Arbeitsvollzug können diese ergänzt, gestrichen, überdacht bzw. geändert werden. Ein nächster Arbeitsschritt ist die Bündelung bzw. Zusammenfassung sehr ähnlicher oder verwandter Bereiche. So entsteht ein Art Gliederung der Themenarbeit. Schließlich entscheiden sich die Schüler/innen für einen ihrer Aspekte, den sie als ersten bearbeiten möchten. Dabei stellt die erwartete Bedeutung für das Gesamtthema ein Auswahlkriterium dar. Es ist aber durchaus auch gestattet, mit einem Bereich zu beginnen, für den das Interesse besonders stark ist oder bei dem man sich eine einfache Informationsbeschaffung verspricht.

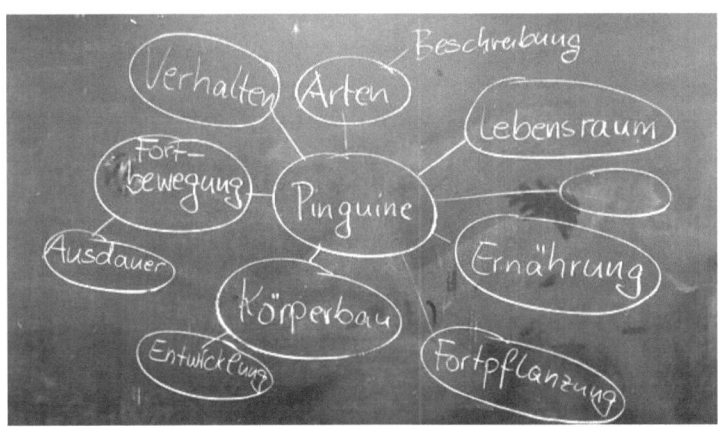

Abb. 2: Eine individuelle Mindmap hilft bei der Strukturierung eines Themas

Die individuelle Mindmap, die jede/r anschließend erstellt, ist somit der erste Arbeitsschritt. Jede/r Schüler/in erhält die Gelegenheit, die individuelle Mindmap mit Partnern, dem Lehrer (er muss zu Rate gezogen werden, um sicherzustellen, dass die Strukturierung sinnvoll ist und alle wesentlichen Aspekte enthält) oder in der Gesamtgruppe zu besprechen. Dabei kommt es darauf an zu überprüfen, ob das Thema umfassend betrachtet worden ist und die Arbeit sich als leistbar darstellt.

Informationsbeschaffung

Für die Lehrperson ist es nicht leicht, sich auf die komplexe Situation der Informationsbeschaffung vorzubereiten. Diese Art von offener individueller Themenarbeit ist von der Sache her inhaltlich nur in Grenzen vorzuplanen; denn die Schüler/innen kommen regelmäßig auf neue, unerwartete Aspekte. Gleichwohl benötigen die Schüler/innen Unterstützung. Die Lehrperson sollte sie wann immer möglich bei ihren Aufenthalten in der Bibliothek begleiten und sich jede Computerseite vor (!) dem Ausdruck am Bildschirm zeigen lassen, um ihre Eignung für die Arbeit mit den Lernenden zu besprechen.

Da unsere Schüler/innen die Nutzung unserer Schulbibliothek gewohnt sind, bietet diese sich als zentraler Ort der Informationsbeschaffung an. Wir verbringen dort gleich am Anfang des Arbeitsprozesses längere Zeit mit der Suche nach geeigneten Büchern. Auch in den folgenden Bearbeitungszeiten dürfen sie die Bibliothek immer wieder aufsuchen. Viele werden fündig, andere finden leider nichts, manche Bücher eignen sich nicht, also müssen weitere Quellen her. Es kommt häufig vor, dass ich mich selbst auf die Suche nach geeigneten Buch, Zeitschriften oder digitalen Materialien machen muss.

Uns stehen einige Computerarbeitsplätze zur Verfügung. Die Schüler/innen kennen sich damit aus. In der Vielfalt des Internets ist besonders meine Hilfe beim Finden und vor allem beim Auswählen geeigneter Seiten erforderlich. Es wird Wert darauf gelegt, dass wo immer möglich zunächst gedruckte Quellen zu Rate gezogen werden und das Internet nur bei Bedarf oder zur Ergänzung hinzugezogen wird. Begründet wird diese Priorisierung mit der Vielzahl und Unübersichtlichkeit von Quellen im Internet, was schwerer eine Überprüfung auf ihre Eignung zulässt. Möglichst jede Quelle – auch die gedruckte – soll mit einer weiteren bestätigt werden. So entstehen erste Ansätze für kritische Rezeption und wissenschaftliches Vorgehen. Zu Hause suchen manche Kinder weiter und kommen anderntags mit Büchern und Computerausdrucken zurück zur gemeinsamen Arbeit. Denjenigen, die hierzu wenig oder gar keine Möglichkeit haben, biete ich besondere Unterstützung während und nach der gemeinsamen Arbeitszeit an. Da die Laborschule eine Ganztagsschule ist, existiert hierfür genügend zeitlicher Spielraum.

Wichtig ist, dass die Schüler/innen die vorgefundenen Texte und Bilder nicht einfach übernehmen, sondern die zentralen Inhalte mit eigenen Worten wiedergeben. Das ist nicht einfach und muss gelernt werden. Man muss dafür den Text inhaltlich verstanden, durchdrungen haben. Immer wieder gibt es sprachliche Hürden. Auch die Frage stellt sich, ob der eigene Text für andere verständlich ist. Wo sich zwei Schüler/innen für ein Thema gefunden haben, fällt ihnen dieses meist leichter, andere benötigen mehr Unterstützung.

Schwierig ist die Auswahl der Texte, ihr Verständnis – und immer wieder die Begrenzung. Wie wählt man aus? Was ist wirklich wichtig? In dieser Zeit bin ich als Lehrperson sehr gefordert, nehme die Texte der Schüler/innen häufig mit nach Hause, redigiere, korrigiere sie und rede anderntags mit den Einzelnen darüber. Das geschieht meist in Kleingruppen, die sich spontan bilden. So können andere mitlernen und eine eigene Sicht beisteuern. Nach wenigen Wochen haben die meisten Schüler/innen genügend Erfahrungen gesammelt und brauchen immer weniger meine Unterstützung.

Individualisierung und gemeinsames Lernen

Jede Doppelstunde von 120 Minuten beginnt und endet mit einer gemeinsamen Besprechung. Die Schüler/innen können ihren Arbeitsstand vorstellen, bitten um Beratung, melden sich für eine Zwischenvorstellung. So verbinden sich die Einzelarbeiten ständig mit dem Gesamtthema der Gruppe. Alle nehmen immer wieder Einblick in die Arbeit der anderen. Diese routinemäßigen Übungen sind gleichzeitig Anlass zu Überarbeitungen, Vorbereitung auf die Endpräsentation, vor allem aber bauen sie Ängste und Sorgen ab.

Mit diesem Update können alle nun an die weitere Arbeit gehen. Jetzt zeigt sich die Bandbreite an unterschiedlichen Fähigkeiten und Begabungen sehr deutlich. Manchen Schüler/innen fällt diese selbstständige Arbeitsweise wesentlich leichter als anderen, einige haben ihre Plakate deutlich früher fertig, schreiben ausführlichere Texte. Hier stelle ich unterschiedliche Anforderungen. Muss der Text wirklich so lang sein? Ist das noch gut für ein Plakat? Wie kann er sinnvoll gekürzt werden? Die besonders hoch Motivierten erhalten die Möglichkeit, ihr Thema in anderer Form zu vertiefen. Neele entscheidet sich für ein zusätzliches Thema, das sie durch ein Referat vorstellen möchte. Pauline hingegen arbeitet nach der vorläufigen Fertigstellung ihrer Themenarbeit weiter an ihrem Rechtschreibkurs. Warum nicht? Obendrein hat sie angeboten, Yasmin zu helfen, die erst vor Kurzem nach Deutschland gekommen ist und Unterstützung bei der Beschriftung der Abbildungen auf ihrem Plakat benötigt. Längere Texte kann sie noch nicht schreiben. Johannes hilft Rafik, weil diesem die Gestaltung seines Plakats nicht gelingen will.

Der »kritische Freund« – die »kritische Freundin«

Alle Schüler/innen haben als feste Institution einen »kritischen Freund« bzw. eine »kritische Freundin« zur Seite. Er bzw. sie begleitet jede Schülerin und jeden Schüler während der gesamten Arbeit. Jede/r sucht sich einen Partner, um eine Betrachtung der Arbeit von außen zu erlangen. Hierauf kommt es an: die Kritischen Freund/innen können jederzeit angesprochen und um Unterstützung gebeten werden. Dieses geschieht verbindlich bei der Besprechung der Mindmap, des Gestaltungsentwurfs des Plakats, der Textauswahl, vor allem aber bei der Vorbereitung auf die Präsentation. Gemeinsam übt man die Vorstellung, Körperhaltung, Aussprache, Lautstärke und vieles mehr. Die Schüler/innen wenden sich sehr häufig an ihre »kritischen Freund/innen«. Die Regel lautet: Bevor ihr die Lehrperson fragt, fragt den/die Kritische/n Freund/in. Diese Einrichtung bewährt sich seit Jahren immer wieder neu. Alle gelangen dabei in beide Rollen, als Unterstützende/r wie auch als Unterstützte/r. »Lernen durch Lehren« ist so – ähnlich wie bei den Klein- und Gesamtgruppengesprächen – strukturell angelegt. Hierbei gelingt ihnen in den allermeisten Fällen ein sehr solidarischer Umgang miteinander.

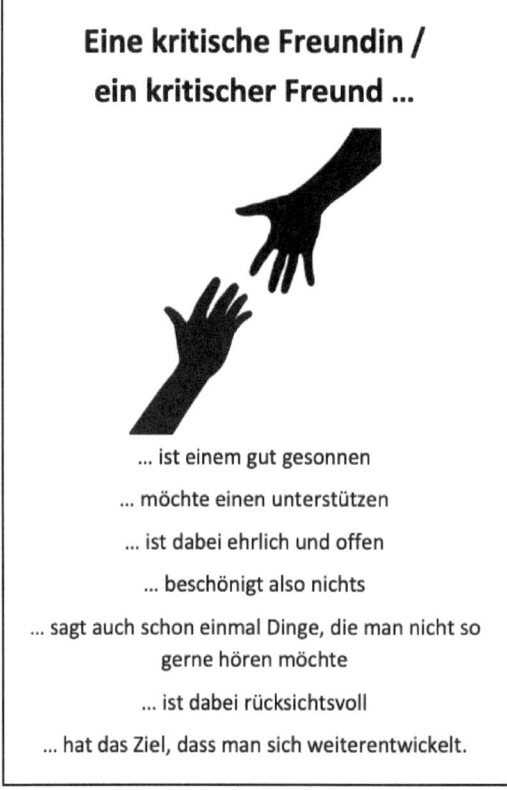

Abb. 3: Poster für das Gruppengespräch

Plakate für die Präsentation

Schon bald zu Beginn der Bearbeitungsphase – auf jeden Fall vor der Textproduktion – einigen wir uns auf eine Präsentation der Arbeitsergebnisse. Die Gruppe entscheidet sich für Plakate; denn Referate hatten bereits wir beim letzten Thema gewählt. Ein solch früher Zeitpunkt ist notwendig, weil sich die Form von Texten für Plakate deutlich von anderen Präsentationsformen unterscheidet. Plakate bieten einen weiteren Lernschwerpunkt: die Gestaltung. Sie eignen sich besonders für eine Ausstellung, auf der die Ergebnisse anderen Klassen und den Eltern präsentiert werden können. Dies erhöht die Motivation der Schüler/innen enorm.

   Ausgiebig wird die Gestaltung eines Plakats erörtert:
- es kommt auf die Ausdrucksstärke, den »Hingucker« an
- die zentrale Aussage muss auf den ersten Blick deutlich werden
- die Illustrationen müssen aussagekräftig sein
- die Texte müssen informativ, dürfen aber nicht zu ausführlich sein; das erleichtert das Formulieren und ist eine gute Übung für Zentrierung und Beschränkung auf das Wesentliche
- rechtschreibrichtige Texte sind wichtig, da sie ja öffentlich zugänglich sind. Das leuchtet jedem Kind ein, bereitet aber auch Sorgen. Durch geeignete Unterstützungssysteme, sämtliche Texte orthografisch zu korrigieren, werden solche Ängste reduziert. Nebenbei ist das ein guter Anlass für die Entwicklung der Rechtschreibkompetenzen.

Zusammenführung zu einem großen Ganzen

Am Ende sind elf Plakate entstanden, es werden elf Vorträge vor der Gesamtgruppe gehalten. Die vielen Einzelarbeiten sind zu einem Großen Ganzen zusammengewachsen. Das gemeinsame Thema »Ozeane« ist von unterschiedlichen Seiten her bearbeitet worden. Jede/r hat einen Beitrag für alle geleistet, für ein gemeinschaftliches Produkt in einem gemeinsamen Lernprozess. Später werden andere Klassen in die Ausstellung eingeladen. An jedem Plakat stehen die Verfasser/innen, berichten von ihrer Arbeit und ihren Ergebnissen, beantworten Fragen und ernten große Anerkennung. So ähnlich wird es an dem Eltern-Kinder-Nachmittag ablaufen, bei dem die Mütter und Väter Einblick in die Arbeit ihrer Kinder nehmen.

   Diese Form des gemeinsamen Arbeitens lässt viel Freiraum für individuelles Lernen, sowohl was den Inhalt angeht, den Arbeitsschwerpunkt, als auch die Ausführung der Arbeit je nach persönlichen Neigungen, Fähigkeiten und Fertigkeiten. Immer bleibt jede/r Teil des Ganzen und trägt hierzu Wesentliches bei. Niemand wird über- oder unterfordert. Alle erhalten direkte, wohlwollende und dabei nicht unkritische Rückmeldungen von den anderen. Die zuvor festgelegten

Kriterien für die Plakatgestaltung spielen eine große Rolle. Diese Rückmeldungen der Schüler/innen und eine dichte Prozessbegleitung durch die Lehrperson bilden die Grundlage für schriftliche Bewertungen der Einzelarbeiten, die sich sowohl auf das geschaffene Arbeitsergebnis als auch – nach gemeinsamen Gesprächen zwischen den Schüler/innen und der Lehrperson – auf die Leistungen und den Lernzuwachs der Einzelnen beziehen.

Fazit

Solch offenes, projektorientiertes, individuelles Lernen in einer inhaltlichen und sozialen Lerngemeinschaft bildet eine gute Grundlage für eine nachhaltige Kompetenzentwicklung der Schüler/innen:

- das eigene Themeninteresse begründet in einen Zusammenhang mit dem Gruppenthema stellen
- bei einer reflektierten Entscheidungsfindung für das gemeinsame Vorhaben mitwirken und dabei den eigenen Bereich wahrnehmen
- das gemeinsame als auch das eigene Thema strukturieren, ergänzen und flexibel handhaben
- Informationsquellen finden, dafür die Bibliothek, das Internet u. a. m. nutzen
- Informationen zusammentragen, auswählen, verstehend lesen und sie in verständlicher Form zusammenfassen
- Schreibfähigkeit (auch Rechtschreibung) sowohl handschriftlich als auch mithilfe von Textverarbeitung entwickeln
- Feedback mithilfe von Partnern, der Lehrperson und aus der Gesamtgruppe prüfen, annehmen und umsetzen
- (in diesem Fall) das Plakat sinnvoll strukturieren, ansprechend und informativ gestalten und es in den Kontext des Gesamtthemas stellen
- Inhalte des eigenen Plakats vor der Gruppe und fremden Menschen kompetent und verständlich vortragen
- Inhalte der anderen Vorträge verstehen und in Zusammenhang mit der Gesamt- und eigenen Thematik einordnen.

Die gemeinsame einvernehmliche thematische Entscheidung stärkt den Zusammenhang von Inhalt und Gruppe, ohne Einzelinteressen zu verdrängen. Die individuelle Ausgestaltung und Arbeitsweise auch in Kleinteams gewährleistet das Anknüpfen an individuellen Interessen und fördert die Lernmotivation erheblich. Die Präsentation der Arbeitsergebnisse in einem positiven Sozialklima stärkt die einzelnen Persönlichkeiten durch Anerkennung und konstruktive Kritik. Die Verbundenheit der Einzelarbeiten mit dem gemeinsamen Vorhaben der Gruppe bleibt stets erhalten.

Ob Grundschule oder Sekundarstufe: Alle können auf eigenem Niveau lernen, wodurch ein Ausgleich und eine Kompensation von Benachteiligungen wirksam möglich ist, ohne leistungsstarke Schüler/innen einzuschränken. Individuelles Lernen gelingt gemeinschaftlich – abseits von gleichschrittigem Unterrichten und ohne in eine isolierende Individualisierungsfalle zu geraten. Die vielfältigen Interessen der Einzelnen können unter einer gemeinsamen Themenstellung berücksichtigt werden und ihre motivierende Wirkung entfalten.

Literatur

Bosse, U., u. a.: Qualitätsdimensionen im verbundenen Ganztag. Schulentwicklung am Beispiel der Eingangsstufe der Laborschule Bielefeld. Bad Heilbrunn 2017.
Frey, K.: Die Projektmethode. »Der Weg zum bildenden Tun«. Weinheim/Basel [12]2012.
Peschel, F.: Offener Unterricht – Idee, Realität, Perspektive und ein praxiserprobtes Konzept zur Diskussion. Band 1: Allgemeindidaktische Überlegungen. Band 2: Fachdidaktische Überlegungen. Baltmannsweiler 2002.
Schmiederer, R.: Politische Bildung im Interesse der Schüler. Frankfurt/M. 1977.
Thurn, S. /Tillmann, K.-J. (Hrsg.): Laborschule – Schule der Zukunft. Bad Heilbrunn 2011.

Der vorliegende Beitrag basiert auf dem Aufsatz des Verfassers »Individuelles Lernen an einem gemeinsamen Thema: Der Ozean«. In: Gemeinsam Lernen 6 (2020), H. 1, S. 24–29.

Sabine Geist

Lernen in Projekten mit Portfolio

Am Beispiel der Reise-Projekte der Laborschule Bielefeld

»Danke für diesen schönen und informativen Abend. Es ist wirklich bemerkenswert, was die die Gruppe und jeder Einzelne in diesem Projekt geleistet haben. Und wie begeistert sie bei der Sache waren. Einfach toll!« Mit diesen Worten verabschiedete sich eine Mutter nach der Vorstellung eines Reiseprojekts von uns Lehrpersonen. Können wir, aber vor allem auch die Schüler/innen, eine schönere Wertschätzung für die intensive und lang andauernde Beschäftigung mit ihrer Projektarbeit wünschen?

Die Projektmethode gehört seit zum Standardinventar der internationalen Reformpädagogik. Der vorliegende Beitrag zu diesem Thema nimmt eine eigene Akzentuierung vor: die Begleitung der Projektarbeit durch Portfolio-Dokumentationen und -Präsentationen der Schüler/innen. Diese Portfolios dokumentieren nicht nur die Lernschritte und Leistungsergebnisse der Schüler/innen, sondern geben auch den begleitenden und beratenden Lernpersonen Einsichten in die individuellen konkreten Arbeits- und Lernprozesse, die die Projektteilnehmer/innen in ihrem Portfolio als ihre Lernhandlungen dokumentieren und reflektieren. Projektpräsentationen eröffnen Lehrern, Eltern und der Schulgemeinde darüber hinaus Einsichten in die Projekt- und Portfolio-Arbeiten, die dadurch eine Quelle für Unterrichts- und Schulentwicklung bilden, wie es dem Auftrag der Laborschule Bielefeld entspricht.

Lernen in Projekten an der Laborschule Bielefeld

Die Laborschule Bielefeld zeichnet sich aus durch erfahrungs- und projektorientiertes Lernen mit weitgehender Selbstbestimmung der Lernenden. Lernen findet nicht gleichschrittig statt, sondern berücksichtigt individuelle Lern- und Entwicklungswege, eröffnet individuelle Handlungsspielräume, räumt den Lernenden Freiräume ein durch Gelegenheiten für selbstgesteuertes Lernen und partizipative Entscheidungsprozesse.

Lernwege in unserer Schule sollen so angelegt werden, dass die Schüler/innen sie als Teil eines möglichst reichen, schönen, wichtigen und darum sinnvollen Lebensabschnitts ansehen. Daher sprechen wir auch von der Schule als Lebens- und Erfahrungsraum. Wie in jeder anderen Schule auch wird an der Laborschule Lernen von den Lehrpersonen geplant, vermittelt und begleitet. Allerdings weisen wir den Lernenden dabei eine aktive, partizipative, selbstgestaltende Rolle zu. Lernen soll sich, soweit wie möglich, an und aus Erfahrung entwickeln. Praktisches Handeln und Entdeckendes Lernen spielen also eine große Rolle in alltäglichen Lernprozessen. Als didaktische Maxime könnte formuliert werden: so viel Belehrung wie nötig und so viel Erfahrung wie möglich (von Hentig 1985, von der Groeben/ Rieger 1991). Die Unterrichtskultur der Laborschule ist geprägt von der Überzeugung, dass die Unterrichtsgegenstände ihre »Bildungswirkung umso besser entfalten können, je mehr sie vom Individuum in sinnvollen, für das eigene Leben bedeutungsvollen Zusammenhängen erlebt werden.« (von der Groeben 2011, S. 48)

Projektarbeit ist dabei ein Beispiel dafür, wie das gemeinsame Gestalten von Lernprozessen an die Stelle von belehrendem Unterrichten tritt. Projekte bietet besondere Möglichkeiten, an den Erfahrungshorizont und die Interessenlage der Lernenden anzuknüpfen und selbstorganisiert in offenen und kooperativen Lernformen gemeinschaftlich zu Lernerfolgen zu kommen.

Projektmethode in einer »Schule der Vielfalt«

In der Laborschule Bielefeld finden Projekte in unterschiedlichen Formen statt. Wir gestalten mit der gesamten Schule als UNESCO-Projektschule alle zwei Jahre eine Projektwoche. Daneben haben Projekte, unterschiedlich organisiert und realisiert, im Schulalltag der Primar- und der Sekundarstufe ihren festen Platz. Schüler/innen arbeiten z. B. in Wahlgruppen projektorientiert, tun dies aber auch in den Stammgruppen oder stammgruppenübergreifend. Projekte können als länger andauernde, manchmal gesamtschulische angelegt sein (z. B. Gestaltung des neuen Schulgeländes durch die gesamte Schulgemeinschaft), oder sie sind zeitlich begrenzt; sie können von einem Fach ausgehen und ggf. andere Fächer einbinden oder auch an alljährlich wiederkehrenden besonderen Lernerfahrungen (z. B. Reisen) angebunden werden (Deterding u. a. 2011).

Alle unsere Projekte, so unterschiedlich sie auch ausfallen, haben wesentliche Gemeinsamkeiten:

- Sie sind fächerübergreifend angelegt, erfahrungs- und anwendungsbezogen, an Fragestellungen, Interessen und auch Fähigkeiten der Kinder und Jugendlichen orientiert, d. h. sie in hohem Maße schülerorientiert.
- Sie sind handlungsorientiert, die Schüler/innen erschließen sich ihre Fragestellungen aktiv handelnd und weitgehend selbstständig. Sie arbeiten und lernen an selbst gewählten Aufgaben. Diese Handlungsorientierung verstehen wir dabei als das zentrale methodische Prinzip des Lernens in Projekten, Emer & Lenzen sprechen hinsichtlich der Handlungsorientierung gar von einer »methodischen Substruktur« (Emer/Lenzen 2008, S. 17) des Projektunterrichts. Ich halte diese

Formulierung für verfehlt: die Handlungsorientierung ist keine Sub-, sondern die Hauptstruktur von Lernen in Projekten (übrigens nicht P.-*Unterricht,* Unterricht ist »gestrichen«, sondern P.-*Methode*). Tätigkeiten oder Handlungsformen wie z. B. Erkunden, Experimentieren, Spielen, Planen, Dramatisieren, Eingreifen, Verändern. Als didaktisch-methodischer Grundkonsens wird Arbeiten und Lernen in Projekten angelegt auf aktive Aneignung, problemlösendes Denken, Selbsttätigkeit und Selbststeuerung.

- Projekte sind produktorientiert. Sie sind erst dann abgeschlossen, wenn ein vorzeigbares Ergebnis zur Präsentation, Diskussion, Reflexion und (ggf.) Bewertung vorliegt.

Die Beiträge von Ulrich Bosse und Laura Raabe (in diesem Band) zeigen an Beispielen aus unterschiedlichen Jahrgängen an der Laborschule die zentralen Phasen der Projektverläufe, die so oder in ähnlicher Weise auch für alle anderen Projekte in der Schule gelten:

- Die *Initiierungsphase,* in der das gemeinsame Thema gefunden wird und eine Projektidee oder erste Ideen für eine Projektskizze entwickelt werden.
- Die *Phase des Einstiegs und der Planung,* in der das Projekt durch einen inhaltlichen Einstieg gestartet wird, Arbeitsgruppen gebildet und »Forschungsfragen«, Ziele und Arbeitsmethoden entwickelt werden sowie Arbeitsschritte und ein Projektplan.
- In der *Durchführungsphase* wird das Projekt dann umgesetzt, begleitend reflektiert und ggf. die Fragestellungen und Arbeitsprozesse noch angepasst.
- Das *Ziel* ist erreicht, wenn die Präsentation der Ergebnisse erfolgt.
- Die *Auswertungsphase* schließt das Projekt ab. In ihr werden die entstandenen Produkte und auch der Prozess reflektiert und beurteilt.

Projektarbeit und Portfolio-Dokumentation

Bei länger andauernden Projekten haben Lehrpersonen häufig die Sorge, dass sie Schüler/innen in gewisser Weise orientierungslos ihren eigenen Ideen und Vorhaben überlassen. Ähnlich wie bei anderen Formen des Offenen Unterrichts bedürfen der Projekte einer guten Strukturierung (Raum, Zeit, Sache), einer begleitenden Beratung und Betreuung der Lernenden, eines Dialogs über die Lernprozesse im Projekt. In der Laborschule setzen wir zu diesem Zweck häufig die in der Schule etablierte Portfolioarbeit ein. In diesem Beitrag über ein Projekt in der Sekundarstufe I wird gezeigt, wie der Einsatz von Portfolios die Projektarbeit stützt und bereichert.

Das Projekt »14 Tage Reise in den Schnee«

Eines der zeitlich längeren Projekte in der Sekundarstufenzeit ist im Jahrgang 7 angesiedelt. Alle Schüler/innen dieses Jahrgangs unternehmen für 14 Tage eine »Reise in den Schnee« auf eine abgelegene Selbstversorgerhütte in Österreich (Funke 1982, Hoppstädter 1992). Etwa zwei Monate vorher beschäftigen sich die Schüler/innen mit der Vorbereitung der Fahrt im Rahmen dieses Projektes:

- In Kleingruppen bereiten die Schüler/innen den Essensplan vor, beschäftigen sich in diesem Zusammenhang mit gesunder Ernährung und erstellen u. a. eine Kostenplanung für die Versorgung am Ort.
- Im Sportunterricht erarbeiten die Jugendlichen ein vorbereitendes Fitnesstraining, setzen es um und führen dazu ein Trainingstagebuch.
- Sie befassen sich in den Erfahrungsbereichen Naturwissenschaft sowie Deutsch/Soziale Studien mit dem Lebensraum Alpen, mit der Entstehung der Alpen, mit Fragen des Tourismus, mit Umwelt- und Naturschutz usw.

Zum vor- und nachbereiteten Entdecken des Ortes und zum Sport kommen während des zweiwöchigen Aufenthaltes auf der Hütte die Hausarbeiten hinzu: Putzen, Kochen, Mahlzeiten gestalten. Was zuvor geplant worden war, wird nun durch einen »Haushaltspass« bestätigt (Biermann/Schütte 2014): Jungen und Mädchen sind fit für Hausarbeiten aller Art.

Einige Arbeitsgruppen präsentieren bereits vor Beginn der Abfahrt einige ihrer Ergebnisse in der Stammgruppe, andere stellen ihre Arbeitsergebnisse auf der Hütte vor. Während der Reise arbeiten alle Schüler/innen an der Erweiterung ihrer Projektergebnisse, indem sie Fotos für ihr Portfolio machen, Interviews mit Ortsbewohner/innen und Touristen durchführen, an den Abenden selbstreflexive Texte schreiben und dergleichen mehr. Zurück in der Schule bereiten die Schüler/innen eine Präsentation für die Eltern vor.

Bevor es zur Projektpräsentation kommen kann, musste fast drei Monate im Projekt gearbeitet und gelernt werden. Das erforderte von allen Beteiligten einen langen Atem, ein hohes Maß an Lernbereitschaft, an Selbstregulationsfähigkeit und Motivation, an Kommunikation und Ideenreichtum. Dabei hilft die Verbindung von Portfolioarbeit und Projektarbeit allen Beteiligten, die Qualität der Projektarbeit möglichst hoch zu halten.

Lernen im Projekt mit Portfolio

Portfolioarbeit ist in der Laborschule ein erprobtes Instrument, um Lernprozesse und Leistungsergebnisse der Schüler/innen sichtbar zu machen. Schüleraktive, offene Unterrichtsformen lassen sich durch Portfolioarbeit strukturieren und in konstruktiver Weise begleiten, sodass die selbstständige und selbstorganisierte Form der »Begegnung mit der Sache« bestärkt wird (Winter 2010). Schon in der Primarstufe erstellen die Schüler/innen solche Formen der »direkten Leistungsvorlage« (Winter 2015, Biermann 2010).

Als individuelle Dokumentation und Präsentation des Lern- und Entwicklungsprozesses hat sich die Portfolioarbeit in unseren heterogenen Lerngruppen sehr bewährt. Leser/innen solcher Produkte erhalten einen Einblick in das Können, den Arbeitsstil und die Entwicklung des Lernenden. Die Lernenden selbst halten am Ende eines oft längeren Arbeitsprozesses ein Produkt in der Hand, auf das sie stolz sein können.

Portfolio – mehr als eine Strukturhilfe

Die Portfolioarbeit soll, so die Grundidee, zunächst einen Einblick in das individuelle Können und den Lern- und Arbeitsprozess der Lernenden geben. Wir verstehen das Portfolio als hervorragendes Instrument der individuellen bzw. gruppenbezogenen Dokumentation und Präsentation von Arbeitsgängen und Leistungen. Daher wird die Arbeit an den Portfolios offen angelegt, die Schüler/innen können sich im Rahmen einer gemeinsamen Thematik frei für ihren Arbeitsschwerpunkt entscheiden. Oft können sie auch wählen, ob sie an ihrem Portfolio allein oder in der Gruppe arbeiten wollen; häufig sind die Portfolioergebnisse Mischformen eines individuellen und gemeinsamen Lern- und Arbeitsprozesses und enthalten individuelle und gemeinschaftlich erarbeitete Ergebnisse.

Ähnlich wie bei der Projektarbeit ist die Präsentation und »Veröffentlichung« der Arbeitsergebnisse ein Kernelement der Portfolioarbeit. Das in dem Projekt erstellte Portfolio (»Projektportfolio«), dient de Sichtbarmachen des Erreichten: der selbst gesetzten Ziele, des erstellten Produkts und auch der eingesetzten Arbeitsverfahren. Die ebenfalls mit dem »Projektportfolio« verbundene Reflexion ermöglicht zusätzlich eine Evaluation und Bewertung der gesamten Projektzeit (Häcker 2003, S. 14).

Die ausdrückliche Fokussierung auf die Präsentation am Ende der Projektzeit, aber auch die Dokumentation des gesamten Arbeitsprozesses bietet den Lernenden Orientierung während der häufig langen Projektzeit.

Zum Ablauf der Projektarbeit

In dem hier vorgestellten Projekt legten wir zunächst gemeinsam fest, welche Elemente aus der Arbeit in allen Projektportfolios enthalten sein sollten. Wir einigten uns auf folgende To-do-Liste (s. Kasten).

> **To-do-Liste für die Projektportfolios**
>
> *Formales:*
> * Titelbild mit Namen, Stammgruppe und Projektbezeichnung
> * Inhaltsverzeichnis
> * Quellenangaben für die Arbeit an den Wahlthemen der Projektgruppen
>
> *Inhaltliches:*
> * Erwartungen an die Reise
> * meine liebsten Fitnessübungen
> * Rezepte der Kochgruppe mit Berechnungen der Kosten des Probekochens (Fotos)
> * Karte der Anreise
> * individuelles (gruppenbezogenes) Wahlthema und die entsprechenden Arbeitsprotokolle
> * dazu je zwei Tagebucheinträge
> * Highlight und Desaster – Kurztexte
> * Ergebnisse der Interviews
> * Lieblingsfotos
> * individueller Reflexionstext
> * Reflexionstext der Arbeitsgruppe

Ebenfalls gemeinsam in der Gruppe entschieden wir uns dafür, dass aus den Projektportfolios ein »richtiges« Buch wird. Eine Kleingruppe verspricht, eine entsprechende Kladde zu organisieren, in die alle vereinbarten Inhalte und das, was jeder/jede für sich selbst noch ergänzen möchte, eingeklebt werden kann.

Während der gesamten Projektphase sammelten die Schüler/innen in einem Ordner alles, was sie für ihr Projektportfolio verwenden können: Fotos, Zeitungsartikel, Materialien, Videoausschnitte, selbst erstellte Notizen, Werbeflyer, Informationen aus der Tourismuszentrale u. a. m.

Noch in der Vorbereitungsphase klärten wir, dass in dem Abschlussportfolio alle Ergebnisse in ihrer Bestform vorliegen sollen und überlegten, wie dies gewährleistet werden kann. Wir trafen folgende Vereinbarungen (s. Kasten).

> **Vereinbarung: Materialsammlung für das Abschlussportfolio**
> * Wir führen ein Projekttagebuch, in das wir unsere Vorhaben eintragen, und in dem wir uns Rechenschaft darüber geben, wie es uns gelungen ist, unsere Vorhaben zu verwirklichen.
> * Wir legen Termine für die Fertigstellung einzelner Arbeitsergebnisse fest.
> * In regelmäßigen Abständen holen wir uns Rückmeldung von Mitschüler/innen ein. Sie sind unsere »kritischen Freunde«.
> * Jede Woche führt die Projektgruppe ein Reflexionsgespräch mit einer am Projekt beteiligten Lehrperson.
> * Sollten Arbeitsergebnisse entstehen, die nicht schriftlich festgehalten werden können (z. B. Video- oder Audiodateien), soll es eine kleine Tasche auf der letzten Seite der Kladde geben, in die eine DVD mit den Dateien eingeheftet werden kann.

Und schließlich legten wir noch gemeinsam fest, dass unsere Projektergebnisse und auch das Projektportfolio bei einem Elternabend vorgestellt werden sollen. Neben dem Projektportfolio sollen dann auch für die Schüler/innen »wertvolle« Ergebnisse präsentiert werden, die nicht den Eingang ins Portfolio gefunden haben (Fotos und Filmausschnitte von den ersten Ski-Erfahrungen, von der Ski-Ralley und der Schneewanderung, Bilder aus dem Kunstunterricht, Plakate u. a. m.).

Die Projektpräsentationen

Jede Form der individualisierten selbstständigen Arbeit an Themen im Kontext schulischen Lernens, so auch das Lernen in Projekten, sollte zurückgeführt werden in die Lerngemeinschaft. Erreicht die Präsentation zusätzlich eine größere Öffentlichkeit, erfährt die Leistung der Schüler/innen eine besondere Würdigung; wir verstehen sie auch als Teil der Portfolioarbeit.

Gemeinsam mit den Schüler/innen erarbeiten die Lehrpersonen das Konzept des Präsentationsabends: Wer moderiert den gesamten Abend? Wer sollte was wie vorstellen, damit der Abend informativ und abwechslungsreich für die Zuhörer wird? Wie können wir zeigen, was wir in diesem Projekt in besonderer Weise gelernt haben? Und wenn die Beiträge festliegen, dann denken wir gemeinsam über den Veranstaltungsort und seine Gestaltung nach.

Im Projekt »Reise in den Schnee« entschieden wir uns dafür, eine unserer Unterrichtsflächen (Flächen im Großraum) für die Präsentation zu nutzen. Es wurden Bühne und Zuschauerstühle aufgebaut, der Raum winterlich geschmückt, an den Wänden hingen Fotos, die während der Reise von den Schüler/innen aufgenommen worden waren. In einem Bereich auf der Unterrichtsfläche lagen die liebevoll gestalteten Projektportfolios aus. An Stelltafeln dahinter konnten die Eltern Bilder betrachten, die im Kunstunterricht entstanden waren. Eine Alpenkarte war aufgehängt, Beamer und Leinwand für einzelne Präsentationen standen bereit (s. Kasten).

Projektpräsentationen

Die Schüler/innen hatten sich für verschiedene Präsentationsformen entschieden – für fachlich informative, aber auch für persönliche Schilderungen, für unterhaltsame Formate und für solche, die zum Nachdenken anregen sollten.

- Eine Gruppe informierte anhand einer Power-Point-Präsentation über den gesamten Ablauf der Fahrt,
- eine andere Gruppe stellte in einem Kurzvortrag unseren Aufenthaltsort und die Entwicklung des Wintertourismus dort vor.
- Während der Fahrt hatten wir eine fiktive Podiumsdiskussion geführt zur Frage der Verbindung zweier Skigebiete in »unserer Skiregion«. Diese Podiumsdiskussion wollten die Schüler/innen in einem szenischen Spiel den Eltern vorführen. Und so diskutierten an diesem Abend auf der Bühne der Bürgermeister, die Tourismuschefin, der Leiter der

Bergbahn, die Leiterin der Skischule und der Vorsitzender des Naturschutzbundes über die Chancen und Probleme bei der Einrichtung einer Verbindung zweier Skigebiete.
- Einige Schüler/innen wollten gern persönliche Schilderungen über »ihre besonderen Tage« aus ihrem Portfolio vorlesen.
- Ein kleiner Sketch, der Situationen in der Küche beim Zubereiten des Abendessens zeigte, und der selbst gedichtete Song der Gruppe sorgten noch für weitere, eher amüsante Programmpunkte.
- Im Anschluss an diesen Teil des Präsentationsabends konnten die Eltern in den Portfolios der Schüler/innen lesen und mit ihnen ins Gespräch kommen. Sie hatten auch Gelegenheit, den Schüler/innen auf kleinen *Post-its* Kurzrückmeldungen zu ihrem Projektportfolio zu schreiben.
- An einer Station konnten sie sich anhand eines selbst gebauten Modells erklären lassen, wie eine Lawine entsteht; es gab einen »Museumsgang«, bei dem die Plakate zu den Arbeitsschwerpunkten der Kleingruppen betrachtet werden konnten. Auch hier gab es Gelegenheiten, den Schüler/innen Rückmeldungen zu geben.
- Auf einem großen Bildschirm lief eine Diashow mit Fotos aus der gemeinsamen Reisezeit.

Das Projektportfolio als Instrument der Selbstreflexion

Selbstreflexive Texte – auch zu kleineren Arbeitsergebnissen – kennen die Schüler/innen aus unserem schulischen Alltag bereits. Im Rahmen des Projektportfolios ermöglicht die Selbstreflexion, sowohl den Arbeitsprozess als auch das Ergebnis der Projektarbeit selbstkritisch zu betrachten. Das zu Beginn der Projektarbeit gemeinsam formulierte Ziel: das »Projektportfolio« soll die »individuelle Bestleistung« dokumentieren, ist für die Schüler/innen der Gradmesser ihrer Evaluation und Bewertung.

Wenn die Projektergebnisse und das Projektportfolio präsentiert werden, erfolgt die Selbstreflexion des Gesamtprojektes und des erstellten Projektportfolios; Häcker (2003) spricht vom »Herzstück des Portfolioprozesses«. Neben der inhaltlichen Reflexion schätzen die Lernenden auch das Wie der Projektarbeit, den Arbeits- und Lernprozess, selbstkritisch ein. Damit stellen sie sich den Fragen einer förderlichen und einer hemmenden Arbeitssituation beim Erreichen der Projektziele.

Als Hilfestellung für das Verfassen dieses selbstreflexiven Textes erhielten die Schüler/innen unterstützende Hinweise in einem kurzen Leitfaden (s. Kasten).

Fragen für die Selbstreflexion

Du hast Dir zu Beginn deiner Projektarbeit überlegt, was Dich interessiert, worüber Du etwas lernen willst und wie Du Dein Arbeitsvorhaben angehen willst. Jetzt stehst Du am Ende deiner Projektarbeit und hast Dein Projektportfolio abgeschlossen.

Gehe in Deiner Reflexion kurz auf Deine Ziele/deine Vorhaben und auch Deine Präsentation ein. Viele Aufgaben hast Du in der Gruppe bearbeitet. Schreibe auch kurz dazu.

- Was macht Dich besonders stolz, wenn Du an Deine Projektarbeit zurückdenkst? Welche wesentlichen Erkenntnisse und Lernfortschritte hast Du während dieser Zeit gemacht? Was ist Dir besonders gut gelungen?
- Wir haben sehr viel Zeit auf die Vorbereitung des Präsentationsabends verbracht. Was hat Dir an diesem Abend besonders gut gefallen? Was würdest Du beim nächsten Mal ändern?
- Was hat Dir während der Projektarbeitsphase besonders geholfen? Welche Hindernisse haben sich aufgetan? Wie hast Du sie bewältigt?
- Was ist Dir bei dieser Projektarbeit noch nicht gelungen? Worauf würdest Du bei einem weiteren Projekt besonders achten?
- Was hättest Du Dir von deinen Lehrkräften noch gewünscht? Was wäre Dir von Seiten deiner Mitschüler/innen wichtig gewesen?

Die Präsentation der Projektarbeit vor den Eltern wurde am nächsten Tag gemeinsam mit der Projektgruppe reflektiert. So und so ähnlich äußerten sich Schüler/innen am Tag nach der Präsentation ihres Projekts:

- »Wir haben uns noch einmal richtig eingedacht in die Themen, um die möglichen Fragen der Eltern beantworten zu können.«
- »Mir sind bei der Vorbereitung auf den Abend auch noch einmal einzelne Inhalte richtig deutlich geworden, gerade weil wir Schwerpunkte bei der Auswahl für die Präsentation setzen mussten.«
- »Ich habe gemerkt, dass es mir bei dieser Präsentation schon viel leichter gefallen ist, vor einem großen Publikum zu sprechen, als beim letzten Mal.«
- »Es war schade, dass nicht alle Eltern alle Portfolios anschauen konnten. Dafür war die Zeit einfach zu knapp. Aber die Eltern waren sehr beeindruckt von den Portfolios.«
- »Meine Mutter hat gesagt, dass sie es beeindruckend fand, welche guten Argumente wir für die Podiumsdiskussion gefunden haben.«

Als Lehrperson schätze ich an solchen Präsentationsabenden:
- Sie bieten eine weitere spezifische Lernchance für die Schüler/innen; denn Präsentationen »auf einer Bühne« haben für sie einen wirklichen Ernstcharakter.
- Die Lernenden erleben bei diesen Präsentationen, dass sich Menschen für ihr Lernen, für ihre Arbeitsergebnisse und für ihre Lernentwicklung interessieren. Die Anerkennung, die sie an solchen Abenden erhalten, erzeugt in der Regel eine große Motivation für die weitere Arbeit.
- Diese Präsentationen ermöglichen auch, dass ich als Lehrkraft noch einmal auf das Geleistete der einzelnen Schüler/innen blicken kann und in der Regel sehr eindrücklich erfahre, welche Lernprozesse angestoßen und vollzogen wurden – bei jedem einzelnen und auch bei der gesamten Gruppe. Ich notiere mir meine

Eindrücke und melde sie den Schüler/innen ebenfalls in einer Gesamtrückmeldung zu ihren Projektergebnissen zurück (s. Kasten).

Berichtsbogen
Schuljahr 2017/2018

Laborschule Bielefeld
des Landes Nordrhein-Westfalen
an der Universität Bielefeld

Schülerin: Paula

Stammgruppe: 7 Korall
Lehrkräfte: S. Geist/ G. Uffmann

Projektportfolio zu Mittelberg

Liebe Paula,

du hast ein sehr umfangreiches und mit viel Mühe gestaltetes Portfolio zu unserem Mittelbergprojekt erstellt. Du kannst in jedem Fall sehr stolz auf diese Leistung sein. Dein Referatthema hast du ausführlich dargestellt und sehr schön bebildert. Wenn eine fremde Person diesen Text demnächst mal liest, wird er/sie über die Geschichte des Kleinwalsertales viel Interessantes erfahren. Du hast dir offensichtlich sehr gut informierte Interviewpartner ausgewählt. Nur so konntest du an so vielfältigen und interessanten Informationen gelangen.

Besonders gefällt uns deine persönliche Reflexion des Projektes. In diesem Text gleichst du deine Erwartungen mit dem ab, was du in der Realität erlebt, erfahren und gelernt hast. Es freut uns sehr, dass deiner Einschätzung nach sowohl die Vor- als auch die Nachbereitung der Fahrt für dich eine lehrreiche Zeit war und du deiner Einschätzung nach viel gelernt hast. Dass du auch vor Ort selbst viel gelernt hast, hast du auch betont. Ja, du hast Recht: die Tage, in denen wir ohne Wasser auskommen mussten, Schnee schmelzen mussten, um zu kochen, das alles öffnet einem die Augen, unter welch komfortablen Bedingungen wir normalerweise leben.

Es hat uns auch deshalb viel Spaß gemacht deine Reflexion zu lesen, weil es eine Reflexion auf ganz unterschiedlichen Ebenen ist: die Ebene des Lernens im Projekt, die Ebene deiner persönlichen Weiterentwicklung und auch die Ebene der Entwicklung des Soziallebens innerhalb der Gruppe. Wir teilen diesbezüglich deine Einschätzung: jetzt sind wir eine richtige Gruppe geworden.

Paula, du wirst sicher viel Freude daran haben, das Buch nach einigen Jahren noch einmal in die Hand zu nehmen und dich an diese schöne Projektzeit mit einer wunderbaren und sehr ereignisreichen Klassenfahrt zu erinnern.

Sabine Geist   Gunnar Uffmann   Bielefeld, den 15.05.2018

Fazit

Bezogen auf das Rahmenthema »Lernen ermöglichen, begleiten und fördern« lassen sich die relevanten Lernhandlungen in ihren Kontextbedingungen der Projektmethode folgendermaßen zusammenfassen:

Lernen in Projekten ermöglicht in besonderer Weise die Aneignung der folgenden Kompetenzen:

- Tätigkeiten, Eindrücke und Erlebnisse zu ordnen und »zur Sprache zu bringen« (wörtlich zu nehmen),
- sie zu reflektieren (wörtlich: *sich Gedanken machen, die eigenen Gedanken auf etwas Spezifischen hinwenden*), sich also aus einer Metaperspektive mit dem Erfahrenen und Gelernten auseinander zu setzen und daraus persönliche Perspektiven für die weiteren Lernprozesse zu entwickeln,
- zu formulieren (wörtlich: *in eine Form bringen*) und sodann
- zu dokumentieren (wörtlich: *ausweisen*) und kommunizieren (wörtlich: *teilnehmen lassen, gemeinschaftlich tun, mitteilen*).

Gerade die Corona-Zeit, die der Schule so viele wertvolle Erfahrungen dieser Art genommen hat, verdeutlichte Lehrpersonen und auch Schüler/innen die Bedeutsamkeit und Notwendigkeit, »Wirklichkeit« in die Schule zu holen bzw. sich der Wirklich außerhalb der Schule zu stellen und daraus zu lernen. Reise-Projekte wie das oben dargestellte bieten in diesem Sinne besondere Möglichkeiten, die in noch so professionell durchgeführten digitalen Lernkontexten nicht zu finden sein können.

Literatur

Biermann, C.: Wie kommt Neues in die (Labor-)Schule? Das Beispiel »Portfolio«. In: Biermann, C./Volkwein, K. (Hrsg.): Portfolio-Perspektiven. Schule und Unterricht mit Portfolios gestalten. Weinheim/Basel 2010, S. 194–206.

Biermann, C./Schütte, M.: Geschlechterbewusste Pädagogik an der Laborschule Bielefeld. Bad Heilbrunn 2014.

Bosse, U.: Gemeinsam individuell lernen: fächerübergreifend, projektorientiert, jahrgangsgemischt, in längeren Epochen. In diesem Band S. 154–165.

Deterding, R., u.a.: Die Fächergrenzen überwinden: Projektunterricht im Schulalltag. In: Thurn, S./Tillmann, K.-J. (Hrsg.): Laborschule – Modell für die Schule der Zukunft. Bad Heilbrunn 2011, S. 159–175.

Funke, J.: Die Reise nach Damüls – ein Curriculum. In: Schoder, G. (Red.): Skilauf. Theorie und Praxis. Stuttgart 1982, S. 37–50.

Groeben, A. v. d./Rieger, M. F.: Ein Zipfel der besseren Welt. Leben und Lernen in der Bielefelder Laborschule. Essen 1991.

Groeben, A. v. d. 2011: Orientierung in der Welt: eine Schule bemüht sich um Bildung für alle. In: Thurn, S./Tillmann, K.-J. (Hrsg.): Laborschule – Modell für die Schule der Zukunft. Bad Heilbrunn 2011, S. 33–49.

Häcker, T.: Mit Portfolios in Projekten expansiv lernen (2003). In: www.schulstiftung-freiburg.de/eip/media/forum/pdf_13.pdf (Zugriff: 05.09.2021)

Hentig, H. v.: Die Menschen stärken, die Sachen klären. Stuttgart 1985.

Hoppstädter, U.: Reise in den Winter – Eine Sportfahrt im 7. Jahrgang. In: Schmerbitz, H., u.a. (Hrsg.): Bewegungen. Konzeptionen und Curriculumbausteine des Erfahrungsbereiches Körpererziehung, Sport und Spiel an der Laborschule. Bielefeld: Eigenverlag Laborschule (IMPULS: Informationen, Materialien, Projekte, Unterrichtseinheiten aus der Laborschule Bielefeld, Band 22), S. 76–88.

Raabe, L.: »Wenn man tot ist, ist man dann ein Stern?« Thema »Leben und Tod«: eine Projektinitiative in der Primarstufe der Laborschule Bielefeld. In diesem Band S. 146–153.

Winter, F.: Perspektiven der Portfolioarbeit für die Gestaltung schulischen Lernens. In: Biermann, C./Volkwein, K. (Hrsg.): Portfolio-Perspektiven. Schule und Unterricht mit Portfolios gestalten. Weinheim/Basel 2010, S. 10–28.

Winter, F.: Lerndialog statt Noten. Neue Formen der Leistungsbewertung. Weinheim/Basel 2015.

Moritz Gritschneder

Lernen im Theaterprojekt an einer Waldorfschule

Das Klassenspiel in der 8. Jahrgangsstufe an der Rudolf-Steiner-Schule in München-Daglfing

Die 8. Jahrgangsstufe – eine pädagogische Herausforderung

Die 8. Klasse ist aus schulpädagogischer Perspektive ein unwegsames Terrain. Den Unterrichtsbeobachtungen von Breidenstein (2006) kann man entnehmen, wie wenig sich die Schüler/innen dieser Jahrgangsstufe insgesamt mit dem schulischen Lernen zu verbinden wissen – und wie sie in der Folge den »Schülerjob« ausgestalten: An die Stelle der aktiven Mitarbeit am Unterrichtsthema tritt dann ein reiches Repertoire an »ergänzenden Beschäftigungen«, die sich oft im toten Winkel des Aufmerksamkeitsradius' der Lehrperson stattfinden: von gelangweiltem Kaugummikauen, Träumen oder Schlafen über hämisches Kommentieren, Daddeln am Handy bis hin zu eigenkreativen Zeichnungen und Dichtungen. Auch an Waldorfschulen ist das Problem der mangelnden Passung von schulischem Lernen und Frühadoleszenz keineswegs unbekannt.

An den meisten Waldorfschulen stellt die 8. Klasse zudem aus einem noch anderen Grund eine besondere Jahrgangsstufe dar: sie markiert nämlich das Ende der achtjährigen Klassenlehrer/innenzeit und steht somit am Übergang von der Mittel- zur Oberstufe. Seit der 1. Klasse hat die Klassenlehrperson »ihre« Klasse begleitet und insbesondere den epochal gegebenen Hauptunterricht (in den meisten Fächern: Deutsch, Mathematik, Geschichte, Biologie, Chemie, Physik) zu Beginn eines jeden Schultags verantwortet.

Die ausgeprägte, wenn möglich rhythmisierte Strukturierung des schulischen Lernens ist ein wichtiges Kennzeichen der Waldorfpädagogik. Neben dem Epochalunterricht, in dem Phasen der intensiven Auseinandersetzung mit einem Thema mit Phasen des gedächtnismäßigen Sich-setzen-Lassens abwechseln, sind die vielfältigen immer wiederkehrenden Rituale im Unterricht, die jahreszeitlich geprägten Schulfeste und die regelmäßigen künstlerischen Aufführungen (Musik, Tanz, Schauspiel) zu nennen. Vor diesem Hintergrund ist es umso erstaunlicher, dass die haltgebende Struktur in der 8. Jahrgangsstufe der Waldorfschule zugunsten eines

Schauspiel-Projekts, das sich mit steigender Intensität über einen Zeitraum von bis zu einem Viertel Schuljahr erstrecken kann, aufgebrochen wird.

Steht in der ersten Hälfte der 8. Jahrgangsstufe die Planung des sogenannten Klassenspiels an, ist im Unterricht atmosphärisch eine gespannte Erwartung unter den Schüler/innen zu bemerken. Nachdem sie in ihrer bisherigen Schulzeit schon viele Klassenspiele der »Großen« anschauen konnten, ist die Reihe nun an ihnen. Bei vielen Schüler/innen verraten schon die aufrechtere Sitzhaltung und der wachere Blick, dass dieses Projekt als Abwechslung zum gewohnten Unterricht willkommen geheißen und ihm auch persönliche Bedeutung beigemessen wird. Es folgen in der Regel lebendige Diskussionen und konstruktive Aussprachen. Sicherlich ist es für die Motivation und Freude von zusätzlichem Vorteil, wenn sich in der konkreten Schulgemeinschaft schon eine tragfähige und begeisternde Klassenspielkultur etablieren konnte.

Große Theaterprojekte für die gesamte Schulgemeinschaft finden in der Regel in der 8. und 12. Jahrgangsstufe statt. Darüber hinaus gibt es eine Vielzahl von kleineren Theaterstücken, zu denen die Eltern bzw. einzelne Nachbarklassen eingeladen werden. Schließlich verwenden viele Lehrpersonen theaterpädagogische Elemente z. B. in Fremdsprachen, im Deutsch- und Geschichtsunterricht.

Die entwicklungspsychologische Dimension der Waldorfdidaktik

Es ist einer der Grundsätze der Waldorfpädagogik, dass Fragen der Unterrichtsdidaktik immer auch in Hinblick auf entwicklungspsychologische Befunde behandelt werden. »Was gelehrt und erzogen werden soll«, so schon der Begründer der Waldorfpädagogik Rudolf Steiner, »das soll nur aus der Erkenntnis des werdenden Menschen und seiner individuellen Anlagen entnommen sein« (Steiner 1982, S. 37). Unterrichtsinhalte und auch die gewählte Methodik werden niemals nur als »objektive« Lernziele betrachtet, vielmehr werden sie primär unter Berücksichtigung des in ihnen vermuteten Potenzials zur Unterstützung der Entwicklung der Kinder und Jugendlichen ausgewählt. Dies gilt insbesondere für die zahlreichen Unterrichtsprojekte, die – wie das Klassenspiel in der 8. Jahrgangsstufe – einen festen Bestandteil des Waldorf-Curriculums ausmachen. (Abstriche von dieser Ausrichtung sind in erster Linie durch externe Anforderungen wie zum Beispiel die staatlichen Abschlussprüfungen bedingt.) An diesem Punkt weist die Waldorfpädagogik eine große Nähe zur sogenannten Bildungsgangdidaktik auf. Diese geht von der Erfahrung aus, »dass Jugendliche immer dann, wenn ihnen die Möglichkeit gegeben wird, an der Bewältigung von Entwicklungsaufgaben zu arbeiten, Sinn entdecken und motiviert und ertragreich lernen« (Lechte/Trautmann 2004, S. 80).

Der Blick in die entwicklungspsychologische Fachliteratur bringt ein relativ einheitliches Bild dessen, was als wesentliches Entwicklungsthema für die Frühadoleszenz gesehen wird: die Entfaltung der eigenen Individualität. Über soziale Ablösungsprozesse (in erster Linie von den Eltern) und der Zuwendung zur Peer-Group gestaltet sich die neue Identität des jungen Menschen. Freundschaften werden neu gewählt; erste partnerschaftliche Beziehungen werden zumindest angebahnt. Zugleich sind die Jugendlichen mit tiefgreifenden Veränderungen sowohl in körperlicher als auch in seelischer Hinsicht konfrontiert. Der sich wandelnde Körper und das intensivere Gefühlsleben werden als noch fremd erlebt, zugleich führt die Individualisierung beider Bereiche zu größerer Eigenständigkeit und wachsendem Selbstbewusstsein (Götte u. a. 2016, S. 173; Fend 2000, S. 210 ff.). Oft fällt in dieses Alter das erste Sich-Verlieben, das als Sehnsucht, das eigene Alleinsein aufzuheben, verstanden werden kann. Im Gedanklichen mündet die Wucht der jetzt gesteigerten Emotionalität nicht selten in impulsiv-vorschnelle, zynisch-abwertende oder überkritische Urteilsbildungen.

Aus Sicht der Waldorfpädagogik lassen sich die wesentlichen Entwicklungsziele bei der Ausbildung einer eigenen Identität wie folgt zusammenfassen (Götte u. a. 2016, S. 174):

- Entwicklung einer sachbezogenen Urteilsfähigkeit
- Einsicht in kausale Zusammenhänge, Schulung der verbalen, körperlichen und künstlerischen Ausdrucksfähigkeit
- wirksame Bewegungsschulung.

Die ersten beiden Ziele beziehen sich auf die angestrebte Entwicklung im Denken, während die letzten beiden die wiederzugewinnende Kohärenz von leiblicher Erfahrungsweise und seelischem Empfinden betreffen. Alle zusammen stehen unter dem übergreifenden Ziel der Entwicklung der eigenen Identität. Im folgenden Kapitel wird gezeigt, wie gerade das Klassenspiel in der 8. Klasse Impulse setzt, die den Jugendlichen eine Bearbeitung dieser Entwicklungsthemen ermöglichen kann.

Das Projekt »Klassenspiel«

Auswahl des Theaterstücks und Rollenverteilung

Das Klassenspiel-Projekt beginnt konkret mit der Auswahl des Theaterstücks. Hier gibt es keinen festgelegten Weg. An meiner Schule hat sich ein Verfahren durchgesetzt, das einerseits (noch) stark von der Lehrperson geführt wird, das andererseits aber darauf abzielt, die Schüler/innen mit in die Überlegungen einzubeziehen. So hat die Klassenlehrperson im Allgemeinen ein sehr gutes Bild von »ihrer« Klasse und kann aufgrund der langjährigen Vertrautheit eine kleine Vorauswahl von drei bis fünf Theaterstücken treffen, die dem Alter und den Interessen der Schüler/innen angemessen sind.

Trotzdem ist es sicherlich immer ratsam, Meinungen und Anregungen aus dem Klassenkollegiums in die Planungen mit einzubeziehen, um persönlichen Einseitigkeiten ausgleichend entgegenzuwirken. Es ist von Vorteil, wenn die ausgewählten Stücke unterschiedlichen Genres und Sprachstilen angehören, neben Klassikern, die in diesem Alter durchaus möglich sind, auch moderne oder zeitgenössische Werke. Auf diese Weise wird das Angebot bunter, und zugleich lernen die Schüler/innen die Unterschiede zwischen Tragödie, Komödie, Schwank, Singspiel usw. kennen.

Erfahrungsgemäß reagieren einige Schüler/innen sehr emotional auf die vorgestellten Theaterstücke, zuweilen kommt es auch zu wenig konstruktiven Blockbildungen innerhalb der Klasse – beides erschwert eine Entscheidung, die möglichst von der gesamten Klasse getragen werden sollte. Daher hat es sich bewährt, verschiedene Aspekte, die für die Auswahl des Theaterstücks relevant sind, auf einer Flipchart oder ähnlichem schriftlich zu fixieren und die einzelnen Stücke nach diesen Kriterien zu befragen, einzuordnen und zu bewerten (vgl. zum Auswahlverfahren auch den Beitrag von Bosse in diesem Band S. 156 f.) . Solche zentralen Kriterien können sein:
- Thema und Inhalt des Stücks
- literarische Gattung
- Qualität der Sprache
- Anzahl, Gewichtung und Geschlecht der Rollen
- Möglichkeiten für Kostüme und Bühnenbau.

Als Wahlverfahren hat sich das systemische Konsentieren (Paulus u. a. 2013) bewährt.

Mithilfe von kleinen Klebepunkten können die Schüler/innen ihre Zustimmung oder Ablehnung zu einzelnen Aspekten auf der Flipchart kundtun. Das auf diese Weise entstandene Meinungsbild gibt Aufschluss über den Stand der Meinungsbildung und kann als argumentativer Ausgangspunkt für weitere Gespräche genutzt werden. Die Verschriftlichung in diesem Verfahren hilft den Jugendlichen, sich von der eigenen emotionalen Befangenheit ein Stück weit distanzieren zu können und das »große Ganze« in den Blick zu bekommen (Entwicklungsziel: Entwicklung einer sachbezogene Urteilsfähigkeit). Eventuell kann eine Einigung durch überschaubare Modifikation eines Stücks wie zum Beispiel dem Hinzufügen oder Umschreiben einer Rolle erzielt werden. Wichtiger als das Stück selbst, so zeigt die Erfahrung, ist ohnehin das Engagement der ganzen Klasse, das gewählte Stück zu ihrem eigenen Projekt zu machen.

In der Wahl eines konkreten Theaterstücks hat sich die kollektive Identität der Klassengemeinschaft ausgedrückt. Die nun folgende Rollenverteilung betrifft die einzelne Schülerpersönlichkeit, die sich fragen muss: Wer bin ich? Wer könnte ich auch sein? Was traue ich mir zu? Dieser Prozess braucht daher von Seiten der Lehrperson ein besonders hohes Maß an sozialem Fingerspitzengefühl (übergreifendes Entwicklungsziel: Ausbildung einer eigenen Identität).

Bei der Rollenverteilung hat sich eine zweifache Vorgehensweise als zielführend herausgestellt. Zunächst wird eine Liste mit allen zu vergebenden Rollen erstellt und allen eine Kopie ausgeteilt. Die Schüler/innen sind aufgefordert, die von ihnen gewünschte(n) Rolle(n) einzutragen und für jede ihrer Klassenkamerad/innen eine oder mehrere mögliche Rollen auszuwählen. Bei vielen Jugendlichen werden persönlicher Rollenwunsch und Rollen-Zuschreibung durch die anderen übereinstimmen; wo dies nicht der Fall ist, sind gemeinsame Überlegungen anzustellen, bis alle Schüler/innen zufriedenstellend versorgt sind. Letztlich hat die Klassenlehrperson beide Prozesse mit zu verantworten und sollte sich hierbei stets um Transparenz bemühen.

Probenphase

Sind Stückauswahl und Rollenverteilung abgeschlossen, kann die Probenphase beginnen (Umfang: ca. zehn Wochen). An vielen Schulen übernimmt ab diesem Zeitpunkt ein/e Theaterpädagog/in die weitere Durchführung des Projekts, was zum einen die in dieser Jahrgangsstufe ohnehin stark beanspruchte Klassenlehrperson entlastet und zum andern die anstehende »Abnabelung« der Klasse von ihrer Klassenlehrperson unterstützt.

Zunächst finden die Schauspielproben ergänzend zum regulären Unterricht an zwei Nachmittagen in der Woche statt. Gemeinschafts- und vertrauensbildende Spiele sowie gymnastische Übungen stehen im Vordergrund, ehe dann verstärkt theaterpädagogische Elemente hinzutreten. Insgesamt wird es darum gehen, den Körper als Ausdrucksmittel für die eigene Innerlichkeit einzusetzen zu lernen. Dies beginnt mit einem Bewusstmachen der eigenen Leiblichkeit, zum Beispiel der eigenen Körperhaltung oder der Orientierung im Raum. Auch der menschliche Gang wird in seinen unterschiedlichen Qualitäten des Leichten oder Schweren, des Intro- oder Extrovertierten, des Beharrlichen oder Sprunghaften als leiblicher Ausdruck der Persönlichkeit erkannt (Entwicklungsziel: wirksame Bewegungsschulung).

Besondere Aufmerksamkeit wird den Ausdrucksmöglichkeiten der Stimme zuteil. Fortwährende Sprechübungen, wie sie an der Waldorfschule während der gesamten Schulzeit gepflegt werden, zielen auf ein Ergreifen der Stimme bzw. der Sprache als das primäre Mittel des Menschen ab, sich selbst als individuelle Person auszudrücken. »Die eigene Stimme zu finden« kann als treffende Metapher für das übergeordnete Entwicklungsziel der Jugendlichen gebraucht werden. Es ist viel kontinuierliche Arbeit und viel pädagogisches Geschick – nicht nur aufgrund des Stimmwechsels – nötig, um hier in einen erfolgreichen Übungsprozess zu gelangen.

Im Verlauf der Probenphase wird die Betonung allmählich immer stärker auf die Erarbeitung der einzelnen Rollen gelegt. In Kleingruppen wird selbstständig an Textsicherheit und am groben Ablauf gefeilt. Unter persönlicher Anleitung der Theaterpädagogin bzw. des Theaterpädagogen geht es vorrangig um den künstlerischen Ausdruck in Stimme, Gestik und Mimik. Die Auseinandersetzung mit der fremden Rolle führt zwangsläufig dazu, dass auch eigene soziale Rollenmuster und Einstellungen hinterfragt werden müssen. Die Schauspielerei bietet somit viele Gelegenheiten, die eigenen emotionalen Grenzen genauer kennenzulernen, diese auch einmal zu überschreiten und seelisches Neuland zu erkunden (Entwicklungsziel: Schulung der verbalen, körperlichen und künstlerischen Ausdrucksfähigkeit).

Finden gerade keine Schauspiel-Proben statt, erfordert das Projekt »Klassenspiel« – ganz im Sinne von John Dewey, der ein erfolgreiches Projektthema aufgrund seiner impulsierenden Wirkung auf angrenzende Fachbereiche mit einem Magneten vergleicht (Dewey 1931/2002, S. 158) – eine Reihe von flankierenden Tätigkeiten für Gruppen von Schüler/innen:

- Kulissenbau
- Auswahl und Schneidern der Kostüme
- Auswahl und Einstudieren der musikalischen Begleitung
- Bühnentechnik (Beleuchtung, Beschallung)
- Organisation der Aufführungen inkl. Werbung (in *und* außerhalb der Schule) und Ticket-Management
- evtl. Organisation eines Live-Stream.

Über die Schauspielerei und der reflektierenden Beschäftigung mit dem Inhalt des Theaterstücks eigenen sich die Jugendlichen einen Ausschnitt der »Welt« an. Es bietet sich in den meisten Fällen an, die Thematik des Stücks im Unterricht aufzugreifen. So können die historischen, geografischen, naturwissenschaftlichen oder weltanschaulichen Hintergründe eines Theaterstücks aus den betreffenden fachlichen Perspektiven betrachtet werden. Auf diesem Wege wird das Klassenspiel zum Ausgangspunkt eines fächerübergreifenden Projektunterrichts, anhand dessen den Jugendlichen exemplarisch vermittelt werden kann, wie einzelne Fachgebiete zusammenwirken können, um zum Verständnis eines größeren Ganzen beizutragen (Entwicklungsziel: Einsicht in innere Zusammenhänge).

Zugleich ist dies ein eindrückliches Beispiel für ganzheitliches, handlungsorientiertes Lernen, das kognitive Lernprozesse gleichwertig mit handwerklicher Produktion und künstlerischer Expression betrachtet. Gerade für Schüler/innen, deren Begabung im kognitiven Lernen schwächer ausgeprägt ist, stellt das Klassenspiel mit seinen vielen unterschiedlichen Betätigungsfeldern eine Möglichkeit,

Erfahrungen der Selbstwirksamkeit im Rahmen eines gelingenden Lernprozesses zu machen. Auch aufgrund des eigenen »Klassenspiels« haben so manche Jugendliche in ihnen schlummernde Talente entdeckt oder Kompetenzen, die bisher nur außerhalb der Schule eine Rolle spielten, in das Projekt eingebracht. Beispielsweise vertonte ein Junge einen Liedtext aus dem Theaterstück neu und begann sich in der Folge für Filmmusik zu interessieren; ein Mädchen entpuppte sich als komödiantisches Talent; eine Gruppe von Schüler/innen und Schüler brachte ihre Fertigkeiten am PC ein u. a. m.

Erfahrungen dieser Art haben ein immenses Potenzial, das eigene Selbstbewusstsein zu aufzubauen und zu stärken. Ein sehr eindrückliches Beispiel hierfür ist die Arbeit des Tanzpädagogen Royston Maldoom, die in dem Film »Rhythm Is It!« dokumentiert ist. Über die Hinführung zum Tanz gelingt es Maldoom vielfach, Jugendlichen aus Berliner »Problemschulen« eine neue Perspektive auf ihr Leben insgesamt zu vermitteln (O-Ton: »You can change your life in a dance class«).

Aufführung

In den letzten ein, zwei Wochen steigert sich die Intensität der Schauspiel-Proben. Der reguläre Unterricht ist vollständig ausgesetzt, sodass sich die Schüler/innen mit ganzer Kraft dem gemeinsamen Projekt widmen können. In der Regel verbringen sie jetzt die meiste Zeit des Tages inklusive Abendstunden im Theatersaal; sie proben als ganzes Ensemble, in Gruppen oder einzeln und gehen den genannten zusätzlichen Aufgaben nach. Das Näherrücken der Aufführungstermine erhöht die Dynamik des Theaterprojekts, das spätestens jetzt zur persönlichen Angelegenheit von – im Idealfall – allen Beteiligten geworden ist.

Der große Freiraum, den die Schule den Jugendlichen in diesem Zeitraum zugesteht, unterstützt die emotionale Aufladung des Projekts im Sinne eines gemeinsamen Abenteuers, das weitgehend von den Jugendlichen eigenverantwortlich bewältigt wird. Wenn jemand sein Textbuch zu Hause vergessen hat, ist der dadurch verzögerte Beginn der Probe Mahnung und Belehrung genug.

An den Aufführungstagen werden dann die letzten Kräfte mobilisiert, und erfahrungsgemäß wachsen viele Schüler/innen in dieser letzten Phase des Projekts förmlich über sich selbst hinaus. Die vielen Begegnungen der zurückliegenden Wochen führen dazu, dass die Klasse zunehmend als Vertrauensgemeinschaft erlebt wird, innerhalb derer die Schwächen einzelner Mitglieder empathisch mitgetragen und ihre Stärken anerkannt werden. Es geht also um einen individuellen Lern- und Entwicklungsprozess, der stark in einen sozialen Kontext eingebunden ist.

Die mehrmaligen Aufführungen vor der Schulgemeinschaft mit bis zu mehreren Hundert Zuschauer/innen stellen den nervenaufreibenden Höhepunkt des Projekts dar. Unmittelbar vor Beginn der Aufführung stellt sich die Klasse eng miteinander verhakt in einen Kreis und wünscht sich gutes Gelingen. Es ist immer wieder beeindruckend mitzuerleben, wie die Aufführungen hindurch alle mit allen mitfiebern und die Klassengemeinschaft jedes Mitglied innerlich mitträgt. Im Applaus des Publikums und in den individuellen Rückmeldungen durch Klassenkamerad/innen, Lehrpersonen, Eltern, Geschwister usw. in den folgenden Tagen drückt sich die Anerkennung für die gebrachte Leistung aus. Die Erfahrung der eigenen Selbstwirksamkeit geht über in ein erstarktes Selbstbewusstsein – dies ist auch noch erlebbar, wenn man als Lehrperson der Klasse einige Zeit nach dem Projekt im Unterricht begegnet.

Als schöne Tradition hat sich an unserer Schule etabliert, dass jede 8. Klasse im Anschluss an die letzte Abendaufführung eine Party im Theatersaal feiern darf. Hier kann sich dann die Anspannung der letzten Tage lösen und die Freude an dem Geschafften Bahn brechen.

In der wöchentlichen Konferenz blickt das Kollegium zeitnah auf das Theaterprojekt der Klasse zurück und bemüht sich, Entwicklungsschritte sowohl einzelner Schüler/innen als auch der gesamten Klassengemeinschaft zu erkennen und zu benennen. Schließlich findet sich im Jahreszeugnis ein längerer individueller Text, in dem die schauspielerische und die soziale Entwicklung des Jugendlichen festgehalten sind.

Fazit

Wenn an der Waldorfschule traditionell in der 8. und 12. Jahrgangsstufen Theaterprojekte durchgeführt werden, liegt das neben entwicklungspsychologischen Gesichtspunkten vor allem an schulorganisatorischen Spezifika der Waldorfschule (Ende der Klassenlehrer/innen-Zeit in der 8. Klasse bzw. Abschluss des Waldorf-Curriculums in der 12. Klasse). Selbstverständlich ließe sich ein vergleichbares Projekt in jeder Jahrgangsstufe und in (fast) jeder Schulart durchführen.

Der seit Jahrzehnten erprobten Praxis der Waldorfschulen, in der 8. Jahrgangsstufe ein größer angelegtes Theaterprojekt durchzuführen, ist ein hohes Potenzial zuzuschreiben, die Jugendlichen bei der Bewältigung der alterstypischen Entwicklungsthemen, vor allem der Entdeckung und Entfaltung der eigenen Identität, zu unterstützen: zum einen Bewegungsschulung und an das Arbeiten mit dem eigenen Körper und dessen Expressivität, zum andern weist das Theaterspielen als Form sozialen, ganzheitlichen und handlungsorientierten Lernens, die stark an die Eigenverantwortung der Jugendlichen appelliert, einen hohen motivationalen Wert auf. Schulisches Lernen wird während des Projekts gerade nicht als »Schülerjob« aufgefasst, sondern als persönlich bejahte Herausforderung – insbesondere hieraus dürfte die hohe Bedeutung des Theaterprojekts für die Persönlichkeitsbildung resultieren. Fragt man Absolvent/innen von Waldorfschulen nach den bleibenden Eindrücken ihrer Schulzeit, werden nicht ohne Grund in den allermeisten Fällen die »Klassenspiele« erwähnt.

Kritisch zu sehen ist in diesem Zusammenhang, dass in weiten Teilen der gegenwärtigen Schullandschaft die allgemein bekannten Befunde der Entwicklungspsychologie zum Jugendalter kaum berücksichtigt werden. Denn diese legen nahe, was Hartmut von Hentig in »Schule neu denken« schon vor fast 30 Jahren forderte, nämlich gerade im Übergang von später Kindheit zu früher Adoleszenz den herkömmlichen, formalisierten Unterricht zu beschränken zugunsten von »Erlebnis, Abenteuer, Aufgaben« (Hentig 1993, S. 242). Dass die PISA-Studien gerade diese Altersgruppe für Leistungsstanderhebungen ausgewählt haben, erscheint aus entwicklungspsychologischer Sicht ebenfalls mehr als fragwürdig.

Der Bund der Freien Waldorfschulen und der Bundesverband Theater in Schulen (BVTS) stellen im Netz zahlreiche Informationen und Anregungen für das Theaterspiel an Schulen bereit. Der BVTS fasst die umfassende Bedeutung der Schauspielerei für die Pädagogik wie folgt zusammengefasst: »Theater führt zu einer ästhetisch-expressiven Weltbegegnung, die Vielfalt und Diversität als Chance begreift. Wie kein anderes Fach fördert das Theaterspielen mit seinen partizipativen Arbeitsformen die Entwicklung der Persönlichkeit. Theater befähigt junge Menschen, Verantwortung für sich und andere zu übernehmen.«

Literatur

Breidenstein, G.: Teilnahme am Unterricht. Ethnographische Studien zum Schülerjob. Wiesbaden 2006.

Bundesverband Theater in Schulen, Homepage: www.bvts.de (letzter Abruf: 28.03.2022).

Dewey, J.: Der Ausweg aus dem pädagogischen Wirrwarr (1931). The Way out of Educational Confusion. In: Ders.: Pädagogische Aufsätze und Abhandlungen (1900-1944). Zürich 2002, S. 145–160.

Fend, H.: Entwicklungspsychologie des Jugendalters. Opladen 2000.

Götte, W.M./Loebell, P./Maurer, K.-M.: Entwicklungsaufgaben und Kompetenzen. Zum Bildungsplan der Waldorfschule. Stuttgart ²2016.

Hentig, Hartmut von: Die Schule neu denken. München/Wien 1993.

Lechte, M.-A./Trautmann, M.: Entwicklungsaufgaben in der Bildungsgangtheorie. In: Trautmann, M. (Hrsg.): Entwicklungsaufgaben im Bildungsgang, Wiesbaden 2004, S. 64–88.

PÄDAGOGIK, Heft 3/22, Thema: »Theater spielen«.

Paulus, G./Schrotta, S./Visotschnig, E.: Systemisches Konsensieren. Der Schlüssel zum gemeinsamen Erfolg. Holzkirchen 2013.

Steiner, R.: Freie Schule und Dreigliederung. In: Ders.: Aufsätze über die Dreigliederung des sozialen Organismus und zur Zeitlage 1915-1921. (Gesamtausgabe Bd. 24) Dornach 1982.

Eine Liste mit Klassenspielen (nach Klassenstufen) findet sich auf der Homepage des Bundes der Freien Waldorfschulen unter www.forschung-waldorf.de/service/downloadbereich/ klassenspiele/

Anette Dragan

Arbeiten und Lernen mit Montessori-Pädagogik in der Montessori Gemeinschaftsschule Saar

Im vorliegenden Beitrag werden einige Elemente der Montessori-Pädagogik beschrieben sowie die dazugehörigen Instrumente vorgestellt, die Lernen als schülerzentrierten selbsttätigen Handlungsprozess ermöglichen:

- Eine Pädagogik, die von den individuellen Interessen und Bedürfnissen der Schüler/innen ausgeht, bedarf einer kompletten Auflösung der herkömmlichen Schul- und Unterrichtsstrukturen.
- Der Tagesrhythmus muss sich an die Arbeitsweise der Schüler/innen anpassen, und die Stunden und Arbeitspläne müssen sich dieser Struktur unterordnen.
- Lernprozesse, die einen großen Freiraum einnehmen, benötigen wirksame Regeln, die von allen Akteuren der Schulgemeinschaft getragen werden, sowie praktikable Dokumentationsinstrumente, damit Arbeitsprozesse sorgfältig begleitet und reflektiert werden können.
- Leistungsrückmeldungen spielen eine zentrale Rolle, damit sich die Schüler/innen kontinuierlich weiterentwickeln können. Hier werden der »Leitfaden« und das »Schultagebuch« vorgestellt.

Die Montessori Gemeinschaftsschule Saar ging und geht einen erfolgreichen Weg, Schüler/innen ohne Noten- und Selektionsdruck in ihrer individuellen Entwicklung so zu unterstützen, dass jede/r sein eigenes Potenzial entfalten kann. Zusätzlich tragen viele weitere Elemente der Montessori-Pädagogik, die hier nicht näher beschrieben werden können, dazu bei, integre, reflektierende und kritische junge Menschen aus der Schule zu entlassen.

Strukturdaten zur Montessori Gemeinschaftsschule Saar

Der private Träger der Schule ist das Montessori Zentrum Saar e. V. Die Schule ist eine Inklusive Gemeinschaftsschule mit Gymnasialer Oberstufe und wird als gebundene Ganztagsschule (von 8 bis 16 Uhr) geführt.

Anzahl der Klassen	10	**Schüler/innen pro Klasse**	24
Anzahl der Oberstufenkurse	47. Die Kurse werden in Grund- und Leistungskurse differenziert und auch in kleinen Lerngruppen ab mindestens 4 Schüler/innen pro Kurs ermöglicht.	**Schüler/innen pro Kurs**	zwischen 4 bis 25
Anzahl der Klassenstufen	9	**von/bis**	5 bis 13
Anzahl der Schüler/innen	289	**männlich/weiblich**	160/129
Anzahl der Lehrpersonen	37	**männlich/weiblich**	14/23

Angaben zur Schülerschaft

Da wir als Privatschule ein monatliches Schulgeld erheben, stammt einerseits ein großer Teil unserer Schülerschaft aus Haushalten, denen Bildung wichtig ist und auch finanziell gewürdigt wird. Andererseits wird ein erheblicher Anteil unserer Schüler/innen durch entsprechende staatliche Hilfe finanziell unterstützt, sodass auch ihnen ein Besuch unserer Schule möglich gemacht wird. Aufgrund der regionalen Bekanntheit als Schule mit einem reformpädagogischen Konzept werden wir darüber hinaus von Ärzt/innen und Kinderpsycholog/innen an Eltern von Kindern mit Problemen im staatlichen Schulsystem empfohlen. Allein in den letzten fünf Jahren haben wir ab der 6. Klasse 72 Schüler/innen, meist von Gymnasien, aufgenommen, mit denen das dortige Schulsystem nicht zurechtkam. Unter ihnen befanden sich auch Schulverweigerer, denen ein Schulbesuch an ihrer alten Schule gar nicht mehr möglich war.

Mit dem Ziel, unsere Schülerschaft möglichst in allen Bereichen heterogen zu gestalten, hat es unsere Fördergemeinschaft in den letzten Jahren immer wieder möglich gemacht, auch Kindern mit Migrationshintergrund durch Stipendien den Besuch unserer Schule zu ermöglichen.

Unsere Schülerschaft besteht derzeit zu 55 Prozent aus Jungen, wobei die Quote bei den Anfragen nach einem Schulplatz deutlich höher liegt. Da uns eine Durchmischung der Schülerschaft wichtig ist, sind wir bemüht, die aktuelle Verteilung in etwa beizubehalten. In Bezug auf Begabung und Förderbedarf ist unsere Schülerschaft weitgehend heterogen. Wir sind eine inklusive Schule, die alle Schüler/innen individuell fördert und fordert.

Leitideen und Grundlagen der Montessori-Pädagogik

Maria Montessori stellt in ihrer Pädagogik das Kind bzw. den Jugendlichen und seine individuelle Entwicklung in den Vordergrund. Aus ihrer grundlegenden Überzeugung, dass »der einzige sichere Führer der Erziehung darin besteht, die Personalität des Kindes zu fördern«, wurden die Leitideen und Bildungsziele unserer Schule abgeleitet.

Höchste Aufmerksamkeit erhält die Entfaltung der Gesamtpersönlichkeit durch eigenverantwortliches Arbeiten in der Schule, in Projekten und in außerschulischen Lernorten, die Demokratie- und Friedenserziehung sowie der Erwerb wesentlicher fächerbezogener Kenntnisse. Die Entwicklung sozialer und kommunikativer Kompetenzen steht ebenfalls bei allen Lernhandlungen im Vordergrund.

Wenn wir uns in unserer pädagogischen Praxis auf die Montessori-Pädagogik berufen – unsere Lehrer/innen haben das Montessori-Diplom erworben –, dann tun wir das nicht im Sinne einer Befolgung bestimmter methodischer Konzepte, wie sie für Montessori-Vor- und Grundschulen charakteristisch sind. Für eine weiterführende Schule bedeutet die Orientierung an der Montessori-Pädagogik, dass eine besondere pädagogische Haltung die praktische Ausgestaltung des Zusammenlebens in der Schule und das Arbeiten und Lernen modelliert: ausgehend von den Prinzipien der Freiheit und der Arbeit soll die Persönlichkeitsentwicklung der Kinder und Jugendlichen gefördert werden – und damit steht Maria Montessori im Mainstream der europäischen Reformpädagogik (Gaudig 1928, 1930) durch die Führungserfahrungen eines »erziehenden Unterrichts« (Kiper 2011) ebenso wie durch die Herausforderungen, »es selber zu tun« (Montessori 1994). So sieht es auch die neuere Montessori-Literatur (Schulz-Benesch 2007, Pütz 2017).

Um unsere Bildungsziele zu erreichen, sind eine Auflösung der herkömmlichen Unterrichtsstruktur und Rhythmisierung sowie eine Neudefinition der Lehrerrolle erforderlich. Um individuelles selbstwirksames Lernen zu ermöglichen, müssen die Schüler/innen Raum und Zeit erhalten, eigene Schwerpunkte zu setzen und ihren Lernprozess selbst zu steuern und zur reflektieren. Ermöglicht werden soll im Sinne von Maria Montessori eine »Erfahrungsschule des sozialen Lebens«, eine ganzheitliche Ausbildung, die sich nicht auf die Vermittlung von Fachwissen beschränkt, sondern Eigenverantwortung sowie praktische, soziale und kommunikative Kompetenzen fördert (Ludwig/Klein-Landeck 2020, Meisterjahn-Knebel 2003).

Im Folgenden werden unsere wichtigsten Vorgehensweisen für Arbeiten und Lernen vorgestellt. Die dazugehörigen Lernhandlungen sowie deren Begleitung und Förderung ergeben sich aus dieser Darstellung und entsprechen denen der Berichte von der Projektmethode oder auch z. B. der Freinet-Pädagogik (Riemer 2004 und in diesem Band).

Die Praxis des Arbeitens und Lernens für die Persönlichkeitsentwicklung

Unsere Erfahrung zeigt, dass vor allem selbstgesteuertes Lernen zu nachhaltigem Wissen und Können (Kompetenz) führt und dass durch die Mitbestimmung auch die demokratisch-solidarische Grundbildung der Schüler/innen unterstützt wird. Die Lernerfahrungen, die hier grundlegend wirksam sind, finden häufig außerhalb des »normalen« Unterrichts statt: anders kann eine »Erfahrungsschule« nicht verwirklicht werden – ein Gemeinplatz, der die gesamte europäische und angelsächsische Reformpädagogik seit über hundert Jahren durchzieht. »Arbeitsschule« wurde in Deutschland sogar in der Weimarer Verfassung zu einem Verfassungsprinzip der Unterrichts- als Arbeits- und Lernorganisation erhoben.

Für unsere Schule ist charakteristisch:

Woche der Herausforderungen

In der zweiten Hälfte des laufenden Schuljahres bewerben sich Schüler/innen der Klassen 6 und 7 für ihre Aufgabe während der »Woche der Herausforderungen«. Damit beginnt für diese Klassenstufen das neue Schuljahr. Jede Gruppe muss während der einwöchigen Tour in der Regel (und mit der Aufgabe, sich selbst zu verpflegen) eine vorher festgelegte Strecke oder Aufgabe bewältigen – zu Fuß, mit dem Rad oder anderen Fortbewegungsmitteln. Jedes Jahr werden neue bzw. andere Herausforderungen angeboten nach dem Motto »Wir wachsen an unseren Aufgaben«. Die Schüler/innen der Klassenstufe 7/8 erfahren in der »Woche der Herausforderungen«, dass sie gegebenenfalls mithilfe der Gruppe ein Ziel erreichen können und Schwierigkeiten oder Mühen auf dem Weg bewältigen. Diese Erfahrung trägt die Schüler/innen auch in Bezug auf die Bewältigung schulischer Aufgaben.

Außerschulischer Freitag Klasse 7 und 8

Der außerschulische Freitag bietet Schüler/innen der Klassenstufen 7 und 8 einen ersten und altersgemäßen Einstieg in Lebens- und Arbeitswelt außerhalb der Schule. Für die Schule ist er Bestandteil der Öffnung nach außen und intern die Vorbereitung des Einstiegs in den »Erdkinderplan« (Meisterjahn-Knebel 2003). In den Klassen 7/8 wählen die Schüler/innen unter verschiedenen Angeboten, wovon zwei im Laufe eines Schuljahres durchlaufen werden müssen. Dabei kooperieren wir mit der Musikhochschule des Saarlandes, dem Saarbrücker Kinder- und Jugendtheater »Überzwerg«, Seniorenheimen, Kindergärten und einigen landwirtschaftlichen Betrieben. An diesen Orten sind die Kinder jeweils für einen festen Zeitraum jeden Freitag aktiv. Sie werden dabei von Pädagogen/innen unserer Schule begleitet und betreut.

Außerschulische Lernorte, Praktika, Projekte, Interessengemeinschaften

Aspekte dieses Abschnitts finden sich selbstverständlich an Regelschulen. Hier sollen sie das Bild des Arbeitens und Lernens an unserer Schule abrunden.

Maria Montessori hat für den Bereich der weiterführenden Schule ab Klasse 7/8 den Begriff »Erfahrungsschule des sozialen Lebens« geprägt. Das daraus folgende Ziel der Erziehung zu Mündigkeit, Verantwortung und Autonomie wird somit in verschiedenster Weise auch und besonders an außerschulischen Lernorten verwirklicht.

Ein großer Teil der Lern- und Unterrichtsthemen wird besonders ab Klasse 7/8 in Form von fachübergreifenden Unterrichtsvorhaben und Projekten erarbeitet. Die Arbeits- und Interessengemeinschaften der Schüler/innen umfassen sowohl künstlerische, sportliche, sprachliche und musisch-kulturelle Themen. Die Schüler/innen können aus den zahlreichen Angeboten ihre Themen auswählen, zu denen sie sich dann für ein Schulhalbjahr verpflichten, oder sie können in der »Was-ich-will«-Zeit jede Woche an neu angebotenen Themen zu verschiedenen Unterrichtsfächern arbeiten. Daneben gibt es in einzelnen Fächern wie Sport, Musik, Naturwissenschaften, Kunst und Arbeitslehre zu verschiedenen Zeiten des Schultages gemeinsamen gebundenen Unterricht für alle Schüler/innen. Der Aufbau von Schülerfirmen erfolgt auf der Grundlage der gesammelten Erfahrungen in Klassenstufe 7/8 kontinuierlich ab Klasse 9/10.

Die Arbeit und das Lernen im Schulgelände nehmen großen Raum ein. Dabei geht es bereits ab Klasse 5/6 darum, dass die Kinder und Jugendlichen für Bereiche und Tätigkeiten außerhalb ihrer intellektuellen Entwicklung Verantwortung übernehmen. Dazu sind in besonderem Maße vielfältige Arbeitsgemeinschaften und die Tierpflege in unserer Tierhaltung geeignet.

Aus dem Charakter vieler projektorientierter Aufgaben an der Schule ergibt sich, dass die Ziele des Faches Arbeitslehre sowohl innerhalb der Schule als auch bei vielen außerschulischen Vorhaben ihren angemessenen Platz finden. Unter pädagogischer Anleitung verschiedenste praktische Arbeiten außerhalb der Schule statt.

Außerschulische Projekte, welche das Wohnumfeld mit einbeziehen und die Schule im Stadtteil verankern, sind selbstverständlicher Teil unseres Lernangebots. Praktika werden je nach Alter durchgeführt als

- in erster Linie naturbezogene Praktika, besonders in Klasse 5/6
- Sozialpraktika in entsprechenden Einrichtungen, besonders in Klasse 8
- Betriebspraktika in Handels- und Produktionsbetrieben in Klasse 8/9/10. Wo immer möglich, sollen die Grundtatsachen des Arbeitens und Wirtschaftens in unserer Gesellschaft in praktischen Projekten entwickelt, praktiziert und möglichst nicht in Lehrgängen dargestellt werden. Handwerkliche und technische Grundkenntnisse können sich die Schüler/innen in der Werksträumen der Schule erarbeiten.

Freie Arbeit

Entsprechend der Zielsetzung, die Eigenständigkeit der Schüler/innen zu entwickeln und dem selbsttätigen Handeln der Schüler/innen einen möglichst großen Raum zu geben, nimmt die Freie Arbeit im Arbeitsplan der Schule einen wichtigen Platz ein.

Für die Klassenstufe 5/6 beginnt die Freie Arbeit mit offenem Beginn ab 7:30 Uhr. In diesen beiden Jahren ist es besonders wichtig, an die Arbeit der Grundschulen anzuknüpfen, sie weiterzuentwickeln und zu vertiefen, da die Schüler/innen mit ganz unterschiedlichen Vorerfahrungen an unsere Schule kommen.

Die Klassenstufe 7/8 hat ebenfalls einen hohen Anteil an Freier Arbeit, hinzukommen hier allerdings gezielte Einführungen in Themen der klassischen Unterrichtsfächer. Dieser »Fachanteil« verschiebt sich in Klassenstufe 9/10 noch einmal weiter in diese Richtung. Der Anteil an Projekten nimmt in diesen Jahrgängen kontinuierlich zu. Freie Arbeit bedeutet, dass die Schüler/innen mit frei von ihnen gewähltem Material, das im Raum vorhanden ist, unter Beachtung der Möglichkeiten der Selbstkontrolle, nach einem überwiegend selbst bestimmten, mit den Lehrpersonen abgesprochenen Plan Aufgaben bearbeiten. Es gilt dabei möglichst die freie Wahl des Themas, des Partners und, soweit möglich, auch des Ortes.

In der Klassenstufe 5/6 arbeiten die Schüler/innen noch überwiegend mit dem Montessori-Material, dass aber zunehmend durch andere Arbeitsmaterialien ergänzt wird. In einer durch ihn selbst gut organisierten Freien Arbeit weiß jeder Schüler um seine Aufgaben, er beachtet die Regeln und nimmt Rücksicht auf die Arbeit der Mitschüler. Freie Arbeit dient wegen der immer wieder sich ändernden Arbeitsformen und Kooperationspartner, der dauernden Notwendigkeit von Absprachen und der gegenseitigen Unterstützung in den altersgemischten Gruppen ganz besonders der sozialen Entwicklung der Kinder und Jugendlichen. Sie hilft den Schüler/innen bei der Entwicklung ihrer individuellen Leistungsfähigkeiten und beugt gleichzeitig dem in den unteren Klassen meist schädlichen Wettbewerb unter den Kindern vor bzw. gibt diesem nur in ganz begrenztem Rahmen Raum. Lernen ist nach der Auffassung Maria Montessoris keine Frage des Wettbewerbs der Kinder untereinander und der Notenkontrolle der Lehrer, sondern »Schöpfungsarbeit« der Kinder und Jugendlichen auf ihrem Weg zum erwachsenen selbstbestimmten Menschen.

Die Freiarbeit wird ergänzt durch fachliche Themeneinführungen, die dazu dienen, neue Inhalte zu erklären, differenzierte Materialien zu verteilen und Gruppendiskussionen anzuregen. Freiarbeit dient wegen der sich ändernden Arbeitsformen und Kooperationspartner/innen, der dauernden Notwendigkeit von Absprachen und der gegenseitigen Unterstützung in den altersgemischten Gruppen ganz besonders der sozialen Entwicklung der Kinder und Jugendlichen. Sie hilft den Schüler/innen bei der Entwicklung ihrer individuellen Leistungsfähigkeiten und beugt gleichzeitig dem in den unteren Klassen meist schädlichen Wettbewerb unter den Kindern vor bzw. gibt diesem nur in ganz begrenztem Rahmen Raum.

Schultagebücher, Leitfäden, Lernstandsgespräche

Die Arbeitsergebnisse und Lernfortschritte eines jeden Schülers/in werden durch die Schüler/innen selbst in einem »Schultagebuch« (Abb. 1) festgehalten und sind auch für Eltern einsehbar, da sie einmal pro Woche mit nach Hause genommen werden. Die Tutoren dokumentieren ebenfalls die Lerninhalte und v. a. das Lernverhalten der Schüler/innen während der Freien Arbeit. Außerdem erhält jede/r Schüler/in einen Leitfaden (Abb. 2), in dem die erforderlichen Inhalte der verschiedenen Fächer anhand der aktuellsten Lehrpläne für den Schüler nachvollziehbar aufgelistet sind. Sie werden von Jahr zu Jahr kontinuierlich weiterentwickelt und umfassen den Lernbereich von jeweils zwei Schuljahren. Zusätzlich können in einzelnen Fächern – sofern erforderlich – individuelle Lernpläne mit den jeweiligen Tutoren bzw. Fachlehrern abgesprochen werden. Auf der Grundlage dieser Aufzeichnungen entwickeln die pädagogischen Fachkräfte die Inhalte der Lernstandsgespräche zum Schulhalbjahr bzw. aufgrund der schriftlichen Informationen zum Lern- und Entwicklungsstand zum Schuljahresende. Auf dieser Grundlage ist auch jederzeit ein Wechsel in eine andere Schule möglich, falls dieser aus verschiedensten Gründen nötig sein sollte.

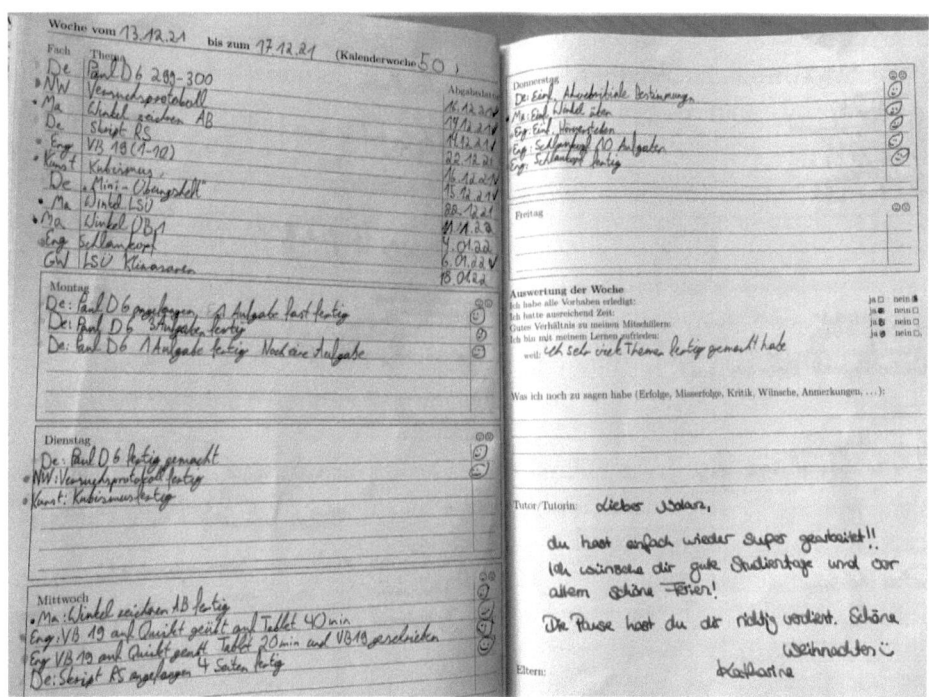

Abb. 1: Schultagebuch

Ich kann/ kenne	Pflichtthemen	Kenntnisstände			
☺ ☹		Anfänge	Grund-kennt-nisse	Erwei-terte Grund-kennt-nisse	Umfas-sende Kennt-nisse
	Rechtschreibung				
	Grammatik: Wortart/Satzglieder				
	Briefe schreiben				
	Epik: Märchen/Sagen/Fabeln				
	Bildergeschichten und spannendes Erzählen				
	Beschreibung (Personen, Gegen-stände, Wege, Vorgänge)				
	Lyrik (Gedichte)				
	Buchvorstellung				
	Themenübergreifende Kompetenzen				
	Altersentsprechende Kenntnisse der Rechtschreibung und Zeichensetzung				
	Präsentationstechniken (Medienwahl, gestaltend Vortragen, Visualisierung)				
	Arbeit mit dem Wörterbuch/ Nachschlagwerk				
	Texte in angemessener Form (z. B. Schriftbild) und Struktur (Einleitung, Hauptteil, Schluss) verfassen				
	Unterscheidung von Umgangs- und Standardsprachen				
	Beherrschung eines altersangemes-senen Wortschatzes				
	Sach-, situations- und adressaten-gerechter Ausdruck				
	Beteiligung an Gesprächen				
	Gesprächsregeln kennen und einhalten				

Abb. 2: Arbeitsleitfaden

Gymnasiale Oberstufe

Die Gymnasiale Oberstufe steht allen Schülwern/innen offen, die eine Übergangs-berechtigung in die Klasse 11 erworben haben. Die Gymnasiale Oberstufe umfasst drei Schuljahre, eine einjährige Einführungsphase und eine zweijährige Haupt-phase. Während der Einführungsphase werden die Schüler/innen inhaltlich und methodisch auf die Hauptphase vorbereite. Die »Herausforderung« in Klasse 11 soll Klassenverband und Teamfähigkeit stärken und weiterentwickeln. Zielbestim-mung, Mittelbeschaffung und Organisation dieser gemeinsamen Aktion liegt in den Händen und der Verantwortung der Klassenmitglieder. Der Unterricht erfolgt im Wechsel von Fachzeiten und Freier Arbeit, die fest im Plan verankert sind und absichern, dass Kurse, Neigungsfächer und Seminarfach problemlos von jedem Schüler/in besucht werden können. Dies gelingt nur durch einen höheren Perso-naleinsatz, der gewährleistet, dass stets die Freie Arbeit parallel zu den Fachzeiten personell besetzt ist. Außerdem werden die Fachzeiten zeitlich an die Belegungs-frequenz des jeweiligen Kurses angepasst, sodass Kurse mit weniger Schüler/innen zeitlich kürzer ausfallen können als hoch frequentierte Kurse.

Statistik unserer Schulabschlüsse

Unsere Schule ist eine Schule im Aufbau: Im Schuljahr 2019/2020 wurde zum sechsten Mal die zentrale Abiturprüfung an unserer Schule durchgeführt. Die Statistiken zeigen die Anzahl der Absolvent/innen der letzten sechs Jahre im Ab-iturverfahren sowie die mittleren Notendurchschnitte, die beim Abitur erreicht wurden. Insgesamt wurde das Abitur bislang dreimal mit der Note 1,0 bestanden. Die Zahlen geben Aufschluss über die prozentuale Übergangsquote der Schüler/innen, die nach Klassenstufe 10 die Qualifikation für die Gymnasiale Oberstufe erlangen, sowie über die Schüleranzahl, die im angegebenen Schuljahr den Haupt-schulabschluss bzw. Mittleren Bildungsabschluss erworben hat.

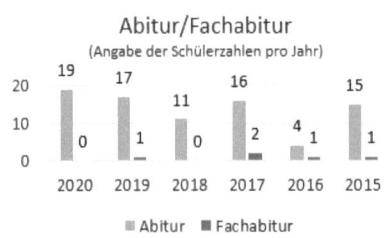

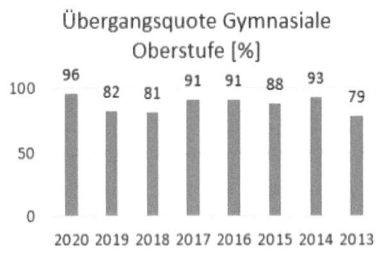

Prozentualer Anteil der Schüler*innen, die nach Klassenstufe 10 die Qualifikation für die Gymnasiale Oberstufe erworben haben.

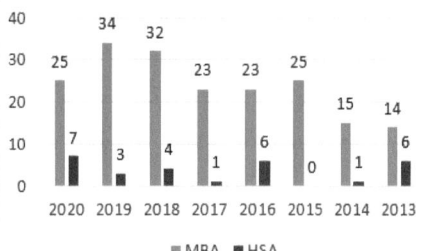

Die pädagogische und bildungspolitische Aktualität der Montessori-Pädagogik an einer Gemeinschaftsschule

Lehren und Unterrichten, Lernen und Arbeit in der Spur der Einsichten und Anregungen von Maria Montessori bedeutet Unterstützung von Persönlichkeitsentwicklung im Kindes- und Jugendalter durch die Ermöglichung von Kompetenzerwerb, d. h. die Unterstützung der Selbstentwicklung der heranwachsenden jungen Persönlichkeit. Diese Unterstützung muss sich zwar einerseits an den inhaltlichen Vorgaben (in Prüfungsordnungen) von schulischen Bildungsplänen orientieren, kann und muss aber andererseits zu deren Herbeiführung eigene Wege gehen; denn Ziele definieren nicht die Wege ihrer Erreichung. Innerhalb einer weiterführenden Gemeinschaftsschule eröffnen sich differenzierende Möglichkeiten individuell neuer Wege und Ziele, die eben nur hier so erreicht werden können.

Pädagogik und Schulpraxis aus dem Geiste Maria Montessoris bedeutet überdies politisch, nicht durch die Orientierung an Prüfungsnormen, sondern an individuellen Möglichkeiten ihrer Erfüllung für mehr Bildungsgerechtigkeit zu sorgen. Der große Züricher Entwicklungspädiater und Kinderfreund Remo Largo schreibt (Largo 2010):

»Gegliederte Schulsysteme werden den Kindern aus folgenden Gründen nicht gerecht:
- Es wird aufgrund von Noten und Prüfungen und nicht von Kompetenzen ausgewählt/ selektiert: Die Zuteilung ist zudem oft willkürlich, weil sie von Unterstützungsformen wie Nachhilfeunterricht abhängt, die das eine Kind bekommt und das andere nicht.
- Die unterschiedliche Ausprägung der Kompetenzen wie Sprache oder Mathematik beim einzelnen Kind führt dazu, dass es je nach Kompetenz ins Gymnasium, die Realschule oder Hauptschule gehören würde.
- Schüler in Real- und Hauptschulen könne nicht die gleichen Lernerfahrungen wie im Gymnasium machen, weil der Lernstoff ein anderer ist, darin besteht die größte Ungerechtigkeit.

Die Gesamtschule wird den individuellen Bedürfnissen der Kinder besser gerecht als das gegliederte Schulsystem. (…) Wir können nicht gleichzeitig eine Segregation in der Schule betreiben und glauben, die gesellschaftliche Integration werde sich später von selbst einstellen.«

Largo bezieht sich auf einschlägige Erhebungen und empirische Forschungen, Vorbilder im Ausland und in Deutschland (Helene-Lange-Schule Wiesbaden, Montessori-Schule Potsdam). »Eine frühe Selektion ist pädagogisch nicht mehr haltbar. In der 4. Klasse lässt sich das schulische Entwicklungspotenzial nicht zuverlässig abschätzen und voraussehen« (S. 163 f.).

Vor diesem Hintergrund erweist sich die Modernität der Montessori-Pädagogik, die sich auf die Entwicklungspotenziale des Kindes- und Jugendalters konzentriert und den schulischen und unterrichtlichen Rahmen des Lehrens und Unterrichtens, Lernens und Arbeitens auf deren Förderung ausrichtet.

Literatur

Gaudig, H. (Hrsg.): Freie geistige Schularbeit in Theorie und Praxis. Breslau [5]1928.

Gaudig, H.: Die Schule im Dienste der werdenden Persönlichkeit. Zuerst 1917, 3. gek. Ausg. Leipzig 1930.

Kiper, H.: Art. Erziehender Unterricht. In: Enzyklopädie Erziehungswissenschaft Online EEO.

Largo, R. H.: Lernen geht anders. Bildung und Erziehung vom Kind her denken. Hamburg 2010.

Ludwig, H./Klein-Landeck, M. (Hrsg.): Maria Montessori: Kosmische Erziehung. Erziehung für Eine Welt. Freiburg 2020.

Meisterjahn-Knebel, G.: Montessori-Pädagogik in der weiterführenden Schule. Der »Erdkinderplan« in der Praxis. Freiburg 2003.

Montessori, M.: Kinder sind anders. München [10]1994 (u. ö.).

Pütz, T.: Die Pädagogik Maria Montessoris. Weinheim/Basel 2017.

Riemer, M. (Hrsg.): Praxishilfen Freinetpädagogik. Bad Heilbrunn 2005.

Schulz-Benesch, G.: Zur Geschichte und Aktualität der Montessori-Pädagogik. In: Hellmich, A./Teigeler, P. (Hrsg.): Montessori-, Freinet-, Waldorfpädagogik. Konzepte und aktuelle Praxis. Weinheim/Basel [5]2007, S. 61–75.

Matthias Riemer

Arbeiten und Lernen mit der Freinet-Pädagogik

Die heute in Deutschland fast vergessene Pädagogik von Célestin Freinet ist einer der Klassiker der Pädagogik der Arbeitsschule, jener Form des Lernens durch praktisches Arbeiten, die sich in der internationalen Reformpädagogik seit über hundert Jahren Maßstäbe setzend für erfolgreiches Lernen bewährt hat. Der vorliegende Beitrag zeigt die Fülle der Lernhandlungen, durch die Schüler/innen sich nicht nur Weltwissen aneignen und die Grundlagen legen für die Erweiterungen ihrer intellektuellen Befähigungen, sondern durch politisch-kritisches Denken eine wesentliche Förderung ihrer staatsbürgerlichen Persönlichkeitsentwicklung erfahren.

Die Freinet-Pädagogik (1979, 1980, 1998, 2000) stellt ein Bündel von Vorgehensweisen zur Verfügung, um Lernen als Arbeit im Sinne der Arbeitspädagogik zu organisieren und systematisch zum Bezugspunkt schulischen Lernens zu machen:

- Lernen auf der Basis von Interessenorientierung
- Lernen am Lebensalltag
- Lernen durch und mit der eigenen Erfahrung
- tastendes Versuchen als Vorgehensweise des Welterkundens und -verstehens.

Lernen erfährt zu diesem Zweck vonseiten der Lehrpersonen eine besondere Organisation, sie erstellen und begleiten Rahmenbedingungen und Ablaufschemata, die die oben genannte Aspekte in den Lernalltag der Schüler/innen umsetzen. Sie organisieren vor allem den Rahmen von Vorgehensweisen, die den Schüler/innen das selbstständige Absolvieren von Arbeits-/Lernphasen ermöglichen, und sie stellen in Ateliers Arbeits-/Lernmaterialien zur Verfügung. Die hin und wieder belächelte Rolle des Lernbegleiters (»Wir sind doch Lehrer!«) erfährt mit den Vorgehensweisen der Freinet-Pädagogik Bedeutung und Anleitung. Lehrpersonen, die das Lernen ihrer Schüler/innen solchermaßen organisieren, sind sich dabei der Legitimation ihrer Arbeit bewusst: Freinet-Pädagogik zielt immer auf die Erziehung aktiver Demokraten, auf Emanzipation im Sinne von Kompetenz, Autonomie und Solidarität (Riemer 2005, S. 220). Dies bleibt nicht Phrase, sondern kommt tatsächlich in den Vorgehensweisen der Freinet-Pädagogik zum Ausdruck.

Um Missverständnissen im Hinblick auf die Lehrerrolle vorzubeugen sei gleich zu Beginn gesagt, dass Lehrpersonen in der Freinet-Pädagogik selbstverständlich auch im herkömmlichen Klassenunterricht Lernen anleiten. Sie können also beruhigt weiterlesen.

Schüler/innen lernen mit der Freinet-Pädagogik gezielt individuell, gerade *weil* die Lehrpersonen Rahmenvorgaben gestalten. So entsteht das Freinet-Paradoxon: *Freiheit entsteht durch Rahmenvorgaben.* Dies wird an den unten folgenden Beispielen deutlich, die freinet-pädagogisches Arbeiten im Alltag erklären.

Die Leitlinien der Freinet-Pädagogik

Arbeiten – Mittelpunkt der Pädagogik

Für Freinet steht Arbeiten im Mittelpunkt des Lernens, des Unterrichtens und seiner Pädagogik. Lernen mithilfe der Arbeit heißt für ihn, die Schüler/innen in ihren Grundbedürfnissen zu stärken, und sie dazu zu befähigen, sich in gesellschaftlichen Zusammenhängen engagiert zu bewähren. Arbeit ist für Freinet dann gegeben, wenn sie einem natürlichen Bedürfnis entspringt, etwa die eigene Nützlichkeit oder Leistungsfähigkeit zu erleben, und dadurch Befriedigung hervorruft. Wenn Schüler/innen im Sinne dieser Arbeit lernen, haben sie das Gefühl, etwas Wichtiges zu tun. Oft entstehen dabei Produkte, Arbeitsergebnisse, die belegen, was die Schüler/innen gelernt und geleistet haben. Beim Freien Forschen entsteht ein Forschungsbericht, Erkundungen werden dokumentiert, freie Texte werden geschrieben und veröffentlicht. Freinets Arbeitsbegriff ist für jedes Lebensalter gültig und beschränkt sich nicht auf manuelle Arbeit oder gar eine Heranführung an die betriebliche Fertigung. Ihm geht es um Lernen als selbstgesteuertem Erkenntnisgewinn in Situationen, die für Schüler/innen relevant sind (Riemer 2005, S. 79 ff.). Aufgabe der Lehrpersonen ist es, dafür einen Rahmen zu organisieren.

Lernen am Lebensalltag

Freinet-Pädagogik wird sich so oft wie möglich an der Lebenswelt der Schüler/innen orientieren,
- um Lernmotivation zu fördern
- um Lernen in Kontexte einzuordnen
- um den Kompetenzerwerb durch Lernen zum Ausgangspunkt für die gestaltende Teilhabe an gesellschaftlichen Prozessen zu machen.

Lernen am Leben war für Freinet und ist noch heute eine pädagogische Entscheidung, die hilft, das Nebeneinanderher von didaktischen Floskeln, Zielen, Zuschreibungen und der Unterrichtsrealität zu vermeiden. Lernen am Leben heißt, von der Lebenswelt, von Erfahrungen auszugehen und dabei eine intellektuelle Weiterentwicklung zu ermöglichen, d. h. das Vorwissen der Schüler/innen in (wissenschaftlich) anerkanntes Weltwissen zu überführen. Das Lernen über Blütenpflanzen beginnt im Freien, die Studieneinheit über Säugetiere bezieht Erkundungen oder Expertenbefragungen mit ein, die wirbellosen Tiere leben eine Zeit lang im Klassenzimmer, der Freie Text im *Present Perfect* hat mit dem Leben des Schülers zu tun, in der Mathematik heißt Verstehen, Wiedererfinden.

Natürliches Lernen

Célestin Freinet, Bauernsohn und Dorfschullehrer, ist einer der Väter der Methode des natürlichen Lernens. Aufgrund seiner Herkunft hatte er ein sehr intensives Verhältnis zur Natur und leitete aus seinen ausgeprägten Kenntnissen der Natur seine grundlegenden pädagogischen Überlegungen ab:

- Jeder Mensch hat ein Potenzial zur Welterkundung.
- Jeder Mensch möchte an relevanten Begebenheiten aus seiner Lebenswelt lernen.
- Natürliches Lernen gibt Anstöße dazu und regt zum tastenden Versuchen des Welterkundens und -verstehens an.

So entstehen Lernprozesse, die (auch unter Anleitung von Lehrpersonen) Ausgangspunkte für das Erlernen weiterer kognitiver Kompetenzen sind, die reflektiert und erweitert werden können. Das ist im Hinblick auf Bildungsplan- und Prüfungsinhalte wichtig und gut: Nicht jeder unserer vielen Lerninhalte und Lernprozesse, die die Bildungspläne vorsehen, kann als natürliches Lernen organisiert werden. Ziel muss es daher sein, so oft wie möglich auf der Basis reflektierter Erlebnisse an das wissenschaftliche Weltbild anzuknüpfen.

Wie kann Lernen organisiert werden?

Ausgangspunkt für Lernprozesse sind Techniken wie die Erkundung, das Freie Forschen, der Freier Ausdruck, deren Ergebnisse im Rahmen von Gruppentechniken reflektiert werden: im Kreis, in Plenarphasen, Diskussionen, im Klassenrat, um dann mithilfe von Arbeitsmitteln (wie dem Arbeitsplan) und mithilfe der Erklärungen der Lehrpersonen erweitert zu werden. Entscheidend ist dabei, dass die Lehrpersonen die Vorlieben und Eigentümlichkeiten der Schülerpersönlichkeiten einbeziehen und fördern. Das bedeutet für die Lehrperson, offen zu sein für unvorhergesehene Wendungen, manchmal auch für ein unerwartetes gemeinsames Lern-Abenteuer.

Techniken, Arbeitsmittel und Gruppentechniken

Die methodischen Vorgehensweisen heißen in der Freinet-Pädagogik Techniken, Arbeitsmittel und Gruppentechniken. Jede Lehrperson ist aufgerufen, sich daraus und mit eigenen Entwicklungen für ihren Unterricht und ihr Fachgebiet ihre eigene Freinet-Pädagogik zu entwickeln. (Beispiele dafür, wie Lehrpersonen dies für Mathematik, Biologie, Französisch und Englisch getan haben, finden sich bei Riemer 2005, S. 154 ff.)

Techniken	Arbeitsmittel	Gruppentechniken
Druckerei/Computer	Individueller Arbeitsplan	Klassenrat
Freier Ausdruck (Text, Bild, Zahlen, Musik, Medien …)	Klassenarbeitsplan	Ateliers
Freies Experimentieren/ Freies Forschen	„Meisterbriefe"/„brevets" o. ä. Mittel der Aufwertung der Arbeitsergebnisse	Aufgabenverteilung an Verantwortliche
Korrespondenz	Selbstkorrekturkarteien	Verantwortliche für Gruppen (Tischgruppe/Atelier/Zeitungsgruppe …)
Erkundung	Klassentagebuch	Leiter für die verschiedenen „Plenarphasen" (Vorstellung von …/Diskussion über …)
Klassen-/Schulzeitung		
(von Schülern geordnete) Materialsammlungen, „Klassenmuseum" usw.		

Abb. 1: Die Gliederung der Techniken, Arbeitsmittel und Gruppentechniken der Freinet-Pädagogik (Quelle: Riemer 2005, S. 225)

Um Lernen freinet-pädagogisch zu gestalten, braucht es nicht gleichzeitig alle Details aller Techniken, Arbeitsmittel und Gruppentechniken, aber doch mehrere, die das Lernen im Sinne der benannten Leitlinien organisieren, begleiten und ihm Bedeutung verleihen. Dazu einige Beispiele.

Plenarphasen / Kreis

Kreisgespräche sind klassische reformpädagogische Lernarrangements. Neben dem klassischen Morgenkreis beschreiben Gronert/Schraut (in Riemer 2005, S. 44 ff.)

eine Vielzahl von Kreisarten: Organisationskreise, Planungskreise, Feierkreise, Kreise zur Einführung eines Themas, zur Vertiefung oder zum Abschluss.

Begrüßungskreis neuer Kinder
Lesekreis   Experimentierkreis
(Wochen)Eröffnungskreis   Arbeitskreis
Planungskreis   Abschlusskreis
Informationskreis   Auswertungskreis
Berichtskreis   (Wochen)Schlusskreis
Gesprächskreis   Überraschungskreis
Schweigekreis   Sing-/Spielkreis
Vorlesekreis   Lösungskreis
Hörkreis   Forum
Morgen-   Reflexionskreis
kreis
Zeigekreis   Aussprachekreis
Rätselkreis   Belehrungskreis
Pausenkreis   Gästekreis
Feierkreis   Diskussionskreis
Organisationskreis   Geburtstagskreis
Malkreis   Massagekreis
Erzählkreis   Besinnungskreis
Verabschiedungskreis wegziehender Kinder
Welche Kreise noch???

Abb. 2: Kreisarten (Quelle: Riemer 2005, S. 49)

Wie häufig in der Freinet-Pädagogik gibt es für Kreise einen ritualisierten Rahmen, der den Schüler/innen in ihrem Lernhandeln Sicherheit gibt, Mitbestimmung über das Unterrichtsgeschehen ermöglicht und persönlich relevante Inhalte in das jeweilige Vorhaben einbringt. Kreise werden von Schüler/innen geleitet, wie beispielsweise ein Klassenrat von einer Präsidentin. Die Schüler/innen bekommen für den jeweiligen Kreis klare Regeln vorgegeben, deren strikte Einhaltung über den Erfolg des Kreises bestimmt; die Gruppe kann diese Regeln aber modifizieren. Der Leiter der Plenarphase muss wissen, wie er mit Störungen umgehen soll; die Gruppe soll den schützenden Rahmen der Regeln erleben, um inhaltlich arbeiten zu können. Nach einem Eröffnungsritual (eine Begrüßung, ein Lied) beginnt die inhaltliche Arbeit, am Ende steht ein Schlussritual.

Gronert und Schraut beschreiben die Didaktik des Kreises. Neben den nachfolgend vorgestellten, auf Fachinhalte ausgerichteten Formen des Kreises (die nicht einmal in Kreisform stattfinden müssen), heben die Autoren das Erlernen von sozial-emotionalen Kompetenzen hervor: Schüler/innen lernen, über soziale, mediale, emotionale Erfahrungen zu sprechen, Sachverhalte zu klären, zu reflektieren, Fragen zu stellen, Regeln aufzustellen, diese einzuhalten oder abzuschaffen. Und immer sind sie in der Sitzform des Kreises als ganze Person sichtbar und präsent – was mitunter auch anstrengend für die Leiter/innen und die Lehrpersonen ist, aber das gemeinsame und individuelle Lernhandeln und die Persönlichkeitsentwicklung der Schüler/innen voranbringt.

Die Einstiegsrunde im Sprachunterricht

Die Einstiegsrunde ist ein ritualisierter Stundenbeginn für mehr Schülerorientierung. Sie wird von einem Schüler geleitet, dem zur Unterstützung Schlüsselsätze zur Verfügung stehen. Nach der Eröffnung der Einstiegsrunde werden Standardfragen gestellt: Was gibt's Neues? Was habt ihr erlebt? Die Einstiegsrunde dauert maximal zehn Minuten und kann beispielsweise einmal wöchentlich stattfinden. Die Lehrperson greift nur ein, wenn die Sprache unverständlich wird, sie meldet sich selbst zu Wort und kann sich am Austausch beteiligen (Schlemminger in Riemer 2005, S. 21 ff.). Sich ergebende sprachliche Anknüpfungspunkte nutzt die Lehrperson nach Anschluss der von Schüler/innen geleiteten Phase.

Was lernen Schüler/innen hier? Sie lernen, Gruppen zu leiten und vor allem ihre kommunikativen Kompetenzen zu verbessern.

Aus Forschung und Alltag

Ähnlich wie die Einstiegsrunde ist »Aus Forschung und Alltag« ein ritualisierter Stundenbeginn für die Naturwissenschaften. Die Schüler/innen berichten hier alles, was ihnen in den letzten Tagen beispielsweise aus dem Bereich der Biologie begegnet ist. Schüler/innen und Lehrer/innen melden sich zu den Beobachtungen, kommentieren oder fragen. Die Phase ist zeitlich begrenzt, wird von einem/r Schüler/in geleitet, die Lehrperson meldet sich zu Wort, kann fachliche Sachverhalte klären, möglicherweise spontan Tafelaufschriebe zum Thema erstellen. Am Ende der Phase fragt der Leiter, welche Forschungsfragen hieraus entstehen könnten. Hier entwickelt die Lehrperson mit und notiert die Ergebnisse an der Tafel. Es ist sinnvoll, die Ergebnisse in einem Tagebuch notieren zu lassen oder sie abzuspeichern. Gibt es keine Beobachtungen aus der jeweiligen Naturwissenschaft, wird die Phase beendet.

In Klassen mit Freien Forschungen können die Schüler/innen aus ihrer laufenden Forschung berichten, die Klasse fragt und berät, was die Forschenden im Fortgang ihrer Arbeit noch aufnehmen könnten. Wie bei der Einstiegsrunde sind Schlüsselsätze für die Leiter hilfreich (»Welche naturwissenschaftlichen Arbeitsweisen könnten noch angewendet werden?«, »Welche Dokumentationstechniken bieten sich noch an?« und dergleichen mehr).

Im Sinne des Lernens am Leben schafft »Aus Forschung und Alltag« die Möglichkeit,
- sich Inhalte eines »Faches« anzueignen, insbesondere aber:
- Schüler/innen erlernen den *Zugang* zu einem Fachgebiet/Thema
- sie lernen, anhand fachspezifischer Arbeitsweisen über ihre Beobachtungen nachzudenken
- sie lernen, wie aus einer Beobachtung eine Frage wird, die sie selbst, gemeinsam oder mit der Lehrperson bearbeiten können.

Der Arbeitsplan

Lernen will geplant und strukturiert sein, in der Regel mehr noch aus Sicht der Lehrperson als aus Schülersicht. Die Lehrperson hat die anspruchsvolle Aufgabe, nach gemeinsamen Inputs selbstgesteuerte Arbeitsphasen für und mit den Schüler/innen anzuregen; denn es bedarf eines Plans, der den Schüler/innen individuelles Voranschreiten ermöglicht, der sie mitplanen lässt und der Lehrperson das Gefühl gibt, ihre wichtigsten Ziele voran zu bringen.

Die Freinet-Pädagogik arbeitet klassischerweise mit einem Allgemeinen und einem Individuellen Arbeitsplan. Der Allgemeine Arbeitsplan sichert inhaltliche Kohärenz und vermittelt Basiswissen, im Individuellen Arbeitsplan stellen sich die Schüler/innen Aufgaben, die sie besonders interessieren, oder solche, von denen sie sich eine Weiterentwicklung ihrer fachlichen Kompetenzen versprechen. Dazu bedarf es einer kurzen Planungssequenz, in der die Lehrperson aktuelle Inhalte und mögliche Übungsfelder vorstellt. Am erfolgversprechendsten erscheint es, wenn Lehrperson und Schüler/innen den Arbeitsplan gemeinsam nutzen, um Lernen zu strukturieren und zu planen.

Nach Inputsequenzen gehen die Schüler/innen in die Planarbeit, die Lehrperson verweist auf die verpflichtenden und auf die möglichen Aufgaben. Vorsicht: Werden ganze Unterrichtsstunden ohne solche Hinweise für die Planarbeit ausgegliedert, besteht die Gefahr, dass die Lehrpersonen das Gefühl haben, Stunden »abzugeben« und sich Teile davon zurückholen zu müssen in Frontalphasen, »damit man voran kommt«, vor allem dann, wenn Schüler/innen »abtauchen«, wenig arbeiten und ihre Planungen nicht umsetzen.

Der Arbeitsplan kann also Steuerungsinstrument für Lernen in einer gesamten Einheit sein. Er beinhaltet bestenfalls eine für Schüler verständliche Kompetenz (»Present Perfect anwenden können«), zugehörige verpflichtende Basisaufgaben und mögliche individuell zu wählende Expertenaufgaben. Dabei kann es den Schüler/innen freistehen, auch ganz andere als die vorgeschlagenen, für sie individuell wichtige Aufgaben zu wählen. Der Arbeitsplan beinhaltet zudem ein Feld, in dem der Schüler einträgt, wann er eine Aufgabe bearbeitet hat, eine Vorgabe zur Einzelarbeit, Partnerarbeit oder Gruppenarbeit und ein Feld für die Kontrollform

(Selbstkontrolle oder Lehrerkontrolle, ob eine Aufgabe digital oder in Papierform einzureichen ist).

Rückmeldung und Kontrolle sind wichtig für das Lernhandeln der Schüler/innen. Wenigstens einzelne Aufgaben sollten sich die Lehrpersonen einreichen lassen und inhaltlich korrigieren oder auf Vollständigkeit prüfen. Die Durchsicht gesamter Pläne verschafft Überblick für Coaching-Sequenzen, ist aber ohne Unterrichtsassistenz heute nicht mehr zu leisten.

Die Schüler/innen lernen in einem klaren handhabbaren Rahmen, der es ihnen ermöglicht, individuelle Interessen und Schwerpunkte einzubringen (weitere Ausführungen bei Riemer 2005, S. 70 ff.).

Erkundung

Erkundungen sind von Schüler/innen selbst geplante, durchgeführte und nachbereitete Zugangsweisen auf ein Interessengebiet. Meist verlassen die Schüler/innen dabei in kleinen oder größeren Gruppen das Schulhaus. Sollte die Themenfindung von einer Lehrperson entschieden worden sein, lernen die Schüler/innen, Unterthemen zu entwickeln, die anstehenden Aufgaben zu planen in einem Wechselspiel von individueller Arbeit und Beratung und Reflexion. Dabei lernen sie, Fachinhalte mit der gewählten Dokumentationstechnik zu verbinden:

- Wer stellt welche Frage im Interview?
- Welche Hauptäste hat die Mindmap?
- Wie ist das Protokollblatt aufgebaut?
- Welche Materialien brauchen wir für das Poster?
- Welche Fragen stellen wir bei der Radioreportage mit dem Diktiergerät?
- Wie ist das Drehbuch für den Film?
- Welche Informationen holen wir für den Artikel in der Klassenzeitung ein?

Die Nachbereitung einer Erkundung ist in der Regel produktorientiert. Die Ergebnisse werden gezeigt und reflektiert (Riemer 2005, S. 102 ff.). Dazu eignen sich Freinet-Techniken wie die Plenarphasen, Klassenzeitungen, Korrespondenzen.

Die Erkundung ermöglicht das Lernen am Lebensalltag: der Besuch auf der Mülldeponie, im Supermarkt, auf dem Flughafen, beim Bäcker. Schüler/innen lernen hier, mit Dokumentationstechniken Informationen nutzbar zu machen und dadurch inhaltliche Kompetenzen zu erwerben. Sie lernen, sich in Gruppen zu organisieren und zu überlegen, wie auf gesellschaftliche Entwicklungen Einfluss genommen werden kann.

Die Freinet-Pädagogik versteht sich als politisch-emanzipatorische Pädagogik, als Befreiungspädagogik, die dies in ihrem Zusammenspiel von Techniken, Arbeitsmitteln und Gruppentechniken bewerkstelligen möchte.

Freier Ausdruck

Beim Freien Ausdruck lernen die Schüler/innen, indem sie sich mit ihrer Lebenswelt und mit sich selbst auseinandersetzen. Renate Kock (in Riemer 2005, S. 141 ff.) erklärt den Freien Ausdruck

- als ein Sich-selbst-zum-Ausdruck-bringen
- schöpferisch tätig zu werden
- zu kommunizieren
- die Umwelt wahrzunehmen
- Erfahrungen zu machen und dabei zu reflektieren, beispielsweise in Freien Texten, aber auch in Kunst, Film, Tanz, mathematischen Untersuchungen.

Schüler/innen erfahren und lernen dabei, ausgehend von ihrer Kreativität und Phantasie, die nicht länger einer zweckrationalen Logik des Unterrichts untergeordnet wird, die erzieherische Kraft der kreativen Arbeit.

Die Produkte des Freien Ausdrucks werden veröffentlicht, in Klassenzeitungen, Klassenkorrespondenzen, werden gezeigt, gelesen oder präsentiert. Freie Texte werden zunächst individuell produziert, dann in der Klasse präsentiert, eventuell werden einzelne Texte zur Veröffentlichung ausgewählt; die Klasse bearbeitet die Texte dann kollektiv weiter, arbeitet an Grammatik und Wortschatz, Aufbau und Struktur, künstlerischer Form, Illustration.

Danach werden die Texte weiterverarbeitet zur Veröffentlichung. Sie können untersucht werden »was der Text uns an Leben gibt« (Freinet, zit. Kock ebd. S. 145), warum er anderen Texten vorgezogen wurde. Vom Text ausgehend können weitere Arbeiten im Arbeitsplan aufgegriffen werden. In jedem Fall erlangen alle Freien Texte Bedeutung, indem sie ins »livre de vie« des Schülers aufgenommen, in einer Textsammlung veröffentlicht, verschickt, gedruckt werden.

In Freien Texten lernen Schüler/innen neben fachlichen Kompetenzen eine Verbindung zwischen ihrem Leben, ihren Erfahrungen und dem Leben und den Erfahrungen anderer herzustellen. Die Schüler/innen lernen sich und ihre Arbeit als Teil und Folge von Beziehungen in einem sozialen Umfeld wahrzunehmen. Für die Lehrperson entsteht mit den Freien Texten eine Struktur für Unterrichtssequenzen, die eine Verbindung von geplanten Inhalten mit dem Leben der Kinder und Schüler/innen, ihrer Kreativität, einem bedeutsamen Produkt ermöglicht. Lernen wird hier zum gemeinsamen »losfahren«. Es ist nicht vorab in allen Facetten gewiss, wo die Einzelnen, wo die Klasse gemeinsam ankommt, welche Lernchancen entstehen. Für Lehrpersonen bedeutet der Freie Ausdruck auch, ihre eigenen Vorstellungen von Kompetenzvermittlung im Hinblick auf Emanzipation umsetzen zu können und die Lernabenteuer gemeinsam mit Schüler/innen zu gestalten.

1. *Individuelle Produktion der Texte*
2. *Öffentliche Präsentation der Texte*
   Auswahl des Textes (im Hinblick auf unterrichtliche Arbeit,
   Schulzeitung, Klassenkorrespondenz, la Gerbe , Enfantines)
   Kollektive Arbeit am Text (Grammatik-, Sprachlehre-, Wortschatz,
   Konjugationsübungen)
3. *Druck des Textes* (Erstellung eines täglichen Ordnungsplanes mit
   den Namen derjenigen SchülerInnen, die für den Druck des Textes
   und die damit verbundenen Tätigkeiten sowie für besondere
   Tagesaufgaben zuständig sind) .
   Veröffentlichung des Textes (Livre de vie, Schulzeitung,
   Klassenkorrespondenz, La Gerbe, Enfantines)
4. *Zuordnung des Textes* zum *Allgemeinen Arbeitsplan* (Umsetzung
   in geistige und manuelle Arbeitsvorhaben)
   Planung und Durchführung der *Arbeitsvorhaben* (allein, zu
   zweit oder in Gruppen)
   *Auswertung der Arbeitsvorhaben/Besprechung der Tagesseite im
   Klassentagebuch* (das jeweilige Vorhaben betreffende Fragen der
   SchülerInnen)
5. *Arbeit am individuellen Arbeitsplan/Arbeit mit der
   Klassenbibliothek*
   (SchülerInnen, die nicht in Arbeitsvorhaben oder vorbereitende
   Druckarbeiten eingebunden sind, arbeiten am individuellen Ar-
   beitsplan oder mit der Klassenbibliothek)

Abb. 3: Idealtypischer Ablauf des freien schriftlichen Ausdrucks unter Einbezug anderer Techniken und Gruppentechniken der Freinet-Pädagogik (Quelle: Riemer 2005, S. 144)

Freies Forschen

Das Freie Forschen ist eine selbstgesteuerte Zugangsweise der Schüler/innen auf ihre Umwelt, die im Sinne des Natürlichen Lernens das Welterschließungspotenzial der Schüler/innen nutzt. Die Lehrperson stellt wie in anderen Techniken der Freinet-Pädagogik einen organisatorischen Rahmen und Rituale zur Verfügung. Dabei achtet sie darauf, dass das Lernen sich nicht auf die bloße Handlungsausführung beschränkt, sondern dass die Schüler/innen ihre Arbeit auch planen, dokumentieren und reflektieren. Möglich ist Freies Forschen vermutlich fast in jedem Fach, den naturwissenschaftlichen Fächern ist es besonders nahe.

Fachspezifische Arbeitsweise	Erklärung
1. Nach Wissen in Büchern oder auf dem PC suchen	Recherche über Inhalts-, Stichwortverzeichnis, enzyklopädische CDRs oder Suchmaschinen.
2. Texte verstehen	Texte anhand festgelegter Schritte verstehen, z. B. markieren, am Rand Stichworte angeben, Fragen beantworten.
3. Ergebnisse darstellen	z. B. Ausstellung gestalten, Vortrag halten, Zeitung gestalten, Poster erstellen.
4. Pflanzen sammeln, Tiere fangen, zeichnen, tote Tiere und Pflanzen aufbewahren	Beschriftung der Exponate mit Art, Fundort, Datum und Finder, spezifische Fang- und Aufbewahrungsformen wie Lichtfang von Insekten, Nadeln von Insekten oder erstellen von Gießharzpräparaten.
5. Untersuchen	In Pflanzen oder Tiere eingreifen (z. B. zerlegen, betasten), um genaue Kenntnis von deren Aufbau zu bekommen, etwa eine Blüte zerlegen.
6. Beobachten	Genaues Beobachten ohne einzugreifen, etwa des Kriechvorgangs der Schnecke.
7. Vergleichen	Gegenüberstellung, um Gemeinsamkeiten und Unterschiede zu erkennen, etwa Vergleich von Organen und ihrer Funktion, Vergleiche von Tieren wie Feldhase und Kaninchen.
8. Sezieren	Eine Pflanze oder ein Tier aufschneiden, um genaue Kenntnisse über deren Aufbau zu erlangen, etwa eine Bohne, einen Fisch.
9. Mikroskopieren	Beobachten von kleinen Objekten durch das Mikroskop, etwa Haare oder Läuse.
10. Tiere halten	Längerfristige Beschäftigung mit Tieren, etwa Mäusen zur Verhaltensforschung.
11. Pflanzen halten	Längerfristige Beschäftigung mit Pflanzen, etwa Vermehrung von Grünlilien, Keimung der Kresse.
12. Experimentieren	Gezieltes Verändern von Bedingungen, z. B. erhält beim Aussäen von Samen jeder Topf systematisch andere Bedingungen: Ein Topf bekommt viel Dünger, ein Topf etwas Dünger, ein Topf keinen Dünger ...
13. Modellbau	Bau eines Abbilds, das dem Original in Form oder Funktion ähnelt, etwa Fuß einer Katze mit Krallen.

Abb. 4: Fachspezifische Arbeitsweisen im Überblick – mit den Schüler/innen können zusätzliche wichtige Aspekte der Vorgehensweise erarbeitet werden (Quelle: Riemer 2005, S. 137 f.)

Die Schüler/innen stellen zunächst mithilfe eines Protokollblattes einen Forschungsantrag, in dem sie ihre Frage, ihre Vermutung und ihren Forschungsplan aufschreiben. Dafür kann es ein Rahmenthema geben, etwa die »Wirbellosen Tiere«. Die Lehrperson kann Vorschläge für Forschungsthemen auflisten, in jedem Fall suchen sich die Schüler/innen ihre Forschungsfragen frei aus.

Schüler/innen und Lehrpersonen ergänzen den Forschungsantrag im Gespräch:
- hier kann die Fragestellung präzisiert, vielleicht um fachliche Aspekte ergänzt werden
- die Lehrperson achtet auf eine Vernetzung von Frage und Planung
- denkt mit den Schüler/innen über Dokumentationstechniken und fachgemäße Arbeitsweisen nach und
- fragt, was im Forschungsbericht alles dokumentiert werden könnte
- die Lehrperson achtet auch darauf, dass die Forschung einen Theorie- und Praxisteil hat und genehmigt die Forschung schließlich.

Hin und wieder sieht sie die Forschungen durch, kommentiert, fordert auf. Arbeiten im Freiem Forschen kann mit der Plenarphase »Aus Forschung und Alltag« beginnen und damit Forschungen reflektieren Die Lehrperson kann besondere Aspekte aus durchgesehenen Forschungen vorstellen lassen oder die Schüler/innen gleich in ihre Arbeit schicken. Ganz so, wie es der Lernprozess gerade erfordert.

Zusammenfassende Übersicht über »Lernen ermöglichen, begleiten und fördern« in der Freinet-Pädagogik

Wird eine Matrix gebildet aus den legitimatorischen Elementen der Freinet-Pädagogik – Kompetenz, Autonomie und Solidarität – und den pragmatischen Elementen – Techniken, Arbeitsmitteln und Gruppentechniken –, dann ergibt sich eine Gesamtübersicht über die von die Freinet-Pädagogik kennzeichnenden Lernhandlungen (Abb. 5 aus Riemer 2005, S. 226 f.; weitere Erläuterungen dort S. 234 ff.).

	Kompetenz	Autonomie	Solidarität
Techniken			
Druckerei/Computer	Rechtschreibung Texte schreiben und gestalten, Motorik	Druckerzeugnisse herstellen können	Zugang zu den Geräten gerecht teilen, Benutzbarkeit durch Ordnung aufrechterhalten
Freier Ausdruck (Text, Bild, Zahlen, Musik, Medien ...)	Herstellung der entsprechenden Produkte	Vollkommene Selbstbestimmung über Inhalt und Form	Andere beraten können, andere wahrnehmen, Rücksichtnahme bei der Arbeit und im Hinblick auf Inhalt
Freies Forschen/ Experimentieren	Fachgemäße Arbeitsweisen (z. B. Experimentieren, Beobachten usw. in der Biologie)	Fähigkeit, sich selbst Informationen zu verschaffen und eigene Fragen zu klären, um Einfluss auf gesellschaftliche Prozesse nehmen zu können	Keine schädlichen Forschungen für Mensch und Tier anstellen, Rücksichtnahme bei der Arbeit, Mitteilen von Ergebnissen
Korrespondenz	Kommunikative Kompetenzen Inhaltliche Kompetenzen Schreiben E-Mail bzw. Fax bedienen	Unabhängigkeit von den unmittelbar verfügbaren Informationsquellen Sich mit anderen inhaltlich auseinandersetzen können	Fragen beantworten und Inhalte erklären
Erkundung	Inteviewtechniken Dokumentationstechniken	Sich Informationen beschaffen	Gemeinsam arbeiten Missstände aufdecken
Klassen-/Schulzeitung	Veröffentlichbare Produkte herstellen	Meinung äußern	Gemeinsame Herstellung, Rücksichtnahme auf Betroffene bei Inhalten
(von Schülern geordnete) Materialsammlungen à la „Klassenmuseum" usw.	Sammeln Musealisieren Systematisieren	Eigene Lebenswelt erschließen	Wissen anderen zugänglich und verständlich machen
Arbeitsmittel			
Individueller Arbeitsplan	Eigene Interessen umsetzen in Arbeit	Eigene Interessen entdecken	Rücksichtnahme auf die Interessen anderer
Klassenarbeitsplan	Arbeit planen Selbstständiges Arbeiten	Eigenes Zeitmanagement Wahl von Partnern	Gegenseitige Hilfe Materialien teilen
Selbstkorrekturkarteien	Fachkompetenzen entsprechend der Inhalte	Eigenständiges Lernen und Kontrollieren	Material geordnet ins Atelier zurückbringen
Klassentagebuch/ „livre de vie"	Dokumentieren	Interessen wahrnehmen duch Verweis auf dokumentierte Beschlüsse	Regeln für das Zusammenleben finden, festschreiben und einhalten
Gruppentechniken			
Klassenrat	Gesprächsführung Leitungskompetenzen Problemlösen	Artikulation eigener Bedürfnisse, Abstimmung unabhängig von Freundschaften	Urteil unabhängig von Freundschaften
Morgenkreis, Kreis allgemein	Sprechen vor Gruppen Gesprächskultur in Gruppen	Eigene Wünsche und Meinung äußern	Gegenseitiges Zuhören Alle Teilnehmer/innen wahrnehmen
Ateliers	Fachkompetenzen entsprechend der enthaltenen Materialien, Ordnung erkennen und halten	Wahl von Arbeitsgegenständen, Einflussnahme auf Bestandteile der Ateliers	Gemeinsame Benutzung der Materialien
Aufgabenverteilung an Verantwortliche	Regelmäßige Durchführung der Aufgabe	Selbstständiges Durchführen von Arbeiten nach eigenen Vorstellungen	Berücksichtigung anderer Interessen im Hinblick auf die eigene Aufgabe
Verantwortliche für Gruppen (Tischgruppe/Atelier/Zeitungsgruppe ...)	Verantwortung wahrnehmen, Abstraktion von persönlichen Beziehungen zugunsten der Aufgabe	Verantwortlichkeit einüben	Rücksicht auf Schwächere
Leiter für die verschiedenen „Plenarphasen" (Vorstellung von .../Diskussion über ...)	Leitungskompetenzen	Auftreten vor Gruppen	Berücksichtigung möglichst vieler Teilnehmer/innen

Abb. 5: Techniken, Arbeitsmittel und Gruppentechniken in Verbindung mit Beispielen zu Komponenten der legitimatorischen Struktur (Kompetenz, Autonomie, Solidarität) (Quelle: Riemer 2005, S. 226 f.)

***

Wenn Sie bis hierhin weitergelesen haben, wie eingangs empfohlen wurde, bekommen Sie eine Empfehlung: Sie müssen Ihren bisherigen Unterricht nicht komplett umkrempeln, sondern Sie können nach und nach Ihre eigene Freinet-Pädagogik selber erfinden (Riemer 2005, S. 154 ff., 230 ff.). Sie ist nämlich keine Rezeptologie, die man einfach anwendet, sondern gelingt nur individuell und nur dann, wenn Sie sich zum einen eine positive Einstellung zu Freinets Arbeitspädagogik und ihren legitimatorischen Grundlagen zu eigen machen und wenn Sie zum andern Ihre Schüler/innen als lernende Persönlichkeiten wahrnehmen, auf deren individuelle Interessen und Fähigkeiten Sie eingehen wollen, um deren Lernen und Persönlichkeitsentwicklung auf optimale Weise zu fördern. Um dies zu können, müssen Sie allerdings hinsichtlich Ihrer bisherigen Berufspraxis einen Rat von Kurt Tucholsky befolgen: Man sollte mal von seinem Standpunkt heruntergehen und denselben von der Seite betrachten. Der berühmte »oblique Blick« kann sehr erhellend sein.

Literatur

Freinet, C.: Die moderne französische Schule. Paderborn 1979.

Freinet, C.: Pädagogische Texte. Mit Beispielen aus der praktischen Arbeit nach Freinet. Hrsg. von Heiner Boehncke und Christoph Hennig. Reinbek 1980.

Freinet, C.: Pädagogische Werke. 2 Teile, Paderborn 1998/2000.

Gronert, M./Schraut, A.: Der Elefant im Morgenkreis, oder: Von der Relevanz des Kreises als pädagogische Situation. In: Riemer 2005, S. 44–68.

Kock, R.: Der Freie Ausdruck. In: Riemer 2005, S. 141–151.

Riemer, M: Konstruktivistische Aspekte einer biologiedidaktischen Neuorientierung. Metatheoretische und empirische Analysen zur Freinet-Pädagogik. Baltmannsweiler 2004.

Riemer, M. (Hrsg.): Praxishilfen Freinetpädagogik. Bad Heilbrunn 2005.

Schlemminger, G.: Die »Einstiegsrunde« im Französisch- und Deutschunterricht – Möglichkeiten zu mehr Schülerorientierung in der Fremdsprachenklasse. In: Riemer 2005, S. 21–30.

Cornelia Frank

Lernen in Lerngemeinschaften

Das reformpädagogische Konzept der Jenaplan-Pädagogik

Die Jenaplan-Pädagogik richtet – wie die anderen Konzepte der klassischen Reformpädagogik – den Blick auf das Kind bzw. den Schüler in seiner Lebenswirklichkeit, auf seine individuelle Art und Weise des Arbeitens und seine eigenaktive Gestaltung seiner Lernprozesse. Der Jenaplan bildet dabei den Rahmen, der standort- und personenbezogen eine stetige Aktualisierung erfährt (Skiera 2018; John/Frommer/Fauser 2008; Jacobs/Herker 2018). Mit seinen vier Grundsäulen der Bildung – Arbeit, Feier, Gespräch und Spiel – bildet er den Rahmen für lebensweltbezogenes Lernen und unterrichtliches Handeln (s. Abb. 1).

Die Jenaplan-Pädagogik

Begründer: Peter Petersen (1884–1952), Reformpädagoge, seit 1923 Professor an der Universität Jena, 1924 Gründer der dortigen Universitäts-Übungsschule; sein Reformkonzept für Schule, Unterricht und Lernen entstand dort; erstmals vorgestellt im Jahre 1927 auf dem Kongress des International New Education Fellowship in Locarno. – Zur Einführung: Ehrenhard Skiera: Reformpädagogik in Geschichte und Gegenwart. München/Wien 2003, S. 289–310: Die Jenaplan-Schule. Erziehung in, durch und für die Gemeinschaft. Daraus die hier wiedergegebenen Texte.

Grundformen der Bildung

Bildungsgrundformen	Korrespondierende pädagogische Situationen
Gespräch (Unterhaltung)	Kreisgespräch, Berichtskreis, Vortrag, Aussprache, Lehrgang, belehrende Unterhaltung, Frühstück
Spiel	Freies Spiel, Lernspiele, Pausenspiele, Turnspiele, Schauspiel
Arbeit	Gruppenarbeit, Kurse: Einführungs-, Niveau-, Sonder-, Einschulungskurse
Feier	Morgenfeier, Wochenschluss-, Advents-, Weihnachts-, Geburtstags-, Schulgeburtstags-, Verabschiedungsfeier, Aufnahmefeier für Schulanfänger, Pädagogische Rückschau

Die Pädagogik der Arbeitsmittel

Ein gutes Arbeitsmittel genügt den folgenden sieben Kriterien (hier verkürzt wiedergegeben):
– es enthält einen Anreiz zur Beschäftigung
– es lässt von sich aus oder nach einer Einführung erkennen, was damit zu tun ist
– es enthält eine Kontrollfunktion für die rechte Verwendung und Lösung
– es enthält Anreize zu Wiederholungen
– es enthält Anreize zum Weitergehen – es muss von sich aus weiterführen
– es erzieht zu einer wertvollen Arbeitshaltung
– es bietet dem Lehrer Gelegenheit zum besseren Beobachten und Verstehen der Kinder.

Schulorganisation

– Stammgruppen (jahrgangsübergreifende Lerngruppen)
– Ordnung des Schul- und Unterrichtslebens (pädagogische Situationen) nach einem Rhythmischen Wochenarbeitsplan, orientiert an den Bildungsgrundformen
– Gespräch: Kreisgespräch, Berichtskreis, Vortrag, ...
– Spiel: Freies Spiel, Lernspiele, Pausenspiele ...
– Arbeit: Gruppenarbeit, Kurse ...
– Feier: Morgen-, Wochenschluss-, Geburtstags-, Schulfeiern usw.
– Schulraum als Schulwohnstube und Arbeitsraum mit verschiedenen Aktivitätszonen
– Vielfältige Arbeitsmittel

Abb. 1: Die Jenaplan-Pädagogik

Phasen offenen und gebundenen Lernens, Kurse – nach unterschiedlichen Kriterien gebildet –, Gesprächsrunden und Feiern (Wochenbeginn, Wochenschlussfei-
er, Geburtstage, jahreszeitliche Feste usw.) finden ihre verlässlichen Orte in einem
klar rhythmisierten Wochenplan, der den Schülern Orientierung im Schulalltag
bietet. In den jahrgangsgemischten Lerngruppen (Unter-, Mittel- und Obergrup-
pen) schafft die Vielfalt und Verschiedenheit der Lernenden vielfältige Möglichkeiten der Orientierung, der Anregung und der Arbeitsweisen in einer ebenso
vielfältigen, intellektuell anregungsreichen Lernumgebung (»Schulwohnstube«).
So ist die Jenaplanschule ein Ort zum Leben und Lernen, in der die Schüler und
Erwachsenen zu dieser Vielfalt ihre je eigenen Interessen, Begabungen, Fähig-
und Fertigkeiten beitragen, diese erweitern und vertiefen (vgl. Frank 2019b).

Wie wird in einem solchen Arrangement Lernen ermöglicht, begleitet und gefördert? Der nachfolgende Bericht der Autorin aus der vieljährigen Jenaplan-Pra-
xis und dem Aufbau einer Jenaplanschule mit den Jahrgangsstufen 1 bis 10 resümiert Erfahrungen im Umgang mit Schüler/innen, von denen in der Grundschule
richtiger von »Kindern« zu sprechen wäre; denn Kindheit ist die Lebensphase des
besonders intensiven Lernens mit allen Sinnen, während Schüler/in zu sein in der
Regel – oder schlimmstenfalls – die Engführung auf die Belange des Lernens durch
Unterricht bedeutet. Leser/innen sollen sich im Folgenden immer vor Augen halten, dass es sich um die pädagogische Arbeit mit Kindern handelte, die ja allererst
einmal an unterrichtlich organisiertes Lernen herangeführt werden mussten. Aber
gerade für sie erwiesen sich die großen Vorteile der Jenaplan-Pädagogik: Lernlust
zu fördern und Lernfrust zu vermeiden.

Das wird zweifellos auf ähnliche Weise an anderen Schulen in ähnlicher Weise erfolgreich praktiziert – man denke nur an die Montessori-Pädagogik als der
vorherrschenden pädagogische Kultur heutiger Grundschulen. Die Erinnerung an
die Jenaplan-Pädagogik möchte aber auch darauf hinweisen, dass hier eine Lehr-
Lern-Kultur praktiziert wird, die von der Grundschule bis zum Abitur Arbeits-
und Lernformen anbietet, die für die Erfordernisse der Individualisierung, Be-
gabungsförderung und Inklusion Lösungen bereithält, aufgrund derer man einer
Jenaplanschule als pädagogischer Institution eine herausgehobene Sonderstellung
nicht nur in Deutschland zuerkennen darf.

Erschließung der Themen und Gestaltung der Lernprozesse

Kinder kommen mit Neugier, einem natürlichen Lernwillen und Lust auf Neues
in die Schule. Sie haben bereits in Fülle Erfahrungen mit Lernen, bringen ihre
eigenen Themen in die Schule mit und die Erwartung, ihr Wissen und Können
stetig zu erweitern. Sie erleben, dass Lernen und Arbeit eine anstrengende und

mühsame Seite haben, aber auch lustvoll sein kann, wenn Erfolg damit verbunden ist. Diesen Lernwillen zu erhalten, ihn über die ganze Schulzeit hinweg zu fördern, Anregungen dafür zu schaffen und die Kinder in ihrem Lernen zu begleiten, ist die Aufgabe aller beteiligten pädagogischen Fachkräfte in Schulen.

Dem gegenüber stehen die Anforderungen der Bildungspläne, die in ihrer Kompetenzorientierung vielfältige Möglichkeiten für Verknüpfungen mit den Lernbedürfnissen der Kinder bzw. Schüler/innen bieten, und das Schulcurriculum.

Was folgt daraus pädagogisch?

- Themen aus den Sachfächern lassen sich bildungsplankonform im Projektunterricht erschließen, an deren Anfang stets die Fragen der Schüler/innen an das Thema stehen.
- Die Unterrichtsprojekte werden gemeinsam mit ihnen geplant – sie gestalten ihre individuellen Lernpläne mit – und bieten neben der Bereitstellung verschiedener ein- und weiterführender Materialien (Infotexte, -materialien, -medien u. a. m.) und passender Experimente auch die für das jeweilige Thema plausible Möglichkeit für eigenes Erforschen der Lebensumwelt.
- Dabei leisten auch und gerade die Schüler/innen ihren planerischen und gestalterischen Beitrag, indem sie sich selbst explorative Aufgaben stellen, Materialien von zu Hause mitbringen oder Alltagsgegenstände und -materialien, die verfügbar sind, für ihr Lernen nutzen.
- Außerschulische Lernorte eröffnen eine Vielzahl an zusätzlichen und vertiefenden Lernerlebnissen. Die Zeit dafür bieten wöchentliche »Lebenspraktische Tage«, die Schüler/innen – ohne Gliederung in Schulstunden – verweilen und neue Einblicke gewinnen lassen.
- Der Projektunterricht – an anderer Stelle schon ausführlich erläutert in diesem Band S. 137 ff. – findet vorwiegend im gemeinsamen, thematisch gebundenen Unterricht statt.
- Es ist ein beständiges Anliegen der Lehrer/innen, die Schüler/innen in ihrem Tun zu beobachten, daraus deren Interessen und Lernthemen sowie vorhandenes Vorwissen zu erkennen, diese aufzugreifen und zu Unterrichtsinhalten zu machen.

Schulcurriculum und Bildungsplan werden im Hintergrund im Blick behalten; aber ein Unterrichtsprojekt greift die Interessen *aller* Beteiligten auf, somit auch die der beteiligten Erwachsenen. Themen ergeben sich aus Interesse, aus Begeisterung für bestimmte Inhalte oder eben auch dem Bedürfnis und der Notwendigkeit, Grundfähigkeiten wie z. B. die sogenannten Kulturtechniken zu vermitteln und zu erwerben.

Individualisierung in der Lerngruppe

In den offenen Unterrichtsphasen nehmen die eigenverantwortlich gestalteten, je individuellen, interessengeleiteten Lernprozesse einen besonderen Stellenwert ein. Offenheit erleben die Schüler/innen in diesen Phasen für die Inhalte, die sie auswählen, für die Zeit, die sie sich dafür nehmen können, für die Materialien, die sie mitbringen oder auswählen, um die Inhalte zu erschließen, welche Lernräume im Stammgruppen-/Lernraum und im und um das Schulgebäude (z. B. Küche, Werkraum u. ä.) sie dafür nutzen möchten, und für die Wahl der Lernpartner.

Eine bedeutende Rolle spielt dabei die jahrgangsgemischte Lerngruppe. So verschieden die Kinder einer Lerngruppe aufgrund ihres unterschiedlichen Alters, ihrer sozialen Herkunft und ihrer Lernerfahrungen sind, so vielfältig sind die Anregungen, die daraus für sie alle erwachsen (vgl. Frank 2019a).

- Die Kinder finden untereinander Vorbilder, sie lernen voneinander oft quasi »im Vorbeigehen«, indem sie andere bei ihren Lernprozessen beobachten und beschließen »Das will ich auch können!«
- Sie erhalten Anregungen und Hilfestellung von anderen und merken »So kann es gehen!«
- Sie erkennen im sozialen Miteinander, welche Lernpartner sie im Lernprozess weiterbringen könnten, mit wem sie sinnvoll und konstruktiv zusammenarbeiten können, und sie erleben altersgemäße Erklärungen und Synergien, etwa »Wir können es auch einmal gemeinsam so probieren«.
- Die Lerngruppe ist auch der Ort, an dem kleine Erfolge, größere Fortschritte und abgeschlossene Lernprozesse ›gefeiert‹ werden, wenn einzelne ihre Lernergebnisse im Kreis vorstellen und alle daran wertschätzend am »Ich kann das jetzt« teilhaben.

Die Grunderfahrungen, die Kinder als Schüler/innen dabei machen, bestehen darin, dass sie sich selbst in ihren Lernhandlungen erleben, Wege des erfolgreichen Lernens für sich selbst zu entdecken und Möglichkeiten zu erschließen, diese auf nachfolgende Lernprozesse zu übertragen. Sie lernen Verantwortung für ihr eigenes Lernen zu übernehmen, und sie werden vor allem reflektierende Experten ihres eigenen Lernens (Frank 2018).

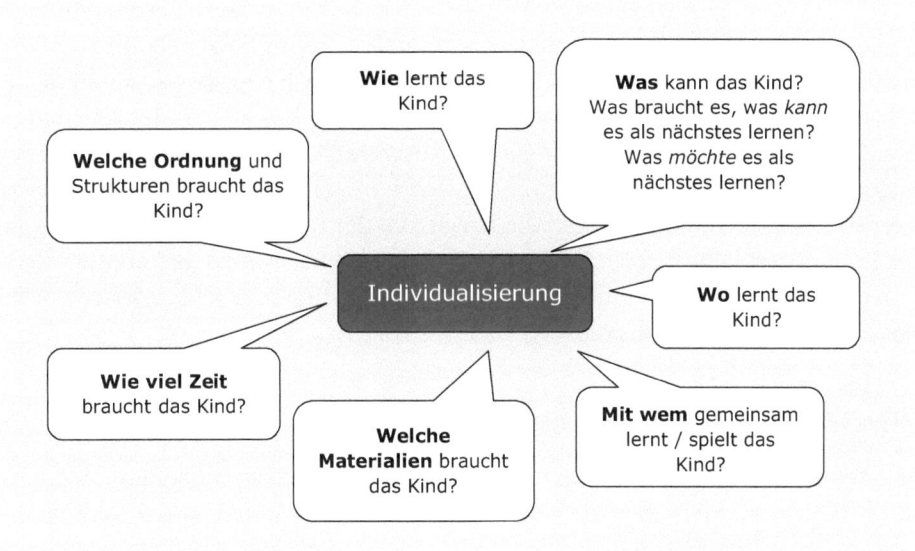

Abb. 2: Aspekte der Individualisierung

Die Lehrer/innen beobachten die Schüler/innen gründlich während deren Lernprozessen und erkennen dabei die je individuellen Ausprägungen der Lernhandlungen. Diese Beobachtungen bilden die Grundlage für die Erstellung individualisierter Lernpläne (s. Abb. 2).

Grundsätzlich ist ein thematischer Lern- und Arbeitsplan individuell, fächer-
verbindend und handlungsorientiert (und explorativ) aufgebaut und gestaltet. Wo
immer sinnvoll, bezieht er reale Lernorte und gemeinschaftliche Aktionen ein,
und wann immer möglich, werden authentische Lernanlässe genutzt. Jeder Lern-
und Arbeitsplan gründet auf den Fragen der Kinder an ein Thema, die im gemeinsamen Gespräch kategorisiert und gegliedert werden. Daraus erkennen die Kinder
eine Struktur für ihr Lernen und für mögliche Lernwege.

Jenaplan-Arbeits- und Lernprozesse

Wenn Kinder in die Schule kommen, treten sie in eine jahrgangsgemischte Lerngemeinschaft ein von Kindern, die schon lesen und schreiben, zählen und rechnen
können. Die Neuankömmlinge wollen es ihnen gleichtun. Dazu müssen nun die
Anlässe geschaffen, in denen ein Anreiz gegeben wird, sich der betreffenden Aufgabe zuzuwenden: ein Arbeitsmittel, das möglichst viele der in Abb. 1 genannten
Kriterien erfüllt.

Wie die Kinder – gemeinsam oder alleine – arbeiten, wie ihre Lernhandlungen konkret an der Jenaplanschule aussehen können, wird im Folgenden in zwei Vignetten von zwei Lernsituationen aus dem Alltag einer Jenaplan-Grundschule beschrieben. An ihnen zeigt sich, was in der Jenaplan-Pädagogik mit der »Pädagogik der Arbeitsmittel« (s. Abb. 1) gemeint ist. Ausgewählt wurden Situationen aus den Fächern Deutsch und Mathematik, die sich vom gängigen lehrgangsbezogenen Lernen unterscheiden. Sie zeigen die Kreativität der Kinder bei der Gestaltung ihrer Lernprozesse, illustrieren ihr Interesse und ihren Lernwillen und erläutern, wie anregungsreich andere Kinder – unabhängig von Alter oder Jahrgangsstufe – für das eigene Lernen sein können (vgl. Frank 2019a).

Lesen und Schreiben lernen

Mit dem Schuleintritt verbinden nahezu alle Kinder die Erwartung, nun möglichst rasch Lesen und Schreiben zu lernen. An der Jenaplanschule, in der sie eine der jahrgangsgemischten Untergruppen besuchen, werden sie in eine bereits »lesende Gemeinschaft« aufgenommen, d. h. sie treffen auf lauter Experten für das, was sie aus eigenem Antrieb heraus lernen wollen. Ihre ersten Lernpläne beinhalten vielfältige Arbeitsweisen und -mittel, die sie für den Lese- und Schriftspracherwerb benötigen. Voller Eifer machen sich die Schulanfänger an die Arbeit, lernen mit den Arbeitsplänen umzugehen, finden sich im Lerngruppenraum immer besser zurecht und holen sich nach und nach selbstständig die Materialien und Arbeitsmittel, die sie für ihre Arbeit brauchen. Diese Eingewöhnungszeit ist grundlegend für die weitere Gestaltung ihrer Lernprozesse.

Voller Eifer und überaus fleißig bearbeiten sie ihre Aufgaben, holen sich Unterstützung oder Erklärungen bei den anderen Kindern und suchen sich Vorbilder unter diesen, denen sie gerne nacheifern. Dass sich die Kinder mit jedem einzelnen Buchstaben und seinen Besonderheiten ausführlich auseinandersetzt, ist uns Lehrpersonen dabei ein großes Anliegen. Wie viel Zeit sie sich dafür nehmen, wann sie verweilen, weil es notwendig ist, oder wann die Aufgaben in zügigem Arbeitstempo bearbeitet werden können, liegt von Anfang an in der Eigenverantwortung der Kinder. Authentische Leseanlässe, wie z. B. einen Brief zu erhalten o. ä., tun das ihre dazu. Doch der Lernwille, den die Kinder gerade beim Lesenlernen an den Tag legen, ist unermesslich, und so haben die ersten unter ihnen bereits nach den Herbstferien durchschaut, wie Lesen funktionieren kann und entschlüsseln erste Worte und kleine Sätze. Andere nehmen sich dafür länger Zeit, verfolgen ihre Ziel aber dennoch beharrlich. Jeder Lese-Erfolg wird in der Lerngruppe ›gefeiert‹, wenn eine/r im Morgenkreis einfache Sätze oder einen kleinen Text vorliest. Beeindruckend ist zu beobachten, wie die älteren Kinder voller Hochachtung und mit großer Geduld zuhören und die Leseanfänger ermutigen und wertschätzen. Sie erinnern sich noch genau an ihre Lese-Anfänge und die damit verbundene Anstrengung.

Für die 2. und 3. Jahrgangsstufe steht die Konjugation der Verben an, Begriffe wie Grundform, Personalform, Wortstamm usw. sollen eingeführt und gesichert werden. Unser Projektthema heißt zu dieser Zeit »Erfinder und ihre Erfindungen« – wir beschließen, eine Verbenmaschine zu erfinden (siehe Kasten).

Eine Schuhschachtel wird der Maschinenkörper, an den wir verschiedene andere – auf Wunsch der Kinder möglichst drehbare – Elemente befestigen wollen. Um die Maschine zu füttern, brauchen wir zunächst Verben in der Grundform. Sie werden gemeinsam gesammelt, in großer Schrift auf Kärtchen geschrieben und kommen in eine kleinere Schachtel mit der Aufschrift »Grundform«, die an der Maschine oben befestigt wird. Auf der linken Seite der Schachtel schneiden die Kinder ein kreisrundes Loch, in das eine Papproöhre geschoben wird, auf die die Personalpronomina geschrieben werden. Dreht man an dieser Röhre, werden die einzelnen Pronomen eingestellt. Auf gleicher Höhe mit der Papproöhre wird auf die Vorderfront der Maschine eine Plastikhülle geklebt, in deren Schlitz die Grundform-Verbenkärtchen gesteckt werden können. Sie sind nun auf gleicher Höhe mit den Pronomen lesbar. Auf einen großen runden Verpackungsdeckel schreiben die Kinder nun die Endungen der Verb-Personalformen. Dieser Deckel wird ebenfalls an der Maschinenfront drehbar befestigt, und zwar so, dass er die Endung der Grundformkärtchen verdeckt. Statt dieser kann nun mittels Drehen am Deckel die zum Pronomen auf der Papproöhre passende Personalformendung eingestellt werden. Mit der Beschriftung der Maschine (Grundform, Personalform, Endung etc.) leistet die Lehrperson nun ebenfalls ihren Beitrag.

Die Maschine funktioniert prächtig, die Kinder sind begeistert und stolz auf ihre Erfindung mit einer kleinen Einschränkung: »Schade, dass man so viel einstellen muss und nicht einfach einen Knopf drücken kann, der die Automatik startet«, meint Jonas.

In den folgenden Tagen und Wochen ist die Maschine täglich im Einsatz. Die Kinder der 3. Jahrgangsstufe konjugieren Verben ohne Ende und schreiben sie in ihr Deutschheft – meist zu zweit oder zu mehreren und korrigieren sich ggf. gegenseitig. Sie merken, dass dieses Prinzip sich leider nicht auf alle deutschen Verben anwenden lässt – und entdecken die unregelmäßigen Verben. Sie entwickeln die Maschine entsprechend weiter.

Die Maschine bleibt über Jahre im Einsatz, wird repariert und verbessert. Die Kinder geben ihr Wissen an die Nachfolgenden weiter.

In einer vergleichbaren und ebenso handlungsorientierten Weise lernen die Kinder Satzglieder als Teile eines Satzes kennen, die durch die Umstellprobe aus einem Satz herausgelöst werden können. Hierfür schreiben sie einen – durchaus komplexen – Satz auf einen langen Papierstreifen und schneiden den Streifen an den Stellen in Teile, die sie als Satzglieder vermuten. Die so entstandenen Streifenteile werden nun neu kombiniert und auf diese Weise überprüft, ob es sich bei den Wörtern auf dem Streifen um ein Satzglied handelt oder ob durch die Neukombination ein »Quatsch-Satz« entsteht. Jeder »Quatsch-Satz« wird mit Gelächter quittiert und danach lustvoll gemeinsam verbessert. Sie entdecken, dass das Prädikat im Satz stets an zweiter Stelle steht; setzen sie es an den Anfang des Satzes, entsteht ein Fragesatz.

Mit dieser Art, Sätze zu analysieren und die verschiedenen neu entstandenen Sätze ins Deutschheft zu notieren, verbringen die Kinder viel Zeit – es macht ihnen Spaß, und sie lernen einen durchaus anspruchsvollen Grammatikinhalt nahezu anstrengungsfrei.

Zählen und Rechnen lernen

Es ist Herbst, die Kinder haben Körbe und Tüten voller Kastanien – eigentlich zum Basteln – gesammelt. Rasch entwickelt sich ein Gespräch darüber, wie viele Kastanien sich in den verschiedenen Gefäßen befinden, wer wohl am meisten Kastanien gefunden hat und wie viele es wohl insgesamt sein könnten. Die Kinder beginnen zu schätzen, Anzahlen zwischen 50, über 1000 bis hin zur unfassbar größten Zahl »Unendlich« werden genannt, und nun beginnen die Kinder zu zählen (siehe Kasten).

Alle Kastanien werden zu einem großen Haufen auf dem Teppich aufgeschüttet. Die einen legen Kastanie um Kastanie von einem auf einen anderen Haufen und zählen einzeln, manche schieben paarweise und zählen in Zweier-Schritten, andere schütteln nur die Köpfe und meinen, so gehe das nicht. Gemeinsam suchen die Kinder eine Struktur und überlegen, wie sie sich die Zählarbeit aufteilen könnten. Zuerst soll sich jedes drei Kastanien nehmen, in der nächsten Runde noch einmal drei usw., bis jeder gleich viele hat, die er dann für sich abzählen kann. Dann könnte man alle kleineren Haufen zusammenzählen und die Gesamtzahl ermitteln. Auch diese Idee wird nach einer Versuchsrunde wieder verworfen. Schließlich beschließen sie, kleine Häufchen mit jeweils zehn Kastanien zu bilden, die sie dann in Zehner-Schritten zusammenzählen können. Die Idee wird umgesetzt und nach einer halben Stunde liegen 37 Zehnerhäufchen auf dem Teppich, daneben noch acht einzelne Kastanien. Die älteren Kinder übernehmen das Zählen in Zehner-Schritten, schieben jeweils zehn kleine Häufchen zu 100er-Haufen zusammen und kommen schließlich auf das stolze Ergebnis von 378 Kastanien.

Die Kinder haben im gemeinsamen Tun die Struktur des Zehnersystems entdeckt. Das Zählen von Kastanien wird zur Tradition in der Lerngruppe, Jahr für Jahr werden nun im Herbst Kastanien gezählt, um den zu Schuljahresbeginn jeweils neu hinzugekommenen diese grundlegende Erkenntnis weiterzugeben.

Dieses Grundwissen wird wieder aufgegriffen, als im Frühjahr die Frage aufkommt, wie viele Samenflieger eine Pusteblume hat. Pusteblumen werden auf der Wiese gepflückt und vorsichtig in den Lerngruppenraum transportiert, dort wird die Pusteblume zerlegt, und die Kinder beginnen zu zählen.

Da die kleinen Samenflieger sich nicht einfach zu Zehner-Häufchen schichten lassen, entsteht ein neues Problem, das seine Lösung findet, als nach reiflicher Diskussion ein Kind vorschlägt, immer zehn Samenflieger auf einen Klebestreifen zu legen und diesen dann auf ein Blatt Papier zu kleben.

Während eines Igel-Projektes erfahren die Kinder, dass ein ausgewachsener Igel ca. 8 000 Stacheln hat. Lukas beschließt, einen »richtigen« Igel zu basteln. Er formt aus Knetmasse den Körper und beginnt Zahnstocher abzuzählen – er bündelt dabei in Zehnerhäufchen – und steckt sie als Stacheln in den Knetkörper. Es dauert nicht lange, da merkt er, dass auf dem Igelkörper schon 1000 Zahnstocher keinen Platz finden. Er sucht nach einer Alternative und beschließt, den Igelkörper mit Stecknadeln zu bestücken. Wir besorgten acht Dosen mit jeweils ca. 1000 Stecknadeln – der Igel bekam alle seine Stacheln. Allerdings dauerte der Versuch rund eine Woche, und Lukas bekam Unterstützung von mehreren Mitschülern.

Lea hat gerade multiplizieren geübt und alle Einmaleinsreihen auswendig gelernt, worauf sie mächtig stolz ihren Einmaleins-Pass jedem zeigt, der ihn sehen will oder auch nicht. Anton – ein Kind der 1. Jahrgangsstufe – möchte das auch können und wendet sich an Lea, sie möge ihm das Einmaleins erklären.

Lea greift zu Papier und Stiften, malt Reihen aus bunten Kringeln untereinander und nebeneinander. Sie versucht aufzuzeichnen, wie die verschiedenen Einmaleinsreihen aufgebaut sind. Dabei versucht sie, Anton die Struktur der einzelnen Reihen zu erläutern. Nach mehreren Erklärungsversuchen steht sie auf und wendet sich an mich: »Ich brauch jetzt mal ganz schnell 100 gleiche Sachen, sonst versteht er das nie!« Gemeinsam zählen die beiden 100 Knöpfe aus der Knopfschachtel – und Lea beginnt erneut ihre Erklärungen. Dabei legt sie nun mit den Knöpfen die Dreier-Reihe auf dem Tisch aus. Nach kurzer Zeit beteiligt sich Anton am Auslegen, gemeinsam legen sie eine weitere Reihe. Schließlich hat Anton das Prinzip erfasst und beschäftigt sich an den folgenden Tagen unermüdlich mit dem Auslegen aller weiteren Einmaleinsreihen, notiert sie in seinem Rechenheft und lernt sie schließlich auswendig.

Die beschriebenen Beispiele zeigen, wie die Kinder sich ihre Herausforderungen für ihr Lernen suchen und sich diesen stellen – aus eigenem Antrieb. Zu beobachten ist, wie die Kinder im Lernen zunächst an Grenzen stoßen und nach einer Lösung für ein Problem suchen müssen, um weiterzukommen. Haben sie dabei Unterstützung oder können die Ideen anderer aufgreifen, ohne dadurch einem Erwartungsdruck genügen zu müssen, wachsen sie über diese Grenzen hinaus und leisten deutlich mehr, als sich ursprünglich vermuten ließ. Aus eigenem Antrieb gehen sie in ihren Selbstanforderungen bis an die Grenze der Überforderung.

Wichtig ist auch die Präsentation des Gelernten vor den Eltern. Bei den regelmäßig halbjährlich stattfindenden Entwicklungsgesprächen schildert jedes Kind als Experte seines eigenen Lernens seinen Eltern, welche Fortschritte es gemacht hat, welche Arbeitsprozesse dafür notwendig waren und zu welchen Erfolgen es dabei kam. Hier tauschen sich nicht Lehrer/in und Eltern aus über das Kind und seine Leistungen, es geht nicht um Noten oder Klassenarbeiten, sondern alle Beteiligten sind im Dialog über die Lernprozesse des jeweiligen Kindes (Frank 2018).

Mit Achtung, Respekt vor der Lernleistung und großer Wertschätzung begegnen die Eltern den Kindern in diesen Gesprächen.

Fazit

Für das Lernen in der Jenaplanschule spielt die jahrgangsgemischte Lerngemeinschaft eine zentrale Rolle. Um den Lernwillen und die Freude am Lernen zu erhalten, sind für die Kinder verschiedene Aspekte von entscheidender Bedeutung:
- die Kinder werden als Persönlichkeiten und in ihren Lernbedürfnissen ernstgenommen
- jede Lernanstrengung wird wertgeschätzt und verdient ihren Respekt
- die Begeisterung und die Freude am eigenen Können und an der eigenen Leistung wirkt ansteckend und motiviert zu weiteren Lernleistungen
- die ganze Lerngruppe nimmt teil an den Erfolgen (und manchmal auch Misserfolgen), und diese können in Kreisgesprächen vorgestellt und gemeinsam gefeiert werden.

In einer Atmosphäre des Angenommen-Seins und des gegenseitigen Respekts entfalten die Kinder ihre Potenziale. Die Erwachsenen sind dabei die »Ermöglicher« kindlicher Lernprozesse, indem sie auf deren Bedarfe, Bedürfnisse und Interessen eingehen, diese fördern, befördern und wertschätzen.

Literatur

Evangelische Jenaplanschule am Firstwald Mössingen. Bekenntnisschule der Schulstiftung der Ev. Landeskirche in Württemberg. Pädagogische Konzeption. Mössingen/Stuttgart 2008, aktualisiert 2011 und 2016.

Frank, C.: Mit Kindern über ihr Lernen im Gespräch sein. Bausteine der Schulentwicklung zu einer differenzierten Leistungskultur an der Evangelischen Jenaplanschule am Firstwald in Mössingen. In: Jacobs/Herker 2018, S. 406–415.

Frank, C.: Von der pädagogischen Vision zu einer l(i)ebenswerten Schule. In: Lehren und Lernen 45 (2019), H. 11, S. 19–25. (a)

Frank, C.: »Leben und Lernen in Vielfalt und Verschiedenheit«. Die Evangelische Jenaplanschule am Firstwald in Mössingen. In: Lehren und Lernen 45 (2019), H. 11, S. 31–34. (b)

Jacobs, T./Herker, S. (Hrsg.): Jenaplan-Pädagogik in Konzeption und Praxis. Perspektiven für eine moderne Schule. Baltmannsweiler 2018.

John, G./Frommer, H./Fauser, P. (Hrsg.): Ein neuer Jenaplan. Befreiung zum Lernen. Die Jenaplan-Schule 1991-2007. Seelze-Velber 2008.

Petersen, P.: Der kleine Jena-Plan. Zuerst 1927, Weinheim/Basel [64]2011.

Skiera, E.: Die pädagogische Situation und die Bedeutung der Bildungsgrundform Gespräch, Spiel, Arbeit und Feier. In: Jacobs/Herker 2018, S. 91–103.

Volker Frielingsdorf

Jahresarbeiten in den Freien Waldorfschulen

Unter einer Jahresarbeit versteht man im schulischen Zusammenhang die intensive Beschäftigung von Schüler/innen mit einem in der Regel von ihnen selbst bestimmten Thema, das im Zeitraum von einem ganzen Schuljahr für eine schriftliche Abschlussarbeit und ein Referat bearbeitet wird.

Jahresarbeiten gab es seit den 1950er/60er Jahren an öffentlichen Schulen, sie waren und sind aber ansonsten vor allem ein wichtiger Bestandteil des Konzepts reformpädagogisch orientierter Schulen. Hier sind es insbesondere die Freien Waldorfschulen, in denen die Jahresarbeiten seit den 1960er Jahren zu einem zentralen Element ihrer Pädagogik geworden sind. Die Jahresarbeiten der Waldorfschulen sollten aus einem praktischen Teil und einer schriftlichen Arbeit bestehen. Die Ergebnisse werden in einem öffentlichen Vortrag präsentiert.

Die Jahresarbeiten in den Freien Waldorfschulen

Im Rahmen des waldorfspezifischen Curriculums haben die Jahresarbeiten in zwei Schuljahren ihren festen Platz: in der 8. und in der 12. Klasse. Die Zwölftklassarbeit in der Abschlussklasse bildet dabei einen besonderen Höhepunkt der Waldorfschule, die über zwölf Jahre geht, sofern sie nicht zum Abitur führt. Die Achtklassarbeit steht am Ende der sogenannten Klassenlehrerzeit, in der von der 1. bis zur 8. Klasse im Regelfall eine Klassenlehrerin bzw. ein Klassenlehrer die »eigene« Klasse unterrichtet hat. Insofern stehen beide Jahresarbeiten an markanten Stellen in der Entwicklung der Schüler/innen, die sich im 14./15. bzw. im 18./19. Lebensjahr befinden, in Lebensaltern, die mit der Pubertät bzw. dem Mündigwerden tiefe Einschnitte und wichtige Übergänge im Leben der jungen Menschen bedeuten.

Jahresarbeiten bedeuten für die Heranwachsenden eine besondere Herausforderung, der sie sich in der Waldorfschule stellen müssen, die ihnen aber auch die Chance bietet, die eigenen Möglichkeiten zu erproben, ihr individuelles Können und ihre persönlichen Fähigkeiten unter Beweis zu stellen und an den mit der Bewältigung der Arbeit verbundenen Schwierigkeiten zu wachsen.

Dabei kommt es in den Waldorfschulen darauf an, dass das Thema der Jahresarbeit in einem praktischen und in einem theoretischen Teil entwickelt wird. Neben die schriftliche Arbeit tritt damit gleichgewichtig eine wie auch immer geartete gegenständliche Beschäftigung, die bei handwerklich-künstlerischen Themen auf der Hand liegt, wohingegen es bei abstrakten Fragestellungen einiger Phantasie bedarf, um die eigene Fragestellung konkret zu veranschaulichen.

Im Lehrplan der Waldorfschulen korrespondieren die Jahresarbeiten im 8. und 12. Schuljahr mit den »Klassenspielen«, die deshalb in derselben Altersstufe eingeübt und aufgeführt werden. Während diese Theaterstücke und der damit verbundene Schauspielunterricht die Klasse als Ganzes fordern und, wenn es gut geht, das Zusammengehörigkeitsgefühl stärken, ist bei den Jahresarbeiten jede/r einzelne Schüler/in auf sich gestellt. Somit sind die Jahresarbeit und das »Klassenspiel« in gewisser Weise komplementär aufeinander bezogen: Während letzteres für die ganze Klassengemeinschaft eine große kollektive Herausforderung darstellt, bedeuten die Jahresarbeiten eine anspruchsvolle individuelle Aufgabe.

Themenwahl und Betreuung der Jahresarbeiten

Von elementarer Bedeutung für Sinn und Charakter der Jahresarbeiten ist, dass die Schüler/innen ihre Themen selbst finden und bestimmen müssen. Die Themensuche setzt häufig schon in der vorhergehenden Klasse ein, da die Schüler/innen ja seit geraumer Zeit wissen, was in der 8. bzw. 12. Klasse von ihnen erwartet wird. Während manche sich bereits lange mit der Themenfindung beschäftigt und sich womöglich schon früh für eine bestimmte Frage- und Aufgabenstellung entschieden haben, gibt es insbesondere in der 8. Klasse immer auch eine ganze Reihe von Schüler/innen, die beim besten Willen kein Thema finden, das sie wirklich interessiert und mit dem sie sich ein ganzes Jahr lang beschäftigen wollen.

Hier sind dann die Lehrpersonen gefordert. Dies geschieht in der Waldorfschule dadurch, dass sie sich schon im Laufe der 7. bzw. der 11. Klasse in speziellen Klassenkonferenzen eingehend damit beschäftigen, wie der organisatorische Rahmen und der Zeitplan der Jahresarbeiten aussehen sollen und welche Schüler/innen einen speziellen Beratungsbedarf haben. Je nachdem wird dann in der gesamten Klasse über die Jahresarbeiten gesprochen oder auch von einzelnen Lehrpersonen mit bestimmten Schüler/innen. Dabei schält sich dann auch allmählich heraus, welche Lehrpersonen die Betreuung der einzelnen Schüler/innen übernehmen. In der Regel ist die betreffende Lehrperson dann für die schulinterne Begleitung der Jahresarbeit zuständig. Die Schüler/innen suchen sich für die inhaltliche Seite ihrer Jahresarbeit dann aber auch einen Experten, der in »ihrem« Thema über eine besondere Expertise verfügt und von dem sie vor allem in methodischer Hinsicht lernen können.

Die Schüler/innen haben also aus dem Waldorfkollegium normalerweise einen Fachmentor sowie eine Lehrperson als Ansprechpartner für die mehr organisatorischen und planerischen Aspekte der Jahresarbeit. Insbesondere die weniger leistungsstarken und die antriebsschwachen Schüler/innen sind auf eine ggf. auch engmaschige Begleitung angewiesen; denn auch an einer Waldorfschule herrscht ein gewisser Erwartungsdruck, der mit der Erstellung einer Jahresarbeit verbunden ist: Schließlich muss sie ja am Ende vor der versammelten Schulgemeinde – Eltern, Lehrer, Schüler – präsentiert werden.

Themenspektren

Bei der Bestimmung eines geeigneten Themas gibt es so gut wie keine Einschränkungen. Die Schüler/innen können sich für ihre Jahresarbeit durchaus auch schul- und unterrichtsferne Gebiete aussuchen wie beispielsweise
- die Astronomie
- ein fern liegendes Land wie Korea oder Costa Rica
- eine Choreografie
- ein außereuropäisches Musikinstrument
- ein neuartiges technisches Herstellungsverfahren
- die Erlernung einer ungewöhnlichen Sportart
- die Betreuung von Flüchtlingskindern
- die Herstellung von besonders ausgefallenen Gerichten.

Natürlich gibt es immer auch sehr konventionelle Jahresarbeiten. Dies gilt vor allem für handwerkliche und kunsthandwerkliche Arbeiten in der 8. Klasse wie das Herstellen einer Schreinerarbeit oder eines Schmuckstücks. Daneben ist stets auch mit Schüler/innen zu rechnen, die den Weg des geringsten Widerstands gehen und nur eine bessere Projektarbeit vorlegen, die dann eher einer mehrwöchigen Hausarbeit ähnelt als einer *Jahres*arbeit. Auf der anderen Seite finden wir Schüler/innen, die ein sehr global angelegtes Thema bearbeiten möchten, das in diesem Rahmen zeitlich bzw. sachlich kaum zu bewältigen wäre. Wenn etwa eine hoffnungsvolle Zwölftklässlerin die »Liebeslyrik in der Weltliteratur« bearbeiten möchte, könnte sie das ebenso überfordern wie ihren Mitschüler, der ein nie da gewesenes Fortbewegungsmittel entwickeln will. In diesen Fällen müssen Lehrpersonen gerade den besonders motivierten Schüler/innen dabei helfen, ihr Thema einzugrenzen und handhabbar zu machen.

Hierbei hat es sich in der Praxis als sehr hilfreich erwiesen, wenn das federführende Klassenkollegium eine Art Leitfaden mit einem Fragebogenformular einschließlich Terminplan entwickelt, der von allen Schüler/innen ausgefüllt und unterschrieben werden muss. Dabei wird der Plan für die Jahresarbeit oft vom Ende her gedacht, indem nämlich die voraussichtliche Form der Fertigstellung bereits zu Beginn in etwa festgelegt wird, d. h. dass der Umfang der schriftlichen Arbeit und die Art und Weise der herzustellenden Präsentation möglichst schon in der

Vorlaufphase klar umrissen werden. Dies bedeutet aber nicht, dass die Jahresarbeit bereits zu Beginn fixiert wird. Im Gegenteil ist es Sinn und Zweck auch und gerade einer Jahresarbeit, dass sie stets *work in progress* bleibt, dass sie fortgeschrieben, modifiziert und immer wieder neu justiert werden kann. So ist es durchaus möglich, dass eine Jahresarbeit im Laufe der doch sehr langen Bearbeitungszeit wesentlich verändert wird und dass die allmähliche Konkretisierung des Themas dazu führt, dass die anfänglichen Fragestellungen mit der Zeit in den Hintergrund treten und neuen Perspektiven Platz machen.

Da die Waldorfpädagogik ohnehin weniger ergebnisorientiert, sondern eher prozessual angelegt ist, werden derartige Umformulierungen des ursprünglichen Themas nicht nur toleriert, sondern als durchaus sinnvolle Begleiteffekte und Entwicklungsschritte akzeptiert. Gerade in der 12. Klasse können derartige Prozesse und Wandlungen für die Schüler/innen sehr wertvoll sein – sofern es ihnen gelingt, sich bei der weiteren Ausarbeitung dann doch auf eine zentrale Fragestellung zu konzentrieren.

Wie umfangreich sind Jahresarbeiten in der 12. Klasse einer Waldorfschule?

Der schriftliche Teil umfasst in der Regel mindestens 25 Seiten, sofern es sich um eine eher handwerkliche, künstlerische oder praktische Arbeit handelt; bei eher theoretischen Arbeiten kann der Umfang auch 80 und mehr Seiten umfassen.

In der Regel wird der schriftliche Teil illustriert und je nachdem mit einem Anhang versehen, in dem sich Dokumente, Zeichnungen, Skizzen, Fotos, Pläne usw. befinden.

Äußerer Ablauf einer Jahresarbeit in der 12. Klasse

Nach der Entscheidung für das Thema ihrer Jahresarbeit fertigen die Schüler/innen eine Projektskizze an und erstellen für sich einen Zeitfahrplan, den sie mit den sie begleitenden Lehrpersonen besprechen und abstimmen. In der Regel gibt es dann regelmäßige Treffen, bei denen der Projektstand geprüft und besprochen wird. Naturgemäß nimmt die Arbeitsintensität gegen Ende des Jahres zu, und oft gelingt die Fertigstellung und abschließende Präsentation erst im Zuge einiger Nachtschichten. Viele Schüler/innen, die ja dann etwa 18 Jahre alt sind, realisieren dabei bis dahin ungeahnte Potenziale und erreichen so ein Leistungsniveau, dass sie sich selbst vor Jahresfrist ebenso wenig zugetraut hätten wie ihr Umfeld. Dieses Gefühl, über sich hinausgewachsen zu sein, und zu zeigen, was in einem steckt, ist für viele Schüler/innen gerade in diesem Lebensalter besonders beglückend.

Das so gestärkte Selbstwertbewusstsein erfährt dann in der öffentlichen Präsentation eine weitere Bestätigung. Neben einem Vortrag gibt es auch eine Ausstellung, in der die Schüler/innen ihre Ergebnisse dem interessierten Publikum zeigen und erläutern. Dabei ergeben sich dann von selbst Gespräche mit interessierten Gästen, mit denen sich die Schüler/innen über ihre Arbeit austauschen und fachsimpeln können. Manchmal ergeben sich dadurch sogar Perspektiven für den weiteren Bildungs- und Berufsweg, insbesondere dann, wenn der praktische Nutzen der Jahresarbeit auch für Außenstehende unmittelbar sichtbar wird.

Wie werden die Jahresarbeiten in der 12. Klasse der Waldorfschule präsentiert?

Die einzelne Präsentation dauert durchschnittlich 15 bis 30 Minuten.

Bei einer Klasse von 25 bis 30 Schülern wird für die Vorstellung aller Jahresarbeiten in der Regel ein ganzer Tag benötigt, damit alle Referate und Darbietungen angemessen berücksichtigt werden können.

Das Präsentation der Jahresarbeiten findet normalerweise in der Festhalle der Schule statt, sie ist öffentlich und wird häufig auch von vielen Menschen besucht, die nicht zur Waldorfschulgemeinschaft gehören.

Gewöhnlich gibt es ein abwechslungsreiches Rahmenprogramm mit gehörigen Verschnaufpausen und einem reichhaltigen Angebot für Essen und Trinken.

Stellenwert der Jahresarbeit und ihre Bewertung

In den Waldorfschulen haben die Jahresarbeiten einen sehr hohen Stellenwert. Dies gilt nicht zuletzt auch deshalb, weil ja nach Möglichkeit auf Schulnoten und Sitzenbleiben verzichtet wird. Das waldorfspezifische Motto »Angstfrei lernen – selbstbewusst handeln« lässt sich gerade auf die Art der Leistungsfeststellung und -bewertung beziehen, wie sie für die Waldorfpädagogik charakteristisch ist, vertraut sie doch weitgehend auf die intrinsische Motivation und Motivierbarkeit der Schüler/innen. Leistungsdruck und ein äußerliches Noten- und Bewertungssystem, das häufig genug mit Ängsten einhergeht, lehnen die Waldorfschulen bekanntlich ab. Umso wichtiger ist es ihnen deshalb, dass es durchaus Herausforderungen und Aufgaben gibt, welche die Schüler/innen bewältigen müssen und bei denen der Bewertungsmaßstab sich aus dem Anspruch und der Qualität der geleisteten Arbeit ergibt.

Insofern sind die Jahresarbeiten ein sehr wichtiger integraler Bestandteil des pädagogischen Konzepts der Waldorfschulen: sie tragen ihrem individualisierenden Ansatz Rechnung, sie sind an der Arbeitshaltung und am Lernhandeln der Schüler/innen orientiert; sie dokumentieren selbstorganisiertes und selbstbestimmtes Lernen. Die Lehrpersonen haben dabei eine lediglich unterstützende Rolle, sind eher Lernbegleiter als Lehrer im althergebrachten Sinne.

Allerdings sind die Lehrpersonen am Ende des Schuljahres dann doch auch wieder diejenigen, die die Jahresarbeit beurteilen und bewerten. Dies geschieht allerdings nicht in Form einer Note, sondern durch eine ausführliche Beschreibung und Qualifizierung in einer Art Gutachten, das auch ein wichtiger Teil des waldorfspezifischen Abschlusszeugnisses ist. Die Jahresarbeit gilt insofern als eine eigenständige Prüfungsleistung, die dem Notenzeugnis und der Abschlussprüfung gleichgewichtig an die Seite gestellt wird.

Ihren eigentlichen Wert hat die Jahresarbeit für die Schüler/innen durch das, was sie dabei für sich und über sich lernen; da die Jahresarbeiten eine höchst individuelle Leistung der Schüler/innen sind, haben die Ergebnisse einen hohen Aussagewert in Hinblick auf ihre spezifischen Fähigkeiten und individuellen Qualitäten.

Wie werden die Jahresarbeiten der 12. Klasse bewertet?

Die Bewertung einer Jahresarbeit erfolgt in der Regel nicht durch eine Note, sondern in Form einer ausführlichen Beschreibung.

Dabei wird weniger ein absoluter Maßstab angelegt, sondern vielmehr das individuelle Leistungsvermögen berücksichtigt und honoriert.

Vorrangige Beurteilungskriterien sind die Originalität des Themas, Form und Inhalt der schriftlichen Ausarbeitung sowie ggf. die Qualität des hergestellten Produkts bzw. die künstlerische Gestaltung.

Wichtige Kriterien sind sodann das Durchhaltevermögen, die Anstrengungsbereitschaft, der Umgang mit aufgetretenen Schwierigkeiten und nicht zuletzt auch die Art und Weise der öffentlichen Präsentation.

Schließlich wird auch darauf geschaut, wie der/die Einzelne die eigenen Vorgaben und Zielsetzungen umsetzen konnte.

Generell sollte das Niveau einer Jahresarbeit dem einer Gesellenarbeit oder einer umfangreichen Facharbeit entsprechen.

Die Bedeutung der Jahresarbeit für das Lernhandeln der Schüler/innen

Jahresarbeiten stehen exemplarisch für eine weitgehend von den Schüler/innen selbst bestimmten Form des Lernens und Arbeitens, die den Rahmen der traditionellen »Belehrungsschule« sprengt. Sie entspricht eher dem, was in anderen reformpädagogischen Konzepten als »Freiarbeit« und »Projektmethode« selbstverständlich ist. Während Projektarbeiten in der Regel auf eine eher kurze Zeit (von bis zu wenigen Wochen) begrenzt sind, sind die Jahresarbeiten das, was ihr Name sagt: sie nehmen von der Themenfindungsphase bis zum Abschluss mindestens zehn Monate in Anspruch. Schon dadurch erfordern sie einen langen Atem und eine gute Zeitplanung.

Im Rahmen ihrer Jahresarbeit lernen die Schüler/innen,

- sich selbst zu organisieren und planvoll vorzugehen
- die Fokussierung und Konzentration auf *ein,* auf *ihr* Thema
- eine zielgerichtete Arbeits- und Vorgehensweise
- das systematische und weitgehend selbstständige Arbeiten
- die Bündelung und Gliederung des gesammelten Materials
- die Ausarbeitung des Arbeitsergebnisses in Form einer schriftlichen Darstellung
- die mündliche Präsentation in einem längeren, möglichst frei gehaltenen Vortrag.

Jahresarbeiten – Ausdruck einer besonderen pädagogischen Schulkultur

Waldorfschulen bieten für die Art und Weise einer Jahresarbeit, wie sie hier beschrieben worden ist, einen günstigen Rahmen, da sie generell eher freilassend und weniger reglementiert sind. Umgekehrt gilt, dass in Schulen, die ihre Schüler/innen z. B. durch regelmäßige Klassenarbeiten permanent fordern und unter Druck setzen, kaum Entfaltungsmöglichkeiten für zusätzliche und alternative Arbeitsformen und vor allem Formen einer individuellen Leistung außerhalb des Lehrplans bleiben. Dagegen lassen der eher durchlässige Rahmen der Freien Waldorfschule und ihre geringe Regelungsdichte den Schüler/innen genügend zeitlichen Spielraum, um den Herausforderungen, die mit einer Jahresarbeit verbunden sind, entsprechen zu können.

Dies heißt nun aber nicht, dass Jahresarbeiten nicht auch an anderen Schulen eingeführt werden könnten. Jede Schule, die ein eigenes Profil entwickeln möchte, sollte darüber nachdenken, warum sie eigentlich bislang keine Jahresarbeit in ihrem Curriculum gehabt hat! Die Frage so zu stellen, führt möglicherweise schnell dazu, dass sich Kollegium und Schulleitung darüber einig werden, dass die Verankerung von Jahresarbeiten im Schulleben höchst sinnvoll wäre – und vielleicht einigt man sich dann wenigstens auf eine mehrmonatige Projektarbeit in dem hier skizzierten Rahmen (mit einer Dauer von zum Beispiel einem halben Jahr). In vielen Bundesländern gibt es im Übrigen ja ohnehin selbstständig zu erarbeitende Fach- oder Seminararbeiten auch im Rahmen des allgemeinen Schulwesens (wie z. B. die »Gleichwertige Feststellung von Schülerleistungen« GFS in Baden-Württemberg oder die »Besondere Lernleistung« in Sachsen).

Wer also selbstständiges Arbeiten und Sich-Organisieren fördern möchte, wird nicht um die Frage herumkommen, wie man in den Schulen der Zukunft längere Projekt- und vielleicht sogar Jahresarbeiten in das Schulleben integrieren kann. Dabei ist es nicht so entscheidend, in welcher Klassenstufe diese Form der Fokussierung auf ein selbst gewähltes Thema verankert wird. Wichtig ist, dass dieses

Mittel überhaupt seinen Platz in der Schulorganisation findet – und am besten vielleicht ja so, wie es die Waldorfschulen schon lange praktizieren: einmal in der Mittel- und einmal in der Oberstufe.

Literatur

www.waldorf-ideen-pool.de/Schule/uebergreifend/jahresarbeiten

Götte, Wenzel M./Loebell, Peter/Maurer, Klaus M. (Hrsg.): Entwicklungsaufgaben und Kompetenzen. Zum Bildungsplan der Waldorfschule. Stuttgart 2009.

Richter, Tobias (Hrsg.): Pädagogischer Auftrag und Unterrichtsziele – Vom Lehrplan der Waldorfschule. Stuttgart [4]2019.

Rita Stebler/Kurt Reusser/Christine Pauli

Auf eigenen Wegen selbstgesteuert lernen

Einblicke in die Lernkultur einer jahrgangs- und leistungsdurchmischten Sekundarklasse

Um ihren Bildungsauftrag unter den Vorzeichen von Integration/Inklusion und Vielfalt möglichst gut zu erfüllen, bemühen sich zahlreiche Schulen um eine stärkere Personalisierung des Lernens (Stebler u. a. 2021a). Sie denken den Unterricht stärker »lernseits« (Schratz/Westfall-Greiter 2010) und versuchen, durch

- eine gute Balance von geführtem und geöffnetem Unterricht,
- passgenaue Lernangebote,
- funktionale Wahl- und Partizipationsmöglichkeiten (Mötteli u. a. 2022),
- einen systematischen Aufbau von Lernkompetenzen und
- eine kognitiv aktivierende, individuell-adaptive Lernunterstützung den Schüler/innen selbstgesteuertes Lernen auf eigenen Wegen zu ermöglichen (Stebler u. a. 2021b).

Während in der Literatur zahlreiche Konzepte zur Angebotsgestaltung in (graduell) personalisierten Lehr-Lern-Umgebungen dargestellt werden, gibt es, vor allem mit Blick auf die späteren Bildungsjahre, nur wenige Publikationen zu der Frage, wie einzelne Schüler/innen in solchen Arrangements die Lernangebote auch tatsächlich nutzen und auf eigenen Wegen selbstgesteuert lernen.

Im vorliegenden Beitrag beschäftigen wir uns mit dieser Frage. Zuerst erörtern wir das Konzept des personalisierten Lernens als Bündel von unterrichtlichen Praxisformen, mit denen u. a. das Ziel verfolgt wird, selbstgesteuertes Lernen bei den Schüler/innen zu ermöglichen und zu fördern. Danach berichten wir anhand mehrerer unterrichtsbezogener Vignetten eines Fallbeispiels über die Qualität des selbstorganisierten Lernens von Schüler/innen einer jahrgangs- und niveaudurchmischten Klasse der Sekundarstufe I sowie darüber, wie sie dabei individuell unterstützt werden. Zum Schluss gehen wir auf berichtete Lernerträge und auf lern- und lehrseitige Anforderungen beim selbstgesteuerten Lernen auf eigenen Wegen ein.

Selbstgesteuertes Lernen auf eigenen Wegen ermöglichen

Personalisiertes Lernen

Wenn Mittel und Wege zur gezielten Förderung der einzelnen Schüler/innen in heterogenen Lerngruppen erörtert werden, wird häufig auch von personalisiertem Lernen gesprochen. Personalisiertes Lernen ist eine international verwendete Bezeichnung für schulische Bildungsangebote, didaktische Zugänge, Lehr-Lern-Umgebungen und Lernprozessqualitäten, die einen maßgeschneiderten Kompetenzaufbau von Schüler/innen anstreben. Der vielschichtige und facettenreiche Begriff, dem kein einheitliches Bedeutungsverständnis zugrundliegt, schließt an eine lange Tradition reformdidaktischer Zugänge zur Individualisierung und didaktischen Öffnung schulischer Lehr-Lern-Kulturen an (Stebler u. a. 2021a; vgl. den Beitrag von Herrmann in diesem Band S. 62 ff.). Dazu gehören Konzepte
- der Inneren Differenzierung (Klafki/Stöcker 1976)
- der Individualisierung (Lipowsky/Lotz 2015)
- des adaptiven Unterrichts (Corno/Snow 1986)
- des Offenen Unterrichts (Bohl/Kucharz 2010)
- der individuellen Förderung (Klieme/Warwas 2011) und
- der erweiterten Lehr- und Lernformen (Pauli u. a. 2003).

Gegenwärtig wird das Konzept des personalisierten Lernens zudem stark mit positiven Ertragserwartungen bei der Nutzung neuer Technologien und Medien assoziiert (Brägger u. a. 2021).

Betrachtet man die Handlungsformen und Begründungszusammenhänge dieser Unterrichtskonzepte vor dem Hintergrund ihrer reformpädagogischen Wurzeln, so lassen sich mindestens *fünf Tiefendimensionen* unterscheiden. Diese kommen in variablen Konfigurationen von Zielen und Handlungsorientierungen personalisierter Lehr-Lernkulturen vor (Stebler u. a. 2018):
1. Unterrichts- und Lernangebote an die personalen Bildungs- und Lernvoraussetzungen von Lernenden und Lerngruppen anpassen
2. Schüler/innen in ihrer Persönlichkeit ganzheitlich fördern
3. Selbstgesteuertes Lernen auf eigenen Wegen ermöglichen
4. Kompetenzorientiertes Lernen zur persönlichen Sache machen
5. als Lehrperson und Lerngemeinschaft bildend und unterstützend wirken.

Der Sammelbegriff »personalisiertes Lernen« basiert auf einem kognitiv- und sozial-konstruktivistischen Verständnis von Lernen. Danach erfolgt Lernen in tätiger Auseinandersetzung mit Lerngegenständen als individuell vollzogene, vom Vorwissen abhängige und sozial (durch Lehrpersonen und Lernpartner/innen) unterstützte geistige Sinnkonstruktion. Dabei werden aktuelle Informationen mit vorhandenem Wissen verknüpft und erweiterte Wissensstrukturen aufgebaut (*konstruktiv*). Lernen ist dann besonders wirksam, wenn die lernende Person auf ein klar erkennbares und bejahtes (Kompetenz-)Ziel hinarbeitet und dabei ihr Vorgehen sachkundig überwacht und steuert (*selbstgesteuert*) (Reusser 2021). Lernen kann nicht erzwungen, jedoch durch einen kognitiv aktivierenden und zielklaren Unterricht *ermöglicht* werden. Dazu müssen den Lernenden inhaltlich gehaltvolle Angebote gemacht werden. Diese sollten ihnen so gut entsprechen, dass sie sich aktiv und engagiert mit dem Lernstoff auseinandersetzen und sich dabei vertieft mit den Inhalten beschäftigen können (Pauli u. a. 2008).

Beim Unterrichten sehr heterogener Lerngruppen besteht die didaktische Kunst darin, eine möglichst optimale Passung zwischen den Lernangeboten und den Nutzungsvoraussetzungen der unterschiedlichen Schüler/innen zu erreichen (Reusser u. a. 2021). Da Lernprozesse innerlich und damit im Verborgenen ablaufen und selbst für diagnostisch versierte Lehrpersonen schwer zu erschließen sind, bedarf passgenaues Lernen der Mitwirkung der Schüler/innen. Diese verfügen über eine Innensicht dazu, was in ihrem Kopf passiert, und kennen ihre Bedürfnisse oftmals besser als die beobachtende Lehrperson (Bray/McClaskey 2017). Für wirksames schulisches Lernen ist es daher unerlässlich, die Lernenden ins Boot zu holen und ihnen erweiterte Wahl- und Mitbestimmungsmöglichkeiten »für den persönlichen Anschluss zu den Lerninhalten und zur Erschließung der Bedeutung von Lernerfahrungen für das eigene Leben« (Schratz/Westfall-Greiter 2010, S. 26) einzuräumen. In englischsprachigen Publikationen wird dieser für personalisiertes Lernen zentralen Forderung mit der Parole »*voice and choice*« (Bray/McClaskey 2017) Nachdruck verliehen.

Vor diesem Hintergrund eröffnen Schulen mit personalisierten Lernkonzepten, wie auch die Ergebnisse unserer eigenen Studie zeigen (Mötteli 2015), den Lernenden im Unterricht erweiterte Partizipations- und Wahlmöglichkeiten und intensivieren gleichzeitig die individuelle Lernunterstützung (vgl. Kasten Vignette: Handlungsaspekte personalisierten Lernens und Abb. 1). Auf diese Weise wollen sie selbstgesteuertes, individuelles und soziales Lernen auf eigenen Wegen ermöglichen.

Vignette: Handlungsaspekte personalisierten Lernens

Fragebogenerhebung

In der perLen-Studie (personalisierte Lernkonzepte in heterogenen Lernumgebungen, vgl. Kap. 2) wurden die Lehrpersonen aus 65 Schulen in der Deutschschweiz in drei aufeinanderfolgenden Schuljahren mittels Fragebögen zu ihrem Unterricht befragt. Es wurden Aussagen vorgelegt, und die Lehrpersonen gaben jeweils den Grad der Zustimmung oder die Häufigkeit der Durchführung an.

Auswertung

Für die Abbildung 1 wurden die Daten der ersten Online-Befragung von Primar- und Sekundarlehrpersonen ausgewertet. Einbezogen wurden jene 48 Schulen (Personalisierungsgrad: N=14 sehr stark personalisiert; N=28 stark personalisiert; N=6 moderat personalisiert), aus denen pro Schule Daten von mindestens drei Regellehrpersonen, welche in den Kernbereichen (Sprachen und/oder Mathematik und/oder Natur-Mensch-Gesellschaft) unterrichten, vorlagen. Zur Beschreibung der Lehr-Lern-Umgebungen wurden elf Aspekte (acht Skalenvariablen und drei Items zu Wahlmöglichkeiten) berücksichtigt, die in der Fachliteratur mit personalisiertem Lernen verbunden werden. Die Daten wurden auf Schulebene aggregiert und in z-Werte umgerechnet (Mötteli 2015).

Ergebnisse

Bei der Gestaltung didaktischer Arrangements für personalisiertes Lernen werden vielfältige Lehr-Lern-Formen schulspezifisch orchestriert, individuelles und kooperatives Lernen ermöglicht, Lernkompetenzen gefördert sowie Lerncoaching praktiziert. Die Ausprägungen hängen vom Personalisierungsgrad der Schulen ab. Wenn man die Angaben der Lehrpersonen aus sehr stark personalisierten Schulen jenen aus moderat personalisierten Schulen gegenüberstellt, zeigen sich mit wenigen Ausnahmen (»Erweiterte Inszenierungsformen, »ICT-Anwendung«, »Wahlmöglichkeit Sozialform«) statistisch bedeutsame Gruppenunterschiede mit zum Teil hohen Effektstärken (Mötteli 2015). Die mit personalisiertem Lernen assoziierten Aspekte sind in stark personalisierten Schulen vergleichsweise deutlicher ausgeprägt.

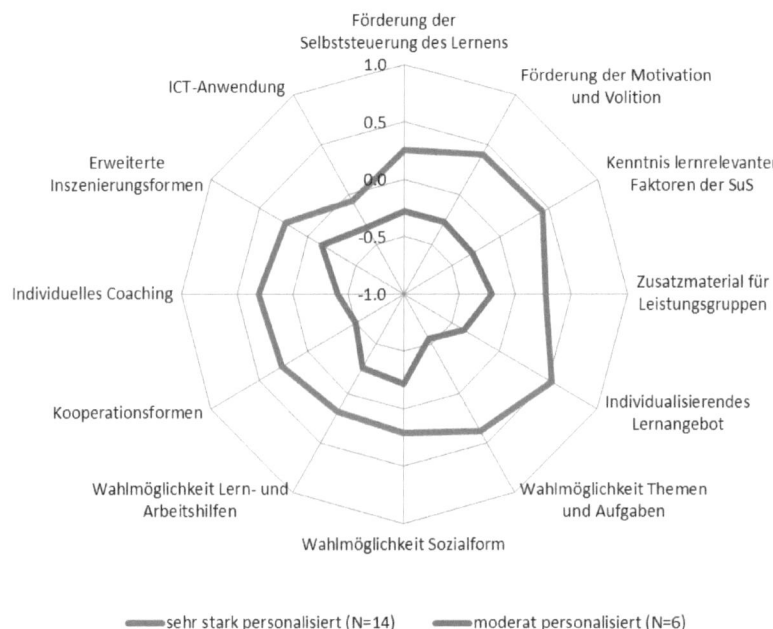

Abb. 1: Ausprägung ausgewählter Handlungsaspekte personalisierten Lernens in sehr stark versus moderat personalisierten perLen-Schulen (z-Werte) (Mötteli 2015)

Selbstgesteuert lernen (können)

Selbstgesteuertes (sclbstreguliertes, autonomes) Lernen ist ein Konzept, das in der Lernpsychologie und in der Didaktik mit anderen Akzenten verwendet wird. In der Lernpsychologie versteht man darunter »das vom/von der Lernenden aktiv initiierte Vorgehen, das eigene Lernverhalten unter Einsatz von verschiedenen Strategien zu steuern und zu regulieren« (Perels u. a. 2020, S. 46). Es beruht auf dem Zusammenspiel von »*skill and will*« (Paris/Paris 2001, S. 98), das von Merkmalen der lernenden Person und von Merkmalen der Lernsituation beeinflusst und in zahlreichen Modellen mit unterschiedlicher Theoriebindung erörtert wird. Aebli (1987) spricht mit Blick auf die personalen Merkmale von »drei Säulen des autonomen Lernens« und unterscheidet

- eine *Wissenskomponente:* über ein solides, gut vernetztes und bewegliches Wissen sowie eine klare Vorstellung von günstig verlaufenden Lernprozessen verfügen
- eine *Könnenskomponente:* Lernverfahren praktisch anwenden können bzw. über ein Handlungsrepertoire von Arbeits- und Lernstrategien verfügen
- eine *Willenskomponente:* auf der Basis eines positiven Selbstbildes eigener Fähigkeiten sich für das eigene Lernen verantwortlich zu fühlen.

Alle drei Komponenten bedürfen der Schulung und Anleitung. Damit die Fähigkeiten und Bereitschaften zum autonomen Lernen sich im Schulalter schrittweise ausbilden, müssen die Schüler/innen im Unterricht »wesentliche Entscheidungen, *ob, was, wann, wie* und *woraufhin* [gelernt wird], gravierend und folgenreich beeinflussen« (Weinert 1982, S. 102) und dadurch Erfahrungen mit selbstgesteuertem Lernen sammeln können. Daher muss die Schule selbstgesteuertes Lernen von Anfang an ermöglichen und wirksam unterstützen, und zwar lange bevor die dazu erforderlichen schülerseitigen Kompetenzen voll ausgebildet sind. Weinert hat diesen auf die Lernsituation bezogenen und didaktischen Sachverhalt in die Formel gebracht, beim selbstgesteuerten Lernen handle es sich gleichzeitig um eine Voraussetzung, eine Methode und um das Ziel des Unterrichts (s. Kasten).

Selbstgesteuertes Lernen als Voraussetzung, Methode und Ziel des Unterrichts

Voraussetzung

Weil Lernende ihr Wissen und Können eigenaktiv aufbauen, ist schulisches Lernen immer eine Mischung aus Selbst- und Fremdsteuerung (u. a. Aufgaben, Instruktionsverhalten der Lehrperson). Wie viel Selbststeuerung im Unterricht vorausgesetzt werden kann, hängt wesentlich vom Niveau der schülerseitigen Lernkompetenzen ab. Vom Vorschulalter an erwerben die Lernenden elementare Strategien (z. B. einfache Gedächtnisstrategien, Aufrechterhaltung der Aufmerksamkeit). Diese entwickeln sich im Schulalter unter dem Einfluss steigender metakognitiver Fähigkeiten (Planung, Verständnisüberwachung), gezielter Strategievermittlung und variabler Anwendungsgelegenheiten von isolierten aufgaben- und situationsabhängigen Vorgehensweisen zu flexiblen, fachübergreifend nutzbaren Lernwerkzeugen. Doch erst gegen Ende der Sekundarstufe I kann erwartet werden, dass die meisten Schüler/innen auch bei stark reduzierter Fremdsteuerung zielgerichtet und ertragreich lernen (Artelt 2006). Ein förderorientierter Unterricht schließt an die schülerseitigen Voraussetzungen für selbstgesteuertes Lernen an und entwickelt sie weiter.

Methode

Selbstgesteuertes Lernen kann im Unterricht sowohl direkt als auch indirekt gefördert werden. Bei *direkter Förderung* werden ausgewählte Strategien (z. B. Texte zusammenfassen, Zielerreichung kontrollieren) bei kurzzeitigen Trainings oder Interventionen explizit vermittelt. Explizite Strategievermittlung ist vor allem dann wirksam, wenn die Schüler/innen nicht nur angeleitet werden, wie die einzelnen Strategien auszuführen sind, sondern auch erleben, dass sich der anfängliche Mehraufwand lohnt (Aebli u. a.1986; Dignath/Veenman 2021; Donker u. a. 2014). Bei *indirekter bzw. situierter Förderung* werden Lehr-Lern-Umgebungen gestaltet, in denen die Schüler/innen durch den Einsatz geeignete Strategien ihr fachliches Lernen weitgehend selbst steuern müssen. Dies bedingt, dass sie in eigener Regie Ziele setzen, Lernschritte planen und ausführen, Lernaktivitäten überwachen sowie Lernwege und Lernerträge beurteilen (Dignath/Veenman 2021; Weinert, 1982). Lehr-Lern-Umgebungen mit hohen Freiheitgraden und ausgeprägter Beteiligungskultur eignen sich demnach ganz besonders zur Förderung von Lernkompetenzen. Dies gilt unter der Voraussetzung, dass basale Lernstrategien vorgängig und bei Bedarf auch zwischenzeitlich explizit vermittelt werden (Dignath/Veenman 2021) und eine kognitiv aktivierende Lernunterstützung, die sich an den individuellen Voraussetzungen und Lernbedürfnissen der Schüler/innen orientiert, gewährleistet ist.

Ziel

Selbstgesteuert bzw. autonom lernen zu können, hängt positiv mit Lernerfolg zusammen (de Boer et al. 2018) und gilt als Schlüsselqualifikation für lebenslanges Lernen (Reusser u. a. 2021). Die Schüler/innen über die Schuljahre hinweg so zu qualifizieren, dass sie ihr Lernverhalten in variablen Kontexten zunehmend eigenständig steuern können und dies auch wollen, ist somit ein wichtiges Unterrichtsziel.

Schüler/innen durch eine qualitätsvolle Lernunterstützung zu selbstgesteuertem Lernen befähigen

Eine Standardmöglichkeit der individuellen Lernunterstützung sind variable Formen des Lehr-Lern-Dialogs in Phasen der selbstgesteuerten Lernarbeit, beim kooperativen Lernen oder beim Lerncoaching.

Situationsbezogene Hilfestellungen bei der selbstgesteuerten Lernarbeit

Wenn Schüler/innen ihr Lernen beim Aufbau fachlicher und überfachlicher Kompetenzen in geöffneten didaktischen Arrangements in hohem Ausmaß selbst steuern müssen, treten zwangsläufig Schwierigkeiten und Fragen auf. Es entstehen Gelegenheiten für punktuelle situationsbezogene Hilfestellungen. Diese können sich auf den fachlichen Lerngegenstand und/ oder die Lernsteuerung beziehen. Die Lehrperson greift in den Lernprozess ein, wenn der Schüler oder die Schülerin z. B. um Hilfe bittet, wiederholt dieselben Fehler macht, unter- oder überfordert scheint oder an einen Punkt gelangt ist, an dem eine korrektive Rückmeldung oder ein Impuls weiterführendes Lernen auslösen könnten. Sie führt mit dem betreffenden Kind oder Jugendlichen einen in der Regel kurzen Lerndialog, in dem gemeinsam Verständnisprobleme geklärt und Lösungen entwickelt werden (Pauli u. a. 2018). Dabei stellt sie Fragen und gibt Impulse, die sich auf das Verstehen von Grundsätzen und Zusammenhängen beziehen, an das Vorwissen der Schüler/innen anschließen, Fehler als Lerngelegenheiten nutzen, den Kern eines Sachzusammenhangs oder eines Verfahrens transparent machen, auf alternative Sichtweisen- und Lösungswege hinweisen, zum Weiterdenken anregen und gründliches Verstehen fördern (Brägger u. a. 2021). Die Lehrperson greift die bereichsspezifischen oder allgemeinen Lernstrategien auf, welche die Schüler/innen zur Steuerung ihres fachlichen Lernens anwenden, und entwickelt sie weiter oder bringt eine neue Strategie ins Spiel. Dabei führt sie Lerndialoge, in denen sie ihr Gegenüber u. a. dadurch adaptiv unterstützt, dass sie

- vorzeigt und dabei verbalisiert, wie sie die Aufgabe oder Schwierigkeit angeht
- auf nächste Lernschritte oder nützliche Strategien hinweist
- die Aufmerksamkeit des Gegenübers auf verständniswichtige Konzepte und Beziehungen lenkt
- sich durch Nachfragen vergewissert, dass der bzw. die Lernende den Sachzusammenhang oder das Verfahren verstanden hat
- verlangt, dass der bzw. die Lernende sagt, was er bzw. sie überlegt oder tut und Gründe dafür nennt
- eine Arbeitsrückschau einfordert (Brägger u. a. 2021).

In Schulen mit personalisierten Lernkonzepten sind situationsbezogene Hilfestellungen für die Lehrpersonen insofern besonders herausfordernd, als die Schüler/innen bei der selbstgesteuerten Lernarbeit teils in mehreren Räumen gemäß persönlichen Lernzielen und Arbeitsplänen unterschiedliche Aufgaben, manchmal sogar aus mehreren Fachgebieten oder Schulfächern, lösen. Für die Lehrpersonen bedeutet dies, dass sie sich in rascher Folge *ad hoc* auf unterschiedliche Aufgaben, Lernstände und Bearbeitungsweisen einlassen, individuelle Lösungsversuche nachvollziehen, Fehler und Fehlkonzepte erkennen, Verständnisschwierigkeiten diagnostizieren und die Unterstützung »*on the fly*« (Shavelson u. a. 2008) darauf abstimmen müssen (Brägger u. a. 2021).

Wie Lepper & Woolverton (2002) in ihrer Praxisstudie zeigen, ist individuelle Lernunterstützung vor allem dann besonders wirksam, wenn sie

- auf einem soliden fachlichen, (fach-)didaktisch/methodischen und pädagogisch-psychologischen Wissen der Lehrperson beruht
- in einem lernförderlichen Klima durch eine Lehrperson erfolgt, die viel Zeit für Lerndialoge aufwendet, sich für die Lernenden interessiert und ihnen Fortschritte zutraut
- die Lernenden zu aktivieren vermag, indem sie häufiger mit Fragen und Impulsen als mit Erklärungen arbeitet
- ein progressives Hilfeverhalten pflegt, das von unspezifischen Reaktionen auf Fragen und Fehler zu direkten, kleinschrittigen Hilfestellungen führt
- die Lernenden zum Nachdenken über Lernwegen und Lösungsprozessen anregt und anleitet
- die Motivation der Lernenden hoch hält, indem sie u. a. durch dosierte Herausforderungen und den Verzicht auf überflüssige Interventionen das Erleben von Selbstwirksamkeit und Kontrolle fördert (Brägger u. a. 2021).

Schülerseitige Hilfe- und Kooperationskultur

Beim selbstorganisierten Lernen mit größeren heterogenen Lerngruppen ist die Lehrperson nicht beliebig für zeitnahe Hilfestellungen verfügbar. Deshalb lohnt es sich, die Mitschüler/innen als Lernressource zu stärken und längerfristig und gezielt eine schülerseitige Hilfe- und Kooperationskultur aufzubauen. Nicht selten können Mitlernende ebenso gut oder sogar wirksamer helfen als die Lehrperson; denn sie sind sehr nahe an den Lernprozessen und häufig entsprechend sensibler für die Schwierigkeiten ihrer Kamerad/innen. Zudem verwenden sie eine ähnliche Sprache. Durch kooperationsförderliche Sitzordnungen, strukturierte Gruppenarbeiten, Informationen über Fachexpertise in der Schülerschaft, Patensysteme oder Lernpartnerschaften können günstige Rahmenbedingungen für niederschwellige kollegiale Hilfestellungen geschaffen werden. Allerdings besteht immer eine gewisse Gefahr, dass die Schüler/innen sich nicht wirklich aufeinander einlassen, unwirksame Lernstrategien vorschlagen, Lösungsansätze unkritisch übernehmen oder gemeinsam falsche Schlussfolgerungen ziehen. Eine Lehrperson, die die einzelnen Schüler/innen gut kennt, wird solche Probleme unverzüglich lösungsorientiert angehen.

Lerncoaching

Schulen mit personalisierten Lernkonzepten kombinieren die situierte Förderung von Lernstrategien häufig mit Lerncoaching. In geplanten Einzelgesprächen, welche die Lehrperson im Turnus mit allen Mitgliedern der Lerngruppe führt, werden teils anhand von Kompetenzrastern, Lerntagebüchern oder Portfolios Lernprozesse reflektiert und beurteilt, Stärken und Schwächen thematisiert sowie neue Ziele formuliert und darauf bezogene Lernwege erörtert. Lerncoaching steht in diesem Kontext für eine Form längerfristig angelegter und systematischer Förderung des selbstgesteuerten Lernens, bei der individuelle Beratung, persönliches Feedback und praxisorientiertes Training verknüpft werden (Fischer-Epe 2003; vgl. den Beitrag von Nicolaisen in diesem Band). Es soll die Schüler/innen schrittweise dafür qualifizieren, über ihr Lernverhalten, ihre Lernressourcen und ihre Lernerträge nachzudenken und sie individuell unterstützen, sich auf der Basis der gewonnenen Erkenntnisse realistische Ziele zu setzen, funktionierende Handlungspläne zu entwickeln und diese mithilfe wirksamer Lernstrategien erfolgreich umzusetzen (Perkhofer-Czapek/Potzmann 2016).

Um dies zu erreichen, muss im Lerncoaching eine Vertrauenskultur aufgebaut werden, die sich durch Offenheit und direktes Feedback auszeichnet. Zudem ist es wichtig, dass die Lehrperson in der Rolle des Coaches die Lernenden nicht mit Anleitungen bedient, sondern sie durch Reflexionshilfen, gezielte Impulse und emotionalen Support zur Entwicklung eigener Lösungen anregt und sie dabei begleitet. Entsprechende Fragen und Impulse

- beziehen sich auf *Aufgaben* (z. B. einen Lernplan zum Deutschdossier erstellen) oder *Ergebnisse* (z. B. die Einträge im Lerntagebuch sind unvollständig) und geben den Lernenden eine unmittelbare *Rückmeldung* zu ihrem Lernverhalten, zeigen ihnen, wo sie stehen, und vergewissern sich, dass sie ihr Ziel kennen
- rücken *Prozesse* (z. B. Vorbereitung auf eine misslungene Lernzielkontrolle in Geschichte) ins Blickfeld und beziehen sich auf die eingesetzten Strategien (z. B. alle Unterlagen querlesen) und weisen bei Bedarf auf alternative Vorgehensweisen hin (z. B. eine Zusammenfassung schreiben)
- machen die *Lernsteuerung* samt Voraussetzungen, Anforderungen, Beweggründen und Verantwortungsübernahme zum Thema
- sprechen *lernbezogene Selbstbilder* (z. B. »Arbeitspläne bringen mir eh nichts«) *und Haltungen* (z. B. »Geschichte ist doof«) der Schüler/innen an (Brägger u. a. 2021).

Wie empirische Studien zeigen, steigert (Lern-)Coaching u. a. die Fähigkeit zur Selbstwahrnehmung, zur Selbstreflexion, zum Perspektivenwechsel und zur Zielfindung und wirkt sich günstig auf die Motivation, die Selbstwirksamkeit und die Eigeninitiative der unterstützten Person aus (Perkhofer-Czapek/Potzmann 2016).

Fazit

Selbstgesteuertes Lernen auf eigenen Wegen ermöglichen ist eine Dimension personalisierten Lernens, die als langfristiges Bildungsziel breite Zustimmung findet, als didaktisches Konzept erweiterte Spielräume für selbstgesteuertes Lernen und den persönlichen Anschluss an die Bildungsinhalte vorsieht und lehr- wie lernseits von Unterricht besondere Anforderungen stellt: Die Lehrenden müssen über Jahre hinweg mittels inhaltlich qualitätsvoller und lernförderlich strukturierter Arrangements den Lernenden progressiv erweiterte Wahl- und Partizipationsmöglichkeiten eröffnen und sie gleichzeitig systematisch dafür qualifizieren, in deren Rahmen zunehmend eigenständig und sinnstiftend zu lernen. Dabei ist es entscheidend, dass sie die Lernsteuerung und die Verantwortung für das Lernen schrittweise den Lernenden übergeben, und zwar abgestimmt auf deren Lernkompetenzen. Die Schüler/innen ihrerseits stehen in der Pflicht, die erweiterten Spielräume für selbstgesteuertes Lernen eigeninitiativ und bestmöglich für den Aufbau fachlicher und überfachlicher Kompetenzen zu nutzen und der ihnen übertragenen Verantwortung für das eigene Lernen nachzuleben.

Wie diese Aufgabe in der Praxis gelöst wird, zeigen wir nachstehend am Beispiel einer Schule mit personalisiertem Lernkonzept, die in hohem Ausmaß selbstgesteuertes Lernen auf eigenen Wegen ermöglicht.

Fallbeispiel einer Sekundarschule, die selbstgesteuertes Lernen auf eigenen Wegen ermöglicht

Die perLen-Schulen

In der Deutschschweiz hat in den vergangenen Jahren eine steigende Zahl von Primar- und Sekundarschulen aus eigener Initiative und unterschiedlichen Beweggründen Lehr-Lern-Kulturen entwickelt, in denen in variablen Konfigurationen und Akzentsetzungen Dimensionen personalisierten Lernens praxisbezogen umgesetzt werden.

In der *perLen-Studie* (**per**sonalisierte **Le**rnkonzepte in heterogenen Lerngruppen)[1] wurden in 65 dieser mehrheitlich öffentlichen Schulen (fortan perLen-Schulen), für die kantonale kompetenzorientierte Lehrpläne gelten, der Unterricht und dessen Wirkungen sowohl mit Blick auf fachliche und überfachliche Bildungsziele und Prozessqualitäten, als auch in Bezug auf die mit der Umsetzung von personalisiertem Lernen verbundenen neuen Rollen und Herausforderungen für alle Beteiligten untersucht (Stebler u. a. 2018). Dazu wurden im Rahmen eines mehr-

---

1   Wir bedanken uns bei der Stiftung Mercator Schweiz für die Förderung der Studie.

perspektivischen (Schulleitungen, Lehrpersonen, Schüler/innen, Forschende) und multimethodischen (Dokumentenanalysen, Interviews, Befragungen, Videoanalysen, Leistungstests) Designs in drei (t1, t2, t3) aufeinander folgenden Schuljahren (2012/13 bis 2014/15) Datenerhebungen durchgeführt.

Für diesen Beitrag greifen wir eine kleine Landschule im voralpinen Raum heraus, die seit langem Unterrichtsentwicklung in Richtung einer stärkeren Personalisierung des Lernens betreibt. In der Sekundarstufe (7. bis 9. Schuljahr) werden Jugendliche aus zwei benachbarten Gemeinden unterrichtet. Gemäß kantonalen Richtlinien handelt es sich um eine Integrierte Sekundarstufe mit Niveauunterricht, d. h. die Schüler/innen sind in den Fächern Mathematik, Deutsch, Englisch und Französisch einer von zwei jahrgangsgebundenen Anforderungsstufen (Grund- bzw. erweiterte Anforderungen) zugeteilt.

Schwankende Schülerzahlen veranlassten die Schule vor rund 15 Jahren, für die Sekundarstufe ein neues Schulmodell zu entwickeln. Seither werden die zirka 40 Sekundarschüler/innen in zwei jahrgangs- und leistungsdurchmischten »Stammklassen« von je zwei Klassenlehrpersonen und wenigen Fach- (u. a. Sport) und Speziallehrkräften (u. a. Deutsch als Zweitsprache) unterrichtet. Die Lehrpersonen unterrichten die Schüler/innen während der Sekundarschulzeit in mehreren Fächern und arbeiten im kleinen Kollegium eng zusammen. Folglich kennen sie das Lernverhalten und die Leistungsentwicklung der einzelnen Jugendlichen gut. Jeder Stammklasse stehen zwei separate Klassenzimmer zur Verfügung. In einem Raum haben alle Schüler/innen einen festen Arbeitsplatz an einem jahrgangsdurchmischten Gruppentisch. Der andere Raum wird flexibel genutzt.

Die Lehrpersonen (Lp) stufen ihre Schule als »sehr stark personalisiert« ein. Personalisiertes Lernen bedeutet für sie, dass das Anspruchsniveau der Aufgaben, die Lernunterstützung und die Freiheitsgrade bei der Lernsteuerung auf die Voraussetzungen der einzelnen Schüler/innen abgestimmt, Lernkompetenzen gezielt weiterentwickelt und kooperative Lernformen systematisch gefördert werden.

> Lp3_t1: Personalisiert wird ja schnell damit verbunden, dass man individualisiert, und für uns hat sich in den ersten Jahren so ein bisschen die Frage gestellt: Wieviel Individualisierung wollen wir, und wo bleibt aber noch das Miteinander? Wir fahren nun tatsächlich zweigleisig, dass wir sagen, wir wollen bewusst die Aufgabenstellung den Schülern anpassen, also individualisieren, aber wir wollen auch ein bewusstes Gegengewicht schaffen, indem wir ganz verstärkt kooperative Lernformen einsetzen und da wieder das Miteinander ins Zentrum rücken.

Wie die Schüler/innen unter diesen Vorzeichen lernen, wird im Folgenden anhand von Schuldokumenten, Interviews mit Schulleitung und Lehrpersonen, Unterrichtsvideos und Informationen aus den Schülerfragebögen auszugsweise veranschaulicht.

Kurs- und Atelierunterricht, Lerntreffen

In der Schule, über deren Lernkultur in diesem Beitrag berichtet wird, werden Kursunterricht (Fachbereiche: Natur, Mensch, Gesellschaft; Fremdsprachen; Gestalten, Musik, Sport; ca. zwei Drittel der wöchentlichen Unterrichtszeit) und »Atelierunterricht« (vorwiegend Mathematik, Deutsch, Lebenskunde; ca. ein Drittel der wöchentlichen Unterrichtszeit) kombiniert.

- Der *Kursunterricht* erfolgt je nach Fachbereich und Jahrgangsstufe in jahrgangsgebundenen oder in jahrgangsdurchmischten Lerngruppen, bestehend aus Schüler/innen einer oder beider Stammklassen. Hier werden bekannte Lehr-Lern-Formen (u. a. Lehrgespräch, Stillarbeit, Gruppenarbeit, Projektarbeit) eingesetzt.
- Für den *Atelierunterricht*, bestehend aus selbstorganisiertem Lernen und gelegentlichen Lerntreffen, ist täglich mindestens eine Doppellektion reserviert u. zw. für beide Stammklassen im gleichen Zeitfenster. Dadurch kann die Zusammensetzung der Lerngruppen beliebig variiert werden. Beim *selbstorganisierten Lernen* im Atelierunterricht lösen die Schüler/innen nach personalisierten Arbeitsplänen Aufgaben aus fachspezifischen Dossiers (Lernschritte, S. 243).
Um zielgerichtetes Lernen zu ermöglichen, achten die Lehrpersonen im Kurs- wie im Atelierunterricht besonders darauf, dass die Schüler/innen jederzeit genau wissen, in welcher Lerngruppe sie sind, an welchen Sachzusammenhängen sie arbeiten und was von ihnen erwartet wird.
- An den *Lerntreffen* im Atelierunterricht werden in kleinen Gruppen Themen aus den Dossiers eingeführt, vertieft und repetiert sowie eigenständig Einträge ins Theorieheft (u. a. Formeln, Regeln, Beispiele) gemacht. Dieses nutzen die Schüler/innen während der gesamten Sekundarschulzeit als Lernressource. Die Lerntreffen dauern etwa 20 Minuten und finden nicht regelmäßig, sondern nur bei Bedarf statt. Manche Lerntreffen sind obligatorisch, andere sind freiwillig. Es gibt auch Lerntreffen, die nicht von den Lehrpersonen, sondern von älteren für jüngere Schüler/innen gestaltet werden.

Im ursprünglichen Personalisierungskonzept waren keine Lerntreffen vorgesehen. Sie wurden nachträglich eingerichtet, da sich einerseits zeigte, dass die meisten Schüler/innen überfordert waren, wenn sie im Atelierunterricht selbstständig umfassende Themen erarbeiten sollten. Andererseits empfanden es die Lehrpersonen als sehr mühsam, wenn sie mehreren Jugendlichen nacheinander denselben Inhalt erklären mussten. Rückblickend erachten die Lehrpersonen diese Lerntreffen als wichtiges Mittel, um die Jugendlichen für gemeinsames Problemlösen zu begeistern, mit ihnen solide fachliche Grundlagen für ertragreiches autonomes Lernen zu erarbeiten und um zu verhindern, dass das selbstorganisierte Lernen im Atelierunterricht zum Abarbeiten von Lernaufträgen verkommt.

Selbstorganisiertes Lernen im Atelierunterricht

Im Atelierunterricht werden die Lerngegenstände in Form von Lernschritten mit Zielvorgaben angeboten. Davon ausgehend planen die Schüler/innen die selbstständige Lernarbeit, bei der sie von den Lehrpersonen individuell unterstützt werden und mit Kolleg/innen zusammenarbeiten können. Üblicherweise lernen im Atelierunterricht nicht alle Schüler/innen der Lerngruppe mit demselben Lernschritt.

Lernschritte

Lernschritte sind Dossiers mit thematisch gebündelten Problemstellungen und Aufträgen, die dem Erwerb bestimmter fachlicher und damit verbundener überfachlicher Kompetenzen dienen. Sie werden von den Fachlehrpersonen, teils schulübergreifend, nach Maßgabe des Lehrplans zusammengestellt. Die Aufgaben in den Lernschritten stammen aus Pflicht- und Wahllehrmitteln oder sind Eigenentwicklungen der Lehrpersonen.

> Lp1_t3: Ich versuche, spannende Aufgaben zu gestalten, die in die Lebenswelt der Schüler passen und die auf unterschiedlichen Stufen lösbar sind. Auch finde ich es wichtig, dass die Aufgaben Begegnungen zwischen Schülern ermöglichen. Sie sollten motivieren und zum Erkunden einladen.
>
> S1_t3: Ich mag die Aufgaben vom Mathelehrer sehr gut, denn ich verstehe die Aufträge meist. Wenn ich Hilfe brauche, kann ich ihn oder meine Lernpartnerin aber auch jederzeit fragen. Ich mag schwierige Aufgaben, die mich herausfordern.
>
> S3_t3: Die Aufgaben sind manchmal recht schwierig. Es ärgert mich, wenn ich sie nicht lösen kann. Manchmal schaue ich dann einfach die Lösungen an und schreibe die Ergebnisse bei mir ein. Aber ich versuche dann schon zu verstehen, was ich falsch gemacht habe, weil für die Prüfung muss ich es dann ja auch können.

Jeder Lernschritt enthält Angebote für drei bis vier Schulwochen und wird mit einer Lernzielkontrolle abgeschlossen. In Zukunft beabsichtigen die Lehrpersonen, auch Lernschritte für jahrgangsübergreifendes Lernen zu entwickeln, sodass die einzelnen Schüler/innen der Stammklassen auf selbst eingeschätztem Niveau am gleichen Gegenstand lernen könnten.

Personalisierte Arbeitspläne

In den Lernschritten ist festgehalten, welche Aufträge die Schüler/innen in Abhängigkeit vom fachlichen Leistungsniveau, dem sie zugeteilt sind (Grund- vs. erweiterte Anforderungen), mindestens lösen sollten, um die anvisierten Kompetenzen in jener Ausprägung zu erwerben, die bei der Lernzielkontrolle einer genügenden Leistung entspricht. Auf dieser Grundlage planen die Schüler/innen das selbstorganisierte Lernen, die Hausaufgaben sowie den Termin der Lernzielkontrolle (s. u.). Je nach persönlichen Ambitionen vertiefen sie sich mehr oder weniger stark in ein Thema. Manche Schüler/innen orientieren sich an den Grundkompetenzen, andere streben höhere Leistungen an, was bedeutet, dass sie weitere Aufgaben aus dem Lernschritt und mehr Zeit einplanen müssen. Die fachlichen Lernziele sind folglich auch im Atelierunterricht – in Form von niveauspezifischen Grundkompetenzen – ein Stück weit festgelegt. Wahl- und Partizipationsmöglichkeiten haben die Schüler/innen vor allem in Bezug auf weiterführende Fachinhalte, das Zeitmanagement, den Lernort, die Sozialform und das Ausmaß der beanspruchten individuellen Lernunterstützung.

Die Grobplanung des selbstorganisierten Lernens nehmen die Schüler/innen auf der wöchentlichen Lerngruppensitzung vor und halten sie im Lerntagebuch fest (s. u.). Die Feinplanung machen sie zu Beginn jeder Doppellektion im Atelierunterricht, wobei sie die Zeitfenster für Lerntreffen ausklammern. Sie notieren im Lerntagebuch, was sie vorhaben und wie lange sie die einzelnen Lernangebote nutzen wollen. Am Schluss jeder Atelierphase kontrollieren und beurteilen sie die Zielerreichung. Was sie in diesem Zeitfenster geleistet bzw. gelernt haben, unterstreichen sie grün, noch Ausstehendes markieren sie rot. Die Einträge werden von den Lehrpersonen konsequent eingefordert und sofort kontrolliert.

Punktuelle Lernunterstützung

Die Schüler/innen setzen ihre Planung jeweils eigenständig um und korrigieren ihre schriftlichen Arbeiten anhand eines Lösungsordners selbst, bevor die Lehrperson die Schlusskontrolle vornimmt. Sie nutzen die Unterrichtszeit weitestgehend für Lernaktivitäten und werden von den Lehrpersonen punktuell unterstützt (vgl. Kasten: Vignette: Aktive Lernzeit und punktuelle Lernunterstützung beim selbstorganisierten Lernen). In den Lerndialogen werden sowohl fachliche Sachverhalte geklärt als auch darauf bezogene Lern- und Kontrollstrategien thematisiert. Von den Lehrpersonen ist beim selbstorganisierten Lernen eine intensive Präsenz gefordert. Im gleichen Zeitraum individuelle Lernprozesse zu unterschiedlichen Inhalten adaptiv zu unterstützen, ist anspruchsvoller und anstrengender als Plenumsunterricht zu erteilen.

> Lp_t1: Also, ich muss sechs Niveaus betreuen und das in Deutsch und in Mathe […].
> Die Schüler haben das Gefühl, ich komme mit meiner Frage, und ich erwarte jetzt
> gerade in zwei Sekunden die Antwort vom Lehrer. Dabei muss der Lehrer zuerst
> überlegen: »Moment, wer bist du? In welcher Klasse bist du? In welchem Niveau

bist du? Wo bist du in welchem Thema? Was ist jetzt gerade deine Frage?« […] Das ist diese Riesenherausforderung für den Lehrer.

Lp1_t3: Manchmal merke ich erst im Nachhinein – bei den Korrekturen –, dass ein Schüler die Aufträge gar nicht verstanden hat oder dass ein Schüler in der vergangenen Lernzeit sehr, sehr Weniges bearbeitet hat. Das wurmt mich dann, denn ich möchte die Schüler möglichst gezielt begleiten und fördern und den Gesamtüberblick über die Unterrichtsaktivitäten behalten. Das gelingt mir aufgrund der fehlenden Zeit nicht immer gleich gut.

Vignette: Aktiv genutzte Lernzeit und punktuelle Lernunterstützung beim selbstorganisierten Lernen

Setting

Im gefilmten Atelierunterricht sitzen 16 Neuntklässler/innen aus zwei jahrgangs- und niveaudurchmischten Stammklassen an Vierertischen. Die Jugendlichen arbeiten je nach Lernstand an einem von fünf thematisch unterschiedlichen Lernschritten zu Mathematik. Die Mathematiklehrperson zeigt einleitend anhand einer Folie, wer gerade an welchem Lernschritt arbeitet und ermuntert die Schüler/innen, einander zu helfen, damit bei Problemen und Unklarheiten möglichst keine Wartezeiten entstehen. Danach notieren alle Schüler/innen im Lerntagebuch, welche Aufgaben sie heute lösen wollen. Die Lehrperson wirft einen Blick auf die Pläne, die Schüler/innen beginnen zu arbeiten und kontrollieren die Ergebnisse laufend mit dem aufgelegten Lösungsschlüssel. Während dieser Zeit (61 min.) interagiert die Lehrperson 78 mal mit einzelnen Schüler/innen, wobei sie in der Hälfte dieser Kontakte die Lernenden inhaltlich unterstützt, indem sie Lösungswege vorzeigt, Lernstrategien anspricht, erklärt, fragt oder sie an Mitschüler/innen verweist (Gmür-Ackermann 2021). Sie wechselt flexibel zwischen den unterschiedlichen Mathematikthemen und hat gleichzeitig die gesamte Lerngruppe im Blick. In Minute 60 fordert sie die Schüler/innen auf, im Lerntagebuch festzuhalten, inwiefern ihre Planung aufgegangen ist, geht von Tisch zu Tisch, kontrolliert die Einträge, hört sich Erklärungen zur Zielerreichung an und verabschiedet die Lerngruppe.

Individuelles Profil der Lernzeitnutzung

Die Abbildung 2 zeigt, wie ein 15-jähriger Junge (BZS2), der in Mathematik dem Niveau mit Grundanforderungen zugeteilt ist, die Lernzeit im Atelierunterricht nutzt. Für das Profil der Lernzeitnutzung wurde der gefilmte Unterricht von drei unabhängigen Beobachterinnen in 10s-Intervallen codiert (im ff. alle Angaben nach Gmür-Ackermann 2021). Dabei wurde jede 10s-Einheit einer von drei Ausprägungen der Lernzeitnutzung zugeteilt, nämlich (1) aufgabenbezogenes Verhalten (*time-on-task*: ToT), (2) Vorbereitung für aufgabenbezogenes Verhalten (*preparing time-on-task*: PoT) und (3) aufgabenfremdes Verhalten (*off-task*: OfT). Aus diesen Daten wurde für das Profil in Abbildung 2 der Modalwert pro Minute berechnet. Das Profil zeigt, dass der Junge die Zeit im Atelierunterricht vorwiegend zum Aufgabenlösen oder für vorbereitende Tätigkeiten nutzt. Zu Beginn des Unterrichts legt er das Material bereit, hört den organisatorischen Ausführungen der Lehrperson zu, notiert in seinem Lerntagebuch, welche Aufgaben er lösen will, überzeugt seinen Sitznachbarn, den Platz mit jenem Mädchen zu tauschen, das aktuell an denselben Aufgaben arbeitet, pariert das Gespött der Kollegen (OfT) und organisiert einen Taschenrechner. Ab Minute 8 bis und mit Minute 51 löst der Junge fast ununterbrochen Mathematikaufgaben (ToT). Dabei arbeitet er eng mit der Sitznachbarin zusammen. Zweimal tauscht er sich mit den beiden anderen Jungen am Tisch über deren Arbeitsstand aus (OfT), und einmal konsultiert er den Lösungsordner auf der Fensterbank (PoT). Ab Minute 52 führt er Privatgespräche. In Minute 60 schreibt er ins Lerntagebuch, dass er eine geplante Aufgabe nicht gelöst hat und räumt sein Material weg (PoT). Danach verlässt er den Unterrichtsraum (OfT). Die anderen Schüler/innen der Lerngruppe nutzen die Lernzeit im Atelierunterricht auf ähnliche Weise.

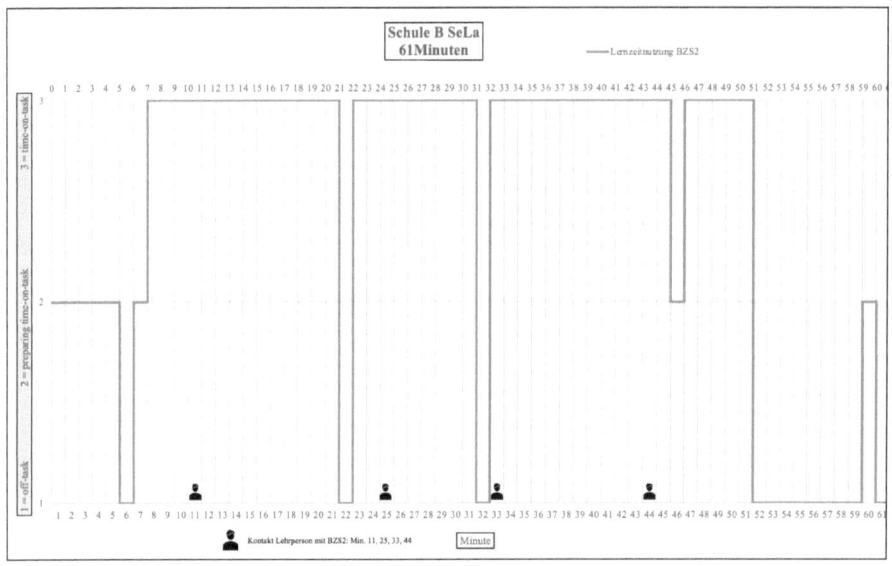

Abb. 2: Profil der Lernzeitnutzung durch den Schüler BZS2 und Kontaktzeiten mit der Lehrperson (Gmür-Ackermann 2021)

Punktuelle Lernunterstützung

Die Lehrperson und der Junge interagieren beim selbstorganisierten Lernen viermal mathematikbezogen. In Minute 11 (Abb. 2) wendet sich der Junge an die Lehrperson, weil er ein anderes Ergebnis hat als seine Sitznachbarin, die ihm den Lösungsweg erklärt hat. Er soll aus Radius und Höhe die Seite (Mantellinie) eines Kegels berechnen. Der Junge zeigt auf die Aufgabe und fragt: »Da. Muss die Seite wissen. Wie kann ich das herausfinden?« Die Lehrperson sieht, dass der Junge die Grundfläche des Kegels berechnet hat, bittet das Mädchen, die Erklärung zu wiederholen und bestätigt, dass der Lösungsweg stimmt. Der Junge setzt ihn diesmal richtig um. In Minute 25 erkundigt sich die Lehrperson im Vorbeigehen, ob das Berechnen der Kegelseite geklappt hat. In Minute 33 begeben sich der Junge und das Mädchen mit dem Mathematikbuch zur Lehrperson. Das Mädchen zeigt auf eine Abbildung und fragt, was mit der Aufgabe gemeint sei. Es soll untersucht werden, wie sich das Volumen eines Kegels und das Volumen eines Zylinders zueinander verhalten, wenn Durchmesser und Höhe beider Körper gleich sind. Die Lehrperson schlägt vor, dass man einen Wert, z. B. 10 cm, annehmen könne, und erarbeitet mit den Jugendlichen einen Lösungsweg. In Minute 44 fragt der Junge die Lehrperson, wie man die sechseckige Grundfläche einer Pyramide berechnen könne. Die Lehrperson zeichnet ein Sechseck, unterteilt dieses in sechs gleichseitige Dreiecke, trägt bei einem Dreieck die Höhe ein und sagt, dass man den Satz von Pythagoras anwenden könne. Der Junge nennt den Lösungsweg zur Berechnung der Sechseckfläche.

Strukturierungshilfen beim selbstgesteuerten Lernen

Wenn im Unterricht schrittweise Autonomiespielräume und Wahlmöglichkeiten eröffnet werden, können die Lernenden zunehmend eigene Lernwege einschlagen, müssen ihr Vorgehen aber auch verstärkt selbst steuern. Für die Schüler/innen bedeutet dies beispielsweise,

Lp2_t1: [...] dass sie jetzt viel mehr Entscheidungen treffen müssen, wie: Habe ich dies gelernt oder nicht oder habe ich es nur gemacht [...]? Habe ich abgeschrieben oder habe ich es nochmals angeschaut? In diesem Umfeld eigene Entscheidungen zu treffen, ist für mich auch noch eine wichtige Sache von [...] Personalisierung.

Die Denk-, Motivations- und Organisationsstrategien, die für eine wirksame Selbststeuerung erforderlichen sind, können besonders in jahrgangübergreifenden Lerngruppen nicht bei allen Schüler/innen gleichermaßen vorausgesetzt werden. Zwar wird in der Schule, deren Lernkultur wir hier beleuchten, selbstgesteuertes Lernen ab den frühen Bildungsjahren gefördert, doch noch in der Sekundar- bzw. Oberstufe sind diesbezüglich große Anstrengungen erforderlich. Um trotz unterschiedlicher Lernkompetenzen allen Schüler/innen in fachlicher und überfachlicher Hinsicht ertragreiche Lernprozesse zu ermöglichen, setzt die Schule verschiedene Instrumente zur Strukturierung und Förderung des selbstgesteuerten Lernens ein, u. a. Betreuungslevel, Lerntagebuch und Lernzielbuch.

Betreuungslevel

Je nach Stand der erreichten Lernkompetenzen gehören die Schüler/innen einem von drei Betreuungslevels an:
- Level 3 bedeutet, dass es Schüler/innen sind, die besonders im Atelierunterricht stark kontrolliert und unterstützt werden müssen.
- Level 2 heißt, dass die betreffenden Jugendlichen schon gut selbstständig lernen können und nur ab und zu Hilfe benötigen.

- In Level 1 sind die Schüler/innen mit versierter Lernsteuerung. Sie genießen viele Freiheiten, weil die Lehrpersonen sich darauf verlassen können, dass sie unabhängig davon, wo und mit wem sie lernen, selbstständig und zielgerichtet arbeiten.

Die Schüler/innen können in den Betreuungslevels auf- und absteigen. Wo die Einzelnen aktuell stehen, zeigt eine Liste, die im Klassenzimmer hängt.

Lerntagebuch

Mithilfe des Lerntagebuchs planen, dokumentieren, überwachen und reflektieren die Schüler/innen ihr Lernen im Atelierunterricht (Abb. 3). Sie halten darin aber auch fest, mit welchen Lernschritten sie in Mathematik und Deutsch gearbeitet haben, was und wie lange sie zu Hause für die Schule gelernt haben, wann sie welche Lernkontrollen wie erfolgreich absolviert haben und welche Spezialqualifikationen (u. a. Lerngruppenleitung, Präsentationsdiplom) sie sich angeeignet haben. Lerntagebuch und Lernschritte dokumentieren den individuellen Lernstand und die Leistungsentwicklung. Ausgehend von diesen Informationen arbeiten Lehrende und Lernende gemeinsam nächste Lerngelegenheiten aus.

> Lp1_t1: Also, das eine ist das Lerntagebuch, wo man das nachschauen kann, was sie gemacht haben und das andere ist einfach das Gespräch. Wir sprechen von 42 Schülern, also, wir haben zu zweit 21, und da sind wir relativ nahe beim Schüler. Ich denke, vieles passiert durch das Gespräch, was hat er gemacht, wo ist er angestanden, und so merken wir, wo es klemmt und wo sie stehen.
>
> Lp4_t1: Auch, wie er den Lernschritt bearbeitet. Man sieht, ob er [viele] Fehler gemacht hat, oder Übungen ausgelassen hat, auch falsch korrigiert. Das kann man teilweise auch mit den Schülern thematisieren, und man sieht auch, wo er steht und wo seine Probleme sind, bevor er dann die Prüfung ablegt.

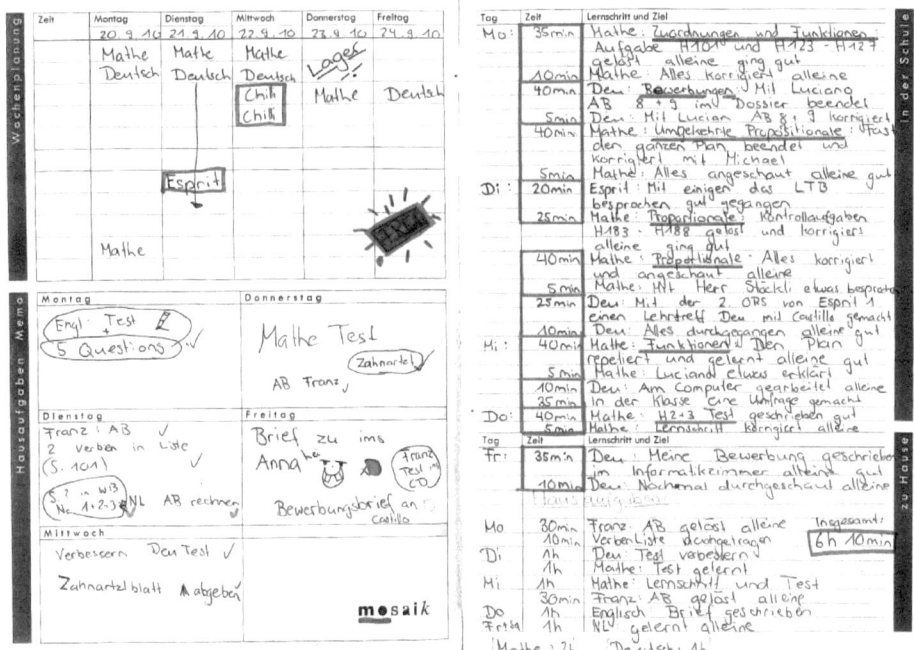

Abb. 3: Beispielseite aus einem Lerntagebuch (Quelle: Schuldossier)

Lernzielbuch

Das Lernzielbuch dient der generellen Reflexion und Förderung des Lernverhaltens. Die Schüler/innen formulieren während der drei Jahre in der Sekundarstufe persönliche überfachliche Lernziele, die im Lerncoaching aufgegriffen werden.

Trotz der beschriebenen Vorzüge finden Lerntagebuch und Lernzielbuch nicht bei allen Lernenden gleichermaßen Anklang. Bei der offenen Frage im per-Len-Schülerfragebogen, was ihnen an ihrer Schule nicht gefällt, haben sieben der 16 Schüler/innen diese Instrumente genannt. Ein Grund dafür ist, dass sie das voluminöse und schwere Lerntagebuch immer mitschleppen müssen, weil sie es in verschiedenen Unterrichtsräumen und für die Hausaufgaben brauchen.

Lerncoaching

In der Sekundarstufe haben alle Schüler/innen im Drei-Wochen-Rhythmus Coaching-Gespräche zur Förderung von Lernkompetenzen. Das Lerncoaching erfolgt als Einzelsitzung und immer mit derselben Lehrperson, welche im Gespräch die Rolle des Coaches übernimmt. Die Lehrperson bzw. der Coach unterrichtet gewisse Fächer in der Stammklasse und kennt daher das Lern- und Leistungsverhalten der Coachees auch vom Unterricht her. Da die Coaching-Gespräche während der

Unterrichtszeit stattfinden müssen, sind die anderen Schüler/innen in diesen Zeitfenstern auf sich selbst gestellt. Für die Lehrpersonen ist es im Alltag oft schwierig, Zeit zu finden, um sich mit einzelnen Schüler/innen ruhig hinzusetzen und gemeinsam ihr Lernen zu reflektieren.

In den Coaching-Gesprächen werden Informationen über den aktuellen Lernstand, über Lernfortschritte, Lernschwierigkeiten und Lernstrategien sowie über die Passung von Lernangebot und Lernunterstützung zu den schülerseitigen Lernvoraussetzungen ausgetauscht. Auf dieser Grundlage können gemeinsam nächste Schritte geplant, die Lernunterstützung modifiziert und weiterführende Lernaktivitäten angestoßen werden. Die Lehrpersonen achten darauf, dass sie in den Coaching-Gesprächen die Stärken und Potenziale anstatt der Fehler und Defizite der Lernenden ins Zentrum rücken und gezielt Beziehungsarbeit leisten. Die Schüler/innen lernen motivierter und erfolgreicher, wenn sie erleben, wie wichtig es den Lehrpersonen ist, dass sich in der Schule alle wohl fühlen, ihre Lernkompetenzen weiterentwickeln und zunehmend eigenverantwortlich lernen.

Lp2_t2: [Man kann] viele Sachen auch auffangen, […] mit diesen Coaching-Gesprächen, wenn man sich mit dem Schüler auseinandersetzt, mit diesen Sachen, die er macht, die gut gehen, oder Sachen, die nicht so gut gehen, wo man versucht, Hilfe zu geben oder […] eine Strategie zu vermitteln, [dann] gehen nachher [viele] andere Sachen mit diesem Schüler auch besser.

Beim Lerncoaching übernimmt die Lehrperson eine Rolle, die erweiterte Ansprüche an ihre professionelle Kompetenz stellt. Lerncoachs müssen sich durch Echtheit, Akzeptanz und Empathie auszeichnen, eine gewisse Nähe zu den fachlichen Lernprozessen der Coachees haben und über selbstgesteuertes Lernen Bescheid wissen. Auch eine hohe Gesprächskompetenz ist von Vorteil; denn der Lerncoach soll die Lernenden zur Selbstreflexion anregen, ihnen bei der Präzisierung der Ziele und der Lösungssuche helfen und ggf. Angebote machen, aber keine Lösungen vorgeben. Ein guter Lerncoach wird daher vor allem auffordern, fragen, paraphrasieren, zusammenfassen und aktiv zuhören.

Von den Schüler/innen wird erwartet, dass sie vorbereitet zu den Lerncoaching-Gesprächen erscheinen, d. h. das Lerntagebuch aktualisiert und ein persönliches überfachliches Lernziel formuliert haben. Wenn die Lernenden mit allen notwendigen Unterlagen und Informationen zum Lerncoaching-Gespräch erscheinen, können die Gespräche relativ kurzgehalten werden bzw. sich auf zirka 15 Minuten beschränken (vgl. Kasten Vignette Lerncoaching).

Vignette: Lerncoaching

Setting

Beim gefilmten Coaching-Gespräch (Dauer 13:34 min) sitzen ein Junge (»A.«) und ein Lehrer in der Rolle des Coaches übers Eck an einem Vierertisch in einem Klassenzimmer. Andere Schüler/innen sind nicht anwesend. A. absolviert das neunte und letzte obligatorische Volksschuljahr. Er ist vor vier Jahren als Migrant ohne Deutschkenntnisse ins Land gekommen und hat vor kurzem den Vertrag für eine Berufslehre unterschrieben. Vor A. auf dem Tisch liegt das geöffnete Lerntagebuch. Vor dem Lehrer liegen ein Blatt mich Stichpunkten und das geöffnete Lernzielbuch. Im Lernzielbuch hat A. als Vorbereitung auf das Coaching-Gespräch ein persönliches Lernziel für das nächste Semester formuliert. Links neben dem Lehrer liegen Schreibzeug und Papier. Coach und Coachee lächeln.

Struktur und Inhalt des Lerncoaching-Gesprächs

Gesprächseröffnung (ca. 2,5 min): Der Lehrer eröffnet das Coaching-Gespräch mit der Aufforderung, A. möge berichten, wie es ihm im Förderunterricht »Deutsch als Zweitsprache« ergehe. A. erzählt von den Lerntätigkeiten und von seinen Fortschritten. Der Lehrer bittet ihn zu wiederholen, welche Wünsche bezüglich Deutschkenntnisse sein zukünftiger Lehrmeister geäußert hat.

Lerntagebuch (ca. 6 min): Der Lehrer möchte als nächstes wissen, wie A. mit dem Lerntagebuch als Instrument zur Lernsteuerung im Atelierunterricht und bei den Hausaufgaben zurechtkommt. A. berichtet, wie er plant, dass es ihm wichtig ist, die Ziele zu erreichen und wie er die Routinen, die er beim Führen des Lerntagebuches erworben hat, in der Berufslehre nutzen will. Im Anschluss daran unterhalten sich Coach und Coachee über Hausaufgabenzeiten, Prüfungsvorbereitungen und entwickeln Ideen für weitere Lernstrategien. Danach lenkt die Lehrperson das Gespräch auf den Präsentationspass (vgl. Vignette »Lerngruppensitzung«). A. erzählt, dass er hier das Lehrlingslevel längst abgeschlossen hat, in den Meisterkurs aufsteigen könnte, aber noch zugewartet hat, weil ihm der Aufwand für Präsentationen auf diesem Niveau bisher als zu hoch erschienen ist. Nun möchte er aber doch mit dem Meisterkurs beginnen. A. schildert, wie er Präsentationen vorbereitet und wie sich seine Leistungen beim Präsentieren entwickelt haben.

Lernzielbuch (ca. 4 min): Die Lehrperson ergreift das Lernzielbuch und liest das Lernziel vor, das A. formuliert hat: »Drei Tage vor den Prüfungen lernen«. Anhand des Lerntagebuchs kontrollieren Coach und Coachee gemeinsam, wann A. jeweils mit den Prüfungsvorbereitungen begonnen und welche Noten er erhalten hat. Sie diskutieren, ob eine fixe Zeitvorgabe die beste Strategie ist. Möglicherweise wäre es sinnvoller, die Vorbereitungszeit dem Anspruchsniveau der Prüfung anzupassen und im Lernzielbuch als Richtlinie zu schreiben: »Zwei Tage vor den Prüfungen lernen«.

Gesprächsabschluss (etwa 1 min): A. ist beim Schulskirennen als Vorfahrer eingeteilt. Der Lehrer stellt sicher, dass A. weiß, welche Aufgaben er da übernehmen muss. A. nennt seine Aufgaben. Der Lehrer lobt, dass A. schon sehr gut Ski fahre, worauf A. entgegnet, dass er im Sport generell sehr gut sei. Daraufhin erkundigt sich A. beim Lehrer nach dem Punktestand einer nationalen Fußballmannschaft. Der Lehrer antwortet und beendet das Coaching-Gespräch. Beide verabschieden sich.

Von- und miteinander lernen

Selbstgesteuert lernen (können) schließt einen kompetenten Umgang mit sozialen Ressourcen ein. In der Sekundarschule im Fallbeispiel lernen die Schüler/innen in vielfältigen Formen von- und miteinander, u. a. in der Tischgruppe und bei den Lerngruppensitzungen. Sie schätzen das gemeinsame Lernen sehr.

Jahrgangsdurchmischte Tisch- bzw. Lerngruppen

In den Stammklassen sitzen die Schüler/innen jahrgangsdurchmischt an Vierertischen. Die Tischgruppen, deren Mitglieder jeweils für ein Schuljahr zusammenbleiben, entwickeln sich zu verantwortlich arbeitenden Lerngemeinschaften mit Teamgeist. Die Jüngeren können sich an den Älteren orientieren sowie niederschwellig Hilfe anfordern und werden zeitnah unterstützt. Die Älteren helfen den Jüngeren in der Regel sehr gerne, nicht zuletzt, weil sie bemerken, dass ihnen das Erklären hilft, den betreffenden Lerngegenstand selbst besser zu verstehen oder ihnen zeigt, dass sie es können.

Jede Tischgruppe wird von der/dem ältesten Schüler/in geleitet. Die Gruppenleitung wird jeweils zu Beginn des Schuljahres bestimmt und erhält am Ende ihrer Amtszeit als Beilage zum Zeugnis ein Zertifikat. Manche Jugendliche melden sich spontan für dieses Amt, andere werden dazu ermuntert. Alle Gruppenleiter/innen treffen sich wöchentlich zu einer Sitzung mit der Lehrperson, in der Informationen ausgetauscht, Erfahrungen in den Lerngruppen reflektiert und neue Lernstrategien (z. B. Argumentieren, Arbeitsrückschau halten, Kurzvorträge strukturieren) erarbeitet werden. Sie tragen wichtige Informationen in ihre Lerngruppe, führen die neuen Strategien ein und moderieren jede Woche eine Lerngruppensitzung.

Lerngruppensitzung

Die wöchentliche Lerngruppensitzung wird von der Gruppenleitung nach einem Drehbuch moderiert, dauert eine halbe Stunde und hat zwei Schwerpunkte (vgl. Kasten Vignette: Lerngruppensitzung): Zum einen planen und reflektieren die Mitglieder der vierköpfigen Lerngruppen gemeinsam das Lernen im Atelierunterricht, wobei sie das Lerntagebuch verwenden. Zum andern halten sie abwechselnd Kurzvorträge zu selbst gewählten Themen und erwerben, indem sie über die Stufen Anfänger, Lehrling und Meister aufsteigen und anschließend einen Prüfungsvortrag halten, ein Präsentationsdiplom.

Vignette: Lerngruppensitzung

Setting

Jede jahrgangsdurchmischte Tisch- bzw. Lerngruppe hat pro Woche eine halbstündige Sitzung mit einem Wochenrückblick, einem Kurzvortrag und einer Planungsphase. Die Sitzung wird von der Gruppenleitung moderiert. Bei der Filmaufnahme sitzen die vier Schüler/innen der Lerngruppe um einen Tisch im Klassenzimmer. An einem zweiten Tisch konferiert eine weitere Lerngruppe. Die Lehrperson ist für kurze Zeit im Raum, hält sich aber im Hintergrund.

Wochenrückblick (ca. 10 min)

Die Schüler/innen legen ihre Lerntagebücher sowie Schreibzeug und Leimstifte auf den Tisch. Die Gruppenleiterin begrüßt die Anwesenden, öffnet einen roten Dokumentenhefter, fragt jedes Mitglied nach der Zeit, die es diese Woche für Hausaufgaben in Mathematik und Deutsch aufgewendet hat und trägt die Angaben in ein Formular ein (*Hausaufgabenzeit erfassen*).

Danach tauschen die Schüler/innen die Lerntagebücher aus und kontrollieren die Einträge anhand einer Checkliste mit fünf Leitfragen:
* Sind alle Atelierzeiten kommentiert?
* Steht, mit welchen Lernschritten gearbeitet wurde?
* Ist ersichtlich, an welchen Aufträgen gearbeitet wurde?
* Sind die Lernzeiten protokolliert?
* Sind die Einträge sauber und übersichtlich?

Sie kleben die ausgefüllte Checkliste ins fremde Lerntagebuch und nennen der Gruppenleiterin die erreichte Punktzahl, welche diese in ihr Formular überträgt. Alle Schüler/innen haben die volle Punktzahl erreicht. »Hey, eine gute Gruppe!«, sagt die Leiterin (*Lerntagebuch kontrollieren*). Als Nächstes schreiben die Schüler/innen Antworten auf drei Reflexionsfragen in ihr Lerntagebuch und berichten dann der Reihe nach über ihr Highlight, ihren Stolperstein und den Lernertrag in der vergangenen Woche (*Reflexion*).

Kurzvortrag (ca. 17 min)

Als überfachliches Kompetenzziel sollen die Schüler/innen in der Sekundarstufe präsentieren lernen. Dazu halten sie in der Lerngruppe Kurzvorträge zu selbstgewählten Themen. Diese müssen bestimmten Kriterien genügen, werden von der Lerngruppe anhand einer Checkliste beurteilt und führen über drei Niveaus (Anfänger, Lehrling, Meister) und eine Meisterprüfung zum Präsentationsdiplom.

In der gefilmten Lerngruppensitzung hält die Gruppenleiterin einen Kurzvortrag zum Thema Erdöl. Sie gibt einem Gruppenmitglied ihr Lerntagebuch, das auf der Seite mit dem «Präsentationspass» aufgeschlagen ist, händigt allen je eine Auftragskarte aus (u. a. Rückmeldungen vorbereiten, Fragen formulieren), stellt sich hinter ihren Stuhl, legt einen Stapel beschrifteter A4-Blätter in die Mitte des Gruppentisches, beginnt zu referieren und deckt passend zum Vortrag ein Blatt nach dem anderen auf. Nach rund neun Minuten schließt sie ihre Ausführungen ab und erkundigt sich nach Fragen. Die Zuhörer/innen wollen wissen, warum Abgase schädlich sind, wenn Erdöl doch ein Naturprodukt ist, und ob auch wieder neues Erdöl entstehen kann. Die Erörterung dieser Fragen bleibt mangels Sachwissens in der Lerngruppe oberflächlich. Nach einer kurzen

Vorbereitungszeit geben die Zuhörer/innen der Referentin Rückmeldungen und stellen einander Fragen zum Inhalt des Vortrags. Danach beurteilen sie anhand der Checkliste gemeinsam die Präsentation, tragen das Ergebnis in den Präsentationspass ein und geben der Gruppenleiterin das Lerntagebuch zurück.

Planungsphase (ca. 3 min)

Die Gruppenleiterin holt im Nebenraum einen Plan, den die Lehrpersonen gemeinsam entwickelt haben. Er enthält alle Lerntreffen, Prüfungen und besonderen Ereignisse der kommenden Schulwoche. Die Schüler/innen übertragen die Termine, die für sie relevant sind, in ihr Lerntagebuch. Davon ausgehend erstellen sie einen groben Plan für die Phasen der selbstständigen Lernarbeit und für die Hausaufgaben in der kommenden Woche.

Nach rund 30 Minuten räumen die Schüler/innen Schreibzeug und Lerntagebücher weg und verlassen den Gruppentisch.

Zusammenfassung: Selbstgesteuertes Lernen auf eigenen Wegen – attraktiv und anspruchsvoll

Personalisiertes Lernen ist ein vielschichtiges und facettenreiches Bildungskonzept, das Lernende nicht nur individuell fördern, sondern sie auch maßgeblich in die Gestaltung ihres Lernens einbinden und ihre Mitverantwortung für das Lernen stärken will. »Selbstgesteuertes Lernen auf eigenen Wegen ermöglichen« ist eine von fünf sich inhaltlich überschneidenden Dimensionen dieses Konzepts. Eine methodisch-didaktische Möglichkeit, dieser Forderung nachzukommen, besteht darin, Lehr-Lern-Umgebungen zu gestalten, die hohe Anforderungen an selbstgesteuertes Lernen stellen und damit in besonderer Weise zu dessen Förderung als einem wichtigen Bildungsziel beitragen. In diesen Settings können die Schüler/innen heterogener Lerngruppen vermehrt auf eigenen Wegen lernen. Dies bedingt jedoch, dass nicht nur verstärkt Partizipations- und Wahlmöglichkeiten eröffnet, sondern die einzelnen Schüler/innen auch systematisch so gefördert und adaptiv unterstützt werden, dass sie die erweiterten Spielräume für selbstgesteuertes Lernen auch optimal *nutzen* können.

In diesem Beitrag wurde die Lernkultur einer jahrgangs- und leistungsdurchmischten Sekundarklasse betrachtet und auszugsweise beschrieben, wie die Schüler/innen aus einer Schule, die selbstgesteuertes Lernen auf eigenen Wegen ermöglicht,

- in geöffneten, fächerübergreifenden Unterrichtsphasen, die rund einen Drittel der wöchentlichen Unterrichtszeit ausmachen, mit Lernschritten und personalisierten Arbeitsplänen je nach erreichtem Betreuungslevel (Novizen- bis Expertenlerner) mehr oder weniger selbstorganisiert lernen
- ein Lerntagebuch führen, in dem sie sich im Gespräch mit der Lehrperson Ziele setzen und davon ausgehend ihr Lernen im geöffneten Unterricht planen, überwachen und beurteilen

- an periodischen Lerncoaching-Gesprächen mit einer Lehrperson, die sie während der drei Jahre in der Sekundarschule individuell begleitet, mitwirken, indem sie sich auf die Einzelsitzungen vorbereiten, im Gespräch gemeinsam Lernziele vereinbaren und überprüfen sowie die Gesprächsergebnisse protokollieren
- einander in beständigen jahrgangs- und leistungsdurchmischten Tisch- bzw. Lerngruppen, die jeweils vom ältesten Mitglied geleitet werden, beim Lernen helfen sowie am Ende jeder Woche gemeinsam Arbeitsrückschau halten und in diesem kleinen Kreis systematisch Lernkompetenzen aufbauen.

Die Schüler/innen nennen auf die Frage, was ihnen an ihrer Schule vor allem gefällt, spontan das Schulmodell. In ihren Antworten bei der dritten perLen-Onlinebefragung berichten sie, dass sie gelernt haben, selbstständig zu lernen und zu arbeiten, ihre Stärken und Schwächen korrekt einzuschätzen und sich so lange mit den Lerninhalten auseinanderzusetzen, bis sie sie verstanden haben. Weiter geben sie und viele andere Lernende aus unserer Studie in einem offenen Frageformat an, dass sie sich gut auf den weiteren Lebensweg vorbereitet fühlen, weil

- »ich manchmal die Themen bearbeiten durfte, die ich wollte und später brauchen werde«
- »ich viel neuen Stoff gelernt habe, wie auch zu planen, ein großes Projekt durchzuführen und in einem Team zu arbeiten«
- »ich gelernt habe, wie man etwas gut plant, durchführt und dranbleibt und es durchzieht«
- »wir gelernt haben, mit Menschen umzugehen und unsere Meinung zu sagen«
- »ich in der Schule gelernt habe, an mich zu glauben«
- »sich alle Lehrpersonen sehr um uns gekümmert haben. Es war keiner Lehrperson egal, was nach der Schule mal aus einem wird. Sie haben sich Mühe gegeben, dass alle ihren Platz finden und bereit für den weiteren Lebensweg sind.«

Auf dem Weg zu einer erfolgreichen Praxis mit Blick auf personalisiertes Lernen im Allgemeinen und auf selbstgesteuertes Lernen im Speziellen musste die vorgestellte Schule zahlreiche Hürden nehmen. Andere Schulen unserer Studie standen oder stehen vor ähnlichen Herausforderungen:

- Personalisiertes Lernen erfordert ein *erweitertes Rollenverständnis*. Die Lehrpersonen wandeln sich von Einzelkämpfer/innen zu Teamplayern, die sowohl bei der individuellen Förderung der Schüler/innen als auch bei der Unterrichtsentwicklung eng zusammenarbeiten (Stebler u. a. 2021c). Sie kombinieren geführten Unterricht mit selbstorganisiertem Lernen und investieren viel Zeit und Energie in individuelle Lernunterstützung. Trotzdem sollten sie sich nicht primär oder ausschließlich als Lerncoaches sehen, sondern der Fachlichkeit des Unterrichts verpflichtet bleiben. Auch für die Entwicklung kognitiv aktivierender Lernaufgaben, für eine verständnisorientierte und passgenaue Lernunterstützung sowie für lernförderliche Rückmeldungen braucht es diagnostische sowie profunde fachliche und fachdidaktische Kompetenzen. Weitere anspruchsvolle Aufgaben, die zur erweiterten Rolle der Lehrperson gehören, sind die Gestaltung geöffneter didaktischer Arrangements, der langfristige Aufbau der schülerseitigen Fähigkeiten, Fertigkeiten und Haltungen für wirksames selbstgesteuertes Lernen sowie die Entwicklung einer Lerngemeinschaft, in der die Schüler/innen einander wertschätzen, helfen und eng zusammenarbeiten.

- Für Lehrpersonen, die selbstgesteuertes Lernen auf eigenen Wegen ermöglichen, geht es permanent darum, *Fremd- und Selbststeuerung* so *auszubalancieren*, dass die einzelnen Schüler/innen optimal lernen können und möglichst hohe Lernerträge erzielen. Es ist nicht damit getan, Freiräume für eigene Lernwege zu eröffnen. Es muss auch garantiert werden, dass die einzelnen Schüler/innen diese zum Aufbau fachlicher und überfachlicher Kompetenzen erfolgreich nutzen können. Rückblickend haben die Lehrpersonen der Schule in unseren Beitrag den Lernenden anfänglich zu viel Selbststeuerung zugemutet. Heute versuchen sie, durch transparente Erwartungen, eine klare Strukturierung des geöffneten Unterrichts und durch vielfältige Formen der individuellen Lernunterstützung den Aufbau von Lernkompetenzen bei allen Schüler/innen zu fördern.
- Die Schüler/innen benötigen für eine produktive Nutzung ihrer Lernzeit in offenen didaktischen Arrangements einen breiten Fächer wirksamer, flexibel anwendbarer *Lernstrategien*. Diese müssen beim selbstorganisierten Lernen durch eine qualifizierte individuelle Lernunterstützung sowie durch den Aufbau einer schülerseitigen Hilfe- und Kooperationskultur gezielt gefördert werden. Vor allem Schüler/innen mit ungünstigen Lernausgangslagen sind zudem auch auf direkte Strategieförderung in konkreten Lernsituationen angewiesen.
- Wie die Ergebnisse der perLen-Studie zeigen, ist personalisiertes Lernen *keine neue methodische Monokultur*, in der sich Solo-Lernende auf eigenen Wegen weitestgehend selbstständig fachliche Inhalte und Lernstrategien aneignen. Die Schüler/innen-Äußerungen zeigen vielmehr, dass und wie diese Schulen ihren genuinen Bildungsauftrag erfolgreich wahrnehmen.

In diesem Beitrag wurde die Lernkultur einer kleinen Sekundarschule vorgestellt, die aus eigener Initiative und zugeschnitten auf die lokalen Gegebenheiten selbstgesteuertes Lernen auf eigenen Wegen ermöglicht. Andere, auch mittlere und große Sekundarschulen entwickeln sich in eine ähnliche Richtung, wobei jede Schule ein eigenes Personalisierungskonzept hat und dieses anders umsetzt (Stebler u. a. 2021b). Schulen mit personalisierten Lernkonzepten ermöglichen dadurch nicht nur selbstgesteuertes Lernen, sondern sie gestalten und begehen, wie die folgenden Links zeigen, bei der Unterrichtsentwicklung auch eigene Wege.

Ausgewählte Links zu Schulen, die ebenfalls personalisiertes Lernen ermöglichen

- www.mosaik-sekundarschulen.ch/schulen
- www.lissa-preis.ch/oberstufe-waedenswil
- www.sek-pratteln.ch/unser-profil/lernlandschaften/film
- https://institutbeatenberg.ch
- https://lehrmittel-shop.tg.ch/de/A~5870.19.00/1~580~lm/Verschiedenes/Horn-baut-um%3A-Selbstreg.-Lernen-DVD-in-altersdurchm._Leistungs.-Lerngr.-VER.

Literatur

Aebli, H.: Grundlagen des Lehrens. Stuttgart 1987.

Aebli, H./Ruthemann, U./Staub, F. (1986): Sind Regeln des Problemlösens lehrbar? In: Zeitschrift für Pädagogik 32 (1986), S. 617–638.

Artelt, C.: Lernstrategien in der Schule. In: Mandl, H./H. F. Friedrich (Hrsg.): Handbuch Lernstrategien. Göttingen 2006, S. 337–351.

Bohl, T./Kucharz, D. (Hrsg.): Offener Unterricht heute. Konzeptionelle und didaktische Weiterentwicklung. (Studientexte für das Lehramt, Bd. 22) Weinheim/Basel 2010.

Brägger, G./Haug, R./Reusser, K./Steiner, N.: Adaptive Lernunterstützung und formatives Feedback in offenen Lernumgebungen. In: Brägger, G./Rolff, H.-G. (Hrsg.): Handbuch Lernen mit digitalen Medien. Weinheim 2021, S. 700–754.

Bray, B./McClaskey, K.: How to Personalize Learning. A practical Guide for Getting Started and Going Deeper. Thousand Oaks, CA 2017.

Corno, L./Snow, R. E.: Adapting teaching to individual differences among learners. In: Handbook of research on teaching. New York 1986, S. 605–629.

de Boer, H./Donker, A. S./Kostons, D. D. N. M./van der Werf, G. P. C.: Long-term effects of metacognitive strategy instruction on student academic performance: A meta-analysis. In: Educational Research Review 24 (2018), S. 98–115.

Dignath, C./Veenman, M. V. J.: The Role of Direct Strategy Instruction and Indirect Activation of Self-Regulated Learning. Evidence from Classroom Observation Studies. In: Educational Psychology Review 33 (2021), S. 489–533.

Donker, A. S./de Boer, H./Kostons, D./Dignath van Ewijk, C. C./van der Werf, M. C.: Effectiveness of learning strategy instruction on academic performance: A meta-analysis. In: Educational Research Review 11 (2014), S. 1–26.

Fischer-Epe, M.: Coaching: Miteinander Ziele erreichen. Reinbek 2003.

Gmür-Ackermann, P.: Angebot und Nutzung in zwei Schulen mit personalisierten Lernkonzepten – Zwei videobasierte Fallstudien zu strukturellen und pädagogischen Merkmalen, Aufgabenkultur, Lehr-Lernkultur und Lernunterstützungskultur. Dissertation 2021 Universität Zürich. www.zora.uzh.ch/id/eprint/206037/1/Gmuer-Ackermann_Patricia_Dissertation.pdf

Klafki, W./Stöcker, H.: Innere Differenzierung des Unterrichts. In: Zeitschrift für Pädagogik 22 (1976), S. 497–523.

Klieme, E./Warwas, J.: Konzepte der Individuellen Förderung. In: Zeitschrift für Pädagogik 57 (2011), S. 805–817.

Lepper, M. R./Woolverton, M.: The wisdom of practice: lessons learned from the study of higly effective tutors. In: Aronson, J. (Ed.): Improving Academic Achievement. New York 2002, S. 135–158.

Lipowsky, F./Lotz, M.: Ist Individualisierung der Königsweg zum erfolgreichen Lernen? Eine Auseinandersetzung mit Theorien, Konzepten und empirischen Befunden. In: Mehlhorn, G./Schöppe, K./Schulz, F. (Hrsg.): Begabungen entwickeln & Kreativität fördern. München 2015, S. 155–219.

Mötteli, C.: Personalisierte Lernkonzepte. Eine explorative Untersuchung zur Unterrichtsgestaltung in perLen-Schulen. Unveröffentlichte Masterarbeit, Universität Zürich 2015.

Mötteli, C./Grob, U./Pauli, C./Reusser, K./Stebler, R.: »Choice and voice« in Schulen mit personalisierten Lernkonzepten aus Sicht der Schülerinnen und Schüler. In: Unterrichtswissenschaft 50 (2022), S. 287–308.

Panadero, E.: A Review of Self-regulated Learning. Six Models and Four Directions für Research. = Frontiers in Psychology 8 (2017), No. 8.

Panadero, E.: A Review of Self-regulated Learning: Six Models and Four Directions for Research. = Frontiers in Psychology 8 (2017), No. 422.

Paris, S. G./Paris, A. H.: Classroom Applications of Research on Self-Regulated Learning. In: Educational Psychologist 36 (2001), S. 89–101.

Pauli, C./Drollinger-Vetter, B./Hugener, I./Lipowsky, F.: Kognitive Aktivierung im Mathematikunterricht. In: Zeitschrift für Pädagogische Psychologie 22 (2008), S. 127–133.

Pauli, C/Reusser, K./Waldis, M./Grob, U.: »Erweiterte Lehr- und Lernformen« im Mathematikunterricht der Deutschschweiz. In: Unterrichtswissenschaft 31 (2003), S. 291–320.

Pauli, C./Reusser, K./Stebler, R.: Individuelle Lernunterstützung beim personalisierten Lernen. In: Rabenstein, K./Kunze, K./Martens, M./ Idel, T.-S./Proske, M./Strauss, S. (Hrsg.): Individualisierung von Unterricht. Transformationen – Wirkungen – Reflexionen. Bad Heilbrunn 2018, S. 137–149.

Perels, F./Dörrenbächer-Ulrich, L./Landmann, M./Otto, B./Schnick-Vollmer, K./Schmitz, B.: Selbstregulation und selbstreguliertes Lernen. In: Wild, E./Möller, J. (Hrsg.): Pädagogische Psychologie. Heidelberg 2020, S. 45–66.

Perkhofer-Czapek, M./Potzmann, R.: Begleiten, Beraten und Coachen: der Lehrberuf im Wandel. Berlin 2016.

Reusser, K.: Kompetenzorientierter Unterricht in heterogenen Lerngruppen. In: Brägger. G./Rolff, H.-G. (Hrsg.): Handbuch Lernen mit digitalen Medien. Weinheim 2021, S. 237–267.

Reusser, K./Lipowsky, F./Pauli, C.: Eine kognitiv aktivierende Lernumgebung gestalten. In: Pädagogik 73 (2021), H. 11, S. 8–13 (inkl. Online Materialien und Video-beispiele unter www.beltz.de/paed-materialien).

Schratz, M./Westfall-Greiter, T.: Das Dilemma der Individualisierungsdidaktik. Plädoyer für personalisiertes Lernen in der Schule. In: Journal für Schulentwicklung 1(2010), S. 18–31.

Shavelson, R. J./Young, D. B./Ayala, C. C., et al.: On the Impact of Curriculum-Embedded Formative Assessment on Learning: A Collaboration between Curriculum and Assessment Developers. In: Applied Measurement in Education 21 (2008), S. 295–314.

Stebler, R./Reusser, K./Pauli, C.: Wie Lehrpersonen Lernen unterstützen können. In: profil: das Magazin für das Lehren und Lernen, 2/2016, S. 6–9.

Stebler, R./Pauli, C./Reusser, K.: Personalisiertes Lernen. Zur Analyse eines Bildungsschlagwortes und erste Ergebnisse aus der perLen-Studie. In: Zeitschrift für Pädagogik 64 (2018), S. 159–178.

Stebler, R./Pauli, C./Reusser, K.: Personalisiertes Lernen als schulisches Bildungskonzept. Erscheinungsformen, Qualitätsmerkmale und Forschungsbefunde. In: Brägger, G./Rolff, H.-G. (Hrsg.): Handbuch Lernen mit digitalen Medien. Weinheim 2021, S. 400–428. (a)

Stebler, R./ Pauli, C./Reusser, K.: Personalisiertes Lernen in Schulen der Deutschschweiz. Ergebnisse der perLen-Studie. In: Brägger, G./Rolff, H.-G. (Hrsg.): Handbuch Lernen mit digitalen Medien. Weinheim 2021, S. 429–454. (b)

Stebler, R./Galle, M./Pauli, C./Reusser, K.: »Ohne Zusammenarbeit würde das gar nicht gehen« – Kokonstruktive Lehrpersonen-Kooperation bei der Unterrichtsentwicklung zu personalisiertem Lernen. In: Zeitschrift für Bildungsforschung 11 (2021), S. 343–361. (c)

Weinert, F. E.: Selbstgesteuertes Lernen als Voraussetzung, Methode und Ziel des Unterrichts. In: Unterrichtswissenschaft 10 (1982), S. 99–110.

Michael Felten

Auch Lehren ermöglicht Lernen

Unterricht oder Selbsttätigkeit? Eine irreführende Alternative

Schon vor gut 200 Jahren war dem thüringischen Pfarrer, Volksschriftsteller und Erzieher Christian Gotthilf Salzmann aufgefallen, »dass die Kinder bei dem Lernen mehr fremde als ihre eigenen Kräfte gebrauchen. [...] Sie sitzen schläfrig in der Lehrstunde, und sind aber munter und tätig, sobald man sie dahin gebracht hat, ihre eigenen Kräfte anzuwenden.«

Aber nicht nur die Schüler entfalteten sich bei derartiger Belehrung höchst kümmerlich. Auch die Lehrer, so Salzmann, litten unter solchem Unterricht – »gleichsam Gängelmagd, die vom Morgen bis zum Abend gebückt umhergehen und das Kind führen oder vielmehr durch seine Launen sich führen lassen muss« – weshalb viele von ihnen »sehr missvergnügt leben«. Schon damals erschien dem Philanthropen solches Arrangement völlig unnötig, ja unklug: »Die Kirsche, die das Kind selbst bricht, schmeckt ihm süßer als eine andere, die man ihm in den Mund steckte, und die Beobachtung, die es selbst gemacht, die Wahrheiten, die es selber herausgebracht, die Kenntnisse, die es selbst erworben hat, machen ihm weit mehr Freude als diejenigen, die ihm eingeflößt werden« (Salzmann 1784).

Als die Pädagogikreformer des ausgehenden 18. Jahrhunderts eine Reformpädagogik entwickelten, gingen sie vor allem von zwei Beobachtungen bzw. Einschätzungen aus. Zum einen ist Neugier Kindern angeboren, sie interessieren sich für alles Neue und Interessante, in ihnen waltet ein Tätigkeitstrieb, sie sind immerzu aktiv – und sie lernen, indem sie etwas tun. Zum andern schien ihnen das Lehren und Lernen in der Schule als Belehrung und Memorieren grundfalsch organisiert: der Lehrer[1] ist überfordert, die Kinder sind frustriert; stattdessen sollen die Kinder viel Freiraum haben, um selber etwas erkunden zu können und verstehen zu lernen.

Diese Wertschätzung von Selbsttätigkeit und Selbstständigkeit haben die Neurowissenschaften rundum bestätigt (s. Herrmann 2020): Wenn ein Kind sich als selbstwirksam erlebt – es durch eigenes Tun eine Wirkung hervorrufen und seine Umwelt beeinflussen kann –, dann löst das im Gehirn eine besonders nachhaltige und positive Resonanz aus. Mittlerweile allerdings gibt es im Gewimmel von

---

1 Begriffe wie Lehrer und Schüler werden in diesem Text als Gattungsbegriff funktional verwendet, gemeint sind stets Angehörige aller Identitäten.

Autonomiekonzepten und Selbstlernmedien Anzeichen dafür, dass der Bogen bisweilen überspannt, zumindest oft unsachgemäß gerichtet wurde.

Das »Selbst« in der Schule – überschätzt?

In der Grundschule etwa, wo Freiarbeit zu einer verbreiteten Arbeitsform geworden ist, verlaufen Lernprozesse vielfach zu oberflächlich. Und schwächere Lerner umgehen nicht selten schwierigere Aufgaben, selbst wenn sie sie zumindest teilweise hätten bewältigen können. In der Sekundarstufe stößt man immer öfter auf Stationenlernen (auch »Lernzirkel« oder »Aufgaben-Buffet« genannt), das aber die behauptete Selbsttätigkeit der Schüler nur scheinbar einlöst: zwar sind die Schüler dabei permanent irgendwie beschäftigt, aber alles ist bereits vollständig vorgedacht, ungeplante Lösungswege sind kaum vorgesehen, von lebendig-anregendem Austausch im Plenum keine Rede. Und in der Oberstufe erwies sich ein Versuch mit Selbstlernsemestern (an der schweizerischen Kantonsschule Wetzikon ursprünglich aus Spargründen eingeführt) als zumindest ambivalent: leistungsstärkere Schüler profitierten besonders stark, eher vorgabenorientierte Schüler beurteilten den Effekt hingegen kritisch; und in Mathe verloren bis zu 50 Prozent irgendwann den Anschluss. Das mag man als Test für akademische Eignung ansehen, jedenfalls setzte die äußere Ungebundenheit nicht wenige Schüler unter inneren Dauerstress.

Die ursprünglich wie grundsätzlich berechtigte Fokussierung auf Schüleraktivität hat sich in unseren Zeiten zu einer meist unreflektierten Beschwörung des »Selbst« gewandelt. Dabei werden die Grenzen des Konzepts von Selbsttätigkeit und Selbstständigkeit häufig übersehen: Wenn die Lehrperson die Schüler sich selbst überlässt – ob in einzelnen Stunden oder in ganzen Projekten –, dann mag das einzelne beflügeln, der gemeine Pubertierende aber kann dabei leicht ins Streunen geraten, Grundschülern drohen Monotonie oder Überforderung.

Ohne dies hier vertiefen zu können, sei darauf hingewiesen, dass bei den (umgangssprachlichen) Komposita von »Selbst« in der Regel nicht geklärt wird, was unter »Selbst« verstanden werden soll. Wenn das »Selbst« ein »innerer Akteur« des Subjekts ist, der dieses in Tätigkeit versetzt (eben: Selbsttätigkeit), dann ist damit ein *formales* Konstrukt formuliert[2] (z. B. die evolutionsbiologisch plausible Unterstellung und das jederzeit beobachtbare Verhalten von angeborener Neugier, die sich als exploratives Verhalten manifestiert), nicht aber eine *inhaltliche* Instanz, die *von sich aus* Zwecke und Ziele setzt, sondern auf von außen herangetragene Impulse und Herausforderungen reagiert. Geht es um die Beschäftigung mit etwas

---

2   Dazu aus funktional-neurobiologischer Perspektive die Genese von »Selbst«, »Ich-Selbst« und die Abgrenzung von »Nicht-Ich« in den allerersten Lebensjahren bei Bauer 2019, S. 28 f.

Neuem, müssen Interesse weckende Impulse gegeben werden – ein Charakteristikum des schulisch organisierten Lernens und ein Umstand, den Dietrich Benner (im Anschluss an Fichte) in seiner »Allgemeinen Pädagogik« generell als das pädagogische Prinzip der »*Aufforderung* zur Selbsttätigkeit« herausgestellt hat (2015, S. 88 ff.). Und damit ist in unserem Zusammenhang eine spezifische Perspektive des Lehrerhandeln benannt, die in der Schule am Beginn eines vielseitigen und vielschichten Interaktionsgeschehens steht, das wir »Unterricht« nennen, und einen grundlegenderen Sachverhalt bezeichnet als die heute immerfort beschworene »kognitive Aktivierung«, deren Akteur (das »Selbst«?) und deren vorgeschalteten *Gatekeeper* – das Limbische System (s. Herrmann 2020) – ausblendet. Bis eine produktive »Selbsttätigkeit« in Gang gesetzt ist, sind etliche pädagogisch erfolgreiche Interventionen und Arrangements unter Berücksichtigung neurobiologischer und -psychologischer Faktoren und Prozesse unabdingbar – »Selbsttätigkeit« ist daher unter schulischen Bedingungen weder selbstverständlich noch ein *Selbst*läufer, sondern bedarf der Anbahnung und Einübung.

Lernen in der Schule nüchtern betrachtet: kein Selbstläufer

Versuchen wir, schulisches Lernen nüchtern zu betrachten. Ein Kind, ein Jugendlicher möchte etwas lernen – die einfachste Variante. Sie machen sich an erste Erkundungen, benötigen dabei vielleicht unterstützende Tipps, man kann sie ermuntern, an einer schwierigen Stelle hartnäckig zu bleiben oder einen Ablauf besser zu trainieren, womöglich sind sie für Impulse offen, die Sache weiterzudenken. Das wäre nicht mehr und nicht weniger als die kognitiv wie emotional emphatische Begleitung von Lernhandlungen.

Nun bringt es das Konzept Allgemeinbildung im schulischen Bildungsplan allerdings auch mit sich – nächste Variante –, dass sich Schüler/innen – je älter, je mehr – mit Inhalten beschäftigen müssen, die nicht unmittelbar ihr Interesse finden und die derart komplex sind, dass ohne altersgemäße Einführung kein Staunen und Interesse entstünde und damit auch keine Motivation, sich mit der Sache zu beschäftigen, sondern allenfalls Frust und Abwehr. Womöglich interessiert die jungen Menschen manches Zukunftsbedeutsame im Moment auch gar nicht, womöglich gar nie.

Und jetzt stünden Lernende auf dem Schlauch, wenn es kein Lehren gäbe – wenn da nicht die initiierende, erklärende, horizontweitende Seite des Pädagogen wäre, sein vielfältiger Vorsprung. Er hat es nämlich in der Hand, auch für fachlich weniger Interessierte verständlich machen, warum dieses oder jenes Thema des Lehrplans doch seine Reize oder Notwendigkeiten hat (didaktische Plausibilisierung). Und wenn er etwas vormacht, etwas erzählt, Zusammenhänge aufzeigt und erklärt, dann fesselt das – so denn gut gemacht – nicht nur stärker, als stünde Selbiges als langer Text auf einem drögen stummen Arbeitsblatt; es macht die Sache – dank Pausen, Mimik und Gestik – auch leichter verständlich bzw. zugänglich (fachliche Reduktion). Nicht zuletzt vermag er geeignete Wege auszuwählen, anzubieten und zu variieren, die Lernhandlungen anstoßen, vertiefen, verbinden können (methodische Entscheidungen) – solange dies die Schüler noch nicht selbst leisten können.

Eine »stinknormale« Mathestunde – idealtypisch

Als Lehrer habe ich – gemäß Bildungsplan – ein Thema ausgewählt und mich dazu kundig gemacht, inhaltlich wie methodisch. Ich überblicke vielerlei Wege, auf denen die Schüler sich mit der Sache auseinandersetzen und Fähigkeiten erwerben können. Das anstehende Thema schätze ich für meine Lerngruppe als schwierig ein. Um Verwirrung oder Überforderung oder um das Vertrödeln von möglicher produktiver Lernzeit zu vermeiden, entscheide ich mich deshalb für ein direktes Vorgehen.

Ich aktiviere zunächst das für den neuen Lernschritt erforderliche Vorwissen, u.zw. sorgfältig, damit neue Inhalte auch tatsächlich an alten andocken können, etwa per »Miniselbsttest«. Ich schreibe dazu drei bis fünf kleine Fragen bzw. Aufgaben an die Tafel, die Schüler beantworten bzw. lösen diese sofort auf einem separaten Blättchen, aus meinem bunten DIN-A6-Papierstoß. Danach tauschen die Schüler die Zettel untereinander aus und beurteilen die Antworten des Nachbarn, zunächst still, nach bestem Wissen: »r = scheint mir richtig«, »f = finde ich falsch« oder »? = kann ich nicht lesen«. Nun diskutieren beide über ihre Einschätzungen, aber immer noch ohne offizielles Ergebnis. Jetzt erst präsentiere ich eine Musterlösung, nach weiterer Zeit beantworte ich auch Fragen; zuvor konnte ich – mal diesem, mal jenem Schüler über die Schulter schauend – typische Missverständnisse registrieren.

Nach etwa zehn Minuten sind alle Schüler bereits tief in die Materie verstrickt: Sie haben ihre inneren Wochenend- oder Pausenhofsphären verlassen, haben verschüttete Kompetenzsplitter gesichtet und gerichtet – auch ein Stück kognitive Homogenisierung. Gekonntes hat sie unmittelbar ermuntert, Unklarheiten wurden ohne Beschämung deutlich und bereinigt. Und der Lehrer ist nicht der »alltäglichen Verständnisillusion« (Wellenreuther 2014) erlegen, der Stoff von letzter Woche oder letztem Jahr sei allgemein verfügbar, nur weil drei Leistungsstarke seine Kontrollfragen richtig beantwortet hatten.

Jetzt kann's an die Hauptsache gehen. Als Einstieg präsentiere ich ein möglichst interessantes »Problem« zum Thema: nicht zu einfach, damit möglichst viele Schüler sich herausgefordert fühlen; nicht zu schwer, damit es nicht zu viele lähmt.

Ich erkunde Vermutungen aufseiten der Schüler – vielleicht stoßen sie ja selbst auf eine Lösung. Wenn nicht, erarbeite ich mit ihnen die Grundproblematik und zeige ihnen einen Lösungsweg, der nicht auf der Hand liegt, der nicht offensichtlich ist und den sie nach meiner Erfahrung von sich aus nicht hätten finden können.

Dazu rege ich nun eine erste Erkundungsphase mit einfachen Beispielen an, dabei gebe ich vielleicht auch differenzierte Anstöße oder Hilfen. Die Schüler sollen etwa versuchen, einen komplizierten Term mithilfe des gezeigten Tricks zu vereinfachen; oder sie sollen probieren, ob sie nun bei rechtwinkligen Dreiecken die Läge der dritten Seite berechnen können; oder sie sollen die scheinbar plausible Zerlegung einer geometrischen Figur durch Terme beweisen. Nach einiger Zeit kommen alle wieder im Plenum zusammen und bilanzieren miteinander Erfahrungen und Fragen; vielleicht fixiere ich auch erste Erkenntnisse schriftlich. Nun inszeniere ich eine weitere Phase von Training und Transfer. Die Schüler/innen können jetzt unterschiedliche Schwierigkeitsgrade wählen: bei großer Unsicherheit mit weiterer Lehrerhilfe, ansonsten gemischte Aufgaben im Schülertandem, für besonders Schnelle vielleicht auch als Projektgruppe an einer komplexeren Anwendung.

Eine solche Vorgehensweise mag auf den ersten Blick »stinknormal« erscheinen, folgt aber pädagogischen Imperativen, die auf dem Stand aktueller Unterrichtsforschung sind:

- Brenne kein Methodenfeuerwerk ab, sondern beschränke Dich auf adäquat Wesentliches.
- Aktiviere gründlich das Vorwissen, sonst lassen sich neue Informationen und Prozeduren nicht vernetzen.
- Differenziere hinreichend, aber nicht übertrieben, sonst verstärkst Du die Heterogenität.
- Lass regelmäßig und vielfältig üben, bei der Stillarbeit, in schulischen Silentien oder zu Hause.
- Individuelles Feedback kannst Du nie genug geben, und Du solltest es auch einholen.
- Ermögliche viel Schüleraktivität, aber bleibe souveräner Anführer.
- Übergib Eigenverantwortung nicht zu früh oder zu oft, das macht's vor allem schwächeren Lernern schwerer.
- Du darfst wohldosiert anleiten, das macht keineswegs passiv, sondern weitet den Horizont und mindert mögliche Überforderung.
- Sei ein präsenter und feinfühliger Ermutiger.
- Sei Dir im Klaren darüber, dass ein Großteil Deiner Wirkung auf der Beziehungsebene liegt.

Moment mal – der Fachlehrer ein Beziehungsarbeiter (Felten 2019)? Gegen alle Unkenrufe ist instruierender, dialogischer Unterricht tatsächlich in ganz besonderem Maße eine personale Begegnung, und deren Qualität wird vom Schüler intuitiv wahrgenommen. Das Beziehungshafte zeigt sich nicht nur in den mini-mimischen Regungen des Lehrers, sondern auch darin, dass er

- sich an den Schülern interessiert zeigt
- ihre Beiträge aufgreift oder Rückfragen stellt
- über die Stärken und Schwächen Einzelner im Bilde ist
- alle wichtigen Abläufe im Klassengeschehen mitbekommt
- dass er sich nach dem Befinden einzelner Schüler erkundigt, etwaigen Kummer wahrnimmt und sensibel darauf reagiert.

Kurzum: dass er gerne und engagiert mit ihnen zusammenarbeitet – und jeden Einzelnen im Auge hat. Lernförderlich ist insbesondere eine Haltung des Entwicklungsoptimismus und der Fehlerfreundlichkeit sowie die Fähigkeit zu Perspektivwechsel, Unwissensempathie und Zumutungsbereitschaft.

Trefflicher als Joachim Bauer kann man es kaum formulieren: »Die stärkste Motivationsdroge für den Menschen ist der andere Mensch« (Bauer 2006, sinngemäß auch in Herrmann 2019). Und nicht, so darf man hinzufügen, das perfekte Arbeitsblatt oder ein bunter Aufgabenkatalog. Neben der Neugier an einer Sache (und diese erstreckt sich nun mal nicht auf alle Themen, die Schule bereithält) aktiviert uns vor allem die Beachtung, das Interesse, die Zuwendung und Sympathie anderer Menschen. Und diese brauchen wir besonders, wenn wir uns mit Dingen beschäftigen sollen, die uns derzeit nicht interessieren oder wenn uns Lernen Schwierigkeiten macht.

Indes: Wo bleibt denn bei einem solchen Szenario die Selbsttätigkeit der Schüler, gar ihre Eigenständigkeit? Nun, das »Selbst« der Schüler war (hoffentlich) bei allen (fast) die ganze Zeit im Spiel: beim Zuhören und Zusehen, beim eigenständigen Probieren und Üben, beim Formulieren von Fragen und Antworten in der Klassendebatte. Selbsttätigkeit ist ja weder Selbstzweck noch Königsweg des Lernens, sondern muss dem Ziel schulischen Bemühens dienen, eben: Selbstständigkeit! Ohnehin kann zu Selbsttätigkeit zwar aufgefordert werden, aber handeln muss der Lernende selber.

Dazu müssen die Schüler sich in intensiver Auseinandersetzung viel gut verstandenes und vernetztes Wissen aneignen – ob das in Einzelarbeit, Gruppenprozessen, beim Lehrervortrag oder im Klassengespräch geschieht, ist zweitrangig und entscheidet sich individuell von Fall zu Fall.

Spezialfall Direkte Instruktion

Der beschriebene lehrergesteuerte, aber schülerorientierte Prozess – eine Variante Direkter Instruktion – ermöglicht Lernen oftmals besser und fördert Sinnverstehen nachhaltiger als Erkundungen der Schüler, zu denen ihnen die notwendigen Voraussetzungen und/oder Orientierungen fehlen (»Blindflug«, »Stochern im Nebel«). Das Konzept der Direkten Instruktion meint ja keineswegs etwas Ähnliches wie den gerne gescholtenen schlechten Frontalunterricht. Tatsächlich – so der hilfreiche Praxisband von Brüning & Saum (2019) – ist Direkte Instruktion jedes unterrichtliche Vorgehen, das die natürlichen Phasen angeleiteten Lernens ernst nimmt und gründlich realisiert:

- neues Wissen vermitteln bzw. aneignen lassen
- angeleitetes Üben mit Feedback und Korrektur
- selbstständiges Üben und Wiederholen zwecks Verzahnung und Automatisierung.

Auch ich hatte einen neuen Sachverhalt im Klassenplenum erschlossen, dann erste Grundfertigkeiten individuell erproben lassen, im Anschluss haben wir uns wieder im Plenum über Probleme und Eindrücke ausgetauscht und somit bisherige Erfahrungen vernetzt, schließlich wurden komplexere Fragestellungen zum Thema bearbeitet – einzeln, als Tandem oder fähigkeitsgruppiert – und dabei vielfältig das Neue trainiert und gefestigt (Felten 2016).

Hattie (2013, S. 242 ff.) fasst unter der Bezeichnung »Direkte Instruktion« all diejenigen Verfahren zusammen, in denen

- Klarheit über die Lernziele hergestellt wird
- eine transparente Leistungserwartung besteht
- aktiv Lernengagement aufgebaut wird
- Input, Beispiele und Überprüfung vorkommen
- angeleitetes Üben stattfindet
- ein zusammenfassender Abschluss angeboten wird
- vertiefendes Üben seinen Platz hat.

Der empirischen Unterrichtsforschung zufolge ist solches Unterrichten nun keineswegs ein alter Hut, sondern eher ein lernpsychologischer Hit. In Hatties Studie kommt der Direkten Instruktion jedenfalls eine überdurchschnittliche Effektstärke zu, nach letztem Stand (Zierer 2020) d = 0,6, mithin von allen untersuchten Grobstrukturen des Unterrichts die stärkste. Warum ist das so? Wellenreuther (2014) sieht vor allem diese Gründe: die Lehrperson kann ihre Darbietungskompetenz voll ausspielen; das Vorgehen ist hochgradig schülerorientiert; Methodik, Visualisierung und Eigentätigkeit können laufend der Lerngruppe angepasst werden; es ist viel Raum für Übung, Tests und Feedback; der Sachkern kann mehrfach elaboriert werden; es lassen sich homogenisierte Förderteilgruppen bilden.

Also hochwirksam und zudem plausibel, aber leider oft nur verschämt praktiziert (Wellenreuther: »hässliches Entlein der Pädagogik«). Nach Helmke (2019) liegt das auch daran, dass der Aspekt der Selbstständigkeit beim Lernen vielfach idealisiert, ja geradezu falsch verortet werde: man verwechsle ganz einfach Weg und Ziel. Die anhaltende Geringschätzung von Steuerung des Lernprozesses und Präsentation fachlicher Zusammenhänge durch die Lehrperson erweise sich bei näherer Betrachtung als überholt. Direkte Instruktion sei zwar keine unterrichtliche »Allzweckwaffe«, aber häufig unschlagbar, etwa bei neuen Themen, bei hierarchisch organisiertem Stoff oder für schwächere Schüler. Und da der Lehrer und die Lehrerin als Person dabei eine zentrale Rolle spiele, müsse solches Vorgehen auch keineswegs kühl oder technokratisch sein, sondern könne die beziehungsmäßige Ebene – personale Wärme, Empathie, Ermutigung – in besonderem Maße zur Geltung bringen.

Besonders gut belegt sind die Effekte von Instruktion für schwächere Schüler, insbesondere aus bildungsferneren Schichten. Für Giesecke (2003) war schon früh klar, warum: Kinder mit von Hause aus geringerem kulturellem Kapital würden durch strukturarmen Unterricht, unklare Leistungsansprüche sowie eine schwache Lehrerrolle daran gehindert, ihre Mängel auszugleichen, während solches Setting den anderen kaum schadet, ja bisweilen nützt.

Der Unterrichtspraktiker und Longseller-Autor Jochen Grell (2014, S. 38) sah sich jedenfalls veranlasst, eine förmliche Erlaubnis zu publizieren: »Du darfst direkt unterrichten, auch die ganze Klasse auf einmal. Du brauchst dich nicht dafür zu schämen, dass du Schüler belehren willst. Die Schule ist ja erfunden worden, damit man nicht jeden einzeln unterrichten muss.« Richtigerweise schränkte Grell ein: »Aber dass Direktes Unterrichten die einzig richtige Unterrichtsmethode ist und alle anderen nichts taugen, das habe ich nicht gesagt.« Für Terhart (2014, S. 23) legen Hatties Befunde nahe, dass das Mitteilende, Aktivierende und Lenkende beim Unterrichten gegenüber dem Beobachtenden und Unterstützenden zumindest Gleichrangigkeit verdient: »Durch dieses aktive, herausfordernde Lehrerbild rehabilitiert Hattie den dominanten, redenden Lehrer – der aber ebenso auch genau weiß, wann er zurücktreten und schweigen muss. Die Perspektive auf den Unterricht ist: lehrerzentriert. Im Zentrum steht ein Lehrer, für den allerdings seine Schüler im Zentrum stehen. Er muss ihr Lernen sehen können, um sein Lehren daran orientieren zu können.« Lehrersteuerung und Schülerorientierung stehen also keineswegs in Widerspruch, sondern bedingen einander geradezu.

Wir dürfen uns den guten Lehrer als sorgsame Führungsinstanz vorstellen:

- nicht dass er die Schüler gängele, sie quasi auf seinen Denkwegen hinter sich herzöge

- sondern dass er sie geistig in Bewegung bringt
- ihnen lernförderliche Probleme vorwirft oder sie solche finden lässt
- ihre Interessen und Vorkenntnisse dabei einbezieht
- ihnen Hilfen unterschiedlichen Grades bereitstellt
- sein unterrichtliches Lenken immer wieder auch von ihrem Feedback beeinflussen lässt
- auf hinreichend tiefe gedankliche Durchdringung achtet
- sie ihren jeweiligen Lernstand regelmäßig checken lässt.

Denn nur ein sachlich wie menschlich kundiger Pädagoge kann ja beurteilen, inwieweit die von ihm unterrichtete, mithin als bildungsrelevant angesehene Sache von wie vielen Schülern wie tief durchdrungen wurde oder eben nur oberflächlich gestreift: wen er also noch unterstützen muss und wen er dazu verlocken kann, sich komplexeren Anschlussprojekten zu widmen.

Auch Kunst ist mehr als Drauflosmalen und sich Selbstverwirklichen

Im Fach Mathematik ist es wohl besonders offensichtlich, dass Schüler anspruchsvollere Sachverhalte definitiv nicht in Eigenregie oder nur kooperativen Prozessen herausfinden können: die Fachsprache ist zu eigen, die Fachideen sind zu wenig alltagsaffin. Und weder Buch noch Video sind in der Lage, auf die vielen individuellen Fragen antworten, die sich in Schülerköpfen bilden; sie könnten den Text höchstens immer wieder lesen, den Clip nur immer wieder anschauen, vielleicht noch mit anderen drüber diskutieren. Schon gar nicht vermag ein Arbeitsblatt ein Bewusstsein anregen für die mathematische Idee, den vollzogenen Perspektivwechsel, den fachtypischen Ausweg aus der Sackgasse bisheriger Kenntnisse.

Aber wie sieht es im Fach Kunst aus, auf dem gesamten Feld des Musischen: Winkt da nicht der Triumph des »Selbst«, wäre dort nicht Instruktion das Ende alles Schöpferischen? Auch in dieser Domäne wird der Einfluss des Meisters gern unterschätzt. Wirkliche Kreativität kann sich ja nur in dem Maße entfalten, wie elementare Techniken beherrscht werden. Ohne Zeigen und Erklären lernt der Großteil einer Klasse wohl kaum die Geheimnisse der Perspektive beherrschen. Und auch beim Umgang mit Pinsel und Bleistift wären die Schüler froh, die Lehrperson könnte ihnen öfter mal was vormachen, dies ist nämlich heute leider nicht mehr die Regel. Nicht zuletzt bei Werkerkundungen oder in kunstgeschichtlich orientierten Unterrichtsepisoden haben Schüler viel davon, wenn sie nicht nur ihr spontanes Bildempfinden artikulieren, das Werk nachstellen oder irgendwie umgestalten und mehr oder weniger zufällig im Netz aufgegabelte Interpretationen nachbeten. Sondern wenn die Lehrkraft aus dem Füllhorn ihrer Fachkompetenz (so dieses denn hinreichend gefüllt) Impulse ausstreuen, Zusammenhänge andeuten, Missverständnisse beheben kann. Meisterschüler an Kunstakademien berichten denn auch regelmäßig von der großen Prägekraft ihres Professors, seinem Vormachen, seinen Anregungen, seiner kritischen Einsprache. Auch Bach ging bei Buxtehude in die Lehre und Beethoven bei Haydn.

Hineinschaukeln in immer mehr Selbsttätigkeit und Selbstständigkeit

Helmke hat das Arrangement Direkte Instruktion in der Mitte eines Kontinuums, zwischen frontalem Belehren und seitlichem Begleiten verortet. Jede Polarisierung – hier Selbstständigkeit, da Instruktion – ist eben irreführend. Vielmehr geht es darum, je nach Entwicklungsstand und Themenlage aus der Fülle unterrichtlicher Verfahrensweisen diejenigen auszuwählen, die schulisches Lernen für alle Schüler möglichst gut ermöglichen, fördern und sichern.

Bei manchen Lehrern wäre es gewiss ein Segen, wenn die Eigenaktivität ihrer Schüler mehr Raum bekäme. Anderen Lehrkräften müsste man eher wünschen, dass ihre Schüler auch mal zum Staunen gebracht, über Zusammenhänge belehrt, auf Denkschritte hingewiesen würden. Anscheinend gilt es, das rechte Maß, eine gute Balance zu finden. Selbsttätigkeit und Selbstständigkeit »beibringen« ist eine ständige Gratwanderung: Man muss gedeihen lassen und auch anstoßen, zupacken und auch wieder loslassen. Junge Menschen wollen viel ausprobieren, sich dann aber auch wieder vergewissern, sie wollen von den Älteren etwas erfahren, aber auch selbst entdecken. Es ist eine Verschränkung, die die Generationen miteinander eingehen müssen, ein Hin und Her, mit dem wir unsere Schüler in immer mehr Autonomie hineinschaukeln.

Es wäre also, wer fragenden Schüleraugen nicht mehr zu bieten hat als »Findet das doch selbst heraus!« eigentlich ein pädagogischer Rowdy. Schließlich lässt er bildungsbedürftige junge Menschen förmlich im Regen stehen. Insoweit ist das bezeugte (wenn auch sprachlich ungelenke) Begehren aus Schülermund überhaupt nicht erstaunlich: »Wann machen Sie wieder mal ihren begnadeten Frontalunterricht?« Oder auch der Seufzer: »Ich brauche kein Lernatelier! Ich brauche einen Lehrer, der das erklärt!«

Literatur

Bauer, J.: Die pädagogische Beziehung: Neurowissenschaften und Pädagogik im Dialog. In: Herrmann 2019, S. 23–34.
Benner, D.: Allgemeine Pädagogik. Weinheim/Basel ⁸2015.
Felten, M.: Nur Lernbegleiter? Unsinn, Lehrer! Lob der Unterrichtslenkung. Berlin 2016.

Felten, M.: Der Fachlehrer als Beziehungsarbeiter. Zur emotionalen Dimension des Unterrichtens. In: Herrmann 2019, S. 203–210.

Felten, M./Stern, E.: Lernwirksam unterrichten. Im Schulalltag von der Lernforschung profitieren. Berlin ³2014.

Giesecke, H.: Warum die Schule soziale Ungleichheiten verstärkt. In: Neue Sammlung H. 2/2003, S. 254–256. (www.hermann-giesecke.de)

Grell, J.: Das Direkte Unterrichten und seine Feinde. In: Zs. Pädagogik (2014), H. 1, S. 36–38.

Hattie, J.: Lernen sichtbar machen. Baltmannsweiler 2013.

Helmke, A.: Vorwort. In: Brüning, L./Saum, T.: Direkte Instruktion. Kompetenzen wirksam vermitteln. Essen 2019, S. 4–7.

Herrmann, U. (Hrsg.): Pädagogische Beziehungen. Grundlagen – Praxisformen – Wirkungen. Weinheim/Basel 2019.

Herrmann, U. (Hrsg.): Neurodidaktik. Grundlagen für eine Neuropsychologie des Lernens. Weinheim/Basel ³2020.

Salzmann, Chr.G.: Noch etwas über die Erziehung (1784). In: Ders.: Pädagogische Schriften. Wien/Leipzig 1886, S. 158 ff.

Terhart, E.: Die Hattie-Studie in der Diskussion. Probleme sichtbar machen. Seelze 2014.

Weinert, F.: Selbstgesteuertes Lernen als Voraussetzung, Methode und Ziel des Lernens. In: Unterrichtswissenschaft 10 (1982), S. 99–110.

Wellenreuther, M.: Direkte Instruktion. Was ist das, und wie geht das? In: PÄDAGOGIK 66 (2014), H. 1, S. 8–11. (pdf im Netz)

Wellenreuther, M.: Direkte Instruktion – das hässliche Entlein der Pädagogik? In: Friedrich Jahresheft 2016, S. 4–7. (pdf im Netz)

Zeitschrift PÄDAGOGIK, Jg. 66 (2014), Heft 1: Thema Direkte Instruktion.

Zierer, K.: Visible Learning 2020: Zur Weiterentwicklung und Aktualität der Forschungen von John Hattie. Konrad-Adenauer-Stiftung 2020. (pdf im Netz)

Malte Fehling/Daniel Schumacher

Lernen durch Lehren: Schüler/innen produzieren Erklärvideos

»Pädagogischer Mehrwert« für Schüler/innen und Lehrpersonen?

»Woher soll ich wissen, ob ich etwas verstanden habe,
bevor ich es einem anderen erklärt habe?«

Erklärvideos kommt eine zunehmend größere Bedeutung bei der Wissensvermittlung und beim Wissenserwerb zu. Während sie Lernenden oft zur schnellen und einfachen Informationsbeschaffung (MPFS 2020, S. 47 ff.) oder zur gezielten Vorbereitung auf schulische Tests und Prüfungen dienen (Wolf/Kulgemeyer 2016, S. 36), nutzen Lehrpersonen Erklärvideos zunehmend als anregende Unterrichtsinstrumente, um positive Effekte auf Lernprozesse bewirken können (Janicka 2019). Wird jedoch der immense Online-Fundus an bereits existierenden Erklärvideos lediglich instruierend eingesetzt, so kommt dies oft einer weiteren Form des »Frontalunterrichts mit minimaler Interaktion« (Bersch u.a. 2020) gleich. Des Weiteren generieren nicht wenige online verfügbare Erklärvideos – gerade bei besonders vereinfachter, aber ansprechend gestalteter Aufbereitung von Sachverhalten – bei Lernenden die Illusion, das Vermittelte auch verstanden zu haben (Kulgemeyer/Wittwer 2022). Bietet dieses digitale Format der Wissensvermittlung und -aneignung also überhaupt einen »pädagogischen Mehrwert«?

Der vorliegende Bericht aus der Schulpraxis zeigt, dass durch den Einsatz von »Lernen durch Lehren« (LdL) Unzulänglichkeiten wie den oben genannten entgegengewirkt und das pädagogische Potenzial von Erklärvideos zur Förderung kollaborativen Lernens[1] auf unterschiedlichen Ebenen besser genutzt werden kann. Im Zentrum steht dabei weniger das Produkt Erklärvideo selbst als vielmehr der Prozess seiner Herstellung.

---

1 Die Autoren unterscheiden kooperativ und kollaborativ: im ersten Fall arbeiten Schüler/innen jeweils getrennt an Teilaufgaben eines Rahmenthemas, im zweiten Fall gemeinsam an einer Aufgabe.

Schulischer Kontext dieses Praxisberichts

Der hier vorgestellte Prozess der Erstellung von Erklärvideos ist an der Evangelischen Schule Schloss Gaienhofen am Bodensee im Fach Physik in einer 8. Klasse angesiedelt. Diese Schule verfügt u. a. über sieben Räume, die aufgrund ihrer Ausstattung als Filmstudios genutzt werden können und es einer ganzen Klasse erlauben, in Kleingruppen zeitgleich und ungestört an der Produktion von Erklärvideos zu arbeiten. Diese Filmstudios verfügen über Greenscreens, eine zusätzliche Schallisolierung, eine spezielle Beleuchtungstechnik (Ober-, Rück-, Seitenlicht), Tablet-Stative sowie Ansteck- und Raummikrofone. Alle Schüler/innen verfügen zudem über eigene Tablets, die im Unterrichtsalltag durchweg als Hauptarbeitsgeräte eingesetzt werden und den Zugriff auf ein schulinternes Cloud-System sowie ausgewählte Kommunikations-, Kollaborations- und Filmbearbeitungssoftware erlauben.

Das Erstellen digitalgestützter Lernprodukte ist Bestandteil des schuleigenen Medienbildungskonzepts. Dieses sieht den graduell komplexer werdenden Umgang mit digitaler Hard- und Software vor. Von zentraler Bedeutung ist hierbei die strukturelle Einbettung des kompetenten Handhabens und Modifizierens von digitalen Medien sowie des kritischen Umgangs mit deren Inhalten in das schulinterne Mediencurriculum. Das bedeutet, dass in der Unter- und Mittelstufe die Lernenden schrittweise an ausgewählte Medienbildungsformate herangeführt werden, die dann, mit aufsteigender Klassenstufe, im Fachunterricht konkret vertieft werden.

Die Umsetzung dieser Medienbildungsmaßnahmen fußt auf konstruktivistischen Lehr-Lern-Ansätzen, die auch die Methode LdL beinhalten. Letztere ist in der Lage, mehrere Stufen des digitalgestützten Lernprozesses zusammenzuführen, darunter selbstgesteuertes Lernen, verantwortungsvolle Online-Recherche und konzise Kommunikation komplexer Sachverhalte. Erklärvideos erscheinen daher hier nicht nur als Mittel der Instruktion, sondern auch als von den Schüler/innen selbst erstellte Produkte im Rahmen von LdL.

Warum »Lernen durch Lehren« und Erklärvideos?

Im Bereich der Wissensvermittlung konkurrieren Lehrpersonen längst mit unterschiedlichsten Online-Angeboten, darunter frei zugänglichen Erklärvideos. Letztere wirken auch im Schulkontext kognitiv aktivierend und motivierend auf die Lernenden, da sie unter anderem eine Brücke zu deren Lebenswelt zu schlagen vermögen (Findeisen u. a. 2019). Nach Martin & Oebel (2007, S. 7) kommt dabei der Lehrperson in zweierlei Hinsicht besondere Bedeutung zu: zum einen kann sie Orientierung innerhalb des vielfältigen Angebots an Lernressourcen bieten, zum andern kann sie die Schüler/innen methodisch-didaktisch begleiten, um es ihnen zu ermöglichen, das volle Potenzial existierender digitaler Ressourcen auszuschöpfen (Bersch u. a. 2020, S. 60).

Anstatt sich auf die Anleitung des »effektivsten« Konsums vorhandener Erklärvideos zu beschränken, vermeidet das vorliegende Praxisbeispiel für die Schüler/innen eine eher rezipierende Rolle. Vielmehr werden Wissenskonstruktion und -vermittlung durch Schüler/innen selbst auf prozeduraler und inhaltlicher Ebene zusammengeführt. Dies geschieht, indem die Schüler/innen arbeitsteilig eigenständig Erklärvideos erstellen:

- Zum einen wird den Schüler/innen dabei auf kommunikativ-kollaborativer Ebene abverlangt, sich in der Gruppe weitestgehend selbst zu organisieren, zu beratschlagen sowie Strategien für das gemeinsame Bewältigen auftretender Probleme zu entwickeln. Diese Prozesse können der Lehrperson Aufschluss darüber geben, in welchen Bahnen die Lernenden denken, um ihr gemeinsames Ziel zu erreichen, und sie kann dabei gezielt unterstützend wirken.
- Zum andern entwickeln die Schüler/innen auf der Ebene der Instruktion ein Instrument, das bestimmte Inhalte für die Mitschüler/innen aufzubereiten und zu kommunizieren vermag. Die Schüler/innen treten damit durch ihre selbst erstellten Erklärvideos als Vermittler von Wissen auf und lehren und evaluieren einander. Das Endprodukt ihrer kollaborativen Arbeit – das Erklärvideo – bietet der Lehrperson Anhaltspunkte dafür, ob und inwieweit die dargestellten Inhalte durchdrungen wurden und auf welche Weise bestimmte Präsentations- und Wissensvermittlungsformen – etwa das digital-mediale »*storytelling*« – beherrscht werden.

Die Lehrperson kann hier noch vor Fertigstellung des Erklärvideos inhaltliche oder handwerkliche Mängel beseitigen helfen. Diese Vorgehensweise ist damit stark an die Methode LdL angelehnt, die etwa Martin & Kelchner (1998, S. 1) wie folgt definieren: »Wenn Schüler einen Lernstoffabschnitt selbständig erschließen und ihren Mitschülern vorstellen, wenn sie ferner prüfen, ob die Informationen wirklich angekommen sind, und wenn sie schließlich durch geeignete Übungen dafür sorgen, dass der neue Stoff verinnerlicht wird, dann entspricht dies idealtypisch der Methode ›Lernen durch Lehren‹.«

Für Grzegas & Martin (2011, S. 1) ist bei LdL von zentraler Bedeutung, dass die Schüler/innen die Fülle der Informationen reduzieren und strukturieren müssen. Die so entstandenen Argumentations- und Denkstrukturen werden durch das Video sichtbar gemacht. Mit den so sichtbar gewordenen Strukturen kann die Lehrperson adaptiv arbeiten. Zum einen bietet sich ihr die Möglichkeit des direkten Intervenierens während einer Rückmeldephase (siehe den nächsten Abschnitt), zum andern eröffnet sich für sie die Gelegenheit, Verständnisschwierigkeiten antizipieren und eine darauf beruhende Anpassung ihrer Unterstützungen bzw.

Weiterführungen vornehmen zu können. Nutzen beispielsweise die Schüler/innen mehrheitlich ein bestimmtes Modell zur Erklärung der Funktionsweise eines elektrischen Stromkreises und können auch begründen, weshalb dieses aufgrund ihres eigenen Verständnisses gut geeignet ist, so liegt es nahe, dieses Modell als Ausgangspunkt für nachfolgende Inhalte zu nutzen.

Lernprozesse beim Erstellen von Erklärvideos

Eine Lerneinheit zum Erstellen von Erklärvideos gliedert sich in eine vorbereitende Anleitungsphase und eine selbstgelenkte Arbeits-/Lernphase, die sich über den Zeitraum von mehreren Unterrichtsstunden erstrecken kann.

Die vorbereitende Arbeitsphase

In der vorbereitenden Phase wird den Schüler/innen das Themenfeld und das Ziel der Unterrichtseinheit genannt. Die Aufgabe der Schüler/innen ist es, die unterschiedlichen Facetten eines übergeordneten Rahmenthemas, beispielsweise »elektrische Geräte im Alltag«, durch ein Erklärvideo einander zu verdeutlichen. Je nach Leistungsstand der Klasse und Komplexität des Themenfeldes (Rahmenthema) kann die Lehrperson vorstrukturieren und reduzieren und einzelne Facetten als thematische Unterthemen empfehlen. Generell soll jedoch die Vorstrukturierung bzw. Komplexitätsreduktion möglichst gering gehalten werden, um eine Lernumgebung im Sinne des Konstruktivismus (Arnold 2007, S. 64–79) zu schaffen, sodass die Lernenden durch unvoreingenommenes Eintauchen in das Themenfeld ihre eigenen »Denkstrukturen« von Grund auf selbst entwickeln können. So sollen die Schüler/innen insbesondere angeregt werden, an ihr individuelles Vorwissen anzuknüpfen.

Damit sich die Schüler/innen einen Überblick über das Themenfeld verschaffen und eigene Interessen einbringen oder entwickeln können, wird in der vorbereitenden Unterrichtsphase Recherchearbeit in Einzel- oder Partnerarbeit durchgeführt. Diese Phase kann auch mit dem Konzept des *Flipped Classroom* realisiert werden. Hier kann der Grad der Vorstrukturierung je nach Lerngruppe variieren, indem zum Beispiel eine Liste mit Links zu vertrauenswürdigen Online-Ressourcen bereitgestellt wird.

Um die nachfolgende selbstgelenkte (selbstgesteuerte) Unterrichtsphase zu entlasten, erhalten die Lernenden einen Kriterienkatalog, der ihnen eine Orientierung beim Erstellen und der späteren Evaluierung der Erklärvideos zu geben vermag (Abb. 1).

Kategorie	Erläuterung
Struktur	klarer Auftrag und klares Ziel
	logischer Gesamtaufbau des Videos: Gliederung in Sinnabschnitte / Teilschritte
	deduktive Strategie oder (je nach Fach und Ziel) induktive Strategie
	angemessene Dauer des Videos (je nach Fach und Ziel): kürzer ist oft besser
Inhalt	das Erklärvideo spricht die Zielgruppe direkt und regelmäßig an, z. B. durch Fragen
	das Erklärvideo knüpft an das Vorwissen und typische Fehlvorstellungen an
	das Erklärvideo gibt eingangs einen Ausblick auf das Thema und fasst wesentliche Aspekte zusammen
	das Erklärvideo verdeutlicht, warum der erklärungsbedürftige Sachverhalt relevant ist
	Beispiele aus bekannten Kontexten veranschaulichen den Sachverhalt und wecken Interesse
	Modelle und Analogien demonstrieren (je nach Fach) die Übertragbarkeit des Prinzips/Sachverhalts
	Inhaltlich fokussiert (»roter Faden«)
Visuell-auditive Aufbereitung	minimalistisch: verwendete visuelle und auditive Mittel konzentrieren sich auf das Wesentliche konzentriert (kein kognitiver »Overload«)
	zielgruppenangemessene grafische Darstellungsformen, Animationen, Experimente usw. (Multimediaprinzip)
	zielgruppenangemessene, verständliche Sprache
	das Erklärvideo führt neue fachsprachliche Wendungen über Alltagssprache ein und orientiert sich am Sprachniveau der Zielgruppe
	die audiovisuelle Aufbereitung unterstützt die inhaltlichen Elemente des Erklärvideos
	angemessene(r) Ausschnitt, Schärfe, Belichtung
	angemessene Geschwindigkeit der Bildwechsel
	angemessene Bild-Ton-Abstimmung
	angemessene Schriftgröße und -qualität
Gesamteindruck	

Abb. 1: Kriterienkatalog zur Evaluierung von Erklärvideos (modifiziert nach Kulgemeyer 2018, S. 10)

Eine visualisierte Kurzanleitung führt die Schüler/innen Schritt für Schritt durch den technischen Prozess des Erstellens eines Erklärvideos unter Zuhilfenahme der schuleigenen Filmstudios, des Tablets sowie der dazugehörigen Bearbeitungssoftware. Diese Anleitung enthält ebenfalls einen Verweis auf die Wichtigkeit des

Schutzes besonders sensibler personenbezogener Daten (Video-/Audioaufnahmen von Mitschüler/innen oder anderen Personen).

Die Schüler/innen werden dazu angehalten, auf die Persönlichkeitsrechte anderer Rücksicht zu nehmen und im Vorfeld die Einwilligung derjenigen Personen einzuholen, die audiovisuell aufgezeichnet werden. Gleiches gilt auch bei der Vorbereitung für die Lehrperson. Kommt audiovisuelle Aufnahmetechnik im Unterricht zum Einsatz und sollen die erstellten Videos in irgendeiner Form geteilt werden, so muss im Vorfeld sichergestellt werden, dass die Einwilligung der Erziehungsberechtigten der Schüler/innen vorliegt bzw. deren unter Umständen beschränkenden Wünsche respektiert werden. Generell liegt es in der Verantwortung der Lehrperson, eine Art Risikoabwägung vorzunehmen. Bei der Verwendung von Kollaborations- und Disseminationssoftware sind zudem Anwendungen aus dem europäischen Raum zu bevorzugen, da diese am ehesten DSGVO-konform sind. Auch die Verwendung von Anwendungen ohne Registrierungspflicht erlaubt es, die Verarbeitung personenbezogener Daten der Lernenden zu minimieren.

Die selbstgelenkte Arbeitsphase

Die Strukturierung des Arbeitsflusses

Ein Plenum zu Beginn ermöglicht es, den in der Einführungsphase bereitgestellten Kriterienkatalog zu reflektieren und gemeinsam anzupassen, um Zielklarheit und eine Grundlage für anschließende Rückmeldungen und Bewertungen zu schaffen. So lassen sich gemeinsam inhaltliche, methodisch-didaktische, präsentationsrelevante sowie filmtechnische »Ankerpunkte« ausarbeiten, um die Schüler/innen in die Lage zu versetzten, später eine systematische Analyse und Bewertung der Erklärvideos ihrer Mitschüler/innen vornehmen und entsprechende konstruktive Kritik artikulieren zu können. Bei der Konkretisierung der inhaltlichen Ankerpunkte bewegt man sich als Lehrperson im Spannungsfeld zwischen Öffnung und Lenkung, um einerseits curriculare Vorgaben zu berücksichtigen und andererseits schwache Lerngruppen bei der inhaltlichen Ausgestaltung ihrer Erklärvideos zu unterstützen.

Um eine systematische Strukturierung des Arbeitsflusses in dieser Phase zu gewährleisten, kann die Lehrperson bereits zu Anfang eine klare Aufgabenverteilung innerhalb der Arbeitsgruppen sowie die Aufstellung eines Zeitplans für die einzelnen Arbeitsschritte einfordern (z. B. Zielsetzung – Recherche – *Scripting* – Videoaufnahme – *Videoediting* – Videoexport). Im Laufe des Arbeitsprozesses obliegt es ihr dann, auf die Einhaltung dieser Schritte zu achten und gegebenenfalls Impulse zu geben, die den Fortgang des Arbeitsprozesses begünstigen. Beim Festlegen von Zeitplan und Arbeitsschritten verteilen die Schüler/innen selbstständig die Zuständigkeiten in ihren Gruppen (z. B. Aufteilung der inhaltlichen Recherche- und Aufarbeitungsaufgaben nach ihren individuellen Vorkenntnissen oder besonderen Interessen). Ähnliches gilt für die Auswahl der zu erklärenden Sachverhalte. Hier eröffnet sich eine Gelegenheit, inhaltlich individuelle Akzentuierungen zu setzen, die aus Sicht der Schüler/innen auch für ihre Zielgruppe besonders relevant oder interessant erscheinen.

Zu Beginn dieser hauptsächlich selbstgelenkten Lernphase werden die Rechercheergebnisse der Schüler/innen im Plenum zusammengetragen, kategorisiert und nach Bedarf inhaltlich geschärft und zusammengelegt, um im Anschluss daran entsprechende Arbeitsgruppen zu bilden, die sich mit jeweils unterschiedlichen Facetten des Rahmenthemas beschäftigen werden. Dieses anfängliche Zusammentreffen aller Lernenden im Plenum erlaubt es auch, gemeinsam die Verlässlichkeit einzelner Online-Ressourcen zu thematisieren: Handelt es sich beispielsweise um Ressourcen glaubwürdiger Bildungsinstitutionen, oder ist die Verlässlichkeit bestimmter Quellen nicht eindeutig zu beantworten? Und was ergibt sich daraus für unseren Umgang mit deren Inhalten sowie für weitere Recherchen?

Die Arbeitsschritte

Anschließend beginnt die eigentliche Arbeit an den Videos. Es liegt hierbei in der Verantwortung der Schüler/innen, sich weitestgehend selbst zu organisieren, relevante Inhalte eigenständig zu recherchieren, auszuwählen und für ein Erklärvideo aufzubereiten. Die Lehrperson tritt in diesem Prozess lediglich beratend und unterstützend auf. Durch die Nutzung der oben genannten Räume und das Einbinden der genannten technischen Infrastruktur der Schule sorgt die Lehrperson für eine Umgebung, die der Gruppenkommunikation und -diskussion zuträglich ist und den Schüler/innen zeitökonomisches Arbeiten erlaubt, da aufwändiges Auf- und Abbauen von Gerätschaften entfällt. Zur Unterstützung der einzelnen Gruppen kann sie auch weitere Hilfsmittel zur Verfügung stellen (Lehrwerke, Lehrmaterialien, Verweise auf weitere Online-Ressourcen und dergleichen), die dann von den Schüler/innen eigenständig und selektiv genutzt werden können.

Um genau zu bestimmen, welche Inhalte in der jeweiligen Gruppe recherchiert und entsprechend aufbereitet werden sollen, können die Schüler/innen von der Zielvorgabe profitieren, dass die Videos für die Mitlernenden erstellt werden sollen (die sich mit einem jeweils anderen Aspekt des Überthemas befassen). Die Schüler/innen kennen damit ihre Zielgruppe, deren Kenntnisstand und Erwartungen recht genau. Sie können somit oft genauer Verständnisprobleme antizipieren beziehungsweise vermeiden als die Lehrperson, was wiederum den Recherche- und Aufbereitungsprozesses von Inhalten leiten kann. Zur Erfassung dieses Prozesses können die Schüler/innen mithilfe der Tablets und der schulischen Kollaborationssoftware ihre Arbeitsschritte und Rechercheergebnisse dokumentieren, um sie so auch den anderen Gruppenmitgliedern jederzeit einsehbar zu machen. Dadurch kann auch die Lehrperson unmittelbar Einsicht in die Vorgehens- und Themenaufbereitungsweise der Schüler/innen nehmen. Das kann wiederum die Reflexion der eigenen Herangehensweise im Unterricht erleichtern und ermöglicht es der Lehrperson, von den Schüler/innen lernen zu können. Gleichzeitig dient die gewählte praktische Vorgehensweise der Schüler/innen als Indikator für deren prozessurales Kompetenzniveau und gibt Hinweise auf mögliche weitere Hilfestellungen, die während dieser Arbeitsphase, aber auch in zukünftigen Unterrichtsstunden benötigt werden.

Scripting

Ebenso wichtig wie die audiovisuelle Gestaltung der Videos ist die strukturierte Aufbereitung deren Inhalte noch vor der eigentlichen Aufzeichnung. Das Erstellen eines Skripts direkt nach Abschluss der Recherchen zum Thema kann helfen, die gesprochenen Inhalte des Erklärvideos klar zu umreißen und zu strukturieren, was wiederum einen raschen, weniger fehlerbehafteten Aufzeichnungsprozess ermöglicht. Ein solches Skript kann sich beispielsweise an den folgenden Punkten orientieren (s. Kasten).

Inhaltliche Skript-Merkliste für die Aufzeichnung eines Erklärvideos

(1) Klären, welche Art von »Geschichte« erzählt werden soll:
– z. B. eine Person trifft auf ein *Problem* und versucht, im Laufe des Videos eine *Lösung* hierfür zu finden.
– Oder: Es gibt kein Problem, sondern einen *Prozess*, der *beschrieben* werden soll und sich in einzelne, aufeinander folgende Schritte gliedert.
– Es hilft auch, sich zu fragen: Warum ist diese »Geschichte« überhaupt erzählenswert und was sollen die Zuschauer genau mitnehmen?

(2) Die »Geschichte« auf das Wesentliche herunterbrechen:
– Tipp: Eine Zusammenfassung in nur fünf kurzen und einfach formulierten Sätzen schreiben, die alle wichtigen Punkte oder Schritte abdeckt, die vorkommen sollen. Letztere liefern dann die einzelnen Sinnabschnitte für das Skript.
– Es lohnt sich, diese Sinnabschnitte durchzunummerieren, um dann z. B. bei der Aufnahme eines Voiceovers, der vielleicht nicht beim ersten Mal gelingt, die Editionsarbeit später zu erleichtern.

(3) Das eigentliche Skript verfassen:
– bei einem einzige/n Sprecher/in: die Erklärung der einzelnen Sinnabschnitte in einer Sprache verschriftlichen, die man beim Gespräch mit einem einem/r Freund/in verwenden würde
– bei zwei oder mehr Sprecher/innen: das Skript in Dialogform, wie etwa bei einem Film oder Theaterstück, gestalten. Die Sprecher/innen können sich hierbei »den Ball zuspielen«, indem sie innerhalb der einzelnen Sinneinheiten immer wieder Fragen aufwerfen, um dem Gegenüber die Möglichkeit zu geben, diese erklärend zu beantworten.

- Eine zielgruppengerechte (d.h. hier: schüler/innengerechte), persönliche und natürliche Wortwahl erhöht die Effektivität des Erklärvideos (Clark/Mayer 2016, 179 ff.). Tipp: um eine gewisse Form zu wahren, sicherheitshalber ein wenig formaler formulieren.
- In den Text können zudem Regieanweisungen wie »animierter Übergang« oder »Toneffekt XY« eingefügt werden.
- Tipp: Nicht alles muss gänzlich mündlich erklärt werden. Es kann manchmal auch effektiver sein, etwas nur bildlich oder mit bildlicher Darstellung unterstützt zu veranschaulichen.

(4) Das Skript testen:
- Jede Person in der Lernendengruppe liest das Skript noch einmal am Stück für sich laut durch (um auch eine Vorstellung von der angemessenen Länge zu bekommen).
- Die Gruppe tritt dann wieder zusammen und macht ihre Gedankengänge sichtbar, indem etwa jede Person einen/mehrere positive/n sowie negative/n Punkt/e zum Skript beisteuert und begründet.
- Das Skript wird auf Basis der geäußerten Kritik angepasst. Die Gruppe entscheidet hierbei gemeinsam über die einzupflegenden Änderungen.

Das von den Schüler/innen erstellte Skript macht für die Mitlernenden in der Gruppe und die Lehrperson selbst die Gedankengänge der Autor/innen und die Strukturiertheit der Erzählung sichtbar. Der Schwierigkeitsgrad, dem sich die Lernenden bei diesem digital-medialen *Storytelling* gegenübersehen, kann je nach Lerngruppe weiter adaptiv angepasst werden, indem etwa während des Unterrichtsprozesses inhaltliche (z.B. thematisch), sprachliche (Satzbausteine für »eigene Worte«) oder zeitliche Vorstrukturierungen (Zeitvorgabe zur Forcierung der Inhaltsreduktion) bereitgestellt werden.

Videoaufnahme, -editing und -export

Welche Art von Skript erstellt wurde, bestimmt oftmals schon, welches audiovisuelle Format das Erklärvideo annehmen wird. Die zuvor im Skript erfassten Regieanweisungen könnten beispielsweise vorab klären, was und wen (z.B. Sprecher/innen) die Zuschauer zu sehen bekommen sollen oder nicht (z.B. eher Stimme aus dem Off). Dennoch bleibt vor der Videoaufnahme noch zu entscheiden, was visuell das Video dominieren soll:

- Sollen Präsentationsfolien die Zuschauer visuell durch das Erklärvideo führen?
- Oder soll diese Aufgabe selbsterstellten Animationen zukommen?
- Oder sollen Menschen vor einem Greenscreen aufgezeichnet werden, der in der anschließenden Videonachbearbeitung mit einer Präsentation, Animationen, oder Ähnlichem gefüllt wird?

Hier kann die Lehrperson schon zu Beginn helfen, den inhaltlich-technischen Anspruch der Unterrichtseinheit mit dem zeitlich begrenzten Rahmen in Einklang bringen, indem sie beispielsweise die Zahl der zu verwendenden Bilder und Darstellungen sowie die Länge des gesprochenen oder angezeigten Textes der Erklärvideos limitiert.

Sind die obigen Entscheidungen getroffen, werden unter Zuhilfenahme des Skriptes und, wie im hier vorliegenden Praxisbeispiel, auch mithilfe der Greenscreens der Schule die Videoaufnahmen getätigt. Wichtig sind für diese sowie für die sich anschließende Nachbearbeitungsphase das Definieren klarer Zeitfenster, die sich die Schüler/innen selbst setzen, um zeitökonomisch effektiv und fokussiert zu arbeiten. Essentiell ist auch hier, dass eine Routine des gemeinsamen, regelmäßigen Reflektierens des eigenen Vorgehens und des Artikulierens der eigenen Überlegungen eingeübt werden, beispielsweise in Form kurzer Berichtphasen innerhalb der Gruppe im Intervall von ca. zehn Minuten. So können die Schüler/innen schnell erkennen, welche Probleme sich im Aufnahme- oder Bearbeitungsprozess ergeben und möglicherweise eine Verzögerung herbeigeführt haben. Sie können dieses Problem dann versuchen, gemeinsam zu lösen, z. B. mit dem kurzfristigen konzentrierten Einsatz bestimmter Expertise in der Gruppe oder der Neuausrichtung der Arbeitsprioritäten, sollte man sich etwa an Kleinigkeiten aufgehalten haben.

Neben Einblicken in das prozessurale Kompetenzniveau der Schüler/innen kann die hier gewählte LdL-Methode auch Aufschluss über das Medienkompetenzniveau der Lernenden geben und auf Möglichkeiten zur Unterstützung durch die Lehrperson hinweisen. Trotz oftmals durch medialen Alltagskonsum erworbene Vorkenntnisse können die Schüler/innen beim Erstellen ihrer Erklärvideos besonders von Hilfestellungen im Bereich der Gestaltung profitieren. Richard E. Mayers Prinzipien des multimedialen Lernens können hier hilfreiche Orientierung bieten und vermeiden, dass die von den Schüler/innen gewählten audiovisuellen Darstellungsformen bei der Zielgruppe zu einem »cognitive overload« führen und die effektive Verarbeitung der zu vermittelnden Inhalte ungewollt beschneiden (Clark/Mayer 2016). Scheiter u. a. (2020, S. 52) bieten hierzu ähnlich konkrete Vorschläge, die der Optimierung von Lernmaterial (Modalitätsprinzip, räumliches Kontiguitätsprinzip, Signalprinzip) und der lernerzentrierten Unterstützung (z. B. durch Arbeitsblätter, *Prompts* oder Vorsätze) dienlich sein können.

Die Lehrperson sollte dabei auch klare Hinweise zur Angemessenheit bestimmter Toneffekte sowie der Verwendung fachspezifischer Sprache und Erklärmodi geben. Durch kurze Einsichtnahme in die Editorendarstellung der audiovisuellen Aufnahme- und Bearbeitungssoftware der Gruppe können die Mitlernenden (sowie die Lehrperson) die Umsetzung der obigen Hilfestellungen nachvollziehen und, je nach Expertise, weitere Hinweise bei Videoaufnahme, -bearbeitung und -export geben.

Evaluierung

Es ist von großer Bedeutung, dass die Schüler/innen sicherstellen, dass der eigentliche Inhalt ihrer Videos von ihren Adressaten (ihren Mitschüler/innen) auch tatsächlich verstanden wird. Denn es soll vermieden werden, dass durch eine ansprechende Gestaltung die *Illusion* des Verstehens entsteht (Kulgemeyer/Wittwer 2022). Dies lässt sich umsetzen, indem jede Gruppe, zusammen mit dem Video, eine Lernstandsüberprüfung für die Mitlernenden erstellt. Dies kann beispielsweise ein Quiz sein, ein Kreuzworträtsel oder Übungsaufgaben, welche sich mithilfe des Videos beantworten lassen oder für deren Bearbeitung das im Video erworbene Wissen benötigt wird. Für eben jene Überprüfungsformate lassen sich wiederum kostenfreie und niedrigschwellige, digitale Anwendungen nutzen, deren intuitive Handhabe ein schnelles Erstellen von Quizzes, Rätseln oder Aufgaben erlaubt. Software wie H5P ermöglicht auch die interaktive Integration dieser Formate in das Erklärvideo selbst.

Sind die Erklärvideos fertig erstellt, treten die Schüler/innen in eine Rückmeldephase ein. Dabei werden die Videos über eine Lernplattform untereinander zugänglich gemacht und von den Schüler/innen in Einzelarbeit angeschaut. Die Gruppen kommentieren und ergänzen in schriftlicher Form ein oder mehrere Videos der jeweils anderen Gruppen, ggf. in mehreren Durchgängen.

Gewöhnlich findet solch eine Rückmeldephase im Plenum statt. Aber um die charakteristischen Vorteile von Erklärvideos vollständig zu nutzen (die Möglichkeit des Zurückspulens und des wiederholten Anschauens), ist eine Phase unerlässlich, in der die Videos zunächst in Einzelarbeit angeschaut werden. Die Rückmeldungen der Gruppen zu den einzelnen Videos werden im Plenum diskutiert und durch Nachfragen konkretisiert. Strittige Szenen können während der gemeinsamen Diskussion wiederholt abgespielt und genauer in Augenschein genommen werden. Hier bietet sich für die Lehrperson eine der letzten Möglichkeiten, auf inhaltliche Ungenauigkeiten oder Fehler hinzuweisen sowie Optimierungsvorschläge für die audiovisuelle Aufbereitung zu unterbreiten.

Abschließend überarbeiten die Schüler/innen auf der Basis der Rückmeldungen ihre Erklärvideos und erleben den weiteren Prozess des kritischen Befragens der eigenen Arbeits-/Lernprodukte. Die fertiggestellten Videos, die unterschiedliche Aspekte des Rahmenthemas erklären, werden abschließend anhand des Kriterienkatalogs (s. o.) bewertet. Auch hier wird eine hohe Aktivierung erreicht, weil die fertigen Produkte der anderen Gruppen bewertet und die eigenen Lernfortschritte sowie die Arbeit in der Gruppe reflektiert werden. Im Zuge dieser Reflexion vergleichen die Schüler/innen unter Zuhilfenahme des Kriterienkatalogs die erste Version ihres Videos mit der finalen Version und halten schriftlich fest, welche Punkte sie verbessert haben.

Im Idealfall wird ein erneuter Blick auf das Bewertungsraster geworfen und reflektiert, welche Aspekte sich bewährt haben und welche nicht, um erstere auch in zukünftigen Unterrichts- und Lernszenarien ähnlichen Zuschnitts nutzbar zu machen.

Der »pädagogische Mehrwert« des »Lernens durch Lehren«

»Pädagogischer Mehrwert« für Schüler/innen

Im Anschluss an die letztgenannten Aspekte der Evaluierung ihrer Erklärvideos durch die Schüler/innen lässt sich unmittelbar ein »pädagogischer Mehrwert« von »Lernen durch Lehren« bei der Frage der Leistungsfeststellung und -bewertung angeben:

- Als Grundlage der Leistungsfeststellung und -bewertung wird der Kriterienkatalog herangezogen (S. 274). Er stellt aber keine »Norm« dar, anhand derer sich Bewertungen ergeben könnten. Denn eine Norm kann für ein gelungenes Erklärvideo schwerlich formuliert werden (von den handwerklich-technischen Aspekten oder der inhaltlichen Korrektheit abgesehen), weil jedes Erklärvideo individuelle und kollektive Arbeits-/Lernschritte und Denkstrukturen abbildet, sodass das Produkt vor allem diese sowie den Qualitätsanspruch widerspiegelt.
- Die Rückmeldungen aus Gruppen im Plenum und die gemeinsame Erörterung z. B. der Qualität, Originalität und Überzeugungskraft der vorgestellten Erklärvideos regt die gemeinsame Formulierung und Begründung von differenzierten Qualitätsmaßstäben an, vermeidet eine schematische Bewertung und damit auch ein formales *Ranking*. Statt also eine Konkurrenzsituation zu inszenieren, erleben die Produzent/innen eine Verständigung über die spezifischen Stärken und Verbesserungsmöglichkeiten ihrer Produkte und lernen voneinander.
- Die unterschiedlichen Iterationen, die die Erklärvideos der Schüler/innen im Laufe der Arbeitseinheit durchlaufen, optimieren auf der inhaltlichen Ebene Wissenskonstruktionsweisen der Schüler/innen, deren *Storytelling*-Kompetenz und Möglichkeiten zur inhaltlich richtigen und zielgruppeneffektiven Kommunikation von Wissen. Die multimedialen Montagen, die das Medium Erklärvideo dabei erlaubt, ermöglichen eine Vielzahl von Visualisierungs- bzw. Darstellungsmöglichkeiten sowie deren ständige Optimierung.
- »Lernen durch Lehren« zielt also nicht auf Leistungsmessung und -vergleich, sondern auf individuelle und kollektive Entwicklung von Qualitätsmaßstäben für eine realistische Einschätzung der eigenen Leistungsfähigkeit und ihrer Steigerungsmöglichkeiten. Dies vollzieht sich an konkreten eigenen und gemeinsamen Produkten, nicht an Leistungsskalen.

- »Lernen durch Lehren« mit Erklärvideos fördert die ästhetisch-sprachliche Ausdruckfähigkeit und Originalität sowie die Einübung in deren Variabilität und Entfaltung.
- Durch das Projekt »Erstellen eines Erklärvideos« machen die Schüler/innen mehrere sinnenfällige erfolgreiche Arbeits- als Lernerfahrungen: Konzipieren und Recherchieren, Argumentieren und Formulieren, Gestalten, Produzieren und Präsentieren.

»Pädagogischer Mehrwert« für Lehrpersonen

- Indem die Lehrperson von dem detaillierten Wissen der Schüler/innen in der Zielgruppe (ihre eigenen Mitlernenden) profitiert, erleichtert es ihr die Reflexion der eigenen Herangehensweise im Unterricht und lernt vor allem adaptives Lehren von den lehrenden Schüler/innen.
- Die Denkprozesse der Schüler/innen, die während des Erstellens der Erklärvideos erkennbar werden, geben der Lehrperson die Möglichkeit, zielgerichtet und unmittelbar den von den Schüler/innen selbst gewählten Lernweg auf prozeduraler und inhaltlicher Ebene nachzuvollziehen und konstruktiv zu unterstützen.
- Gleichzeitig kann die gewählte praktische Vorgehensweise der Schüler/innen deren prozedurales Kompetenzniveau anzeigen und Hinweise auf mögliche erforderliche künftige Hilfestellungen auch in anderen Arbeits-/Lernkontexten geben.
- Neben Einblicken in das prozessurale Kompetenzniveau der Lernenden gibt die hier gewählte Methode auch Aufschluss über deren Medienkompetenz und weist auf Möglichkeiten zur Unterstützung im Bereich der Medienbildung hin. Beim Erstellen ihrer Erklärvideos können die Schüler/innen besonders von Hilfestellungen bei der Gestaltung profitieren.

***

Durch das Zusammenführen der Methode »Lernen durch Lehren« LdL mit dem Wissensvermittlungsformat des Erklärvideos konnte dieser schulische Praxisbericht eine Möglichkeit zeigen, wie die Potenziale des Erklärvideos als unterrichtliches Instrument pädagogisch noch weiter ausgeschöpft werden können. Während für die Lernenden das selbstständige Erstellen von Erklärvideos in besonders ansprechender Form eines der Hauptziele sein mag, konnte die Lehrperson dies für weitere – etwa vom Bildungsplan oder vom Schulcurriculum vorgegebene – Lernziele nutzbar machen und damit den Schüler/innen den Erwerb weiterer Kompetenzen sowie das Erleben motivierender Selbstwirksamkeitserfahrungen ermöglichen. Der Prozess des selbstständigen Planens, Erstellens und Evaluierens im Rahmen der Methode »Lernen durch Lehren« macht für die Lehrperson die Arbeits-, Lern- und Denkprozesse der Lernenden sichtbar und ermöglicht im Sinne des adaptiven Lehrens unmittelbarc individuelle Hilfestellungen.

Literatur

Arnold, R.: Ich lerne, also bin ich. Eine systemisch-konstruktivistische Didaktik. Heidelberg 2007.

Bersch, S./Merkel, A./Oldenburg, R./Weckerle, M.: Erklärvideos: Chancen und Risiken. Zwischen fachlicher Korrektheit und didaktischen Zielen. In: GDM-Mitteilungen 109: Digitales Lehren und Lernen (Juli 2020), S. 58–63.

Clark, R. C./Mayer, R. E.: e-Learning and the Science of Instruction. Proven Guidelines for Consumers and Designers of Multimedia Learning. Hoboken, NJ ⁴2016.

Findeisen, S./Horn, S./Seifried, J.: Lernen durch Videos. Empirische Befunde zur Gestaltung von Erklärvideos. In: MedienPädagogik (Oktober 2019), S. 16–36.

Grzegas, J./Martin, J.-P.: Das Leben für Lerner und Lehrer spannender machen. Eine Einführung in LdL. In: Berger, L., u. a. (Hrsg.): Lernen durch Lehren im Fokus. Berichte von LdL-Einsteigern und LdL-Experten. Berlin 2011, S. 10–19.

Janicka, M.: Effizienz der Methode Lernen durch Lehren (LdL). Ergebnisse eines Experiments 2019. In: Glottodidactica XLV/1 (2019) S. 9–21.

Kulgemeyer, C.: Wie gut erklären Erklärvideos? Ein Bewertungsleitfaden. In: Computer+Unterricht 109 (2018), S. 8–11.

Kulgemeyer, C./Wittwer, J.: Misconceptions in Physics Explainer Videos and the Illusion of Understanding. An Experimental Study. In: International Journal of Science and Mathematics Education (März 2022), S. 1–21.

Martin, J.-P./Kelchner, R.: Lernen durch Lehren. In: Timm, J.-P. (Hrsg.): Englisch lernen und lehren. Didaktik des Englischunterrichts. Berlin 1998, S. 211–219.

Martin, J.-P./Oebel, G.: Lernen durch Lehren. Paradigmenwechsel in der Didaktik? In: Deutschunterricht in Japan, Heft 12 (Herbst 2007), S. 4–21.

Medienpädagogischer Forschungsverbund Südwest (MPFS) (Hrsg.): JIM-Studie 2020. Jugend, Information, Medien. Basisuntersuchung zum Medienumgang 12- bis 19-Jähriger. Stuttgart 2020.

Scheiter, K./Richter, J./Renkl, A.: Multimediales Lernen. Lehren und Lernen mit Texten und Bildern. In: Niegemann, H./Weinberger, A. (Hrsg.): Handbuch Bildungstechnologie. Konzeption und Einsatz digitaler Lernumgebungen. Berlin 2020, S. 31–56.

Wolf, K. D./Kulgemeyer, C.: Lernen mit Videos? Erklärvideos im Physikunterricht. In: Unterricht Physik 152 (2016), S. 36–41.

Petra Hoppe

Lernen begleiten und fördern

Die Lern- und Feedbackkultur der Integrierten Gesamtschule List in
Hannover

> **Einige Daten zur IGS List**
>
> 671 Schüler/innen, 24 Klassen, 72 Lehrpersonen, 3 Sozialpädagog/innen, 15 Pädagogi-
> sche Mitarbeiter/innen. – Integrierte Gesamtschule Sek I bis Kl. 10; gemeinsame Sek II
> mit zwei weiteren IGS.
> Doppelbesetzung der Klassenlehrkräfte; Rhythmisierung des Ganztags (80-Minu-
> ten-Einheiten); zahlreiche Projekte, auch unterrichtsbegleitend, Projektmethode als
> fachliches Angebot, pro Schuljahr drei Projekt- und Aktionswochen; Klassenrat Jgg.
> 5-10; u. a. Schulgarten, Robotik-Labor, Schülerfirma Imkerei, Lerncoaching.
> Die IGS List in Hannover wurde 2007 und 2013 für den Deutschen Schulpreis nomi-
> niert und 2018 mit diesem Preis ausgezeichnet.

An der Integrierten Gesamtschule (IGS) List in Hannover lernen Schüler/innen
unter der Begleitung ihrer beiden Klassenlehrkräfte sechs Jahre lang gemeinsam
– es gibt kein Sitzenbleiben und keine Abschulung. Im Zentrum steht für uns die
Frage nach der bestmöglichen Entwicklung der Lernenden. Nach unserem Verständnis ist eine Schülerleistung zunächst an den individuellen Potenzialen und
Fähigkeiten der Lernenden zu messen. Damit sich Fähigkeiten und Fertigkeiten
möglichst gut entwickeln können, praktizieren wir unserer Schule eine besondere
Form der Lern- und Feedback-kultur, die sich im Lernweg dokumentiert. Wichtige Teileelemente sind das Lernförderliche Feedback, der Lerndialog, der Lernentwicklungsbericht (LEB) und der Lernentwicklungsordner (LEO). Daneben spielen der Lernplaner, das Lerncoaching und das Personalisiertes Lernen (PerLe) eine
wichtige Rolle in der konkreten Umsetzung des Konzepts (Abb. 1).

Der Lernweg

Der Lernweg der Schüler/innen wird im Laufe des Schuljahres kontinuierlich von
Klassen- und Fachlehrpersonen begleitet. Die Umsetzung der vereinbarten Ziele
und die Lernstände sowie das Arbeitsverhalten werden in den einzelnen Fächern
regelmäßig eingeschätzt und besprochen. Das eigentliche Lernförderliche Feed-

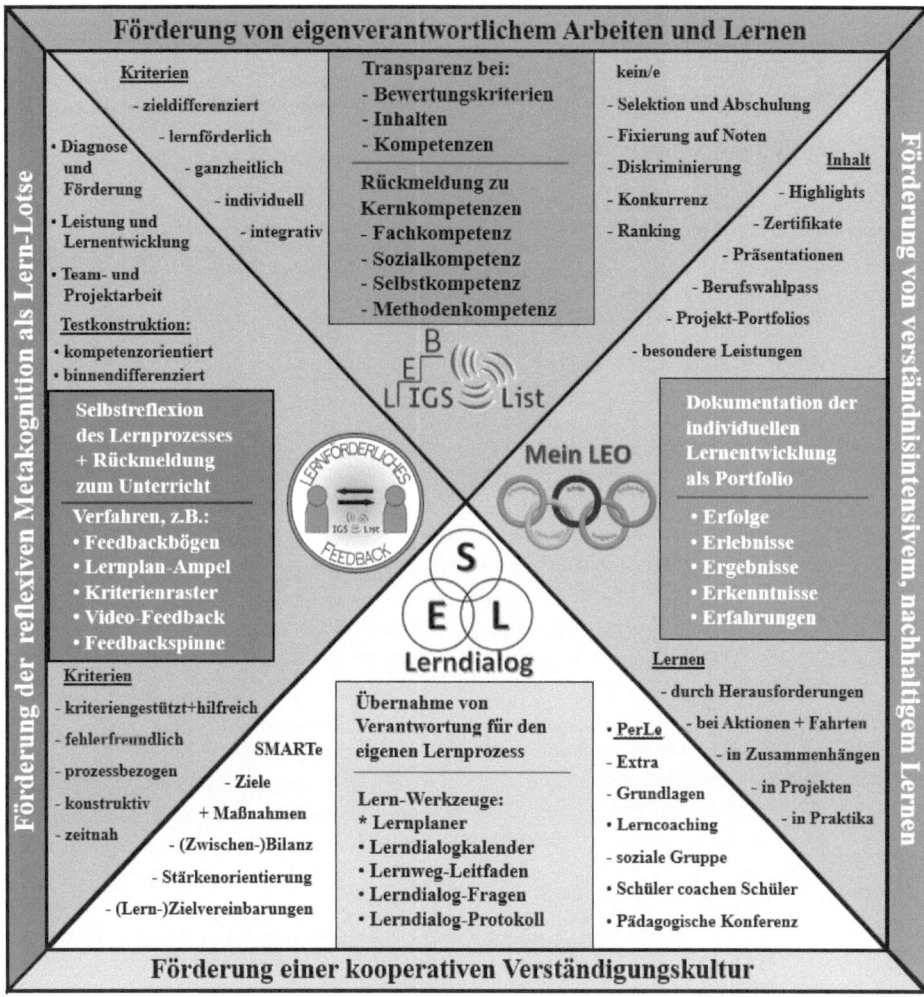

Abb. 1: Die Organisation der Lern- und Feedbackkultur an der IGS List in Hannover

back findet in der Regel im Gespräch statt. Vorbereitung, Reflexion, Rückmeldung der Lernstände sowie die Dokumentation erfolgen in schriftlicher Form.

Im Einzelnen stellt sich der Lernweg innerhalb des Schuljahres folgendermaßen dar:

- Kurz nach den Sommerferien tragen alle Lernenden maximal drei persönliche Ziele sowie passende Maßnahmen für deren Erreichen im neuen Schuljahr in ihren Lernplaner ein. Ein Lernweg-Leitfaden (Abb. 2) dient als Hilfe für die Formulierung angemessener Ziele und Maßnahmen. Bei der Auswahl und der Formulierung der Ziele werden die Schüler/innen von den beiden Klassenlehrpersonen unterstützt, die mit einzelnen Schüler/innen gesonderte Gespräche führen, um zu klären, welche weitere Unterstützung diese benötigen, um ihre Ziele zu erreichen.

Leitfaden für die Gestaltung des Lernwegs

Liebe Schülerinnen und Schüler,
dieser Leitfaden soll euch helfen, SMARTE Ziele und realistische Maßnahmen zu formulieren und in eurem Lernplaner ab Seite 126 aufzuschreiben. Die Ziele sollen klein, genau und überprüfbar sein, damit man sie erreichen kann. Es soll einen Zeitplan für eine regelmäßige Überprüfung eurer Ziele und Maßnahmen geben. Dabei ist ganz wichtig, dass ihr selbst an das Erreichen eurer Ziele glaubt und dafür sorgt, dass ihr sie durch geeignete Maßnahmen umsetzen könnt.
SMARTE Ziele zu formulieren braucht Übung. Im Lerndialog sollt ihr sie mit euren Klassenlehrerinnen bzw. Klassenlehrern besprechen und wenn nötig präzisieren. SMARTE Ziele und Maßnahmen helfen euch, euren Lernweg Schritt für Schritt erfolgreich zu gehen.
Sie sind wie kleine Meilensteine, die ihr auf eurem Lernweg erreicht.
S-M-A-R-T ist eine Abkürzung für die 5 Eigenschaften, die eine Zielformulierung enthalten muss.

Akzeptiert:
- Du musst Ziele und Maßnahmen selbst für sinnvoll halten und es wollen, anders wirst du es nicht erreichen.
- Nur die akzeptierten Ziele und Maßnahmen werden notiert.

Realistisch:
- Es müssen kleine, machbare „Schritte" sein.
- Sie müssen nach einiger Zeit überprüft und erweitert, verändert oder abgeschlossen werden.

Spezifisch:
- Ziele und Maßnahmen müssen genau benannt werden und nicht allgemein,
z.B. nicht: Ich will besser werden oder mich mehr anstrengen.

Messbar:
- **Anzahl,** z.B. von Meldungen oder privaten Gesprächen im Unterricht.
- **Zeit,** z.B. von der Aufgabenstellung bis zum Arbeitsbeginn oder die Effektivität der Zeitnutzung auf einer Skala bewerten.
- **Qualität,** z.B. Überschriften eintragen oder die Rechtschreibung kontrollieren.
- **Quantität,** z.B. den Umfang oder die Ausführlichkeit möglichst genau festlegen.
- **Gestaltung,** z.B. das Seitenlayout oder sinnvolle Unterstreichungen in Farbe klären.

Terminiert:
- Die Maßnahmen müssen in einem überschaubaren Zeitraum abgeschlossen sein. Dieses Datum muss benannt werden. Die Maßnahme kann man dann aber auch, wenn es sich als notwendig erweist für einen festgelegten Zeitraum verlängern.
- Sinnvoll sind kurze zeitliche Zwischen-Feedbacks, z.B. ...
  o Kontrolle nach jeder Stunde oder am Ende eines Schultages
  o Kontrolle am Ende der Woche oder Kontrolle nach einem Monat
  o Festes Thema im KR (Mitschüler/innen Feedback zum Arbeitsverhalten)

Was noch hilft:
- Zeitmanagement-Methoden (Tomato-App)
- Methoden zum selbstständigen Lernen und Üben
- Apps zum Lernen
- Strichlisten
- Smiley-Listen oder Smiley-Feedback
- Daumenprobe

- Belohnungen, die man sich selbst macht
- Fester KR-TOP für Feedback in der Tischgruppe

Unterstützer/innen:
- Mitschüler/innen
- Tischgruppe
- Eltern
- Lehrer/inne

124

Abb. 2: Leitfaden für die Gestaltung des Lernwegs

- Bis zu den Herbstferien findet in allen Fächern ein Lernförderliches Feedback durch die Fachlehrkräfte statt, sodass alle Lernenden nach den Herbstferien in einer Zwischenbilanz reflektieren können, inwieweit sie sich ihren Zielen genähert haben und wie sie gegebenenfalls noch nachsteuern müssen. Das Ergebnis dieser Zwischenbilanz wird ebenfalls im Lernplaner notiert. Auch dieser Prozess wird von den Klassenlehrpersonen begleitet und unterstützt. (Abb. 3)
- Im Lerndialog mit ihnen haben die Lernenden Anfang November Gelegenheit zu besprechen, wie sie die von ihnen in den einzelnen Fächern gesteckten Ziele umsetzen können und welche Unterstützung sie dazu benötigen. (Abb. 4)

Meine Zwischenbilanz im November:
- Welche Ziele habe ich bisher erreicht? Welche noch nicht? Warum?
- Welche Maßnahmen konnte ich erfolgreich umsetzen? Welche noch nicht?
- Welche Unterstützung brauche ich? Wer oder was hilft mir bei der Umsetzung?

Vor den Weihnachtsferien findet dann erneut in allen Fächern ein Lernförderliches Feedback statt. Dies ermöglicht wieder einen Abgleich des aktuellen Status quo mit den persönlichen Zielen.
- Ende Januar bekommen alle Lernenden der Jahrgänge 5 bis 8 einen Lernentwicklungsbericht (LEB) mit einer Rückmeldung zum Arbeits- und Sozialverhalten sowie zum Erwerb der Kernkompetenzen in den einzelnen Fächern (Abb. 7 bis 9).
- Auf dieser Basis und unter Einbeziehung des Lernförderlichen Feedbacks, das im Lernentwicklungsordner gesammelt wird, wird Anfang Februar ein verbindlicher Schüler-Eltern-Lehrer-Lerndialog durchgeführt. Der Lerndialog wird von den Lernenden vorbereitet und moderiert. Die Stärken der Lernenden werden herausgestellt und die Ziele für das zweite Halbjahr gemeinsam festgelegt.
- Vor den Osterferien findet das dritte Lernförderliche Feedback in allen Fächern statt, auf dessen Grundlage im April eine weitere Zwischenbilanz erfolgt.
- Nach dem vierten Lernförderlichen Feedback im Frühsommer reflektieren die Lernenden am Ende des Schuljahres, ob sie die selbst gesetzten Ziele erreicht haben.

8. Jahrgang
Feedback 1

Fach: Naturwissenschaften
Thema: Bodenschätze

IGS List

Vorname: _____ **Nachname:** _____ **Klasse: 8**__

Erklärung: + (grün) = Stimmt! o (gelb) = Stimmt zum Teil! ⚠ (rot) = Daran muss ich/musst du noch arbeiten!

Einschätzung durch...	...dich						...Mitschüler/Lehrer					
	1. Einschätzung Datum: ___			2. Einschätzung Datum: ___			Einschätzung von: ___			Einschätzung von: ___		
Verhalten und Mitarbeit im Unterricht	+	o	⚠	+	o	⚠	+	o	⚠	+	o	⚠
Du bist **zuverlässig.** (Material, Pünktlichkeit, Abgabefristen, ...)												
Du hältst dich an **Regeln.** (Gesprächsregeln, Zuhören, Melden, ...)												
Deine **Mitarbeit** in **Unterrichtsgesprächen** ist gut. (regelmäßiges Melden, passende Beiträge, ...)												
Deine **Mitarbeit** in **Arbeitsphasen** ist gut. (konzentriert, selbstständig, sorgfältig, ausdauernd, ...)												
Du **arbeitest** gut mit deinen Mitschülern **zusammen.** (hilfst anderen, fragst bei Unklarheiten, trägst zum Ergebnis bei, ...)												
Dein Verhalten bei **Experimenten**/ bei **Unterrichtsgängen** ist gut. (zielorientiert, gewissenhaft, nach Vorgaben, ...)												

Rückmeldungen an den Lehrer:

Rückmeldungen an den Schüler:

Abb. 3: Rückmeldung zu Verhalten und Mitarbeit im Unterricht

Training für den Lerndialog im 5. Jahrgang

Name: _____ Datum: _____

S E L
Lerndialog

Kriterien →erfüllt	ja	nein
frei vorgetragen		
guter Blickkontakt		
Stärke 1 gut verständlich		
Stärke 2 gut verständlich		
Stärke 3 gut verständlich		
Stärke 4 gut verständlich		
Stärke 5 gut verständlich		
Ziele formuliert		
gut vorbereitet		
Du kannst dich entspannt zurücklehnen!		

Außerdem ist uns dies aufgefallen:

_____

_____

_____

_____

_____

_____

Im Feedbackgespräch solltest du noch dies beachten:
Diese Stärken hast du noch vergessen:

_____

_____

_____

_____

_____

Im Trainingsgespräch haben dich beobachtet und die Rückmeldung gegeben:

_____ und _____
        (Name)   (Name)

136

Abb. 4: Lerndialog

Mein persönlicher Schuljahresrückblick:
- Was ist im zweiten Halbjahr gut gelaufen? Welche Ziele habe ich bisher erreicht?
- Was hat noch nicht gut geklappt? Welche Ziele habe ich noch nicht erreicht und warum? Wer oder was hilft mir bei der Umsetzung?
- Mein Ausblick auf das nächste Schuljahr: Das nehme ich mir vor: … Diese Abschlussreflexion wird ebenfalls im Lernplaner notiert.
- Die Rückmeldungen über die erworbenen Kompetenzen werden am Ende des Schuljahres wieder in Form eines LEBs gegeben. Der LEB in Kombination mit den Rückmeldungen aus den Fächern bildet dann die Grundlage für die Festlegung der Ziele im neuen Schuljahr.

Lernförderliches Feedback

Als Lernförderliches Feedback werden verschiedene Verfahren eingesetzt. Neben dem Einsatz klassischer Feedbackbögen finden Rückmeldungen in Form von Coaching-Gesprächen während der Arbeit an Projektaufgaben oder z. B. durch Videoaufnahmen im Sportunterricht statt. Dadurch versuchen wir zum einen, den verschiedenen Ansprüchen der Fächer und Unterrichtssituationen gerecht zu werden, zum andern das Feedback attraktiv und abwechslungsreich zu gestalten. Das Lernförderliche Feedback gibt Rückmeldung zum Arbeitsverhalten und zu den aktuell behandelten Kernkompetenzen des Faches.

Gemeinsam ist allen Verfahren, dass sie von den Lernenden zunächst eine Selbstreflexion und Selbsteinschätzung einfordern. Die Rückmeldung der Lehrkraft erfolgt zeitnah, konstruktiv und prozessbezogen. Wichtig ist uns, dass das Feedback gekennzeichnet ist von Wertschätzung und Ermutigung.

Das Lernförderliche Feedback erhalten die Lernenden möglichst in allen Fächern während und am Ende jeder Unterrichtseinheit. Durch Rückmeldungen noch während der Unterrichtseinheit haben die Jugendlichen die Möglichkeit am Erwerb der verschiedenen Kompetenzen zu arbeiten, bevor am Ende ein Kompetenzkontrolltest geschrieben wird. Wir gestalten unsere Tests kompetenzorientiert und, so weit wie möglich, auch mit binnendifferenzierenden Aufgaben auf verschiedenen Kompetenzniveaus (Abb. 5).

Das Lernförderliche Feedback bezieht auch Aspekte des kooperativen Arbeitens und Lernens sowie der Team- und Projektarbeit mit ein. Wir beziehen die Rückmeldung auf den individuellen Lernprozess *und* die individuelle Leistung.

Die Lernenden sollen sich fragen:
- Habe ich mich bestmöglich angestrengt?
- Habe ich mit den anderen gut zusammengearbeitet?
- Bin ich mit meinem Arbeitsergebnis zufrieden?

Diese Selbstreflexion ist Metakognition, die für das eigenverantwortliche Lernen ganz wesentlich ist und wie ein Lern-Lotse auf dem individuellen Lernweg wirkt. Mithilfe der Selbstreflexion in Kombination mit dem Feedback hat der Lernende die Möglichkeit zu erfahren, was für ihn lernwirksam ist, und kann so seinen Lernweg aktiv gestalten. Viele Feedback-Methoden beziehen auch ein Peer-Feedback mit ein, sodass die Einschätzung des Lernpartners in das Feedbackgespräch berücksichtigt werden kann.

Konkret wird das Lernförderliche Feedback z. B. im Fach Naturwissenschaften folgendermaßen umgesetzt:

- Die Lernenden erhalten zu Beginn der Unterrichtseinheit eine Checkliste, in der die Kompetenzen aufgelistet sind, die in der aktuellen Unterrichtseinheit eine Rolle spielen (Abb. 6).

- Diese Liste ermöglicht es den Schüler/innen, zwischendurch immer wieder nachzuschauen, was wichtig ist, und sie gibt ihnen die Möglichkeit, sich selbst einzuschätzen. Zusätzlich gibt es einen Einschätzungsbogen in Bezug auf das Arbeitsverhalten, der neben der Selbsteinschätzung auch die Möglichkeit einer Rückmeldung des Lernpartners beinhaltet.

- Im laufenden Lernprozess werden diese Instrumente unter der Anleitung der Lehrperson mindestens zweimal eingesetzt. Dabei schätzen die Lernenden sich zunächst selbst ein, anschließend gibt der Lernpartner eine Einschätzung ab. Die Lehrperson sammelt die Bögen ein und gibt jedem Lernenden eine kurze schriftliche Rückmeldung. In den Fällen, wo der Lernprozess nicht so gut verläuft, findet entweder eine kurzes Coaching-Gespräch parallel zum Unterricht statt, oder es wird eine Verabredung zum Lerndialog getroffen.

- Zum Abschluss der Unterrichtseinheit (vor dem Kompetenzkontrolltest) wird den Lernenden Zeit zur Wiederholung und zur Festigung der Kompetenzen während der Unterrichtszeit eingeräumt. Neben der Checkliste und dem Unterrichtsmaterial erhalten die Schüler/innen verschiedene Überprüfungsaufgaben mit Musterlösungen.

IGS List   Name
Natur-Test, Klasse   Hannover, den

Ergebnis: Von max.   Rohpunkten wurden   erreicht.
                 Das entspricht:

G-Kurs	E-Kurs
Aufgabe 1 a) Erstelle ein vollständiges Versuchsprotokoll. Zeichne als Versuchsaufbau eine Schaltskizze.	**Aufgabe 1** a) Erstelle ein vollständiges Versuchsprotokoll. Zeichne als Versuchsaufbau eine Schaltskizze. b) Beziehe in deine Auswertung das Fachwort für den dargestellten Vorgang mit ein. Nenne Beispiele aus dem Alltag, wo dieser Vorgang eine Rolle spielt.
Aufgabe 2 Bearbeite zu der vorliegenden Schaltskizze folgende Aufgaben: • Benenne die Geräte, die benötigt werden, um diesen Versuch aufzubauen. • Bestimme die Anzahl der benötigten Kabel. • Welche Lampen leuchten, wenn Schalter S_2 geschlossen ist?	**Aufgabe 2** Zeichne eine Schaltskizze zu einer Versuchsanordnung, die aus zwei Glühlampen, einem Schalter, einem Netzteil und einem Messgerät besteht. Die Glühlampen sollen parallel geschaltet werden. Die Betriebsspannung wird gemessen. Der Schalter soll beide Lampen gleichzeitig an- und ausschalten können.
Aufgabe 3: a) Formuliere eine Energieumwandlungskette deiner Wahl, die mindestens drei Energiearten und zwei Energieumwandler enthält. b) Ordne die Begriffe: Primärenergie, Sekundärenergie, Nutzenergie und Energieumwandler der Energieumwandlungskette zu.	**Aufgabe 3:** a) Formuliere die Energieumwandlungskette, die ausgehend von der Sonne (über ein Kraftwerk) zum Trocknen nasser Haare führt. b) Ordne die Begriffe: Primärenergie, Sekundärenergie, Nutzenergie und Energieumwandler der Energieumwandlungskette zu.
Aufgabe 4: a) Eine normale Glühlampe wird mit 230 V betrieben. Es fließt eine Stromstärke von 0,425 A.	**Aufgabe 4** a) Eine normale Glühlampe wird mit 230 V betrieben. Es fließt eine Stromstärke von 326 mA.

Abb. 5: Niveaudifferenzierte Testaufgaben

IGS List   Name
Natur-Test, Klasse   Hannover, den

Berechne die Leistung der Glühlampe. b) Eine Energiesparlampe wird mit 230 V betrieben. Es fließt eine Stromstärke von 0,043 A. Berechne die Leistung der Glühlampe.	Berechne die Leistung der Glühlampe. b) Eine Energiesparlampe wird mit 230 V betrieben. Es fließt eine Stromstärke von 53 mA. Berechne die Leistung der Glühlampe. c) Beide Lampen leuchten gleich hell. Bewerte die errechneten Leistungen in Bezug auf diese Aussage.

Aufgabe 5 / Aufgabe 5:

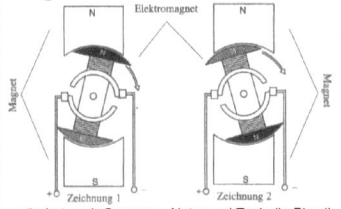

verändert nach Cornesen: Natur und Technik: Physik für Realschulen, 1993, Berlin

a) Beschreibe die Vorgänge, die in Zeichnung 1 und in Zeichnung 2 ablaufen.
b) Nenne die wichtigsten Unterschiede zwischen Generator und Elektromotor.

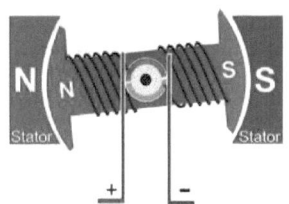

verändert nach: www.prezi.com

a) Beschreibe ausgehend von der Skizze das Funktionsprinzip eines Elektromotors in Form eines Fließdiagramms.
b) Nenne die wichtigsten Unterschiede zwischen Generator und Elektromotor.

Aufgabe 6:

Eine Stereoanlage wird über ein Messgerät angeschlossen. Es werden die folgende Werte gemessen:
Spannung: 234 V
Stromstärke: 0,650 A.

Berechne den Gesamtwiderstand der Stereoanlage

Aufgabe 6:

Eine Stereoanlage wird über ein Messgerät angeschlossen. Es werden die folgende Werte gemessen:
Spannung: 234 V
Stromstärke: 520 mA

Berechne den Gesamtwiderstand der Stereoanlage.

Aufgabe	1a	1b	2	3a	3b	4a	4b	4c	5a	5b	6	Summe
mögliche Punkte G	9	0	3	3	2	2	2	0	4	2	2	29
mögliche Punkte E	9	3	4	3	2	3	3	2	6	2	3	40
erreichte Punkte												

Checkliste Natur 8.1 Bodenschätze Test am _____

Im Laufe dieser Unterrichtseinheit sollst du verschiedene Dinge erlernen und beherrschen:

+	o	△
grün	gelb	rot

Test	Nr.	Du sollst...	Seiten	1. Einschätzung Datum:	2. Einschätzung Datum:
✓	1.	die wichtigsten Bodenschätze in Deutschland nennen können.			
	2.	die Verarbeitung vom Erz zum Metall an einem Beispiel erklären können.			
	3.	die Kennzeichen der chemischen Reaktion nennen können.			
	4.	eine chemische Reaktion von einem physikalischen Vorgang begründend unterscheiden können.			
	5.	eine Wortgleichung zu einer chemischen Reaktion aufstellen können.			
	6.	die Fachbegriffe Oxidation, Reduktion, Redox-Reaktion definieren und bei chemischen Reaktionen zuordnen können.			
	7.	Chemische Reaktionen auf der Ebene der Atome darstellen und erläutern können.			
	8.	die Fachbegriffe Element, Verbindung, Atom und Molekül definieren und zuordnen können.			
	9.	ein Energiediagramm für eine chemische Reaktion erläutern können.			
	10.	die Aktivierungsenergie erläutern und im Energiediagramm darstellen können.			
	11.	die Begriffe exotherm und endotherm definieren und auf Reaktionen anwenden können.			
	12.	Sicherheitsregeln beim Experimentieren nennen und anwenden können.			

Abb. 6: Beispiel einer Checkliste (Du sollst .../Ich kann ...)

In der IGS List arbeiten wir mit festen Lernteams, die leistungsheterogen zusammengesetzt sind. Sie spielen für das Lernen der Schüler/innen eine wichtige Rolle. In der Wiederholungs- und *test-yourself*-Zeit schätzen die Lernenden zunächst ein weiteres Mal selbst ein, inwieweit sie die Kompetenzen schon erreicht haben. Ausgehend von dieser Einschätzung arbeiten sie zunächst an den Kompetenzen, in denen sie noch nicht so sicher sind. Lernunterstützung erhalten sie entweder innerhalb ihres Lernteams oder durch die Lehrperson. Im direkten Gespräch werden Lernschwierigkeiten formuliert und gemeinsam bearbeitet. Dadurch, dass die Lernenden neben der Lehrperson auch durch ihr Lernteam unterstützt werden, können in dieser Zeit viele lernförderliche Gespräche gleichzeitig stattfinden. Insgesamt herrscht ein intensiver Austausch über die Inhalte und darüber, wie man Inhalte verstehen und Aufgaben lösen kann. Weitere Zeiten für das Personalisierte Lernen (vgl. Stebler u. a. 2017, 2018 und die Beiträge von Reusser in diesem Band) das auch in Kleingruppen stattfinden kann, sind im Stundenplan fest verankert. Diese können für die weitere Bearbeitung der Aufgaben frei genutzt werden.

Der Lerndialog

Der Lerndialog umfasst nicht nur den Schüler-Eltern-Lehrer-Lerndialog im Februar und den Fachlehrkräfte-Lerndialog im November (s. o. Abb. 4). Wie den Ausführungen zur Lernwegbegleitung entnommen werden kann, ist der Lerndialog ein kontinuierlicher Prozess, der mit der Formulierung von spezifischen, messbaren, attraktiven, realistischen und terminierten (SMARTen) Zielen und für die Umsetzung notwendigen Maßnahmen nach den Sommerferien beginnt und regelmäßige Reflexionen beinhaltet, ob und inwieweit diese Ziele schon erreicht werden, z. B.:

Ziel: Ich möchte bis zum Schuljahresende Terme so sicher umformen können, dass ich in 80 Prozent der Fälle zum richtigen Ergebnis komme.

Maßnahmen:
- Ich spreche meine Mathelehrkraft auf mein Vorhaben an.
- Ich besorge mir die nötigen Fachinformationen (Lehrkraft, Mitschüler, Erklärvideos).
- Ich bearbeite eine Vielzahl an Übungsaufgaben (Mathelehrkraft, Internet).
- Ich überprüfe regelmäßig meine Fortschritte, indem ich zehn Aufgaben löse und schaue, wie viele richtig sind.

Nach Ablauf des ersten Halbjahres findet Anfang Februar in den Jahrgängen 9 und 10 auf der Grundlage der Lernentwicklungsberichte und der Zensurenzeugnisse für alle Schüler/innen ein verbindlicher und ausführlicher Schüler-Eltern-Lehrer(SEL)-Lerndialog mit den Klassenlehrkräften statt. Im SEL-Lerndialog werden die Stärken der Lernenden herausgestellt und individuelle Entwicklungsziele und

Maßnahmen für das kommende Schulhalbjahr formuliert. Die individuellen Ziele und Maßnahmen werden im Lernplaner notiert und zusätzlich noch im Lernentwicklungsordner (LEO) gesammelt. Bei der Umsetzung werden die Lernenden individuell, insbesondere von den beiden Klassenlehrpersonen, unterstützt. Außerdem legen wir großen Wert auf die enge Kooperation mit den Eltern.

Der SEL-Lerndialog fordert die Selbstreflexion der Lernenden ein. Sie sollen lernen, sich selbst einzuschätzen, ihr (Lern-)Verhalten zu reflektieren, sich realistische Ziele zu setzen und sich konkrete Maßnahmen zu überlegen, mit denen sie ihre Ziele erreichen wollen. Dabei werden sie je nach Bedarf von den Lehrpersonen mehr oder weniger eng begleitet. Die Lernenden werden so zu einer eigenverantwortlichen Gestaltung ihres Arbeits- und Lernprozesses herangeführt. Dazu gehört auch, dass einige Lernende nach Beratung und Beschluss der Pädagogischen Konferenz (aller Lehrkräfte einer Klasse) am Lerncoaching z. B. in Form einer Lern-AG oder der Sozialen Gruppe teilnehmen. Im Rahmen der Stunden für das Personalisierte Lernen (PerLe-Stunden), an drei Tagen pro Woche in jeweils 40 Minuten, können die Lernenden eigene Schwerpunkte beim Lernen setzen (s. unterstützende Maßnahmen S. 300).

Die kontinuierliche Auseinandersetzung mit dem individuellen Lernprozess und dem eigenen Verhalten im Dialog mit den Lehrkräften und den Eltern stärkt die Selbstverantwortung der Jugendlichen. Damit führt der SEL-Lerndialog auch zu einer kooperativen Verständigungskultur (siehe Kasten).

Konkret wird der SEL-Lerndialog folgendermaßen gestaltet:

In der Vorbereitung zum Lerndialog, die gemeinsam mit den Klassenlehrpersonen in der Schule stattfindet, machen sich die Schüler/innen zunächst ihre Stärken bewusst. Sie reflektieren, in welchen Bereichen Lernen und Arbeiten schon gut gelingt. Anschließend reflektieren sie, in welchen Bereichen es noch nicht so gut läuft und wo sie etwas verändern wollen. Bei der Festlegung der Maßnahmen zur Umsetzung der Ziele orientieren sie sich an ihren Stärken und überlegen, was sie davon auf die Bereiche übertragen können, in denen sie noch nicht so erfolgreich lernen. Dieser Prozess wird von den Klassenlehrpersonen eng begleitet, und für jeden Schritt gibt es hilfreiche Vorlagen und schriftlich formulierte Tipps und Hinweise.

Der Lerndialog selbst wird von den Lernenden moderiert. Er beginnt mit der Vorstellung der eigenen Stärken, die dann von den Eltern und Lehrkräften ergänzt werden, und geht dann in die Festlegung der Ziele für das nächste Halbjahr über. Die Ziele und Maßnahmen werden im Gespräch gemeinsam festgelegt. Dabei wird immer geprüft, dass diese auch aus Sicht des Lernenden erreichbar sind. Um dieses Vorgehen des Lerndialogs zu üben und um in die eigenen Überlegungen noch das Feedback des Lernteams einbeziehen zu können, wird die Vorstellung der eigenen Stärken und der Vorschlag der nächsten Ziele vorab dem Lernteam präsentiert und mit ihm diskutiert. Auf diese Weise gehen die Lernenden gut vorbereitet und mit einem guten Gefühl in den SEL-Lerndialog.

Der Fachlehrkräfte-Lerndialog im Februar wird ebenfalls von den Lernenden vorbereitet. In diesem Fall reflektieren sie vorher, wo ihre Stärken in dem betreffenden Fach sind und wo Lernen schon gut gelingt. Anschließend machen sie Vorschläge für ein Ziel, dass sie im nächsten Halbjahr erreichen möchten, und für Maßnahmen, die sie beim Erreichen des Zieles unterstützen sollen. Diese Überlegungen präsentieren sie der Fachlehrperson, und gemeinsam einigen sie sich dann auf ein realistisch zu erreichendes Ziel und die dazu gehörigen Maßnahmen.

Lernentwicklungsbericht LEB

Die Lernenden der Jahrgänge 5 bis 8 erhalten zweimal pro Jahr einen LEB. Ihm kann entnommen werden, welche Kernkompetenzen die Lernende in welchem Umfang erworben haben. Er zeigt auch, was im Unterricht der verschiedenen Fächer thematisch angeboten wurde und was die Jugendlichen dabei lernen sollten. Darüber hinaus erhalten die Lernenden mit dem LEB eine Rückmeldung zu ihrem Arbeits- und Sozialverhalten (Abb. 7 bis 9).

Die LEB sind ein Beitrag zu einer notenfreien Schule, auch wenn unsere Kürzel (e = erworben, te = teilweise erworben und ne = nicht erworben) ähnlich wie Noten interpretiert werden könnten. Durch den klaren Bezug auf die zu erwerbenden Kompetenzen und die Ausdifferenzierung der verschiedenen inhaltlichen Aspekte verhindert der LEB die Fixierung auf eine Ziffer. Außerdem erlaubt der LEB die stärkere Orientierung am individuellen Lernentwicklungsprozess. Das ist nicht nur für die zieldifferent zu beschulenden Schüler/innen wichtig, die eine angepasste LEB-Variante erhalten.

Der LEB vermeidet ein Ranking der Lernenden untereinander und betont die Bedeutung von kooperativem und solidarischem Lernen ohne Konkurrenz untereinander. Damit wirkt auch der LEB lernförderlich und stellt eine gute Grundlage für den SEL-Lerndialog dar. Wir wollen, dass unsere Lernenden möglichst eigenverantwortlich arbeiten und lernen. Dazu passt ein kompetenzorientierter Lernentwicklungsbericht wesentlich besser als ein Ziffernzeugnis.

Lernentwicklungsordner LEO

Lernen findet an der IGS List auf vielfältige Weise statt: im klassischen Fachunterricht, im Rahmen des fächerübergreifenden Projektunterrichts, in fachbezogenen Projekten, beim freien Projekt im 10. Jahrgang, bei den zahlreichen Exkursionen, auf diversen Fahrten, bei (Klassen-)Aktionen u. a. m. Gerade in diesen Lernsituationen findet verständnisintensives nachhaltiges Lernen statt. Für die Erfassung dieser besonderen Lernerfolge, -erlebnisse, -ergebnisse, -erkenntnisse und -erfahrungen bietet sich ein analoges und digitales Portfolio an. Darüber hinaus trägt die Portfolioarbeit positiv zur Leistungsentwicklung bei, und die individuellen Fähigkeiten der Schüler/innen können so auch visuell deutlich gemacht werden.

Als persönlich, auch künstlerisch gestaltetes Portfolio begleitet der LEO die Lernenden auf ihrem Lernweg durch die Schulzeit an der IGS. Er ist somit mehr als die Dokumentation der individuellen Lernentwicklung mit einer Sammlung von Feedbackbögen und SEL-Lerndialog-Protokollen. Der analoge LEO wird ergänzt

Jahrgang 6	Schuljahr 2019/20	1. Halbjahr	IGS List

Rückmeldung zu den Kernkompetenzen aller Unterrichtseinheiten

Kernkompetenzen geben an, worauf es in einer Unterrichtseinheit im Wesentlichen ankommt. Sie stellen damit eine grobe Zusammenfassung dar und setzen sich in der Regel aus mehreren Teilkompetenzen zusammen. Eine differenziertere Rückmeldung erfolgt im Rahmen des Lernförderlichen Feedbacks während und am Ende der jeweiligen Unterrichtseinheit.

Natur   Lehrer/in:

Thema und Inhalte	Kernkompetenzen: Du kannst …	Kompetenzen
Stoffe Stoffeigenschaften, Reinstoffe und Gemische, Stofftrennung, Aggregatzustände	- charakteristische Eigenschaften von Stoffen nennen. - Reinstoffe und Stoffgemische unterscheiden. - Stoffgemische und deren Trennung sowie Aggregatzustandsänderungen mit Hilfe des Teilchenmodells beschreiben. - Untersuchungsmethoden planen, um Reinstoffe zu identifizieren und Stoffgemische zu trennen und diese dann sachgerecht durchführen.	erworben
Wasser Lebewesen im und am Wasser, Wasserkreislauf, Wasserschutzmaßnahmen, Tipps zum Wassersparen, Eigenschaften von Wasser	- im und am Wasser lebende Pflanzen- und Tierarten nennen. - den Kreislauf des Wasser mit den verschiedenen Aggregatzuständen beschreiben. - erläutern, inwieweit natürliche Wasservorkommen begrenzt sind und Maßnahmen zu deren Schutz beschreiben. - die Nutzung von Wasser durch den Menschen beschreiben. - den Stoff Wasser und seine typischen Eigenschaften beschreiben.	erworben

Abb. 7: Lernentwicklungsbericht, 1. Halbjahr

durch eine digitale Version auf dem Schul-Server und ggf. durch eine weitere Materialsammlung. Damit nichts verloren geht, wird der LEO im Klassenschrank aufbewahrt und steht Schülern und Eltern, z. B. beim SEL-Lerndialog, zur Verfügung.

Als Talent-, Bewerbungs- und Projektportfolio ist er Bestandteil des Lernprozesses der Jugendlichen und dient ihnen am Ende ihrer Schulzeit an der IGS List als bleibende Erinnerung.

Jahrgang 6	Schuljahr 2019/20	2. Halbjahr	IGS List

Rückmeldung zu den Kernkompetenzen aller Unterrichtseinheiten
Kernkompetenzen geben an, worauf es in einer Unterrichtseinheit im Wesentlichen ankommt. Sie stellen damit eine grobe Zusammenfassung dar und setzen sich in der Regel aus mehreren Teilkompetenzen zusammen. Eine differenziertere Rückmeldung erfolgt im Rahmen des Lernförderlichen Feedbacks während und am Ende der jeweiligen Unterrichtseinheit.

Natur   Lehrer/in:

Thema und Inhalte	Kernkompetenzen: Du kannst ...	Kompetenzen
Bau und Leistung des menschlichen Körpers: Bewegungssystem, Atmung und Blutkreislauf, Verdauungsorgane, gesunde Nahrungsmittel und deren Inhaltsstoffe, Veränderungen in der Pubertät	- am Skelettsystem des Menschen die wichtigsten Knochen benennen, den Aufbau und die Funktionsweise der vier Gelenktypen beschreiben - das Zusammenspiel von Muskel, Knochen und Sehnen erläutern - den Zusammenhang zwischen Atmung und Blutkreislauf mit den entsprechenden Organen erklären - die Hauptbestandteile deiner täglichen Nahrung nennen, deren Funktion für den menschlichen Körper aufzeigen und gesunde Mahlzeiten zusammenstellen - erläutern, wie sich der menschliche Körper während der Pubertät verändert und welche biologischen Funktionen damit einhergehen - Regeln für die Gesunderhaltung des eigenen Körpers aufstellen.	**erworben**
Technische Geräte im Alltag Umgang mit Strom, Stromwirkungen, Schaltpläne, Schaltungen, Aufbau und Funktion von Geräten	- verschiedene Wirkungen des elektrischen Stroms beschreiben und kennst Gefahren im Umgang mit Strom. - die Schaltzeichen zeichnen, kennst deren Bedeutung und wendest die Regeln für das Zeichnen eines Schaltplans an. - anhand einer Schaltskizze einen Versuch aufbauen. - unterschiedliche Schaltungen anhand eines Beispiels erläutern (Reihen-/Parallel-/Und-/Oderschaltung). - den Aufbau und die Funktion einfacher elektrischer Geräte mit Hilfe von Schaltplänen erläutern.	**teilweise erworben**

Abb. 8: Lernentwicklungsbericht 2. Halbjahr

Klasse Schuljahr 1. Halbjahr EB LIGS List

Rückmeldung zum Arbeits- und Sozialverhalten	... verdient besondere Anerkennung.	... entspricht den Erwartungen in vollem Umfang.	... entspricht den Erwartungen.	... entspricht den Erwartungen mit Einschränkungen	... entspricht nicht den Erwartungen	siehe Bemerkungen
Arbeitsverhalten						
Deine Zuverlässigkeit... Verlässlichkeit, Pünktlichkeit, zeitgerechte Aufgabenerledigung und Termineinhaltung		▨				
Deine Kooperationsbereitschaft... Zusammenarbeit, Teamfähigkeit, Verantwortungsbewusstsein und Kommunikationsfähigkeit		▨				
Deine Selbstständigkeit... Arbeitsorganisation und Kontrolle von Ergebnissen, Ziel- und Ergebnisorientierung			▨			
Deine Leistungs- und Lernbereitschaft... Mitarbeit, Anstrengungsbereitschaft, Ausdauer, Geduld, Konzentration und Motivation			▨			
Sozialverhalten						
Deine Einhaltung von Regeln und Absprachen... Schulordnung, Gesprächsregeln, Klassenregeln, Ordnungsdienst		▨				
Deine Einhaltung unserer Schulcharta Achtung und Respekt, Hilfsbereitschaft, Fairness und Rücksichtnahme		▨				
Deine Reflexionsfähigkeit und Konfliktfähigkeit... Bereitschaft zur konstruktiven Auseinandersetzung			▨			
Deine Übernahme von Verantwortung und Engagement für die Schulgemeinschaft... Freiwillige Übernahme von Aufgaben, aktive Mitgestaltung des Schullebens in der Klasse und der Schule		▨				

Seite 2 von 8

Abb. 9: Rückmeldung zum Arbeits- und Sozialverhalten

Unterstützende Maßnahmen: Lerncoaching und PerLe

Lernplaner

Der Lernplaner und der Lernentwicklungsordner sind zwei unterschiedliche Instrumente. Der LEO wird von den Schüler/innen als analoger und digitaler Ordner geführt. Der Lernplaner ist ein gedrucktes Buch, der alle wesentlichen Informationen und Vorlagen für das laufende Schuljahr enthält.

Der Lernplaner ist ein weiteres wichtiges Instrument der Lernbegleitung. In ihm befinden sich alle wichtigen Dokumente wie der Lernweg-Leitfaden, die Vordrucke für die Zwischenreflexionen, die Vorbereitung zum Lerndialog und die Zielvereinbarungen. Darüber enthält er das Lerntagebuch, in dem die Lernenden jeden Tag dokumentieren können, was sie in den jeweiligen Stunden gemacht bzw. gelernt haben und ob sie die Stundeninhalte verstanden haben. Außerdem gibt er Auskunft darüber, was in den einzelnen Fächern im Laufe des Schuljahres in welcher Reihenfolge behandelt wird.

Lerncoaching

Lernende mit dem Bedarf an sonderpädagogischer Unterstützung im Bereich »Lernen« und andere leistungsschwache Jugendliche werden von uns besonders intensiv und differenziert im Rahmen unseres Lerncoachings unterstützt. Im Lerncoaching wird der beste Erfolg erzielt, wenn die intensive Unterstützung täglich in kleinen Zeiteinheiten erfolgt. Daher sind die Förderangebote, in denen das Coaching stattfindet, in die bestehende Struktur des Unterrichtsalltags eingebunden und werden von Jahrgang zu Jahrgang unterschiedlich gestaltet. Sie finden als AG, als Wahlpflichtkurs oder in der PerLe-Zeit (s. u.) in einem eigenen, mit den erforderlichen Arbeitsmaterialien ausgestatteten Raum statt und werden von der Förderlehrperson des Jahrgangs und einer Regellehrperson durchgeführt. Mit den Lernenden wird individuell entsprechend ihrer Ziele für das Halbjahr festgelegt, woran gearbeitet wird. Darüber hinaus werden grundlegende Kompetenzen geübt wie die Organisation eines Arbeitsplatzes oder das Führen einer Mappe. Außerdem werden Inhalte aus dem Unterricht wiederholt und gefestigt oder die nächste Stunde vorentlastet, indem schwierige Texte schon einmal vorbesprochen werden.

PerLe

PerLe steht bei uns für **Per**sonalisiertes **Le**rnen. Unser PerLe-Konzept ist aus der Arbeit mit dem lernförderlichen Feedback entstanden. Es stellte sich die Frage, wann die Lernenden an dem arbeiten können, was für sie in der Umsetzung der persönlichen Ziele besonders wichtig ist. In drei PerLe-Stunden pro Woche können die Lernenden nun individuelle Arbeitsschwerpunkte setzen. Sie werden dazu auf Wunsch von den Klassenlehrpersonen beraten und bekommen dazu auf Nachfrage Hinweise und Aufgaben von ihren Fachlehrerkräften. In den PerLe-Stunden arbeiten die Schüler/innen allein oder in Gruppen an selbst gewählten Schwerpunkten. Im Rahmen der PerLe-Stunden findet für Lernende mit fachspezifischem Förderbedarf in Deutsch, Mathematik, Englisch und Sport in den unteren Jahrgängen ein Grundlagentraining statt. Damit die Lernenden möglichst gut individuell begleitet und gefördert werden können, werden in den PerLe-Stunden zusätzlich zu den Lehrkräften Schülercoaches aus dem 9. und 10. Jahrgang zur Unterstützung eingesetzt.

Fazit: Erfahrungen und Ergebnisse

Unser Lern- und Feedbackkonzept hat in der Schulgemeinschaft eine sehr große Akzeptanz. Die Rückmeldungen von Eltern, Lernenden und Lehrpersonen sind sehr positiv. Besonders der Lerndialog wird von den Lernenden und den Eltern als sehr hilfreich empfunden.

- Der stärkenorientierte SEL-Lerndialog wird insgesamt am wirksamsten wahrgenommen. Nach Auskunft der Lernenden bekommen sie gerade durch dieses Vorgehen die Motivation, Veränderungen auch wirklich anzugehen.
- Die im Terminplan festverankerten Reflexionstermine sorgen dafür, dass die Ziele nicht so schnell aus dem Blick geraten.
- Das Lernförderliche Feedback hilft nach Aussagen der Lernenden, sich selbst einzuschätzen, und der Vergleich zu den Rückmeldungen der Mitschüler/innen und Lehrpersonen gibt interessante Aspekte für den Lerndialog. Das Lernförderliche Feedback wird alle drei Monate in allen Fächern gegeben, sodass alle Lernenden immer in allen Fächern die Hinweise zum Lernstand und Tipps zur möglichen Lernentwicklung bekommen. Faktisch wird der inhaltliche Teil dieses Feedback überwiegend zur Testvorbereitung genutzt. Von den umfassenden Hinweisen oder den Hinweisen zur Aufarbeitung von Grundlagen wird allerdings nur ein kleinerer Teil umgesetzt.
- Im Lerndialog werden maximal drei Ziele ausgewählt, die pro Schuljahr umgesetzt werden sollen, und diese beinhalten nicht immer fachliche Verbesserungen.
- Direkte individuelle lernförderliche Hinweise während des Lernprozesses in schriftlicher oder mündlicher Form wirken gezielter und unmittelbarer auf das Lernen selbst.
- Der Lernplaner wird als Informations- und Kommunikationsinstrument sehr geschätzt. Er hilft besonders nicht so gut organisierten Personen, sich besser zu strukturieren.
- Die Lernentwicklungsberichte geben eher Auskunft über den aktuellen Lernstand. Die lernförderlichen Hinweise sind in das Lernförderliche Feedback ausgelagert.

- Der Lernentwicklungsordner rundet das Gesamtkonzept ab und stellt eine Klammer zwischen den einzelnen Elementen dar. Alle für den Lernweg wichtigen Dokumente werden hier gesammelt und festgehalten.

Jedes einzelne Instrument der Lern- und Feedbackkultur unserer Schule erfüllt in der Lernförderung eine wichtige spezifische Funktion, aber erst im Zusammenspiel aller kann das Lernen umfassend begleitet und gefördert werden.

Der Jahresdurchgang durch die Lern- und Feedback-Kultur der IGS List in Hannover soll enden mit einem Schülerbrief am Schuljahresende (Abb. 10):

Schuljahr 2018/19

Liebe

nun hast du schon das zweite Schuljahr an der IGS List hinter dich gebracht und dich sicherlich gut an unser vielseitiges Schulleben gewöhnt. Im 6. Schuljahr bist du noch ein Stück größer und reifer geworden. Der Schulalltag ist Routine geworden, so sind auch die Feedbackbögen und der LEB nichts Neues mehr für dich.

In diesem Halbjahr hast du dich im Museum über Römer und Germanen informiert und sogar selbst ein Mosaikbild erstellt. Mit deiner Klasse hast du zum Projektthema "Wasser" das Klärwerk besucht. Du warst zusammen mit anderen Bläserklassen zur Probenfahrt auf dem Wohldenberg. Hier hast du dich auf das Konzert der Bläserklassen vorbereitet und im Mai dein Bestes gegeben. Einige aus der Klasse haben am Adesa-Workshop teilgenommen und hatten eine schöne Aufführung für den ganzen Jahrgang gemacht. Weitere Highlights des Halbjahres waren die Vorbereitungen für das Schulfest, das Schwimmfest im Lister Bad mit verschiedenen Disziplinen und die Projektwoche zum 25jährigen Jubiläum der IGS List mit der Geburtstagsfeier zum Abschluss.

Einige von euch haben schon im Hinblick auf das 7. Schuljahr Wahlpflichtkurse gewählt, in denen ihr euch, parallel zu denen mit der zweiten Fremdsprache, in PC, Küche, Kunst, Modellbau, Theater und Sport weiterbildet. Außerdem werdet ihr in Mathematik und Englisch in E- und G-Niveaus differenziert.

Du bist im Laufe des letzten Schuljahres viel eigenständiger geworden, übernimmst in der Klasse schon Verantwortung, unterstützt mit Worten und Taten Schul- und Klassenaktionen und es ist für dich schon ganz selbstverständlich, sich an die Regeln zu halten. Auch im Klassenrat zeigt sich, dass ihr in der Lage seid Probleme und Konflikte zunehmend selbstständig zu besprechen oder sogar zu lösen. Dabei habt ihr gelernt einander gut zuzuhören und wie wichtig es ist, andere Meinungen zu respektieren. Durch euren respektvollen und freundlichen Umgang miteinander wurde die Klassengemeinschaft auch im letzten Schuljahr weiter gestärkt. Das ist wirklich toll!

Wir hoffen, dass es dir weiterhin in unserer Klasse und in der Schule gut geht und wünschen dir erst einmal schöne Sommerferien.

Deine Klassenlehrer

Abb. 10: Schülerbrief am Schuljahresende

Literatur

Hoppe, P.: Gesundheitsförderliche Strukturen schaffen. In: PÄDAGOGIK 73 (2021), H. 7-8/21, S. 52–55.

Hoppe, P./Nachtwey, O.: Lern- und Feedbackkultur im Quadrat. In: PÄDAGOGIK 73 (2021), H. 5, S. 11–14.

Hoppe, P.: Leistungsbeurteilung in asynchroner Unterrichtssituation. In: Friedrich Jahresheft 2022: Leistungsbeurteilung (in Vorbereitung).

Stebler, R./Pauli, Chr./Reusser, K.: Personalisiertes Lernen – Chancen und Herausforderungen. In: Lehren & Lernen 43 (2017), H. 5, S. 21–28.

Stebler, R./Pauli, Chr./Reusser, K.: Personalisiertes Lernen. Zur Analyse eines Bildungsschlagwortes und erste Ergebnisse aus der perLen-Studie. In: Zeitschrift für Pädagogik 64 (2018), S. 159–178.

Jens Unterberg

Die Förder- und Feedbackkultur in einem Gymnasium ohne Aufnahme- und Versetzungsbedingungen

Das integrierte Lehr-Lern-System für die Hauptschul-, Realschul- und Gymnasialabschlüsse des Julius-Lohmann-Gymnasiums im Landheim Ammersee

Das Julius-Lohmann-Gymnasium im Landheim Ammersee

Das Julius-Lohmann-Gymnasium JLG ist ein staatlich genehmigtes Internats-Gymnasium mit wirtschaftswissenschaftlichem Profil unter dem Dach des Internats Landheim Ammersee. Neben dem JLG bestehen im Landheim Ammersee noch ein staatlich anerkanntes Gymnasium (Ernst-Reisinger-Gymnasium) und eine Grundschule. Es bietet alle drei Abschlüsse der sogenannten weiterführenden Schulen an: Hauptschule, Realschule, Gymnasium (dieses genehmigt, aber nicht anerkannt), die durch externe Prüfungen erworben werden. Etwa zwei Drittel unserer Schüler sind Tagesheimer.

> Derzeit (Sommer 2022) besuchen 55 Schüler/innen unsere Schule, unser Kollegium umfasst 60 Lehrpersonen (für alle drei Schulen). Unterrichtet wird in den Klassen 5 und 6 bzw. 7 und 8 stufenübergreifend, ab Klasse 9 im Jahrgangsverband. Wir begleiten die Schüler/innen von Klasse 1 (im JLG: ab Klasse 5) bis 12 (bald wieder bis 13) und bereiten sie auf die externen Prüfungen des Qualifizierten Hauptschulabschlusses, der Mittleren Reife und der Allgemeinen Hochschulreife vor. Französisch wird als obligatorisches Schulfach ab Klasse 6 unterrichtet.
>
> 2021 absolvierten je vier Schüler/innen das Abitur bzw. die Prüfungen zur Mittleren Reife, sieben machten den Qualifizierten Hauptschulabschluss. Derzeit begleiten wir acht Abiturient/innen, sieben Zehntklässler und zehn Neuntklässler zu ihren Prüfungen.

Wir betrachten unsere 2003 gegründete Schule als ein alternatives Schulmodell, in dem Kinder und Jugendliche mit unterschiedlichen Hintergründen kind- und altersgerecht unterrichtet werden und lernen können. Wir stellen uns der Herausforderung, die Curricula der bayerischen Hauptschule und Realschule mit dem gymnasialen Basis-Curriculum zu verknüpfen. Wir verstehen uns nicht als Prüfungsvorbereitungsinstitut, sondern als eine Schule mit ganzheitlichem Ansatz für die Persönlichkeitsentwicklung unserer Schüler/innen.

Die Schüler/innen kommen in der Regel ohne eine gymnasiale Übertrittsgenehmigung zu uns. Das JLG sieht bewusst von der frühen Selektion am Ende der 4. Klasse in das dreigliedrige, wenig durchlässige bayerische Schulsystem ab. In der 5. Klasse führen wir eine Lerntypenanalyse aller Schüler/innen durch als eine der Voraussetzungen für die Erstellung eines Methoden-Curriculums für die Schüler/innen der Unterstufe; die Lerntypenanalyse wird von einer Lernpsychologin als Beratungslehrerin begleitet. Gemeinsam mit den Klassenlehrer/innen wird mit den Schüler/innen ein (vereinfachter) Test zum bevorzugten »Wahrnehmungssinn« durchgeführt. Danach erläutert die Lehrperson, was ein auditiver/kinästhetischer/visueller Lerner ist – oft liegen auch »Mischformen« vor. Beispielhaft wird gezeigt, was das z. B. für das Vokabellernen bedeutet. Das individuelle Ergebnis kleben die Schüler/innen in ihren Jahreskalender ein (den »Landtimer«). Ein Plakat mit den drei Lerntypen wird im Klassenzimmer aufgehängt; Schüler/innen ordnen sich auf dem Plakat mit ihrem Namen zu. Die Lehrpersonen /innen sind gehalten, diese Zuordnungen zu berücksichtigen und die Schüler/innen beim Lernen auch entsprechend anzuleiten und ihre Themenpläne (s. u.) darauf abzustimmen.

Unsere Pädagogik

Die individuellen Fähigkeiten der Schüler/innen und ihre individuellen Lernfortschritte stehen im Zentrum unserer Pädagogik: Jedes Kind und jeder Jugendliche soll entsprechend seines Potenzials so optimal gefördert werden, dass sie im JLG ihre bestmögliche Schulbildung und die entsprechenden Schulabschlüsse erhalten. Innovative und vielseitige Unterrichts- und Arbeitsmethoden schulen ganzheitlich Kopf, Herz und Hand. Nach Beendigung des Schultags (16 Uhr) wird das Internatsleben in Werkstätten fortgesetzt.

Unser Ziel ist es, wirksam und schülerzentriert auf die Situation heterogener Lerngruppen einzugehen. Konventionelles Lektionenlernen oder sogenannter Frontalunterricht (ein kriegerischer Ausdruck) kann den individuellen Erfordernissen nicht gerecht werden. Wir sind bestrebt, eine Passung für jede Schülerin und jeden Schüler zu ermöglichen, die es erlaubt, im Rahmen eines Themas bzw. einer Unterrichtseinheit (die wir Modul nennen) dort abgeholt zu werden, wo sie ihrem Leistungsstand und ihren Voraussetzungen gemäß stehen. Wir sind davon überzeugt, dass Interesse am Unterrichtsstoff nur erweckt werden kann, wenn der Lernende die Chance hat, initiativ tätig zu werden, um im Rahmen des Minimalstandards »mitzukommen«. Nur dann schaffen wir es auch, Verantwortungsbewusstsein für den eigenen Lernerfolg zu wecken. Wir wollen die Eigenverantwortlichkeit der Lernenden stärken. Dazu bedarf es der Selbstreflexion und Selbstbeurteilung durch die Schüler/innen selbst. Deshalb werden sie ermutigt, ihre Schwierigkeiten und Erfolge auf dem Themenplan zu notieren und mit den Lehrpersonen zu besprechen.

Die Schule als »Lerndorf«

Eine Schule muss ein sozialer, ein gemeinschaftlicher Lernort sein. In unserem »Lerndorf« sollen die Schüler/innen lernen, sich selbst (»Ich«) und andere Menschen (»Wir«) in ihren Gefühlen und Zielen (»Sache«) einschätzen können. Das Bild vom »Lerndorf« signalisiert eine Schwerpunktverschiebung des herkömmlichen Verständnisses von Schule und Unterricht. Der Mittelpunkt ist die »Dorfmitte«, in der alle Schüler/innen zu Akteuren werden; d. h. an unserer Schule stehen im Zentrum allen schulischen und unterrichtlichen Geschehens die vielfältigen Aktivitäten der Schüler/innen. Aus dieser Mitte heraus werden »Lehrlingsgruppen« und »Experten« bestimmt, denen ein bestimmtes Themenfeld anvertraut wird. Zur Präsentation von Arbeitsergebnissen kommen alle wieder zum »Dorfplatz« zurück. Kooperationen, sei es während des Lernprozesses oder bei der abschließenden Präsentation der Arbeits- und Lernergebnisse, bewirken, dass jeder das Gelernte mit eigenen Worten formulieren muss: man hat nur verstanden, was man anderen mit eigenen Worten erklären kann. Dadurch werden Engagement und Teamspirit gefördert und Emotionen freigesetzt, die durch Resonanz in Gruppen meist positiver und intensiver sind. Der herkömmliche lehrerzentrierte Unterricht birgt allzu sehr die Gefahr, dass die Unterrichtsteilnehmer/innen »in der Masse« vereinzeln oder sich gar allein gelassen fühlen.

Wir lernen am besten, wenn wir als Handelnde unseren Lernprozess aktiv gestalten als Individuum in einer Gruppe. Die von den Schüler/innen selbstgesteuerte Inhaltsvermittlung und -erschließung stärkt die kollektive Wirksamkeit. Als passiver Beobachter oder Zuhörer »verödet« der Lernprozess – die Aufmerksamkeit nimmt ebenso schnell ab wie die Lernfähigkeit und -willigkeit. Nur weil etwas gepaukt wird, ist es noch lange nicht gelernt – und wird rasch wieder vergessen. Bezogen auf die Dauer des Schulbesuchs geht im üblichen Lehr-Lern-Betrieb nach dessen Ende der Bestand des Erinnerten rasch gegen Null. Aufwand und Ertrag stehen in einem krassen Missverhältnis. Dem entgegenzuwirken ist eines der Hauptziele unserer Schule.

Eigenverantwortung und Motivation

Wir orientierten uns an Standards eines von uns so verstandenen »dezentrierten« Unterrichts:

- sichtbare transparente Unterrichtsstrukturen
- definierte Bildungskerne: »Wozu lerne ich das und warum?«
- Unterscheidung zwischen *Fundamentum* (Basiswissen, -kompetenzen) und *Additum* (Erweiterungs-, Vertiefungswissen, -kompetenzen)
- differenzierte und offene Aufgabenformate
- Schüler/innen erreichen einen sichtbaren Zuwachs an Methodenkompetenzen
- inhaltliche Leistungen von Schüler/innen werden herausgefordert, alle erreichen einen sichtbaren Zuwachs an Inhaltskompetenzen.

Mit diesen Standards wird auf die Heterogenität und die dadurch erforderliche Binnendifferenzierung Rücksicht genommen. Primäres Anliegen dieser Standards ist eine Veränderung der Unterrichtsführung bzw. eine Zentrumsverschiebung: die Inhaltsaneignung und -erschließung werden stärker der Eigenverantwortung der Schüler/innen überlassen, die ihr Arbeits- und Lerntempo selbst bestimmen und ihren Bedarf an Unterstützung durch eine Lehrperson erleben und signalisieren. Das entspricht dem Verfahren des *Inverted Classroom*: der dezentrierte Unterricht bewirkt die Asynchronizität, d. h. die Ungleichzeitigkeit des Lernens bei allen Teilnehmern und ermöglichen durch diese Zeitversetzung bei allfälligen Hilferufen das direkte Eingehen darauf.

Damit die größere Selbstverantwortung des Lernens funktioniert, braucht es einen »Cocktail leistungssteigernder Mittel«, die Freude am Lernen schaffen:

- ein klar markierter Bildungskern (transparentes Lernziel)
- an der Sache orientierte Aufgabenkultur (Herausforderung)
- Rücksichtnahme auf das Leistungsniveau der Schüler/innen (Fürsorge)
- eine andere Fehlerkultur (Angstfreiheit)
- Anreizsystem zur Steigerung des Interesses (Motivation)
- Rituale und eine transparente Organisation (Klassenführung, Arbeitsorganisation)
- Beteiligung und ein kooperatives Miteinander (Mitwirkung, Selbstwirksamkeitserfahrung)
- vernetztes Denken in Zusammenhängen (kognitive Aktivierung, Strukturierung, Klarheit)
- Sicherung, Vertiefung und Ausweitung des Lerngebiets.

Der Kreislauf des Gelingens

Der Kreislauf des Gelingens (von Klaus Zierer, Universität Augsburg, inspiriert) bringt die lern- und leistungssteigernden Mittel in einem Schaubild zusammen. Die sieben äußeren Aspekte des Kreises bezeichnen Möglichkeiten zur Förderung emotionaler, sozialer und selbststeuernder (volitionaler) Kompetenzen. Sie sind nicht ausschließlich in chronologischer Abfolge, sondern in ihrer Gleichzeitigkeit zu lesen. Der Kreis repräsentiert die wesentlichen Merkmale guten Unterrichts. Die ersten vier Merkmale lassen sich den Phasen 1 und 2 (Inhaltserschließung und -erschließung) zuordnen, die letzten drei der Inhaltsvertiefung. Im Kreis setzt man (der Orientierung halber) bei der Herausforderung an, unter der ein am Bildungskern und am »Lerndorf« orientiertes, binnendifferenziertes Aufgabenmenu mit der Unterteilung von *Fundamentum* und *Additum* zu verstehen ist.

Auf diesen Standards basiert der Epochenunterricht bzw. das Lernen in Modulen und das Lerndorfmodell im Landheim. Mit diesen Mitteln wird engagiertes Lernen bis hin zur Autodidaktik gefördert, natürlich immer in Begleitung der Lehrperson, die als Lernbegleiter und Coach Ansprechpartner bleibt.

Module

Wir haben das Schuljahr (je nach Jahrgang) in fünf bzw. sechs Module mit je einem fächerverbindenden Themenschwerpunkt und einem »Bildungskern« aufgegliedert. (Das entspricht im Prinzip den Themengebieten im fächerübergreifenden und fächerverbindenden Epochenunterricht.) Sie entsprechen zeitlich den

»Epochen« zwischen den Ferien.[1] Das Arbeiten in Modulen verhindert die falsche Erwartung, der Unterricht würde im Gleichtakt bzw. Gleichschritt gemäß der Chronologie des Unterrichtswerks vorgehen und des Jahresziel sei erreicht, wenn das »Buch« bis zum Ende abgearbeitet ist; deshalb sprechen wir auch von einer »dynamischen Freiarbeit«.

Ein Modul ist ein in sich abgeschlossenes Arbeits- und Lernvorhaben innerhalb einer größeren Thematik; der fremdsprachliche Unterricht in Englisch und Französisch stellt beispielsweise Parallelmodule her: so wird parallel eine geografische Region in Großbritannien und Frankreich mit vergleichbaren Ansätzen behandelt. Das Modul lautet dann entsprechend der Sprache »Schottland« und »Bretagne«, Lernziel ist neben der Landeskunde das Schreiben von Erzähltexten (Postkarte, Tagebuch usw.) z. B. über Ereignisse aus der Vergangenheit. Das Lernen des *passé composé* geschieht so kontextgebunden und erlaubt den Vergleich mit dem englischen *simple past*.

Das Lehren und Lernen in Modulen hat viele Vorteile:
- Ein Modul bildet eine größere thematische Einheit, was zu einer besseren Orientierung innerhalb der inhaltlichen Verzweigungen führt.
- Der deutlich markierte Modulrahmen sorgt dafür, dass die Schüler/innen stärker darüber orientiert sind, womit sie sich beschäftigen und warum sie es tun.
- Module individualisieren das fachliche Lernen und schaffen zugleich Bezüge zu anderen Fächern und Themen.
- Beim Unterrichten und Lernen in Modulen wird von einer strengen Lernstoffprogression abgesehen. Stattdessen steht ein Thema für einen bestimmten Zeitraum (»Epoche«) im Zentrum, zu dem unterschiedliche Lernzugänge geschaffen werden. In einigen Fächern können Module in variabler bzw. in unterschiedlicher Reihenfolge bearbeitet werden.
- Module bilden nach außen hin einen deutlich markierten Anfang und Abschluss, d. h. die Lernenden werden zu Beginn darauf hingewiesen, dass jetzt etwas »Neues« beginnt bzw. am Ende eine Unterrichtseinheit ihren Abschluss findet.

---

1   Für dieses »Kirchenjahr« der Schule gibt es einen Vorläufer: das Dekadensystem an der von Bernhard Hell im Jahre 1930 gegründeten Urspringschule (bis heute bestehende Internatsschule bei Schelklingen an der Donau). Die Dekaden ergeben sich aus den Abständen: Neujahrs- bis Faschingsferien, von dort bis zu den Oster- und dann zu den Pfingstferien; dann bis zu den großen Sommerferien, diese selber unterrichtsfrei, dann bis zu den Herbst- und zu den Weihnachferien. Daraus ergeben sich sieben Dekaden für jeweils maximal drei fächerverbindende Themen und damit der Arbeitsplan eines Schuljahres. Ein fixierter Lehrplan ist unnötig und wäre hinderlich, da die Themen immer wieder wechseln. In der Oberstufe wurde eine Dekade für die Große Schulreise und ihre Auswertung genutzt. Die große Herausforderung besteht für die Lehrpersonen in diesem Arrangement darin, hinreichend differenzierte Arbeitsmaterialien für die unterschiedlichen Interessen und Fragestellungen bereithalten zu können. Siehe dazu unten S. 316 den Hinweis zum Dokumenten-Pool in der »Schatztruhe«.

- Nach innen sind Module differenziert, weil auf unterschiedlichen Niveaus am gleichen Thema gearbeitet werden kann. Das Modul wird mit einer Präsentation des Lernpensums abgeschlossen. Das kann in Form einer (regulären) Schulaufgabe geschehen, muss es aber nicht. Andere Präsentationsformen können sein: Portfolio, Referat, (fächerübergreifende) mündliche Prüfung und dergleichen.
- Darüber hinaus bieten Module Anschlussmöglichkeiten an vorgängige und fachübergreifende Module; der Modulrahmen ist also nicht nur durchlässig, sondern verweist immer auch über sich hinaus; Methoden und Wissensgebiete können so miteinander verbunden werden. Die fächerübergreifende Vorgehensweise überwindet das übliche künstliche Trennen von Wissensbeständen nach Schulfächern.
- Mit jedem Modul wird die Möglichkeit geschaffen, Lücken aus vorherigen Modulen aufzuarbeiten bzw. Schwierigkeiten anzupacken, anstatt sie den Rest der Schulzeit mit sich »herumzuschleppen«.
- Der Abschluss des Moduls bietet die Möglichkeit, Transparenz über das Lernpensum und somit eine bessere Einschätzung darüber zu schaffen, was in einem überschaubaren Rahmen geschafft worden ist.

Beim Lehren und Lernen in Modulen wird der Lehrplan ebenso wenig außer Acht gelassen wie das erforderliche Wissen und Können, das für das Bestehen der externen Prüfungen am Ende der 9. bzw. der 10. Klasse (Qualifizierter Hauptschulabschluss, Mittlere Reife) unabdingbar sind. Wir bereiten den Lehrplan in den Modulen aber thematisch und sachlich anders auf und konkretisieren dies in der »dynamische Freiarbeit«. Wir werden damit auch den in den Bildungsplänen geäußerten Erwartungen des Kompetenzerwerbs gerecht, der bei den unterschiedlichen Lernern unterschiedliche Zeitfenster benötigt, weil er nur in zeitlich und thematisch variablen Arbeitsformen für alle Schüler/innen auf ihrem Niveau möglich ist.

Themenpläne

Am Anfang einer Modulbearbeitung steht der Themenplan. Der Themenplan ist ein Verzeichnis oder Reservoir obligatorischer und fakultativer Handlungsanlässe (Aufgabenpools). Die Materialien zum Aufgabenpool findet sich (in der Regel) in Materialschränken. Die Klassen 7 und 8 bzw. 9 und 10 teilen sich einen Materialfundus. Darin befinden sich mit je unterschiedlicher Farbgebung Hängeregister für die vier Kernfächer Deutsch, Französisch, Englisch, Mathematik. Wir bauen mithilfe von Farbgebung, einheitlichen Symbolen, Operatoren (Tätigkeitsformen) und Aufgabenkennzeichnungen ein Verweisungssystem auf, mit dessen Hilfe die Lernenden (»Eroberer«, »Forscher«) das Anforderungsprofil, den Lernort (s. u. S. 316) und den vorgesehenen Arbeitszeitraum der Aufgabe erfahren.

Zur Veranschaulichung soll im Folgenden ein Beispiel aus dem Deutschunterricht der 10. Klasse herausgegriffen werden: Es handelt sich um das dritte Modul im Zeitrahmen zwischen den Weihnachts- und den Faschingsferien (im Schuljahr 2021/22 zwischen dem 10. Januar und dem 25. Februar).

Aufgabe: Lektüre von Hermann Hesses »Unterm Rad« (1904)

Thematik: Das *Modul* umreißt unter »Beruf & Berufung« das Spannungsfeld zwischen innerem (»Berufung«) und äußeren (»Beruf«) Ruf, zwischen Freiheit und Pflicht, und verweist auf eine Erfahrung, deren Bipolarität für den jungen Autor Hermann Hesse und seine Romanhelden bzw. Antihelden bestimmend war.

Bildungskern: Der Roman erlaubt einen Zugang zu einem Bildungskern, der zahlreiche Anknüpfungspunkte zur Lebenswelt eines 16-jährigen Jugendlichen anbietet, der mit Abschluss der 10. Klasse vor der Frage steht, was er sich (beruflich und privat) für die Zukunft wünscht. Der Bildungskern fördert die Selbstreflexion eines jungen Menschen über die Situation zwischen Elternhaus, Schule und Berufswelt, vermittelt durch die auto-biografisch inspirierte Gestaltung einer literarischen Figur (Hans Giebenrath).

Methodischer Schwerpunkt: Das erschließende (analysierende) und interpretierende Lesen eines poetischen, in diesem Falle epischen Textes. Die Methodik (Lesen/Arbeit an einem literarischen Text) wird aber nicht als der Bildungskern in den Fokus der Aufmerksamkeit gerückt, sondern als Medium verstanden, der es den Schüler/innen erlaubt, im Namen von Hans Giebenrath über persönliche Erwartungshaltungen und Ängsten zu sprechen.

Vorgehensweise: Über die Weihnachtsferien ergeht an die Schüler/innen die Aufforderung, den recht kurzen Roman zu lesen. Eine erste Auswertung der Lektüreerfahrung und -sicherung setzt im Plenum nach den Ferien ein. Hesses Adoleszenzroman stellt Giebenraths Konflikt zwischen Berufung und Beruf recht eindrücklich vor, sodass es den Schüler/innen möglich ist, die Basisopposition als Leitmotiv der romanhaften Ausgestaltung zu erfassen.

Erster Themenplan: *Fundamentum*

In einem *Fundamentum*, das alle Schüler/innen gleichermaßen absolvieren, wird eine Annäherung an Hesses Frühwerk unter einem literaturmethodischen und einem biografischen Gesichtspunkt geleistet. Die zeitliche Aufgliederung der Gesichtspunkte verteilt sich auf die drei ersten Wochen im Verhältnis von eins zu zwei.

- Die Schüler wiederholen und vertiefen (I) die grundsätzliche Unterscheidung zwischen den drei Kulturleistungen bzw. literarischen Literaturgattungen Lyrik, Drama und Epik (Prosa) und (II) zwischen unterschiedlichen Romanformen. Zur Eigenleistung stehen ihnen im Materialschrank Informationen zu den Literatur- und Romangattungen bereit, auf die im Themenplan mit einem Gerüstsymbol verwiesen wird. Erarbeitet werden zwei systematische Übersichtstabellen (»Matrices«).
- Dieser eher technische Arbeitsschritt wird ausgeglichen durch den zweiten, der mit lebensnahen Bild- und Kartenmaterialien die Unterrichtsphase begleiten. Das Material rührt teilweise von persönlichen Reisen und Museumsbesuchen zu Hesses Lebensstationen (Calw, Maulbronn, Montagnola) her. Eine Bildbeschreibung eines Fotos aus Hesses Kindertagen übt Methoden innerer und äußerer Charakterisierung. Multimedia-Referate zu Hermann Hesses Biografie (der Autor und sein elterliches, schulisches und regionales Umfeld; sein Bildungsgang über Maulbronn und der Nervenheilanstalt in Stetten usw.) resümieren zentrale Aspekte zu Hesses Leben und Wirken und bieten Identifikationsfolien für eigene Erfahrungen an.
- Das Fundamentum wird mit einem Klassengespräch abgeschlossen. Die Diskussion hat zum Ziel, zwischen dem Basiswissen »literarische/epische Textsorten« und Hesses Biografie zu vermitteln. Leitfrage ist: Inwieweit handelt es sich bei dem Roman um einen autobiografischen Text? Oder: Inwieweit handelt es sich bei der Hauptfigur des Romans um einen *Alter Ego* des Autors? Zur Vorbereitung auf das Abschlussgespräch soll eine Mindmap entworfen werden, die Parallelen und Differenzen zwischen Fiktion und Wirklichkeit bzw. zwischen Giebenrath und Hesse aufzeigen.

Zweiter Themenplan: *Additum*

Das *Additum* (3./4. Woche) bietet drei unterschiedliche, in ihrem Schwierigkeitsgrad graduell (von III zu V) ausdifferenzierte Arbeitsanlässe zur vertiefenden Bearbeitung des zentralen Motivs »Beruf *und/oder* Berufung« an. Die Schüler/innen wählen nach sorgfältiger Rücksprache mit der Lehrkraft aus dem Aufgabenmenu. Aufgabe III fördert das diagonale (überfliegende) Querlesen vorgegebener Romanpassagen, in denen es um die Bildungsstationen von Hans Giebenrath geht (summarischer Überblick über den Roman und das Thema Bildung bzw. »Verbildung«). Die Stationen entsprechen ganz anschaulich den Orten, wohin sich Giebenrath auf seinem Ausbildungsweg begibt. Aufgabe IV übt das gezielte, vollständige, konzentrierte und aktive Lesen einiger Schlüsselpassagen, Aufgabe V das navigierende (textverknüpfende, materialgestützte) Lesen unter dem sprachanalytischen Gesichtspunkt des Baum-Motivs (Wachsen–Verwachsen als Metapher für den Zögling/Sprössling). Die drei Aufgaben steigern sich hinsichtlich der Abstraktion – während Aufgabe III einen veranschaulichenden, also konkreten Zugang bereitstellt, erfordert die Metaphernanalyse der Aufgabe V Vorkenntnisse analytischer Textarbeit und ein höheres Abstraktionsvermögen. Ihnen ist aber das Thema gemein, hier bieten sich nur unterschiedliche Zugänge an, um auf den zentralen »Platz« des Lerndorfes zu kommen. Damit die Schüler/innen ihre bzw. eine gute Wahl treffen können, haben sie Gelegenheit, das Anforderungsprofil mit der Lehrkraft zu besprechen, Sicherheit über die Erwartungshaltung zu gewinnen und »Sollbruchstellen« (erwartbare Schwierigkeiten) zu erkennen.

Dritter Themenplan: Bilanz

In der Bilanz werden alle Ergebnisse (aus den Aufgaben I bis V) auf einen Romanausschnitt transferiert und damit gebündelt. Dabei gibt es ein doppeltes Verfahren: Entweder entscheiden sich die Schüler für eine kleinschrittige, sukzessive Bearbeitung des Textausschnitts (das entspricht dem Vorgehen an den Realschulen), oder sie entscheiden sich für ein gymnasiales Format (»interpretiere den Textausschnitt«), das ich im internen Sprachgebrauch im Unterschied zum »sukzessiven« als »globales« Vorgehen bezeichne.

Selbstevaluation

Auf den drei Themenplänen finden sich rechts neben den ausformulierten Arbeitsanlässen zwei Spalten. In der einen Spalte haben die Lernenden Platz, ihre Beobachtungen zu notieren: was bereitet ihnen Schwierigkeiten, was nicht; welche offenen Fragen ergeben sich im laufenden Arbeitsprozess und wo ist die Unterstützung der Lehrkraft vonnöten. Nach meiner Beobachtung führt dieses Verfahren dazu, dass offene Fragen oder Unsicherheiten nicht gleich eine Unterbrechung (oder gar einen Abbruch) der Arbeit bedeuten, sondern als unvermeidlicher, ja sogar als konstruktiver Teil des Lernprozesses begriffen werden. Darüber hinaus wird vermieden, dass der Bedarf an Unterstützung zu einer Belagerung des Lehrerpultes führt. Die Selbstevaluation im *Working Progress* führt zu der Gewissheit, dass Sollbruchstellen nicht vergessen oder übergangen werden, sondern zu einem Beratungstermin führen. Die Lernenden signalisieren ihren Wunsch nach Besprechung zu Beginn der etwa 70-minütigen Stillarbeitsphase, oder sie schreiben über die Lernplattform (wir verwenden Teams) eine Nachricht, sodass die Arbeit ggf. außerhalb der Unterrichtszeit im Lerncenter digital besprochen werden kann.

Alle Aufgaben sind so angelegt, dass ihre Ergebnisse im Plenum von den Schüler/innen vorgestellt werden. Auch findet sich die Gelegenheit, die Schülerleistung einzuschätzen und zu besprechen. Die Mängel oder gar das Scheitern einer Arbeit gehören im Lernprozess mit dazu. Wichtig ist vielmehr, »Fehlschläge« als »Ratschläge« für vergleichbare Aufgaben in der Zukunft umzuformulieren.

Die ganz rechte Spalte ist für die Lehrkraft reserviert. Hier werden Konsultationen und Inhalt der Besprechung notiert bzw. der Empfang der abgeschlossenen Arbeit bestätigt. Parallel dazu führt die Lehrkraft einen eigenen Evaluationsbogen mit einer Stärken- und Schwächenanalyse des Schülers. Auf seiner Grundlage werden Rückschläge, Erfolge oder sonstige Beobachtungen zum Lernfortschritt festgehalten.

Zu unserer Aufgabenkultur gehört es, Lernanlässe nach *Fundamentum* (Basiswissen) und weiterführende Spezialistenaufgaben (*Additum*) zu differenzieren. Mit dieser Ausdifferenzierung werden Engagement (Motivation), Fokussierung (Volition), Kommunikation (soziale Verhaltensziele), Kognition und Methodik (Verstehensziele) als zu erreichende individuelle Fähigkeiten und Kompetenzen in den Blick genommen. Transferaufgaben dienen dazu, Wissensbestände auf andere bzw. weiterführende Sachgebiete anzuwenden.

Bei der Selbstbeurteilung durch die Schüler/innen bleibt es nicht bei einem einfachen Abhaken nach dem Motto »erledigt und weiter«, vielmehr gilt es, eigene Stärken und Schwächen zu ermessen und mit der Lehrkraft gegebenenfalls in den Austausch zu gehen (Lehrpersonkonsultation). Dabei soll ein ganzheitlicher Kompetenzfächer in den Blick kommen:

- während des Arbeitsprozesses oder auf Basis des »Produkts« werden Schwierigkeiten und Stärken besprochen
- nicht nur die kognitiven, sondern auch methodische und inhaltliche Kompetenzen sowie Selbstbeobachtungen (z. B. hinsichtlich der Teamfähigkeit) können gemeinsam reflektiert werden
- dazu gehören auch motivationale und volitionale Kompetenzen (Engagement, individuelle Anstrengungen Durchhaltekraft).

Wir tragen damit einem veränderten Lernverständnis Rechnung. Statt eines verengten Verständnisses eines (quasi mechanisch-)kumulativen Aufbaus kognitiver Kompetenzen (nach dem Muster Kraft x Weg in der Zeit), das zur Bewertung eines Produkts führt, erweitern wir das Verständnis von Leistung zu einem »pädagogischen Leistungsbegriff« (Wolfgang Klafki) und nehmen auch soziale Kompetenzen in den Blick: Wir bewerten weniger das Produkt als den Lernprozess. Wir leiten damit eine Taxonomie ein, die Unterschiedliches unterschiedlich *und* transparent zu bewerten vermag (s. unten S. 319).

Individuelles Lernen begleiten und fördern

Der Themenplan bringt in den Spalten »Selbstevaluation« der Schüler und Be- merkungen der Lehrpersonen auf der Oberfläche zum Ausdruck, worin jeweils die Stärken und Schwächen der Schüler/innen liegen, was ihre Interessen sind, wie kreativ und engagiert sie sind usf. Das ist die Oberfläche, und wo finden wir den Untergrund? Er kann nur in der Lernorganisation und in den Lerntätigkeiten selber liegen.

Lernorte

Eine erweiterte Aktivität der Schüler/innen beim Arbeiten und Lernen erfordert räumlich eine Veränderung: Steht im »monotheistischen« Klassenzimmer die Lehrperson im Zentrum und gruppiert sich die Schülerschaft, im schlimmsten Falle ohne Sichtkontakt zueinander, in »Kirchengebetsanordnung« frontal ihr gegenüber, so fordert die Didaktik des *Inverted Classroom* eine Neuordnung des Klassenzimmers oder noch besser: des Unterrichtsgebäudes, die Platz schafft für Projektarbeit, selbstgesteuertes Lernen, Recherchieren usw. An die Stelle des Klas- senraums tritt ein Lern-, Forschungs- und Lebensraum.

Wir schaffen *Open Learning Spaces*. Dabei handelt es sich um Manövrierräu- me für die Schüler/innen. Mit diesen »Räumen« brechen wir das Klassenzimmer auf; wir führen einen selbstgesteuerten Unterricht und handlungsorientiertes Lernen ein und schaffen Raum für selbstaktivierendes Lernen: flexibles Mobiliar, ein Materialschrank (das Reservoir an Übungs- und Vertiefungsmaterialien), das Magazin für Wörterbücher und herkömmliche Lehrwerke (Bibliothek bzw. Ar- beits- und Besprechungsraum). Die Räumlichkeiten sind so gestaltet, dass kein Schüler übersehen werden kann. Zudem sind in den Klassenräumen während der Unterrichtszeit (in diesem Jahr für die Klassen 9 und 10) zwei Lehrkräfte zumeist aus unterschiedlichen Fachbereichen präsent und jederzeit ansprechbar. Uns steht über den Klassen- und Magazinraum hinaus zusätzlich die Bibliothek (für die 9. und 10. Klassen: ein Arbeitsraum) zur Verfügung, sodass in konzentrierter Ar- beitsatmosphäre Recherche-, Referats- und Projektarbeiten geleistet werden kön- nen.

Open Learning Space bedeutet nicht Beliebigkeit, sondern Verbindlichkeit. Dazu gehören Ordnungssinn, Materialpflege und gegenseitige Rücksichtnahme. Das Arbeits- bzw. Lernmaterial wird zur Verfügung gestellt. Das Material verzich- tet aus zeitökonomischen Gründen nicht auf eingeführte Unterrichtswerke – es wird sich aber darum bemüht, auch eigene Materialien (Bild- und Textdokumen- te) zu verwenden. Besonders glücklich ist es, wenn Schüler/innen eigene Lehrma- terialien (Zeichnungen, Bebilderungen, Herleitungen, Demonstrationen, Aufsätze u. a. m.) erstellen und der »Schatztruhe« zur Verfügung stellen. Der Dokumenten-Pool umfasst nicht nur Übungsmaterial, das bereits gewonnene Wissensbestände vertieft, sondern auch Anleitungen und Hilfestellungen zur Erarbeitung von Wissensbeständen (*scaffolding*).

Schüler/innen werden dadurch motiviert bzw. darin geschult, eigentätig werden und nicht darauf warten, dass die Lehrperson zum Arbeiten auffordert. Eine verbesserte Passung bzw. eine Individualisierung birgt darüber hinaus die Chance, dass (noch so kleine) Lernerfolge erfahrbar werden. Das steigert die Motivation und die Freude am Lernen. Die durch diese Arbeitsform eingeforderte Eigenaktivität des Schülers bildet die ganz wesentliche Grundlage für eine emotionale Verbindung mit dem eigenen Handeln und somit die Erfahrung von freudvollem Lernen.

Die Rolle des Unterrichtenden ändert sich: Er steht weniger lehrerzentriert (wie ein Dirigent) vor der Klasse und gibt den Takt vor als dass er den Lernenden begleitet und in einer Eins-zu-eins-Betreuung berät, fördert und ermutigt.

Dieses Vorgehen muss nicht zu einem Auseinanderfallen des Unterrichtsgeschehens führen. Die Lernorte sind so eingerichtet, dass die Schüler/innen Akteure einer Lernlandschaft sind, in der sie sich bedarfsorientiert bewegen können. Das erlöst sie auch von dem Zwang des Stillsitzens, in dem sie dazu verdonnert sind, den Unterricht wie eine Welle über sich ergehen zu lassen. Im Gegensatz dazu wird die Schülertätigkeit so zur Lernmotorik wie auf einem Spielfeld.

Das *Open Learning Space* führt zu einer größeren Transparenz der Arbeits- und Lernabläufe, weil das Modul und die Arbeitsaufträge (Themenplan) im Vorfeld mit den Lehrer/innen besprochen werden. Es hat sich auch gezeigt, dass die Materialpflege sich gebessert hat. Das *Open Learning Space* bietet eine neue Rückmeldekultur und schülerzentrierte Beobachtungsmöglichkeiten (Sozialkompetenzen, Zusammenarbeit, Durchhaltevermögen) über das Fachliche hinaus. Die Begleitung und Besprechung des Moduls führt weg von einer Fehler- hin zu einer Schatzsuche der erbrachten Leistungen.

Die Kontrolle der Bearbeitung des Themenplans ermöglicht

- die Evaluation der Leistungsfähigkeit des einzelnen Schülers
- die Erhebung unterschiedlicher Kompetenzen, die sich nicht so einfach bemerken lassen wie die kognitive Kompetenz (bzw. das kumulative Lernen)
- den Austausch zwischen den Schüler/innen (dialogisches Lernen) sowie
- zwischen Schüler/in und Lehrperson.

Lernzeiten und Arbeitsphasen

Wir arbeiten an unserer Ganztagsschule ausschließlich in Zeitgefäßen von 90 Minuten (Doppelstunden). Unsere Schüler/innen bearbeiten pro Tag drei Module. Der Tagesablauf führt so zu einer Entschleunigung und Beruhigung, sodass der Inhalt seine Wirkung entfalten kann und Zeit bleibt für Vertiefung und Selbstorganisation.

Die Doppelstunde beginnt regelmäßig mit einer Begrüßung und Besprechungs-phase. Sie dauert bis zu 20 Minuten, in der offene Fragen zum Vorgehen bei den anstehenden Aufgaben besprochen werden können. Rituale und andere struktu-relle Rahmenbedingungen sind wichtig; sie führen dazu, dass die Schüler/innen »ankommen« und sich willkommen fühlen. Auf diese Weise wird in der Offen-heit des *Open Learning Space* Ordnung geschaffen, oder besser: sie stellt sich »von selber« her, weil – idealerweise – jeder sich am Startpunkt zu einer motivierten Eigenaktivität fühlt. Wer will da bummeln? Dieses Zeitfenster dient darüber hin-aus insbesondere auch für Einführungen in die Inhaltsvermittlung bzw. für pro-pädeutische Instruktionen. Die Doppelstunde klingt im Plenum aus mit einer Ab-schlussbesprechung und Verabschiedung.

70 Minuten stehen für individuelles Lernen, für ein angeleitetes und unabhän-giges Arbeiten und Üben zur Verfügung. In dieser Zeit schwärmen die Schüler/innen zum Materialschrank aus, oder, wenn es weitergehende Aufgaben (Addi-tum) sind, suchen sie zu Recherchezwecken die Bibliothek auf oder konsultieren das Internet am Platz. Alle Schüler/innen sind mit digitalen Medien ausgestattet.

Dieses Zeitfenster von 70 Minuten bietet der Lehrperson die Möglichkeit, die Kompetenzen und individuellen Anstrengungen jedes einzelnen Schülers in den Blick zu nehmen; insbesondere bietet es aber die Gelegenheit, eine prozessorientier-te Förderdiagnostik zu erstellen. Dies geschieht nicht durch aufwendige zeitrauben-de Instrumente (vgl. oben die Bemerkungen zum *Open Learning Space* auf S. 316), sondern aufgrund einer Dokumentation von Beobachtung des Arbeits- und Lern-haltens der Schüler/innen, unterstützt durch deren Rückmeldungen während der Arbeits- und Lernprozesse. (Vgl. dazu den Beitrag von Anette Dragan in diesem Band.) Diese Phase dient daher sowohl der Lernbegleitung als auch des ansatzwei-sen Lerncoachings. Während jedoch die Lernbegleitung punktuell und thematisch auf das Modul bezogen bleibt, erweitert das Lerncoaching (»Lernen lernen«) seinen zeitlichen und sachlichen Rahmen und ist ein längerfristiger Begleitprozess (der hier außer Betracht bleiben muss; vgl. den Beitrag von Nicolaisen in diesem Band).

Lernbegleitung

Die Begleitung durch eine Lehrperson kann auf dreierlei Weise erfolgen:
- Sie bleibt an ihrem Platz wie an einem den Info-Point (oder Empfangsschalter), und die Schüler/innen sind aufgefordert, zu Konsultationszwecken »nach vorne zu gehen«.
- Sie besucht einzelne Schüler/innen an ihrem Platz oder in einer geschützten Beratungsecke und bieten Beratung und Unterstützung an. In beiden Fällen wird das Vieraugengespräch gesucht, das es den Schüler/innen erlaubt, in Ver-traulichkeit auch Probleme und Schwierigkeiten anzusprechen.

- Sie kann die Zeit nutzen, eine kleine Lerngruppe zusammenzustellen, deren Teilnehmer/innen einen vergleichbaren, domänenspezifischen (Nachhol-)Bedarf, vergleichbare Lernstände oder gemeinsame Interessen haben.

Bei der Begleitung kommen fachliche Aspekte in den Blick; *lernbegleitende Gespräche* dienen der Bewältigung des Unterrichtsstoffes und der Abschlussprüfungen (in Klasse 9 und 10). Diese Begleitung ist fester, in jeder Doppelstunde verankerter Bestandteil des Arbeitens. Ein wertschätzendes und ermutigendes Vier- oder Mehraugengespräch während der Arbeit ist beim Unterrichten im Plenum gar nicht möglich, aber ist sehr effektiv, wenn die Schüler/innen aus ihrer üblichen, oftmals passiven Rolle herausgeholt werden und sich direkt angesprochen und involviert fühlen. Indem sich Lehrperson und Schüler/in – wörtlich verstanden – auf gleicher Augenhöhe befinden, indem sie sich gegenübersitzen und in die Augen schauen können, werden Lern(ver)spannungen abgebaut, abstrakte Lernerwartungen und Leistungsnormen außer Kraft gesetzt, und die Person rückt in den Mittelpunkt der Aufmerksamkeit. Solche Begegnungen sehen auch ab von den Anerkennungs- und Konkurrenzkämpfen innerhalb der Lerngruppen, weil sich die Schüler/innen in dieser Situation nicht mit den Stärken (und Schwächen) der anderen vergleichen müssen.

Leistung und Rückmeldung

Aus einem veränderten Lernverständnis ergibt sich ein veränderter Blick auf Leistung (s. o. S. 314 f.). Wir sollten das verengte Leistungsverständnis, demzufolge es vorrangig um den kumulativen Aufbau kognitiver Kompetenzen geht, erweitern um die Erfassung sozialer, volitionaler und persönlichkeitsbildender Aspekte vor dem Hintergrund eines Bildungsverständnisses, wie es z. B. auch die bayerische Landesverfassung formuliert.

Das Spannungsfeld Prozess–Produkt (Vollzug–Ergebnis) wird durch ein zweites überlagert: individuelle Anstrengung–sachliche Gütekriterien. Diese Spannungsfelder ergeben sich nicht »von selbst«, sondern müssen in ihrer Bedeutung kommunikativ verstanden und in ihren praktischen Konsequenzen geklärt werden. So fragt Felix Winter (2008, S. 142): »Wer legt die Ziele fest und entscheidet, ob eine Tätigkeit zielgerichtet war? Welcher Gütemaßstab wird angewandt, und wer legt ihn fest? Wer sagt, ob die Tätigkeit mit Anstrengung verbunden war oder nicht?« In der pädagogischen Praxis ist die Rede von drei Bezugsnormen: der individuellen, der sachlichen (kriterialen) und der sozialen. Im subjektiven Erleben ist Leistung aber »janusköpfig«, sie kann beides sein:

- ein »selbstbestimmter Akt, bei dem etwas bewältigt oder bewirkt wird und der mit Glück und Sinn verbunden ist,« oder

- »ein Akt der Anpassung an (unerwünschte) fremde Forderungen und als Unterordnung unter fremdgesetzte Gütemaßstäbe, der mit einem Entfremdungserleben verbunden ist« (ebd.).

Angestrebt ist eine Lernkultur, in der Leistung möglichst mit Eigenverantwortung verbunden ist und als sinnhaft empfunden wird.

Die Schüler/innen und ihre Eltern erhalten zweimal im Jahr vor den Elternsprechtagen im Herbst und Frühling eine schriftlich verfasste Lernfortschrittserhebung (s. Abb. 1), zeitlich versetzt zweimal zum Halbjahr und zum Schuljahresende einen Lernfortschrittsbericht, der als Zeugnis dient (Abb. 2). Die Formulierungen im Lernfortschrittsbericht zeigen unser erweitertes pädagogisches Verständnis von Leistungsdimensionen, -erbringung, -feststellung und -bewertung.

In einem Lernfortschrittsbericht werden für jedes Fach die einzelnen Kompetenzen und Lernstände für jeden Schüler und jede Schülerin erfasst und dokumentiert. Besonderes Augenmerk wird auf die Fortschritte und die Leistungstendenz der einzelnen Schüler/innen gelegt. Sie werden also nicht in erster Linie an die standardisierten Erwartungsnormen, sondern an ihrem ganz individuellen Fortschritt gemessen.

Julius-Lohmann-Gymnasium

Jahrgangsstufe _____

Lernfortschrittserhebung für_____

Stand: Mai 2022

Fach	Fortschritte	Tendenz	Arbeitsverhalten
Deutsch			
Englisch			
Mathematik			
Französisch			
Wirtschaft & Recht			
zusätzliche Fächer			

Beurteilt werden generell der individuelle Lernfortschritt des Schülers und die Tendenz:

+	macht gute bis sehr gute Fortschritte
0	macht befriedigende Fortschritte
–	macht weniger gute bis ungenügende Fortschritte
↗	aufsteigende Tendenz
→	gleichbleibende Tendenz
↘	abnehmende Tendenz

Abb. 1: Lernfortschrittsbericht zum 1. Halbjahr

Stiftung Landheim Schondorf am Ammersee

SJ 2021/2022   Jahrgangsstufe 9 JLG

Deutsch

Grundlegende Kompetenzen

	sehr gut ausgeprägt	gut ausgeprägt	zufriedenstellend ausgeprägt	noch gering ausgeprägt	noch sehr gering ausgeprägt
Sonja Juliette ...					
Sprechen/Präsentation					
analysiert Mittel der sprachlichen Manipulation.	☐	☐	☐	☐	☐
handelt in unterschiedlichen Gesprächssituationen fair und überzeugend, erklärt Zusammenhänge und begründet eigene Standpunkte schlüssig.	☐	☐	☐	☐	☐
präsentiert Ergebnisse frei, sachgerecht und adressatenorientiert und setzt dabei sprachliche und außersprachliche Mittel sowie Medien gezielt ein.	☐	☐	☐	☐	☐
Textproduktion/Textarbeit					
plant und überarbeitet Texte selbstständig, kombiniert dabei Grundformen des Schreibens und entfaltet das Thema somit situationsgerecht.	☐	☐	☐	☐	☐
verdeutlicht die Struktur ihrer argumentierenden Texte durch Gliederungen.	☐	☐	☐	☐	☐
informiert sich und andere über Inhalt, Aufbau und Gestaltung literarischer bzw. pragmatischer Texte und erläutert in diesem Zusammenhang das Textverständnis.	☐	☐	☐	☐	☐
argumentiert abwägend zu vielfältigen Themen und Texten.	☐	☐	☐	☐	☐
wendet die Grundregeln des Zitierens an.	☐	☐	☐	☐	☐
Grammatik/Rechtschreibung					
wendet je nach Aufgabenstellung unterschiedliche Lesestrategien selbstständig an.	☐	☐	☐	☐	☐
Literatur					
wendet je nach Text und Leseabsicht unterschiedliche Lesestrategien selbständig an, erschließt literarische Texte unter anderem aus der Epoche des Barock, anhand gattungsspezifischer Kategorien (Erzählverhalten, Verhaltensweisen und Handlungsmotive von Figuren, Konflikt, lyrischer Sprecher, sprachliche und formale Gestaltung u. a. des Sonetts), arbeitet thematische Zusammenhänge heraus und erweitert das Textverständnis durch geschichtliche und biografische Informationen.	☐	☐	☐	☐	☐
reflektiert persönliche, gesellschaftliche und kulturelle Fragestellungen und entwickelt dadurch eigene Wertmaßstäbe in der Auseinandersetzung mit literarischen und pragmatischen Texten.	☐	☐	☐	☐	☐

Lernfortschrittsentwicklung:

☐ aufsteigend   ☐ gleich bleibend   ☐ abfallend

Bemerkungen:

Abb. 2: Lernstandsbericht als Zeugnis zum Schuljahresende

Die im Julius-Lohmann-Gymnasium im Landheim Ammersee eingesetzten Instrumente für das Begleiten und Fördern von Lernen sich für sich genommen nicht neu und vielerorts in Gebrauch. Sie sind kein Alleinstellungsmerkmal für unsere Schule. Neu ist ihre Einbettung in die Pädagogik und Lernkultur eines Gymnasiums, das seinerseits in der Gymnasiallandschaft ein Alleinstellungsmerkmal hat: es nimmt Schüler/innen in die Klasse 5 auf, die keine gymnasiale Übertrittsberechtigung haben, bietet ihnen drei anerkannte Abschlüsse an (Hauptschule, Realschule, Abitur) ohne die üblichen Hürden der Versetzungsordnung.

Die pädagogische Arbeit an dieser Schule muss daher unausweichlich »lernseits« gedacht werden: Wie kommt jede einzelne Schülerin und jeder Schüler zu seinem optimalen Abschluss, ohne dass am Beginn der Schullaufbahn schon festgelegt wäre, welcher Abschluss erreichbar sein wird? Der Kern der pädagogischen Arbeit muss daher in der *Potenzialentfaltung* liegen, woraus sich dann die Leistungswilligkeit und Leistungsfähigkeit jeder Schülerin und jedes Schülers ergibt. Die Schüler/innen werden nicht an Lehrplan- und Prüfungsanforderungen gemessen, sondern erfüllen sie aufgrund ihrer je individuellen Vorbereitung, mit gezielter Unterstützung, ohne Druck und Versagensangst.

Die Umgestaltung unseres Unterrichts in einen *Open Learning*-Raum ist ein langjähriger Prozess, dessen sind wir uns bewusst. Es bedeutet eine Neuorientierung des kollegialen Zusammenarbeitens, die Bereitstellung von geeigneten Unterrichtsmaterialien und eine neue Organisation (Stundenplan, Raumfragen, Teammeetings usf.) des Arbeitsprozesses. Wir sind selber Lernende, und es ist nicht von der Hand zu weisen, dass wir intensive Übungsphasen brauchen. Die bisherige Evaluation bestärkt uns in dem Engagement, sowohl den schwächeren als auch den leistungsstärkeren Schülern Angebote zu machen, die sie in die Lage versetzen, ihren Möglichkeiten und Interessen gemäß dem Unterricht zu folgen, ihren eigenen Erwartungen gerecht zu werden und ihre Ziele zu erreichen.

Wir erstellen projektorientierte, d. h. themenübergreifende Themenpläne, die sowohl den Unterricht als auch das Lerncenter strukturieren. Wir unterscheiden Bildungskern, *Fundamentum* und *Additum* und verbessern das individualisierte Feedback und die Selbsteinschätzung der Lernenden. Wir haben aber auch damit zu kämpfen, den Schüler/innen die Sinnhaftigkeit und Notwendigkeit selbstständigen Arbeitens zu demonstrieren; denn es ist natürlich bequemer, der Lehrkraft die Antwort oder Lösung zu entlocken als sich eigenständig auf den Weg zu machen.

Die Bewertung von individuellen Leistungen und die Konsequenzen bei Nicht-Erledigung von Aufgaben kann *per definitionem* nicht an einer starren Norm vorgenommen werden, sondern erfordert ein Maximum an Transparenz, Einsicht in den Lernstand und einen nachvollziehbaren Erwartungshorizont. In den aktuellen Überlegungen zum *Open Learning Space* steht auch die Integration von Mündlichkeit (z. B. in den Fremdsprachen) während der Übungsphasen.

Indem Sozialformen und kreativen bzw. offenen Aufgabenstellungen als Teil des Lern- bzw. Unterrichtsprozesses ausgewiesen sind, ist es uns möglich, sie auch zum Gegenstand von Leistungsbewertung zu machen.

Literatur

Brunner, Ilse/Schmidinger, Elfriede: Leistungsbeurteilung in der Praxis. Der Einsatz von Portfolios im Unterricht der Sekundarstufe I. Linz 2001.

Frey, Karl: Die Projektmethode: »Der Weg zum bildenden Tun«. Weinheim/Basel 2002.

Sacher, Werner: Leistungen entwickeln, überprüfen und beurteilen. Bewährte und neue Wege für die Primar- und Sekundarstufe. Bad Heilbrunn ⁴2004.

Winter, Felix: Leistungsbewertung. Eine neue Lernkultur braucht einen anderen Umgang mit Schülerleistungen. Baltmannsweiler 2008.

Winter, Felix: Lerndialog statt Noten. Weinheim/Basel 2018.

Anette Dragan

Schultagebücher für die Begleitung und Reflexion von Lernprozessen

Im Rahmen des Themas »Lernen ermöglichen, begleiten und fördern« wird das Instrument des Schultagebuchs präsentiert, wie es an einer weiterführenden Montessori Gemeinschaftsschule Saar zum Einsatz kommt. Es wird von den Schüler/innen täglich geführt und Woche für Woche von den Lehrpersonen angeschaut, es ist sowohl Anlass für die Dokumentation und Selbstreflexion der Arbeits-/Lernprozesse der Schüler/innen als auch für die Lehrpersonen Anlass für Gespräche und Rückmeldungen. Das Schultagebuch ist ein leicht zu handhabendes und sehr wirksames Instrument, um Lernen zu begleiten und zu fördern und die Schüler/innen bei der Einarbeitung in Arbeitshaltungen zu unterstützen. Dabei ist das Schultagebuch ein transparentes Instrument der Kooperation und Kommunikation zwischen Schüler/innen, Lehrpersonen und Eltern, wodurch sich diese idealer weise als Lern- und Unterstützungsgemeinschaft verstehen und einen wichtigen Faktor der Lernkultur unserer Schule bilden.

Welchen Nutzen ziehen Schüler/innen aus dem Führen von Schultagebüchern?

Das Schultagebuch dient in erster Linie dazu, den Schüler/innen eine Planungs- und Strukturierungshilfe der eigenen Lernprozesse anzubieten, indem es die Schultage in einem übersichtlichen Format präsentiert (Abb. 1). Schüler/innen müssen in einer Lernkultur, die auf eigenständiges Lernen ausgerichtet ist, Raum und Zeit erhalten, sich um die Pflege des Schultagebuches zu kümmern, damit das Schultagebuch als wesentlicher Bestandteil des Arbeitsprozesses Akzeptanz findet.

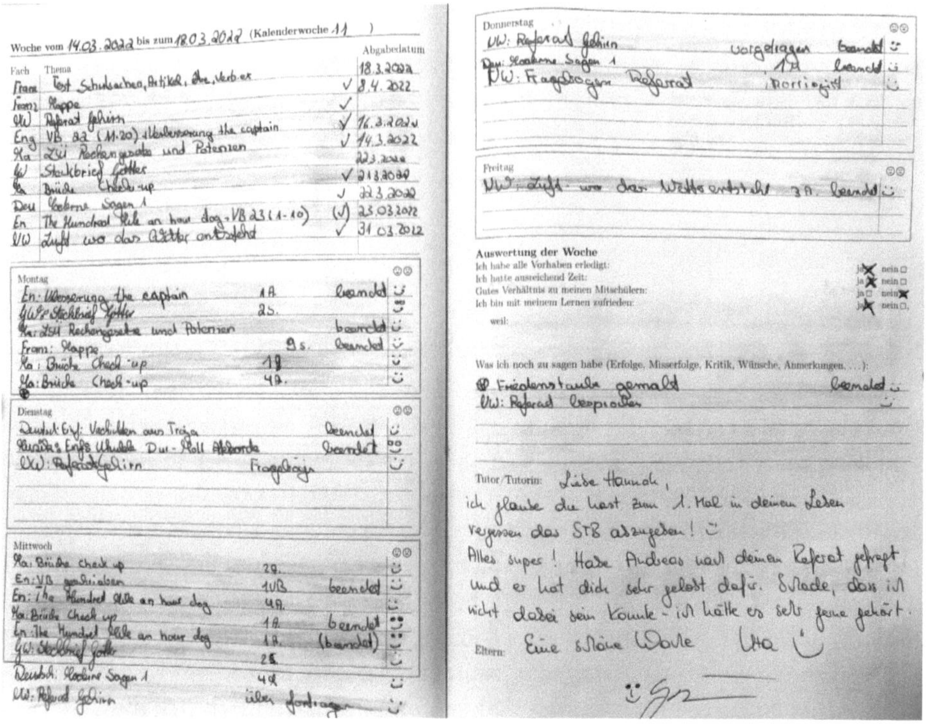

Abb. 1: *Exemplarischer Auszug aus einem Schultagebuch in Klassenstufe 5 (ein einfacher Farbcode für die einzelnen Fächer erleichtert den Überblick über die Arbeitswoche)*

Zu den Routinen der Schultagebuchdokumentation gehört die Planung von zu bearbeitenden Themen und verabredeten Aufgaben über einen längeren Zeitraum bis hin zu einem verbindlichen Abgabetermin. Auf dem Papier mag sich dies als recht einfache Arbeitsvorschrift anhören, in der Schulrealität bedarf dieser Prozess jedoch für viele Schüler/innen ein hohes Maß an Disziplin, um einer gewissen Ordnung Folge zu leisten und über diese Routine eine Struktur und Verbindlichkeit zu erlernen. Es gehört zu den Verantwortlichkeiten der Schüler/innen, Abweichungen von der dokumentierten Verabredung mit den Lehrer/innen zu besprechen und neue Verbindlichkeiten festzulegen. An diesem Punkt führt gerade die Auseinandersetzung mit sich selbst, dem eigenen Zeitmanagement und mit den Lehrer/innen zum Erlernen von Problemlösungsstrategien und zur Förderung der Gesprächs- und Beziehungskultur zwischen Schüler/innen und Lehrer/innen. Durch die Dokumentation im Schultagebuch ergibt sich für die Schüler/innen das »Erleben«, den Lernprozess aktiv steuern und gestalten zu können, was im Sinne eines Wandels der Lernkultur beschrieben werden kann, »der sich auf die Paradigmen der Selbstorganisation, der neueren Systemtheorie und des Konstruktivismus bezieht. Ziel ist ein Lernkulturwandel hin zu einer lebendigen Lernkultur, in welcher die Lernenden und nicht die Lehrenden im Zentrum stehen« (Arnold 2004, S. 63).

Das Schultagebuch bildet aktuelle Arbeits- und Lernprozesse ab und regt die Rückschau auf erreichte Ziele an. Somit fördert es die Selbstkontrolle und die Reflexion über die eigene Arbeitsweise und setzt einen überfachlichen Kompetenzerwerb in Gang. Zu überfachlichen Kompetenzen lassen sich Selbstständigkeit, Kooperationsfähigkeit, Eigenverantwortlichkeit, Kommunikationsfähigkeit, Empathie, Kritikfähigkeit, Lernkompetenz usw. zählen, die »über« den Fächern und den dort erlernbaren fachlichen Kompetenzen liegen. In Lernkulturen, die selbstständiges Lernen ermöglichen, können Schüler/innen Erfahrungen über die eigene Arbeitsweise sammeln und ihren Arbeitsprozess mit dem Ergebnis abgleichen (Weinert 1998), wobei das Schultagebuch als sinnvolles Dokumentationsinstrument unterstützend wirkt.

Als Ergebnis der Reflexion über das eigene Arbeiten haben die Schüler/innen die Möglichkeit, ihren Arbeitsprozess direkt mit einer einfachen Symbolik zu bewerten und mit Emotionen zu verknüpfen, die wiederum als Gesprächsanlass dienen können. Darüber hinaus bietet das Schultagebuch auch die Möglichkeit, zum einen die Woche vor dem Hintergrund des sozialen Miteinanders zu reflektieren, und zum andern, so wie es in einer offenen Rückmeldekultur gängige Praxis ist, Wünsche, Kritik oder sonstige Anmerkungen vorzubringen, Dies fördert letztlich auch Schülerpartizipation an Schulentwicklungsprozessen und Demokratielernen.

Zusammenfassend: Das Schultagebuch für Schüler/innen dient als Instrument zur Strukturierung und Planung von Arbeitsprozessen, zur Reflexion, Übung, Kontrolle und zum Erkenntnisgewinn. Dadurch werden sowohl fachliche als auch wichtige überfachliche Kompetenzen gestärkt.

Welchen Nutzen ziehen Lehrer/innen aus dem Auswerten von Schultagebüchern?

Das Auswerten der Schultagebücher – jede Woche übers Wochenende – liefert den Klassenlehrer/innen vielfältige Erkenntnisse über das Arbeitsverhalten der Schüler/innen und ist somit ein wertvolles Instrument für die Vorbereitung von Lernberatungsgesprächen. Außerdem liefert es auch Hinweise auf die Zufriedenheit sowie den sozial-emotionalen Gemütszustand der zu betreuenden Schüler/innen, da neben der Lerndokumentation auch eine emotionale Bewertung der Lernprozesse und des sozialen Miteinanders erfolgt. Folglich benötigen nicht nur Schüler/innen Raum und Zeit zur Pflege der Schultagebücher, sondern auch die Klassenlehrer/innen müssen die Dokumentation sorgfältig begleiten. Es bietet sich an, hierfür montags eine gemeinsame Zeit im Stundenplan zu verankern. An der Montessori Gemeinschaftsschule hat sich das wöchentliche Auswerten der Schultagebücher etabliert (Abb. 2). Die Lehrer/innen erhalten durch die Auswertung eine quantitative und teilweise auch eine qualitative Aussage über die Arbeitsweise der Schüler/innen sowie Aussagen über bevorzugte Arbeitsmethoden und auch über eventuelle Vermeidungsstrategien.

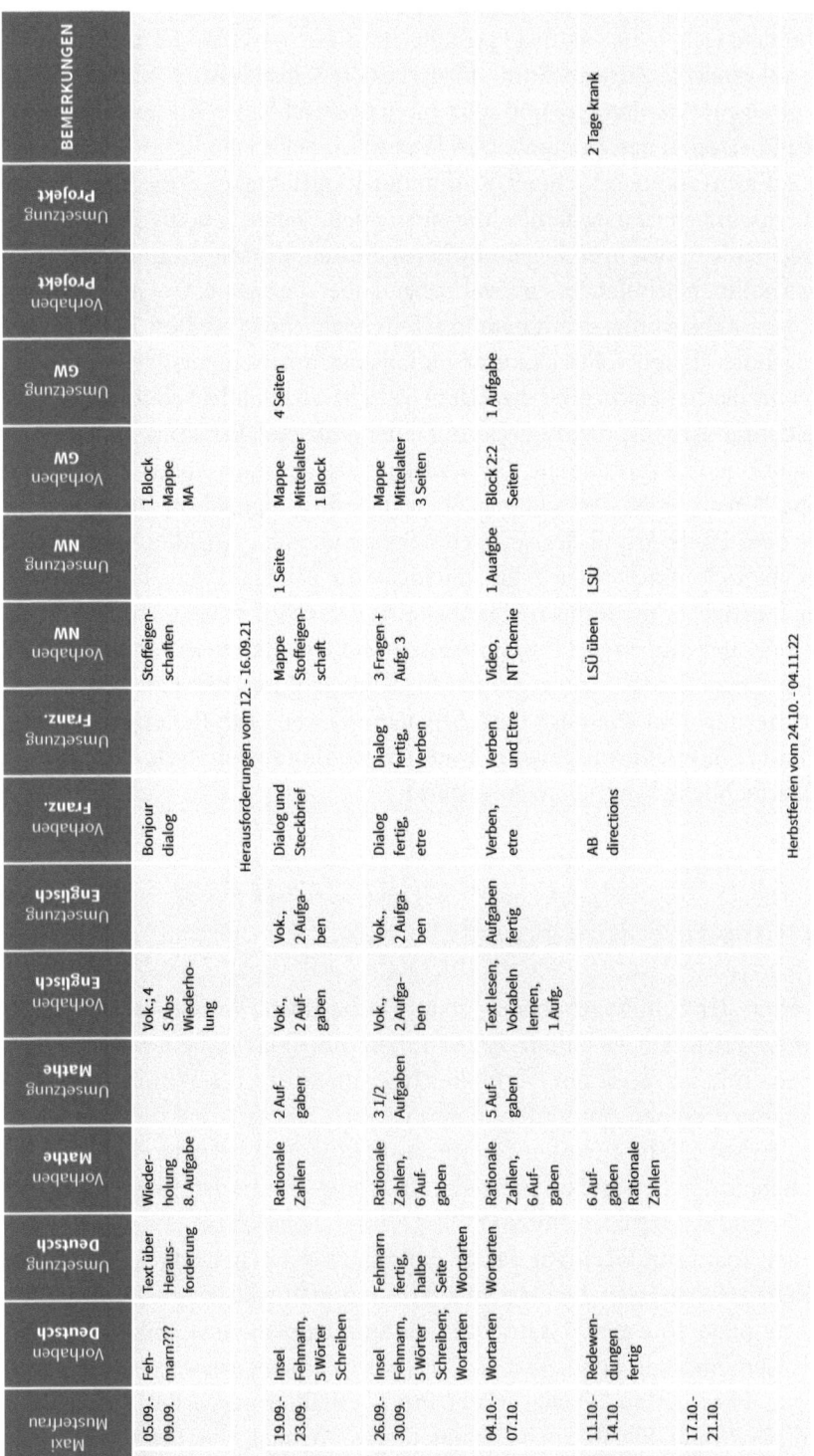

Maxi Musterfrau	Deutsch Vorhaben	Deutsch Umsetzung	Mathe Vorhaben	Mathe Umsetzung	Englisch Vorhaben	Englisch Umsetzung	Franz. Vorhaben	Franz. Umsetzung	NW Vorhaben	NW Umsetzung	GW Vorhaben	GW Umsetzung	Projekt Vorhaben	Projekt Umsetzung	BEMERKUNGEN
36 05.09.-09.09.	Feh-marn???	Text über Herausforderung	Wiederholung 8. Aufgabe		Vok.; 4 S Abs Wiederholung		Bonjour dialog		Stoffeigen-schaften		1 Block Mappe MA				
						Herausforderungen vom 12.-16.09.21									
38 19.09.-23.09.	Insel Fehmarn, 5 Wörter Schreiben	Fehmarn fertig, halbe Seite Wortarten	Rationale Zahlen	2 Aufgaben	Vok., 2 Aufgaben	Vok., 2 Aufgaben	Dialog und Steckbrief		Mappe Stoffeigen-schaft	1 Seite	Mappe Mittelalter 1 Block	4 Seiten			
39 26.09.-30.09.	Insel Fehmarn, 5 Wörter Schreiben; Wortarten	Wortarten	Rationale Zahlen, 6 Aufgaben	3 1/2 Aufgaben	Vok., 2 Aufgaben	Vok., 2 Aufgaben	Dialog fertig, etre	Dialog fertig, Verben	3 Fragen + Aufg. 3		Mappe Mittelalter 3 Seiten				
40 04.10.-07.10.	Wortarten	Wortarten	Rationale Zahlen, 6 Aufgaben	5 Aufgaben	Text lesen, Vokabeln lernen, 1 Aufg.	Aufgaben fertig	Verben, etre	Verben und Etre	Video, NT Chemie	1 Auatgbe	Block 2:2 Seiten	1 Aufgabe			
41 11.10.-14.10.	Redewen-dungen fertig		6 Aufgaben Rationale Zahlen				AB directions		LSÜ üben	LSÜ					
42 17.10.-21.10.															2 Tage krank
						Herbstferien vom 24.10.-04.11.22									

Abb. 2: Exemplarischer Auszug aus einer Lehrer/innen geführten Analyse eines Schultagebuchs. Es ergibt sich ein Überblick über alle Schülerthemen für ein komplettes Schuljahr. Pro Schulfach werden wochenweise das Schüler-Vorhaben und die Umsetzung betrachtet. Grün unterlegte Felder bedeuten: das Vorhaben wurde ohne Kommentar erledigt; Gelb bedeutet: es gab Abweichungen von Verabredungen bzw. Verzögerungen des Abgabetermins; Rot bedeutet: am verabredeten Thema wurde nicht gearbeitet. In jedem Feld können bei Bedarf Anmerkungen notiert werden.

Beispielsweise lässt sich anhand des Tagebuchs messen, wie viele Stunden pro Woche ein/e Schüler/in an einem Thema arbeitet, sodass das Arbeitsergebnis in Relation zur Arbeitszeit betrachtet werden kann. Somit können Lehrer/innen nicht nur ergebnisorientiert, sondern prozessorientiert bewerten. Erreicht ein Schüler in kurzer Zeit sehr gute Ergebnisse, so können Aufgaben mit höherem Anforderungsniveau präsentiert werden. Ebenso können Schüler, die sehr viele Stunden an einem Thema arbeiten und schwache Ergebnisse zeigen, in ihrer Lerneffektivität beraten werden. Erfolgt die Auswertung über einen längeren Zeitraum, so erhalten die Lehrer/innen sehr schnell eine Charakterisierung des Lernverhaltens.

Die wöchentliche Auswertung der Schultagebücher wird mit einer kurzen schriftlichen Rückmeldung des/der Lehrers/Lehrerin in ein Rückmeldefeld abgeschlossen. Es bietet sich hier die Möglichkeit, kurzfristige Entwicklungen zu kommentieren oder zu motivieren. Mit dem Schultagebuch gewinnen die Lehrer/innen einen Blick hinter die Kulissen von Lernstrategien und Problemlösungsstrategien. Die sorgfältige Auswertung der Schülerdokumentation ist an der Montessori Gemeinschaftsschule die Grundlage für die Zeugnisgespräche und erlaubt einen ganzheitlichen Blick auf die Schüler/innen und auf deren Arbeitsweise und entspricht demnach auch den Trends in neuen Lernkulturen, einen anderen Umgang mit Leistungsbewertung zu fordern (Winter 2021). Mit diesem Instrument kommt die Montessori-Pädagogik der Verpflichtung näher, die Schüler/innen individuell in ihrer Persönlichkeitsentwicklung zu unterstützen (Dragan 2022).

Auch für Schulentwicklungsprozesse ist das Schultagebuch eine hilfreiche Stütze, da die Auswertung Konfrontationen mit persönlichen Schüler/innen-Rückmeldungen schafft, die qualitative Aussagen zu Schule und Unterricht beinhalten. Es dient hinter den Kulissen auch der Vernetzung der Lehrer/innen in Teamstrukturen, da die Arbeitsaufträge, Themen und Unterrichtsinhalte transparent in Listen geführt werden. Hieraus ergeben sich auch fächerübergreifende Synergien, die positiv genutzt werden können.

Welchen Nutzen ziehen Eltern aus der Schultagebuchpflege?

Gerade Reformschulen, die eine alternative Lernkultur leben und auf andere Formen der Leistungsbewertung zurückgreifen, benötigen Instrumente, um auch für Eltern den Entwicklungsstand des Kindes transparent zu machen. An der Montessori Gemeinschaftsschule Saar wird das Schultagebuch, das neben der Schüler/innen-Dokumentation auch die Lehrer/innen-Rückmeldung beinhaltet, regelmäßig von den Eltern eingesehen. Auf diese Weise erhalten auch die Eltern bei Bedarf, oder auf Wunsch der Lehrer/innen, einen Überblick über das Arbeitsverhalten ihrer Kinder im Laufe des Schuljahres.

Literatur

Arnold, R. L.: Bildung im 21. Jahrhundert. Abkehr vom Mythos der Wissensvermittlung. In: Meister, D. M. (Hrsg.): Online-Lernen und Weiterbildung. Bildung und neue Medien. Wiesbaden 2004, S. 63–76.

Dragan, A.: Arbeiten und Lernen mit Montessori-Pädagogik in der Montessori Gemeinschaftsschule Saar. In: Lehren & Lernen 48 (2022), H. 3, S. 31–37.

Weinert, F. E.: Neue Unterrichtskonzepte zwischen gesellschaftlichen Notwendigkeiten, pädagogischen Visionen und psychologischen Möglichkeiten. München: Bayerisches Staatsministerium für Unterricht, Kultus, Wissenschaft und Kunst 1998.

Winter, F.: Leistungsbewertung: Eine neue Lernkultur braucht einen anderen Umgang mit den Schülerleistungen. Baltmannsweiler ⁹2021.

Kurt Reusser

Lernen konstruktiv unterstützen und begleiten

Zur fachpädagogischen Rolle von Lehrpersonen

Ohne Anleitung und Begleitung, Herausforderung und Inspiration verlaufen anspruchsvolle inhaltliche Lernprozesse bei den wenigsten Lernenden optimal. Bei Schüler/innen mit ungünstigen kognitiven, sozialen und motivational-emotionalen Lernvoraussetzungen ist eine personale Unterstützung durch ihre Lehrpersonen sogar unabdingbar, aber auch bei mittleren und lernstarken Schüler/innen führt sie zu einer Verbesserung der Lernprozesse und ihrer Ergebnisse. Die Wirksamkeit hängt dabei von mehreren Faktoren ab. Die Unterstützung soll gegenstandsspezifisch, dialogisch und adaptiv, d. h. in optimaler Passung zu den personalen Lernvoraussetzungen erfolgen. Eine produktive Lernunterstützung soll dazu beitragen, dass das Denken der Schüler/-innen aktiviert und die Unterstützung selbst als konstruktiv und wertschätzend erlebt wird.

Hochwertige Lernprozesse brauchen eine fachpädagogisch gehaltvolle, adaptive Lernunterstützung

Unterricht ist dann bildungswirksam, wenn er eine hohe Qualität des verständnisbezogenen, problemlösenden Lernens auf der individuellen Lernprozessebene erreicht. Eine solche Qualität ist für die meisten Schüler/innen nur bei einer hochwertigen Begleitung und Unterstützung durch die Lehrperson erreichbar. In allen Sozial- und Unterrichtsformen sind deshalb nicht nur ein kognitiv aktivierender Unterricht, sondern auch eine damit einhergehende personale Begleitung der Lernenden durch die Lehrpersonen fundamentale Voraussetzungen für den Aufbau von fachlichen und überfachlichen Kompetenzen und für die Persönlichkeitsentwicklung.

Obgleich dieser Aussage rhetorisch breit zugestimmt wird, werden die Anforderungen sowie der Zeit- und Hilfebedarf einer auf der Mikroebene des inhaltsbezogenen Lernens hochwertigen fachpädagogischen Unterstützung oftmals massiv unterschätzt. Besonders deutlich tritt diese Unterschätzung bei den in den vergangenen Jahren zunehmend wichtig gewordenen Formen des selbstständigen Lernens bzw. an Schulen zutage, die sich dem eigenen Anspruch nach an personalisierten Lernkonzepten orientieren (Stebler/Pauli/Reusser 2021).

Erscheinungsformen einer solchen Unterschätzung – vor allem bei Lernformen wie Lernateliers, Lernlandschaften, Planarbeitsphasen, bei denen die Schüler/-innen über längere Zeit »selbstgesteuert« individuell oder kooperativ arbeiten – sind z. B., dass

- Schüler/innen zwar selbsttätig Arbeitsblätter ausfüllen, fleißig Informationen suchen, sich geschäftig in den Lernräumen bewegen, Lernstationen und Arbeitsblätter abarbeiten, sich miteinander austauschen und gesammeltes Material in Lernportfolios oder auf Plakaten zusammenstellen, *ohne sich womöglich bei alledem innerlich denkaktiv auf anspruchsvolle Lerninhalte einzulassen;*
- die Lehrpersonen für die Schüler/innen zwar anwesend, in ihrer Lernbegleitung jedoch vor allem mit organisatorischen Fragen und Hilfestellungen beschäftigt sind, aber *nur wenig Zeit aufwenden, um sich auf das fachinhaltliche Lernen individueller Schüler/innen verständnistief einzulassen.*

Der Entwicklungs- und Denkpsychologe Jean Piaget, der immer wieder als vehementer Fürsprecher moderner Unterrichtsformen im Dienst des »eigenaktiven« (konstruktivistischen) Lernens auftrat, hat die Unterschätzung der Rolle von Lehrpersonen bei der Gestaltung gehaltvoller Lernumgebungen früh erkannt. Es gelte, das »weitverbreitete Missverständnis auszuräumen«, dass das Lernen erfolgreich verlaufe, wenn »der Lehrer die Schüler völlig frei nach eigenem Belieben arbeiten und [mit Blick auf die jungen Kinder! KR] spielen lasse«. Zur zentralen Rolle der Lehrperson bemerkte er:

> »In Wirklichkeit wird dem Lehrer auch weiterhin die Aufgabe zufallen, Anstoß und Anregung zu geben, d. h. die Situationen herbeizuführen und die Grundvoraussetzungen zu schaffen, die das Kind vor gehaltvolle Probleme stellen, um es anschließend z. B. durch geeignete Gegenbeispiele und Impulse zum Nachdenken und zur Überprüfung vorschneller Lösungen zu nötigen.« Und er fährt mit Bezug auf die Anforderungen an inhaltlich anspruchsvolles Lernen fort: »Bedenkt man, wie viele Jahrhunderte die Menschheit brauchte [um den heutigen Erkenntnisstand zu erreichen], erkennt man die Abwegigkeit der Annahme, das Kind vermöchte sich vor neuen Inhalten und Anforderungen die entscheidenden Fragen ohne entsprechende Anleitung von sich aus klar zu stellen.« (Piaget 1975, S. 78)

Wie die Forschung (durchaus im Einklang mit der Erfahrung von Lehrpersonen) zeigt, sind vor allem leistungs- und konzentrationsschwache, aber auch ›mittlere‹ Schüler/innen beim selbstständigen Lernen mit Bezug auf Fachwissen, Planung, Impulskontrolle und metakognitive Steuerung oftmals überfordert (Lipowsky 2002, Lipowsky/Lotz 2015). Ganz besonders ist dies bei anspruchsvollen Aufgaben der Fall, deren Bearbeitung Sinnbildungsleistungen höherer Ordnung (Bloom 1956) erfordert. Schwächere und auch durchschnittliche Lernende stoßen hier oft sehr schnell an Kapazitätsgrenzen der selbstregulierten Strukturierung und scheitern an einem Übermaß an Information und Strukturierungsbedarf.

Insbesondere die für die Bildung junger Menschen heute zwingend erforderlichen Formen von stärker selbstgesteuertem Lernen sind für die wenigsten Schüler/innen ohne Unterstützung auskommende »Selbstläufer«. Damit nicht nur leistungsstarke Schüler/innen von den Potenzialen »geöffneter« Lernarchitekturen profitieren, bedarf es Lehrpersonen, die die schülerseitigen Anforderungen an das selbstständige Lernen auf der Ebene der Mikroprozesse inwendig kennen, und die in der Lage sind, Schüler/innen schrittweise und sorgfältig an elementare Fähigkeiten des eigenverantwortlichen Lernens heranzuführen, und diese Fähigkeiten auch in heterogenen Lerngruppen zu kultivieren.

Nicht erst seit der Corona-Pandemie wissen wir, dass selbstständiges Lernen von ungemeiner Bedeutung ist. Seit Längerem steht die Schule vor der Herausforderung, ihre Lehr-Lern-Kultur an veränderte Anforderungen anzupassen. Dazu gehört die Ausweitung und qualitätsvolle Ausgestaltung von Phasen des selbstständigen Lernens. Jenseits der Ausrichtung des Unterrichts auf »Mittelköpfe« (Trapp 1977, S. 155 ff.) bzw. der Orientierung von Unterricht an der Illusion homogener Lerngruppen (die es nie gegeben hat und die dennoch das Unterrichtsverständnis über Jahrhunderte bestimmt haben) muss sich die Schule radikaler als bisher auch auf die große Vielfalt (meta)kognitiver, motivationaler, affektiver und verhaltensmäßiger Lernvoraussetzungen von Schüler/innen einstellen und ihre Lehr-Lern-Kultur für den erfolgreichen Umgang mit heterogenen Lerngruppen weiterentwickeln.

Der Herausforderung, Kinder und Jugendliche in heterogenen Lerngruppen optimal zu fördern, versuchen innovative Schulen und Lehrpersonen mit unterschiedlichen Ansätzen zu begegnen. Dazu zählen Konzepte wie Innere Differenzierung, Projektunterricht, Individualisierung, Offener Unterricht, Erweiterte Lernformen, Selbstorganisiertes Lernen, Personalisiertes Lernen, Adaptiver Unterricht oder Lernen in Lernlandschaften (Lipowsky/Lotz 2015; Pauli/Reusser/ Stebler 2018; Stebler/Pauli/Reusser 2021a,b). Entscheidend ist, dass all diese Ansätze durch das Gewähren von Freiräumen für Selbstreguliertes Lernen großes Potenzial für den Aufbau fachlicher und transfachlicher, personaler Kompetenzen aufweisen, wenn das Lernen der Schüler/innen von kommunikationsstarken und fachpädagogisch versierten Lehrkräften gehaltvoll unterstützt wird.

Geöffnetes, selbstreguliertes Lernen ermöglichende Unterrichtsformen, die es zur Förderung fachlicher und personaler Kompetenzen heute zwingend braucht, fordern Lehrpersonen in vielfältigen Funktionen heraus (Reusser 1994, Stebler/ Pauli/Reusser 2018):

- als Fachexperten, Lernbegleiter/innen und Coaches
- als Diagnostiker/innen und Analytiker/innen von aufgabenspezifischen, personalen und sozialen Arbeits- und Lernprozessen

- als kognitiv empathische Zuhörer/innen und Dialogpartner/innen
- als Förderer/innen selbstregulierten, eigenständigen Lernens
- als Verhaltensmodelle und Lerngerüste, welche die Klippen und Lösungswege von Aufgaben inwendig kennen und ihre Lernenden in »Zonen der nächsten Entwicklung« adaptiv begleiten
- als Herausforderer/innen der besten Kräfte der Schüler/innen
- als Spiegel, die den Lernenden helfen, ihr Verhalten zu reflektieren
- als Berater/innen, manchmal auch Tröster/innen und ›Therapeuten‹, die Lernenden aus Sackgassen und Blockaden helfen.

Gehaltvolle Lernaufträge und eine kognitiv aktivierende Unterrichtsgestaltung als grundlegende Merkmale von Unterrichtsqualität

Kognitive Aktivierung

Unter kognitiver Aktivierung werden alle Maßnahmen von Lehrpersonen verstanden, welche die Lernenden herausfordern und sie darin unterstützen, sich mit Kulturinhalten verständnis- und denkorientiert auf vertiefte Weise auseinanderzusetzen, sodass fachliche und überfachliche (lernmethodische, soziale, personale) Kompetenzen ausgebildet und die Lernfreude und die Neugier gestärkt werden (Reusser/Lipowsky/Pauli 2021).

Unterricht in mannigfaltigen Inszenierungsformen ist dann ertragreich, wenn es den Lehrpersonen gelingt, die Denkaktivität sowohl lernstarker wie auch lernschwacher Schüler/innen anzuregen und sie bei fachlich und persönlich bedeutsamen Lernprozessen auf der Ebene der inhaltlichen Mikroprozesse zu unterstützen. Dabei stellen sich zwei Fragen:

- Wie sieht eine schülernahe, kognitiv aktivierende Lernunterstützung *konkret* aus, bzw. woran können Lehrpersonen erkennen, ob es ihnen gelingt, die geistige Aktivität der Lernenden anzuregen?
- Wie können sie feststellen, wie kognitiv aktiviert ihre Schüler/innen sind, d. h. wie *intensiv* diese die bereitgestellten Unterrichtsangebote nutzen?

Bevor auf die beiden Fragen eingegangen wird, folgen einige Bemerkungen zu einer weiteren Grundvoraussetzung jeden produktiven Unterrichts: der Qualität der von Lehrkräften verantworteten Lernangebote.

Qualität von Lernangeboten, motivierende und herausfordernde Aufgabenkultur

Von Lehrpersonen wird nicht nur erwartet, dass sie das Ziel teilen, die Schüler/innen individuell zu fördern und beim Lernen bedürfnisgerecht zu unterstützen, sondern dass sie auch die Lernaufgaben und die Lernangebote auf die Lernbedürfnisse heterogener Lerngruppen ausrichten. Inhaltlich durchdachte und gut inszenierte Lernaufträge bilden das Fundament eines kognitiv aktivierenden Unterrichts. Eine Aufgabenkultur, welche die Lernenden herausfordert und motiviert, sich vertieft mit einem Gegenstand auseinanderzusetzen, stellt das Rückgrat für jeden gehaltvollen Unterricht dar (Reusser 2014).

Kognitiv aktivierende Aufgaben
- ermöglichen Zugänge zu fachspezifischem Wissen, Denken und Können
- gehen über die Anwendung von Routinen hinaus und fordern die Denktätigkeit heraus
- regen die Lernenden an, Fragen an eine Sache zu stellen
- wecken – durch Alltagsnähe, Spielcharakter, Überraschungsmomente, Kontrastierung oder Erzeugung einer kognitiven Dissonanz – Neugier und regen dazu an, Fragen an eine Sache zu stellen, sich auf einen Gegenstand einzulassen
- lassen mehrere Lösungen zu bzw. lassen sich auf unterschiedlichen Niveaus und Denkpfaden bearbeiten und eignen sich damit für lernschwache wie für lernstarke Schüler/innen
- laden zum problemlösenden Denken ein und ermöglichen den Aufbau von lernmethodischen und personalen Kompetenzen
- ermöglichen, sich sprachlich differenziert zu Beobachtungen, Erfahrungen und Überlegungen auszudrücken.

Ist durch eine gehaltvolle Lernaufgabe die Basis für produktives Lernen gelegt, so stellt sich die Frage nach der Qualität der an die Bedürfnisse der Schüler/innen angepassten Lernbegleitung und -unterstützung. Eine solche ist in allen Lernszenarien in variabler Form und Intensität erforderlich: beim Lernen im erarbeitenden Klassenunterricht, im Offenen Unterricht mit Akzent auf die Stützung des Selbstgesteuerten Lernens wie auch in dialogisch-kooperativen Lernformen (Pauli 2010). Je stärker es sich um Unterrichtsszenarien handelt, in denen heterogene Lerngruppen parallel an unterschiedlichen Inhalten, orientiert an individuellen Lernzielen, auf unterschiedlichen Niveaus arbeiten (z. B. in flexibel eingerichteten Lernräumen wie Ateliers und Lernlandschaften), desto höher sind die Anforderungen an die Lehrperson, die Lernenden adaptiv zu unterstützen und ihnen passgenaue Hilfestellungen und Rückmeldungen zu geben. Es ist sehr anspruchsvoll, sich in raschem Takt auf unterschiedliche Aufgaben, Lernstände und Bearbeitungsweisen einzulassen, individuelle Lösungsversuche nachzuvollziehen, Fehler und Verständnisschwierigkeiten auf der Mikroprozessebene zu erkennen und die Unterstützung »on the fly« darauf abzustimmen (Pauli/ Reusser/Stebler 2018).

Fünf Qualitäten einer kognitiv aktivierenden Lernunterstützung

Die nachfolgenden Merkmale und Praktiken einer fachlich anregenden Lernunterstützung haben sich in zahlreichen Studien als wirksam erwiesen. (Die erwähnten Beispiele werden in Reusser/Lipowsky/Pauli 2021 ausführlich beschrieben und teilweise an Videobeispielen veranschaulicht.)

Kognitive Empathie: der Aufmerksamkeitsfokus der Lehrpersonen ist nahe am Denken der Lernenden und deren aufgabenspezifischen Bearbeitungsprozessen

Auf personale Lernvoraussetzungen und Bedürfnisse von Schüler/innen einzugehen, erfordert kognitive Empathie im Sinne der Fähigkeit, durch aufmerksames Beobachten und Zuhören sich in Schülerdenk- und Aufgabenräume sowie in schülerbezogene Gefühlswelten einzudenken. Kognitiv einfühlsame, dem Denken der Kinder zugewandte Lehrkräfte, die ihre Schüler/innen kennen, erfassen rasch den inhaltlichen Bearbeitungsstand von Aufgaben und damit den Denkstand ihrer Schüler/innen. Sie erkennen vorhandene individuelle Lernklippen und wie man diese überwinden kann, und sie verstehen es, den Schüler/innen in kurzen Lehr-Lerndialogen fach- und aufgabenpräzise auf der Mikroprozessebene (und nicht bloß durch sozial-emotionale Ermunterung) weiterzuhelfen. Gedanklich einfühlsame Lehrpersonen pflegen dabei einen ganzheitlichen Blick auf das Lernen der Schüler/innen und lassen auch Langsamkeit, Raum für Fragen und Gespräche über das persönliche Lernen zu.

Lehr-Lern-Dialog: die Lehrpersonen hören aktiv zu und führen Lehr-Lern-Gespräche auf sokratische und dialogische Weise

Das bedeutet, die Lehrpersonen stellen eher (Rück)Fragen als dass sie erklären, knüpfen an potenziell zielführende Antwortelemente der Lernenden an und geben diesen in flexibler Weise Raum zum Denken. Gleichzeitig sind sie *(heraus)fordernd – zumutend und ermutigend.* Das Ziel ist nicht, gemachte Fehler zu erklären oder Wissenslücken zu thematisieren, sondern (nicht-zielführende) Denk- und Lösungsschritte bewusst zu machen, zu deren Reflexion anzuregen sowie Selbsterklärungen, Differenzierungen oder Begründungen herauszufordern. Der Duktus ist nicht primär instruktional, sondern im besten Sinne dialogisch. Meyer & Turner beschreiben zentrale Merkmale solcher Dialoge wie folgt (Ledergerber 2015, Reusser 2018, zitiert nach Brägger u. a. 2021):

Modellieren, Vorzeigen: Die Lehrperson spricht laut aus, wie sie die Aufgabe angeht.

Kognitive Aktivierung: Die Lehrperson unterstützt durch eine aufgabenpräzise, fachlich gehaltvolle Impulsgebung ein verständnisorientiertes, problemlösendes Lernen.

Hinting: Die Lehrperson gibt bedarfsorientiert progressive Hinweise (*hints*) in Bezug auf nächste Schritte und Lösungsstrategien.

Betonung von Verstehenselementen: Der Fokus liegt auf dem Verstehen grundlegender Konzepte und Beziehungen.

Geteilte Verantwortung und Reflexion: Die Schüler/innen übernehmen graduell Verantwortung für ihr eigenes Lernen und überwachen und reflektieren dieses immer selbstständiger.

Nachfragen: Die Lehrperson vergewissert sich, ob die Lernenden wichtige Begriffe und Zusammenhänge verstanden haben.

Artikulation: Die Lehrperson lässt die Schüler/innen Arbeitsprozesse und Lösungswege artikulieren.

Lernklima: Die Lehrperson sorgt für Angstfreiheit und ein emotional entspanntes Sozial- und Lernklima, bei gleichzeitiger Herausforderung von Anstrengung und Durchhaltewillen. Fehler werden als Lerngelegenheiten genutzt.

Adaptive Unterstützung nach dem Prinzip der minimalen Hilfe

Unter adaptiven Unterstützungshandlungen werden verbale und nonverbale Hilfestellungen verstanden, die es den Lernenden ermöglichen sollen, eine antizipierte oder real erlebte Barriere, Lernklippe oder Schwierigkeit bei der Bearbeitung einer Aufgabe zu überbrücken, um danach wiederum selbstständig einen Schritt weiterzukommen. Die Progression der Hilfe erfolgt dabei bedarfsorientiert und orientiert sich am Interaktions- und Antwortverhalten der Lernenden: im günstigen Fall ist die Stufung der Hilfe abnehmend, im Fall erhöhter Unterstützungsbedürftigkeit graduell zunehmend. Im konkreten Fall werden zunächst eher unspezifische, indirekte Hilfestellungen gegeben (»Lies die Aufgabe nochmals«; »Wie wär's, wenn du eine Skizze machen würdest?«; »Sind alle wichtigen Hilfslinien eingezeichnet?«), sodann bei Bedarf zunehmend solche von hoher Hinweiskraft (»Schau dir *diese zwei Zeilen* nochmals genau an«; Wie wär's, wenn du *hier* [Lp zeigt] noch eine Hilfslinie einzeichnen würdest?«).

Hans Aebli beschreibt in seinen »Zwölf Grundformen des Lehrens« (1983) das »Prinzip der minimalen Hilfe« zur Unterstützung des selbstständigen Denkens der Schüler/innen wie folgt:

> »Bei alledem gilt das Grundprinzip, dass der Lehrer dem selbständigen Nachdenken der Schüler solange seinen Lauf lässt, als sie auf dem Weg zur Lösung weiterkommen. Aber auch wenn sie Hilfe brauchen, interveniert er nicht sofort auf massive Weise. Es wäre ein Fehler, wenn er die Führung sogleich mittels eng gefasster Fragen und Aufforderungen übernähme. Dadurch würde er wahrscheinlich Lösungselemente liefern, die die Schüler durchaus selbst finden können. (...) Mehr Hilfe empfangen zu müssen, als man eigentlich braucht, ist unangenehm und macht widerspenstig. Der Schüler findet, man nehme ihn nicht für voll, kommt sich geschulmeistert vor und leistet daher weniger, als er könnte.« (S. 300)

BEISPIEL

Ein Unterrichtsbeispiel für kognitiv empathisches und dialogisch-sokratisches Verhalten nach dem »Prinzip der minimalen Hilfe«

Während der selbstständigen Arbeit an einer Aufgabe zu linearen Gleichungen geht die Lehrperson von Tisch zu Tisch und bittet um eine Erklärung oder Begründung eines auf dem Schülerarbeitsblatt sichtbaren Lösungsschrittes, erkundigt sich nach dem angewandten Verfahren oder einem nächsten Denkschritt. All dies geschieht in sokratischer Weise über aufgabenspezifische Fragen. Beim ersten Schüler merkt die Lehrperson nach einem kurzen Blick auf dessen Lösungsblatt sofort, dass dieser die Aufgabe nicht richtig gelesen hat, und fragt nach: »Guck mal, du sagst (das und das).Wo steht denn das im Text?« und insistiert solange, bis der Schüler seinen Fehler selbst bemerkt. Dann geht er zu einem zweiten Schüler, bemerkt auch dort sehr schnell, wo dieser steht und erkundigt sich: »Was brauchst du denn, wenn du zwei Variablen hast, um so was zu lösen?« Nach einer falschen Antwort des Schülers (»drei Gleichungen«), hilft er ihm mittels minimaler Hilfestellung auf die Sprünge. Der Lehrer schafft es innerhalb von 20 Minuten, durch die konzentriert arbeitende Klasse zu gehen und jeder Person, bei der er ein Problem erkennt, durch eine kommunikativ wertschätzende, kurze und häufig humorvolle Interaktion aufgabenpräzise weiterzuhelfen.

Das Beispiel kann als Videosequenz durch einen Link im Text von Reusser/Lipowsky/ Pauli 2021 abgerufen werden. Im selben Text können auch weitere authentische Unterrichtsbeispiele (video- und textbasiert) abgerufen und studiert werden. Einige der Beispiele stammen aus der DVD-Reihe »Unterrichtsvideos für die Aus- und Weiterbildung von Lehrpersonen« (hrsg. von K. Reusser, C. Pauli und K. Krammer. Universität Zürich, Institut für Erziehungswissenschaft). Drei Videobeispiele lassen sich abrufen unter https://tube. switch.ch/channels/G47g6uESFe.

Formativer Charakter und Kompetenzorientierung
(*formative assessment*)

Die Lehrperson bemüht sich, durch fachinhaltliche, lernmethodische, regulationsbezogene (metakognitive) oder die emotionale Befindlichkeit der Lernenden thematisierende Hinweise auf die Lernenden einzugehen und ihnen zu helfen, auf höhere Kompetenzniveaus zu kommen. Durch inhaltspräzis und klar formulierte Hinweise lenkt sie den Blick und die gedankliche Aufmerksamkeit auf jene Elemente und Beziehungen eines Gegenstandes, deren Beachtung und Verknüpfung miteinander für das Verständnis einer Sache oder eines Begriffs, zur Lösung einer Aufgabe oder zur Erreichung eines Fähigkeitsziels wichtig sind.

Bezogen auf die individuellen Voraussetzungen und das Vorwissen der Lernenden bewegt sich gute Unterstützung idealerweise in der »Zone der nächsten Entwicklung« (Vygotsky 1969). Basierend auf einer diagnostischen Grundlage werden jene Herausforderungen einer Aufgabe angesprochen, welche die Schüler/innen ohne Unterstützung noch nicht bewältigen können, deren Bewältigung sie jedoch mithilfe der Lehrperson erlernen können. Förderliche Impulse sind dabei konkret, verständnisklar, zielbezogen und darauf gerichtet, den Prozess, an dem der Schüler/die Schülerin arbeitet, voranzubringen.

Hattie & Timperley (2007; vgl. Abb. 1) unterscheiden zwischen drei Formen von prozess- und fähigkeitsunterstützenden (formativen) Rückmeldungen:

- **Feed Back** im engeren Sinn: Rückmeldung zur Korrektheit einer Lösung oder eines Beitrags bzw. zum aktuellen Bearbeitungs- und Kompetenzstand:
  »Du bist schon sehr weit gekommen«; »Ganz toll seid ihr unterwegs«; »Inhaltlich scheint mir der Abschnitt jetzt stimmig. Jetzt überprüf nochmals die Rechtschreibung«; »Eine gute Idee, die ich weiterverfolgen würde.«
- **Feed Up:** Klärung/Vergewisserung des Ziels/des zu erreichenden Ergebnisses, der anzustrebenden Fähigkeit (»Was ist das Ziel?«; »Welches Ergebnis strebst du an?«):
  »Gibt es nicht noch eine zweite Frage, die auch noch zu beantworten ist?«; »Hilft dir jetzt, dein Zwischenergebnis bzw. die Frage zu beantworten?«; »Welche Frage möchtest du eigentlich beantworten?«
- **Feed Forward:** Impulse zur Weiterarbeit, zum Weiterdenken, zu einem nächsten Handlungsschritt oder einer alternativen Lösungsstrategie:
  »Was willst du nun als Nächstes tun?«; »Wenn du deinen Ansatz weiterverfolgst, solltest du auch zur Lösung kommen«; »Dann würde ich jetzt einmal die Skizze machen«; »Besprecht den Text gemeinsam und fragt, ob er eure Frage nicht beantwortet?«

Den drei Formen formativer Unterstützung ist gemeinsam, dass sie inhaltspräzise und förderorientiert sind und sich bestmöglich am diagnostizierten Bearbeitungsstand einer Aufgabe bzw. am Lernstand des Schülers/der Schülerin orientieren.

Je mehr unterstützende Impulse dabei in Richtung nächster Denk- und Handlungsschritte verweisen (Feed Forward), desto befriedigender und wirksamer wird die Unterstützung erlebt. (In den oben im Kasten erwähnten Unterrichtsbeispielen wird kaum eine Unterstützungssequenz ohne einen zukunftsgerichteten, aufgaben- und strategiebezogenen Impuls abgeschlossen.)

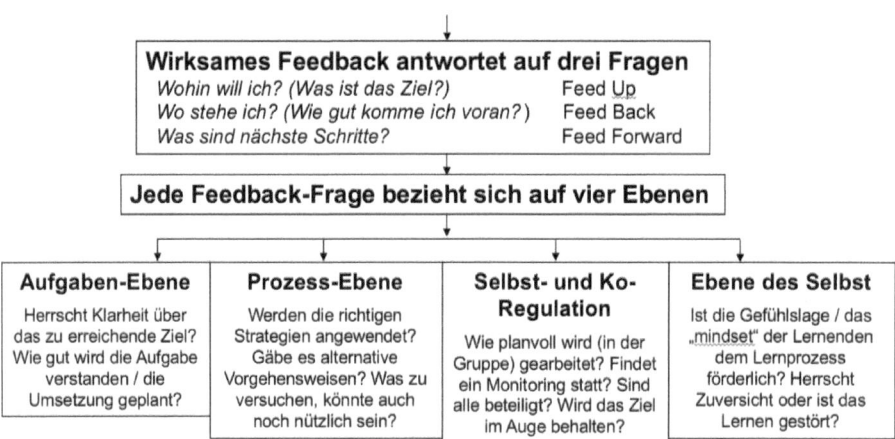

Abb. 1: Adaptiert nach Hattie/Timperley 2007

Respektvolle und wertschätzende Kommunikation

Dieser Aspekt ist deshalb besonders wichtig, weil die für das Lernen von Kindern und Jugendlichen bedeutsame soziale und motivational-emotionale Dimension des Lernens häufig unterschätzt wird (s. Kasten).

> ## Lernen wird dann als selbstbestimmt und positiv erfahren, wenn es die Grundbedürfnisse nach Kompetenz, Autonomie und sozialer Zugehörigkeit befriedigt
>
> Kinder und Jugendliche möchten sich in der Bewältigung herausfordernder Aufgaben als kompetent und selbstwirksam erleben. Dazu brauchen sie sichtbare Lernerfolge und Lehrpersonen, die Lernfortschritte erkennen und wertschätzen. Schüler/innen möchten sodann über raum-zeitliche Gestaltungsfreiräume bezüglich Interaktions- und Sozialformen verfügen und über Lernwege und Lernprodukte mitbestimmen. Und sie möchten sich der Gemeinschaft (Lerngruppe, Klasse) zugehörig und als Person wahrgenommen und wertgeschätzt fühlen.
>
> Werden diese menschlichen Grundbedürfnisse (Deci/Ryan 1993) befriedigt, stehen die Chancen für intrinsisch motiviertes Lernen gut. Eine förderliche Lernbegleitung soll deshalb nicht nur fachlich gehaltvoll und kognitiv aktivierend sein, sondern auch die Entwicklung einer selbstbestimmten Motivation im Auge behalten und diese unterstützen.

Lernende wollen spüren, dass Lehrpersonen sie ernst nehmen und ihnen zutrauen, Lernfortschritte zu machen oder eine Aufgabe zu lösen. Gerade bei Schüler/innen mit ungünstigen Lernvoraussetzungen (Vorwissen, Motivation, Lernkompetenzen) ist es wichtig, dass die Lehrperson auch kleine Lernfortschritte erkennt und ausdrücklich würdigt. Zu einer lernförderlichen Unterstützung gehört jedoch nicht nur ein positives Lernklima, sondern die Schüler/innen sollen entsprechend ihren individuellen Fähigkeiten auch herausgefordert werden, an einer für sie anspruchsvollen Aufgabe dran zu bleiben, Sitzleder und Durchhaltewillen zu zeigen. Eine produktive Lernunterstützung besteht somit nicht nur aus einer »Lobkultur«, sondern bewegt sich in einem Spannungsfeld zwischen den Polen »challenging« und »caring«. In jedem Fall sollen Rückmeldungen und weiterführende Hinweise darauf abzielen, die Denkaktivität, den Sinnfluss und das Niveau der geistigen Anstrengung eines Schülers/einer Schülerin – und damit sein/ihr Kompetenz- und Autonomieerleben – auch bei auftretenden Schwierigkeiten aufrecht zu erhalten.

Eine positive emotionale Zuwendung und ein respektvoller Ton sind dann besonders wichtig, wenn Rückmeldungen auch kritische Elemente beinhalten. Besonders schwache Schülerinnen und Schüler mit geringem Selbstvertrauen erleben oftmals wenig aufbauende Rückmeldungen, die sie im Gegenteil demotivieren.

Manfred Prenzel (1997) beschreibt sechs Formen, wie Lehrpersonen ungewollt und meist unbemerkt Lernende demotivieren können. Eine Herabsetzung der Motivation von Lernenden geschieht häufig dann, wenn

- aufgrund einer gefühlten (Kontroll-)Verantwortung der Lehrperson das Grundbedürfnis nach Autonomie von Lernenden kleinschrittig eingeschränkt wird, d.h. wenn die Lehrperson »aus Sorge, gleich korrigierend eingreifen« zu müssen, allgemein sehr engmaschig kontrolliert. Diese Form der »Demotivierung« bleibt gerade deshalb unbemerkt, weil man glaubt, den Lernenden zu helfen, für ihre Entwicklung etwas Gutes zu tun« (S. 36)

- keine Zieltransparenz besteht, d. h. den Lernenden weder das Ziel klar ist noch sie die Wege erkennen, auf die sie die Lehrenden (mit guten Gründen) schicken möchten
- dem instruktionalen Handeln die Adaptivität fehlt, d. h. dieses nicht auf die bestehenden individuellen Lernvoraussetzungen abgestimmt ist
- die Lernenden aus einer vermeintlich positiven sprachlichen Rückmeldung (z. B. »Na bravo! Jetzt hast du es endlich auch geschafft!«) oder aus dem Tonfall, der Mimik oder Gestik der Lehrperson spüren, dass diese ihnen wenig zutraut – womit ihr Kompetenzerleben (weiter) untergraben wird
- das Bedürfnis von Lernenden nach sozialer Einbindung verletzt wird, wenn die Lehrperson sie nicht wahrnimmt, kaum je vorbeikommt, kaum ansprechbar erscheint und kein Sensorium für ihre Schwierigkeiten und Ängste zeigt
- wenn Lehrende ihren Lehrstoff nicht selbst mit sichtbarem Interesse vertreten, gelangweilt wirken und kein Funke der »Ansteckung« (durch das Aufleuchten lassen von etwas Fragwürdigem, Spannendem, Wichtigem, Bedenkenswertem) auf die Schüler/innen und deren Lernen überspringt.

Erfahrene Lehrpersonen wissen, dass es bei Rückmeldungen häufig auf Feinheiten der didaktischen Kommunikation ankommt. Nachstehend ein paar Beispiele, wie – auch kritische – Rückmeldungen und Kommentare wertschätzend eingeleitet werden können.

Beispielhafte Einleitungen zu Rückmeldungen an Lernende

• Ich finde es gut, dass …	• Wie meinst du das …?
• Mir gefällt, wie du …	• Mich irritiert, dass …
• Ich bin beeindruckt, wie …	• Ich merke, du hast Fortschritte gemacht …
• Ich bin überrascht, wie …	• Ich verstehe gerade nicht, was du meinst …
• Ich wundere mich, dass …	• Kann/muss man das nicht anders sehen …?
• Was mir auffällt ist, wie …	• Ich würde gerne wissen, wie du …
• Ist es nötig, dass …?	• Ich frage mich, ob …
• Hier fehlt mir …	• Hier verstehe ich nicht, was du sagen willst
• Ich stolpere über …	• Braucht es diese/n Linie/Schritt wirklich?
• Wo steht denn im Text, dass man …?	• Obwohl deine Grundidee sehr gut ist, solltest du …

Ein Beispiel aus einer unserer Videostudien (Klieme/Pauli/Reusser 2009) zeigt, wie es einer Lehrperson gelingt, auch einen krassen Fehler eines Schülers, dass nämlich der Satz des Pythagoras bei allen Dreiecken gelte (!) (und von dem sie möglicherweise denkt, dass dieser Fehler jetzt keinesfalls mehr vorkommen dürfte …) nicht (in deutlichen Worten) negativ zu evaluieren. Stattdessen sagt sie ganz ruhig an die Klasse gerichtet: »Gilt also immer, der Satz – in jedem Dreieck?!«, worauf sich nach kurzer Pause eine Mitschülerin meldet und bemerkt, dass der Satz in einem gleichseitigen Dreieck ja sicher nicht gelten könne. D. h. das Fehlkonzept, welches möglicherweise auch noch bei anderen Schülern besteht, wird als nochmalige Lerngelegenheit aufgegriffen und mithilfe der Klasse – ohne »shaming and blaming« – korrigiert.

Tipps für eine kognitiv aktivierende Unterstützung in allen Fächern, Stufen, Lernphasen und Sozialformen (ergänzt nach Reusser/Lipowsky/Pauli 2021)

- Fragen Sie die Lernenden nach dem (Etappen)Ziel, das sie gerade verfolgen.
- Bemühen Sie sich, den Denk-/Wissensstand sowie die Vorstellungen der Lernenden präzise zu erfassen.
- Verhalten Sie sich neugierig und interessiert.
- Zeigen Sie sprachlich und nonverbal Präsenz und Zuwendung, und hören Sie aktiv zu.
- Ermöglichen, motivieren und organisieren Sie den niedrigschwelligen Austausch mit Mitschüler/innen (Partnerdialoge, wechselseitige Hilfe, Peer-Feedback).
- Lassen Sie Meinungen, Standpunkte, Lösungsschritte, Skizzen begründen, und fordern Sie Selbsterklärungen ein.
- Lassen Sie die Lernenden relevantes Vorwissen und Vorerfahrungen in Erinnerung rufen.
- Bestehen Sie bei eingeforderten Erklärungen und Begründungen darauf, dass die von den Lernenden eingebrachten Argumente stichhaltig sind; wenn nicht: Problematisieren Sie den Argumentationsstrang des Schülers/der Schülerin.
- Helfen Sie den Lernenden, mit minimalen Hilfestellungen auf die Sprünge zu kommen statt die Lösung zu sagen.
- Fokussieren Sie bei der Lernunterstützung – auch bereits im erarbeitenden Unterricht – auf die Betonung verständniswichtiger Konzepte und Beziehungen (sogenannte Verstehenselemente).
- Statt einfaches Feedback im Sinne von Richtig oder Falsch zu geben: Stellen Sie Rückfragen, und regen Sie die Lernenden an, ihre Antwort selbst zu überprüfen.
- Seien Sie in Ihren Rückmeldungen möglichst spezifisch, indem Sie die Mikrostrukturebene von Bearbeitungsprozessen ansprechen.
- Reagieren Sie auf (vermutete) Fehler sokratisch, indem Sie den Lernenden dabei helfen, die Fehler selbst zu finden.
- Regen Sie die Lernenden an, ihre Denkschritte und Überlegungen zu verbalisieren.
- Begleiten Sie Ihre eigenen Handlungen und Strategien durch lautes Denken, und seien Sie somit selbst Vorbild für die explizite Anwendung von Lernstrategien.
- Zeigen Sie den Lernenden, dass Sie sich über ihre Denkschritte freuen.
- Loben Sie sie für ihre Ideen und Einfälle, und begründen/erläutern Sie, warum Sie die Ideen, Einfälle und Denkschritte gut finden.
- Machen Sie den Lernenden Mut, indem Sie ihnen sagen, dass das Erleben einer Durststrecke, Sackgasse oder Denkblockade etwas Normales ist, und dass Geduld und Durchhaltewillen wichtig sind.
- Regen Sie die Lernenden an, über ihre Lösungswege zu reflektieren.
- Fragen Sie Ihre Schüler/innen, wie sie bei Schwierigkeiten vorgegangen sind.
- Versuchen Sie, unterschiedliche Bearbeitungswege Ihrer Lernenden zu beobachten,

und machen Sie diese zum Thema einer anschließenden gemeinsamen Reflexionsphase.
- Regen Sie Ihre Schüler/innen an, über die Arbeitsprozesse beim kooperativen Lernen
  nachzudenken (u. a. Lösung bei Problemen, Einbezug aller Lernenden, Umgang mit
  Lösungsideen, wechselseitige Bezugnahme).

Woran können Lehrpersonen erkennen, ob ihre Lernenden kognitiv aktiviert sind, im Unterricht gedanklich mitgehen und beteiligt sind?

Es gibt zahlreiche Merkmale im Verhalten von Schüler/innen in Unterrichtsgesprächen, während Gruppenarbeiten und in Phasen des selbstständigen Lernens,
welche der Lehrperson Aufschluss darüber geben, ob ihre Lernenden innerlich
am Unterrichtsgeschehen beteiligt sind und sich mit dem Lerngegenstand bedeutungsvoll auseinandersetzen. Daneben, dass die Lernenden natürlich selber befragt werden können, inwieweit sie sich durch ihren Unterricht motiviert und herausgefordert fühlen, lassen folgende Merkmale von Schülerbeiträgen erkennen, ob
eine mitdenkende Beteiligung stattfindet (Reusser/Lipowsky/Pauli 2021). Schüler/
innen
- begründen, erläutern und erklären Begriffe und Sachverhalte in eigenen Worten
- stellen Vermutungen an, erwägen Vorgehensweisen und Lösungswege
- stellen Rück- bzw. Verständnisfragen, hinterfragen eine Aussage oder ein Ergebnis
- nehmen Bezug auf Positionen, Beiträge und Meinungen von Mitschüler/innen
- äußern weiterführende Fragen und Gedanken
- diskutieren aufgabenbezogen miteinander, erklären sich Dinge wechselseitig
- suchen Beispiele und Gegenbeispiele, Argumente und Gegenargumente
- vergleichen, wägen ab, bilden Analogien, schlussfolgern
- nehmen auf Vorwissen Bezug, verwenden Fachbegriffe und stellen Querbezüge
  her
- wenden ein Konzept, Verfahren oder eine Strategie auf eine neue Situation an
- reflektieren über Arbeitsschritte und den eigenen Lernprozess.

Zusammenfassung

Zum Abschluss seien die wichtigsten Aussagen dieses Textes nochmals mithilfe
zweier Konzepte eines lernwirksam unterstützenden Unterrichts zusammenfasst:

Adaptives Lehr-Lernhandeln als »cognitive apprenticeship«

Zur Beschreibung der Rolle der Lehrpersonen beim Aufbau fachlicher und überfachlicher Kompetenzen kann die Vorstellung von Unterricht als »*cognitive apprenticeship*« (Collins 2006), als »kognitive Lehre« herangezogen werden. Schüler/innen sind *Kulturlehrlinge*, die damit beschäftigt sind, sich auf (in Lehrplänen festgehaltene) kulturfachliche Bildungsinhalte (wie Lesen, Schreiben, naturwissenschaftliches Denken, Mathematik, Geschichte usw.) einzulassen und dabei fachliche und überfachliche Kompetenzen zu erwerben. Gemäß dem an die klassische Berufslehre angelehnten (auf geistig-kulturelle Inhalte übertragenen) Lehr-Lern-Modell wird der Lehr-Lern-Prozess als progressiver und schrittweiser Übergang von der Fremdsteuerung zur Selbststeuerung bei der Bewältigung von fachinhaltlichen, lernmethodischen, sozialen und personalen Anforderungen verstanden. In einem als Kulturwerkstatt verstandenen Unterricht erhalten die Lernenden von den Lehrpersonen (und von ihren Peers) idealerweise genau so viel Unterstützung, wie sie benötigen, um eine bestimmte Anforderung erfolgreich zu bewältigen. Mit der Zunahme an Kompetenz der Lernenden wächst deren Eigenständigkeit und Autonomie, während deren Hilfebedürftigkeit abnimmt. Entsprechend kommen dabei unterschiedliche Strategien der Unterstützung durch die Lehrperson – beim kooperativen Lernen auch durch Mitlernende – zum Tragen.

Konkret (s. Kasten): Die Lehrperson dosiert die Lernunterstützung nach Maßgabe der zunehmenden Selbstständigkeit der Lernenden. Je mehr diese schrittweise selbst die Verantwortung für die Bearbeitung einer Aufgabe übernehmen (können), desto mehr nimmt die Lehrperson ihre modellierende Unterstützung (*modeling*) zurück, wird zum Lerngerüst (*scaffolding*) und zum Lerncoach, der sich bemüht, dass die Lernenden sich als kompetent Handelnde erleben können. Selber versucht er, sich durch *fading* in den Hintergrund zurückzuziehen. Des Weiteren ist lernförderlich, wenn die Schüler/innen ermutigt werden, ihr problemlösendes Handeln und ihre Erkenntnisse laut-denkend zu verbalisieren, Lösungen und Lösungswege in eigenen Worten auszudrücken (*articulation*), den Lernprozess, die gewonnenen Ergebnisse und die eingesetzten Strategien zu reflektieren (*reflection*) und neue Anwendungsmöglichkeiten für das Gelernte zu erkunden (*exploration*). Gute Lernunterstützung versucht, damit adaptiv auf unterschiedliche Lernstände und Bedürfnisse zu antworten. Aktivitätsschwerpunkt und Lernsteuerung sollen zunehmend zu den Schüler/innen gelenkt und diese befähigt werden, das Lernen in die eigenen Hände zu nehmen (Brägger u. a. 2021).

Strategie	Vorgehen der Lehrperson
Informing	Die Lehrperson arrangiert eine Lernsituation. Sie gibt das Ziel bekannt, begründet das Vorgehen und formuliert die Ergebniserwartung.
Modeling	Die Lehrperson (oder ein/e Mitschüler/in) zeigt das gewünschte Verhalten vor und sagt gleichzeitig, was sie tut.
Coaching	Die Lehrperson beobachtet die Lernenden bei der Ausführung und greift selektiv ein, wenn es erforderlich ist.
Scaffolding	Die Lehrperson (oder ein/e Mitschüler/in) agiert als Lerngerüst, d. h. sie gibt jeweils genau so viel Anleitung und Strukturierungshilfe, wie der Schüler oder die Schülerin benötigt, um die gewünschten Anforderungen zu meistern.
Articulation	Die Lehrperson ermutigt die Lernenden, ihr Wissen und Denken in Worte zu fassen.
Reflection	Die Lehrperson leitet die Lernenden zur Reflexion ihrer Lernprozesse an, beispielsweise indem sie Begründungen verlangt oder auf alternative Zugänge hinweist.
Exploration	Die Lehrperson ermutigt die Lernenden, das neu Gelernte auf weitere Situationen oder Fälle zu übertragen.

Funktionsmomente der Lernunterstützung nach dem Modell der cognitive apprenticeship, in Anlehnung an Collins 2006. Vgl. ebenfalls die animierte Erklärung unter: www.youtube.com/watch?v=Hz3S8z9gLzc

Das Lernunterstützungsmodell »Inspire«

Die nachstehende Darstellung von Lepper & Woolverton (2002) benennt sieben Merkmale einer produktiven Lernbegleitung, die es für das ganze Spektrum von Unterrichtsformen braucht. Die durch das Akronym beschriebenen Tätigkeiten, in denen viel Weisheit der Praxis und Forschungswissen über die Rolle von Lehrpersonen bei der Unterstützung des Schülerlernens steckt, drücken auf intuitive Weise aus, worauf es ankommt, damit eine aufgabenbezogene Lernbegleitung als kognitiv empathisch, konstruktiv und deshalb inspirierend wahrgenommen wird, nämlich wenn sie

- *intelligent* ist, d. h. viel Fachwissen, (fach)didaktisches Wissen, pädagogisch-psychologisches Wissen verfügbar hat und dieses situativ und kognitiv aktivierend einsetzt
- *nährend* ist, d. h. ein gutes emotionales Klima zu schaffen vermag, viel Zeit für die Beziehung und Interaktion zwischen Lehrperson und Schüler/in einsetzt, Interesse an deren Lernständen zeigt und ihnen Fortschritte zutraut
- *sokratisch* ist, d. h. die Schüler/innen zu aktivieren versteht, indem sie viele Fragen und Anstöße bereithält, dagegen eher wenige Erklärungen gibt

- *progressiv* ist, d.h. eine förderliche Fehlerbearbeitung pflegt, beim Geben von Hinweisen insofern progressiv agiert, als sie anfänglich allgemeine und bei Bedarf zunehmend konkrete Hilfestellungen gibt
- *indirekt* ist, d.h. Rückmeldungen und Hilfestellungen eher indirekt in Form von weiterführenden Denkanstößen und Anregungen gibt als direkt in Form von rezepthaften Anweisungen
- *reflexiv* ist, d.h. die Aufmerksamkeit der Lernenden auf ihr Lern- und Problemlöseverhalten lenkt, sie zur Reflexion der Lösungsprozesse anregt, Selbsterklärungen anfordert, Strategien modelliert und initiiert
- *ermutigend* ist, d.h. die Lernenden bei der Regulation der Motivation unterstützt, ihr Selbstvertrauen fördert und positive Lernemotionen wie Lernfreude, Stolz und Zugehörigkeit konstruktiv unterstützt.

Welche Kompetenzen benötige ich als Lehrperson, und wie kann ich mich auf eine produktive Lernunterstützung konkret vorbereiten?

Basierend auf der im vorliegenden Text entfalteten Zielvorstellung einer kognitiv emphatischen, formativ-prozessorientierten Unterstützung des fachlichen und überfachlichen Lernens von Schüler/innen lassen sich drei Anforderungen nennen, die Lehrpersonen in ihren Fähigkeiten und Haltungen idealerweise erfüllen sollten:

- die Sache, den Lerngegenstand und die damit verbundenen Herausforderungen verstehen und ins Zentrum stellen: die Lernaufgaben, Lernaufträge und ihre (über-) fachlichen Verständnisanforderungen, Bearbeitungspotenziale und Lösungswege tief durchdenken
- das Kind oder den Jugendlichen verstehen wollen: Wahrnehmen von Lernständen und Bedürfnissen/Interessen, Eindenken in individuelle Lernwege, mentale Modelle, Fehlerwelten und in motivational-emotionale Zustände und Dispositionen von Lernenden
- sich um fachpädagogisch gehaltvolle, konstruktiv unterstützende Lehr-Lerndialoge mit allen Lernenden bemühen: Fähigkeit zum Führen von sinnstiftenden Dialogen mit individuellen Kindern und Lerngruppen, welche als kognitiv hilfreich und sozioemotional unterstützend wahrgenommen werden.

Nur wer nicht nur die Lernvoraussetzungen seiner Schüler/innen, sondern auch die Anforderungen, die ein konkreter Inhalt, eine Lernaufgabe stellt aus eigener »kognitiver Selbsterfahrung« (Beck/Borner/Aebli 1986) genau kennt, ist zu einer gedanklich einfühlsamen Lernbegleitung fähig (Reusser 2018). Vor allem das eigene Studium der Lernaufgaben in der Unterrichtsvorbereitung, das Ausloten des Denkraums von Aufgaben ist eine *conditio sine qua non* für jede adaptive und wirksame Lernunterstützung. Das ist z.B. bei mathematischen oder naturwissenschaftlichen Problemen mehr als sich als Lehrperson fertige (als ideal befundene) Lösungswege zu überlegen, um diese mit der Klasse linear (häufig fragend-entwickelnd) abzuarbeiten. Sich auf eine flexible und adaptive Unterstützung vorzubereiten heißt, die Bandbreite von Denkoperationen und Lösungswegen zu studieren, in den Blick zu nehmen, die eine Aufgabenstellung nahelegt. Nur wer sich der möglichen Bearbeitungswege von Lernaufgaben und dabei zu erwartenden Verstehenshürden bewusst ist, verfügt über die Beweglichkeit, heterogene Gruppen von Schülerinnen und Schülern förderorientiert situativ zu unterstützen und hinter die Kulissen von Fehlern und Auffassungsschwierigkeiten zu blicken.

Lassen wir die Lehrperson aus einem unserer Videobeispiele (s. o. Kasten) zu Wort kommen, diesmal zur Unterstützung des Lösens einer mittels linearer Gleichungen lösbaren Textaufgabe. Im nach der Unterrichtsstunde geführten Interview erläutert die Lehrperson, wie sie sich auf ihr diagnostisch präzises, schüleradaptives Hilfeverhalten vorbereitet hat und welche Überzeugungen sie bei der Vorbereitung geleitet haben:

> »Ich habe die für den Unterricht ausgewählten Aufgaben gründlichst durchgelöst. Also ich habe mir verschiedene Lösungswege angeschaut und habe auch gesehen, dass verschiedene Lösungswege möglich sind. Ich bereite mich gründlich vor, wobei gründliches Vorbereiten schließt ja nicht die Spontaneität aus. Weil manchmal eben auch nicht erwartete Sachen rauskommen, einfach so. Die gute, die gründliche Vorbereitung fördert, dass man selber merkt, da könnte es verschiedene Lösungswege geben. Das setzte ich dann gezielt im Gespräch ein.«

Was hier zum Ausdruck kommt, ist das Potenzial einer nicht bloß auf der Ebene der viel beschworenen pädagogischen Grundhaltung, sondern auf der Ebene der Mikrostrukturen und der fachspezifischen Denkprozesse sorgfältigen Unterrichtsvorbereitung, um im unvorhersehbaren Fluss des Unterrichtens spontan, flexibel und pädagogisch taktvoll zu reagieren, produktiv und für das Lernen ertragreich auf Lernschwierigkeiten, Lösungs(ab)wege und Fragen einzugehen, und die Lernenden mit gehaltvollen Hilfestellungen »kognitiv empathisch« (Reusser 2018) zu unterstützen.

Literatur

Aebli, H.: Zwölf Grundformen des Lehrens. Stuttgart 1983.

Beck, E./Borner, A./Aebli, H.: Die Funktion der kognitiven Selbsterfahrung des Lehrers für das Verhalten von Problemlöseprozessen bei Schülern. In: Unterrichtswissenschaft 14 (1986), S. 303–317.

Bloom, B. S.: Taxonomy of Educational Objectives. Boston, MA 1956.

Brägger, G./Haug, R./Reusser, K./Steiner, N.: Adaptive Lernunterstützung und formatives Feedback in offenen Lernumgebungen. In: Brägger, G./Rolff, H.-G. (Hrsg.): Handbuch Lernen mit digitalen Medien. Weinheim 2021, S. 700–754.

Collins, A.: Cognitive Apprenticeship. In: Sawyer, R. K. (Ed.): The Cambridge Handbook of the Learning Sciences. Cambridge UK 2006, S. 47–60.

Deci, E. L./Ryan, R. M.: Die Selbstbestimmungstheorie der Motivation und ihre Bedeutung für die Pädagogik. In: Zeitschrift für Pädagogik 39 (1993), S. 223–238.

Drollinger-Vetter, B.: Verstehenselemente und strukturelle Klarheit. Fachdidaktische Qualität der Anleitung von mathematischen Verstehensprozessen im Unterricht. Münster 2011.

Hattie, J./Timperley, H.: The power of feedback. In: Review of Educational Research 77 (2007), S. 88–112.

Hugener, I./Krammer, K./Reusser, K.: Problemlösen im Mathematikunterricht. DVD Nr. 2 aus der Reihe Unterrichtsvideos für die Aus- und Weiterbildung von Lehrpersonen, hrsg. von K. Reusser, C. Pauli & K. Krammer. Zürich: Pädagogisches Institut 2007.

Klieme, E./Pauli, C./Reusser, K.: The Pythagoras Study: Investigating Effects of Teaching and Learning in Swiss and German Mathematics Classrooms. In: Janik, T./Seidel, T. (Eds.): The Power of Video Studies in Investigating Teaching and Learning in the Classroom. Münster 2009, S. 137–160.

Klieme, E.: Unterrichtsqualität. In: Harring, M./Rohlfs, C./Gläser-Zikuda, M. (Hrsg.): Handbuch Schulpädagogik. Münster 2019, S. 393–408.

Krammer, K.: Individuelle Lernunterstützung in Schülerarbeitsphasen. Eine videobasierte Analyse des Unterstützungsverhaltens von Lehrpersonen im Mathematikunterricht. Münster 2009.

Lepper. M. R./Woolverton. M.: The wisdom of practice: lessons learned from the study of higly effective tutors. In: Aronson, J. (Ed.): Improving Academic Achievement. New York 2002, S. 135–158.

Lipowsky, F.: Zur Qualität offener Lernsituationen im Spiegel empirischer Forschungen. Auf die Mikroebene kommt es an. In: Drews, W./Wallrabenstein, W. (Hrsg.): Freiarbeit in der Grundschule. Offener Unterricht in Theorie, Forschung und Praxis. Frankfurt am Main 2002, S. 126–159.

Lipowsky, F./Lotz, M.: Ist Individualisierung der Königsweg zum Lernen? Eine Auseinandersetzung mit Theorien, Konzepten und empirischen Befunden. In: G. Mehlhorn, G./ Schulz, F./ Schöppe, K. (Hrsg.): Begabungen entwickeln & Kreativität fördern. München 2015, S. 155–219.

Lipowsky, F./Hess, M.: Warum es manchmal hilfreich sein kann, das Lernen schwerer zu machen – Kognitive Aktivierung und die Kraft des Vergleichens. In: Schöppe, K./Schulz, F. (Hrsg.): Kreativität & Bildung – Nachhaltiges Lernen. München 2019, S. 77–132.

Lipowsky, F./Reusser, K./Pauli, C.: Unterrichtsgespräche kognitiv aktivierend gestalten. In: Pädagogik 73 (2021), Heft 11, S. 17–24.

Mayer, R. E.: Should there be a three-strikes rule against pure discovery learning? In: American Psychologist, 59 (2004), S. 14–19.

Pauli, C.: Fragend-entwickelnder Unterricht aus der Sicht der sozio-kulturalistisch orientierten Unterrichtsgesprächsforschung. In: Baer, M./Fuchs, M./Füglister, P./Reusser, K./Wyss, H. (Hrsg.): Didaktik auf psychologischer Grundlage: Von Hans Aeblis kognitionspsychologischer Didaktik zur modernen Lehr- und Lernforschung. Bern 2006, S. 192–206.

Pauli, C.: Klassengespräche – Engführung des Denkens oder gemeinsame Wissenskonstruktion selbstbestimmt lernender Schülerinnen und Schüler? In: Bohl, T./ Kansteiner-Schänzlin, K./ Kleinknecht, M./Kohler, B./ Nold, A. (Hrsg.): Selbstbestimmung und Classroom Management.

Empirische Befunde und Entwicklungsstrategien zum guten Unterricht. Bad Heilbrunn 2010, S. 145–161.

Pauli, C./Reusser, K.: Unterrichtsgespräche führen – das Transversale und das Fachliche einer didaktischen Kernkompetenz. In: Beiträge zur Lehrerinnen- und Lehrerbildung 36 (2018), S. 365–377.

Pauli, C./Reusser, K./Stebler, R.: Individuelle Lernunterstützung beim personalisierten Lernen. In: Rabenstein, K./Kunze, K./Martens, S./Idel, T.-S./Proske, M./Strauss, S. (Hrsg.): Individualisierung von Unterricht. Transformationen – Wirkungen – Reflexionen. Bad Heilbrunn 2018, S. 137–150.

Piaget, J.: Das Recht auf Erziehung und die Zukunft unseres Bildungssystems. München 1975.

Prenzel, M.: Sechs Möglichkeiten, Lernende zu demotivieren. In: Gruber, H./ Renkl, A. (Hrsg.): Wege zum Können. Determinanten des Kompetenzerwerbs. Bern 1997, S. 32–44.

Reusser, K.: Konstruktivismus – vom epistemologischen Leitbegriff zur Erneuerung der didaktischen Kultur. In: Baer, M./Fuchs, M./Füglister, P./Reusser, K./Wyss, H. (Hrsg.): Didaktik auf psychologischer Grundlage: Von Hans Aeblis kognitionspsychologischer Didaktik zur modernen Lehr- und Lernforschung. Bern 2006, S. 151–168.

Reusser, K.: Aufgaben – Träger von Lerngelegenheiten und Lernprozessen im kompetenzorientierten Unterricht. In: Seminar 20 (2014), H. 4, S. 77–101.

Reusser, K.: Jenseits der Beliebigkeit – »Konstruktivistische Didaktik« auf dem Prüfstand der empirischen Unterrichtsforschung. In: Journal für Lehrerinnen- und Lehrerbildung, Jg. 2016, H. 2, S. 40–49.

Reusser, K.: »Kognitive Empathie« als Prozessmerkmal und berufsethische Qualität guten Unterrichts. Perspektiven und Anwendungen. In: Schärer, H. R./Zutavern, M. (Hrsg.): Das professionelle Ethos von Lehrerinnen- und Lehrern. Münster 2018, S. 73–90.

Reusser, K./Pauli, C./Waldis, M. (Hrsg.): Unterrichtsgestaltung und Unterrichtsqualität – Ergebnisse einer internationalen und einer schweizerischen Videostudie zum Mathematikunterricht. Münster 2010.

Reusser, K./Lipowsky, F./Pauli, C.: Eine kognitiv aktivierende Lernumgebung gestalten. In: Pädagogik 73 (2021), H. 11, S. 8–13 (inkl. Zusatz-Materialien und Videobeispiele unter www.beltz.de/paed-materialien.

Stebler, R./Pauli, C./Reusser, K.: Personalisiertes Lernen – Zur Analyse eines Bildungsschlagwortes und erste Ergebnisse aus der perLen-Studie. In: Zeitschrift für Pädagogik 64 (2018), S. 159–178.

Stebler, R./Pauli, C./Reusser, K.: Personalisiertes Lernen als schulisches Bildungskonzept. Erscheinungsformen, Qualitätsmerkmale und Forschungsbefunde. In: Brägger, G./Rolff, H.-G. (Hrsg.): Handbuch Lernen mit digitalen Medien. Weinheim 2021, S. 402–430. (a)

Stebler, R./Pauli, C./Reusser, K.: Personalisiertes Lernen in Schulen der Deutschschweiz. Ergebnisse der perLen-Studie. In: Ebd., Weinheim 2021, S. 431–456. (b)

Trapp, E. Chr.: Versuch einer Pädagogik. Zuerst 1780, Nachdruck Paderborn 1977.

Vygotsky, L.: Sprechen und Denken (1934). Frankfurt/M. 1969.

Torsten Nicolaisen

Lerncoaching: Lernende in ihrer Selbstwirksamkeit unterstützen

Das vornehmliche Ziel von Lerncoaching liegt darin, Schüler/innen in der Selbstgestaltung ihrer Lernprozesse zu unterstützen. Das Beeinflussen des persönlichen emotional-motivationalen Zustands während des Lernens ist darin integraler Bestandteil. Mitunter wird Lerncoaching als eine Art individualisierter Lernbegleitung verstanden, aber dies greift zu kurz. Wenn Lerncoaching in Anspruch genommen wird, dann geht es nicht nur um die Bearbeitung von Blockaden auf der methodischen oder kognitiven Ebene des Lernens, sondern primär im emotionalen Bereich. Lerncoaching soll dazu verhelfen, dass sich die Lernenden über diese Blockaden klar werden und die Fähigkeit zurückgewinnen, aufgrund von motivierenden und stabilisierenden Selbstwirksamkeitserfahrungen zum erfolgreichen und vor allem selbstgesteuerten und selbstregulierten Lernen zurückkehren zu können. Lerncoaching ist kein Trainingsmodell für Leistungssteigerung, sondern ein kommunikativer Prozess, in dem der Lernende neue Selbstsicherheit gewinnt.

Um dies zu ermöglichen, braucht es Erfahrungen: das Entdecken, welches lernstrategische Vorgehen dem eigenen Lernen förderlich ist und was auf der motivational-emotionalen Ebene unterstützend wirkt. In diesem Sinne trägt Lerncoaching dazu bei, dass Lernende sich als selbstwirksam erleben. Damit lassen sich in pragmatischer Hinsicht Bezüge zwischen Lerncoaching und Konzepten des selbstregulierten und selbstgesteuerten Lernens herstellen. Mit dieser Arbeitsrichtung ist die individuelle Förderung der Gesamtpersönlichkeit der Lernenden möglich.

Begriffliche Klärungen

Zum Lernverständnis im Lerncoaching

Lernen ist ein als komplexes Geschehen, es lässt sich weder auf eine lineare Verarbeitung von Information noch auf ein Input-Output-Modell reduzieren. Vielmehr findet es in vielfältigen Wechselwirkungen von Interaktion und subjektivem Erleben statt. Die Praxis des Lehrens und Lernens in pädagogischen Feldern wird längst nicht mehr auf pure Wissensvermittlung reduziert und befindet sich im

Wandel. Da die zunehmende soziale Komplexität in der Wissensgesellschaft den Erwerb von Lernkompetenz erfordert (Arnold 2015), geht es weitaus weniger um ein *Was-wird-gelernt*, sondern sehr viel mehr um ein *Wie-wird-gelernt* und *Wie-wird-das-Lernen-subjektiv-erlebt*. Die beiden letztgenannten Dimensionen von Lernprozessen bilden die Schwerpunkte im Lerncoaching, bei dem eine wichtige Voraussetzung der Lernkompetenz im Zentrum steht: die Selbstkompetenz (Solzbacher 2014).

Lerncoaching gehört ins weite Feld professioneller Beratungsformen im Kontext von Coaching im weiteren Sinn, daher sollen knappe begriffliche Annäherungen Klarheit bringen.

Coaching

Coaching wird neben Supervision und Mediation als professionelle Beratungsform bezeichnet. Ursprünglich ist Coaching zur Leistungsoptimierung im Sport und in der Wirtschaft gedacht gewesen. Mittlerweile dient es in einer großen Bandbreite dem beruflichen und privaten Selbstmanagement.

Coaching soll dazu dienen, dass der »Kunde« eine aktuelle Problematik bei der Bewältigung von Aufgaben klärt und anschlussfähige Lösungen entwickelt. Es lässt sich als ergebnisorientierte Reflexion betrachten (Greif 2008). Grundsätzlich zielt Coaching auf die Entwicklung von selbstregulatorischen Fähigkeiten.

Als Beratungsform versteht sich Coaching primär als Prozessberatung und weniger als Expertenberatung. In der Expertenberatung gibt ein Fachspezialist sein Wissen an einen Kunden weiter. Prozessberatung hingegen meint ein anderes Vorgehen: Hier wird im intensiven Gespräch mit dem Kunden dessen aktuelles Anliegen geklärt und bearbeitet. Lösungs- und Handlungsmöglichkeiten werden ebenfalls dialogisch entwickelt. Der Coach als Prozessberater gibt keine Lösungen vor.

Lerncoaching

Lerncoaching findet in unterschiedlichen pädagogischen Feldern und Bildungsbereichen Anwendung (Nicolaisen 2017a). Die konkreten Praxisformen variieren jedoch sehr stark. Nicht immer zeigt sich hinter dem Begriff eine konzeptionelle Fundierung. In Anlehnung an den Quellenbegriff Coaching kann das Lerncoaching als professionelle Beratungsform verstanden werden, die personenzentriert und prozessorientiert vorgeht. Das bedeutet, die Schüler/innen in ihrer Gesamtpersönlichkeit in den Blick zu nehmen. Handlungsideen werden im Dialog entwickelt und nicht vom Coach vorgegeben. Das Ziel von Lerncoaching liegt darin, Lernende in ihrem selbstgesteuerten Lernen und in der Entwicklung ihrer Selbstkompetenz individuell zu unterstützen. Selbstkompetenz kann als Basis für das Lernen gesehen werden (Solzbacher 2014).

Der Lerncoach unterstützt Schüler/innen vornehmlich in zwei Aspekten: zum einen individuell passende Lernstrategien zu entwickeln und zum anderen Ressourcen zum Überwinden von Lernschwierigkeiten zu finden. Damit setzt Lerncoaching insbesondere auf der emotionalen Ebene an. Es sollen die motivationalen Voraussetzungen geschaffen werden, damit Schüler/innen sich Lerninhalte erarbeiten und aneignen können. Hier besteht ein deutlicher Unterschied zur herkömmlichen Lehrtätigkeit von Lehrpersonen (Nicolaisen 2014).

Lernbegleitung – Lernberatung – Lerncoaching

In einer empirischen Studie unterscheiden Perkhofer-Czapek & Potzmann (2016) zwischen Lernbegleitung, Lernberatung und Lerncoaching. In der Praxis des Schulalltags jedoch zeigen sich Überschneidungen.

Lernbegleiter/in	(Lern-)Berater/in	Lerncoach im Lernsetting
ist schüler/innenorientiert (orientiert sich an Bedürfnissen der Schüler/innen) hält positive Beziehung zu Schüler/innen für wichtig; verhält sich wertschätzend, respektvoll und empathisch versteht Lernen als aktiven Prozess ist offen für eine Erweiterung des Rollen- bzw. Handlungsspektrums, ohne dass Traditionelles wegfällt hat ein ganzheitliches Bildungsverständnis	ist ressourcen- und lösungsorientiert in der Interaktion ist personenzentriert (Wertschätzung, Akzeptanz, Empathie, Perspektivenübernahme, Berücksichtigung des Lebenskontextes der Ratsuchenden) hat eine Nähe zu konstruktivistischen Lerntheorien hält sich zurück und akzeptiert den Verantwortungsbereich der Ratsuchenden hohe Redeanteile bei den Ratsuchenden	ist ressourcen- und lösungsorientiert in der Interaktion ist beziehungsfähig (u. a. Toleranz, Akzeptanz), wertschätzend, respektvoll, empathisch und hört zu hat ein konstruktivistisches Lernverständnis will Hilfe zur Selbsthilfe geben und die Eigenverantwortung stärken (hält sich mit Vorgaben zurück) sieht diese Haltung als Möglichkeit zur Gestaltung einer positiven Lehrer-Schüler/innen-Beziehung

Quelle: Perkhofer-Czapek/Potzmann 2016, S. 204

Professionelles Lerncoaching: konzeptionelle Orientierungen

Lerncoaching: eigene Emotionen regulieren und den Lernprozess steuern

Alltägliche Lernsituationen und -problematiken können einen Anlass für ein Lerncoaching geben. Dennoch werden mögliche Lösungswege nicht nur auf der operativen Ebene entwickelt, sondern auch mit Blick auf die personale Dimension im Lernen. Der Coach sieht den Schüler in *seiner* Situation und mit *seinen* Herausforderungen, die sich daraus ergeben. Hier kann der Schüler neben den Unterrichtsinhalten womöglich etwas darüber lernen, wie er solchen Herausforderungen begegnen will.

Lerncoaching arbeitet handlungsorientiert und befähigt den einzelnen Schüler darin, Lernprobleme zu lösen. Darüber hinaus zielt es auf die Fähigkeit zum Selbstregulieren der eigenen Gefühlslage und gegebenenfalls zur Selbstüberwindung. Und es lädt dazu ein, die einzelnen Schritte im Lernen genau in den Blick zu nehmen, zu verstehen und gegebenenfalls Veränderungen vorzunehmen.

Sowohl das Steuern des eigenen Handelns als auch das Regulieren von Emotionen sind notwendig, um mit kleinen und großen (Lern-)Krisen umzugehen. Eine Schülerin, die einen Umgang mit ihrer Prüfungsangst entwickelt oder ihre Mutlosigkeit überwindet, macht die überaus wichtige Erfahrung, dass sie keineswegs Opfer der Umstände oder ihrer Gefühle sein muss. Sie erlebt sich als selbstwirksam. Zu solchen Lernerfahrungen will Lerncoaching beitragen.

Lerncoaching bezieht sich auf ein konstruktivistisches Lernverständnis (Reich 2012) sowie auf Ansätze systemischer Beratung (von Schlippe/Schweitzer 2012). Diese lassen sich in theoretischer wie auch praktischer Hinsicht mit Ansätzen personenzentrierter Kommunikation (Motschnig/Nykl 2009) und angewandter Motivationspsychologie (Storch/Riedener-Nussbaum 2018) zu einem integralen Konzept verknüpfen (Nicolaisen 2017b). Mit diesen Perspektiven nimmt Lerncoaching die Schüler/-innen in ihrer Gesamtpersönlichkeit in den Blick. Während die Persönlichkeit(sperspektive) gewissermaßen immer mitschwingt, lassen sich auf der konkreten Verhaltensebene individuelle Lernstrategien entwickeln (Martin/Nicolaisen 2015).

Lerncoaching unterstützt Schüler/innen auf der Mikroebene ihrer Lernprozesse. Durch das strikt dialogische Vorgehen des Coachs ist es den Lernenden möglich, Zugang zu sich selbst zu bekommen, zum aktuellen Lernbefinden wie auch zu möglichen kleinen Schritten im Lernprozess. An solchem Punkt sind die Detailfragen des Coachs ausschlaggebend. Denn es macht für einen Schüler bisweilen einen bedeutsamen Unterschied, ob er z. B. beim Lernen von Vokabeln diese laut ausspricht oder nicht, wo er beim Lernen sitzt oder ob er sich dabei bewegt.

Sich zum eigenen Lernen in Beziehung setzen

Lerncoaching bedeutet weitaus mehr als das Vermitteln von Lerntechniken. Vielmehr geht es darum, eine Art von Beziehung zum eigenen Lernen aufzubauen. Lernende werden darin begleitet, den eigenen Lernprozessen auf die Spur zu kommen und sich besser darin wahrzunehmen und zu verstehen. Daher will Lerncoaching die Schüler/innen dazu befähigen, von einer Meta-Ebene auf die eigene aktuelle Lernsituation zu blicken: auf das »Wie« des Lernens und auf das damit verknüpfte Erleben. Es leitet an, eine Vogelperspektive einzunehmen. Von dieser Position aus vermag der Schüler, das eigene Befinden und aufkommende Gefühle während des Lernens zu beobachten und erwünschte Veränderungen in den Blick zu nehmen. Das braucht einen guten Rahmen und einige Übung, doch kann es auf sehr spielerische Weise passieren. Um es gegenüber den Lernenden zu versinnbildlichen, kann eine Metapher (z. B. »Vogelperspektive« oder »Wie mit einer Taschenlampe das Lernen beleuchten«) gute Dienste zu leisten.

Mit dem Einüben einer Beobachter-Position werden das Steuern einzelner Lernschritte und das Regulieren emotionaler Anteile erst möglich. Bestenfalls erkennen die Lernenden, dass sie mehr sind als ihre Schwierigkeit im Lernen. Damit kann das Einnehmen einer Metaposition in zweierlei Hinsicht hilfreich sein:
1. zur konstruktiven Selbstdistanzierung in der unmittelbaren Lernsituation,
2. zum Entwickeln von Selbstkompetenz auf längere Sicht.

Es geht nicht nur um die Selbstbeobachtung im Sinne von »Ich nehme wahr, dass ich mit der Lernaufgabe ungeduldig werde«, sondern solche Beobachtung zeigt auch in Richtung eines hilfreichen Umgangs damit: »Ich nehme meine Ungeduld wahr. Wie geht es mir damit? Wie möchte ich mich ihr gegenüber verhalten? Wer oder was hilft mir, mit meiner Ungeduld ein Stück gelassener umzugehen?«

Solche Herangehensweisen bieten eine Basis, damit Lernende im besten Sinne eine Beziehung zum eigenen Lernen herstellen. Niedrigschwellig lassen sich solche Kompetenzen mit Lernenden ab dem zehnten Lebensjahr einüben. Die Fähigkeit zur Metakognition beginnt allerdings schon im Vorschulalter. Im Laufe des Grundschulalters steigen sie immens an (Lohaus/Vierhaus 2010).

Zur Beschreibung metakognitiver Fähigkeiten werden häufig Begriffe wie »Überwachung« und »Kontrolle« herangezogen. Dies impliziert ein Dominanzverhältnis, häufig dergestalt, dass die Ratio z. B. emotionale Anteile unterdrücken möge. Das ist jedoch nur sehr eingeschränkt möglich (Nicolaisen 2019). Vielmehr geht es darum, Selbstwahrnehmung und Selbstakzeptanz einzuüben. Daher empfiehlt es sich, eher Begriffe wie »Wahrnehmen« und »Sich-in-Beziehung-setzen« zu nutzen.

Eingehen auf das subjektive Erleben

Der Coach begegnet dem Schüler in dessen persönlich empfundener Lernsituation. Indem er die Aufmerksamkeit auf die damit verbundenen Details im Erleben lenkt, kann sich der Schüler klarer werden, was ihm beim Lernen bereits gelingt, was ihn unterstützt und was eher hinderlich ist. Damit wird den Lernenden eine Verstehenstiefe ermöglicht: sowohl bezüglich der eigenen Lernschritte als auch der Lerninhalte. Das lässt sich im Sinne minimaler Hilfen auch in Unterrichtsgesprächen umsetzen (Lipowsky/Reusser/Pauli 2021). Im Einzelgespräch eines Lerncoachings ist es in höherer Intensität möglich.

Findet das Coaching im Kontext einer offenen Lernumgebung statt, kann es umso hilfreicher sein, die Fähigkeiten zur Konzentration, zur metakognitiven Steuerung sowie zur Impulskontrolle genauer zu betrachten und zu vertiefen.

Bisweilen wird Lerncoaching derart missverstanden, dass es die Lernenden sich selbst überlässt – das Gegenteil ist der Fall. In der Rolle als Coach geht die Lehrperson dezidiert auf den Lernenden ein. Sie erkundet mit ihm dessen Befinden in der aktuellen Lernsituation und entwickelt passgenau nächste Schritte. Dafür braucht der Coach die Fähigkeit einzuschätzen, ob der Schüler auf der kognitiven Ebene ansprechbar und arbeitsfähig ist oder ob er zunächst vonseiten des Lerncoachs eine emotionale Resonanz und ein Gesehen-werden benötigt (Nicolaisen 2019). Als Grundlage dient eine dialogisch angelegte und personenzentrierte Gesprächsführung.

Fähigkeiten, welche die Lehrperson in ihrer Tätigkeit als Lerncoach einüben kann:

- empathisches Zuhören
- offenes Zuhören (im phänomenologischen Sinne)
- Resonanzfähigkeit
- Widerspiegeln
- vorläufige Lösungslosigkeit aushalten
- nächste kleine Schritte in den Blick nehmen.

Ressourcenfokus: das emotionale Erleben beeinflussen

Im Lerncoaching werden individuell passende Lernstrategien entwickelt. Das ist jedoch ein voraussetzungsvolles Unterfangen; denn wenn ein Schüler sich in einem motivational-emotionalen Tief befindet, braucht es zunächst eine Veränderung des aktuellen Zustands. Das vorrangige Ziel im Coaching-Gespräch liegt dann eher darin, konkrete Verhaltensweisen und unterstützende Vorstellungen bzw. innere Bilder zu finden, welche den aktuellen Zustand oder das aktuelle Befinden verändern und zu einem höheren Grad an Motivation führen.

Das Fokussieren auf die eigenen Ressourcen bewirkt eine Veränderung des emotionalen Erlebens. Schüler/innen können damit erfahren, dass sie ihre Gefühle, die beim Lernen aufkommen, beeinflussen können.

Ressourcen werden als »selbstwerterhöhende oder positive Kontrollerfahrungen« (Grawe 2004, S. 392) beschrieben. Hier zeigt sich ein Bezug zum Konzept der Selbstwirksamkeit, wie es von Bandura (1986) in seiner sozial-kognitiven Handlungstheorie formuliert wurde. Wenn ein Schüler sich darin übt, einen Zugang zu den eigenen Ressourcen herzustellen, ist sein Vertrauen in die eigene Tüchtigkeit, ein (Lern-)Ziel zu erreichen größer als wenn er sich in einem niedergeschlagenen Zustand und ohne Ressourcenkontakt befindet. Mit Vertrauen in die eigene

Selbstwirksamkeit lassen sich schulisch vorgegebene Ziele leichter in persönliche Ziele transferieren.

Auf der neurophysiologischen Ebene lässt sich eine Ressource als aktiviertes neuronales Netzwerk verstehen (Storch/Riedener-Nussbaum 2018), welches mit einem subjektiven Erleben von Können oder Wohlbefinden verknüpft ist. Dies mag auf eine konkrete Handlung zurückzuführen sein oder auf eine Erinnerung an eine solche Gelingenserfahrung. In diesem Sinne gibt es für Schüler/innen unterschiedliche Quellen für das Erleben von Ressourcen. Sie finden sich auf der äußeren wie auch auf der inneren Ebene, wie z. B.

- frühere Lernerfolge
- frühere Situationen, in denen der Schüler sich selbst überwunden hat (nicht nur im schulischen Kontext)
- Beziehungserfahrungen mit Personen, worin der Lernende Akzeptanz, Unterstützung und positive Zuwendung erfährt oder erfahren hat; das können Freundschaften sein oder die Großeltern, die oftmals einen entspannteren Blick auf eine schlechte Note haben als die Eltern
- Lieblingsorte, an denen es dem Schüler bzw. der Schülerin wohl ergeht oder an denen es sich besser lernen lässt
- das eigene Haustier, welches dem Lernenden am Herzen liegt und Trost oder Freude spendet
- Objekte und Glücksbringer
- eine spezielle Musik, mit der sich die eigene Stimmung in eine erwünschte Richtung beeinflussen lässt
- Figuren aus Büchern oder Filmen, die als Vorbild oder Inspiration wirken.

Die damit verknüpften Erfahrungen stillen grundlegende Bedürfnisse wie jene nach Bindung, Kompetenzerleben oder nach Autonomie (Grawe 2004). Erstaunlicherweise genügt es, wenn der Lernende sich daran erinnert: Wenn er seine Großeltern als Ressource hat, reicht die mentale Vorstellung von ihnen aus, um die daran geknüpfte positiv aufgeladene Erfahrung zu reaktivieren. Mittels der Vorstellungskraft kann das Erleben in seinen Details wieder präsent werden (Nicolaisen 2019). Solches Vorgehen mag exotisch anmuten, es findet jedoch im Coaching und im Leistungssport effektive Anwendung.

Auf der internalen Ebene wirken bildhafte Erinnerungen oder positive Selbstgespräche als Ressource. Auf der Verhaltensebene sind es sichtbare Fähigkeiten, lernstrategische Vorgehen oder bevorzugte Tätigkeiten. Zu einer Ressource werden sie erst im inneren Erleben und Bewerten des Lernenden. Wenn auf dieser Ebene keine positiven Assoziationen als neuronales Netzwerk »funken«, lässt sich nicht von einer Ressource sprechen. Es ist unerlässlich, dass der Lernbegleiter dies berücksichtigt: Was als eine Ressource wirkt und was nicht, entscheidet allein der Schüler (vgl. Passagen aus einem Coaching-Gespräch im Anhang).

Ressourcen aktivieren durch Aufmerksamkeitsfokussierung

In der Regel sind sich Lernende ihrer Ressourcen wenig oder gar nicht bewusst. Ressourcen scheinen häufig unter einem Problemerleben »verborgen«. Es braucht den Dialog, damit diese ins Bewusstsein steigen. Anschließend können sie für die jeweilige Lernsituation nutzbar gemacht werden. Das ressourcenfördernde Gespräch erfordert allerdings zunächst ein »Umdenken aufseiten der Lehrperson: Es geht darum, den eigenen Fokus in der Gesprächssituation fort von den Defiziten hin zu den Gelingens- und Bewältigungserfahrungen zu lenken« (Nicolaisen 2014, S. 18). Jedes Erleben ist das Ergebnis eines Fokussierens von Aufmerksamkeit (s. Kasten).

Statt Misserfolgserwartung: Umfokussieren auf positive Erfahrungen

Ein Schüler, der in früheren Prüfungssituationen Angst erlebt hat, erwartet bei einer aktuell anstehenden Prüfung, dass sich dies wiederholt. Damit fokussiert er seine Aufmerksamkeit in eine bestimmte Richtung, nämlich in jene des Angsterlebens. So erhöht sich die Wahrscheinlichkeit, dass dieses aufsteigt. Der Schüler entwickelt eine Art Tunnelblick, welcher kleine Lernerfolge ausblendet, die bereits bestehen. Unter Umständen erzeugt dieser Fokus katastrophierende Gedankengänge (»Das schaffe ich nie! Die schriftliche Arbeit wird ein Desaster!«), welche dann wiederum die Angst verstärken. Die Aufmerksamkeit bleibt im Leiderleben gebannt.

Gelingt in der Lernbegleitung ein Umfokussieren auf positive Erfahrungen, ist der wichtigste Schritt getan. So banal dies klingen mag: Es kann auch »nur« die Erfahrung sein, dass ein tiefes Durchatmen bereits ein kleines Stück Entspannung bringt. Dann lässt sich genauer erkunden, wie sich die Entspannung körperlich zeigt und was weiterhin mit ihr einhergeht. Die Aufmerksamkeit wird auf die Details dieses Erlebensmusters gelenkt.

Zwar ist damit noch keine perfekte Lösung gefunden, doch der Lernende erfährt, dass er durch das Lenken der eigenen Aufmerksamkeit sein Erleben und seine Gefühle zu beeinflussen vermag.

Lernstrategien: den Lernprozess auf der kognitiven Ebene steuern

Als Lernstrategien gelten »jene Verhaltensweisen und Gedanken, die Lernende aktivieren, um ihre Motivation und den Prozess des Wissenserwerbs zu beeinflussen und zu steuern« (Mandl/Friedrich 2006, S. 1). Daher können Lernstrategien im Zusammenhang mit dem selbstgesteuerten Lernen gesehen werden. Wenn der Schüler in die Konsumenten-Haltung geht und vom Lerncoach eine für ihn hundertprozentig passende Lernstrategie auf dem Silbertablett serviert bekommen möchte (und der Lerncoach versucht, diesem Wunsch nachzukommen), wird dieses Vorgehen mit einiger Wahrscheinlichkeit nicht nachhaltig sein oder sogar in eine Sackgasse führen. Wenn der Coach dem Lernenden eine Lernstrategie ohne weitere Klärung als Ratschlag vorgibt, ist es ebenso wahrscheinlich, dass sie erfolglos bleibt. Denn es braucht den Dialog über die Lernsituation des Schülers.

Lerncoaching richtet den Blick auf einen passgenauen und qualitativen Einsatz von Lernstrategien, indem der subjektive Bezugsrahmen des Individuums, seiner individuellen Anliegen und Ziele, berücksichtigt wird. Auf solche Art wird die Wahrscheinlichkeit eines erfolgreichen Einsatzes von Lernstrategien erhöht; denn es ist förderlich, »wenn man Lernenden nicht nur einzelne Lernstrategien […] vermittelt, sondern sie gleichzeitig dazu befähigt, diese Strategien auch qualitativ gut und richtig, d. h. zielführend einzusetzen« (Leutner/Leopold 2006, S. 165).

Lernstrategien zielführend einsetzen lernen

Ein Lernender schildert, dass er Mühe hat, Texte zu bearbeiten. Durch Nachfragen vergewissert sich der Lerncoach, was weiterhin einen ungünstigen Einfluss haben könnte (z. B. in der unmittelbaren Lernumgebung oder auf der motivationalen Ebene). Im Dialog zeigt sich jedoch, dass es in erster Linie tatsächlich um das Vorgehen beim Textbearbeiten geht. Damit ist eine grobe Arbeitsrichtung geklärt. Im weiteren Vorgehen nehmen der Schüler und der Coach das Erleben während des Textbearbeitens stärker in den Blick: Zeigt sich vielleicht eine innere Unruhe oder Konzentrationsschwierigkeit?

Anschließend werden verschiedene Lerntechniken ins Gespräch gebracht. Dadurch kommt die Idee in den Blick, beim Lesen nach jedem Absatz kurz innezuhalten und Wörter zu unterstreichen. Hier könnte eine Möglichkeit zur Optimierung bestehen.

Der Lernende wird gebeten, auf einer Skala von 1 bis 10 den Nutzen der von ihm angewandten Technik »Wörter unterstreichen« festzulegen. Weitere mögliche Fragen des Coachs: »Was könntest Du tun, um auf der Skalierung einen Punkt höher zu kommen? Wenn Du beim Lesen des Textes nicht nur Unterstreichungen vornimmst, sondern Dir zusätzlich kleine Notizen machst: Würde dies für dich einen hilfreichen Unterschied machen? Wenn ja: Könntest Du ausprobieren, wie es wäre, wenn Du den gelesenen Inhalt in eigenen Worten zusammenfasst? Wenn ja: Wo bist Du jetzt auf der Skalierung? Ist dies etwas, das Du erneut vornehmen könntest?«

Das Anwenden der ausgewählten Lerntechnik wird auf ihre Auswirkungen betrachtet: Dient sie dem erwünschten Vorankommen in Richtung Lernziel? Wie ergeht es dem Anwender dabei? Wenn etwas nicht funktioniert, können zunächst minimale Unterschiede angeboten werden. Sollte auch das nicht zum Vorankommen beitragen, lässt sich ein Wechsel zu einer anderen Lerntechnik vornehmen. So wird der Lernprozess in iterativen Schleifen allmählich optimiert bzw. angepasst. Bereits vorhandene Lernstrategien lassen sich modellieren und verfeinern.

Im Lerncoaching geht die Arbeit mit Lernstrategien weder als rasterhaftes Durchdeklinieren noch als Instruktion vonstatten. Der Coach begleitet in einer Haltung von Ko-Konstruktion. Eine Lernstrategie ist kein Ding, das »man hat«. Stattdessen wird sie im Dialog und im Zuge ihrer Anwendung entwickelt.

Lernstrategien erarbeiten

Der Einsatz von Lernstrategien hat sich in unterschiedlichen Kontexten zur Unterstützung von Lernprozessen bewährt, so auch im Lerncoaching (Keller 2015). Eine Übersicht über den Forschungsstand sowie über einzelne Praxismodelle geben Martin & Nicolaisen (2015).

Um eine Übersicht für die Arbeit mit Lernstrategien zu bekommen, dienen die folgenden Kategorien:

- kognitive Lernstrategien
- metakognitive Lernstrategien
- motivational-emotionale Lernstrategien
- Stützstrategien.

Diese Lernstrategie-Kategorien lassen sich wie folgt in Unterkategorien unterteilen:

Unterkategorien von kognitiven Lernstrategien, Beispiele

a. Organisieren und Strukturieren der Lerninhalte
b. Herstellen von Zusammenhängen
c. Inhalte wiederholen
d. Texte bearbeiten

Unterkategorien von metakognitiven Lernstrategien, Beispiele

a. den eigenen Lernprozess beobachten, verstehen und steuern
b. Planen und Überprüfen der Lernschritte
c. Wissen über förderliches Lernverhalten erwerben
d. Steuern der eigenen Aufmerksamkeit

Unterkategorien von motivational-emotionalen Lernstrategien, Beispiele

a. Differenziertes Arbeiten an Zielen
b. Lernförderliche Stimmung aufbauen
c. Körperempfindungen wahrnehmen und Emotionen regulieren
d. Positiven Umgang mit Erfolg und Misserfolg entwickeln
e. Auf persönliche Ressourcen und Gelingenserfahrungen fokussieren

Unterkategorien von Stützstrategien, Beispiele:

a. Lernumgebung gestalten bzw. optimieren.
b. individuelle günstige Lernzeiten entdecken, Pausen einplanen

c. mit anderen lernen

d. die eigene Energic einteilen, auf körperliche Bedürfnisse achten.

Solch schematisch-kategorische Auflistung gibt dem Lerncoach eine grobe Übersicht von Lernstrategien sowie eine Vorstellung möglicher Arbeitsrichtungen. Dem Lernenden wird allerdings immer eine Auswahl angeboten. Dies kann gegebenenfalls mit einem Fragebogen geschehen.

Das Bearbeiten bzw. das Verstehen von Texten kommt wiederholt als Thema im Lerncoaching vor. Die folgende Liste gibt ein Beispiel für unterstützendes Material (s. Kasten). Hier liegt der Fokus auf der Kategorie »Kognitive Lernstrategien« und noch konkreter auf der Unterkategorie »Texte bearbeiten«.

Lernstrategien: Checkliste Texte bearbeiten

Kreuze bitte ehrlich an, in welchem Maße die folgenden Aussagen auf dich zutreffen.

Motivationale Vorbereitung: Texte bearbeiten

	nie	selten	manchmal	häufig	immer
Ich achte auf meinen Zustand, bevor ich mit dem Lesen starte.	1	2	3	4	5
Wenn ich mich zum Lesen entschlossen habe, schiebe ich den Start nicht auf.	1	2	3	4	5
Ich verschaffe mir Übersicht, welche Texte ich durchzuarbeiten habe.	1	2	3	4	5
Eine für mich große Textmenge bewältige ich schrittweise, indem ich sie in Portionen aufteile.	1	2	3	4	5
Wenn ich mein Lernziel erreicht habe, belohne ich mich dafür.	1	2	3	4	5

Lernstrategien: Checkliste Texte bearbeiten

Konkretes Vorgehen beim Bearbeiten von Texten

Ich unterstreiche oder markiere wichtige Worte oder Passagen.	1	2	3	4	5
Ich mache mir beim Lesen Notizen.	1	2	3	4	5
Ich lese mir die wichtigen Passagen laut vor.	1	2	3	4	5
Nach längeren Textpassagen überlege ich, was das Wesentliche darin ist.	1	2	3	4	5
Ich wiederhole schwierige Passagen.	1	2	3	4	5
Beim Lesen kann ich meine Aufmerksamkeit gut steuern.	1	2	3	4	5

Abb. 1: Checkliste Texte bearbeiten

Im anschließenden Lerncoaching-Gespräch kann sich der Coach auf den ausgefüllten Fragebogen beziehen. Im Gespräch wird der Blick einerseits darauf gerichtet, was gut läuft, und andererseits auf mögliche Entwicklungsschritte. Der Fragebogen dient lediglich als Anlass für den Dialog über die aktuelle Lernsituation des Schülers/der Schülerin.

Lernstrategien im Kontext von willentlichen und unwillkürlichen Prozessen

Die Arbeit mit Lernstrategien wird in weiten Teilen der Literatur als willentlich steuerbares Verfahren beschrieben. Es wird geschildert, wie die Strategien ausgewählt und bewusst angewendet werden. In vielen Fällen ist solch ein Vorgehen dem Lernenden möglich. Führt es zum Erfolg, lässt es sich als Lösung erster Ordnung verstehen: Der Schüler benötigt in seinem Lernverhalten eine konkrete Strategie, und auf der Ebene von Verhalten (nämlich des Suchens, Findens und Anwendens einer Lernstrategie) kommt es zu einer zufriedenstellenden Lösung.

In anderen Fällen braucht es eine Lösung zweiter Ordnung. Eine solche wäre angemessen, wenn das genannte Vorgehen nicht nur keineswegs zum erwünschten Ergebnis führt, sondern obendrein dem Lernenden Misserfolgserleben und Frustration bereitet. Eine weitere Arbeit an der Lernstrategie wäre dann nur ein »Mehr desselben«, wo es eigentlich etwas Anderes bräuchte (Watzlawick/Weakland/Fisch 1974).

Solch Anderes könnte die Dynamik zwischen willentlicher Handlungssteuerung und unwillkürlichen Erlebensprozessen berücksichtigen (Schmidt 2007). Schüleräußerungen wie z. B. »Die Lernstrategie hilft mir schon, aber ich setze sie dann doch nicht ein« oder »Ich will ja, aber es geht nicht!« weisen auf das Vorherrschen unwillkürlichen Erlebens hin. In diesem Fall steht das »Ich will ja …« für das Ich-Bewusstsein, welches eine Handlung intendiert. Hingegen steht das »… aber es geht nicht!« für die unwillkürlichen Anteile, die stärker und schneller wirken als die Ich-Instanz. Damit wird das »Ich will ja …« zur schüchternen Absichtserklärung, die von einem offenbar kräftigeren »… aber es geht nicht!« dominiert wird. Es findet ein Gegeneinander von willentlichen und unwillkürlichen Anteilen statt. Dem unwillkürlichen Anteil wird dabei in der Regel wenig Beachtung geschenkt. Häufig schließen sich dann Momente von Selbstabwertung an: »Ich weiß es ja eigentlich, aber bin zu blöd es zu tun.« Sinnvoll wäre es, die unwillkürliche Seite zu identifizieren, zu akzeptieren und in eine Kooperation mit den willentlich initiierten Prozessen zu bringen.

Wie oben beschrieben, eignen sich hier der Einsatz von inneren Bildern und das Arbeiten mit Ressourcen. Damit weitet sich der Blick vom Einsatz einer einzelnen Lernstrategie hin zur Selbststeuerung im Lernprozess. Das Einbeziehen unwillkürlichen Erlebens kann das Konzept des Selbstregulierten Lernen enorm bereichern.

Selbstgesteuertes und Selbstreguliertes Lernen unterstützen

Mit dem Blick auf Lernstrategien und das Beeinflussen des eigenen motivational-emotionalen Zustands trägt die Arbeit im Lerncoaching dazu bei, die Selbststeuerung und Selbstregulation im Lernprozess zu unterstützen. »Selbstregulation« meint im vorliegenden Text primär den konstruktiven Umgang mit eigenen motivational-emotionalen Lagen. Der Begriff »Selbststeuerung« weist eher auf das geplante schrittweise Vorangehen im eigenen Lernprozess hin.

Selbstgesteuertes Lernen

Selbstgesteuertes Lernen umfasst das zielgerichtete Planen, Durchführen und Reflektieren des eigenen Lernprozesses (Lauth/Grünke/Brunstein 2014). In diesem Zusammenhang setzt sich der Lernende selbstständig Ziele. Er wählt dementsprechende zieldienliche Lernstrategien aus und wendet sie an. Anschließend bewertet er eigenständig sein Vorankommen. Dabei achtet er auf Details, die Anlass für mögliche Optimierungen geben. Als Grundlage dient die Fähigkeit zur Selbstbeobachtung.

Dies wäre eine idealisierende Beschreibung, der man sich in der Realität höchstens annähern kann. Modelle zum Selbstgesteuerten Lernen mögen suggerieren, dass der Lernende jederzeit den eigenen Lernprozess rational zu steuern vermag. Dies entspricht allerdings nur in Ansätzen der Realität. Tendenziell drückt sich darin ein Verständnis von Lernen als linear-rationalem Prozess aus, welches jedoch – nicht zuletzt aufgrund von Ergebnissen der Neurowissenschaften – als obsolet betrachtet werden kann (Arnold 2012). Die emotionalen Untiefen von Lernvorgängen finden darin keine Beachtung. Genau diese bezieht der Lerncoach in die Lernbegleitung ein. Er integriert die Dimension subjektiven Erlebens sowie den Einfluss unwillkürlicher Prozesse. Und er ist sich im Klaren, dass Lernen nur zu einem Teil bewusst kontrollierbar ist: Vielmehr ist es als wildes Land zu verstehen, in welchem sich Pfade nach eigenen Gesetzmäßigkeiten entwickeln.

Wenn Schüler/innen sich in ihren Lernprozessen selbst steuern und ihre damit verknüpften Emotionen regulieren sollen, dann ist dies kaum durch rational-lineare Instruktion erreichbar. Solche Vorstellung von Lernen lädt eher zu Verbissenheit und Rigidität ein, die der Komplexität von Selbststeuerung nicht gerecht werden kann: »Vielmehr geht es um Kybernetik, also um Navigationskunst etwa wie beim Steuern eines Segelbootes im Wechselspiel mit letztlich nicht bestimmbaren Naturkräften. Es geht darum, einen Kurs zu bestimmen und zu halten trotz akzeptierter Unberechenbarkeit. Was solche Steuerungskonzepte anbieten, ist Orientierung, die bewusste Entscheidungsprozesse wahrscheinlicher macht, nicht die Herstellung vorhersehbarer Wirklichkeiten« (Kannicht/Schmid 2015, S. 28).

Dieses Zitat kann als Bild für die Begleitung und Anleitung zum Selbstgesteuerten bzw. Selbstregulierten Lernen dienen. »Regulation« bedeutet somit keinesfalls absolute Kontrolle, sondern eine Steuerung, die Unwägbarkeiten berücksichtigt. Lernprozesse gehen permanent mit solchen Unwägbarkeiten einher, die niemals zur Gänze vorhersehbar sind: Körperempfindungen, emotionale Anteile und Stimmungen steigen unplanbar aus dem Organismus auf und beeinflussen massiv die Gedächtnisaktivität (Frenzel/Stephens 2017). Solche Phänomene ergeben sich aus der Interaktion des Organismus (inklusive seiner unbewusst ablaufenden physiologischen Prozesse) mit seiner Umwelt. Der Versuch, diese zu unterdrücken, führt eher zu psychophysischer Anspannung und Stress. Mittels Vorgehensweisen zur Selbstberuhigung oder dem Aufbauen von Frustrationstoleranz findet der Lernende einen Umgang mit den genannten Unsicherheiten und Emotionen. Dies dient nicht nur der Selbstregulation, sondern auch der Persönlichkeitsentwicklung und damit der Selbstkompetenz (Solzbacher 2014).

Aus der Perspektive von Lerncoaching sollte die Dimension des Nicht-Regulierbaren, Unwägbaren und Unwillkürlichen in der Selbstregulation und Selbststeuerung berücksichtigt werden. Bestenfalls kann schrittweise ein kooperatives Verhältnis zwischen folgenden Gegenpolen erarbeitet werden:

- unwillkürlichem Erleben und willentlich initiiertem Handeln
- somatisch-emotionalen und kognitiven Anteilen
- unbewussten und bewussten Prozessen
- dem psychischen System des Selbst und dem psychischen System des Ich.

Optimalerweise spricht das Selbstgesteuerte Lernen die Lernenden in ihren Autonomiebedürfnissen an. Allerdings werden sein Zweck und seine Nützlichkeit bisweilen nur wenig transparent vermittelt, die Schüler/innen werden nicht wirklich abgeholt. Daher ist die Art und Weise der Kommunikation über das Selbstgesteuerte Lernen entscheidend. Dies betrifft einerseits das Ankündigen und Erläutern des Vorgehens, andererseits das Feedback-Verhalten des Lernbegleiters. Wenn Selbstgesteuertes Lernen im instruktiven Modus verordnet wird, konterkariert es die eigentliche Idee von Selbststeuerung und -regulation.

Selbstreguliertes Lernen

Im Blick auf jüngere Erkenntnisse aus den Feldern von Motivations- und Persönlichkeitspsychologie (Storch/Kuhl 2013) bietet sich eine erweiterte Lesart des Begriffs »selbstreguliert« an. Es stellen sich folgende Fragen: Wer oder was reguliert eigentlich wen oder was? Was ist das Selbst?

Das Selbst ist mehr als nur der Ich-Fokus, welcher das Alltagsbewusstsein prägt. Gemäß Kuhl (2001) kann dieses Selbst als eine weit verzweigte Gedächtnisform gesehen werden, worin unzählige emotional gefärbte Erfahrungen abgespeichert sind. Von dieser weiten Verzweigung rührt der Terminus »Extensionsgedächtnis« her. Es läuft weitestgehend im unbewussten Modus ab und ist eng mit dem autonomen Nervensystem, mit Emotionen sowie dem Körperempfinden verbunden. Das Extensionsgedächtnis »arbeitet nicht logisch-rational, sondern ganzheitlich und integrierend (parallel statt sequentiell) […] es ist wegen seiner großen Ausdehnung nicht bewusst kontrollierbar und deshalb besser durch Bilder oder indirekte Suggestionen und Wahlmöglichkeiten aktivierbar« (Kuhl/Strehlau 2014, S. 75).

Wenn der Lerncoach den Schüler in seinem selbstreguliertem Lernen unterstützt, bedeutet dies zweierlei: ressourcenfokussierendes Feedback zu den jeweiligen Phasen (Planen, Durchführen und Reflektieren des Lernprozesses) zu geben und das Selbst (d. h. das Extensionsgedächtnis) des Schülers ansprechen und in die Coaching-Arbeit einzubeziehen. Es lässt sich aktivieren durch

- wertschätzende Haltung
- Widerspiegeln und Resonanz geben
- Einbeziehen von Bedürfnissen
- Arbeit mit bildhaften Elementen: sowohl äußere Bilder als auch innere Vorstellungen
- Arbeit mit Metaphern
- Erweitern des Blicks auf ressourcenreiche Erfahrungen
- Wahlmöglichkeiten in den Blick nehmen.

Fazit

Mit dem Schwerpunkt auf Selbstwirksamkeit und Selbstkompetenz vermag der Lerncoaching-Ansatz, wie er in diesem Text konzipiert ist, die persönliche Entwicklung der Schüler/innen zu unterstützen. Das kann gerade in pädagogischen Vorhaben, die sich z. B. dem Ausgleich von Lernrückständen widmen, einen wichtigen Beitrag liefern. Denn das Nachholen von Lerninhalten ist voraussetzungsvoll: Die Schüler/innen müssen dafür in ihrem motivational-emotionalen Zustand in einem guten Sinne gefestigt sein. Im Lerncoaching wird darauf eingegangen. Das braucht entsprechende Kompetenzen aufseiten der Lehrpersonen. Mit dem Wechsel in die Coach-Rolle werden auch die Lehrpersonen zu Lernenden.

Literatur

Arnold, R.: Ich lerne, also bin ich. Eine systemisch-konstruktivistische Didaktik. Heidelberg [2]2012.

Bandura, A.: Social foundations of thought and action. A social cognitive theory. Englewood Cliffs, N. J. 1986.

Frenzel, A. C./Stephens, E. J.: Emotionen. In: Götz (Hrsg.): Emotion, Motivation und selbstreguliertes Lernen. Paderborn 2011, S. 16–77.

Grawe, K.: Neuropsychotherapie. Göttingen 2004.

Greif, S.: Coaching und ergebnisorientierte Selbstreflexion. Göttingen [2]2008.

Kannicht, A./Schmid, B.: Einführung in systemische Konzepte der Selbststeuerung. Heidelberg 2015.

Keller, G.: Lerncoaching in der Schule. Praxishilfen für Lehrkräfte. Göttingen 2015.

Konrad, K. A.: Selbstgesteuertes Lernen einführen, Bildungspläne meistern. Aufgaben und Lösungen. Weinheim/Basel 2019.

Kuhl, J.: Motivation und Persönlichkeit. Interaktionen psychischer Systeme. Göttingen 2001.

Kuhl, J./Strehlau, A.: Handlungspsychologische Grundlagen des Coaching. Anwendung der Theorie der Persönlichkeits-System-Interaktionen (PSI). Wiesbaden 2014.

Lauth, G. W./Grünke, M./Brunstein, J. C.: Vermittlung von Lernstrategien und selbstreguliertem Lernen. In: Dies. (Hrsg.): Interventionen bei Lernstörungen. Förderung, Training und Therapie in der Praxis. Göttingen [2]2014, S. 262–276.

Leutner, D./Leopold, C.: Selbstregulation beim Lernen aus Sachtexten. In: Mandl/Friedrich 2006, S. 162–171.

Lipowsky, F./Reusser, K./Pauly, C.: Unterrichtsgespräche kognitiv aktivierend gestalten. In: Pädagogik 73 (2021), H. 11, S. 17–24.

Lohaus, A./Vierhaus, M.: Entwicklungspsychologie. Berlin/Heidelberg ³2015.

Mandl, H./Friedrich, H. F.: Handbuch Lernstrategien Göttingen 2006.

Martin, P. Y./Nicolaisen, T.: Lernstrategien fördern. Modelle und Praxisszenarien. Weinheim/Basel 2015.

Motschnig, R./Nykl, L.: Konstruktive Kommunikation. Sich und andere verstehen durch personenzentrierte Interaktion. Stuttgart 2009.

Nicolaisen, T.: Lernzeiten: Von der Wissensvermittlung zum Lerncoaching – die sich verändernde Rolle der Lehrkräfte. In: Gerken, U. (Hrsg.): Lernzeiten im Gymnasium. Rahmenbedingungen, Voraussetzungen und Praxisbeispiele. Lernpotenziale. Individuell fördern im Gymnasium. Münster 2014, S. 16–19.

Nicolaisen, T.: Lerncoaching-Praxis: Coaching in pädagogischen Arbeitsfeldern. Weinheim/Basel, ²2017. (a)

Nicolaisen, T.: Einführung in das systemische Lerncoaching. Heidelberg 2017. (b)

Nicolaisen, T.: Emotionen im Coaching und in der Organisationsberatung. 45 Praxistipps für den Umgang mit bewegten Gemütern. Heidelberg 2019.

Nicolaisen, T.: Lernbegleitung – Dimensionen und Praxiselemente. In: Landesschulrat für Tirol, Modellregion Bildung Zillertal (Hrsg.): Lernen begleiten – Lernen sichtbar machen. (Handreichung für Lehrerinnen und Lehrer, Bd. 5) Innsbruck 2020, S. 32–49.

Perkhofer-Czapek, M./Potzmann, R.: Begleiten, Beraten und Coachen. Der Lehrberuf im Wandel. Wiesbaden 2016.

Reich, K.: Konstruktivistische Didaktik. Weinheim/Basel ⁵2012.

Schlippe, A. von/Schweitzer, J.: Lehrbuch der systemischen Therapie und Beratung. Göttingen 22013.

Schmidt, G.: Liebesaffären zwischen Problem und Lösung. Hypnosystemisches Arbeiten in schwierigen Kontexten. Heidelberg 2007.

Solzbacher, C.: Selbstkompetenz als zentrale Dimension im Bildungsprozess. In: Dies., u. a. (Hrsg.): Selbst – Lernen – Können. Selbstkompetenzförderung in Theorie und Praxis. Baltmannsweiler 2014, S. 1–19.

Storch, M./ Kuhl, J.: Die Kraft aus dem Selbst. Bern ²2013.

Storch, M./A. Riedener-Nussbaum: Ich pack's! Selbstmanagement für Jugendliche. Bern ⁴2018.

Watzlawick, P./Weakland, J. H./Fisch, R. (2009): Lösungen. Zur Theorie und Praxis menschlichen Wandels. Bern ⁷2009.

Dokument

Sequenzen aus einem Lerncoaching-Gespräch: Angst davor, sich im Unterricht zu melden

Die Sequenzen zeigen Ausschnitte aus einer Lerncoaching-Sitzung. Es handelt sich um ein Einzelgespräch, das die Schülerin mit dem Coach geführt hat.

Im Vorfeld des Lerncoachings hat der Coach die Anfrage von einem Elternteil erhalten, dass die Tochter (14 Jahre) ein Lerncoaching in Anspruch nehmen möchte. Der Coach nimmt mit der Schülerin per Telefonat ersten Kontakt auf und klärt darin den Rahmen und seine Vorgehensweise. Eine Woche später treffen sich beide zum persönlichen Gespräch.

Coach: Habe nochmals vielen Dank für Deine Bereitschaft, hier über Dein Lernen zu sprechen. Nachdem wir schon ein wenig geredet haben: Hast Du noch Fragen zum Vorgehen?

Schülerin: Erst mal nicht.

Coach: Dann könnten wir einsteigen – ok?

Schülerin: Ist ok.

Coach: Gut. Du hattest ja erwähnt, dass es um Deine mündliche Beteiligung im Unterricht geht …

Schülerin: Ja, das ist so. Leider. […]

Coach: Oh – leider?

Schülerin: Ich will mich ja mündlich verbessern … wegen meiner Note. […]

Coach: Ok. Und kannst Du vielleicht sagen oder vermuten, was Dich davon abhält?

Schülerin: Weiß nicht. Irgendwie geht das nicht. […]

Coach: Das *irgendwie* finde ich interessant.

Schülerin: (blickt den Coach an)

Coach: Magst Du vielleicht ein bisschen erzählen, was da in Dir vorgeht?

Schülerin: Naja, manchmal denke ich, dass ich die Antwort schon weiß …

Coach: Welche Antwort?

Schülerin: Wenn mein Lehrer etwas fragt – da weiß ich meistens die Antwort.

Coach: Aha. Das heißt, Du kennst die Antwort zu den inhaltlichen Fragen aus dem Unterricht.

Schülerin: Ja. Meistens.

Coach: Und dennoch meldest Du Dich nicht.

Schülerin: Nee … dann gucken die anderen. […] Irgendwie … irgendwie hab' ich Angst, dass die mich auslachen.

Coach: Oh, Angst, dass Deine Mitschüler Dich auslachen?

Schülerin: Ja, irgendwie schon.

Coach: Hm. Dann ist es doch kein Wunder, dass Du Dich nicht meldest.

[Schülerin schaut den Coach leicht überrascht an]

Coach: Wenn Du befürchtest, ausgelacht zu werden, ist es doch naheliegend, dass Du Dich nicht meldest. […] Du hast einfach irgendwie Angst davor, ausgelacht zu werden, wenn Du Dich melden würdest.

Schülerin: Ja, die hab' ich … [dann nachdenklich] … aber ich mich will ja melden.

Coach: Ja. Da können wir schauen, dass wir etwas finden, was Dir hilft. Und doch hast Du einen Grund, der Dir die Sache schwer macht. Ich kann damit besser nachvollziehen, wie es Dir so ergeht. Kannst Du Dich dadurch ein bisschen besser verstehen?

Schülerin: Ein bisschen.

Zwischenreflexion

Der Coach akzeptiert die Schülerin in ihrem Lernbefinden. Durch kleinschrittiges Widerspiegeln findet eine Annäherung an das subjektive Erleben der Schülerin statt. Im Dialog beginnen beide zu erkunden, was die Beweggründe sein könnten. Dadurch beginnt die Schülerin, sich selbst in ihrer Situation, die der Anlass für das Lerncoaching ist, allmählich besser zu verstehen.

Coach: Was bräuchtest Du denn oder wie müsstest Du sein, wenn Du Dich melden würdest?

Schülerin: Naja … ich müsste irgendwie …nicht so feige sein.

Coach: Und wie wärest Du, wenn Du nicht feige bist?

Schülerin: Ich wär' mutiger.

Coach: Ok: mutiger. Das wär' was?

Schülerin: Das wäre schon gut, ja. […]

Coach: Bist Du denn früher schon einmal mutig gewesen?

Schülerin: Weiß nicht.

Coach: Oder vielleicht gibt es ein Vorbild … [Pause] … also einen anderen Menschen, den Du als mutig bezeichnen würdest, vielleicht auch eine Figur aus einem Buch oder einem Film?

Schülerin [denkt nach, dann hellt sich das Gesicht auf]: Ja, die gibt es.

Coach: Oh! Und wer ist das?

Schülerin: Katniss Everdeen.

Coach: Katniss Everdeen? Die kenne ich nicht. Wer ist das denn?

Schülerin: Das ist die Hauptfigur aus meinem Lieblingsfilm.

Coach: Aha. Und die ist mutig?

Schülerin: Ja, voll krass.

Zwischenreflexion

Nach dem Erfassen der Situation schaut der Coach mit der Schülerin auf ein mögliches Ziel. Das findet sich in dem »Mutiger-sein«. Dann schließt sich eine dialogische Suchbewegung an, was zum Mutiger-sein beitragen könnte.

Das führt jedoch nicht sofort zu einem Ergebnis. Eher beiläufig kommt der Lerncoach auf Figuren aus Filmen zu sprechen, die auch als Vorbild dienen könnten. Das regt die Schülerin an. Als Ressource findet sich die Filmfigur Katniss Everdeen, die der Schülerin als Projektionsfläche für ihren eigenen Mut dient. Damit tut sich ein möglicher Zugang zum Ressourcenerleben auf, der jedoch noch weitergeführt werden muss.

Coach: Magst Du mir erklären, was Du an der Figur so mutig findest?

Schülerin [wirkt lebendiger]: Katniss lebt ganz arm … in so einer Schreckensdiktatur … ganz schlimm. Sie weint und sie hat Angst – und trotzdem kämpft sie für ihre kleine Schwester.

Coach: Oh, das klingt wirklich mutig.

Schülerin: Ja, total.

Coach: Was findest Du denn noch an ihr mutig?

Schülerin [bekommt mehr Energie]: Sie sagt immer ihre Meinung … sogar dem fiesen Präsidenten. Der will ja alle unterdrücken.

Coach: Katniss steht ja richtig für sich ein.

Schülerin: Voll krass.

Coach: Was magst Du denn noch an ihr?

Schülerin: Sie kämpft für das Gute, sie kämpft für ihre Freunde … so mit Pfeil und Bogen … obwohl sie auch Angst hat. Und ich finde ihren Anzug voll cool. […]

Coach: Da kommt mir ein Gedanke: Wenn Du im Unterricht sitzt und Dich melden willst, dann bist Du nicht so mutig.

Schülerin: Nee, ich bin ja nicht Katniss.

Coach: Klar. Doch ich frage mich: Wenn Du im Unterricht sitzt und Dich melden willst, was würde Dir Katniss raten?

[Schülerin schaut überrascht]

Coach: … wenn Du Dir Katniss vor Dein inneres Auge holst …

[Schülerin sinniert, atmet tief durch]

Coach: Was würde sie Dir sagen?

Schülerin [richtet sich auf]: »Geh' deinen Weg!«

Coach: Oh, wow! Das würde Katniss Dir sagen?

Schülerin [lächelt]: Ja!

Coach: Und wie sagt Katniss das zu Dir? Also: eher laut oder flüstert sie es?

Schülerin: Die sagt das ganz deutlich … aber normal, also nicht besonders laut oder leise.

Coach: Sag' mal: Kannst Du Dir ihren Satz ›Geh deinen Weg!‹ vor Dein inneres Ohr holen?

Schülerin [probiert es kurz]: Ja, das geht. Und Katniss steht dabei rechts von mir.

Coach: Oh! Sie steht rechts von Dir … also an deiner rechten Seite?

[Schülerin lächelt]

Coach: Kannst Du Dir vorstellen, das mal im Unterricht auszuprobieren, also Katniss vor Deine inneres Auge und ihre Stimme sogar vor dein inneres Ohr zu holen?

Schülerin: Voll krass. Das probier' ich. […]

Schlussreflexion

Die Filmfigur taucht unwillkürlich im Bewusstsein der Schülerin auf. Sie steht stellvertretend für den Mut der Schülerin und dient daher als Ressource. Über diese Figur ist ein Zugang zum Mutig-sein möglich. Allerdings würde das alleinige Auffinden der Figur nur eine schwache Hilfe sein. Daher werden im Gespräch die Details im Erleben der Schülerin erhellt: Was genau sieht sie vor Augen? Wie spricht die Figur? Laut oder eher leise? …

Mit solchen Fragen lässt sich das Ressourcenerleben verstärken. Gleichzeitig können die damit verknüpften Details bzw. ein besonders gewichtiges Detail als Transfermöglichkeit dienen. Denn es braucht den Blick darauf, wie sich die Ressource in der realen Lernsituation (in diesem Fall: mündliches Beteiligen im Unterricht) aktivieren lässt.

Die Schülerin lernt, ihre Emotionen (Befürchtungen, dass die Mitschülerinnen sie anschauen und lachen könnten) zu beeinflussen. Da Emotionen primär im limbischen System entstehen, lässt sich sagen: Die Schülerin lernt, mit sich selbst limbisch zu sprechen.

Das Vorgehen mag ungewöhnlich anmuten. Im Leistungssport ist der Einsatz imaginativer Vorgehen eine bewährte Praxis. Im pädagogischen Feld lässt es sich ebenso nutzen, insbesondere bei Lernsituationen, in denen eine Arbeit auf der motivational-emotionalen Ebene angezeigt ist.

Patricia Arnold, Lars Kilian, Anne Thillosen, Gerhard Zimmer†

Lehren und Lernen mit digitalen Medien – neue Anforderungen an Lehrende und Lernende

Lehren und Lernen mit digitalen Medien stellt an Lehrende ebenso wie an Lernende neue Anforderungen. Der Einsatz neuer Kommunikations- und Präsentationsformen gelingt nur, wenn neue Kompetenzen erworben wurden. Dies bezieht sich nicht nur auf die Nutzung der digitalen Medien für das Recherchieren und Dokumentieren, das Ordnen und Bewerten und für selbstorganisiertes Lernen, sondern auch auf die Kommunikationsstrukturen von Lehrenden und Lernenden: Arbeits- und Lernprozesse begleiten und fördern, Ergebnisse evaluieren und (in Projekten) koordinieren. Im Folgenden wird zusammenfassend gezeigt, dass aufseiten der Lehrenden und Lernenden bei allen Vorkehrungen für erfolgreiches Lehren und Lernen mit digitalen Medien einige wesentliche Voraussetzungen erfüllt sein müssen.

Lehren und Lernen im kooperativen Prozess

Veränderung der Lernprozesse

Die Allgegenwart medienvermittelter multisymbolischer Informationen und Kommunikationen über Computer und Internet revolutioniert nicht nur die Lehr- und Lernformen in Bildungsprozessen.

- Sie revolutioniert ebenso die Didaktik und darin vor allem die Gestaltung und den Umgang mit den Inhalten der Bildungsprozesse und damit die Anforderungen an die subjektiven Kompetenzen des Lehrens und Lernens in virtuellen Lernräumen.
- Selbstorganisiertes Lernen in kooperativen und partizipativen Prozessen mit Lehrenden und anderen Experten in *Communities of Practice* ist eine sich zunehmend zeigende Tendenz und Perspektive des E-Teaching und E-Learning. Sie ergibt sich aus der gesellschaftlich verankerten und entwickelten Nutzung der neuen Möglichkeiten der digitalen Informations- und Kommunikationstechnologien.

- Faktenlernen und Faktenwissen verliert in den informationstechnisch und systemisch rationalisierten Prozessen in Wirtschaft und Verwaltung wie in der privaten und gesellschaftlichen Lebenswelt an Bedeutung.

Vielmehr kommt es in der Wissensgesellschaft auf Aneignung, Verstehen, Reflexion, Beurteilung und Kreativität an zum Aufbau subjektiver Bedeutungsstrukturen als kognitive Grundlage für die Entwicklung zielorientierter und aufgabenangemessener Handlungskompetenzen.

Kooperation und Partizipation im Lernen

Die mit dem Web 2.0 einhergehende Veränderung des Internets seit ca. 2005, die es auch Laien ermöglicht, unkompliziert Inhalte in das Internet zu bringen (z. B. durch Weblogs oder Wikis), schafft durch vernetzte virtuelle Bildungs- und Arbeitsumgebungen am Computer neue Perspektiven für die Kooperation und Partizipation der Lernenden und Lehrenden. Dennoch sind kooperative Lernformen im E-Learning nicht sehr verbreitet und müssen sich oft noch gegen die traditionellen individualisierenden Lehr- und Lernformen etablieren. Partizipative Lehr- und Lernformen haben zwar in der handwerklichen und industriellen dualen beruflichen Ausbildung eine lange Tradition, in schulischen Bildungsprozessen sind sie jedoch bisher nur höchst selten anzutreffen. Auch in virtuellen Bildungsräumen ist die Partizipation von Lehrenden und Lernenden noch eher selten. In der Regel bestimmt der Lehrende das Lernen vom Start über den Prozess bis zum Ergebnis.

Der Einsatz digitaler Medien in Unterricht und Lehre verändert eben nicht automatisch die pädagogischen (Macht-)Verhältnisse in Bildungsinstitutionen. Dabei wird übersehen und unterschätzt, dass die Lernenden gerade auch durch die Nutzung von Computer und Internet zunehmend fähig sind, selbstbestimmt und selbstständig neue Lerninhalte auf neuen Wegen und mit neuen Resultaten zu erarbeiten und diese auch anderen Lernenden wie auch den Lehrenden mitzuteilen und zu präsentieren, sodass auch die Lehrenden davon lernen können.

Wachsende Selbstbestimmung im Lernen

Um die Partizipationsfähigkeit der Lehrenden und Lernenden zu entwickeln, ist den Lernenden im pädagogischen Verhältnis mit den Lehrenden und den didaktischen Handlungsmodellen eine wachsende Selbstbestimmung im Lernen zu ermöglichen, z. B. über
- die Konfrontation mit anderen Sichtweisen
- das Aufzeigen anderer Lernwege
- Hilfen beim Selbstlernen

- die diskursive Ausgliederung von Lernaufgaben
- die Herstellung von Praxisbezügen
- die Reflexion von Bedeutungsstrukturen
- das Einbringen eigener Lerninteressen
- die Metadiskussion der Aktivitäten und
- über die lehrenden Unterstützungen des selbstbestimmten Lernens.

Die Lernenden können dabei durch die Rezeption und Rekonstruktion fremden Wissens in Auseinandersetzung mit ihrem bisher erarbeiteten Wissen aktiv eine neue Phase oder Stufe in ihrem Denken und Handeln nach zunehmend eigenen Zielen konstruieren. Im diskursiven Prozess mit den Lehrenden erarbeiten so die Lernenden ihren eigenen Lernprozess und führen ihn zu einem gewünschten Resultat.

- Die Lehrenden bereiten im Diskurs mit den Lernenden den Boden für die individuell oder kooperativ selbstbestimmte Ausgliederung authentischer Lernaufgaben aus relevanten Praxis- oder Theoriefeldern.
- Sie geben den Anlass für produktives Lernen, für die Beschaffung, Auswahl, Bearbeitung und Reflexion der Lerninhalte und für die von den Lernenden selbst konstruierte Präsentation ihrer erarbeiteten Ergebnisse der gelösten Lernaufgaben.
- Und sie erwarten abschließend von den Lernenden die reflexive Eingliederung ihrer erarbeiteten Ergebnisse in die entsprechenden Praxis- und Theoriefelder, aus denen sie ihre Lernaufgaben aufgrund ihrer erkannten Wissens- und Handlungsdiskrepanzen zuvor ausgegliedert hatten.

Gemeinsame Produktion neuer Lerninhalte

Die präsentierten Ergebnisse der individuell oder kooperativ gelösten Lernaufgaben können wiederum von anderen Lernenden und Lehrenden im Kontext der entsprechenden Praxis- und Theoriefelder kommentiert, ergänzt und bearbeitet werden.

- Sie werden zum Anlass und Gegenstand gemeinsamer kritischer und selbstkritischer Reflexion und Diskussion der Lernenden und Lehrenden – und beide, Lernende und Lehrende, können daraus lernen.
- Nach entsprechender Überarbeitung werden die präsentierten Ergebnisse damit zu neuen Wissens- bzw. Informationseinheiten, die wiederum im virtuellen Bildungsraum für weitere Lehr- und Lernprozesse zur Verfügung stehen bzw. gestellt werden können. Dies kann zunächst innerhalb des jeweiligen Fachgebietes einer Bildungseinrichtung geschehen.
- Es ist aber auch denkbar und inhaltlich sowie ökonomisch vorteilhaft, die präsentierten Ergebnisse auch den entsprechenden Fachgebieten in anderen Bildungseinrichtungen zur Rezeption und auch weiterer Bearbeitung zur Verfügung zu stellen.

- Diese übergreifende Kooperation kann zu einem inhaltlichen und methodischen Mehrwert und Qualitätsgewinn führen, der dann für alle Beteiligten von Vorteil ist.
- Der organisatorische Gewinn kann die Entwicklung neuer Formen der Kooperation der Lehrenden sein, nämlich der Teilung gemeinsam entwickelter und aufeinander bezogener und sich wechselseitig ergänzender Lerninhalte, die dann im virtuellen Bildungsraum allen Lehrenden und Lernenden zur Verfügung gestellt werden können.

Schaffung einer gemeinsamen Wissensbasis

Durch die Kooperation und Partizipation der Lehrenden und Lernenden kann eine gemeinsame, kollektiv reflektierte Wissensbasis geschaffen werden, die mehr ist als jeder einzelne Lehrende oder Lernende für sich schaffen kann, und die jedem Lehrenden und Lernenden zugleich mehr Möglichkeiten und Chancen im Lehren und Lernen eröffnet. Damit wird zugleich ein Perspektivwechsel in den pädagogischen Verhältnissen von vertikal zu horizontal strukturierten Bildungsprozessen eingeleitet. E-Teaching und E-Learning kann im virtuellen Bildungsraum zu einem Prozess gemeinsam entwickelter und aufeinander bezogener und sich wechselseitig ergänzender Bildungseinheiten werden, die allen Beteiligten gemeinsam zu einer ganzheitlichen aufgabenadäquaten Entwicklung ihrer Handlungskompetenzen zur Verfügung stehen. Damit werden neue Perspektiven für das organisierte Lehren und Lernen in pädagogischen Verhältnissen eröffnet, die sich noch im Prozess ihrer Herausbildung und Konkretisierung befinden.

Die Perspektive der Lernenden: neue Aufgaben und Kompetenzen

Selbstlernkompetenz und reflektierter Umgang mit Informationen

Anders als in traditionellen Präsenzlehrveranstaltungen vor Ort, in denen das Lernen meist kleinschrittig durch die Lehre bestimmt wird, benötigen die Lernenden im E-Learning ein hohes Maß an Selbstlernkompetenz. Zum Lernen mit Bildungsmedien im virtuellen Bildungsraum sind von den Lernenden zwingend autodidaktische Lernkompetenzen zu erwerben, und dieser Erwerb muss im Bildungsraum und durch die Bildungsmedien strukturell unterstützt werden. Zu Beginn müssen die Lernenden zumindest eine erste grobe Vorstellung davon haben oder eine solche muss durch das Medium angeregt werden, was sie warum und mit welchem Ziel wie erlernen wollen. Denn eine solche Vorstellung ist die Voraussetzung dafür, mit dem ersten Schritt in die Rezeption des Bildungsmediums den eigenen Lernprozess aktiv zu beginnen. Oft empfiehlt es sich, die Herausbildung einer ersten Vorstellung über die Ziele, Inhalte und Wege der eigenen Lernaktivitäten in Präsenzveranstaltungen mit Lehrenden diskursiv zu unterstützen und durch die Vermittlung von Diskrepanzerfahrungen zu motivieren. Die Lernenden können dann die in den Bildungsmedien präsentierten und von ihnen zu rezipierenden bzw. rezipierten Inhalte als für ihre Lernziele sowie Bildungs-, Arbeits- und Lebenszusammenhänge bedeutungsvoll einschätzen. Sie können weitere Informationen ihrem individuellen Lernbedarf entsprechend aufsuchen und rezipieren.

Die Suche und Rezeption der für die eigenen Lerninteressen relevanten Bildungsinhalte in vielfältig vernetzten Strukturen, wie z. B. in Hypertexten, setzen bereits konkretisierte Lernziele und differenzierte Lerninteressen an einem Thema sowie die Fähigkeit zur Orientierung in den angebotenen Inhaltsstrukturen voraus. Und mit der Rezeption und ihrer kritischen Reflexion präzisieren oder erweitern oder verschieben die Lernenden ihre Lerninteressen, Lernziele, Lerninhalte und angestrebten Lernergebnisse. Dies befähigt sie zugleich, mit der im Internet wie in Bibliotheken vorhandenen Informationsflut zielorientiert auswählend und bewertend umgehen zu können, bei gleichzeitiger reflexiver Offenheit gegenüber weiteren sowie neuen Informationen und Anregungen. Auf der Grundlage dieser vielfältigen Rezeptionsprozesse konstruieren die Lernenden in einem ersten Schritt ihr individuelles Wissen und Denken und ihre individuellen Lern- und Handlungskompetenzen.

Kommunikation und Kooperation

Ohne diskursive Kommunikation mit den Lehrenden, Tutoren, Mitlernenden, Experten wie auch mit vielen anderen Menschen und der damit verbundenen Teilhabe an den Lebensprozessen in der Gesellschaft können die Lernenden ihr Wissen und Denken und ihre Kompetenzen nicht angemessen und vollständig für ein kompetentes Handeln in der Gesellschaft entwickeln. Die Kommunikation hat für Lernprozesse eine fundamentale Bedeutung. Während in traditionellen Präsenzlehrveranstaltungen schon die bloße persönliche Anwesenheit der Lehrenden und Lernenden zur direkten Kommunikation führt, ist dies beim Lernen mit Bildungsmedien aufgrund der örtlichen und zeitlichen Distanz nicht der Fall. Die Erfahrungen im Schulbereich im Rahmen der Covid19-Pandemie haben dies belegt: Gerade für schwächere Lernende mit geringeren Kompetenzen zur Selbstorganisation war das Fehlen der direkten Kommunikation oft besonders nachteilig. Mit Bildungsmedien Lernende konzentrieren sich eher auf ihre individuellen Lernprozesse durch Rezeption und Reflexion der präsentierten Lerninhalte und Bearbeitung der gestellten Lernaufgaben. Dabei entstehende Fragen, Probleme und Einschätzungen können und werden sie zunächst durch die Nutzung weiterer Informationsquellen, meist im Internet, individuell zu lösen versuchen. Führt dies zu keiner zufriedenstellenden Beantwortung, kann dies zu einem Anlass zur Kommunikation mit anderen werden – die gezielt angeregt bzw. unterstützt werden kann.

Wenn es keine Anregung zur Kommunikation durch Präsenz gibt, muss zur Nutzung der Kommunikationsanwendungen, wie z. B. bei Diskussionsforen, ein ausgeprägter Wille zur regelmäßigen Rezeption der eingestellten Beiträge sowie zur Präsentation eigener Beiträge vorhanden sein. Da dies sehr arbeitsintensiv sein kann, urteilt jeder Teilnehmer nach dem subjektiven Kriterium, was das Lesen und Schreiben von Beiträgen ihm persönlich bringt.

Daher muss trotz der einfachen Verfügbarkeit verschiedener Kommunikationsanwendungen die computerbasierte Kommunikation in Lehr- und Lernprozessen besonders angeregt und organisiert werden. Dazu ist es am besten, durch Tutoren moderierte Lerngruppen einzurichten. Durch die zunächst individuell zu rezipierenden und zu bearbeitenden Bildungsmedien wird ein subjektives Interesse an einem Thema generiert, das im gemeinsamen Austausch von Erkenntnissen, Kommentaren, Erfahrungen und Fragen zur Klärung, Vertiefung, Erweiterung oder auch Verschiebung der subjektiven Lerninteressen, Lernziele, Lerninhalte, Lernprozesse und Lernergebnisse führen kann. Die didaktische Einbettung der Lerngruppen ist von entscheidender Bedeutung für ihr Fortbestehen. Auch ihre Organisation und Moderation durch Tutoren – oder auch durch die Lernenden selbst – und nicht durch die Lehrenden bzw. Medienautoren ist für eine offene Kommunikation der Lernenden entscheidend.

Mit der Verfügbarkeit der verschiedenen Kommunikationsmöglichkeiten wird öfter und intensiver kommuniziert als in den engen örtlichen und zeitlichen Grenzen von Präsenzveranstaltungen. Die meist schriftliche Kommunikation im virtuellen Bildungsraum erfordert einen erheblichen Zeitaufwand. Es ist daher notwendig zu lernen, die Vielfältigkeit auf das Wesentliche zu reduzieren, kurz und präzise zu fragen und zu antworten und Mitteilungen zu schreiben. Dabei kommen immer häufiger auch Messenger-Dienste zum Einsatz. Zugleich ist zu lernen und jeweils zu entscheiden, was wie öffentlich mitgeteilt werden kann und soll und was nicht. Der schriftliche Kommunikationsstil sollte ein empathischer sein, der persönlich ansprechend und nicht verletzend ist. Denn die schriftliche Kommunikation kann, anders als in der Regel in der Präsenzkommunikation, jederzeit sofort ohne irgendeine weitere Reaktion abgebrochen werden. Mit der Corona-Pandemie beginnt sich allerdings auch die synchrone Kommunikation per Video immer mehr zu etablieren.

Konstruktion und Präsentation

Die individuelle und kooperative Bearbeitung und Konstruktion von Ergebnissen aus den jeweiligen fachlichen Praxis- und Theoriefeldern ausgegliederten komplexeren Lernaufgaben – nicht von Tests und Übungsaufgaben zur Prüfung gelernter Fakten und Verfahren – mündet meist zunächst in eine Reihe von Notizen und Ergebnisskizzen. Sie sind schriftliche Ausdrücke bzw. Markierungen der erworbenen Kompetenzen in Bezug auf die zu bearbeitende Aufgabe und als solche die Grundlage für die Erarbeitung der medialen Präsentation der Ergebnisse der Aufgabenbearbeitung (z. B. Einordnung, Anwendung oder kritische Reflexion von spezifischen neuen Wissensbeständen).

Für die mediale Präsentation ihrer Ergebnisse müssen die Lernenden

- in virtuellen Bildungsräumen neue multisymbolische Schreibkompetenzen entwickeln
- die Fähigkeiten entwickeln, ihre erarbeiteten Ergebnisse strukturiert sowie ziel- und inhaltsangemessen und motivierend zur Rezeption für die jeweilige Zielgruppe von Lesern darzustellen
- in der Lage sein, sowohl fachliches und leserbezogenes Kontextwissen und entsprechend strukturierte Schreibkompetenzen als auch die Fähigkeit, die präsentierten Inhalte bezogen auf die Lesekompetenzen der Zielgruppe in multisymbolischen Formen zu präsentieren, also die textlichen Aussagen in ihrer Gliederung, Gestaltung und Formulierung z. B. durch Grafiken, Tabellen, Bilder, Videosequenzen oder andere symbolische Ausdrucksformen von Informationen entsprechend zu verdeutlichen.

Im Unterschied zu den traditionellen linearen schriftlichen Ergebnispräsentationen in Texten mit eingebauten Grafiken, Bildern usw. ermöglichen heute die digitalen Medien in virtuellen Bildungsräumen wie im Internet, die erarbeiteten Ergebnisse in vernetzten Strukturen zu schreiben und multisymbolisch zu präsentieren.

- Hypertextstrukturen (z. B. in Wikipedia) ermöglichen dem Leser eine selbst gesteuerte und seinen subjektiven Interessen und Bedarfen entsprechende Rezeption der präsentierten Informationen. Die Schreibenden bzw. die Lernenden müssen dafür nicht nur ihre Kompetenz zum Schreiben ihrer Texte in multisymbolischen Formen entwickeln, sondern auch ihre Kompetenz zum kohärenten Schreiben in vernetzten Textstrukturen, die mit den jeweils entsprechenden Navigationselementen, Verweisen, Indexen, Markierungen und Suchfunktionen auszustatten sind.
- Beim Schreiben in linearen wie in Hypertextstrukturen müssen die multisymbolischen Texte bezogen auf ihr Ziel sowie ihre Rezeption immer rational, präzise, ansprechend und motivierend für die Adressaten verfasst werden. Eine rationale

und effektive mediale Kommunikation und Kooperation erfordert zudem die Kompetenz, sowohl den Schreibaufwand als auch den Rezeptionsaufwand zuvor abschätzen und optimieren zu können.

Diskussion und Konsequenzen

Die Diskussion präsentierter Lern- und Arbeitsergebnisse im virtuellen Bildungsraum ist in der Regel durch den Tutor oder auch einen Moderator aus der Gruppe der Lernenden einzuleiten und zu moderieren. Die Rezeption der präsentierten Ergebnisse und darüber hinaus die Beteiligung an der Diskussion ist wesentlich davon abhängig, ob die Ergebnisse den anderen Lernenden für ihre eigenen Lernprozesse bedeutungsvoll erscheinen und ihnen einen subjektiven Zugewinn an Kompetenzen in Aussicht stellen. Dabei kann sich auch ein gemeinsames Interesse herausbilden, den Präsentatoren der Ergebnisse ihre Kommentare, Wertungen, Kritiken und Anregungen mitzuteilen, um aus deren Antworten wiederum einen Gewinn für die Vertiefung, Erweiterung oder Korrektur des eigenen Wissens, Denkens und Handelns zu ziehen. Diese kritisch reflexive Diskussion präsentierter Ergebnisse, wenn sie empathisch und positiv von allen Beteiligten geführt wird, hat in der Regel einen gemeinsamen Zugewinn an Kompetenzen zur Folge. Dieser Zugewinn kann auch in eine entsprechende Überarbeitung und Verbesserung der Ergebnispräsentation umgesetzt werden, entweder durch die Präsentatoren selbst oder direkt durch die Kritiker, wie dies im Web 2.0 möglich ist, in dem Inhalte gemeinsam erstellt werden. Es entwickelt sich dadurch ein Schreiben in Gruppen, das von allen Beteiligten besondere Kompetenzen für ein aufgeteiltes, aber inhaltlich abgestimmtes multisymbolisches Schreiben sowie positives Kritisieren, Ergänzen, Präzisieren und Kürzen einer gemeinsam geschriebenen Präsentation erfordert und zugleich ersichtlich macht, dass und wie sich in der Zusammenarbeit Sach-, Methoden-, Bewertungs- und andere Kompetenzen erweitert haben.

Zugleich können sich in der positiv kritisch reflexiven Diskussion der präsentierten Ergebnisse weitere Diskrepanzen im Wissen, Denken und Handeln der Lernenden wie auch der Tutoren und Lehrenden zeigen. In einem Folgeschritt sind die offenbar gewordenen, angedeuteten oder scheinbaren Diskrepanzen gemeinsam aufzugreifen, zu analysieren und zu formulieren, um die nächsten individuellen und gemeinsamen Lehr- und Lernschritte bzw. aus den Praxis- und Theoriefeldern auszugliedernden Lernaufgaben in ihren Zielen, Inhalten und methodischen Vorgehensweisen bestimmen und beginnen zu können.

Herausforderungen

Das Lehren und Lernen im virtuellen Lernraum ist mit drei Herausforderungen konfrontiert:

(1) Überwindung von Kompetenzdiskrepanzen

Jedes Lernen, ob defensiv fremden Aufforderungen folgend oder expansiv selbstbestimmt Neues ergreifend, ist immer eine individuelle Anstrengung aktiver Überwindung von Diskrepanzen in den eigenen Handlungskompetenzen sowohl durch die Nutzung von Bildungsmedien und weiteren Informationsressourcen als auch durch persönliche Kommunikation, Kooperation und Partizipation. Auch im virtuellen Lernraum ist daher, wie die bisherigen Nutzungen und Akzeptanzprobleme bereitgestellter digitaler Bildungsmedien gezeigt haben, die Verfügbarkeit einer persönlichen Unterstützung, z. B. durch Tutoren, Lehrende und Experten, ein unverzichtbarer Erfolgsfaktor.

(2) Erwerb von *E-Teaching-* und *E-Learning-*Kompetenzen

Mit der Entwicklung, Vernetzung und Nutzung der neuen digitalen Medien haben sich unsere Kommunikation, Kooperation und Partizipation in fast allen gesellschaftlichen Lebensbereichen wie zunehmend auch im Lehren und Lernen in ihren Formen, Prozessen, Reichweiten und Inhalten qualitativ verändert und erweitert. Um die im virtuellen Lernraum erforderlichen Kompetenzen im Lehren und Lernen und ihre Konsequenzen für das pädagogische Verhältnis näher bestimmen zu können, sind zunächst die wesentlichen Dimensionen einer mit digitalen Medien vermittelten Kommunikation zu klären. Die dafür erforderlichen Medienkompetenzen müssen den Lehrenden und Lernenden bereits zu Beginn in Einführungen vermittelt werden. Daran anschließend muss die vertiefende und vervollständigende Herausbildung der Medienkompetenzen von Medienexperten, z. B. in einem Kompetenzzentrum, durch begleitende Beratung und Schulung unterstützt werden.

(3) Teletutoren als Vermittler und Begleiter der Lernprozesse

Aus der Notwendigkeit der Vermittlung und Unterstützung der individuellen, kooperativen und partizipativen Lernprozesse sowie aus der Bearbeitung der digitalen Bildungsmedien, der Nutzung weiterer Informationsressourcen und der medienvermittelten Kommunikation, Kooperation und Partizipation der Lernenden mit vielen anderen Ansprechpartnern ergeben sich neue Funktionen und Aufgaben für die Tutoren der Lernenden im virtuellen Lernraum. Sie werden zu persönlichen, organisierenden und fachlichen Mediatoren bzw. Vermittlern zwischen den meist persönlich getrennt bleibenden Lehrenden und Lernenden sowie zu didaktischen Vermittlern und Moderatoren der individuellen und kooperativen Lernprozesse.

Dieser Beitrag ist die leicht überarbeitete Version der Abschnitte 6.7 bis 6.9 aus: Arnold, Patricia/Kilian, Lars/ Thillosen, Anne/Zimmer, Gerhard: Handbuch E-Learning. Lehren und Lernen mit digitalen Medien. 5. erw. u. aktual. Aufl. Bielefeld: Bertelsmann Verlag 2018, S. 296–304, dort auch alle Literaturnachweise. Dem Verlag wird für die Nachdruckerlaubnis gedankt. – E-Learning ist als Terminus nicht für den schulischen, sondern für den beruflichen Bereich gebräuchlich geworden. Die in diesem Beitrag herausgestellten Herausforderungen bestehen jedoch hier wie dort und sind in vieler Hinsicht im schulischen Bereich bei den Lehrpersonen noch gravierender. Denn hier fehlt es für Um- oder Neulernen in ihrem beruflichen Kontext an klaren Vorgaben und entsprechendem Support, sodass mit der »Digitalisierung« erhebliche Widerstände und Verunsicherungen einhergehen.

Martina Bischofberger

Lernen mit digitalen Geräten

Grenzerfahrungen – Herausforderungen – neue Horizonte für Lehrer,
Schüler und Eltern

»… sondern fürs Leben lernen wir.« Wirklich?
Seneca, wie üblich falsch zitiert

»Bis die ABC-Schützen von heute zum Abschlussjahrgang von 2030 geworden sind,
wird die Welt im Vergleich zu allem, was vorherige Generationen
bisher erlebt haben, eine ganz andere sein.« Und wie wird sie sein?
Microsoft/McKinsey (2018, S. 3)

Zwischen dem mittlerweile etwas abgenutzten und bewusst falsch zitierten Satz
von Seneca und der Perspektive für die Welt von morgen liegen gut 2040 Jahre.
Es wird höchste Zeit, das schulisch organisierte Lernen in einer sich unglaublich
schnell verändernden Welt genauer in den Blick zu nehmen; denn auch die Vorbereitung auf eine solche Welt muss und wird sich verändern – folglich auch Lehren
und Lernen in der Schule.

Dieser Beitrag zeigt die Gratwanderung zwischen Euphorie für und Angst vor
dem Lernen und Lehren in einer digitalisierten Welt und basiert auf Erfahrungen
aus zehn Jahren Einsatz von iPads im Unterricht der Evangelischen Schule Schloss
Gaienhofen (s. Literaturverzeichnis).

Was heißt Digitalisierung in Schulen?
Versuch einer Standortbestimmung

Als 2016 das KMK-Papier »Bildung in der digitalen Welt« erschien und der »Di-
gitalpakt« zwischen Bund und Ländern bald in aller Munde war, staunten die
Schulen nicht schlecht, als neben Lesen, Rechnen und Schreiben gleichberech-
tigt die »digitale Kompetenz« trat. Man sprach von »digitaler Revolution« und
sah sich an der Schwelle eines neuen Zeitalters, hatte aber große Hemmungen,
sie zu überschreiten. »Ziel der Kultusministerkonferenz ist es, dass möglichst bis
2021 jede Schülerin und jeder Schüler jederzeit, wenn es aus pädagogischer Sicht
im Unterrichtsverlauf sinnvoll ist, eine digitale Lernumgebung und einen Zugang

zum Internet nutzen können sollte« (KMK 2016, Vorwort). Was sollte das konkret bedeuten? Außerdem eine ziemlich vollmundige Ankündigung: Wer sollte sie wie umsetzen können?

Wo stehen wir sechs Jahre später? Selbst wenn die Corona-bedingten Schulschließungen für einen kräftigen Digitalisierungs-Schub gesorgt haben, so hapert es an vielen Schulen deutlich an der Umsetzung, da sich die Geister schon beim Verständnis von »digitaler Lernumgebung« scheiden. Was darunter verstanden werden kann, ermöglicht Freiheiten, ist relativ offen und sehr von der einzelnen Schule abhängig: es reicht vom klassischen Computerraum über einen Klassensatz iPads und erstreckt sich über verwaltete Leihgeräte (*Mobile Device Management*, MDM) bis hin zu Laptopklassen oder die Praxis der privaten Endgeräte (*Bring your own device* BYOD).

Folgende Kompetenzbereiche werden im KMK-Papier 2016 aufgeführt und noch weiter differenziert:
- Suchen, Verarbeiten und Aufbewahren
- Kommunizieren und Kooperieren
- Produzieren und Präsentieren
- Schützen und sicher Agieren
- Problemlösen und Handeln
- Analysieren und Reflektieren.

Mit der Umsetzung dieser Bereiche fühlen sich heute noch viele Schulen überfordert, sodass man nicht von *der* Digitalisierung an Schulen sprechen kann: die einen Schulen folgen dem einfachen Anspruch, es reiche, wenn Schüler/innen ab und zu auf dem iPad etwas recherchieren; andere erarbeiteten ausgefeilte Mediencurricula für alle sechs Bereiche. Corona brachte dann ans Licht, welche Schulen sich 2016 auf den Weg gemacht hatten und wo Digitalisierung noch zögerlich angegangen wird.

Dementsprechend kann auch nicht von E-Learning oder Ähnlichem als einem klar umrissenen Konzept gesprochen werden, da die Ausstattung der Schulen und die Verfügbarkeit der Geräte in den Händen der Schüler/innen neue Ansätze ermöglicht, aber auch Schwerpunkte bzw. die Konzentration auf einzelne Kompetenzen notwendig macht. Im Einzelnen ist zu beachten:
- Es wäre unreflektiert, digitale Geräte als Ersatz für analoge Werkzeuge und Methoden zu behandeln bzw. Informationsquellen fortan auf das Internet zu reduzieren.
- Es wäre auch zu bequem zu sagen, dass der Computerraum der Schule ausreiche, um den Schülern digitale Kompetenzen zu vermitteln.
- Auch eine Lösung, die den Computerraum gegen einen Klassensatz iPads tauscht und auf die reine Präsenz mobiler Geräte im Unterricht setzt, verbessert die Lernleistungen der Schüler nicht, die zudem das rein digital gestützte Arbeiten mehrheitlich ablehnen.

- Vielmehr sollten mobile Geräte gezielt nur an Stellen eingesetzt werden, an denen sie einen deutlichen »pädagogischen Mehrwert« mit sich bringen (s. u. S. 387 ff.).
- Auch eine Lernplattform alleine beeinflusst zunächst Lernprozesse von Schülern wenig, wenn sie nicht zum Zweck der Individualisierung oder Personalisierung eingesetzt wird.

Dies alles setzt eine intensive Beschäftigung zunächst der Lehrpersonen mit der Vielzahl an Möglichkeiten voraus, die ein mobiles Gerät im Rahmen von individualisierten Lernprozessen zum Erreichen eines vorgegebenen oder selbst gewählten Zieles eröffnet.

Die anfängliche Euphorie, mobile Geräte im Unterricht machten das Lernen attraktiver, einfacher und besser, »traditionelle«, über viele Jahrzehnte bewährte Methoden seien dagegen mit dem Einzug von iPad und Co. überholt, konnte sich nicht lange halten. Auch die Angst von Lehramtsstudierenden wie von erfahrenen Kolleg/innen, zusätzlich zu den teils aufwändigen (und in diesem Buch vorgestellten) Methoden noch den Einsatz von digitalen Endgeräten in den Unterricht »einbauen« oder gar als eigene Methode anwenden zu müssen, um dem KMK-Papier Genüge zu tun, erweist sich als unbegründet. Denn: »digitales Lernen« gibt es nicht – wir müssen vielmehr von »Lernen *in einer digitalisierten Welt*« sprechen, wie es zahlreiche Zukunftsanalysen bereits tun.

Damit möchte dieser Beitrag auch Impulse geben, die digitalisierte Welt bei den in diesem Band vorgestellten Anleitungen zum Lernen mitzudenken, ohne sie zu hinterfragen. Dazu motivieren kann auch der Befund, den Birgit Eickelmann 2019 den Verhältnissen in Deutschland attestiert:

> »[…] in Deutschland sagt fast ein Fünftel der getesteten Achtklässler, sie selbst würden niemals digitale Medien im Unterricht benutzen. Da ignoriert die Schule die Lebenswelt der Schüler, die ganz selbstverständlich in einer von digitalen Medien geprägten Welt aufwachsen. […] Rund ein Drittel der Schüler landet auf den untersten beiden Kompetenzniveaus. Diese Schüler können nicht viel mehr als eine E-Mail anklicken oder einen Suchbegriff eingeben. Die Quellen im Internet kritisch hinterfragen oder in irgendeiner Weise produktiv mit den digitalen Medien umgehen, da hört es dann auf. Dieser Wert hat sich seit 2013 nicht signifikant verändert« (Eickelmann 2019).

Seit der Corona-Krise sind ein wesentlicher Bestandteil und eine wichtige Funktion von Schule schmerzhaft bewusst geworden: das soziale Lernen, die Bedeutung der Gemeinschaft, des persönlichen Austausches, der vielfältigen Beziehungen der Schüler/innen und Lehrpersonen sowie der Schüler/innen untereinander – in Präsenz (Herrmann 2019).

Die lehnte sich aufgrund der Jahre währenden Erfahrungen relativ entspannt zurück, als der Lockdown wochenlanges Lernen zu Hause verordnete, da durch das BYOD Stundenplan und Lernpensum eingehalten und alle Schüler/innen per *Microsoft-Teams*-Konferenz erreicht werden konnten. Selbst das Arbeiten in Gruppen war bald durch sogenannte *Breakout Rooms* problemlos möglich, auch individuelle Rückmeldungen für Schüler stellten kein Hindernis dar. Was fehlte also?

- Im Gespräch mit Schüler/innen aller Altersklassen zeigte sich, dass sie sich durch den ständigen Kontakt zu Lehrkräften tatsächlich gut betreut und nicht allein gelassen fühlten. »Es ist die Meinungsbildung, die wir vermissen. Im Gespräch untereinander messen wir uns und unsere Haltung und Ansichten. In Videokonferenzen gilt ja äußerste Disziplin, weil die Sitzung sonst nicht mehr kontrollierbar ist. Es kann ja keine spontane Diskussion aufkommen, wenn man vor jeder Äußerung erst dran denken muss, die Kamera und das Mikrofon einzuschalten. Und ich kann auch nicht einfach Blickkontakt mit anderen aufnehmen und auf Äußerungen reagieren« (sinngemäße Wiedergabe einer Schüleräußerung in Lockdown-Zeiten).
- Für jüngere Schüler war es eher das Alleinsein, doch weniger aus sozialen Gesichtspunkten. Wie oft orientieren sich Kinder an anderen: »Auf welcher Seite sind wir? Welches Blatt meint der Lehrer? Was schreibst du da hin?«
- Ein Lehrer merkt leicht am Verhalten eines Schülers, dass er Hilfe braucht oder an einer ganz anderen Stelle im Buch ist, noch bevor es der Schüler selbst merkt.
- Niederschwellig ist die Frage im Präsenzunterricht, ob es noch Unklarheiten gibt, wie sinnlos erscheint dieselbe Frage vor einem Bildschirm, wenn die Rückmeldung erst durch erneutes Erheben der virtuellen Hand eingefordert werden muss? Für Kinder kann die Hürde unüberwindbar sein, das Mikrofon anzustellen, um sich zu vergewissern, dass man »richtig« ist.
- *Breakout Rooms* ermöglichen zwar das partnerschaftliche Arbeiten und auch eine relativ enge Betreuung durch den Lehrer – was der Lehrperson aber fehlt, ist der sonst mögliche Überblick über alle Schüler/innen und das, was im benachbarten virtuellen Raum tatsächlich vor sich geht.
- Die Beziehung zur Lehrperson, zu anderen Schüler/innen ist damit eingeschränkt, die Lernleistung auch der guten Schüler/innen war nicht die gleiche, da wesentliche begünstigende Faktoren für das Lernen auch durch beste technische Voraussetzungen nicht gegeben waren.[1]

---

1 Auf Einschränkungen in der Kommunikation wegen technischer Unzulänglichkeiten wie z. B. einer instabilen oder überlasteten WLAN-Verbindung kann hier nicht eingegangen werden. Eine solche sorgt jedoch für weitere Defizite und die permanente Unsicherheit, ob wirklich alle Inhalte bei allen Schüler/innen ankamen. Über die Defizite in Bezug auf soziale Kompetenzen kann an dieser Stelle ebenfalls nicht eingegangen werden.

Damit bewahrheitet sich die Auffassung von Ulrich Bosse (s. S. 154): »Schule ist immer auch ein Ort des Lebens, nicht nur des Lernens. Soziale Gemeinschaft und soziales Lernen spielen eine große Rolle.«

(Sinnliches) Erleben im digitalen Zeitalter

Kinder wachsen als *digital natives* auf, gleichgültig, wie groß nach wie vor die Anstrengungen von Eltern sind, die Kinder vor einer vermeintlich »bösen«, schädlichen digitalisierten Welt zu bewahren. Das WLAN ist omnipräsent, ohne Smartphone geht (spätestens seit Corona) nichts mehr, hochauflösende Bildschirme ersetzen Anzeigetafeln und Plakatanschläge, Haushalte ohne Internet existieren nahezu nicht mehr, die gesamte Kommunikation wird über das Smartphone abgewickelt, und auch die Welt der Spiele ist längst digital erobert. Und schleichend halten auch andere smarte Geräte und Funktionen – und selbst Roboter – Einzug in unser Leben oder haben es als Saug- oder Rasenroboter bereits getan. Eltern kapitulieren mehrfach vor der Anziehungskraft mobiler Geräte. Um ihre Ruhe zu haben, lassen sie gerne zu, dass ihre Kinder sich stundenlang mit Filmen und mehr oder minder wertvollen Spielen auf dem Smartphone beschäftigen. Und wenn es zu Haus streng zugeht, so gibt es bei Freund/innen meist die Gelegenheit, Verbote zu umgehen – was den Reiz nur noch erhöht.

Die Schule gilt in den Augen vieler Elternhäuser immer noch als gewollt »internetfreie Zone«: wenn schon zu Hause die Bildschirmzeit so hoch ist, soll das Kind wenigstens in der Schule frei davon sein, so rechtfertigt man die häusliche und unkontrollierte Reizüberflutung. Auch auf Lehrerseite wird das in Schulordnungen meist noch verankerte Verbot digitaler Geräte gepflegt und die flächendeckende Ausleuchtung mit WLAN mit Argusaugen beobachtet, um einem möglichen Kontrollverlust entgegenzuwirken. Folglich sind sich Eltern und Lehrerschaft häufig in ihrer Skepsis einig, wenn nun die Schule als letzte analoge Bastion von der digitalisierten Welt eingenommen wird. Lang ist die Liste der Gründe, warum alles Digitale als »böse« gilt – und ist letztendlich der reine Ausdruck der eigenen (nicht nur hausgemachten) Hilflosigkeit.

Konfrontiert man beide Interessengruppen (Eltern und Lehrer) mit dem Anspruch von Schule, dass sie Kinder auf das Leben vorbereiten soll, vervollständigt sich das paradoxe Bild aus eigener Haltung und Realität. Nach zehn Jahren Erfahrung mit derartigen schwerfälligen Diskussionen zeigt sich, dass die Angst unbegründet ist, dass Schüler/innen »dann nur noch vor dem Bildschirm sitzen«. Kinder und Jugendliche sind vielmehr vom Arbeiten mit digitalen Endgeräten ebenso gelangweilt wie von jeder anderen Eintönigkeit auch. Sie lieben die Abwechslung und Vielfalt des Lernens – und auf den Pausenhöfen wird weiterhin gekickt statt gezockt, der Bewegungsdrang ist geblieben, und sie sind weiterhin empfänglich für alles, was nicht Displays und Eingabefelder sind. Folglich bewahren Methoden wie das projektartige Arbeiten in allen Ausprägungen ihren pädagogischen Wert:

- Jeder Mensch hat ein Potenzial zur aktiven sinnlichen Welterkundung.
- Jeder Mensch muss und möchte an relevanten Begebenheiten aus seiner Lebenswelt lernen.
- Natürliches Lernen gibt Anstöße dazu und regt zum tastenden Versuchen des Welterkundens und -verstehens an (s. den Beitrag von Ansari S. 82 ff.).

Wie führt man nun aber Schüler auch an Bereiche heran, die eben nicht vor der Haustüre erfahrbar oder umsetzbar sind wie das Amsel-Projekt (s. S 146 ff.), das Reiseprojekt (s. S 166 ff.) oder die Erkundungsgänge (s. S. 206)? Wie kann der bei Matthias Riemer beschriebene Anspruch der Freinet-Pädagogik realistisch umgesetzt werden, wenn nicht auch mit digitaler Unterstützung?

Es ist wünschenswert, dass Schulen virtuelle Rundgänge oder gar die noch recht jungen Ansätze von *Virtual* oder *Augmented Reality* in ihr Repertoire einbeziehen, beispielsweise wenn es darum geht, historische Ereignisse mit Leben zu erfüllen. Denn selbst ein Besuch im Museum oder in einer Ausgrabungsstätte kann das Römische Reich oder die Welt der Habsburger nicht erfahrbar machen, selbst ein Film ist hierzu nicht immer imstande. Wer die Geschichte der Französischen Revolution von 1789 näher studieren möchte, kann einen Stadtplan von Paris öffnen und dort alle historischen Orte und Personen aufrufen, z. B. die Salons, in denen sich die Intellektuellen vor 1789 trafen, dort dann die beteiligten Personen aufrufen und so in das intellektuelle Netzwerk einsteigen, multimedial ergänzt durch Filme, Musik, Lesungen und dergleichen.

Hersteller von *Virtual Reality*-Systemen für Schule und Unterricht halten Erlebniswelten für zahlreiche Fächer bereit – eine Technologie, die schon seit den 60er Jahren entwickelt wird, teilweise für Aus- und Fortbildung in Betrieben verwendet wird, aber in Schulen erst vereinzelt und auch dort nur als »Schmankerl« eingesetzt wird – weit entfernt also von routiniertem Einsatz.

Besonders deutlich wird diese Perspektive, wenn es um das Erlernen von Fremdsprachen geht: die CD zum Anhören der Lehrbuchtexte ist nicht jedem Schüler zugänglich und macht das Lernen einer Sprache noch nicht zum Erlebnis. Es handelt sich hier um ein reines Audioerlebnis als Einbahnstraße, aber keine reale Gesprächssituation, die durch das Verstehen *und* Verstandenwerden als Erfolgserlebnis abgespeichert werden kann. Spracherkennungs- oder Assistenzsysteme, wie es sie heute schon in Form von Alexa, Siri und Galaxy unseren Alltag ergänzen, jedoch: »In der Fremdsprachenvermittlung findet diese Technologie allerdings längst nicht die Anwendung, die ihr Potenzial verspricht« (Lotze 2018).

Der »pädagogische Mehrwert« beim Lernen und Arbeiten mit digitalen Endgeräten aus der Sicht von Schüler/innen und Lehrpersonen

»Wir wissen jedoch aus Studien, dass sich die Lernergebnisse durchaus verbessern können, wenn die digitalen Medien schülerorientiert eingesetzt werden, diese also Selbstverantwortung für ihr Lernen übernehmen. Und die Lehrkräfte müssen sich auskennen, wie digitale Medien – Hard- und Software – für ihr spezifisches Fach sinnvoll genutzt werden kann. Einfach nur Computer in die Klasse zu stellen bringt nichts.« (Eickelmann 2019)

»Ein Wechsel in der Schulphilosophie und den Methoden, um die individuellen Bedürfnisse jedes Lernenden mehr hervorzuheben, kann Lernenden helfen, einen ausgeprägteren Sinn für Selbstwirksamkeit zu entwickeln, eine Fähigkeit, die erwiesenermaßen ein Schlüsselindikator für den Erfolg beim Lernen, im Leben und bei der Arbeit ist.« (Microsoft/McKinsey 2018, S. 16)

Mit diesen beiden Äußerungen sind Standards gesetzt, die jedoch noch lange nicht Routine an allen Schulen sind. Und mit Routine darf kein Absolutheitsanspruch einer einzelnen Lehrperson verbunden sein: Damit Lernen für die Schüler/innen nicht in die Eintönigkeit einer Häufung von digital gestützten Methoden mündet, sind Absprachen innerhalb eines Kollegiums vonnöten. Die vermeintlich individualisierte Version, dass jeder Schüler z. B. den Filmclip auf seinem Gerät anschauen und in seinem Tempo bearbeiten kann, macht nur dann Sinn, wenn es auch individuelle Wege gibt, ein vorgegebenes Lernziel zu erreichen.

Lernen muss vom Schüler aus gedacht werden – das Verwenden von digitalen Geräten nur auf Lehrerseite hat für den Schüler keinen Mehrwert. Dieser entsteht, wenn z. B. die Dokumentation von Lernprozessen und -leistungen auf unterschiedliche Weise erfolgen kann und sich an Kriterien orientiert, die mehrere – auch analoge – Ergebnisformen erlaubt.

Ein einfaches Experiment aus dem BNT-Unterricht (Biologie/Naturphänomene/Technik) zur Frage: »Welche Körperform muss ein Fisch haben, um im Wasser möglichst schnell voranzukommen?« (die genaue Anleitung findet sich in der Handreichung »Experimente Kl. 5/6 BNT«, S. 62; https://zsl-bw.de/,Lde/Startseite/ueber-das-zsl/publikationen-dl; abgerufen am 11.3.2022).Neben des in der Handreichung genannten Diagramms zur Dokumentation und der für die Antwort vorgesehenen Linien findet sich dort die Anweisung »Schreibe ein Protokoll.« Das »Protokoll« könnte nun folgende Formen haben:

- Fließtext mit Zeichnungen (evtl. unter Hinzunahme des Diagramms)
- Fotoserie mit Bildbeschriftung
- Film mit Erklärung, was gerade passiert

- Präsentation mit Foto/Schrift
- Podcast.

Alle Dokumentationsformen verlangen die schrittweise Dokumentation der Schritte des Experiments und die Dokumentation der Ergebnisse.

Ein Blick auf die Sicherung der Nachhaltigkeit von Lernergebnissen lohnt sich in diesem Zusammenhang. Die klassische Projektmethode setzt auf die Produktorientierung (siehe die Beiträge im vorliegenden Band). Aber was geschieht mit den Produkten, wenn die Leistung mit einer guten Note honoriert wurde? Das Arbeitsergebnis wird im Klassenzimmer ausgestellt und ist dann – sehr bald wertlos und wird in der Regel entsorgt. Nicht selten nehmen es Schüler mit nach Hause, um den Verfall der eigenen Ergebnisse nicht mitansehen zu müssen – und wandert dort »in die Ecke«. Worin besteht der »pädagogische Mehrwert« beim Einsatz von digitalen Geräten?

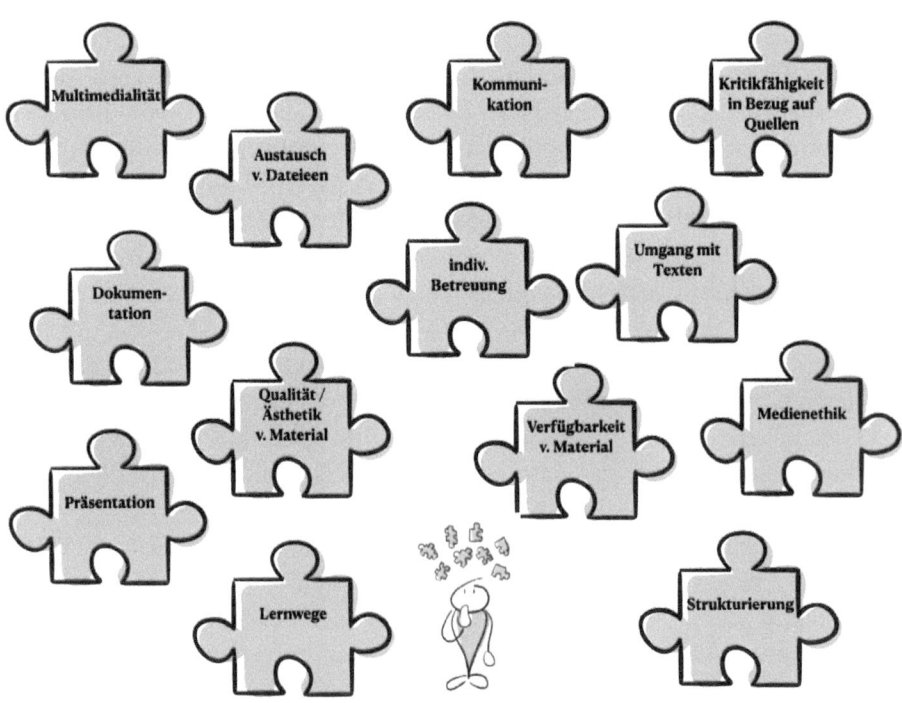

Abb. 1: Mehrwert des Einsatzes digitaler Geräte im Unterricht

Aus der großen Zahl an Bereichen, in denen der Einsatz digitaler Geräte einen Mehrwert bedeutet, sei auf folgende Bereiche fokussiert:

Speichern und Verfügbarkeit individueller Leistungen für alle

Ein Tablet erlaubt das Festhalten und Vervielfältigen von Ergebnissen durch Fotografieren und Sammeln aller Ergebnisse der Klasse – was eine Würdigung der Ergebnisse darstellt. Allerdings zeigt sich immer wieder, dass Ergebnisse in digitaler Form für Schüler keinen dauerhaften Wert darstellen. Oft kommt es vor, dass Filme, Präsentationen gelöscht werden, »weil sie so viel Platz brauchen« oder in der unendlichen Weite eines (unstrukturierten) Speichers nicht mehr auffindbar sind.

Dokumentieren, Strukturieren, Ordnen

Hier kommt eine weitere Herausforderung ins Spiel, die es mit einem klassischen Schulheft oder Ordner nicht gab, die aber von grundlegender Bedeutung ist: das Dokumentieren und Strukturieren von Lernleistungen. Sind Schüler daran gewöhnt, profitieren sie für ihr ganzes Leben von diesem scheinbaren Nebenprodukt des Lernens – der Weg dahin ist jedoch nicht einfach.

Lehrpersonen stehen vor der Herausforderung, mit den Schüler/innen ein Ordnungssystem zu trainieren und dieses auch durchzuhalten. Auf dem iPad kann dies wie auf dem Laptop mithilfe einer Ordnerstruktur erfolgen, ebenso in der Cloud oder auf dem Schulserver. Da aber mobile Geräte immer auch über ein App-internes Speichersystem verfügen, das automatisch sichert, muss das Speichern von Ergebnissen in der Ordnerstruktur aktiv erfolgen. Damit ergeben sich mehrere Orte, an denen sich Dokumente befinden können. Hier ist eine gute Absprache und damit einhergehende Konsequenz der unterrichtenden Lehrer notwendig, damit Schüler/innen ihre Arbeit strukturieren lernen.

Zeit an dieser Stelle zu investieren, lohnt sich allemal, selbst wenn es einfacher zu kontrollieren ist, ob Schüler/innen ihre Arbeitsblätter auch sauber einkleben oder abheften. An geeigneter Stelle muss auch das seinen Platz haben, selbst wenn es im Hinblick auf die Arbeitswelt von geringerer Bedeutung sein dürfte, ein Dossier »analog« zu führen. Denn die Versuchung, mit digitalen Ergebnissen nachlässig umzugehen, ist mit Sicherheit größer: für jüngere Schüler/innen hat das von Hand ausgefüllte Arbeitsblatt sicher auch einen größeren Wert als ein reproduzierbares.

Was folgt aus diesen Punkten?

1. Lernen, den Speicher als Archiv so anzulegen, dass etwas für die spätere Weiterverwendung wiedergefunden werden kann; vor allem ist hier die Entscheidung von Bedeutung, an welcher Stelle in einer Speicher-Hierarchie ein Dokument richtig aufgehoben ist.
2. Den Ort zu kennen, wo sich relevante Inhalte befinden, bedeutet Zeitersparnis bei der Vorbereitung auf Prüfungen.

3. Der Schüler/die Schülerin muss lernen zu entscheiden, was nur für den Moment von Bedeutung war (als Lernunterstützung) und was künftig weiterverwendet werden kann/muss.
4. Die Schüler/innen lernen zu prüfen, ob ihre Arbeit so aufbereitet ist, dass sie zum Weitergeben oder späteren Hochladen/Weiterbearbeiten noch verständlich ist und entwickeln Qualitätsbewusstsein.

Verfügbarkeit gemeinsamer Ergebnisse

Ein weiterer Aspekt ist die Beziehung eines Schülers zum Ergebnis einer Gruppenarbeit: Entsteht ein gemeinsames Plakat oder Produkt, das in der Schule verbleibt, ist die Beziehung weniger stark als zu einem individuellen, »eigenen« Ergebnis. Mit der Möglichkeit der Vervielfältigung kann überdies dafür gesorgt werden, dass jeder eine Kopie des Ergebnisses erhält, die er aufbewahren und ggf. individuell anpassen kann, falls die Gruppenergebnisse in den weiteren Unterrichtsverlauf eingebunden werden.

Was folgt daraus zusätzlich zu den bereits genannten Aspekten?
1. Die Schüler/innen erwerben Routine im Kooperativen Lernen; sie entwickeln ein Bewusstsein des »Gebens und Nehmens«: »Die Qualität, die ich mir von anderen wünsche, muss ich auch selbst liefern.« Arbeit ist dann gewinnbringend, wenn man sie teilt und weiß, dass man sich auf andere verlassen kann.
2. Ein Gruppenergebnis kann trotz des eigenen Beitrags noch nicht umfassend genug den eigenen Vorstellungen entsprechen, es muss angepasst, ergänzt, mit zusätzlichen Notizen versehen werden. Die Schüler/innen lernen so, Ergebnisse für sich gewinnbringend zu reflektieren.

Digitale Mindmaps – grenzenlos

Eng mit der Problematik des Strukturierens verbunden ist das Erstellen von Mindmaps wie bei Bosse (s. S. 158) ausgeführt. Selten erscheinen die Grenzen des analogen Arbeitens so deutlich wie beim Brainstorming und dem damit verbundenen Anspruch des Ordnens von Ideen – selten liegt der Mehrwert digitaler Techniken so deutlich auf der Hand wie hier: Ein Mindmap ist gewissen »geografischen« Grenzen unterworfen, Ergebnisse können nicht (neu) sortiert werden – außer auf Papierkarten mit erheblichem Aufwand – und erlauben zudem nicht die Beteiligung von mehreren oder gar allen Teilnehmern. Wenn es halbwegs geordnet zugehen soll, ist die Rolle des Lehrers entscheidend, der die Ideen an der Tafel kanalisiert und evtl. vorstrukturiert. Das Ergebnis ist letztendlich ein kollektives – kein individuelles.

Mit Mindmap-Programmen können Lernkarten hergestellt werden, die jederzeit ergänzt, überarbeitet und umstrukturiert werden können. Erst damit machen beispielsweise Wortnetze im Fremdsprachenunterricht Sinn, die in den Lehrwerken als Methode vorgestellt werden.

Die Lernleistung besteht darin, dass bei jeder Überarbeitung der Netze durch das Hinzufügen von neuen Vokabeln wird der bisher erworbene Wortschatz reaktiviert. Die Schüler/innen setzen sich mit den Vokabeln auseinander, da es zu entscheiden gilt, an welcher Stelle die neuen Wörter angedockt werden.

Ein frühes Beispiel solcher Lernkarten ist bei Aebli zu finden. Dort sind Prozesse dargestellt, die versuchen die Komplexität von Lerninhalten – hier der Käseherstellung – übersichtlich darzustellen. Der Mehrwert einer digitalisierten Form liegt auf der Hand: statt der abstrahierten Darstellung bietet sich ein Video an, das den Schülern erlaubt, die einzelnen Schritte beliebig zu wiederholen, um sie als bewegte Bilder im Gedächtnis zu behalten. Die Darstellung fungiert damit als Merkhilfe.

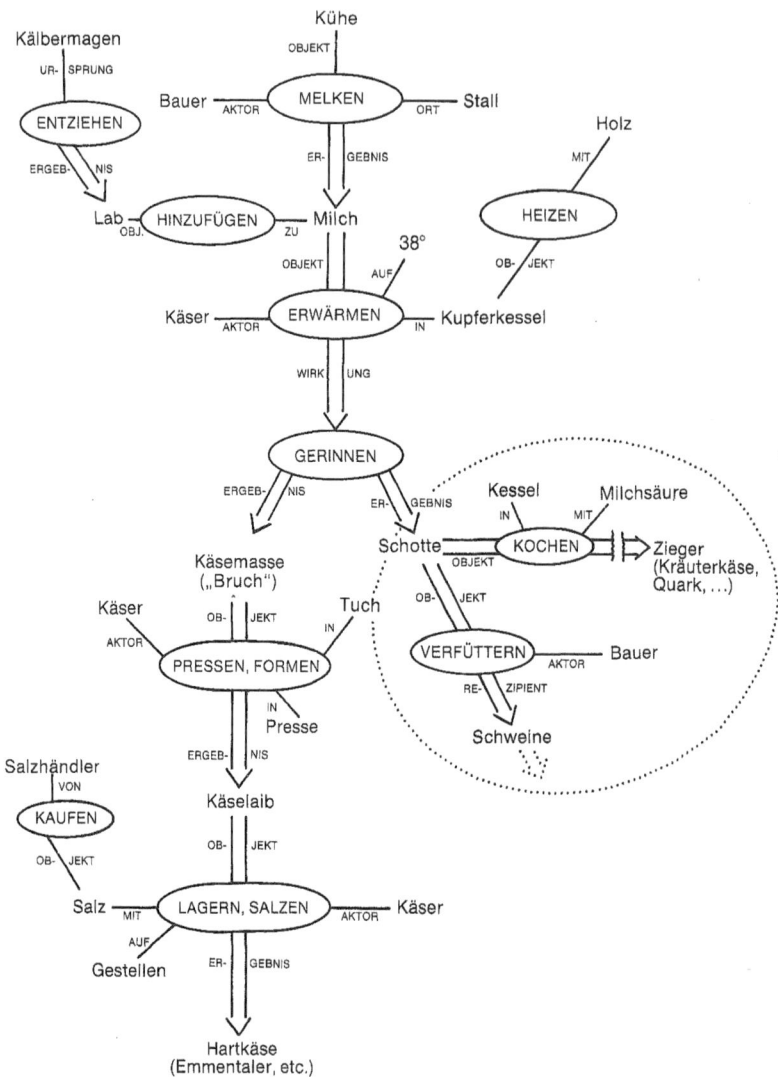

Abb. 9. Das Handlungsschema „Hartkäse-Herstellung". Die Teilhandlungen und Teilprozesse sind in ovalen Rahmen und in Großbuchstaben angegeben. Um diese herum sind die Handlungsteilnehmer angeordnet und mit Linien verbunden. Ihre Rolle ist neben oder über der betreffenden Verbindungslinie genannt. Der Weg des Produktes folgt den doppelt ausgezogenen OBJEKT-ERGEBNIS-Linien. Die Nebenlinien der Zieger-Herstellung und der Verwendung von Schotte zur Schweinemast sind durch eine punktierte Linie abgegrenzt.

Abb. 2: Aebli, H.: Zwölf Grundformen des Lehrens. Stuttgart ¹⁴2011, S. 188: Das Handlungsschema »Hartkäse-Herstellung«

Stellen Schüler dagegen eine solche Karte selbst her, bilden sie das Ergebnis ihres Verstehensprozesses ab. Sie sehen es als Herausforderung die Zusammenhänge darzulegen, ihr eine Form zu geben, die die Käseherstellung nachvollziehbar macht. Für die Lehrkraft ist es bei der Durchsicht einfach zu erkennen, an welchen Stellen Zusammenhänge noch nicht erkannt wurden. Besitzt die Lehrkraft die Offenheit, unterschiedliche Dokumentationsformen zuzulassen und mit einem Feedback zu versehen, liegt der Mehrwert auf der Hand.

Eigene Lernprozesse und Verstehensstrukturen auf Basis arbeitsteiliger Ergebnisse

Um das recht hohe Maß an Organisationszeit und Aufwand zu sparen, was beides der reinen Arbeitszeit der Schüler zugutekommt (und zudem den Aufwand für die Lehrkraft reduziert), ist tatsächlich der Einsatz von digitalen Geräten: ein *Sharepoint*-Dokument oder eine partizipative Plattform (z. B. learningapps.org) erlaubt das Hinzufügen von Beiträgen aller Schüler zur gleichen Zeit und das Umsortieren, Weiterbearbeiten und Strukturieren von Ergebnissen – gemeinsam oder im Nachhinein individuell auf dem eigenen Gerät. Auch eine Abstimmung wie bei Ulrich Bosse beschrieben (s. S. 156 f.), kann mit zahlreichen digitalen Tools zeitsparend erfolgen (*Office Forms*, *mentimeter*, *sli.do* usw.).

Ein weiterer Vorteil von Mindmap-Programmen ist die individuelle Abbildung von im Unterricht oder aus verschiedenen Quellen erworbenen Lerninhalten. Die hier verwendeten Möglichkeiten erlauben Schüler/innen, ihre eigenen Verstehensstrukturen abzubilden, ähnlich wie dies in Erklärfilmen möglich ist (s. den Beitrag von Fehling/Schumacher S. 270 ff.).

Das ist der Kern des »pädagogischen Mehrwerts«: Kooperatives Lernen, kooperative Ergebnisdokumentation, kritisches analytisches Denken, effektive Kommunikation, komplexe Problemlösungen, Teamwork.

Das ist der Ansatz und die Realisierung dessen, was heute »deeper learning« heißt: analytisches Denken, verzweigte Denkstrukturen, komplexe Problemlösungen, Teamwork, übernommen aus dem Katalog der »21st century skills« (Sliwka/Klopsch 2022; zur Kritik vgl. Herrmann 2021) und kombiniert mit den Anforderungen an »guten Unterricht« (Klassenführung, Kognitive Aktivierung, Konstruktive Unterstützung), denen allerdings der Schulalltag aufgrund der heutigen Gegebenheiten in wichtigen Punkten (besonders bei Kognitiver Aktivierung) gar nicht entsprechen kann, es sei denn, es sind bereits bestimmte digitale Instrumente in Betrieb (s. den nächsten Punkt).

Personalisiertes Lernen – Einzelfeedback

Ein Blick auf zukunftsweisende und bereits bestehende Lernplattformen lässt vermuten, dass personalisiertes Lernen durch den Einsatz von KI-Systemen weiterentwickelt wird. (Zum Thema »Personalisiertes Lernen und Feedback vgl. Reusser in diesem Band.) Eine individuelle Betreuung von Schülern mit analogen Methoden ist aufgrund des hohen Aufwandes nicht machbar, wie schon bei Ulrich Bosse dargestellt: »In dieser Zeit bin ich als Lehrperson sehr gefordert, nehme die Texte der Schüler/innen häufig mit nach Hause, redigiere, korrigiere sie und rede anderntags mit den Einzelnen darüber« (Seite 161). Eine Plattform wie z. B. *Office One Note* oder selbst geeignete Module von *its-learning* (s. Abb. 3) erlauben den Einblick in den Fortschritt und ein individuelles Feedback und damit die Dokumentation von Schülerleistungen zu jedem Zeitpunkt (s. Abb. 4). Damit steht für Eltern- bzw. Coaching-Gespräche ein lückenloser Fortschrittsbericht zur Verfügung, während einzeln kommentierte, lose Blätter schnell verloren gehen.

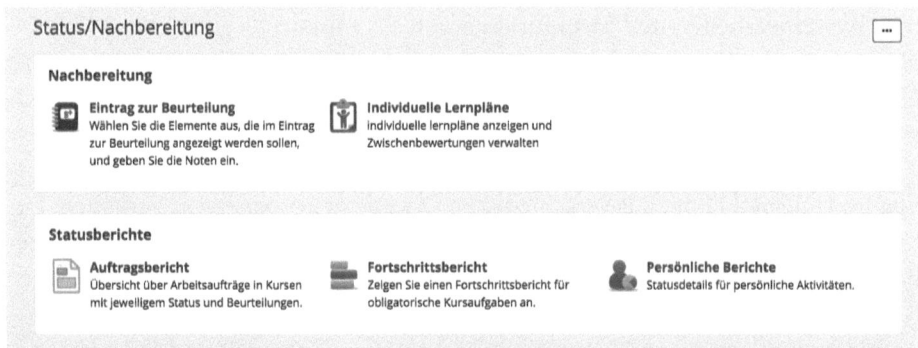

Abb. 3: Die Module für personalisierte/individuelle Betreuung von Lernleistungen in der Plattform »itslearning«

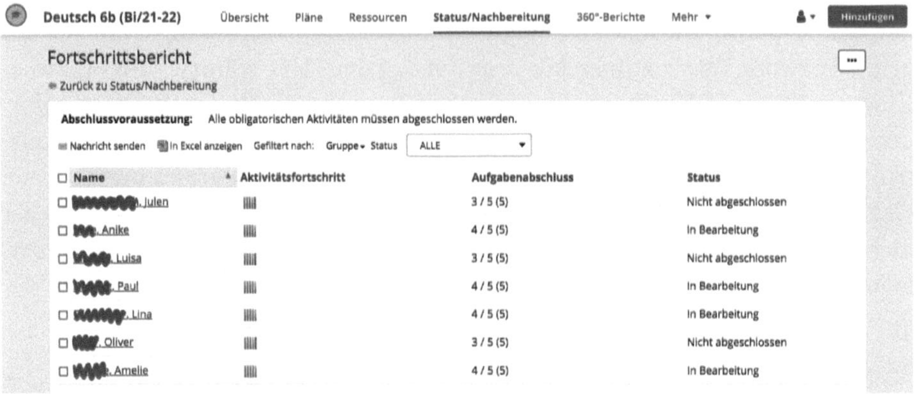

Abb. 4: Die Startseite zu Fortschrittsberichten einer Klasse

Individuelle Leistungen – Feedback im Plenum

Findet ein Feedback im Plenum statt, ermöglicht die Technik die Besprechung eines Textes *live* mit der Beteiligung aller, wodurch das Feedback eine andere Qualität bekommt. Dem analogen »Vorlesen« z. B. eines Aufsatzes und dem eher oberflächlichen Feedback von Mitschülern steht ein differenziertes Feedback gegenüber, wenn der Text per *Airplay* und Beamer bzw. per iPad-Dokumentenkamera (auch vom Schülergerät aus, s. Abb. 5) allen sichtbar gemacht wird und sprachliche Details nicht nur berücksichtigt, sondern direkt markiert und kollektiv kommentiert und korrigiert werden können. Die Korrektur kann von den Schülern direkt in ihr eigenes Dokument übernommen werden.

Abb. 5: Eine Plexiglasbrücke, die den Einsatz des iPads als Dokumentenkamera erlaubt

Ein Beispiel, bei dem dies besonders deutlich wird, ist das Erlernen von Textbearbeitungstechniken auf Papier oder auf dem iPad (siehe Kasten):

Aufgabe: in einem Sachtext *Schlüsselwörter* **markieren**

- Die Arbeit eines Schülers zeigt auf Papier einen fast vollständig gefärbten Text, »weil alles irgendwie wichtig war«. Die Korrektur besteht nun darin, die Einfärbungen mit dem Leuchtmarker zu reduzieren, um zu zeigen, was die eigentlichen Schlüsselwörter sind. Auf Papier ist dies nicht möglich.
- Wird die Aufgabe dagegen in einem geeigneten Programm auf dem iPad erledigt, kann der Lehrer die überflüssigen Markierungen mit dem »digitalen Radiergummi« reduzieren, um zu zeigen, was unter Schlüsselwörtern zu verstehen ist. Hierfür eignen sich alle Programme, mit denen PDFs bearbeitet werden können, beispielsweise One-Note, GoodNotes, Evernote und dergleichen.

Lernleistung

- Bei der Arbeit auf Papier: Der Schüler lernt, dass er es falsch gemacht hat und legt die Arbeit als Misserfolg ab.
- Lernleistung bei derselben Aufgabe auf dem iPad: Der Schüler erkennt nach wie vor seine Arbeit wieder und lernt, dass es nicht »falsch« war, sondern »zu viel markiert« – und er nimmt eine korrigierte Fassung seiner Arbeit als Teilerfolg mit. Die Schüler/innen, die auf ihrem iPad ihre eigenen (wahrscheinlich ähnlich eingefärbten) Textmarkierungen ebenfalls korrigieren konnten, haben denselben Lernerfolg. Denn am Ende ist es immer noch ihre Arbeit, die korrigiert wurde – nicht die Lösung der Lehrperson, mit der Schüler mangels eines zweiten Textblattes nichts anfangen konnten. Zum andern profitiert durch das Mitschauen nicht nur der Schüler, dessen Arbeit gerade kommentiert wird, sondern im besten Fall die gesamte Lerngruppe.

Widerstände, Verunsicherungen, Herausforderungen

»Wenn ich bei Google und Wikipedia alles nachschlagen kann, wieso muss ich dann Geschichtsdaten auswendig lernen?« – »Wenn bei YouTube gefühlt alles erklärt wird, wieso muss ich dann selber entdecken, wie ›es‹ geht?« – »Wenn mir Google Translate alles übersetzt, wozu muss ich dann Sprachen lernen?« – »Wenn mich Live View bei Google Maps überall hin navigiert, wieso muss ich dann lernen, mich zu orientieren und Stadtpläne zu lesen?«

»Wenn ein Smartphone alles kann – braucht es uns Lehrkräfte dann noch?« – »Wenn mich Schüler austricksen, weil sie mit einem mobilen Gerät besser umgehen können, dann stehe ich wie blöd da.« – »Diese ganze Digitalisierung ist auch nur eine pädagogische Sau, die durchs Dorf getrieben wird. Die Kinder sollen lieber ›richtig‹ lernen!« – »Ich bin dafür nicht ausgebildet, wann soll ich das auch noch machen?«

»Und jetzt kommen iPads auch noch in den Unterricht? Dann zocken die Kinder bald nur noch.« – »Wenn die Schule will, dass das Gerät benutzt wird, soll sie auch alleine dafür sorgen, dass es gut läuft. Wir als Eltern sind da raus. Zu Hause gibt es kein iPad.« – »Und wenn mein Kind in WhatsApp gemobbt wird, dann muss die Schule auch die Verantwortung dafür tragen.« – »Vokabeln mit dem iPad lernen ist Humbug. Mein Kind soll lernen wie wir früher – das hat ja auch funktioniert.«

Dieser sehr kleine Auszug aus zehn Jahren Erfahrungen bei der Einführung und mit dem Einsatz von digitalen Endgeräten soll einen Einblick in die vielen Steine geben, die auf dem Weg zu einem Ziel liegen, das nicht so genau definierbar ist (s. o. die Einleitung) und deshalb zunächst einmal auf allen Seiten Skepsis verursacht. Die Frage ist daher, wie die Ausgangslage beschaffen ist und was berücksichtigt bzw. getan werden muss, um für die Etablierung von Lehren und Lernen mit Endgeräten voranzukommen?

Über die Tatsache, dass Schule – und damit Lernen und Lehren – einem kontinuierlichen Wandel unterzogen ist, muss nicht mehr gesprochen werden; die Fragen der Schüler nach dem Was, Warum und Wozu des Lernens sind berechtigt und bringen Lehrpersonen häufig in Verlegenheit (s. u. den letzten Abschnitt).

Dass sich die Rolle der Lehrenden im Zuge der Digitalisierung zwangsläufig verändert, haben Arnold u. a. (s. S. 371 ff.) treffend dargestellt. Und auch hier sind Schulträger und Schulverwaltung im Zugzwang: Ohne eine ausreichende Infrastruktur und Ausstattung, ohne Fortbildungen und zeitliche Ressourcen, ohne die Freiheit, ausprobieren zu dürfen, wird sich kein Wandel einstellen. Umgekehrt müssen sich Schulleiter auf die Bereitschaft verlassen können, dass Lehrpersonen ebenso zu lebenslangem Lernen bereit sind, wie es von den ihnen anvertrauten Schüler/innen perspektivisch erwartet wird. Und das Bewusstsein muss gestärkt werden, dass Digitalisierung eben keine ›pädagogische Sau‹ ist wie das Erlernen einer neuen Methode oder ein Zusatz zu dem ohnehin schon dichten Alltag. Hier ist in Deutschland noch einiges nachzuholen, und auch Corona konnte insgesamt betrachtet nur einen kleinen Fortschritt bewirken. Der Anspruch, dass das KMK-Papier bis 2021 umgesetzt sein solle, bleibt Wunschdenken – freilich mit zahlreichen Ausnahmen. Und bevor sichergestellt war, dass die Umsetzung erfolgte, wurde von der KMK ein weiteres Papier veröffentlicht, in welchem die Anforderungen an Schulen verschärft formuliert sind – weil Corona gezeigt hat, wie groß der Nachholbedarf tatsächlich ist (KMK 2021). Freilich handelt es sich hierbei um Empfehlungen.

Eltern können für den Einsatz mobiler Geräte nur dann gewonnen werden, wenn sie einbezogen sind und ihnen ihre Verantwortung bewusst ist (bzw. gemacht wird), unabhängig davon, ob private Geräte (BYOD) oder Leihgeräte zum Einsatz kommen. Die Verantwortung, dann aber auch der Reiz, diese zu übernehmen, ist größer, wenn die Schüler mit privaten Geräten arbeiten. Aus der Fülle der Aspekte, die es zu berücksichtigen gilt, seien drei herausgegriffen:

- Eltern müssen wissen, wie sie die Kontrolle über das Gerät und dessen Nutzung behalten, um dem Gefühl, der digitalisierten Welt und dem Internetkonsum ihrer Kinder ausgeliefert zu sein, entgegen zu wirken. Abhilfe schaffen können und sollten Elternworkshops, bei denen Eltern z. B. mit Funktionen vertraut gemacht werden wie der Bildschirmzeit, der Familienfreigabe und der Notwendigkeit, Passwörter bei sich zu behalten. Die Gratwanderung zwischen Kontrolle und Vertrauen beinhaltet auch die Erfahrung, dass Verbote allein keine Lösung sind, sondern dass das iPad immer Anlass zu Gesprächen mit dem Kind sein sollte. Dies betrifft z. B. respektvolle Chats, altersgemäße YouTube-Inhalte, klar definierte Zeiten fürs »Zocken«, das Einhalten von Bildschirmzeiten usw. Durch den offenen und transparenten Umgang mit dem Gerät wird der Reiz des Verbotenen minimiert.

- Eltern muss klar sein, dass WhatsApp und andere Social-Media-Dienste an ein Mindestalter geknüpft sind und dass Spiele auf dem Arbeitsgerät iPad nichts verloren haben. Dem Vorwurf von Eltern an die Schule, die Kinder seien »die ganze Zeit am Zocken«, kann leicht begegnet werden, wenn Eltern die Frage beantworten müssen, wer die Spiele und die Messenger-Dienste erlaubt hat, wenn doch das Passwort für den Download in Verwahrung der Eltern sein müsste. Und man kann als Schule sogar noch einen Schritt weiter gehen: Wenn Eltern ihren Kindern WhatsApp & Co. erlauben, tragen sie auch die volle Verantwortung für die Inhalte, die hier die Runde machen – inklusive diskriminierender und beleidigender Äußerungen.

- Dass der uneinheitliche Umgang mit Freiheiten auf dem Gerät auch soziale Folgen im Gruppengefüge einer Klasse hat, liegt nicht sofort auf der Hand. Während die einen Elternhäuser ein angesagtes Spiel wie z. B. *Brawl Stars* als ungefährlich ansehen, sind andere Elternhäuser strenger und untersagen ihren Kindern die Teilnahme an den *Online Communities*. Dies kann dazu führen, dass Kinder ausgeschlossen werden, weil sie ja nicht ›mitreden‹ können und damit in eine schwierige Rolle geraten – bis dahin, dass Eltern sich unter Druck gesetzt fühlen, ihrem Kind etwas zu erlauben, was ihren Erziehungsgrundsätzen widerspricht. Eine Aussprache am Elternabend kann Transparenz unter Eltern schaffen, leider aber auch Unverständnis erzeugen.

Neben der Rolle von Schule und Elternhaus als Kontrollinstanzen ist das weite Lernfeld zu berücksichtigen, das quasi nebenher erworben wird: der verantwortungsvolle Umgang mit Internet & Co., der sich idealerweise in einem *digital wellbeing* der Kinder offenbart. Kinder müssen bereits in frühem Altern sensibilisiert werden, da sie, wie Ansari treffend vermerkt, mit der digitalisierten Welt konfrontiert sind: »Kinder sind heute vielfach unendlichen Reizen und virtuellen Welten ausgesetzt. Sie sehen die alltäglichen Bilder des Grauens und Schreckens. Sie nehmen teil an Geschehnissen der Welt, die sie nicht verarbeiten können. Kindheit als Schonraum ist nicht selbstverständlich« (s. S. 86). Anstatt sie jedoch davor zu bewahren, gilt es vielmehr – oder wenigstens an geeigneten Stellen –, ihnen Strategien an die Hand zu geben, durch die sie ihre Resilienz fördern.

Schulen neigen häufig dazu, den moralischen Zeigefinger zu erheben und ein Regelwerk an Verboten zu formulieren. Damit ist nichts gewonnen. Vielmehr müssen Zeitressourcen geschaffen werden, um Schüler/innen mit Datenschutz, dem Wahren von Persönlichkeitsrechten sowie mit Methoden vertraut zu machen, den Versuchungen zu widerstehen, die Instagram, Tiktok & Co. bereithalten: Selbstdarstellung, *Sexting, Fake News, Nudging, Challenges* seien hier stellvertretend für andere (und weitaus gefährlichere) genannt. Um möglichen Bedenken entgegenzuwirken und Kinder und Jugendliche auf dem Weg zu einem ausgeglichenen Umgang mit Medien zu begleiten, seien die hervorragenden Materialien von www.klicksafe.de erwähnt, die Lehrende in dieser Hinsicht zuverlässig unterstützen.

Neue Kompetenzen – Blick in die Zukunft

Bereits 2006 – also zehn Jahre vor der Veröffentlichung der KMK-Strategie – gab die Europäische Kommission ein Papier mit Empfehlungen heraus, in welchem *Schlüsselkompetenzen* für das lebenslange Lernen formuliert wurden, darunter auch die noch etwas hölzern formulierte *Komputerkompetenz*: »Zunehmende Internationalisierung, rascher Wandel und die kontinuierliche Einführung neuer Technologien erfordern, dass die Europäer nicht nur ihre berufsspezifischen Fertigkeiten auf dem neuesten Stand halten, sondern auch über allgemeine Kompetenzen verfügen, die ihnen die Anpassung an den Wandel ermöglichen.«[2] Bereits in der stark überarbeiteten Fassung von 2018 ist dieser prophezeite Wandel Realität geworden:

»Our societies are undergoing rapid changes, with technological developments largely driving such a fast pace. Automation is already transforming the labour market, with routine and low-skill tasks increasingly being performed by machines. Technologies are therefore playing an increasingly important role in several areas of life, leading to skills quickly becoming obsolete, producing new work models, and stressing the need for people to update their personal skills throughout their lives.« (EPSC 2019)

In einer weiteren Veröffentlichung der Europäischen Kommission wird die Notwendigkeit, Kompetenzen auf den Wandel auszurichten, weiter konkretisiert,

---

2   Das Dokument »Schlüsselkompetenzen für lebenslanges Lernen – ein Europäischer Referenzrahmen« ist im Anhang zur Empfehlung des Europäischen Parlaments und des Rates vom 18.12.2006 zu Schlüsselkompetenzen für lebensbegleitendes Lernen zu finden, die am 30.12.2006 im Amtsblatt der Europäischen Union Nr. L 394 veröffentlicht wurde. Das Papier ist nur noch in der überarbeiteten (englischsprachigen) Version erhältlich. Die hier zitierten Worte stammen aus dem Vorwort der Fassung von 2006/07.

und spätestens hier sollten die Widersprüche verstummen, die die Digitalisierung weiterhin in Frage stellen:

»The use of digital technologies is also crucial for achievement of the European Green Deal objectives and for reaching climate neutrality by 2050. Digital technologies are powerful enablers for the green economic transition, including for moving to a circular economy and decarbonising energy, transport, construction, agriculture and all other industries and sectors. In parallel, it is important to reduce the climate and environmental footprint of digital products and facilitate a move towards sustainable behaviour in both development and use of digital products.«[3]

Die Orientierung an der Zukunft muss und soll im Zentrum von Schule und Lernen stehen. Auch Lehrende müssen bereit sein, Lernende zu bleiben, und über ihren fachlichen Tellerrand hinaus den Schülern Kompetenzen zu vermitteln, mit denen diese »überlebensfähig«, eben resilient werden können. Ebenso verhält es sich mit digitalen Kompetenzen der Lehrenden, die in einem weiteren bedeutenden EU-Papier veröffentlicht wurden: Im »Europäischen Rahmen für die Digitale Kompetenz von Lehrenden« (*DigCompEdu*) werden diese differenziert aufgeführt (www.bildungsserver.de/onlineressource.html?onlineressourcen_id=60947):

- Berufliches Engagement: Kommunikation, Zusammenarbeit, reflektierte Praxis, digitale Weiterbildung
- Digitale Ressourcen: Auswählen digitaler Ressourcen; Erstellen und Anpassen, Organisieren, Schützen und Teilen digitaler Ressourcen
- Lehren und Lernen: Lehren, Lernbegleitung, Kooperatives Lernen, Selbstgesteuertes Lernen
- Evaluation: Lernstand erheben, Lernevidenzen analysieren, Feedback und Planung
- Lernerorientierung; digitale Teilhabe, Differenzierung und Individualisierung, aktive Einbindung der Lernenden
- Förderung der Digitalen Kompetenz der Lernenden: Informations- und Medienkompetenz, digitale Kommunikation und Zusammenarbeit, Erstellung digitaler Inhalte, verantwortungsvoller Umgang mit digitalen Medien, digitales Problemlösen.

Doch erst in der »Ergänzenden Empfehlung« zur Strategie »Bildung in der digitalisierten Welt« von Dezember 2021 (KMK 2021) werden diese berücksichtigt und erhöhen damit die für viele Schulen schwer umsetzbaren Anforderungen von 2016. Lehrende fühlen sich damit zu Recht alleingelassen und dem Wandel ausgeliefert.

---

3   Digital Education Plan 2021-27. Resetting education and training for the digital Age. https://education.ec.europa.eu/focus-topics/digital/education-action-plan (abgerufen am 1.3.2022).

Allein diese Herausforderungen zu meistern, ist schon ein Anspruch, bei dem die bloße Bereitschaft einer Lehrperson nicht genügt. Denn zugleich sind die Weichen in Richtung Personalisiertes Lernen bereits gestellt, wenn man die verschiedenen Zukunftsprognosen ernst nimmt: »Wir sehen voraus, dass digitale Kollaborationsplattformen, künstliche Intelligenz und immersive *Mixed Reality* starke Werkzeuge sein werden, um auf die wichtigsten Bedürfnisse der Lehrkräfte einzugehen, unter anderem:

- Transformation der Unterrichtszeit, um sich auf personalisierte Lernansätze zu fokussieren
- Einblicke ins Lernen zu erlangen
- Barrierefreiheit, um die Fähigkeiten aller Lernenden zu vertiefen
- Entwicklung entscheidender Fertigkeiten durch sozial eingebettete Erfahrungen
- Bereitstellung immersiver und multisensorischer Erfahrungen, die Lernende auf tiefergehendes Engagement vorbereiten.« (Microsoft/McKinsey 2018, S. 6)

Hat eine Schule dann noch den Anspruch an sich selbst, Schüler/innen auch mit Fragestellungen der digitalen Ethik vertraut zu machen, so zeigt sich, dass nicht nur das Lernen, sondern auch die Struktur von Stunden- und Bildungsplänen usw. einem Wandel unterzogen sein muss. Mit dem Fokus auf das, was der größte Teil der Lehrpersonen als ihr Kerngeschäft betrachten, nämlich die akademisch geprägte, fachlich gebundene Unterweisung von jungen Menschen, wird die Vorbereitung auf eine komplexe Welt der Zukunft nicht möglich sein. Auch dieses Bewusstsein scheint dank Corona jetzt in Deutschland angekommen zu sein; denn in den »Ergänzenden Empfehlungen zur Strategie Bildung in der digitalisierten Welt« ist von »Maßnahmen zur Re-Organisation von Schule und Unterricht« die Rede, die in der Corona-Zeit notwendig waren und deren Erfahrungen es jetzt gelte »aufzugreifen, weiterzuentwickeln und nachhaltig für eine neue Normalität« zu verankern. Dadurch erweitert sich auch das Verständnis dessen, was Unterricht ausmacht (KMK 2021). Zugleich wird deutlich, dass eine Lehrperson alleine diesen multiplen Ansprüchen gar nicht gewachsen sein kann: Sie muss Assistenzsysteme an die Seite gestellt bekommen und diese an ihre Bedürfnisse anpassen, um Schüler/innen adäquat betreuen zu können. Die Entwicklungen im Bereich der Künstlichen Intelligenz sind hier vielversprechend, ebenso die Weiterentwicklung von Lernplattformen wie *its-learning*, deren Anwendungsmöglichkeiten mit dem derzeitigen Stand der Entwicklung noch lange nicht ausgeschöpft sind.

An dieser Stelle sei auf die geplante Bildungsplattform in Baden-Württemberg verwiesen, die jedoch – so das baden-württembergische Kultusministerium – »auf den Einsatz des Softwarepakets *Microsoft Office 365* bei der digitalen Plattform für alle Schulen im Land verzichten« wird (www.news4teachers.de/2021/07/baden-wuerttemberg-kein-microsoft-fuer-schul-plattform). In Corona-Zeiten hatten zahlreiche Schulen einen Großteil der im KMK-Papier von 2016 geforderten

Kompetenzen mit *Microsoft 365* vorläufig abgedeckt. Der mangelnde Datenschutz des US-Produkts ist nun die Hürde, weswegen sich Schulen auf ein neues Produkt einstellen müssen, das es noch nicht gibt, das wohl aber in Arbeit ist (https:// km-bw.de/,Len/startseite/schule/digitale-bildungsplattform). Zum einen bleibt die Frage offen, ob Deutschland (letztendlich Europa) sich mit der DSGVO selbst ein Bein gestellt hat und Digitalisierung in Schulen eben nur eingeschränkt möglich ist. Zum andern jedoch erwarten wir mit Spannung die datenschutzkonforme Plattform, selbst wenn es Zweifel gibt, ob ein so ausgefeiltes Produkt wie *Microsoft 365* einfach in seiner Funktionalität »nachgebaut« werden kann (https:// deutsches-schulportal.de/bildungswesen/wie-baut-man-eine-datenschutzkonforme-bildungsplattform/). Und Schulen, die bereits 2016 oder früher Erfahrungen im Digitalisierungsprozess gesammelt haben, wird es ein Leichtes sein, die Funktionen der Plattform einzusetzen, ohne sich aufwendig einzuarbeiten.

Fazit

Es war nicht die Aufgabe und Absicht dieses Beitrags, unterrichtspraktische Aspekte der Methodik, Didaktik und Technik des Lehrens und Lernens mit Endgeräten darzulegen. Vielmehr sollte der Erfahrungsbericht zum einen generelle Hinweise darauf geben, was bei der Einführung zu beachten ist, welche Widerstände zu erwarten sind und welchen neuen Herausforderungen sich Lehrer, Schüler und Eltern unabweisbar stellen müssen; zum andern sollte herausgestellt werden, welchen »pädagogischen Mehrwert« die Nutzung von Endgeräten mit sich bringt und dass die Ziele von *deeper learning* ohne sie nicht zu erreichen sind. »Digitalisierung« macht vor den Schulen schon deswegen nicht halt, weil sich ein großer und wichtiger Teil des Lebensalltags der Schüler/innen längst in der digitalisierten Welt abspielt.

Der Einsatz von digitalen Geräten wird in absehbarer Zeit zum Standard des Lehrens und Lernens in der Schule gehören. So wie vor etwas mehr als hundert Jahren die Reformpädagogik die alte Memorier- und Buchschule revolutionierte (mit Widerstandsnestern bis heute), werden die digitalen Endgeräte eine ähnliche Wirkung haben. Deshalb ist es erforderlich, diesen Prozess hinsichtlich seiner Grenzen und seiner Gewinne kritisch zu begleiten – aber dafür muss man ihn auch kennen.

Literatur

Bischofberger, M./Heller-Tassoni, P.: Individualisiertes Arbeiten mit iPads im Unterricht. In: Lehren und Lernen 39 (2013), H. 8/9, S. 24–30.

Bischofberger, M./Fehling, S./Fehling, M./Toder, D.: Homeoffice und Schulalltag? Ein Erfahrungsbericht aus der Evangelischen Schule Schloss Gaienhofen. In: Lehren & Lernen 46 (2020), H. 5, S. 10–14.

Bischofberger, M./Toder, D./Urban, T: Erfolgreich auf Distanz – Lernen in Zeiten von Corona, Lockdown, Homeschooling und Wechselunterricht. In: Lehren & Lernen, Jg. 2022, im Druck.

Bischofberger, M./Urban, T.: Den Schülern nicht die Denkarbeit nehmen. „Die Idee des individualisierten Lernens ist nicht neu, aber erst das iPad macht es uns möglich, das umzusetzen«. In: Die Brücke. Berichte aus der Evangelischen Schule Schloss Gaienhofen am Bodensee. Jahrbuch 2015, S. 34 f.

Bischofberger, M./Urban, T.: Von der Tafel zum Tablet – Von der Idee zum iPad. Digitalisierung als Baustein der Schulentwicklung. In: Lehren & Lernen 45 (2019), H. 11, S. 13–19.

Bischofberger, M./Urban, T./Heller-Tassoni, P.: Lernen – ganz neu. Individualisiertes Lernen mit iPads. In: Fordern und Fördern in der Sekundarstufe I, Signatur E 8.5, S. 1–22, 36. Ergänzung, Juli 2015, Raabe Fachverlag für Bildungsmanagement, Stuttgart.

Eickelmann, B.: »Die Schule ignoriert die Lebenswelt der Schüler«. Ein Interview mit Martin Spiewak. In: ZEIT online; November 2019. www.zeit.de/gesellschaft/schule/2019-11/digitalisierung-bildung-schule-technik-birigt-eickelmann-studie (abgerufen am 1.3.2022).

EPSC (2019): 10 trends shaping the future of work. European Commission. Retrieved from https://ec.europa.eu/epsc/sites/epsc/files/10-trends_future-of-work.pdf in: LifeComp. The European Framework for Personal, Social and Learning to Learn Key Competence. https://publications.jrc.ec.europa.eu/repository/handle/JRC120911 (abgerufen am 1.3.2022).

Herrmann, U. (Hrsg.): Pädagogische Beziehungen. Weinheim/Basel 2019.

Herrmann, U.: Die »Pädagogik guter Schule« zwischen Reformpädagogik und 21st Century Skills. In: Zylka, J. (Hrsg.): Flip your School. Impulse für die Entwicklung und Gestaltung hybrider, personalisierter Lehr-Lernsettings. Weinheim/Basel 2021, S. 79–97.

Kultusministerkonferenz (Hrsg.): Bildung in der digitalen Welt. Strategie der Kultusministerkonferenz. Berlin 2016. www.kmk.org/themen/bildung-in-der-digitalen-welt/strategie-bildung-in-der-digitalen-welt.html (abgerufen am 1.3.2022).

Kultusministerkonferenz (Hrsg.): Lehren und Lernen in der digitalen Welt. Die ergänzende Empfehlung zur Strategie »Bildung in der digitalen Welt«. Berlin 2021. www.kmk.org/themen/bildung-in-der-digitalen-welt/strategie-bildung-in-der-digitalen-welt.html (abgerufen am 1.3.2022).

Lotze, N.: Künstliche Intelligenz fürs Sprachenlernen. Goethe-Institut e. V., Redaktion Magazin Sprache Mai 2018. www.goethe.de/ins/in/de/spr/mag/21290629.html (aufgerufen am 11.3.2022).

Microsoft/McKinsey (Hrsg.): Der Abschlussjahrgang 2030 – Technologie als Chance. Zusammenfassung der gemeinsamen Studie von Microsoft und McKinsey & Company's Education Practice. September 2018. https://info.microsoft.com/ww-landing-McKinsey-Class-Of-2030-Whitepaper.html?lcid=de (abgerufen am 1.3.2022).

Sliwka, A./Klopsch, B.: Deeper Learning in der Schule. Pädagogik des digitalen Zeitalters. Weinheim/Basel 2022.

Toder, D.: Individualisiertes Lernen mit iPads. Von den Wegen und Umwegen eines Anfangs in der Evangelischen Schule Schloss Gaienhofen. In: Lehren & Lernen 39 (2013), H. 8/9, S. 61–68.

Toder, D.: Individualisiertes Lernen mit iPads. Ein Projekt zur Unterrichtsentwicklung unter kritischer Begleitung von Eltern und Lehrern. In: Birkigt, G. (Hrsg.): Digitale Medien in der Schule. Stuttgart 2015, S. 129–148.

Toder, D.: Schulentwicklung als Unterrichtsentwicklung. In: Die Brücke. Berichte aus der Evangelischen Schule Schloss Gaienhofen am Bodensee. Jahrbuch 2013, S. 32–38.

Toder, D.: Individualisiertes Lernen mit iPads. Vom Projekt zum Prozess. In. Die Brücke. Berichte aus der Evangelischen Schule Schloss Gaienhofen am Bodensee. Jahrbuch 2014, S. 78–82.

Toder, D.: Individualisiertes Lernen mit iPads: weitere Schritte und weitere Erfolge. In: Die Brücke. Berichte aus der Evangelischen Schule Schloss Gaienhofen am Bodensee. Jahrbuch 2015. S. 28–33.

Toder, D./Maag Merki, K.: Schule aus der Perspektive des Lernens gestalten. Die schrittweise Einführung eines schulinternen Methodencurriculums. In: Pädagogik 60 (2008), H. 4, S. 12–15.

Autorinnen und Autoren

Dr. Salman Ansari
promovierter Chemiker, Industrietätigkeit, Lehrer an der Odenwaldschule; nach der Pensionierung Berater, Lehrer und Entwickler für mehrere Stiftungen im Vorschulbereich. – salman.ansari1941@gmail.com

Prof. Dr. Patricia Arnold
Studium der Erziehungswissenschaft, Mathematik und Sportwissenschaft, Promotion an der Helmut-Schmidt-Universität Hamburg; seit 2006 Professorin für Sozialinformatik in der Fakultät für Angewandte Sozialwissenschaften der Hochschule München. – patricia.arnold@hm.edu

Martina Bischofberger
Studium der Germanistik und Romanistik, ab 2003 Lehrerin an der Sekundarschule CH Tägerwilen, seit 2007 an der Evangelischen Schule Schloss Gaienhofen; Abteilungsleiterin Unterstufe, Tagesinternat, Schülerakquise; PR-Beauftragte der Schule; Projektleiterin Individualisiertes Lernen mit iPads. – martina.bischofberger@t-online.de

Ulrich Bosse
Studium für das Lehramt an Grund- und Hauptschulen, Diplompädagoge für außerschulische Jugend- und Erwachsenenbildung; Tätigkeit in der Curriculumentwicklung und der Lehrerausbildung an der Universität Bielefeld; 2003-2017 Primarstufenleiter der Laborschule Bielefeld. – ulrich@bosse-bielefeld.de

Dr. Anette Dragan
Studium der Biologie mit Schwerpunkt Human- und Molekularbiologie, Industrietätigkeit; 1990-1999 Lehrerin am Peter-Wust-Gymnasium in Merzig, Lehrerin für Naturwissenschaften und Schulleiterin an der Montessori Gemeinschaftsschule Saar. – A.dragan@montessori-sb.de

Malte Fehling
Studium für das Lehramt an Realschulen, Lehrer für Mathematik, Physik und Geschichte sowie Medienberater an der Evangelischen Schule Schloss Gaienhofen. – m.fehling@schloss-gaienhofen.de

Michael Felten
Gymnasiallehrer für Mathematik und Kunst, Bildungspublizist und Schulentwicklungsberater; eltern-lehrer-fragen-info@web.de. – mifelten@web.de

Cornelia Frank
Grund- und Hauptschullehrerin, 2009-2019 Gründungsschulleiterin (Rektorin) der Evangelischen Jenaplanschule am Firstwald in Mössingen; Lehrerin an einer Grundschule in Tübingen. – NeliFrank@gmx.de

Prof. Dr. Volker Frielingsdorf
Oberstufenlehrer an einer Waldorfschule, Schulbuchautor; Professor für Waldorfpädagogik und ihre Geschichte an der Alanus-Hochschule in Alfter bei Bonn. – frie.de@gmx.de

Dr. Sabine Geist
Lehramtsstudium der Fächer Deutsch, Biologie und Sport; seit 2001 Lehrerin an der Laborschule Bielefeld, langjährige stv. Schulleiterin, derzeit Didaktische Leiterin der Laborschule. – sabine.geist@uni-bielefeld.de

Dr. Ramiro Glauer
Studium der Kommunikationswissenschaft (Promotion) und Philosophie, wissenschaftlicher Mitarbeiter an der Universität Magdeburg, seit 2018 in der Arbeitsgruppe Frühkindliche Bildungsforschung an der Fachhochschule Potsdam. – ramiro.glauer@fh-potsdam.de

Moritz Gritschneder
seit 2006 Klassen- und Fachlehrer an der Rudolf-Steiner-Schule in München-Daglfing, seit 2019 Stipendiat des Graduiertenkollegs Waldorfpädagogik an der Alanus Hochschule in Alfter bei Bonn, seit 2021 Lehrtätigkeit am Südbayerischen Seminar für Waldorfpädagogik in München. – moritzgritschneder@web.de

Dr. Martin Herold
Studium der Fächer Mathematik und Physik für das Lehramt an Gymnasien, Promotion in Pädagogik; Studiendirektor am Technischen Gymnasium Reutlingen, Abordnung an das Oberschulamt Tübingen (Schwerpunkt: Schulentwicklung); 2007 Gründung des SOL-Instituts für Selbstorganisiertes Lernen; derzeit freier Berater für Unterrichts-, Schul-, Organisationsentwicklung und Changemanagement in Schulen, Organisationen und Unternehmen. – dr.herold@sol-institut.de

Prof. Dr. Ulrich Herrmann
Studium der Geschichte, Germanistik, Philosophie und Pädagogik (Promotion); 1976-1994 Professor für Allgemeine und Historische Pädagogik an der Universität Tübingen, 1995-2004 für Schulpädagogik an der Universität Ulm; Mitglied im Gründungssenat der Universität Potsdam, Mitglied in der Jury des Saarländischen Schulpreises, langjähriges Redaktionsmitglied und Endredakteur der Zeitschrift »Lehren & Lernen« (Neckar Verlag Villingen). – ulrich.herrmann@t-online.de

Prof. Dr. Frauke Hildebrandt

seit 2016 Professorin für Forschung und Praxisentwicklung in der Pädagogik der Kindheit und im Studiengang (zus. PH und Uni Potsdam) Frühkindliche Bildungsforschung. – frauke.hildebrandt@fh-potsdam.de

Dr. Petra Hoppe

Studium der Chemie und Biologie für das Lehramt an Gymnasien, Promotion in Biochemie; Schulleiterin der Integrierten Gesamtschule List in Hannover und Sprecherin des Qualitätsnetzwerkes Integrierter Gesamtschulen (Q-IGS). – petra.hoppe@igs-list.de

Dr. Lars Kilian

Studium der Erziehungswissenschaft (Erwachsenenbildung und Bildungsplanung) und für das Lehramt an Grundschulen (Mathematik, Kunsterziehung), Promotion in Sozialwissenschaft an der TU Kaiserslautern; seit 2019 Wiss. Mitarbeiter am Deutschen Institut für Erwachsenenbildung/Leibniz-Zentrum für Lebenslandes Lernen e. V., Redaktionsleitung für das Online-Portal wb-web. – kilian@die-bonn.de

Dr. Heinz Klippert

Diplom-Ökonom, Lehrerausbildung und Lehrertätigkeit in Hessen; Dozent, Trainer und Berater in den Bereichen Lehrerfortbildung und Schulentwicklung, Schwerpunkt: neue Lehr- und Lernkultur, dazu zahlreiche Bücher zur Didaktik und Methodik. – klippertDH@t-online.de

Torsten Nicolaisen

Studium der Pädagogik, Kunstgeschichte und Philosophie; universitär zertifiziert als Coach, Trainer für Coaching und Systemische Organisationsberatung; Geschäftsführer Nicolaisen & Partner. – tn@nicolaisen-partner.de

Prof. Dr. Christine Pauli

Primarlehrerin, Studium der Pädagogik, Psychologie und Philosophie, Promotion und Habilitation an der Universität Zürich; seit 2013 Professorin für Allgemeine Didaktik am Zentrum für Lehrer/innen-Bildung der Universität Freiburg/Fribourg CH. – christine.pauli@unifr.ch

Laura Raabe

Studium für das Lehramt an Grund-, Haupt- und Realschulen (Germanistik, Mathematik, Theologie) mit integrierter Sonderpädagogik (Lernen und ESE); seit 2019 Lehrerin an der Laborschule Bielefeld in der jahrgangsgemischten Eingangsphase der Primarstufe. – laura.raabe@uni-bielefeld.de

Prof. Dr. Kurt Reusser
Volksschullehrer, Studium in Bern und den USA, nach mehrjähriger Tätigkeit in der Lehrer/innen-Bildung von 1993 bis 2017 Professor für Pädagogische Psychologie und Didaktik an der Universität Zürich. – reusser@ife.uzh.ch

Dr. Matthias Riemer
Studium für das Lehramt an Grund-, Haupt- und Realschulen, an der PH Weingarten Lehrbeauftragter im Fach Biologie, später Aufbau eines Freinet-Zuges an einer Tübinger Realschule, seit 2008 Schulleiter an der Minna-Specht-Real-, dann Gemeinschaftsschule in Reutlingen. – dr.matthias.riemer@gmail.com

Dr. Daniel Schumacher
Studium der Geschichtswissenschaft (Promotion) und Anglistik; Lehrer an der Evangelischen Schule Schloss Gaienhofen, akademischer Mitarbeiter an ausländischen Universitäten, derzeit an der Binational School of Education der Universität Konstanz, Schwerpunkt Digitalisierungsfragen in der Lehrerausbildung. – d.schumacher@schloss-gaienhofen.de

Dr. Rita Stebler
wissenschaftliche Mitarbeiterin am Institut für Erziehungswissenschaft der Universität Zürich. – stebler@ife.uzh.ch

Dr. Anne Thillosen
Studium der Katholischen Theologie und Germanistik, Promotion in Pädagogik; seit 2008 Leiterin des E-Learning-Informationsportals e-teaching.org im Leibniz-Institut für Wissensmedien in Tübingen und Vertretung der Leibniz-Gemeinschaft in der Allianz-AG »Digitales Lehren, Lernen und Vernetzen«. – a.thillosen@iwm-tuebingen.de

Dr. Jens Unterberg
Studium der Romanistik (Promotion), Germanistik und Philosophie, seit 2001 Lehrer an bayerischen Gymnasien, derzeit für Französisch (Fachleiter) und Deutsch am Landheim Ammersee, Didaktischer Leiter des Ernst-Reisinger- und des Johannes-Lohmann-Gymnasiums; Trainer der BüZ-Werkstatt »Lernen – individuell und gemeinsam«. – jens.unterberg@me.com